Karl Tücking

Geschichte des Stifts Münster unter Christoph Bernard von Galen

Karl Tücking

Geschichte des Stifts Münster unter Christoph Bernard von Galen

ISBN/EAN: 9783743661639

Hergestellt in Europa, USA, Kanada, Australien, Japan

Cover: Foto ©ninafisch / pixelio.de

Weitere Bücher finden Sie auf **www.hansebooks.com**

Geschichte des Stifts Münster unter Christoph Bernard von Galen.

Unter Benutzung

vieler bisher ungedruckter, archivalischer Dokumente

bearbeitet

von

Dr. Karl Tücking.

Mit Portrait Christoph Bernards, einer Karte des Stifts Münster, zwei Plänen und Münzabdrücken.

Münster 1865.

Druck und Verlag der Aschendorff'schen Buchhandlung.

PIE, JUSTE, FORTITER.

Christoff Bernhard

Dem Andenken

seines verehrten Lehrers

Herrn

Dr. Eberhard Wiens,

Professor am Gymnasium zu Münster,

welcher sich durch mehre Vorarbeiten um die Geschichte Christoph Bernards hohe Verdienste erwarb,

in Dankbarkeit und Liebe

gewidmet

vom Verfasser.

Vorwort.

Unter sämmtlichen Bischöfen und Fürsten von Münster hat es keinen gegeben, der in mehr als einer Beziehung eine so hohe Bedeutung und einen so weit verbreiteten Ruf erlangte, als Christoph Bernard von Galen. Diesen Ruf verdankt er allerdings zunächst und hauptsächlich seinen Kriegsthaten, weshalb man ihn auch meist einfach den kriegerischen oder martialischen Bischof nennt; aber auch als Fürst und Gesetzgeber traf er die wichtigsten und folgenreichsten Einrichtungen für das Münsterland überhaupt wie insbesondere für dessen Hauptstadt und als Bischof war er der kräftige Erneuerer und feste Begründer des in den Zeiten politischer und religiöser Aufregung vielfach gestörten und selbst vernichteten kirchlichen Glaubens und Lebens. Alles dieses gehörig zu würdigen ist um so wichtiger und nothwendiger, als nicht nur in Liedern und Erzählungen des Volkes in und außer dem Münsterlande je nach der politischen oder religiösen Parteistellung der Lobredner oder der Tadler vorzugsweise der Charakter des F ü r st e n entweder aufs höchste gefeiert oder aufs tiefste verunglimpft wurde und noch wird, sondern auch die bisherigen Biographen sich meist auf eine Werthschätzung der Kriegsthaten beschränkt, die staatlichen und kirchlichen Einrichtungen Christoph Bernards dagegen entweder ganz übergangen oder nur kurz berührt und statt dessen ihn nicht selten mit wenig oder gar nicht begründeten Vorwürfen und argen Schmähungen überhäuft haben.

Die am meisten bekannte Biographie ist die von Alpen oder: „Ioannis Alpeni de vita et rebus gestis Christophori Bernardi episc. et princ. Monaster. decas", 10 Bücher in 2 Bänden, Münster Raesfeld 1694 und 1703. Dieses Werk hat besonders wegen der vielen Dokumente einen nicht zu verkennenden Werth. Die Darstellung ist im Ganzen ruhig und objektiv, wobei jedoch besteht, daß der Verfasser von seinem Standpunkte (als Freund und Rathgeber Christoph Bernards) und unter dem unmittelbaren Eindrucke der Thatsachen zuweilen nicht mit der nöthigen Unbefangenheit urtheilt. Eine absichtliche Verdrehung der Wahrheit kann ihm nicht nachgewiesen werden. Höchstens läßt sich behaupten, daß er bei aller Weitschweifigkeit in Mittheilung genealogischer und anderer Notizen manchen wichtigen Punkt, sei es aus Unkenntniß oder weil er eine weitere Ausführung nicht für nöthig hielt, übergangen oder nur eben berührt und dadurch die richtige Auffassung und Beurtheilung einzelner Data besonders für diejenigen, welche den Begebenheiten dem Orte oder der Zeit nach ferne standen und stehen, wenn nicht geradezu unmöglich gemacht, doch sehr erschwert hat. So erfordert seine Darstellung des Streites zwischen dem Fürstbischofe und der Stadt Münster in manchen Punkten eine Berichtigung; völlig ungenügend ist sein Bericht über die Verschwörung Adams von der Kette. Am meisten auffallend jedoch ist die äußerst geringe Berücksichtigung der politischen und kirchlichen Thätigkeit Christoph Bernards, zumal da Alpen wenigstens seit 1661, wo er als Generalvikar an der Verwaltung des Stifts sich betheiligte, darüber möglichst genau unterrichtet war. — Einen Auszug aus Alpen, übrigens mit einigen ergän=

zenden Zusätzen über die bischöfliche Wirksamkeit Christoph Bernards, bildet: Fr. M. Molkenbuhr vita Christ. Bernardi a Galen. Monasterii 1796.

Das Werk Alpens wurde zunächst veranlaßt durch die mit vielen Unrichtigkeiten und Entstellungen aller Art angefüllte Schmähschrift eines Anonymus: „Historisch Verhael van't Leven en Oorlogs-Bedryf van de Heer Christoph Bernard van Galen . . . door S. d. V. t'Amsterdam 1679." Diese Schrift mußte um so mehr widerlegt werden, je weiter sie verbreitet wurde. Es erschienen nämlich davon folgende Uebersetzungen (mit unbedeutenden Abänderungen):

„Lebens- und Kriegs-Beschreibung Herrn Christoph Bernard von Galen." Ohne Ort. 1679.

„La vie et les actions de Monseigneur Christophle Bernard de Galen." Cologne 1679.

„La vita del fu Vescovo di Münster Christofano Bernhardo di Gala." Coloniae 1681.

Von demselben Geiste wie die zuletzt erwähnten Schriften und nicht selten sogar wörtlich damit übereinstimmend sind die Mittheilungen im Theatrum Europaeum VIII ff. sowie in dem zu Leipzig bei Deer 1731 erschienenen Buche: „Gespräche im Reiche der Todten . . . zwischen dem Hochmeister des deutschen Ordens Siegfried von Feuchtwangen und dem unruhigen, sehr martialisch gewesenen Bischof zu Münster Christoph Bernhard von Galen." S. 553 ff.

Nicht weniger parteiisch und unrichtig sind auch folgende zwei Schriften:

„Leben, geführte Kriege und Tod B. Bernard von Galen." Utrecht 1678.

„La vie et les faits memorables de Christofle Bernard van (!) Galen Evêque de Munster… par M. G." A. Leide chez Iean Mortier 1679.

Aus der neueren Zeit besitzen wir keine genügende Biographie Christoph Bernards. Die unter dem Titel: „Leben und Thaten des berühmten kriegerischen Bischofs von Münster Chr. Bernard von Galen" Ulm 1804 erschienene Schrift ist in den Ergänzungsblättern zur Jenaischen allgemeinen Literatur=Zeitung 1814 n. 8 S. 60 ff. mit Recht als ziemlich werthlos bezeichnet. Eine im Ganzen befriedigende Uebersicht der äußern Geschichte giebt Erhard in der „Geschichte Münsters" S. 474—548, während eine Abhandlung in dem „Taschenbuch für vaterländische Geschichte" Münster, Koppenrath 1833, S. 1—44 mehr die innern Verhältnisse berücksichtigt, übrigens nur einen sehr dürftigen und nicht fehlerfreien Grundriß bildet; ein von dem Verfasser in Aussicht gestelltes größeres Werk „Christoph Bernard und seine Zeit" ist nicht erschienen.

Vorarbeiten zu einer Biographie besitzen wir in der „Sammlung fragmentarischer Nachrichten über Christoph Bernard von Galen" von E. Wiens (Münster, Koppenrath 1834) sowie in der Behandlung einzelner Abschnitte von Depping, Schaumburg, Wiens und andern, worauf wir betreffenden Orts in den Noten zurückkommen werden.

Eine Ergänzung zu den genannten Biographien und Vorarbeiten bilden die theils gleichzeitigen, theils später erschienenen Werke besonders über deutsche, niederländische, französische, englische, dänische und schwedische Geschichte. Von jenen sind außer dem schon erwähnten Theatrum Europaeum zu nennen das Diarium Europaeum und die Werke von Aitzema, der in seiner Stellung als Vertreter der Hanse und zeitweiliger Agent Münsters im Haag über die Beziehungen zu den Generalstaaten genau unterrichtet war, ferner von Londorp, Lünig, Pufendorf, Valckenier (verw. Europa) und Wagner (hist. Leopoldi), endlich die Memoiren und Berichte von Estrades, Guiche, Temple, Zyborg u. a. Vor allen aber waren als unmittelbare Quellen zu benutzen außer zahlreichen gedruckten Broschüren und Erlassen die handschriftlichen Dokumente, welche sich entweder in öffentlichen Archiven oder im Privatbesitz vorfinden. Die reichste Ausbeute gewährt das königl. Provinzial-Archiv zu Münster namentlich unter den Rubriken: Fürstenthum Münster, Urkunden 4473—4683; Domkapitels-Produkte VI, 2 bis 21; Manuscripte VI, 36; 52—56; und fürstlich münsterisches Landes-Archiv 59; 533—544. Neben den Urkunden sind besonders wichtig die oft umfangreichen Berichte und Gutachten von Einzelnen und ganzen Korporationen, namentlich Universitäten und vor allem die zahlreichen, zum Theil chiffrirten, jedoch mit Hülfe beiliegender Schlüssel zu enträthselnden Korrespondenzen mit dem Papst und dem Kaiser, mit Königen und Fürsten, mit den eigenen und fremden Agenten namentlich mit Friquet, den Fürstenbergen, Ham, Haugwitz, Hessing, Körler, Lionne, Meyer (seit 1666 von Meyersheim), Schmising, Wrede, Wylich, Zurmühlen u. a. — Was mir von archivalischen Dokumenten des Auslandes durch freundliche Vermittlung bekannt geworden ist, davon fanden sich fast immer die Konzepte auch im Provinzial-Archiv, in welchem Falle ich dann in den Noten nur auf dieses verwiesen habe. — Für die Verhältnisse der Stadt Münster enthält das städtische Archiv manche Nachweise. Auch finden sich in den Archiven anderer Städte namentlich zu Coesfeld, Warendorf, Werne und selbst in kleinern Oertern wie zu Ottenstein einzelne Nachrichten zur Kriegs- oder Landesgeschichte. Für die bischöfliche Wirksamkeit Christoph Bernards liefert außer dem, was Hartzheim im 9. und 10. Bande der concilia Germaniae und Kock in der constitutio Bernardina mittheilen, das bischöfliche Archiv zu Münster in den Visitations- und Ordinationsprotokollen sowie in den Erlassen und Korrespondenzen die erforderlichen Belege. — Von Privatarchiven enthält das des Herrn Grafen von Galen, soviel mir bekannt geworden, zur Geschichte des Stifts keine neuen Aktenstücke, sondern vorzugsweise nur Familiennachrichten, Lehenbriefe, Bestimmungen über das Erbkämmereramt und was damit zusammenhängt, über die Galensche Kurie, über Familienpräbenden, das Testament u. a. In dem Archive des Herrn Grafen Droste Vischering zu Darfeld finden sich vorzugsweise Aktenstücke zur Geschichte des Grafen von Floborp, welcher zur Zeit Christoph Bernards das Gut Darfeld besaß. Aus dem Velenschen Archive des Herrn Grafen von Landsberg haben mir außer einem Diarium über die Belagerung Münsters viele Briefe und Berichte des kurkölnischen Generalwachtmeisters Landsberg zur Benutzung vorgelegen. Andere Privatarchive boten nur geringe Ausbeute. Von besonderer Wichtigkeit dagegen war eine von dem Herrn Kaufmann Eb. Brockhausen zu Münster erhaltene Urkundensammlung zur Geschichte der vielfachen Thätigkeit des Syndikus Drachter. Das reiche Material dieser Sammlung, welches in dem vorliegenden Buche nicht ganz verwerthet werden konnte, bot mir die Veranlassung zu einer eigenen Biographie Drachters in der Zeitschrift für vaterländische Geschichte XXIV. o. 4. Bd. 3. Folge S. 224 ff. — Andere höchst wichtige Aktenstücke aus den Sammlungen der um die Aufhellung der westfälischen Geschichte hochverdienten Herren von Olfers, von Hatzfeld und Schlüter sind in jüngster Zeit der Bibliothek des Alterthumsvereins zu Münster einverleibt. In dieser finden sich insbesondere die Prozeßakten und die Berichte der fürstlichen Räthe über die Verschwörung Adams von der Rette, viele Briefe, chronikartige Aufzeichnungen, Gutachten, Verfügungen, Erlasse, Landtagspropositionen und Recesse und anderes, was in den Noten betreffenden Orts genauer spezialisirt wird. Einige Manuscripte und gleichzeitige Broschüren zur innern und äußern Geschichte der Stadt und des Stifts Münster unter Christoph Bernard enthält auch die Paulinische Bibliothek der Akademie und des Gymnasiums zu Münster.

Nachdem ich an der Sammlung des Materials mehre Jahre mit der größten Unverdrossenheit gearbeitet hatte, begann ich zunächst einzelne wichtige Abschnitte, so den Streit Christoph Bernards mit Mallinckrodt, die wiederholten Zerwürfnisse zwischen dem Fürsten und Münster, die Verschwörung Adams von der Kette auszuführen. Die Sitzungen des hiesigen Alterthumsvereins boten eine schöne Gelegenheit, die erwähnten Abschnitte vor einer zahlreichen Zuhörerschaft zum Vortrag zu bringen und die freundliche Aufnahme, welche diese Vorträge fanden, diente mir zur Aufforderung, die einmal begonnene Arbeit rüstig weiter zu führen. So entstand denn vorliegendes Buch, von welchem ich die Hoffnung hegen zu dürfen glaube, daß dadurch zufolge sorgfältiger Benutzung sehr reicher Fundgruben manches Neue an das Licht gefördert, einiges mehr aufgeklärt und zum Theil berichtigt, anderes weiter ausgeführt und tiefer begründet wird. Damit hängt allerdings zusammen, daß ein oder anderer Punkt nicht in der bisher üblichen Weise aufgefaßt oder dargestellt ist; jedenfalls aber glaube ich, nirgendwo einen Grund zum leisesten Verdacht zu geben, als habe ich aus politischer oder religiöser Parteistellung die ermittelten Thatsachen nicht durchaus treu wiedergegeben, sondern etwa das Gute über Gebühr ausgeschmückt, das Verkehrte vertuscht oder gar verschwiegen. Sollte dennoch der geneigte Leser sich vielleicht veranlaßt fühlen, in irgend einem Punkte meine Auffassung und Darstellung nur im mindesten zu beanstanden, so ersuche ich ihn freund lichst um gütige Mittheilung der Gründe, und erkläre mich im voraus gern dazu bereit, die mir gewordenen Mittheilungen je nach ihrer Beschaffenheit entweder bei einer neuen Auflage dieses Buches zu berücksichtigen oder in einer besondern Abhandlung für die Zeitschrift des Alterthumsvereins zu verwerthen. Schließlich wiederhole ich auch an dieser Stelle dem Herrn Grafen von Landsberg, dem Herrn Archivrath Dr. Wilmans sowie allen hiesigen und auswärtigen Geschichtsfreunden, welche durch gütige Mittheilung von Dokumenten oder auf andere Weise die Vollendung des Werks gefördert haben, meinen herzlichsten Dank.

Ueber die artistischen Beilagen habe ich Folgendes zu bemerken. Bei Anfertigung des Portraits ist ein 1659 in Oel gemaltes Original, welches sich unter den Kunstsachen des hiesigen Alterthumsvereins findet, zu Grunde gelegt, zugleich aber auch ein Stahlstich auf einem von der Belagerung Münsters 1661 gefertigten Plane sowie das Marmorbild auf dem Grabe Christoph Bernards benutzt. Mit dem erwähnten Oelgemälde stimmt ein anderes in dem von Christoph Bernard gestifteten adeligen Konvikt überein. Andere mehr oder weniger abweichende Darstellungen wurden mir von Kunstkennern als minder gute Kopien bezeichnet. Das Facsimile unter dem Portrait ist gemacht nach der Unterschrift auf dem Landtagsabschiede vom Jahre 1670. Die Pläne von der Belagerung Münsters, von der Stadt und der durch Christoph Bernard erbaueten Citadelle und die Karte von dem Stift Münster habe ich nach den in der Bibliothek des Alterthumsvereins befindlichen Plänen und Karten in verkleinertem Maßstabe entworfen. Der Plan von der Belagerung ist auch der Sammlung von Wiens beigegeben; die Karte vom Hochstift hat Olfers seinen Beiträgen zur Geschichte der Verfassung und Zerstückelung des Oberstifts Münster angefügt; die hier entworfene Karte umfaßt zugleich das Niederstift und die angränzenden Länder. Der Plan von der Citadelle ist, soviel mir bekannt, noch nie erschienen. Von den unter Christoph Bernard geschlagenen Münzen sind die wichtigeren in getreuen Abdrücken beigefügt und zwar 1) die Denkmünze auf die Reduktion Münsters; 2) die während der Belagerung geschlagene Klippe; 3) der koesfelder Kreuzthaler und 4) der Begräbnißthaler.

Münster am Jahrestage der Wahl Christoph Bernards 1861.

Der Verfasser.

Inhalt.

1. Abschnitt.

Zustand des Hochstifts Münster zur Zeit der Wahl Christoph Bernards. Streitigkeiten des Bischofs mit Mallinckrodt. Erstes Zerwürfniß mit der Stadt Münster. Reichstag zu Regensburg. Befreiung des Stifts von fremder Besatzung 1

2. Abschnitt.

Erneuerte Streitigkeiten zwischen dem Fürstbischofe und der Stadt Münster bis zum Geister Vergleiche 28

3. Abschnitt.

Letzter Kampf Münsters um seine Unabhängigkeit vom Geister Vergleiche bis zur völligen Unterwerfung im Jahre 1661. Regelung des Verhältnisses zwischen dem Fürsten und der Stadt 56

4. Abschnitt.

Begebenheiten von 1661 bis 1666. Christoph Bernard Administrator von Korvey. Besuch des kölner Kurfürsten. Zerwürfniß mit den Generalstaaten, hauptsächlich wegen Borkelo. Friesisch-liechtensteinischer Streit. Reichstag zu Regensburg. Christoph Bernard zu Wien und in Ungarn. Die Generalstaaten nehmen die Dieler Schanze. Krieg Münsters und Englands gegen die Generalstaaten und Frankreich. Der Friede zu Kleve. Die Pest im Münsterlande 110

5. Abschnitt.

Begebenheiten von 1666 bis 1672. Die Wahl eines Koadjutors von Münster. Erwerbung der geistlichen Gerichtsbarkeit im Niederstift.

Die bentheimischen Händel. Kreistag zu Köln. Streit wegen der Oberhoheit über die Herrschaft Gemen. Verhältniß Christoph Bernards zu Frankreich und den Generalstaaten während des Devolutionskrieges in den spanischen Niederlanden. Verwickelungen mit Braunschweig wegen Höxter 149

6. Abschnitt.

Abermaliger Krieg des Fürstbischofs von Münster in Verbindung mit dem Kurfürsten von Köln und dem Könige von Frankreich gegen die Generalstaaten im Jahre 1672 174

7. Abschnitt.

Zerwürfniß des Fürstbischofs von Münster mit dem Kaiser. Verschwörung Adams von der Kette 195

8. Abschnitt.

Fortsetzung des Kriegs. Verheerungen im Münsterlande. Unterhandlungen Frankreichs mit deutschen Fürsten. Kongreß zu Köln. Vergebliche Belagerung Kovordens durch Chr. Bernard. Vereinigung der kaiserlichen und staatischen Truppen im Erzstift Köln. Gefangennahme Wilhelms von Fürstenberg. Christoph Bernard schließt Frieden mit den Generalstaaten und zieht im Bunde mit dem Kaiser und Spanien gegen Frankreich. Ferner betheiligt er sich mit Brandenburg, Dänemark und Braunschweig am Kriege gegen Schweden. Verhältnisse in Ostfriesland. Friede von Nimwegen 222

9. Abschnitt.

Militairische und staatliche Einrichtungen Christoph Bernards. Stärke und Beschaffenheit des Heeres. Besoldung. Schatzungen. Zwecke und Folgen der kriegerischen Unternehmungen für den Fürstbischof und das Stift. Verordnungen zur Abhülfe der Kriegsschäden. Ausfuhrverbote. Wüste Erben. Zahlungsunfähigkeit. Edikte über Waldungen und Wege. Handel. Münzedikte. Polizei: Feuerordnung; Gelage; Aufenthalt von Fremden in Münster; Sanitätspolizei; Verordnungen gegen Landläufer und Bettler, Magi und Arioli; Judenordnung; Edikte über Schlägereien und Duelle. Rechtswesen: Kriminalprozeß; Brüchtenordnung; Kanzleiordnung; Fiskalatsprozeß; Brüchtenappellation; Vergleiche; Reformation des geistlichen oder Offizialatsgerichts 249

10. Abschnitt.

Bischöfliche Wirksamkeit Christoph Bernards. Umfang und Zustand der Diöcese. Hebung der vorhandenen Uebelstände und Förderung des religiös-sittlichen Lebens durch Visitationen, Synodaldekrete und Hirtenbriefe. Konfraternitäten. Verwaltung der Sakramente. Beförderung des äußern Gottesdienstes. Schulwesen. Klöster. Verordnungen gegen Aberglauben und Unglauben. Uebertritt des Herrn von der Recke zu Steinfurt, Galen zu Ermelinghof und des Grafen von Bentheim zum Katholizismus. Auflösung der Ehe des Grafen. Rekatholisirung der Graffchaft. Verhältniß Christoph Bernards zum Papste. Uebersicht über die vom Bischofe persönlich geübten Funktionen 283

11. Abschnitt.

Letztwillige Verfügungen und Tod Christoph Bernards. Rückblick . . . 319

Erster Abschnitt.

Zustand des Hochstifts Münster zur Zeit der Wahl Christoph Bernards. Streitigkeiten des Bischofs mit Mallinckrodt. Erstes Zerwürfniß mit der Stadt Münster. Reichstag zu Regensburg. Befreiung des Stifts von fremder Besatzung.

Bei dem am 13. September 1650 erfolgten Tode des Kurfürsten Ferdinand von Köln, der zugleich Bischof von Münster war, befand sich das letztgenannte Stift hauptsächlich in Folge des kaum beendigten dreißigjährigen Krieges in einem höchst beklagenswerthen Zustande. Waren doch besonders durch die Kontributionen und Mordbrennereien des Ernst von Mansfeld und des tollen Christian von Braunschweig sowie durch die wiederholten Einfälle der Hessen in Verbindung mit schwedischen Hülfsvölkern und endlich auch durch die Einlagerung liguistischer und kaiserlicher Truppen gar viele der ehemals blühendsten Städte und Dörfer zum Theil verödet und entvölkert, Bürger und Bauern in die drückendste Noth und Armuth versetzt und dem Lande überhaupt so tiefe Wunden geschlagen, daß es sich, selbst wenn die nachfolgenden Zeiten friedlich gewesen wären, nur langsam und mit Mühe zum frühern Wohlstande hätte erheben können. Auch hielten sogar noch mehre Jahre nach dem Abschluß des westfälischen Friedens wegen rückständiger Kriegessteuern die Hessen Coesfeld, Borken und Bocholt, die Schweden Vechta besetzt; Bevergern war in den Händen der Niederländer, denen es die Schweden eingeräumt hatten. Aber nicht allein der materielle Wohlstand des Hochstifts Münster war unter den langjährigen Drangsalen fast völlig vernichtet, sondern auch der moralische Zustand seiner Bewohner hauptsächlich wohl durch den höchst verderblichen Einfluß des losen Kriegsgesindels gar tief gesunken.

Unter solchen Verhältnissen gewann bei der Frage nach einem Nachfolger Ferdinands im Domherrnkolleg zu Münster die Ansicht derer, welche einen im Stifte selbst anwesenden Bischof und Fürsten einem auswärts residirenden vorzogen, die entschiedenste Billigung, da man sich davon überzeugt hielt, daß das Stift weder unter einem eigenen Fürsten zur Zeit des dreißigjährigen Krieges in ein so namenloses Elend gestürzt, noch unter einem eigenen Bischofe in moralischer Beziehung so sehr gefährdet wäre. Es fanden sich aber unter den Domherrn zwei Kandidaten, welche für die erledigte Stelle vorzugsweise in Aussicht genommen wurden, der Dekan Bernard von Mallinckrodt und der Thesaurarius Christoph Bernard von Galen.

Bernard von Mallinckrodt war am 29. November 1591 auf dem Hause Küchen im Kirchspiel Alt-Ahlen von protestantischen Eltern geboren, erhielt seine erste Ausbildung an mehren Schulen im Hochstift Münster sowie zu Osnabrück, Minden und Helmstädt, ging dann im Herbst 1609 nach Marburg, wo er nach eigener Angabe die größten Fortschritte in den Wissenschaften machte, und begab sich demnächst nach Köln, wo er durch den Unterricht des Licentiaten Cholin sowie durch das Studium der Kontroversen vom Kardinal Bellarmin, des Katechismus von Kanisius und anderer Bücher dahin geführt wurde, daß er am 11. März 1616 vor dem Rektor des Jesuitenkollegs Johann Kopper aus Lünen das katholische Glaubensbekenntniß ablegte. Die nächste Folge dieses Schrittes war ein Zerwürfniß mit seinen Verwandten, zu deren Beschwichtigung er deshalb im Sommer 1616 nach Westfalen zurückkehrte, ohne seinen Zweck ganz zu erreichen. Nach einem kurzen Besuche bei dem Dompropst Arnold von Bucholtz in Hildesheim begab er sich dann im Herbst 1618 nach Rom, woselbst er bis zum Februar 1620 verweilte. Während dieser Zeit erhielt er vom Kurfürsten Ferdinand, da sich dessen Beichtvater, der Jesuit Peter Wina, und der münsterische Domherr Theodor von Plettenberg für ihn verwandten, die durch den Tod des Lubbert von Hatzfeld erledigte Präbende im Dom zu Münster. Doch erst im Juni 1622, nachdem er die bedeutendsten Orte in Italien besucht hatte, kehrte er nach Münster zurück und wurde bereits 1625 nach dem Tode des Domdekans Heinrich von Lethmate zu dessen Nachfolger erwählt.[1]) Nicht lange nachher gewann er wiederholt die Aussicht auf einen bischöflichen Stuhl, so zunächst in Folge des Restitutionsedikts in Ratzeburg und dann in Minden, wurde jedoch an der

---

[1]) Eine latein. Selbstbiographie Mallinckrodts mit einem einleitenden Schreiben an Dr. med. B. Rottendorf zu Münster vom 21. Decbr. 1635 sowie eine deutsche Bearbeitung mit einigen Zusätzen von einem Ungenannten befinden sich unter den Manuscripten des Alterthums-Vereins zu Münster Nro. 92.

Besitzergreifung des erstern durch das siegreiche Vorbringen der Schweden, des letztern durch den wegen seiner Macht ihm vorgezogenen Bischof Franz Wilhelm von Osnabrück, den Vetter der Kurfürsten von Baiern und Köln, gehindert. Mußten schon diese Umstände allein nicht nur in ihm selbst den Wunsch nach endlicher Erlangung der Mitra lebhaft anregen, sondern auch die Aufmerksamkeit der Wähler auf ihn insbesondere hinlenken, so empfahl ihn zugleich andererseits seine hervorragende Gelehrsamkeit und zunächst nur durch seine eigensinnige und harte Gemüthsart hatte er sich die meisten und besonders die jüngern Mitglieder des Kapitels entfremdet.[2]

Sein Mitbewerber Christoph Bernard von Galen wurde dagegen sowohl wegen seiner Klugheit und Gewandtheit in politischen Dingen zum Fürsten, als wegen seines hohen sittlichen Ernstes zum Bischof für durchaus geeignet gehalten. Derselbe war der ältere Sohn des Theodorich Freiherrn von Galen und der Katharina von Hörde. Er wurde geboren am 12. Oktober 1606 auf dem Gute Bisping bei Rinkerode. Seine erste wissenschaftliche Ausbildung erhielt er zu Münster, studierte alsdann vorzugsweise Philosophie bei den Jesuiten zu Köln und Mainz, Kirchen- und Staatsrecht zu Löwen und Vorbeaux und bekleidete darauf, nachdem er schon mit dem siebenten Jahre ein Kanonikat zu Münster erhalten hatte, die Stelle eines Thesaurarius oder Domküsters, so daß er seinem Range nach der vierte im Domherrnkolleg war. Er entwickelte nun zu gleicher Zeit sowohl in geistlichen als in weltlichen Angelegenheiten die größte Thätigkeit, indem er einerseits als Archidiakon von Breden für das Seelenheil der ihm untergebenen Gemeinden an der holländischen Gränze aufs Eifrigste sorgte, andererseits als Gesandter im Auftrage des Kurfürsten Ferdinand nicht selten die verwickeltsten Angelegenheiten mit einer von der Gegenpartei selbst anerkannten Beharrlichkeit und Gewandtheit zum glücklichen Austrag brachte. Dieses gewann ihm nicht nur die Anerkennung seiner Vorgesetzten, sondern empfahl ihn auch besonders denjenigen Mitgliedern des Domkapitels, die es sich angelegen sein ließen, einen Bischof und Fürsten zu bekommen, der das Wohl des Vaterlandes wie der Religion mit gleicher Gewandtheit und Entschiedenheit beförderte.

Die Wahl war auf den 14. November 1651 angesetzt.[3] Mochten auch schon früher einzelne Besprechungen stattgefunden haben, so

---

[2] Alpen I. S. 9. vgl. Leben v. C. B. S. 17. Theatr. Eur. VIII. S. 88.
[3] Ueber die Wahlverhandlungen vgl. das Gutachten der Juristen-Fakultät

versammelten sich doch erst am 11. November, nachdem am Tage vorher die Exequien für den Kurfürsten Ferdinand gehalten waren, die zur Wahl anwesenden Kapitulare „nach alter löblicher Sitte" zu eigentlichen Vorverhandlungen, bei denen übrigens keine Einigung erzielt werden konnte. Das Haupthinderniß derselben war der Dekan, welcher die Stimmen der ihm abgeneigten Wähler auf jede mögliche Weise zu zersplittern suchte. Statt jedoch seinen Zweck zu erreichen, bewirkte er vielmehr, daß siebenzehn Kapitulare am Abende vor der Wahl, ohne ihm davon Anzeige zu machen, eine besondere Versammlung hielten und sich „zur Verhütung eines Schisma" über eine desto mehr einheitliche Abstimmung verständigten. Mallinckrodt ließ sich am folgenden Morgen durch den Domscholaster von Vörde über das Vorgefallene Bericht erstatten und erklärte demnächst, als die zur Wahl erschienenen 21 Domherrn sich im Kapitelssaale versammelt hatten, angeblich wegen der bei jener Zusammenkunft angezettelten Verschwörung die Abstimmung wenigstens bis zum folgenden Tage verschieben zu müssen, damit er Gelegenheit fände, auch seine Ansicht über die in Vorschlag gebrachte Persönlichkeit zu äußern. Gleich darauf zog er sich in ein anderes Gemach zurück. Die anwesenden Mitglieder des Domkapitels aber beschlossen, den in den Berufungsschreiben bestimmten Wahltag festzuhalten und sandten vier Deputirte aus ihrer Mitte zugleich mit dem Syndikus und dem Sekretair zu Mallinckrodt, um sich mit ihm zu verständigen. Dieser benutzte nun die ihm zur Mittheilung seiner Ansicht gebotene Gelegenheit, um sich in den bittersten Ausdrücken über den Thesaurarius zu ergehen, indem er sich sogar nicht scheute, die ärgsten Verläumbungen bezüglich seiner Sittenreinheit vorzubringen.[1]) Da er aber für seine Behauptung

---

zu Köln mit 16 Beilagen (Alt.-Ver. Mscr. 92) und: „Außführliche Deduction und in Jure et facto beständiglich fundierter warhaffter Bericht, wie es umb die im Jahr MDCL bey der Münstrischer Thumbkirch wegen damals gehaltener Bischofflicher Wahl entstandener und allnoch weder entschiedener noch verglichener differentz und Streitigkeit eigentlich sich verhalte und bewandt sey. Auß rechtmäßigen und wolverantwortlichen Ursachen und Veranlaßungen auch unvermeydlicher Notwendigkeit durch Anordnung und Befelch H. Bern. von Mallinckrodt in offenen Truck außgegeben. Anno MDCLVI." — Wegen nicht beigegebener deductiones iuris vgl. S. 146! —

[1]) Mallinckrodt beschuldigte C. Bern., zu Drensteinfurt eine Konkubine mit mehren Kindern zu haben. Vgl. Rechtsgutachten Beil. 2. Wie Mall. in Bezug auf das, was er andern zur Last legte, selbst bescheffen war, ergibt sich aus seinem Testamente, worin er unter anderm sagt: „Quamvis, quod

nicht den geringsten Beweis beibringen konnte und die übrigen Kapitularen sich vom Gegentheil fest überzeugt hielten, so beschlossen diese endlich nach vierstündigen nutzlosen Verhandlungen dem Dekan einfach anzuzeigen, sie würden für den Fall, daß er seine Theilnahme an der Wahl noch länger verweigerte, den Aeltesten aus ihrer Mitte zum Vorsitzenden nehmen. In Folge dessen kehrte Mallinckrodt nicht nur in den Kapitelssaal zurück, sondern betheiligte sich auch an der von ihm früher beanstandeten Wahl, indem er den Vorsitz übernahm, die Skrutatoren der Stimmzettel ernannte und selbst eine Stimme abgab. Aber kaum war Christoph Bernard von Galen als der durch Stimmenmehrheit Gewählte publizirt, als Mallinckrodt noch einmal gegen die Wahl protestirte und jede weitere Handlung einstweilen unterlassen haben wollte. Der Protest wurde jedoch von dem Kapitel zurückgewiesen und nachdem Christoph Bernard sich zur Annahme der Wahl bereit erklärt hatte, verkündete der Probst, da der Dekan sich wieder zurückgezogen hatte, das Wahlresultat vom Apostelgange her dem im Dome versammelten Volke. Alsbald wurde unter dem Geläute der Glocken ein Te Deum angestimmt und während desselben der versammelte Klerus zum Handkuß gelassen, worauf die Kapitularen den Gewählten zum bischöflichen Hofe geleiteten.

Zwei Tage nachher legte Mallinckrodt in Gegenwart dreier Domherrn und des Syndikus noch einmal Berufung gegen die Wahl ein und bewog demnächst am 19. November den Kanzler von Merveld und die Herren von Westerholt, in Rücksicht auf die Wohlfahrt des Vaterlandes einen Versuch zur Umstimmung des Kapitels zu machen. Der Versuch mißlang, da das Kapitel an der getroffenen Wahl festhalten zu wollen erklärte und zugleich mit aller Entschiedenheit die vom Dekan erhobene Anschuldigung zurückwies, daß der Unionsbrief vom 12. Dezember 1641, wonach jede Verpflichtung in Betreff der Abstimmung verboten war, durch die am Abende vor der Wahl versammelten Kapitulare verletzt wäre. Uebrigens beschränkte man sich nicht darauf, die Gültigkeit der Wahl gegen die Anschuldigungen des Dekans zu vertheidigen, sondern sandte auch einige aus dem Kapitel und dem Diöcesanklerus mit den Wahlprotokollen an den päpstlichen

---

ex animo doleo, virginis illibatitiem et puritatem mihi tribuere nequeam, contestor tamen, me a multis retro annis foeminam non cognovisse, nec etiam in omni vita mea cum aliqua, quae natalibus mihi par vel maior, quae vel coniugata vel sancti monialis vel canonissa esset, nunquam carnale commercium habuisse." (Mscr. Alt.-B.)

Nuntius Fabius Chisi, um nach den nothwendigen Eröffnungen über die Person des Gewählten und den Zustand der Diöcese, die eines Oberhirten gar sehr bedürfte, die vorläufige Bestätigung der Wahl zu erwirken.⁵) Und wirklich übertrug Chisi dem Gewählten auf sechs Monate, in welcher Zeit die endgültige Entscheidung des Papstes wohl sicher zu erwarten stand, die Ausübung der bischöflichen Gerichtsbarkeit und die Verwaltung aller Güter und Einkünfte des Bisthums und drohte jedem, der ihn in der Administration direkt oder indirekt hindern würde, mit Exkommunikation. Diese Zuschrift veröffentlichte das Domkapitel am 22. Dezember 1650 zugleich mit einem Erlaß, worin den geistlichen und weltlichen Behörden sowie überhaupt allen Einwohnern des Stifts Gehorsam gegen den erwählten Bischof auferlegt wurde.⁶)

Aber auch Mallinckrodt war unterdessen thätig gewesen, um seinem Proteste Geltung zu verschaffen und die Bestätigung der Wahl am päpstlichen wie am kaiserlichen Hofe zu verhindern. Nichts desto weniger wurde zu Rom schon am 26. Januar 1651 die Wahl Christoph Bernards bestätigt und nur weil der Unterhändler Mallinckrodts vorgab, demnächst noch neue Belege gegen die Gültigkeit der Wahl zu erhalten, zögerte Innocenz X. mit der Veröffentlichung der Bulle bis zum 22. Mai. Die versprochenen Belege wurden nicht beigebracht und Mallinckrodt wagte später sogar zu behaupten, daß sein Prokurator von der Gegenpartei wäre bestochen worden.⁷) Der Hauptanklagepunkt, worauf der Dekan stets zurückkam, und um welchen sich auch die Untersuchung zu Rom drehte, war die angebliche Vernichtung der Wahlfreiheit durch die Vorversammlung. Doch fanden in der nicht erwiesenen Behauptung die Juristen zu Rom ebenso wenig wie die der Fakultäten zu Köln und Ingolstadt einen triftigen Grund, die Wahl für nichtig zu erklären. Papst Innocenz X. erließ übrigens außer der Bestätigungsbulle für Christoph Bernard noch

---

⁵) Das Wahlinstrument im Provinzial-Archiv zu Münster „Fürstenthum Münster" Urkunde 4475. — In dem vom Generalvikar Bagedes ausgestellten Zeugniß über Geburt, Stand und Lebensart Christoph Bernards (Urk. 4476) heißt es: „in spiritualibus ac temporalibus plurimum circumspectus et pro difficultate temporum dexterrinus omninoque habilis."
⁶) Das Schreiben von Chisi bei Alpen I. S. 26 f. Der Erlaß des Domkapitels S. 28 f.
⁷) Ausführl. Deduktion S. 34 u. 57. Ergänzungen dazu in den über Mallinckrodt und seinen Prozeß handelnden Briefen der Agenten Christoph Bernards zu Rom im Fr. Mstr. Landes-Arch. 588, 1.

brei Schreiben an das münsterische Domkapitel, an den Klerus und an das Volk, worin er zum Gehorsam gegen den Bischof ernstlich ermahnte.⁸) Wie in Rom so wurde Mallinckrodt auch zu Wien mit seinem Proteste abgewiesen.⁹) Kaiser Ferdinand III. übertrug Christoph Bernard schon unter dem 6. Februar 1651 die fürstlichen Gerechtsame zunächst auf sechs Monate, auf wie lange Zeit auch der Nuntius Chisi dem Gewählten die Administration des Bisthums übertragen hatte, belehnte ihn aber schon bald, nachdem der Papst die Rechtmäßigkeit der Bischofswahl anerkannt hatte, in feierlicher Weise mit allen Regalien und Rechten eines weltlichen Fürsten.¹⁰)

Am 17. September 1651 ließ sich nun Christoph Bernard, welcher bisher erst die Subdiakonatsweihe empfangen hatte, durch den Bischof von Osnabrück unter großen Feierlichkeiten konsekriren, da er nicht etwa wie seine unmittelbaren Vorgänger Johann Wilhelm von Kleve, Ernst und Ferdinand von Baiern, nur das bischöfliche Amt verwalten, sondern im eigentlichen und vollen Sinne des Wortes Bischof sein wollte. In gleich feierlicher Weise hielt er dann am 24. September 1652, nachdem er sechs Tage vorher mit dem Domkapitel über die Wahlkapitulation sich verständigt hatte,¹¹) als Fürst von Wolbeck aus seinen Einzug in Münster. Das Domkapitel, der Abel und die Bürgerschaft gingen ihm bis zur Geist entgegen, wo er ihnen die Wahrung ihrer Privilegien versprach und ihre Huldigung empfing. Von ihnen geleitet begab er sich dann durch das Ludgeri-Thor zunächst zur Michaelskapelle, übergab dort nach alter Sitte sein Pferd dem Freiherrn Droste zu Bischering als Geschenk, legte den bischöflichen Ornat an und empfing darauf in der Kathedrale, wo er den üblichen Eid der Bischöfe ablegte,¹²) auf einem Thronsessel sitzend den Klerus, der zum Handkuß gelassen wurde, und

---

⁸) Alpen S. 48 ff. hat nur die beiden ersten Bullen; alle vier stehen im Rechtsgutachten Beil. 4. Das Original der Konfirmationsbulle im Prov.-Arch. Fürstth. Münster, Urk. 4484; die drei andern Bullen das. Nr. 4486. — Das Gutachten der Fakultät zu Ingolstadt Prov.-Arch. Mscr. VI, 54 und „Domkapitels-Produkte" VI, 12.

⁹) Mallinckrodts Eingabe vom 7. Juli und die kaiserl. Antwort vom 19. Aug. 1651 am Ende der Beil. zum Rechtsgutachten.

¹⁰) Die Belehnung des Kaisers vom 6. Febr. 1651 im Prov.-Arch. Fürstth. Münster, Urk. 4479. Der Papst empfahl in einer besondern Bulle vom 22. Mai 1651 Christoph Bernard dem Kaiser. Urk. 4481.

¹¹) Prov.-Arch. Fürstth. Münster, Urk. 4493.

¹²) Prov.-Arch. Fürstth. Münster, Urk. 4494.

demnächst im bischöflichen Palast die Ritterschaft, die er sich durch Handschlag vereidete. Am folgenden Tage leisteten ihm auch die Bürgermeister von Münster im Beisein des Raths und der Zunftmeister auf dem Domhofe zwischen dem Paradies und der Jakobikirche den Eid der Treue. [13])

Mit der förmlichen Anerkennung und feierlichen Einführung Christoph Bernards als Bischofs und Fürsten von Münster schien dem Dekan alle und jede Hoffnung auf einen glücklichen Ausgang seiner fernern Widersetzlichkeit genommen zu sein. In dieser Voraussetzung wurde dann auch vom Bischofe und Kapitel ein wiederholter Versuch gemacht, ihn zu versöhnen: aber noch hatte jener nicht alles aufgegeben, da er sowohl die päpstliche Bestätigung als die kaiserliche Belehnung für nichtig hielt und sogar behauptete, wenn es ihm nicht an Geld und Advokaten mangelte, sein Recht erlangen zu können. [14]) Dabei erklärte er, daß er Alles nur um der Sache willen und nichts wegen seiner Person gethan hätte und thun würde, und doch muß gerade diese Erklärung gar sehr in Zweifel gezogen werden, wenn wir die von ihm zur Erreichung seiner Zwecke angewandten Mittel berücksichtigen. Schon zur Zeit wo Christoph Bernard durch den päpstlichen Nuntius Chisi in der einstweiligen Verwaltung des Bisthums bestätigt ward, entstand das Gerücht von einer geheimen Verbindung Mallinckrodts mit benachbarten Staaten, namentlich mit Holland, [15]) weßhalb das Kapitel ihm am 24. November 1650 die Säkularjurisdiktion und die Satrapie Horstmar, deren Verwaltung ihm zur Zeit der Sedisvakanz anvertraut war, entzog. Und als Christoph Bernard, bald nachdem er vom Kaiser mit den fürstlichen Rechten vorläufig belehnt war, eine Versammlung der Stände berief, wurde Mallinckrodt, der bisher als Dekan den Vorsitz geführt hatte, wegen seiner andauernden Friedensstörungen ausgeschlossen. Der Versuch, sich mit Gewalt Zutritt zu verschaffen, hatte ebenso wenig Erfolg, als das Bestreben, einige aus der Ritterschaft auf seine Seite zu ziehen. Hiemit hatte er aber, wenn nicht schon früher, die Bahn eines Aufwieglers betreten; und mit Rücksicht hierauf sind auch wohl offenbar die in dem päpstlichen Schreiben an das Domkapitel ausgesprochenen Drohungen gegen Rebellen, wenngleich Mallinckrodt nicht ausdrücklich genannt wird, nur gegen ihn gerichtet. Das Domkapitel wandte sich,

---

[13]) Alpen I. S. 77—82.
[14]) Ausführl. Dedukt. S. 65 u. 69.
[15]) Rechtsgutachten, Beil. 11. Verhandlung vom 21. Novbr. 1650.

da Mallinckrodt in seinem Eifer sogar so weit ging, den Ruf Christoph Bernards durch arge Schmähungen zu gefährden, an den Nuntius Chisi und die von diesem eingesetzte Untersuchungs-Kommission gebot nicht nur dem Angeklagten, da er seine Anschuldigungen nicht binnen einer bestimmten Frist als begründet und wahr erwies, ewiges Stillschweigen, sondern erklärte ihn auch auf Grund einer päpstlichen Verordnung gegen unbegründete Angriffe auf eine Bischofswahl und gegen nicht zu erweisende Anschuldigungen des Gewählten der Strafe der Suspension von den kirchlichen Benefizien auf drei Jahre schuldig.[16]) Und wirklich verhängte Christoph Bernard am 6. März 1652 über den Dekan, der ihm stets und überall die gebührende Achtung verweigerte, die Ausschließung vom Chor und Kapitel, vom Offizium und Benefizium.[17]) Was die Verweigerung der gebührenden Achtung betrifft, so wird uns berichtet, daß Mallinckrodt den Bischof nicht nur nicht grüßte, sondern ihm vielmehr im Chor stets den Rücken zuwandte, daß er ihn in verächtlicher Weise stets nur mit dem Wörtchen „Er" bezeichnete[18]) und daß er endlich nicht nur die kostspielige Einrichtung seines Hofwesens auf das Bitterste tadelte, sondern selbst seine Persönlichkeit in arger Weise angriff. In Bezug auf den letzten Punkt erfahren wir aus dem Theatrum Europaeum sowie aus einer holländischen und französischen Biographie Christoph Bernards, es habe diesem besonders zum Vorwurf gereicht, daß er von einem „halsstrafbaren" Edelmann abstammte, da sein Vater in Folge eines Jagdstreits den Erbmarschall von Morrien erstochen und sein Leben im Gefängniß beschlossen habe. Für die Wahrheit dieser Behauptung werden zwar von den genannten Biographen zwei Briefe beigebracht, die sich jedoch nicht mit Bestimmtheit aussprechen und selbst Widersprüche enthalten. Wir dürfen daher Alpen wohl glauben, wenn er mit aller Entschiedenheit behauptet, daß Galen, da er nur aus Nothwehr gehandelt, freigesprochen und nachdem er sich an einer Gesandtschaft nach dem Haag betheiligt hatte, in Kurland, wo er Erzmarschall war, auf seiner Burg Lutzen gestorben sei.[19])

---

[16]) Die betreffenden Schriften im Prov.-Arch., Mscr. VI, 54—66 u. „Domkapitels-Produkte" VI, 11 u. 12.

[17]) Alpen I. S. 57—59. Ausführl. Deduft. S. 83.

[18]) So nach den notariellen Aussagen, Beil. 10 zum Rechtsgutachten der Kölner Fak.

[19]) Alpen I. S. 18 f. S. d. V. Leven C. B. S. 17—22; S. 308 und 310. Im zweiten Briefe heißt es deutlich genug: „doch andere laten sich

Zur Charakteristik Mallinckrodts sei hier noch bemerkt, daß er nicht allein gegen den Bischof, sondern zugleich auch gegen das Domkapitel und dessen Rathgeber die ärgsten Injurien vorbrachte. Das Kapitel, behauptete er, ließe sich durch zwei Kahlmäuler verführen; doch würde er es schon kraft seiner obrigkeitlichen Auktorität als Dekan dahin bringen, daß es eine andere Wahl vornähme. Und wenn der Syndikus Boichorst erklärt hätte, daß man ihn wegen der Opposition noch schärfer bestrafen könnte, so wäre er ein unredlicher Schelm, ein verlogener Ehrendieb und teuflischer Kalumniant und verdiente, daß man gegen ihn, da er allein das Disturbium bewirkt hätte, nach Karls V. Halsgerichtsordnung kriminaliter verführe. [20]

Trotz dieser feindseligen Gesinnung Mallinckrodts zeigten sich der Bischof und das Kapitel noch immer geneigt, ihm den Titel und die Einkünfte des Dekans zu lassen; nur sollte er keinen Zutritt haben zu ihren Versammlungen. Mallinckrodt aber wies nicht allein dieses Anerbieten zurück, sondern fügte auch noch die beleidigende Behauptung hinzu, daß sowohl die Schiedsrichter über die Bischofswahl bestochen als auch die Mitglieder der Untersuchungs-Kommission, welche seine Suspension bewirkte, Parteigänger gewesen wären und mit Unterschlagung seiner Briefe ihn nicht genugsam gehört hätten. Das war eine neue und harte Anklage einerseits gegen den päpstlichen Nuntius und selbst gegen Papst und Kaiser, welche die Wahl bestätigt hatten, andererseits gegen den Bischof und den Weihbischof von Paderborn, den Bischof, den Probst und den Offizial zu Osnabrück, den Offizial zu Münster und den Abt von Marienfeld, welche die erwähnte Untersuchung gegen Mallinckrodt geleitet hatten. An eine Aussöhnung war um so weniger zu denken, als der Dekan sein Glück noch einmal und zwar persönlich beim Kaiser versuchen wollte.

Ferdinand III. berief 1653 einen Reichstag nach Regensburg, um mit den Reichsständen über die Mittel zur Heilung der im dreißigjährigen Kriege erlittenen Schäden zu berathen. Auch Mallinckrodt begab sich dorthin, um den Kaiser zu einer abermaligen Untersuchung der Wahlangelegenheit zu bewegen. Er wurde zwar nach fünfwöchentlichem Aufenthalt zur Audienz gelassen, erlangte jedoch weiter nichts, als daß der friedliebende Fürst nach Anhörung seiner Beschwerden

---

voorstaen, dat dit (die Verurtheilung Galens) weynigh waerschynlykheyd heeft ... de ware omstandigheden syn t'eenemael onseecker in deese onze tyd."

[20] Rechtsgutachten Beil. 6, 7 u. 15. Vgl. Ausführl. Deduk. S. 132.

ihm zur gütlichen Beilegung der Sache rieth. Da er nun aber auf eine förmliche Untersuchung drang, wurde er zuletzt auch in aller Form durch gerichtliches Erkenntniß vom Reichshofrath abgewiesen und es gelang ihm ebensowenig diesen Entscheid der weltlichen Behörde abzuändern, als die in Regensburg anwesenden geistlichen Fürsten für sich zu gewinnen. So kehrte er denn zwar mit gescheiterten Hoffnungen, aber mit dem festen Entschluß, „Gewalt mit Gewalt abzukehren" nach Münster zurück. *)

Christoph Bernard hatte unterdessen die Verwaltung des Stifts für die Zeit seiner Abwesenheit dem Thesaurarius Brabeck **) übertragen und sich in Begleitung von Fürstenberg, Merveld und Wiedenbrück nach Regensburg begeben, wo seine Thätigkeit einen doppelten Zweck verfolgte, einmal die Erweiterung seiner fürstlichen Macht, indem er als Burggraf von Stromberg Sitz und Stimme im Fürstenrathe beanspruchte, dann die völlige Befreiung des Stifts von fremder Besatzung. In Bezug auf den erstern Punkt ist durch neuere Forschungen festgestellt, daß die Burggrafen von Stromberg niemals Reichsburggrafen waren und fürstlichen Rang hatten. Die einzige Veranlassung für die Annahme einer Reichsburggrafschaft Stromberg gab die Spielerei der sogenannten Quaternionen. Daß übrigens Christoph Bernard im besten Glauben an die Rechtmäßigkeit seiner Forderung gehandelt hat, geht aus den beiden Memorialien, welche er in dieser Angelegenheit an den Kaiser richtete, hinlänglich hervor. Auch hielt der Kaiser die Beweisführung Christoph Bernards für unbedenklich und erließ ein bezügliches Kommissions-Dekret. Als aber Münster 1654 den Reichsabschied auch wegen Stromberg unterzeichnete, wurde doch mehrfach dagegen protestirt. Auf spätere abermalige Anregung erfolgte erst 1708 ein Schluß des fürstlichen und 1710 auch des kurfürstlichen Kollegiums zu Gunsten von Münster. In diesem Stadium aber verblieb die Sache; zu einer wirklichen Einführung ist es nicht gekommen. ***)

---

*) Alpen I. S. 100 ff. Ausführl. Deduk. S. 81 f. u. 145.
**) Brabeck war am 8. Oktober 1651 zum Thesaurar ernannt. Prov.-Arch. Fürstenth. Münster, Urk. 4489.
***) Ficker, vom Reichsfürstenstande, Bd. 1, 165. S. 214 ff. Vgl. Erhard, Gesch. Münsters S. 481; Neuhaus über die Burggrafen von Stromberg in der Zeitschrift für vaterländ. Gesch. (Münster 1862) III. Folge. 2. Bd. S. 79 ff. Moser deutsches Staatsrecht 35, 294. Die Memorialien Chr. Bernards bei Malern Acta comitialia Ratisbonensia publica S. 360 ff. u. das kaiserl. Dekret S. 370 f.

Was die Befreiung des Stifts von fremder Besatzung angeht, so hatten zunächst die Hessen bereits 1652, nachdem ein Theil der im westfälischen Frieden ihnen zugesprochenen Kriegskosten bezahlt war und für den Rest die Herren von Beveren ihre Güter im Bentheimischen verpfändeten, die Schlüssel von Coesfeld an den fürstbischöflichen Generalwachtmeister Neumont übergeben und sogar davon Abstand genommen, die Festungswerke der Stadt, wie es in den Friedensbedingungen bestimmt war, zu zerstören. Nicht lange nachher wurde auch Borken und Bocholb von den Hessen geräumt.[24]) Weit schwieriger war die Wiedererlangung Bevergerns, welches die General-Staaten mit treuloser Schlauheit zu behaupten suchten. Zwar hatten sie nach dem westfälischen Frieden die Besatzung ihres Eides entbunden und entlassen, aber nur um sie gleich darauf im Namen des von ihnen abhängigen Prinzen Wilhelm von Ostfriesland wieder zu verpflichten. Unter diesen Umständen hielt es Christoph Bernard für nöthig, zu einer Kriegslist seine Zuflucht zu nehmen. Sieben handfeste und verschlagene Leute ließ er nach einander in Bevergern Dienste nehmen; diese sperrten einige Wochen später, während die Besatzung gerade hinausgerückt war, den Kommandanten in seiner Wohnung ein und riefen durch einen Kanonenschuß die in der nächsten Umgegend wie auf der Jagd umherstreifenden Truppen des Fürstbischofs herbei. Ein Theil derselben erstieg schnell die Burg, der andere zwang die in die Stadt sich zurückziehenden Feinde sich zu ergeben. Doch erhielten diese nach Ablieferung der Waffen freien Abzug, und um jeden Anspruch, den Prinz Wilhelm etwa erheben mochte, zu beseitigen, erlangte Christoph Bernard nach sieben Jahren am 15. Februar 1659 in einem Vergleiche mit dem Kurfürsten Friedrich Wilhelm von Brandenburg und den andern Vormündern des Prinzen, daß sie gegen 150,000 Thaler nicht nur auf Bevergern, sondern auch auf Kloppenburg, Dite, Frisoite, Emsland, Snappe, Hummerling, kurz auf alle vom tecklenburger Grafen dem münsterischen Stifte ehemals überlassenen Orte mit alleiniger Ausnahme der lingenschen Präfektur für immer verzichteten.[25]) Endlich suchte

---

[24]) Ueber Coesfeld vgl. die Gesch. dieser Stadt von Söfeland S. 150 f. Die Räumung Bocholds geschah 1635 nach folg. Chronogramm:
Per geMInos tItan ter qVInqVe Vt feCerat ortVs
HassVs abIt, paX est, DIrVta porta strVor.

[25]) Alpen I. S. 66 u. 422 ff. Prov.-Arch. „Domkapitels-Produkte" VI, 10 Fürstenth. Münster, Urk. 4533.

Christoph Bernard auch Vechta, welches die Schweden einstweilen bis zur Zahlung von 140,000 Thalern Kriegskosten besetzt hielten, wieder zu gewinnen. Nachdem der Reichstag zu Regensburg sich damit einverstanden erklärt hatte, daß der Fürstbischof von Münster nach Erlegung der Gelder, wovon er die betreffenden Theile später von den zur Beisteuer verpflichteten Reichsständen wieder einfordern könnte, Vechta besetze, gelang es Christoph Bernard, da das münsterische Kapitel und die Ritterschaft sich für die Aufbringung der Schwedengelder aussprachen und auch die Stadt Münster sich zur Zahlung von 50,000 Thalern verstand, die erforderliche Summe herbeizuschaffen und den schwedischen Kommandanten zur Räumung des Ortes zu bewegen (13. Mai 1654). Durch den Abzug der Schweden wurde übrigens nicht nur Vechta gewonnen, sondern das Stift auch von der monatlichen Zahlung von 7000 Thalern Unterhaltungskosten endlich befreit. [26])

Die Entfernung der fremden Besatzungen war gelungen; im Innern blieben die Verwickelungen ungelöset und steigerten sich bald sogar noch mehr. Mallinckrodt, mit seinen Beschwerden von dem Kaiser und dem Reichshofrath abgewiesen, war voll Erbitterung über die nach seiner Ansicht durchaus ungerechte Behandlung nach Münster zurückgekehrt. Diese Erbitterung wurde noch durch den Umstand erhöht, daß die weite Reise und der lange Aufenthalt in Regensburg sein Geld verschlungen hatten, die ferneren Einkünfte aber dem abgesetzten Dekan entzogen waren. Wer durfte jetzt noch auf Nachgiebigkeit von seiner Seite hoffen, da er sogar förmlich erklärte, daß er die Wahl Christoph Bernards trotz Papst und Kaiser niemals als kanonisch anerkennen würde! Also auf einen gütlichen Vergleich wollte er sich nicht einlassen, auf rechtlichem Wege konnte er bei geistlichen und weltlichen Behörden nichts erlangen: was blieb ihm anders übrig, als nach seinen eigenen Worten „Gewalt mit Gewalt abzukehren"? Die nächste Gelegenheit, seinen Entschluß zur Ausführung zu bringen, bot sich ihm dar, als die Frau eines gewissen Havichorst um Jakobi den Pachtzins ihres zur Dekanei gehörigen Gütchens nicht dem abgesetzten Dekan, sondern dem vom Kapitel beauftragten Einnehmer zu bringen beabsichtigte. Mallinckrodt, der sie an seiner Wohnung vorüber gehen sah, eilte auf die Straße und

---

[26]) Alpen I. S. 114—129. Theatr. Eur. VII, 628. Landtagsprotokoll vom 12. Jan. 1655. Prov.-Arch. „Domkap.-Prob." VI, 17. Landes-Archiv 539, 5; 540, 1 u. 541, 1.

entriß ihr das Körbchen mit den darin liegenden dreihundert Thalern. [27] Wenn es heißt, daß das Volk sich an diesem listigen Streiche unmäßig ergötzt habe, so wird sich das zunächst wohl nur auf diejenigen Klassen beziehen, welche stets und überall ihre Vorliebe für Standale bekunden; dennoch dürfen wir zumal in Berücksichtigung der nächstfolgenden Ereignisse vermuthen, daß eine gewisse Partei unter den Bürgern Münsters nicht sowohl aus besonderm Interesse für Mallinckrodt und seine Sache als vielmehr in frischer Erinnerung an die frühern Streitigkeiten der Stadt mit dem Fürstbischofe und dem Kapitel sich rührig bewies. Nur von dieser Partei war noch etwas zu hoffen und so ließ denn Mallinckrodt auch keine Gelegenheit unbenutzt, die Gunst der Menge zu gewinnen. Hatte er sich früher als Vorsteher des Kapitels hart und eigensinnig gezeigt, so gab er sich jetzt, indem er mit jedem noch so niedrig gestellten Menschen in der freundlichsten Weise verkehrte, die Miene eines durchaus loyalen und gnädigen Mannes. Und wenn von Zeit zu Zeit der Verdacht laut wurde, daß er weniger aus innerer Ueberzeugung als in ehrgeizigem Streben seinen Glauben geändert hätte, ja wenn es sogar hieß, daß er noch immer den Häretikern zuneigte, [28] so suchte er um so eifriger seine Frömmigkeit zur Schau zu tragen, indem er selbst auf öffentlichen Wegen das Brevier und den Rosenkranz betete. Diese Frömmigkeit und jene Freundlichkeit waren zunächst wohl darauf berechnet, zu zeigen, einen wie würdigen Bischof und gütigen Fürsten man an ihm würde gehabt haben; vor allem aber suchte er sich als den Verfechter einer guten Sache darzustellen, der vom Fürsten und Kapitel nur mit dem größten Unrecht verfolgt würde. Uebrigens konnte es ihm nicht genügen, das Mitleid einzelner Bürger für sich anzuregen, sondern er war auch darauf bedacht, durch weitere Verdächtigungen seiner Gegner wo möglich die ganze Stadt in den Streit mit hineinzuziehen. Als daher ein Streit zwischen dem Domkapitel und dem Magistrat über die Anlage eines neuen Festungswerkes am Ludgerithore nicht unbedingt zu Gunsten der Stadt entschieden wurde, trat er sogar mit der Behauptung hervor, daß Christoph Bernard sich in der Wahlkapitulation verpflichtet hätte, stets für das Kapitel und gegen die Bürgerschaft zu entscheiden. [29] Die Unwahrheit dieser Behauptung ergibt sich aus dem vom Fürstbischofe

---

[27]) Alpen I. S. 112.
[28]) Ausführl. Deduct. S. 112 f. Rechtsgutachten, Beil. 16 n. 5.
[29]) Alpen I. S. 72 u. 113.

geleisteten Eide. Selbst die in die Wahlkapitulation gewöhnlich auf=
genommene Verpflichtung, des Domkapitels Jurisdiktion und Gerech=
tigkeit wie seine eigene vertheidigen zu wollen, wies Christoph Ber=
nard als unzulässig zurück, weil er sich „der Judikatur in vorfallenden
Fällen alsdann abthun müßte, cum nemo possit esse iudex in
propria causa." [30]) Auch erklärte er im §. 33 der Kapitulation
vom 18. September 1652, nur dafür sorgen zu wollen, daß die von
der Stadt für die Vergrößerung ihrer Außenwerke im Gogericht des
Kapitels diesem in Aussicht gestellte Erstattung geleistet würde. Im
Uebrigen versprach er in der Kapitulation, gleichmäßig und „wie es
der Gerechtigkeit eignet und gebührt" alle Stiftsprivilegien, Briefe,
Verträge, Abschiede, Satzungen und Eide aufrecht halten zu wollen.
Ebenso bestätigte er unter dem 2. März 1654 namentlich das soge=
nannte privilegium patriae des Bischofs Johann von Hoya. [31])
Von dieser Seite lag also keine gegründete Ursache zur Klage vor.

Ein fernerer Vorwurf Mallinckrodts gegen Christoph Bernard be=
traf dessen Geldaufwand in Regensburg. Der Landtag vom 30.
Oktober 1652 hatte 25,000 Thaler bewilligt; daß der Fürst, obschon
er noch eine Reise nach Oesterreich und Ungarn unternahm, jene
Summe überschritt, wird nirgendwo angegeben. Eine weitere Zulage
wurde wenigstens von den Ständen nicht gefordert. Aber zu gleicher
Zeit hatte er für die Schiffbarmachung der Ems und Berkel sowie
für die Errichtung von Handelsmonopolen große Geldsummen auf=
gewendet und demnächst 140,000 Thaler zur Befriedigung der Schwe=
den verlangt. Bei Vertheilung der Beiträge zu dieser Abfindungs=
summe glaubte sich der Bürgerstand benachtheiligt und die Unzufrie=
denheit ging sogar so weit, daß man an den Kaiser zu appelliren
beschloß, in Folge dessen der Fürst sich zuletzt zur Nachgiebigkeit ge=
nöthigt sah, da ihm ein heftigeres Drängen der Städte nicht räthlich
schien. [32]) Es ist gewiß unter allen Umständen höchst fatal, von der
Durchführung eines Planes Abstand nehmen zu müssen; doppelt fatal
aber ist es zu einer Zeit, wo Parteiungen herrschen. Und so läßt
es sich denn leicht erklären, wie Mallinckrodt bei seinen Anschuldigun=
gen gerade damals immer mehr geneigte Zuhörer fand und seinen
Anhang vergrößerte.

Unter diesen Umständen glaubte er in seiner Verwegenheit so

---

[30]) Notae circa capitulationis proiectum, artic. 20 u. 38 (Msc. Alt.=B.)
[31]) Prov.=Arch. Fürstenth. Münster, Urk. 4505.
[32]) Alpen I. S. 126 f.

weit gehen zu dürfen, daß er trotz der über ihn bereits verhängten
Suspension und des ihm angedrohten Anathema im Chore wieder
erschien und zum Ergötzen der Volksmenge den Sitz des Dekans ein=
nahm. Als Grund seines Verfahrens gab er an, daß er sich von
seinem Schöpfer und Erlöser nicht länger hätte scheiden mögen, daß
er daher mit Zustimmung seines Beichtvaters und anderer Theologen,
jedoch nicht ohne daß er sich vorher zur größeren Sicherheit (ad cau-
telam) von jeder Irregularität hätte absolviren lassen, die geistlichen
Funktionen wieder aufgenommen hätte. [33]) Christoph Bernard aber
sah sich, um weiteren Excessen vorzubeugen, jetzt genöthigt, unter dem
26. August 1654 von Coesfeld aus die größere Exkommunikation
über den Dekan zu verhängen und somit nicht nur ihn selbst von
der Kirche auszuschließen, sondern auch allen andern jede Gemein=
schaft mit ihm zu verbieten. Trotzdem fuhr Mallinckrodt fort, im
Chor zu erscheinen und den Gottesdienst zu stören. Das Volk aber
zerriß das an der Domthür angeheftete Schreiben des Bischofs und
selbst manche von den Ordensgeistlichen mit Ausnahme der Jesuiten
erklärten sich für Mallinckrodt, indem sie nicht nur die Exkommuni=
kation, welche von den Kanzeln verkündet werden sollte, mit unver=
kennbarem Unwillen und durchaus unverständlich publizirten, sondern
wohl gar in ihren Predigten den Dekan vertheidigten. [44]) Sie stütz=
ten sich nämlich auf die Behauptung, daß ohne vorhergehende De=
nunciation keiner suspendirt und noch viel weniger exkommunizirt
werden könnte, daß also der Bischof den Rechtsweg nicht eingehalten
hätte. Aber die Suspension war von der durch den päpstlichen Nun=
tius eingesetzten Untersuchungs=Kommission rechtlich verhängt; und
was die Exkommunikation betrifft, so war ein Suspendirter, welcher
innerhalb drei Jahre aus eigener Verwegenheit sich wieder eindrängte,
von selbst für immer ausgeschlossen. Mit Rücksicht darauf entschieden
daher auch die kölner Juristen und römische Advokaten auf die von
Münster gestellte Frage, daß die Exkommunikation im vorliegenden
Falle allerdings gültig und rechtskräftig wäre. Nichts desto weniger
appellirte Mallinckrodt und veröffentlichte ein Schreiben, worin er
einerseits nachzuweisen suchte, daß der Bischof, da die innerhalb der
Dom=Immunität wohnenden Mitglieder des Kapitels nicht unter seiner
Jurisdiktion ständen, ihn weder zu suspendiren noch zu exkommuniziren

---

[33]) Ausführl. Ded. S. 88. Vgl. Prov.=Arch. Mscr. VI, 54.
[44]) Alpen I. S. 146. Vgl. ausführl. Ded. S. 91. Das Exkommunikations=
Schreiben bei Alpen I. S. 136—143.

befugt gewesen wäre, andererseits behauptete, zu wiederholten Malen eine Aussöhnung mit dem Bischofe vergebens nachgesucht zu haben. Was die letzte Behauptung betrifft, so erweiset sich diese als falsch, da der Dekan noch unmittelbar vorher offen erklärte, daß er die Wahl Christoph Bernards nie als kanonisch anerkennen würde; das aber war die einzige Bedingung einer Aussöhnung. Wenn ferner der Dekan die Folgen der Exkommunikation durch seine Appellation vernichtet zu haben meinte, so bemerkte dagegen der Bischof in einem Erwiederungsschreiben, daß vielmehr die Appellation nichtig wäre da sie außerhalb des Gerichts ergangen, von keinem Notar aufgenommen, ja nicht einmal unter bestimmter Anführung der Beweggründe zur Beschwerde schriftlich abgefaßt und weder dem Bischofe, noch dem Kapitel, noch auch endlich dem Fiskus eingereicht wäre. Wichtiger noch ist die in derselben Schrift enthaltene Widerlegung der Behauptung, daß der Bischof nach der Wahlkapitulation keine Jurisdiktion auf dem Domhofe üben dürfte. Mit Recht wird zunächst hervorgehoben, daß die Kapitulation als gegenseitiger Vertrag zwischen dem Bischofe und dem Kapitel durch beiderseitige Uebereinkunft modifizirt oder auch aufgehoben werden könne. Daß der Bischof im vorliegenden Falle nicht ohne Zustimmung des Kapitels gehandelt habe, ergebe sich aus der Eingangsformel des betreffenden Erlasses, worin es ausdrücklich heiße: „de consensu et praescitu venerabilis capituli nostri." Ueberdies habe das Kapitel den Bischof wiederholt aufgefordert, gegen den widerspänstigen Dekan nachdrücklichst einzuschreiten; und es könne gewiß auch nur als eine absurde Ansicht gelten, wenn man glaube, daß jede Art von Verbrechen innerhalb der Dom-Immunität durch die erwähnte Bestimmung der Wahlkapitulation der bischöflichen Gerichtsbarkeit völlig entzogen wäre. [16])

Mit solchen Schriften und Gegenschriften war wenigstens bei Mallinckrodt selbst nichts gewonnen und um daher weiteren Standal im Dome zu verhüten, ließ der Bischof sämmtliche Thüren mit Ausnahme der beiden größeren verschließen und diese mit Wachen besetzen. Durch solche Maßregeln jedoch keineswegs eingeschüchtert, ging vielmehr

---

[16]) Ein Exemplar der Gegenschrift Chr. Bernards (ohne besondern Titel) mit der Einleitung: „De mandato Ill. et Rev. D. Ep. et Pr. Mon. expresso insinuandum et notificandum omnibus civitatis et dioecesis Mon. D. D. Theologis, Concionatoribus, Parochis, Curatis, Vicecuratis ac aliis, quibuscunque conciones et verbi divini praedicationes facientibus" befindet sich in der Paulinischen Bibliothek zu Münster.

der Dekan jetzt sogar dazu über, daß er in einigen Vertheidigungsschriften geradezu an das Volk als seinen Richter appellirte. Das Abreißen dieser Schriften von den Kirchenthüren sowie das von Christoph Bernard erlassene Verbot, dieselben zu lesen, reizte die Menge nur noch mehr und der Anhang Mallinckrodts mehrte sich mit jedem Tage. Um dem tumultuarischen Treiben ein Ende zu machen, faßte der Bischof den Entschluß, den Dekan als den Hauptträdelsführer außerhalb der Stadt in Gewahrsam zu bringen. Er trat deshalb mit dem Magistrat. in Unterhandlung und erließ an ihn unter dem 3. September 1654 einen schriftlichen Befehl, die nöthigen Vorkehrungen zu treffen, damit bei der Abführung des Delinquenten kein Volksauflauf entstände. Die Väter der Stadt protestirten jedoch nicht nur gegen den vom Bischof gebrauchten Ausdruck „befehlen", sondern beanspruchten es auch als ein ihnen zustehendes Hoheitsrecht, den Gefangenen von ihren eigenen Truppen durch die Stadt geleiten zu lassen. Man sieht, das Wort „befehlen", dessen Wahl die fürstlichen Räthe demnächst mit einer gewissen Naivetät dem Sekretair zuschoben, welches sie übrigens zugleich sehr bezeichnend als aus den veränderten Zeitverhältnissen hervorgegangen erklärten, rief als Gegensatz hervor, daß der Magistrat seine Rechte um so mehr betonte. Und wenn er einerseits das Ansinnen des Fürsten zwar fein, aber entschieden ablehnte, so verhehlte er andererseits auch nicht seine Theilnahme für Mallinckrodt, der bei seinen Verdiensten um das Vaterland sowie wegen seiner edelen Abkunft, seiner Stellung und seines Alters ein besseres Loos verdient hätte, als im Gewahrsam zu sitzen.[36]) Wir müssen dabei übrigens ausdrücklich hervorheben, daß der Magistrat nicht sowohl aus Parteinahme für Mallinckrodt, als vielmehr vorzugsweise nur im Interesse für die Wahrung der städtischen Privilegien gegen den Befehl Christoph Bernards protestirte. Wenn also Mallinckrodt angeblich als der Vorsteher des Domkapitels, im Grunde aber nur aus persönlichem Interesse Christoph Bernard wegen beschuldigter Anmaßung der bischöflichen Würde bekämpfte, so erhob dagegen die Stadt einen prinzipiellen Widerspruch gegen die Ueberschreitung der fürstlichen Befugnisse und die Streitigkeiten mit der Stadt greifen also nur insofern in die Irrungen mit Mallinckrodt ein, als Christoph Bernard diesem gegenüber nicht allein von geistlichen, sondern auch von weltlichen Mitteln Gebrauch machte.

---

[36]) Alpen I. S. 147—154. Vgl. ausführl. Deb. S. 92 u. 96.

Wenn Mallinckrodt somit von dem münsterischen Magistrat wenigstens indirekte Unterstützung fand, so erwirkte er dagegen bei dem neuen päpstlichen Nuntius Sanfelici sogar die Aufhebung der Exkommunikation, sowie demnächst auch den Befehl zu seiner völligen Restitution. Die betreffenden Mandate ließ er am 1. Oktober 1654 an die Kirchenthüren heften; aber Finger, ein Kornet der fürstlichen Leibgarde, beeilte sich, sie zu zerreißen oder mit Kienruß zu überstreichen.[37]) Und Christoph Bernard bewirkte durch den nach Köln gesandten Bischopinck, daß Sanfelici seinen auf das Urtheil des gegen den Bischof ungünstig gestimmten Kanonikus Mockel zu voreilig getroffenen Entscheid zurücknahm und sich gegen Mallinckrodt erklärte. Auch der Magistrat entschied sich nach längeren Verhandlungen zuletzt am 19. September für die Bewachung des Dekans in seiner Wohnung, jedoch mit der Klausel, daß die städtischen Rechte und Privilegien gewahrt würden. Am 7. Oktober drang nun ein Theil der fürstlichen Garde unter dem Kornet Finger in die Wohnung des Dekans ein, als dieser gerade mit fünf Freunden, Klute, Stael, Bruens, Schreck und Blanken zur Tafel saß, und erklärte ihn unter Vorzeigung eines Haftbefehls für einen Gefangenen.[38]) In Folge dessen entstand nicht nur unter den Gästen eine große Aufregung, sondern es rottete sich auch bald auf den Hülferuf eines Dieners, welcher durch ein Fenster entsprang und von Mord und Todtschlag sprach, ein Haufe Volks zusammen, was den schnell versammelten Magistrat veranlaßte, seinen Sprecher Viertenhalven und den Stadtschreiber Holland nach der Dekanei zu entsenden, um sich über das dort Vorgegangene zu informiren. Während der Verhandlungen gelang es Mallinckrodt aus dem Hause zu entwischen. Das Volk nahm ihn mit Jubel auf und geleitete ihn zur Wohnung Staels. Dann verfolgte es die sich zurückziehende Abtheilung der fürstlichen Garde und begab sich endlich zum Kolleg der Jesuiten, welche man als die entschiedensten Anhänger Christoph Bernards kannte und somit für

---

[37]) „Vera et authentica depositio quorundam testium super facta denigratione et dilaceratione mandatorum Apostolicorum executorum in causa rev. et praenob. D. Bern. a Mallinckrodt" (16 Seiten). Aufgenommen durch Notar H. Bordewick. (Paul. Bibl.)

[38]) „Authentica depositio quorundam testium super gravissimis Rev. ac praenob. D. Bernardo a Mallinckrodt contra constitutionem Aegidianam et pacem publicam in campo Dominico (Domhof) uti loco exempto Monasterii Westphalorum illatis iniuriis ac violentiis." (13 S. — Paul. Bibl.)

die eifrigsten Gegner Mallinckrodts hielt. Der Garten wurde verwüstet, die Fenster zertrümmert, die Väter und Brüder, welche man im Gebäude oder auf den Straßen antraf, mißhandelt, bis endlich auf Ansuchen der auch für sich besorgten Nachbarn eine Abtheilung städtischer Soldaten erschien und die Tumultuanten aus einander trieb. Auf die Nachricht von diesen Vorgängen berief Christoph Bernard den Magistrat unter sicherm Geleit nach seiner damaligen Residenz Coesfeld und forderte von den erscheinenden Delegirten sowohl die Ersetzung des angerichteten Schadens und die Bestrafung der Frevler, als auch die Auslieferung Mallinckrodts. Ersteres wurde versprochen, in Bezug auf Mallinckrodt aber ein weiterer Entschluß vorbehalten. Der Bischof warnte nun in einem besondern Schreiben vom 16. Oktober die Bürger Münsters, sich jeder Gemeinschaft mit dem Aufrührer zu enthalten. Nach wenigen Tagen gab der Magistrat die schriftliche Erklärung ab, man könnte Mallinckrodt der Haft nicht wieder überliefern, da der päpstliche Nuntius dessen Restitution selbst unter Anwendung weltlicher Macht gefordert hätte und eine Aufhebung seines Erlasses noch nicht gesetzlich feststände. Noch einmal versuchte Christoph Bernard durch eine Zuschrift den Magistrat wegen seines unbegründeten Festhaltens an ein längst zurückgenommenes Dekret zu belehren: aber seine Worte fanden erst Geltung, nachdem der Nuntius sie durch ein eigenes Schreiben an den Magistrat bestätigt hatte. Zu einem ferneren Widerspruch war somit jeder Grund beseitigt und es blieb demnach nichts anders übrig, als daß Mallinckrodt „aus Furcht vor einem Zerwürfniß zwischen Rath und Bürgerey" sich mit Hülfe seiner Anhänger aus Münster entfernte und zunächst nach Hamm und von da nach Köln flüchtete.[39]

Aber nicht allein Mallinckrodt durfte ungestraft entwischen, sondern auch die bei dem Aufruhr am 7. Oktober Betheiligten wurden so wenig zur Rechenschaft gezogen, daß vielmehr der Magistrat behauptete, durch die eingeleitete Untersuchung sei auch nicht ein Einziger compromittirt. Enthielt schon diese Erklärung eine Kränkung für den Fürsten, so gestalteten sich auch insbesondere deshalb die Beziehungen zwischen ihm und der Stadt mit jedem Tage feindlicher, weil der prinzipielle Charakter des Streits über die gegenseitigen Rechte stets schärfer hervortrat. Dazu kam, daß man auch jetzt wieder von dem zu jeder Zeit mit mehr oder weniger Erfolg gebrauchten Mittel zur Aufreizung Anwendung machte, die Hofhaltung des Fürsten

---

[39]) Ausführl. Deb. S. 107. Vgl. Alpen I. S. 174—185.

als viel zu glänzend und die Abgaben des Volks als viel zu drückend zu bezeichnen. Um zu beurtheilen, inwiefern diese Anschuldigungen etwa begründet waren, bemerken wir, daß auf den Landtagen von 1651 bis 55 für den Fürsten außer den 25,000 Thalern zur Reise nach Regensburg noch 34,000 Thaler wegen der niedrigen Einkünfte der Tafelgüter ausgeworfen wurden; dazu kamen zur Abfindung der Hessen 94,658 Thaler, für die Schweden 140,000 Thaler, für das „Defensionswerk" zunächst auf 6 Monate je 22,339 Thaler, ferner je 6579 Thaler und endlich zum Unterhalt von 3000 Mann zu Fuß und 400 Reiter 75,000 Thaler, für Schuldentilgung, Zinsen und andere extraordinäre Ausgaben 36,000 Thaler. Waren diese gewiß nicht unansehnlichen Posten schon von den Landständen nicht ohne Widerspruch bewilligt, so bot ihre Beitreibung in den großen Theils verödeten und verarmten Gegenden um so mehr die nächste Veranlassung zur Unzufriedenheit. Uebrigens war die Art und Weise, wie die Sache gerade damals zu Münster ausgebeutet wurde, nicht der Ausfluß einer aufrichtigen Liebe zum Volke, sondern vielmehr einer gereizten Stimmung gegen den Fürsten. Diese Gesinnung trat um so offener hervor, je weniger der Magistrat sich geneigt zeigte, ihr entgegen zu wirken. Und doch hätte der Magistrat im wohlverstandenen Interesse für die Wahrung der städtischen Freiheit allen und jeden Exceß entweder mit Entschiedenheit verhüten oder nach Recht bestrafen müssen, um dem Fürsten wenigstens von dieser Seite durchaus keine Veranlassung zum bewaffneten Einschreiten zu bieten. Aber die Energie und Konsequenz, womit Christoph Bernard vorzugehen pflegte, vermissen wir leider nur zu sehr bei den damaligen Vätern der Stadt. Mit ihrem Laviren konnten sie nicht nur nicht den Fürsten zur Anerkennung ihrer prätendirten Rechte bewegen, sondern geriethen auch bald bei der Aktionspartei selbst in Verdacht. Die Veranlassung dazu bot sich, als die Jesuiten in einer Vertheidigungsschrift auch ein Zeugniß des Magistrats abdrucken ließen, wodurch ihre Nichtbetheiligung an den gegen Mallinckrodt getroffenen Maßregeln bestätigt wurde. Die Veröffentlichung dieser Schrift bewirkte bei der schon starken Aufregung der Gemüther keineswegs eine Abklärung des Urtheils; vielmehr wurde der Unwille noch größer, da manche die Wahrheit der aufgestellten Behauptungen bestritten, andere wenigstens die Verbreitung des Buchs als dem guten Rufe der Bürgerschaft höchst nachtheilig bezeichneten. Letzteres bewog den Magistrat zur Veröffentlichung eines Berichts über den am 7. Oktober erregten Aufstand, dem jedoch bald eine Widerlegung des Fürsten folgte. Zu beiden Schriften kam noch eine dritte von Mallinckrodt, der es besonders betonte, daß er an dem Aufstande durchaus unschuldig wäre. ⁴⁰) Mit solchen Schriften war übrigens in der Sache selbst nichts gewonnen. Sollten insbesondere die Streitigkeiten zwischen dem Fürsten und der Stadt zu einem endgültigen Austrag kommen, so mußte man sich entweder über die bestimmt abgegränzten und hinreichend begründeten Rechte gegenseitig verständigen oder alles der Entscheidung einer höhern Autorität, etwa des Kaisers, anheimgeben. Statt daß jedoch ein gütlicher oder rechtlicher Vergleich versucht wurde, erhielt vielmehr die Erbitterung stets neue Nahrung. Zunächst haben wir hier besonders die damalige Stimmung des Fürsten ins Auge zu fassen. Daß diese eine gereizte war, geht schon aus der Bemerkung Alpens hervor, er habe sich die Namen der Hauptwühler für eine spätere Bestrafung gemerkt, ⁴¹) sowie es ferner auch aus dem Umstande erhellt, daß er bei Berufung einer Ständeversammlung das Rundschreiben von der Stadt Münster nicht mitunterzeichnen ließ. Bisher nämlich hatte außer dem Fürsten, dem Kapitel und der Ritterschaft auch Münster solche Einladungen unterschrieben; jetzt aber wurde es wegen der vorgefallenen Ereignisse trotz seinem Proteste und trotz der Drohung, die von dem Landtage etwa gefaßten Beschlüsse nicht anerkennen zu wollen, ausgeschlossen. Statt seiner unterzeichnete nun Warendorf, da die Coesfelder es wegen eines unter den Städten geschlossenen Bündnisses ablehnten. Der wahre Grund der Ablehnung liegt übrigens in der gereizten Stimmung gegen Chri-

---

⁴⁰) a. „Kurtzer jedoch wahrhaffter Bericht und Relation Burgermeistern und Raths der Stadt Münster in Westfalen über den in selbiger Stadt den 7. Octobris 1654 erregten Uffstandt."

b. „Gegen-Manifest und wahrhaffte relation deß Ursprungs und Verlauffs dessen den 7. Oct. anno 1654 in der bischöfflichen Stadt Münster entstandener Auffruhr und Empörung mit angehenkter gründlicher Widerlegung des an Seiten des Magistrats in Truck gegebenen Manifests."

c. „Warhaffter Bericht, wie es umb die ahm 7. Octobris dieses nun zum Ende lauffenden 1654 Jahrs binnen Münster mit gewaffneter Handt in die Thumb-Dechaney sich zugetragenen Einfals und darauff erfolgten Tumult, so viel deß Thumb-Dechanten H. Bernarden von Mallinckrodt Persohn betrifft, eygentlich bewant sey und daß demselbigen weder in einem noch in anderm einige Schuldt und Verursachungen mit guten Gründen und von Rechtswegen können beygemessen werden."

⁴¹) Alpen I. S. 188: „Gnarus omnium Chr. Bernardus dicaciores interim atro calculo notabat futuras aliquando index et ultor."

stoph Bernard, der bei dem Abzuge der Hessen die Thorschlüssel und das Besatzungsrecht der Stadt an sich gebracht hatte. [42])

Die zusammengetretenen Stände bewilligten in dem Landtagsabschiede vom 12. Januar 1655 für sechs Monate eine Schatzung von 123,500 Thalern, wovon 10,000 Thaler für den Fürsten wegen schlechter Tafelgüter, 36,000 Thaler für die Tilgung der Schulden und andere Stiftsausgaben, ferner 75,000 Thaler zum Unterhalt von 3000 Mann zu Fuß und 400 Reitern bestimmt wurden. Die Aufstellung der Truppen war angeblich gegen die Schweden gerichtet, welche sich seit dem dreißigjährigen Kriege in dem benachbarten Bremen und Verden festgesetzt hatten und damals unter ihrem Könige Karl Gustav bedrohliche Kriegsrüstungen machten. Der Fürst begnügte sich aber nicht damit, ein eigenes Heer aufzustellen, sondern schloß auch unter dem 15. December 1654 die sogenannte rheinische Allianz mit den Kurfürsten Max Heinrich von Köln, Karl Kaspar von Trier und dem Grafen Philipp Wilhelm von Pfalz=Neuburg. Der ausgesprochene Zweck dieser Verbindung war der gegenseitige Schutz gegen auswärtige Gefahren, aber auch gegen innere Unruhen. [43]) Dieses bewog die Münsterischen zu der Annahme, die vom Fürsten getroffenen Rüstungen wären zunächst gegen ihre Stadt gerichtet. Und allerdings machte Christoph Bernard einen Versuch, sich der Stadt zu bemächtigen, indem er etwa fünfzehn Reiter mit ihrem Anführer Nagel einzeln und auf verschiedenen Wegen dorthin entsandte, damit sie sich früh Morgens am 5. Februar 1655 unter irgend einem Vorwande das Liebfrauenthor öffnen ließen und so den draußen verborgenen Truppen Eingang verschafften. Aber in der Nacht vorher wurde der Bürgermeister Timmerscheid durch den Knecht des Pfarrers von Kinderhaus von dem Heranrücken bischöflicher Soldaten benachrichtigt und Nagel entkam mit seinen Reitern bei dem unter dem Volke entstehenden Auflauf nur mit genauer Noth durch das von dem Stadtadjutanten geöffnete Jüdefelder=Thor. Nach mißlungener List beschloß Christoph Bernard Gewalt zu gebrauchen, indem er seine Truppen bei Kinderhaus und am Nobiskrug im Norden und Osten von Münster zusammenzog. Die Stadt war zu einem kräftigen Widerstande nicht gerüstet, und da man befürchten mußte, daß bei den fest zugefrorenen Stadtgräben ein Sturm ohne besondere Schwierigkeiten schon bald unternommen würde, eine auswärtige Un=

---

[42]) Alpen I. S. 209 f. u. 63. Vgl. Söfeland a. a. O. S. 153.
[43]) Alpen I. S. 216 ff.: „adversus intestina mala dissidiaque."

terstützung aber in so kurzer Zeit nicht zu erwarten stand, so beschloß der Magistrat trotz dem lebhaften Widerspruche einer nicht unbedeutenden Partei, mit dem Fürsten wegen eines Vergleichs zu unterhandeln und entsandte deshalb kurz nach einander mehre Abgeordnete aus seiner Mitte, aus der Bürgerschaft und dem Klerus, denen sich auch der beim Fürsten hoch angesehene Jesuit Hermann Busenbaum anschloß. Am 25. Februar 1655 kam es zum Abschlusse des Vertrags von Schönefliet unter folgenden Bedingungen. Der Fürst bewilligt allen Civil- und Militärpersonen, die sich etwa mit Worten oder Werken gegen ihn vergangen haben, eine völlige Amnestie, wogegen Bürgermeister und Rath für sich und die Bürgerschaft geloben, bei dem früher geleisteten Eide und der schuldigen Devotion getreu zu beharren. Bis zum nächsten Landtage, wo man sich über das Besatzungsrecht weiter verständigen wird, legt der Fürst eine aus gemeinen Landesmitteln zu unterhaltende Besatzung von 450 Mann zu Fuß und 100 Reitern in die Stadt, während diese selbst eine Kompagnie von 150 Mann zu Fuß unterhält. Jene Truppen werden von dem Fürsten und der Stadt in Eid und Pflicht genommen und versehen zugleich mit den Bürgern den Wachtdienst auf den Wällen und an den Thoren. Der Fürst soll, so oft es ihm beliebt, die Thore der Stadt offen finden und mit der schuldigen Ehrfurcht empfangen werden. Der von ihm ernannte Kommandant Reumont muß sich auf Ehrenwort verpflichten, die Rechte und Privilegien der Stadt in keiner Weise zu verletzen; namentlich soll die Besatzung nicht ohne vorhergehenden Vergleich mit den Bürgermeistern und dem Rath vermehrt werden. Anderweitige zwischen dem Fürsten, dem Domkapitel und der Stadt entweder noch obschwebende oder künftig etwa entstehende Streitigkeiten sollen auf gütlichem Wege beigelegt oder zum rechtlichen Austrage gebracht werden, ohne daß man also irgend etwas Thätliches vornehme oder gar zu den Waffen greife. Deshalb wolle sich auch die Stadt friedlich verhalten, sich namentlich Mallinckrodts in keiner Weise annehmen, und endlich solle zwischen der fürstlichen und städtischen Miliz sowie den Bürgern Einigkeit herrschen und jede Beleidigung in Wort oder That ernstlich bestraft werden. 44)

Diesem Vergleiche gemäß leistete also die Stadt auf ihr ausschließliches Besatzungsrecht Verzicht: aber diese Verzichtleistung war nur

---

44) Das Original des Schönefliter Vergleichs im Provinzial-Archive Fürstth. Münster, Url. 4509. Vgl. „Domkap.-Prob." VI, 8.

eine zeitweilige, da man sich eine weitere Verständigung auf dem nächsten Landtage vorbehielt; auch wurde dieselbe, wie wir demnächst sehen werden, faktisch schon bald wieder aufgehoben. Was die anderweitigen Rechte und Privilegien betrifft, so wurden diese — und das eben ist der Grundfehler des Vergleichs — durchaus nicht bestimmt angeführt. Wenn man versprach, bei etwaigen Streitigkeiten sich in Güte vergleichen zu wollen, so kann das doch im Grunde nur als ein frommer Wunsch gelten, dessen Erfüllung gar sehr von den Umständen und besonders von dem guten Willen beider Parteien abhing. Die Umstände änderten sich schon bald und auf wessen Seite da noch der gute Wille war, werden die Thatsachen lehren.

Vorläufig richten wir unsere Aufmerksamkeit wieder auf Mallinckrodt, der nach den einleitenden Worten des Schöneflieter Vergleichs die Veranlassung war, daß zwischen dem Fürsten und der Stadt „einige spene und mißverstendtnus entstanden." In Bezug auf ihn hatte Christoph Bernard das Versprechen erwirkt, daß „bürgermeister und rhat und die gantze gemeinheit sich desselben einiger gestalt nicht annehmen noch demselben assistiren wollen." Gerade um jene Zeit trafen aber auch die Prozeßakten gegen Mallinckrodt mit den Urtheilen auswärtiger juristischer Fakultäten in Münster ein und wurden, da jener auf eine Vorladung zur bestimmten Frist nicht erschien, geöffnet und publizirt. Die Entscheidung lautete auf die völlige Entsetzung Mallinckrodts und statt seiner wurde dann am 6. April 1655 der Thesaurarius Jodokus Edmund Brabeck zum Domdekan erwählt.[45]) Das von dem kölner Nuntius beabsichtigte Einschreiten zu Gunsten Mallinckrodts war ohne Erfolg, da der Prokurator des Fiskus zu Münster nach Rom appellirte, wo der für Christoph Bernard günstig gestimmte Chisi den päpstlichen Stuhl bestiegen hatte.[46]) Zugleich wurde der von Christoph Bernard nach Rom geschickte Agent Fürstenberg beauftragt, den Papst zu ersuchen, daß er Mallinckrodt die fernere Veröffentlichung von „Traktaten" verbieten und ihn in ein Kloster verweisen möchte.[47])

---

[45]) Das Notariatsdokument über die Wahl Brabeck's im Prov.-Arch. Fürstth. Münster, Urk. 4510. Vgl. „Domkap.-Prob." VI, 10 u. 11.

[46]) Alpen I. S. 258. Vgl. ausführl. Dedukt. S. 115 u. 119.

[47]) Schreiben Christoph Bernards d. Coesfeld d. 23. Juni 1656 im Prov.-Arch. Mscr. VI, 54.

Nichts desto weniger beharrte dieser noch immer in seiner Widersetzlichkeit. Das noch am 1. Februar 1656 vom Domkapitel wiederholte Anerbieten, ihm gegen Resignation auf seine Präbende die Einkünfte zu lassen, wies er zurück. Und als ein neuer Dekan gewählt wurde, ertheilte er seinen Knechten und Mägden den Befehl, die Dekanei nicht zu räumen. Das Kapitel aber nahm nun auf ihn weiter keine Rücksicht und dekretirte sogar, daß von seinen eigenen noch rückständigen Einkünften die Wohnung für den Nachfolger in Stand gesetzt werden sollte. [48] Unter diesen Umständen entschloß sich Mallinckrodt, im Juli 1657 nach Münster heimzukehren, fand jedoch wegen des Vertrags von Schönefliet keine Aufnahme und mußte bei einem Kanonikus in der Vorstadt Mauritz übernachten, wo er von fürstlichen Soldaten trotz seinem Proteste wegen Verletzung der Immunität gefangen genommen und nach der Burg Ottenstein gebracht wurde. [49] Dort lebte er noch sieben Jahre in Gewahrsam oder, wie er sich selbst in einem Schreiben vom 16. Juli 1662 ausdrückt, in einer Mordgrube, wo ihm nicht einmal der Trost würde, daß man auf seine Eingaben antwortete oder ihm auch nur seine Bücher, die er am allerwenigsten entbehren möchte, verabfolgen ließe. [50] Man muß freilich gestehen, daß Ottenstein am allerwenigsten in jener Zeit ein sehr angenehmer Aufenthaltsort war; doch wurde es Mallinckrodt wenigstens gestattet, nicht nur Besuche zu empfangen, sondern auch selbst, wenngleich nicht ohne Begleitung, nach den benachbarten Ortschaften sich zu begeben. Bald nach der Rückkehr von einem solchen Ausfluge zum Pfarrer in Wessum starb er Anfangs März 1664 eines plötzlichen Todes und wurde in der Pfarrkirche zu Vreden beigesetzt. Aus diesem Umstande hat man den Schluß gezogen, daß Mallinckrodt nicht als Exkommunizirter gestorben sei. Dieses geht übrigens auch schon daraus hervor, daß er nach dem Taufbuche zu Ottenstein am 3. Juni 1663

---

[48] Prov.-Arch. Domkap.-Prob. VI, 11 u. 12.

[49] Alpen I. S. 319 f. Theatr. Eur. VIII, S. 91.

[50] Das Schreiben in der Bibl. des Alt.-Ver. — Mallinckrodts Bibliothek, welche durch den Buchhändler Fuhrmann aus Osnabrück 1720 am 19. August und folg. Tagen zu Münster verauktionirt wurde, enthielt 5355 Werke, nämlich 1729 in fol., 1463 in 4°., 1655 in 8°. u. 508 12°. Auch hinterließ der Dekan 10 gedruckte und 24 ungedruckte kleinere und größere Abhandlungen. Vgl. die Biogr. no. 1.

bei einem Kinde von Christian Peyl, dem Kommandanten der Burg Ottenstein, Pathe war. Die Nachricht von seinem Tode erhielt Christoph Bernard zu Regensburg und soll dadurch weder besonders zur Freude noch auch zur Trauer gestimmt sein.[51]

---

[51] Alpen I. S. 626 f. Ueber die Excommunikation vgl. Mollenbuhr S. 32 Note. Nach dem Holländer s. d. V. S. 29 wurde Mallinckrodt zu Ottenstein viel von Studenten besucht. — Daß man den zu Ottenstein Gestorbenen zu Breden beerbigte, erklärt sich daraus, daß ein Theil Ottensteins selbst nach der Zeit, wo es einen eigenen Pfarrer erhielt, zu Breden gehörte. Die Gränze bildete ein Graben hinter dem Garten des Pfarrers. Nach der Tradition wohnte Mallinckrodt (bei Lübbers?) auf der Bredener Seite. Auch jetzt hat Ottenstein noch kein Kirchspiel, sondern das Umliegende gehört nach wie vor zu Breden.

Zweiter Abschnitt.

Erneuerte Streitigkeiten zwischen dem Fürstbischofe und der Stadt Münster bis zum Geister Vergleiche.

Noch an demselben Tage, wo der Vertrag von Schönefliet zu Stande kam, hielt Christoph Bernard seinen Einzug in Münster und ließ gleich Tages darauf ein Dankfest feiern, weil der Streit ohne Blutvergießen beigelegt war. Es betheiligten sich aber an diesem Feste außer der Geistlichkeit und dem Adel nur die fürstlichen Beamten, der Magistrat und die studierende Jugend, wogegen die Bürgerschaft größten Theils aus Furcht vor Verrath zu den Waffen griff und die Wälle besetzte. Und wenngleich Christoph Bernard alles aufbot, um jedes Mißtrauen zu entfernen und die Gemüther für sich zu gewinnen, indem er die Regierung und das Obergericht von Coesfeld wieder nach Münster verlegte, von dem Bau eines Residenzschlosses und der Errichtung einer Universität redete, täglich einige Rathsherrn zur Tafel zog und sich überhaupt möglichst herablassend bewies; so gelang es doch seinen Gegnern, nicht nur alles dieses als leere Versprechung und arge Verstellung zu deuten, sondern auch das Volk zu überreden, als sei die Stadt durch den Schöneflieter Vergleich gar sehr benachtheiligt, da der Fürst sie sowohl mit immerwährender Besatzung beschweren als auch ihrer Rechte und Privilegien berauben wolle. Dazu kam, daß durch die Nachricht, es sei ein kaiserlicher Befehl eingelaufen, wonach der Fürst sich gegen die unterwürfigen Unterthanen jeder Gewalt enthalten und die Streitpunkte, welche etwa noch obschwebten, gerichtlich verfolgen sollte,[1]) die Gemüther der Unzufriedenen nur noch mehr in Aufregung versetzt wurden. Der Haupturheber der Bewegung scheint der ehemalige Stadtsyndikus Viertenhalben gewesen zu sein. Schon früher und besonders bei

---

[1]) Das Schreiben des Kaisers Ferdinand III. d. Wien den 24. Febr. 1655 im Prov.=Arch. Fürstenth. Münster, Urk. 4508.

der Besetzung der Dekanei durch die bischöflichen Truppen hatte sich derselbe in einer höchst ehrenrührigen Weise gegen Christoph Bernard ausgesprochen und war deshalb durch einen Nebenrezeß des Schöneflieter Vergleichs einstweilen seines Amtes entsetzt, bis er sich wegen der ihm zur Last gelegten Schmähungen gerechtfertigt hätte. Es kam jedoch später nicht nur nicht zu einer Rechtfertigung, weil der Stadtrath die alleinige Untersuchung gegen den Stadtsyndikus beanspruchte, sondern es wurde auch Viertenhalben sogar trotz dem Nebenrezesse in sein voriges Amt wieder eingesetzt. Konnte der Fürst darin eine Beleidigung finden, so wurde ihm die Gesinnung der Münsterischen auch noch ferner dadurch klar, daß dieselben den bisherigen Stadt-Adjutanten, den sie des Einverständnisses mit dem Anführer der bischöflichen Reiterei, Nagel, wegen Ueberrumpelung der Stadt beschuldigten, lange im Gefängniß hielten und zuletzt aus der Stadt entfernten.[2]) Bei alledem wurde es vom Fürsten erwirkt, daß er nicht allein die Besatzung zuerst reduzirte und demnächst „auf vieles Bitten und Erbieten des Magistrats, im Fall der Noth jederzeit so viel und noch mehrere Völker kraft tragender Pflichten einzunehmen"[3]) sowie auf Fürsprache des Domkapitels und des Bischofs von Osnabrück gänzlich ausführte, sondern auch die Bestimmung des Schöneflieter Vergleichs, wonach auf dem nächsten Landtage wegen der künftigen Besatzung verhandelt werden sollte, fallen ließ.

Unterdessen hatte sich Christoph Bernard Anfangs Mai 1655 von Münster nach Wolbeck begeben, wo er alsbald nicht unbedenklich erkrankte, aber durch die Bemühung des Arztes Rottendorff gerettet wurde. Am 26. Juni trat daselbst ein Landtag zusammen, worauf es nicht allein wegen der Reduktion der Truppen, sondern auch besonders wegen der Tranksteuer, die, wie auch schon auf dem vorigen Landtage im Januar bestimmt war, neben der Kirchspielschatzung erhoben werden sollte, zu Uneinigkeiten kam, indem die Städte gegen das Votum des Domkapitels und der Ritterschaft protestirten. Und man ließ es nicht allein bei dem Proteste bewenden, sondern erhob sogar eine Klage bei dem Reichskammergericht. Münster aber ging

---

²) Alpen I. S. 254 ff. Vgl. besonders: „Warhaffte und außführliche in Iure et Facto gegründete Continuation beß vor diesem auß Befelch des Hochw. in Gott Fürsten und Herrn H. Christoffern Bernardten ... gegen Dero Statt Münster außgegebenen Anti-Manifests sampt (15) Beylagen." S. 4—6.

³) Protokoll des Wolbecker Landtags vom 26. Juni bis 21. Juli 1655, N. 2.

noch viel weiter und erregte besonders dadurch das Mißfallen des Fürsten, daß es gegen den Schöneflieter Vergleich, wonach es nur eine Kompagnie von 150 Mann halten durfte, seine Truppen vermehrte, diese nur der Stadt schwören ließ und statt des von Christoph Bernard eingesetzten Generalwachtmeisters Reumont den Oberstlieutenant Friedrich Levin von Wittenberg zum Stadtkommandanten ernannte. Alles dieses geschah unmittelbar nach dem Abzuge der fürstlichen Besatzung und es geht daraus klar genug hervor, daß die Stadt, nachdem es ihr gelungen war, die Frage über das Besatzungsrecht von den Landtagsverhandlungen auszuschließen, die Politik der vollendeten Thatsachen verfolgte. Zugleich aber suchte sie das thatsächlich geübte Besatzungsrecht sich auch für die Zukunft durch eine rechtliche Entscheidung des Kaisers zu sichern und sandte deswegen Viertenhalben nach Wien. Kaum hatte Christoph Bernard dieses erfahren, als er zur Wahrung seiner Ansprüche Wilhelm von Fürstenberg ebenfalls an den kaiserlichen Hof entsandte. Der Kaiser aber beauftragte nach längern nutzlosen Unterhandlungen eine besondere Kommission mit der weitern Untersuchung und Beilegung der Streitfrage und zwar ernannte er dazu die Erzbischöfe von Köln und Trier, denen er auf Bitten der Münsterischen noch den Bischof von Osnabrück und den Herzog von Pfalz-Neuburg beigab.[4] Köln und Trier waren Alliirte des Fürsten, welcher auch dem erstern, als in eben diesem Jahre (1655) die Spanier und Franzosen im Lüttichschen Winterquartiere forderten, 1050 Mann Hülfstruppen schickte;[5] der Bischof von Osnabrück aber hatte sich noch jüngst durch seine Verwendung wegen Zurückziehung der fürstlichen Besatzung aus Münster der Stadt geneigt bewiesen. Viertenhalben mußte bei seiner Heimkehr, da Christoph Bernard ihm wegen des noch nicht erledigten Injurienprozesses die Wege sperrte, in Soest zurückbleiben, wurde jedoch nach einiger Zeit auf kaiserlichen Befehl frei nach Münster entlassen.[6] Die Münsterischen wählten ihn nun 1656 zum Rathsherrn; da er aber schon bald nachher starb, so übernahm die Hauptleitung der städtischen Bewegung der von dem Fürsten wegen Unfügsamkeit seines Amtes als Rath entsetzte Nikolaus Drachter.

Bevor die vom Kaiser ernannte Kommission ihre Konferenzen zu Köln eröffnete, kam es zu neuen Zerwürfnissen zwischen Christoph

---

[4] Alpen I. S. 266 f. u. 274.
[5] Prov.-Arch. Domkap.-Prob. VI, 2.
[6] Alpen I. S. 275, 278 u. 281. Warh. Cont. S. 11. Archiv der Stadt Münster XIV, 134.

Bernard und den Städten und zwar auf einem Landtage zu Coesfeld. Dort nämlich hatte der Fürst seine Residenz zu nehmen beschlossen, dort war er seit dem 28. August damit beschäftigt, ungeachtet der Klagen der Einwohner über die Verwüstung ihrer Gärten und Ländereien die sogenannte Ludgeriburg zu errichten; hatten doch die Hessen von dort das ganze Stift in Abhängigkeit gehalten, war doch die Stadt seit dem Abzuge derselben völlig in der Gewalt des Fürsten und lag sie doch auch endlich weder von Münster noch von den Gränzen der feindlichen Geldern und Niederländer weit entfernt.⁷) Auf dem Landtage, welcher am 17. November zusammentrat, bewilligten das Domkapitel und die Ritterschaft zur nöthigen Landesvertheidigung, zum Unterhalt des Fürsten, zur Erbauung einer Residenz desselben u. a. auf sechs Monate im Ganzen 100,000 Thaler, von denen 87,500 durch die Kirchspielschatzung, der Rest durch die Trankaccise gedeckt werden sollten. Die Städte hatten nicht nur von den einzelnen Posten etwas streichen wollen, sondern erklärten sich auch wegen des beim Kammergericht noch schwebenden Streites gegen die Erhebung der Tranksteuer. Christoph Bernard aber, der sein großes Befremden darüber aussprach, daß man sich mit arger Indiskretion wegen einer Steuer, die doch nur zum gemeinen Landesbesten bewilligt wäre, an den höchsten Richter gewandt hätte, erklärte sich für „die vernünftigen und zu des Stifts Erhaltung wohlgemeinten" Vota der beiden vorstimmenden Stände, indem er hinzufügte, daß er sich also gegen die Städte um so weniger zu bedanken brauchte.⁸) Es wurde aber die feindliche Stimmung der Städte gegen den Fürsten nur noch mehr gesteigert, da derselbe, während er die wiederholte Forderung der Münsterischen, die zu den Hessischen und Schwedischen Satisfaktionsgeldern vorgeschossenen Kapitalien ihnen zurückzuzahlen, als importun bezeichnete, jedem landtagsfähigen Ritter erlaubte, von

---

⁷) Die Gründe für die Wahl Coesfelds zur Residenz bei Alpen I. S. 270 (293 f.) Ueber den Bau der Citadelle vgl. Sökeland a. a. O. S. 153 ff., wo auch nachgewiesen wird, daß die eingezogenen Ländereien bezahlt wurden. In einem Revers d. Coesfeld b. 23. Aug. 1655 erklärte Christoph Bernard, daß die Festung den Ständen nicht zum Nachtheil gereichen, vielmehr als Zuflucht stets offen stehen und daß der Kommandant und die Garnison schwören sollte, auch dem Domkapitel (sede vacante) zu gehorchen. Prov.-Arch. Fürstth. Münster, Urk. 4514. Vgl. auch Urk. 4531 und 4534. (Den Namen Ludgersburg erhielt die Citadelle erst am 0. Oktbr. 1659 bei ihrer Einweihung. Ein dabei aufgeführtes Drama musicum hieß „Bercula coronata." Mon. Raesfeld.)

⁸) Protokoll des Coesfelder Landtags no. 4 u. am Ende.

einem beliebigen, ihm gehörenden Bauernhofe die Schatzung für sich selbst zu ziehen. In Folge dessen wurden nicht allein die einträglichsten, sondern auch ebenso viele Höfe, als landtagsfähige Güter, von der Kirchspielschatzung ausgeschlossen; die beträchtliche Summe aber, welche dadurch in Ausfall kam, mußte von den übrigen Schatzpflichtigen gedeckt werden. Die Beschwerden der Städte, welche dadurch am meisten betroffen wurden, blieben unberücksichtigt, da Christoph Bernard sich bei den namentlich mit Münster obschwebenden Streitigkeiten die Ritterschaft geneigt machen wollte.⁹) — Uebrigens wurde die Situation in Folge dessen, daß das Votum des dritten Standes fast in allen wichtigern Sachen unberücksichtigt blieb, stets verwickelter, zumal da es den Städten demnächst sogar gelang, bei dem Kammergericht zu Speier ein Mandat auszuwirken, wonach mit der exekutiven Beitreibung der Trankaccise eingehalten werden sollte. Doch hielt sich der Fürst auch durch ein solches Mandat einstweilen nicht für gebunden, sondern erklärte vielmehr auf dem nächsten Landtage zu Coesfeld (4. bis 12. Mai 1656) des gemeinen Heils und Nutzens wegen mit der Beitreibung der erforderlichen Mittel fortfahren zu müssen. In dem Landtagsabschied vom 12. Mai 1656 heißt es, „daß vermöge jüngsten Reichsabschieds und aus andern bewegenden Ursachen des löblichen Kais. Kammergerichts zu Speier Jurisdiktion Ihro hochfürstl. Gnaden per praecepta et inhibitiones die Hand zu binden nicht fundirt, sondern auch ohne das Rechtens, daß in materiis collectarum, wie diese (Trankaccise) ist, des gemeinen Heils und Nutzens wegen, damit dieselben aus Mangel der Mittel nicht gefährdet werden oder Noth leiden, etiam pendente appellatione vel lite, citra vitium attentati executive procedirt und verfahren werden möge." — Bei dieser Lage der Dinge erwartete insbesondere Münster von der durch den Kaiser ernannten Kommission oder doch durch ihn selbst eine bestimmte Feststellung seines Rechtsverhältnisses zu dem Fürsten.

Es begannen aber im März 1656 die Delegirten von Köln, Trier, Osnabrück und Pfalz-Neuburg ihre Konferenzen zu Köln. Christoph Bernard entsandte dorthin den Domküster Matthias Korff, genannt Schmising, und den Geh. Rath Bernard von Wiedenbrück; die Stadt Münster aber außer Nikolaus Drachter noch die Licentiaten Kemner, Keppel und Bock sowie die Gemeindevertreter Meyer und Termöllen (Zurmühlen). Nachdem die Parteien vernommen und einige Wochen

---

⁹) Alpen I. S. 276 ff.

mit vergeblichen Versuchen einen Vergleich zu bewirken, hingebracht waren,[10]) beschloß die Kommission, ihr Gutachten dem Kaiser zur endgültigen Entscheidung zu unterbreiten. Die Münsterischen aber, welche sich von dem Inhalt jenes Gutachtens Kenntniß zu verschaffen wußten, hielten es für gerathen die Licentiaten Drachter und Wittfeldt nach Wien zu schicken, wogegen Christoph Bernard den Rath Wiedenbrück mit der Wahrung seiner Ansprüche beauftragte. Münster erwartete nicht nur, das Recht der alleinigen Besatzung bestätigt zu erhalten, sondern stellte auch sogar den Antrag, für eine freie Reichsstadt erklärt zu werden. Damit hatte es, wie Erhard[11]) richtig hervorhebt, das eigentliche Ziel seines Strebens ausgesprochen, und es erübrigt nur noch hier etwas näher auf die Frage einzugehen, auf welche rechtliche Ansprüche jenes Streben begründet war. Es genügt hier zunächst im Allgemeinen darauf hinzuweisen, daß die Städte ursprünglich entweder reichsunmittelbar oder landsässig waren, jenachdem sie ihre Stadtrechte vom Kaiser oder von den Territorialherren erhalten hatten. Daneben bildeten sich aber auch sogenannte gemischte Städte mit gemischtem Rechtsverhältniß, indem manche ihre frühere Reichsunmittelbarkeit entweder durch Unterdrückung oder durch Vergleich einbüßten und dagegen auch andere, die ehedem entschieden landsässig waren, im Laufe der Zeit viele Rechte und Privilegien gewannen, in Folge deren sie von der obrigkeitlichen Gewalt der Territorialherren mehr oder weniger unabhängig wurden und eine Art von freiständiger Jurisdiktion erhielten. Da nun aber Münster nach der Ueberlieferung, deren Richtigkeit sich aus keinem hinreichenden Grunde bezweifeln läßt, auf kirchlichem Grund und Boden erbaut war und das Stadtrecht nicht von dem Reichsoberhaupte, sondern von seinem Territorialherrn, dem Bischofe, erhalten hatte, so gehörte es offenbar nicht zu den ursprünglich reichsunmittelbaren Städten und es blieb ihm also nur übrig, den sichern Beweis zu liefern, daß es in späterer Zeit nicht allein dadurch, daß der Landesherr entweder freiwillig und förmlich auf seine Rechte verzichtete oder sich derselben aus Schwäche oder Fahrlässigkeit, weil er sie etwa ferner nicht beanspruchen konnte oder wollte, zum Theil oder ganz entäußerte, aufgehört habe eine landsässige Stadt zu sein, sondern auch durch beson-

---

[10]) Warh. Cont. S. 12 wird gesagt, daß die Münsterischen die vom Fürsten vorgeschlagenen Bedingungen nicht hätten annehmen wollen. Vgl. Iordanaeus Motuum Monast. descriptio S. 14.
[11]) Erhard, Gesch. Münsters S. 487.

bere vom Kaiser ihm verliehene Rechte und Privilegien Anspruch habe, in die Zahl der freien Reichsstädte aufgenommen zu werden. Es steht nun zwar fest, daß die Stadt bedeutende Rechte besaß, die ihr entweder von den frühern Fürsten bewilligt oder doch bei angemaßtem Gebrauche nicht entzogen und somit nach längerer Zeit rechtsbeständig geworden waren; dagegen waren in gar manchen Punkten die Gränzen der fürstlichen und der städtischen Befugniß nicht so genau gezogen, daß nicht wiederholte Streitigkeiten darüber entstanden. Zur richtigen Beurtheilung der unter Christoph Bernard eingetretenen Zerwürfnisse ist es von der größten Wichtigkeit, zu erfahren, wie sich das Verhältniß zwischen dem Fürsten und der Stadt zur Zeit des Bischofs Franz von Waldeck gestaltete. Einige Zeit nach Bezwingung der Wiedertäufer, am 5. August 1541, bestimmte derselbe in einem Vertrage unter anderm, daß die Gilden abgeschafft würden, daß neue Rathspersonen durch ihn bestätigt werden müßten, daß des Raths Amtsverwandte jährlich vor den fürstlichen Hofräthen von ihrer Verwaltung Rechenschaft ablegen sollten, daß die Bürger Münsters „als gehorsame undersaten" dem Fürsten bei der Bestrafung der ungehorsamen Landsassen Hülfe zu leisten hätten, daß endlich bei einem Streit mit dem Kapitel sowie überhaupt mit einem geistlichen oder weltlichen Stande der Rath in aller Unterthänigkeit seine Klage bei dem Fürsten anbringen sollte. Dieser Vertrag wurde am 20. Mai 1542 vom Fürsten neuerdings bestätigt und am 8. Mai 1544 von Kaiser Karl V. insofern gutgeheißen, als er der Stadt Münster alle Hoheit, Herrlichkeit, Freiheiten, Privilegien, Briefe, Satzungen, Ordnungen, Statuten, Rechte, Gerechtigkeiten, Gebräuche und gute Gewohnheiten, unangesehen ob die Originalien zur Zeit der Wiedertäufer ganz oder zum Theil verloren oder entwendet wären, bestätigte, die Kammerrichter zu Konservatoren und Exekutoren dieser Bestätigung bestellte und jeden, der dagegen handelte, mit einer Strafe von 100 Mark belegte. Demnach bewog die Stadt den Fürstbischof, am 12. April 1552 in Bezug auf die Wahl der Erbmänner und anderer Bürger in den Rath eine für die Stadt günstige Entscheidung zu treffen, erlangte darauf am 17. Nov. d: J. die Bestätigung einer Amtsordnung und erwirkte 1553 sogar die Bewilligung, daß die Wahl des Raths ohne des Fürsten und seiner Nachfolger Bestätigung und Konfirmirung vorgenommen würde, daß der Rath, ohne jährlich Rechenschaft abzulegen, thun könnte, wie es von Alters her Gebrauch gewesen und daß selbst die Aemter oder Gilden mit allen ihren alten löblichen Freiheiten und Gerechtigkeiten wieder eingeführt und begnabet sein und bleiben sollten. Ueberdies wurde alles, was zu friedsamer Unterhaltung eines lobwürdigen, ordentlichen Regiments und sonst guter, wohlständiger, einhelliger, bürgerlicher Polizei hinfüro nach billiger, nothdürftiger Gelegenheit gestellt, geordnet und sonst verglichen werden könnte, hiemit und in Kraft dieser schriftlichen Begnadung gleicher Maßen bestätigt, approbirt und zugelassen, jedoch mit dem Vorbehalt, daß, wenn zwischen Bürgermeistern, Rath und Amtsverwesern wegen weiterer Anordnung der Polizei ein Zerwürfniß entstehen sollte, man sich dann an den Fürsten zu wenden hätte. Somit war der Stadt eine fast völlige Selbstregierung bewilligt; nur blieb unter anderm das weltliche Gericht in Münster „zu beiden Seiten des Wassers" (der Aa) ein Eigenthum des Fürsten, an welchen auch als an die „landesfürstliche höhere Obrigkeit" nach einem Vertrage vom 30. Juli 1563 appellirt wurde. Als fernere Gründe für die auch nach Franz von Waldeck anerkannte weltliche Oberhoheit des Fürsten über Münster läßt sich anführen, daß die Stadt ihm nach geschehener Bestätigung durch Papst und Kaiser die Huldigung leistete, daß sie neben andern Städten als britter Stand zu den Landtagen berufen wurde und daß sie ihren Theil der bewilligten Landessteuer zahlte. Freilich will der Bürgermeister Herbe in einem über die Freiheiten und Privilegien der Stadt Münster in der zweiten Hälfte des 16. Jahrhunderts abgefaßten Berichte weder aus der Beschickung des Landtages noch aus der Zahlung von Steuern (Schatzung), noch endlich aus den Worten der Huldigung, womit der Bürgermeister im Namen des Raths, der Alber- und Meisterleute sowie der ganzen Gemeinheit verspricht, die Stadt Münster zu halten und zu wahren, Ihro fürstlichen Gnaden zu Dero und der Stadt zu ihren Rechten, die Folgerung zugeben, daß Münster eine bischöfliche Munizipalstadt wäre. Vielmehr glaubt er daraus, daß der Fürst erst, wenn er auf die Frage des Bürgermeisters versprochen hätte, die alten Privilegien, Gerechtigkeiten, Gewohnheiten und Gebräuche in und außer Münster zu halten und zu handhaben, die Erlaubniß zum Einzuge in die Stadt erhielt, schließen zu können, daß ein Fürst wenig oder nichts zu gebieten und zu fordern hätte, fügt jedoch die Bedingung hinzu, „wenn sich hinwieder die Stadt oder Einwohner redlich und billig halten, wie frommen Unterthanen zu thun zusteht." Ferner schärft er dem Rathe ein, sich so zu verhalten, daß er nicht verklagt werden könnte, gegen den Landesfürsten, seine Obrigkeit, gehandelt zu haben. Dabei aber möchte man, wenn der Fürst an die Stadt irgend ein Ansinnen oder Begehren richte, es sei schriftlich oder mündlich, sich wohl bedenken, ehe man Konsens oder Vollmacht dazu gäbe. [12]) Auf diesen Standpunkt stellte sich denn auch der Rath von Münster, als er den Befehl Christoph Bernards wegen der Verhaftung Mallinckrodts mit dem Bemerken ablehnte, daß der Fürst nicht zu befehlen, sondern nur zu begehren habe. Aus allem geht hinlänglich hervor, daß die Befugnisse des Fürsten und der Stadt nicht mit völliger Bestimmtheit abgegränzt waren.

Ein solches Verhältniß mochte immerhin in der früheren Zeit und besonders unter auswärtigen Fürsten fortbestehen können; nach dem westfälischen Frieden aber, wo sich ein allgemeines Bedürfniß von fest geordneten Rechtszuständen aussprach, und besonders unter einem Fürsten wie Christoph Bernard konnte sich ein solcher Mittelzustand zwischen Freiheit und Abhängigkeit nicht länger halten und wenn daher der Fürst ganz im Geiste seiner Zeit auf eine strenge Unterordnung der Stadt unter seine Jurisdiktion hinarbeitete, so begnügte sich dagegen die Stadt auch nicht mehr mit dem Anspruche auf freies Besatzungsrecht, sondern erstrebte nichts weniger, als Reichsfreiheit überhaupt. Zur Verwirklichung dieser Wünsche bedurfte es nur noch der Bestätigung des Kaisers und dieser hielt man sich um so eher für versichert, als man allerdings nachweisen konnte, daß Münster ebenso wie andere freie Reichsstädte wiederholt Ladebriefe zu Reichsversammlungen erhalten hatte, so von Kaiser Friedrich III. 1488 nach Speier, von dem römischen Könige Maximilian 1489 nach Augsburg und von Kaiser Karl V. 1520 nach Worms. Wenn von Seiten des Fürsten behauptet wurde, daß das irrthümlich abgegangene Citationen gewesen wären; so ist dagegen hervorzuheben, daß auch andere Städte, die vordem weder Sitz noch Stimme auf den Reichstagen hatten, solche Ladebriefe erhielten und es läßt sich doch nicht annehmen, daß alle diese irrthümlich erlassen seien. Vielmehr scheint es, daß man besonders zu einer Zeit, wo durch die stets mehr steigende Macht der Fürsten das Ansehen der Reichstage immer mehr geschwächt wurde, nicht ohne Absicht auch an solche Städte, deren Rechtsverhältniß etwa ein gemischtes, deren Machtstellung aber eine bedeutende war, Ausschreibungen zu einem Reichstage gerichtet habe. Freilich konnte Münster, besonders da es nicht bloß einen, sondern mehre Ladebriefe und dazu noch von verschiedenen Kaisern erhalten hatte, darauf hin mit ebenso guten Gründen gleiche Stellung und Berechtigung mit den anerkannt reichsunmittelbaren Städten beanspruchen, als Christoph

---

[12]) Mscr. des Alterth.-Ver.

Bernard unter dem Titel eines Burggrafen von Stromberg Anspruch auf ein besonderes Votum im Reichsfürstenkolleg erhoben hatte; und es fragte sich nur, ob der kaiserliche Hofrath die von der Stadt vorgebrachten Beweise für ihre Reichsfreiheit für mehr genügend erkannte, als die Reichsfürsten das vom Kaiser selbst befürwortete Gesuch Christoph Bernards. Um den von den Ladebriefen hergenommenen Anspruch der Stadt zu entkräften, wurde von der Gegenpartei hervorgehoben, daß Münster nie „auf einem Reichs= oder Crayßtage Sessionem oder Votum (Sitz oder Stimme) gehabt, noch sich dessen einmahl angemasset, daß sie sich in keiner Subscription der Reichs= Abschiedt, noch in einiger approbirten Reichs= oder Crayß=Matricul findet, sondern notorie et confessato (bekannter und eingestandener Maßen) einem anderem Landtfürsten gehüldigt und desselben Landtschafft und Ständen a tempore immemoriali, de cuius contrario nulla exstat memoria, (von undenklicher Zeit, wie man sich nicht anders erinnert) unleugbahres mediat Mitgeliedt ist, und sich noch dafür außgibt und zwarn gegen Aydt und Pflichten so Sie deutlich und nominatim dem Fürsten alß Landt=Fürsten die Statt zu dessen Rechten zu verwahren, noch wenig Jahren zuvor offentlich mit außgestreckten Fingern zu Gott und den Heiligen gethan." [13] Der vom kaiserlichen Hofe getroffene Bescheid lautete einfach: „Die Statt in puncto immedietatis abzuweisen. 28. Julii, anno 1656. Reinhardt Schröber. m. p." — Somit hatte die Stadt das eigentliche Endziel ihres Strebens nicht erreicht; was aber das in Anspruch genommene Besatzungsrecht betraf, so berief sie sich zunächst auf einen von Zeiten des Kaisers Rudolf noch schwebenden Streit gegen den damaligen Kurfürsten Ernst und behauptete dann fernerhin, daß das Besatzungsrecht auch schon in ihrer Eigenschaft als Hansestadt begründet läge. Beide Punkte wurden von der Gegenpartei als irrig bestritten; denn einmal wäre wegen des Besatzungsrechts nie ein Prozeß anhängig gemacht; dann aber ließe sich auch aus der Theilnahme am hanseatischen Bunde nichts beweisen, da nicht nur die Verhältnisse der Hansestädte unter sich sehr verschieden gewesen wären, sondern auch die Umstände sich geändert hätten. Und da die Reichshofräthe unter den Alten der Wiener und Prager Registraturen nichts fanden, was zu Gunsten der von Münster erhobenen Ansprüche gedeutet werden konnte, so erfolgte endlich am 9. Dezember 1656 ein kaiserlicher Bescheid des Inhalts: „daß man die Statt Münster ihr intention und

---

[13] Warh. Cont. S. 13. Vgl. Alpen I. S. 295 f.

in specie, daß sie das ius praesidii (Besatzungsrecht) zusambt der custodia, seu iure clavium, portarum, vallorum, murorum und symboli seu tesserae militaris ab immemoriali tempore, (Recht der Schlüssel, Thore, Wälle, Mauern und der Parole von undenklicher Zeit) ihrem angeben nach, hergebracht, besser alß bißhero geschehen, erweisen wölte und könte, sie darmit gehöret werden, ihr auch zu dem endt zeit von sechs Monaten ex officio und zwar sub poena praeclusionis (unter Anbrohung, sie nicht ferner zu hören) angesetzt und wan sich under dessen in dem Crayß einige Gefahr hervor thuen und nötig sein würde, die Statt mit stärkerer Guarnison zu versehen, dem Herrn Bischoffen, mit zuziehung deß Thumb=Capittuls, der Ritterschafft und Stätte und also der gesambten Land=Stände, das ius cognoscendi solche Gefahr (d. h. das Recht, eine Gefahr darin zu erkennen) anheimb gestelt sein, und alßbann nach Anleitung des Schoneflietischen Vertrags mit dem Commendanten, Garnison und andern gehalten werden solle." 14)

Die Stadt sowohl als der Fürst legten diesen Bescheid zu ihren Gunsten aus, erstere, weil das Besatzungsrecht ihr nicht förmlich abgesprochen war und in der augenblicklichen Lage selbst zur Zeit der Gefahr ohne Zuziehung der Stände keine einseitige Veränderung getroffen werden könnte, letzterer, weil die von der Stadt bisher beigebrachten Beweise für nicht genügend befunden waren, der Kaiser vielmehr unter Anerkennung des Schöneflieter Vergleichs es ihm anheimgegeben hätte, unter gewissen Bedingungen zwar mit Zuziehung der Stände, jedoch ohne daß deren Zustimmung gerade erfordert würde, von dem Besatzungsrechte Gebrauch zu machen. 15) Die Deduktion war beiderseits etwas spitzfindig, wie es sich auch bei der gereizten Stimmung nicht anders erwarten ließ. Waren übrigens nicht nur die bisher von Münster beigebrachten Beweise nicht genügend, sondern glaubte man auch von Seiten der fürstlichen Partei sicher zu wissen, daß kein anderer und triftigerer Beweis beigebracht werden könnte; so mag es allerdings scheinen, daß es von Christoph Bernard am besten gehandelt gewesen wäre, wenn er die vom Kaiser gestellte sechsmonatliche Frist ruhig hätte abwarten wollen. Daß es nicht geschah, mag größten Theils darin begründet liegen, daß Drachter und andere Führer der Gegenpartei sich noch viel weniger ruhig

---

14) Warh. Cont. Beil. 4. S. 36. Londorp VII, 1195. Diar. Eur. I, 391. Aitzema Saken van Stact en Oorlogh IV, 70.
15) Alpen I. S. 298. f. Warh. Cont. S. 15.

verhielten. Als Christoph Bernard angeblich „nur allein zur prob und versuch, umb zu sehen, was ihre Statt Münsterische gegen daß Kayßerliche Bescheidt vor einen Respect tragen und ob sie demselben pariren würden," [16]) durch seinen Kommissar Vogel und den Richter Römer den von der Stadt eingesetzten Kommandanten Wittenberg auffordern ließ, sein Amt niederzulegen, wurde von diesem nicht nur nicht willfahrt, sondern vielmehr vom Magistrat, welcher jenes Ansinnen, zumal da der Prozeß über das Besatzungsrecht noch schwebte, als Eingriff in seine Rechte bezeichnete, [17]) auf Drachter's Antrag dem fürstlichen Kommissar befehlen, noch vor Sonnenuntergang mit Weib und Kind die Stadt zu verlassen. Zwar blieb Vogel noch einige Tage in Münster; als er dann aber, um neue Verhaltungsbefehle zu holen, sich nach Coesfeld zum Fürsten begab, fand er bei seiner Rückkehr die Stadtthore verschlossen. Der Fürst, welcher mit der größten Ungedult eine Beendigung des Streites wünschte, zugleich aber einsah, daß die Sache auf gütlichem Wege wohl nicht zum Austrag kommen würde, beschloß nun mit Zustimmung der rheinischen Alliirten eine Gesandtschaft nach dem Haag zu schicken, um die vereinigten Niederlande wenigstens zu bestimmen, daß sie ihm bei seinen fernern Unternehmungen kein Hinderniß in den Weg legten. Die Münsterischen dagegen schickten den Syndikus Drachter und den Rathsverwandten Deitermann [18]) nach Bremen, Hamburg und Lübeck, um mit diesen Häuptern der Hansa sich enger zu verbinden. Da aber dieselben aus Mißtrauen auf ihre eigenen Kräfte schon früher, zur Zeit des dreißigjährigen Kriegs, mit den Niederländern in einen Bund getreten waren, so ertheilten sie den Münsterischen den Rath, diesem Bunde beizutreten, und gaben ihnen zugleich ein Empfehlungsschreiben an die Generalstaaten (d. 20. März 1657). Während die Hanseaten darin ihrerseits eine Verwendung bei Christoph Bernard und dem Kaiser in Aussicht stellen, ersuchen sie die Hochmögenden, Münster als ein uraltes, getreues Mitglied des hanseatischen Bundes und somit als „dero Hochmög. Mitbundesgenossen in und bey gegenwertigen ihrem hochbeschwärlichen Anligen auff alle thunliche art und weise hochgeneigt dahin annemmen und sich bemühen zu wollen, daß wol-

---

[16]) Warth. Cont. S. 16.
[17]) Schreiben Chr. Bern. d. Coesfeld 20/10 März 1657 im Prov.-Arch. Domkap.-Prob. VI, 3.
[18]) Warth. Cont. S. 18. Bei Alpen I. S. 301 steht statt Deitermann irrig Termöllen, welcher mit Drachter erst später nach dem Haag geschickt wurde.

gemelter Statt bey ihro von unbencklichen Jahren kundtlichen zuge=
standenen Recht und Besitz (in specie iuris praesidii, libertatis-
que commerciorum) bester massen Rechtens vertretten, geschützet
und gehanbhabet werden müge. Umb so viel mehr, weile sie solch
ihr hergebrachtes Recht und Besitz, außer dem dasselbe für sich kund=
bahr und notorium, mit onwidersprechlichen Fundamenten darzuthun
und zu erweisen erbietig und dahero bey deßhalben hergebrachter
possession vel quasi billig zu conserviren und zu vertretten." [19]
Wenn hierin von zugestandenem und hergebrachtem Recht und Besitz
sowie von unwidersprechlichen Fundamenten die Rede ist, so fragt
sich nicht sowohl, was wir nach dem früher Gesagten davon zu halten
haben, sondern zunächst nur ob die Hanseaten selbst davon überzeugt
waren. Dieses ergiebt sich am klarsten aus der Art und Weise, wie
sie dem gegebenen Versprechen nachkamen, daß sie sich nämlich bei
Christoph Bernard selbst für die Stadt Münster verwenden wollten.
Kaum hatte der Fürst von dem Schreiben der Hansestädte Kenntniß
erhalten, als er ihnen unter dem 23. Mai 1657 darüber Vorstellun=
gen machte, daß sie sich nicht nur rücksichtlich des Besatzungsrechts in
grobe Irrthümer verstrickt hätten, sondern auch obendrein durch ihre
Empfehlung bei den Generalstaaten die Münsterischen zu weiterem
Ungehorsam und größerer Halsstarrigkeit verleiteten. [20] In Folge
dessen erklärte Bremen unter dem 28. Mai d. J., daß es sich „so
wenig mit Worten als mit wercken einige erkenbnus oder jubicatur
über die zwischen S. fürstl. Gnaden und dero Statt Münster ent=
haltene Streitigkeiten zueignen, noch viel weniger dem Heil. Röm.
Reich und dessen Allerhöchsten Oberhaupt in solcher jubicatur durch
einig recommendation Schreiben zu praeiudicirn und andere Be=
nachbarte ausser Reichs zu einiger thatligkeit zu permoviren ihm in
sinn noch gedancken gestiegen." [21] Auf eine gleich glimpfliche Weise
suchten sich auch Hamburg und Lübeck aus der Sache wieder heraus=
zuziehen. Und welche Aufnahme fanden endlich die münsterischen
Abgeordneten, der Syndikus Drachter und der Aldermann Termöllen,
bei den Hochmögenden im Haag? Von den Bürgermeistern und dem
Rath der Stadt unter dem 20. April 1657 mit einer unbedingten
Vollmacht versehen, stellten dieselben am 9. Mai d. J. an die Hoch=
mögenden ein schriftliches Gesuch, Münster als Mitglied des hansea=

---

[19] Warh. Cont. Beil. 5 S. 37 f.
[20] Das. Beil. 8 S. 42 ff.
[21] Das. Beil. 9 S. 52 ff.

tischen Bundes in den am 25. Oktober 1646 mit den Häuptern der
Hansa geschlossenen Vertrag gemäß dem neunten Artikel aufnehmen
zu wollen. ²²) Die Generalstaaten aber erklärten, die Sache erst in
reifliche Erwägung ziehen zu müssen und die Abgeordneten kehrten
also einstweilen unverrichteter Sache heim, nachdem der hanseatische
Bevollmächtigte im Haag, Leo von Aitzema, mit der fernern Wahr=
nehmung der münsterischen Interessen beauftragt war. ²³) Christoph
Bernard aber, welcher unter dem 13. Mai 1657 von Coesfeld aus
die Münsterischen in einem Schreiben ermahnte, daß sie sich nicht
von einigen Männern, die unter dem Scheine des Eifers für das
gemeine Beste nur ihrer Privatleidenschaft folgten, zu gleich strafba=
rem Vorgehen, wie zur Zeit der Wiedertäufer, möchten verleiten las=
sen, ²⁴) beauftragte zugleich seinen Agenten Wylich im Haag alles
aufzubieten, die Verbindung der Hochmögenden mit Münster nicht
nur als ungesetzlich, sondern auch als unvortheilhaft darzustellen. ²⁵)
So sehr sich aber auch Wylich im Interesse seines Fürsten bemühete,
indem er einerseits die Münsterischen bitter tadelte, daß sie trotz der
geleisteten Huldigung gegen den Schöneflieter Vergleich und das kai=
serliche Rescript sich dem kompetenten Richter entzögen und sogar um
auswärtige Hülfe nachsuchten, andererseits mit besonderem Nachdruck
darauf hinwies, welche Mißverhältnisse und Unordnungen nothwendig
entstehen würden, wenn Coesfeld, Warendorf, Bielefeld, Minden und
andere Städte unter demselben Vorwande, daß sie zum hanseatischen
Bunde gehörten, sich der Gewalt ihrer Fürsten entziehen wollten; so
fand er doch nicht das gewünschte Gehör, da Aitzema dagegen her=
vorhob, daß Münster weder durch den Huldigungseid, der es der
Willkür des Fürsten nicht unbedingt unterwürfe, noch durch den Schöne=
flieter Vergleich, demgemäß nur nach freier Uebereinkunft und auf
bestimmte Zeit, nicht aber für immer und nicht auf Grund einer
rechtlichen Forderung eine Besatzung eingenommen wäre, noch endlich
durch das kaiserliche Rescript, wogegen die Bürger sich in keiner Weise
verfehlt hätten, behindert würde, zum Schutze seines Handels und
anderer Gerechtsame sowie zur Abwehr schädlicher Neuerungen sich mit
befreundeten Staaten zu verbinden. ²⁶)

---

²²) Warh. Cont. S. 38 ff.
²³) Alpen I. S. 309; vgl. S. 302.
²⁴) Warh. Cont. n. 7. S. 40 ff.
²⁵) Die Berichte im Fürst. Münster. Landes=Archiv 533 b.
²⁶) Alpen I. S. 311 ff. Vgl. Diarium Eur. VI, 32: „Ausführung über die
Frage, ob die Stadt Münster Bündnisse machen könne." Aitzema a. a. O.

Unter diesen Umständen glaubte Christoph Bernard die gefürchtete Einmischung der Holländer in seinen Streit mit Münster nur dadurch verhindern zu können, daß er die rheinischen Alliirten veranlaßte, auch ihrerseits Gesandte nach dem Haag zu schicken und ein förmliches Bündniß mit den Hochmögenden anbieten zu lassen. Die Unterhandlungen führten jedoch zu keinem günstigen Resultate, da namentlich die Provinzen Seeland und Friesland angeblich aus Furcht, ein solches Bündniß möchte dem Kurfürsten von Brandenburg mißfallen, ihre Zustimmung verweigerten. Vollends aber zerschlug sich die ganze Angelegenheit bei der nicht lange nachher eintreffenden Nachricht, daß Christoph Bernard mittlerweile bereits zur Belagerung der Stadt Münster geschritten sei. Sehen wir, was derselben unmittelbar vorherging, um uns über die Nothwendigkeit dieser Maßregel klar zu werden. Während der Fürst den Versuch machte, die Hochmögenden zu seinen Gunsten zu stimmen, unternahm es die Ritterschaft des Münsterlandes und namentlich der Erbmarschall Ferdinand von Morrien, der Droste Dietrich von Velen, Johann von der Recke zu Steinfurt und Ferdinand von Nagel zu Itlingen, die Stadt Münster zu einem Vergleich zu bewegen. Der Magistrat, welcher sich Anfangs wenig geneigt zeigte, auf Unterhandlungen einzugehen, überreichte endlich zwar ein Schreiben, welches in 36 Punkten die Beschwerden gegen den Fürsten enthielt, [27]) betrieb aber die weiteren Verhandlungen mit einer solchen Lässigkeit, daß es hinreichend klar wurde, man wolle auf diese Weise nur Zeit gewinnen, um sich unterdessen der Unterstützung der Holländer zu versichern. Und mit derselben Schlauheit, wie gegen die Ritterschaft, verfuhren die Münsterischen auf dem nach Coesfeld damals berufenen Landtage, indem sie nicht allein ihre Zustimmung dazu gaben, wegen der von dem Herzoge von Braunschweig angedeuteten Gefahr Seitens der kriegerischen Nachbarn ein Truppenkorps zu werben, sondern sich auch bereit erklärten, auf den in Vorschlag gebrachten Vertrag einzugehen. Wie aufrichtig sie es aber mit dieser Erklärung meinten, ging alsbald aus dem Umstande hervor, daß sie gleich nach Beendigung des Landtags den Syndikus Drachter wieder nach Holland schickten, um den endlichen Abschluß des Bündnisses mit den Hochmögenden zu betreiben. Dabei verfolgten sie offenbar keinen andern Zweck, als den Fürsten, welcher das Zustandekommen des Vergleichs durch Vermittlung der Ritterschaft

---

[27]) Schaumburg E. v., Fürstbischof Bernhard von Galen und die Stadt Münster (M. Regensberg 1853). Beil. C.

sehnlichst wünschte, zu möglichst günstigen Bedingungen zu stimmen. Christoph Bernard aber ließ unter solchen Umständen einstweilen jede Hoffnung auf einen Vergleich fallen und verlegte das weltliche und geistliche Hofgericht von Münster nach Dülmen.[28] Doch versuchte es Christoph Bernard noch einmal, die Münsterischen durch eine gewichtigere Stimme als die der Ritterschaft zu einem gütlichen Vergleich zu bewegen. Er wandte sich nämlich an die Kurfürsten von Baiern und Sachsen, welche nach dem Tode Ferdinands III. als Reichsvikare die oberste Leitung der Geschäfte hatten. Diese erließen unter dem 5. Juni 1657 ein Schreiben an den Rath und die Bürger Münsters, worin dieselben aufgefordert wurden, wegen der Privatirrungen mit ihrem Fürsten weder von andern Reichsständen noch viel weniger von fremden Staaten Hülfe nachzusuchen, weil sie dadurch nicht allein dem kaiserlichen Rescript in Betreff des Besatzungsrechts entgegen handelten, sondern auch leicht dem gemeinen Wesen Ungelegenheit zuzögen und demnächst „erfahren würden, was deß Reichs Rechte und Herkommen in solchen Fällen erfordern und mit sich bringen."[29] Und bald nachher, am 5. August 1657, veröffentlichte Christoph Bernard von Coesfeld aus die „Warhaffte und außführliche in iure et facto gegründete Continuation," worin er sich einerseits das Besatzungsrecht auf Grund der ihm verliehenen Regalien[30] vindicirt, andrerseits über die Neuerungen, das ungesetzliche und widerspänstige Verfahren der Münsterischen beklagt, welche nicht nur Bürger und Fremde mit ungewöhnlichen Abgaben drückten und die Stadt obendrein in große Schulden setzten, sondern auch die Ehre des Fürsten in öffentlichen und Privatschriften an den Kaiser und die Reichsgerichte kränkten, die fürstlichen Beamten und die Domherrn, namentlich Adolf Heinrich von Droste zu Vischering, schimpflich be-

---

[28] Alpen I. S. 318. Vgl. Warh. Cont. S. 20. Prov.-Arch. Domkap.-Prob. VI, 4.

[29] Warh. Cont. no. 10, S. 53 f. Vgl. Alpen I. S. 320.

[30] Dieselben Argumente wie die „warhaffte Continuation" enthält die Schrift: „Rationes et causae, quare ius armorum et praesidii tamquam de regalibus ill. Dom. Episcopo et Principi et non civitati competat." Prov.-Arch. Domkap.-Prob. VI, 3. Daselbst findet sich auch ein Schreiben Chr. B. an das Domkap. d. Coesf. 18. Juni 1657, worin er zum Zweck der Rechtsdeduktion Auskunft wünscht, ob im Archiv des Kap. Verträge mit der Stadt über das Besatzungsrecht besonders aus den Jahren 1633, wo die Stadt neue Außenwerke im Gogericht des Kap. anlegte, ferner 1599 (Spanischer Einfall), 1622 (Mansfeld), 1623 (Anholtische Einquartierung) sich vorfinden.

handelten, dem Fürsten das nicht der Stadt sondern dem Lande gehörende Schießpulver nicht herausgeben wollten u. a. War das Schreiben der Reichsvikare darauf berechnet, die so sehr gefürchtete Verbindung Münsters mit den Niederländern zu hintertreiben, so ließ dagegen die Schrift des Fürsten selbst, die gleichsam als ein Kriegsmanifest gelten konnte, nichts weniger als eine gütliche Beilegung der obschwebenden Streitigkeiten erwarten. Unter diesen Umständen betrieben daher die Münsterischen mit nur um so größerem Eifer die Unterhandlungen mit den Niederländern und sollen ihnen sogar, wie sie den Hansestädten die freie Ausübung des Lutheranismus versprachen, die Einführung des Kalvinismus in Aussicht gestellt haben.[31]) Die Hochmögenden aber zeigten keine besondere Lust, sich schon jetzt zu einem entschiedenen Entschluß drängen zu lassen; und der Eifer, womit die Münsterischen ihre Sache betrieben, hatte nur zur Folge, daß auch Christoph Bernard jetzt mit um so mehr Entschiedenheit vorging. Auf den Rath der ihm verbündeten Fürsten ließ er, nachdem er seine Tafelgüter mit Zustimmung des Domkapitels verpfändet hatte,[32]) neue Truppen werben, außerdem die Emsländer, Bramer und Stromberger Bauern aufbieten und eine große Menge schweres Geschütz und Munition herbeischaffen. Und als Drachter auf seiner Rückreise von Haag nach Münster am 9. August die Glanerbrücke passirte, ließ er denselben durch einige Reiter aufheben und zunächst nach Coesfeld und von da über Ahaus nach Ottenstein bringen, wo also nun die beiden Hauptgegner der bischöflichen und fürstlichen Gewalt in Gewahrsam gehalten wurden.[33]) Kaum hatten die Münsterischen davon Kunde erhalten, als sie die Stadtthore schlossen und einen Trompeter nach Coesfeld sandten, um die Entlassung des Gefangenen zu fordern. Aber nicht nur diese wurde verweigert, sondern Christoph Bernard verlangte auch in einem besondern Schreiben, daß man außer dem Hauptmann Benthon noch mehren andern namentlich aufgeführten Personen, worunter zwei Vettern des Fürsten waren, freien Abzug aus den gesperrten Thoren gestatte. Die namentliche Bezeichnung der betreffenden Personen hatte jedoch, wie natürlich, nur zur Folge, daß dieselben Stadtarrest erhielten, bis der Syndikus Drachter seiner Haft entlassen wäre. Und da die Truppen des Fürsten und seiner

---

[31]) Iordanaeus S. 15.
[32]) Prov.-Archiv Fürstenth. Münster, Urk. 4526. — Wegen der Hülfe von Pfalz vgl. Domkap.-Prob. VI, 8.
[33]) Theatr. Eur. VIII, 92. Alpen I. S. 324.

Verbündeten sich mittlerweile der Stadt näherten, so traf man auch hier umfassende Vorkehrungen zu einer kräftigen Vertheidigung. Zu den beiden Kompagnien unter Wittenberg und Sprenger wurden aus Bauern und andern Leuten, die wegen Sperrung der Thore die Stadt nicht verlassen konnten, zwei neue unter dem Rittmeister Stael und dem Hauptmann Lepper gebildet; dazu kam die waffenfähige Jugend der Stadt, so daß die Zahl der Vertheidiger sich im Ganzen auf 7000 Mann belief. Diese wurden am 19. August eidlich verpflichtet, die althergebrachten Freiheiten und Privilegien mit dem Leben zu vertheidigen. An dem folgenden Tage wurden die Gräben mit Pallisaden besetzt; die Wälle aber waren mit ungefähr hundert Kanonen versehen und die Hecken und Sträuche rings um die Stadt auf Schußweite fortgeräumt. Schon am 20. am Feste des h. Bernard begann Christoph Bernard die Einschließung der Stadt durch seine eigenen sowie die von Mainz, Köln, Trier und Pfalz-Neuburg erhaltenen Truppen, deren Stärke im Ganzen auf 9000 Mann angegeben wird. Bevor er jedoch zu einer förmlichen Belagerung schritt, ließ er noch einmal durch einen Trompeter die Forderung stellen, die in seinem frühern Schreiben bezeichneten Personen frei zu lassen und zugleich eine Erklärung darüber abzugeben, ob man ihn mit seinem Hofe und einer Bedeckung in die Stadt aufnehmen wolle. Die Antwort lautete: vor der Befreiung Drachters werde Keiner entlassen werden; was aber das Besatzungsrecht angehe, so müsse darüber der Ausspruch des Reichskammergerichts abgewartet werden.[14] Diese Erklärungen der Stadt schienen um so mehr auf Billigkeit und Recht zu beruhen, als sie mit dem von den Reichsvikaren an Christoph Bernard unter dem 17. August erlassenen Schreiben übereinstimmten. Es heißt aber darin: „weilen dergleichen Beginnen (des Fürsten) dem Kayserlichen Dekret nicht gemäß, welchem nachzuleben Ew. Freundtschaft und Liebben selbst Dero Statt Münster anzubefehlen gebetten; so versehen Wir Uns, gesinnen auch hiermit, Krafft hohen tragenden Vicariat-Amptes, Dieselben werden und wollen nicht allein den auffenthaltenen Syndicum an seiner Heimbreise sambt seinen Sachen nicht hindern, zumahlen sich die Statt zu genügsamer caution erpietig machet, sondern auch aller Thätlichkeit und feindseliger zusammenführung Kriegsvölker auch anderer Kriegsbereitschaften wieder die Statt sich enthalten, bei diesem ohne das betrückten gefährlichen zustand des Reichs zu neuer unruhe nicht anlaß reichen, sondern da

---

[14] Alpen I. S. 827.

Ew. Freundtschaft und Liebden wieder dieselbe zu sprechen und zu suchen, solches via iuris (im Wege Rechtens) und nach Anleitung des Kayserl. Decrets fürnehmen und außführen. In widrigem fall können Ew. F. u. L. selbst ermessen, daß Wir die ruhe Unsers lieben Vatterlands zu beobachten und auff Einlang fernerer Klage nach außweisung der Kayserl. Reichssatzung zu verfahren gemüßiget werden." [35]) — Christoph Bernard wußte jedoch die Reichsvikare durch seinen Gesandten Fürstenberg umzustimmen [36]) und die Belagerung Münsters hatte ihren Fortgang. [37]) Laufgräben wurden eröffnet, Batterien errichtet und durch ein heftiges Bombardement besonders am 27. August viele Häuser, Klöster und Kirchen stark beschädigt, in Folge dessen unter einem Theile der Belagerten große Furcht und Angst entstand, während sich des andern eine immer stärkere Erbitterung bemächtigte und von Nachgiebigkeit oder gar Unterwerfung, wozu der Fürst am 29. die Stadt noch einmal auffordern ließ, unter solchen Umständen nur um so weniger Rede sein konnte. Vielmehr machten die Belagerten wiederholt einen Ausfall und es gelang ihnen auch bei einem am 31. August auf die Mörserbatterie vor dem Jübefelderthor unternommenen Angriff die darin befindlichen Truppen fast sämmtlich zu tödten. Bei diesen Vorgängen sahen sich 36 Mitglieder der Ritterschaft veranlaßt, unter dem 1. September ein Schreiben [38]) an den Fürsten zu richten, worin sie sich zunächst darüber beklagen, daß die kurz vorher von ihren Deputirten unternommenen Bemühungen um Erhaltung des innern Friedens durch ein gar zu rasches Vorgehen mit Gewaltmitteln vereitelt seien, dann aber mit allem Nachdruck sich darüber beschweren, daß der Fürst ohne Einwilligung des zweiten und dritten Standes fremde Truppen in das Land geführt, den Unterthanen die Herbeischaffung von Lebensmitteln unter Androhung militairischer Exekution befohlen und die Bauern sowie deren Knechte zum Kriegsdienste gezwungen habe, und zwar das alles nur zu dem Zwecke, um die Stadt Münster, die bisher

---

[35]) Aus dem Tagebuch: „Summarischer und gründlicher Bericht von der Münsterschen Belägerung" mitgetheilt bei Schaumburg, Beil. D. Vgl. Theatr. Eur. VIII, 97. Londorp VIII, 165.

[36]) Alpen I. S. 333. Vgl. Aitzema a. a. O. S. 75.

[37]) Diarium obsidionis Monasteriensis ab 8. Aug. ad 30. Oct. a. 1657. (Manuscr.) Ein Exemplar (56 S. 4°.) besitzt der Alt.-Ver. zu Münster, ein zweites (88 S. 4°.), von jenem abgeschrieben, übrigens durch einige Schreibfehler entstellt, im Gräflich Landsberg-Velenschen Archive.

[38]) Schaumburg, Beil. H. Theatr. Eur. VIII, 94. Alpen I. S. 334 f.

weder vom Kaiser noch von den Reichsvikaren in die Acht erklärt sei, mit Feuer und Schwert zu unterwerfen. Dadurch habe er sich nicht nur verfehlt gegen das privilegium patriae, welches ohne Zustimmung der Landstände kein Bündniß und keine Fehde gestatte, sondern auch gegen den Beschluß des letzten Coesfelder Landtags, daß keine neuen Truppen angeworben werden sollten, sowie endlich insbesondere gegen das kaiserliche Dekret, welches nicht dem Fürsten allein, sondern nur mit Zuziehung der Landstände den Anzug einer Gefahr und somit die Nöthigkeit einer Besetzung Münsters festzustellen erlaube. Demnach hielten sie sich, zumal da das gewaltthätige Eingreifen des Fürsten die schlimmsten Folgen haben könnte, Einigkeit und Vertrauen zwischen ihm und den Ständen dagegen die schönsten Früchte tragen würde, für verpflichtet, die unterthänigste Bitte auszusprechen, daß er die Belagerung aufhebe, die fremden Truppen entlasse, die Bauern ihren gewohnten Arbeiten wiedergebe und in Beziehung auf die obschwebenden Streitigkeiten die Entscheidung der Reichsgerichte abwarte. Widrigenfalls wollten sie, da sie alles zu einer friedlichen Vergleichung beigetragen hätten, an allem fernern Unheil unschuldig sein. Dieses sogenannte Interpositions- oder Vermittlungsschreiben war den Verhältnissen nach gewiß in recht entschiedener Sprache abgefaßt, hatte jedoch vorläufig nicht den gewünschten Erfolg, da der Fürst, wie sich dieses in ähnlichen Fällen schon früher zeigte und auch späterhin noch zeigen wird, niemals eher von der Durchführung seiner Pläne abstand, als wenn die Ereignisse sich so gestalteten, daß er von seiner Beharrlichkeit weit schlimmere Folgen zu gewärtigen hatte als von seiner Nachgiebigkeit. Und fühlte er sich auch einmal wirklich zum Nachgeben veranlaßt, so war das doch gleichsam nur ein Waffenstillstand, der das Erreichen seines Zieles wohl verzögern, nicht aber vernichten konnte. Bei der augenblicklichen Lage der Dinge jedoch, wo die Unterwerfung der Stadt Münster mit Hülfe der Verbündeten fast unzweifelhaft schien, war Christoph Bernard zum Nachgeben durchaus nicht geneigt, wenngleich er sonst, wie sich dieses besonders bei der Exemtion von der Kirchspielschatzung zeigte, gern alles aufbot, um die Ritterschaft für sich günstig zu stimmen. Die abschlägige Antwort aber, welche er jetzt der Ritterschaft ertheilte, enthält zugleich nicht undeutliche Winke, wie er ihr gegenseitiges Verhältniß auffaßte. Das Recht, Bündnisse zu schließen, fremde Truppen anzuwerben und die eigenen Unterthanen zu bewaffnen, wurde aus den vom Kaiser dem Fürsten verliehenen Regalien hergeleitet, bedurfte also nicht, wie es in dem angezogenen privilegium patriae hieß, der Zustimmung der Landstände. Ferner wurde bemerkt, daß die auf dem Landtag bewilligten Gelder vom Fürsten nach seinem Gefallen könnten verwendet werden; und was endlich die obschwebenden Streitigkeiten mit Münster betreffe, so habe nicht nur „der lauff des Rechten am Kayserl. Hoff durch tödtlichen abfall weiland Ihrer kayserl. Majestät sein Endschafft genommen," sondern es haben sich auch die Münsterischen durch Nachsuchung fremder Hülfe den Reichsgerichten entzogen.³⁹) — So hatte denn die Belagerung ihren ungestörten Fortgang. Am 2. September wurden wiederum viele Kugeln und Bomben in die Stadt geworfen; am 4. September früh Morgens entstand durch hineingeschleuderte Pechkränze eine Feuersbrunst auf der Frauenstraße, wodurch über zwanzig Häuser eingeäschert sein sollen, und in der Nacht vom 5. auf den 6. September drangen die Belagerer sogar bis an die Spitze der im Westen der Stadt 1633 angelegten Judenschanze, woselbst sich der Angriff seitdem konzentrirte und welche Schanze denn auch später, weil es daselbst sehr scharf herging, der scharfe Hügel genannt wurde. Es rückte nun aber den Belagerten die Gefahr immer näher und der Fürst hielt daher auch jetzt den geeigneten Zeitpunkt für gekommen, die Stadt abermals zur Unterwerfung mahnen zu lassen. In der Voraussetzung, daß die Bürger diesen Mahnungen ein geneigtes Gehör schenken würden, hatte er zugleich der Ritterschaft gestattet, ihre früher unterbrochenen Unterhandlungen wieder aufzunehmen. Das Mahnungsschreiben der verbündeten Fürsten von Köln, Mainz, Trier und Pfalz, worin die Stadt Münster als bischöfliche Municipal- und Landstadt unter Androhung von Gewaltmaßregeln aufgefordert wird, die Einnahme einer Besatzung nicht länger zu verweigern,⁴⁰) war schon am 21. August abgefaßt, wurde aber erst am 6. September übergeben. Bürgermeister und Rath ertheilten darauf bereits am folgenden Tage eine Antwort, worin sie zunächst gegen die Bezeichnung Münsters als Municipalstadt protestirten, dann aber auch hervorhoben, wie Christoph Bernard selbst durch eigenmächtiges Vorgehen das kaiserliche Dekret verletzt habe, wie in dem obschwebenden Streite nicht nur die Ritterschaft, sondern auch die Reichsvikare auf ihrer Seite ständen, wie sie endlich nimmer beabsichtigten, dem Fürsten nicht mit der schuldigen Achtung zu begegnen, und wie sie auch jetzt nichts sehnlicher wünschten, als daß die Ritterschaft die Beilegung

---

³⁹) Schaumburg, Beil. J. Theatr. Eur. VIII, 96. Alpen I. S. 342.
⁴⁰) Schaumburg, Beil. E. Alpen I. S. 344.

des Streits versuche oder doch der Fürst „mit seiner grausamen Zusetzung bis zur Ersetzung eines höchsten Oberhaupts des h. Röm. Reichs einhalten möge." 41) Die Stadt sah ihr Verlangen wenigstens zum Theil erfüllt, als Deputirte aus der Ritterschaft die Verhandlungen mit ihr wieder aufnahmen. Dem Fürsten aber kam dieses gerade damals um so mehr gelegen, weil eben zu derselben Zeit die hochmögenden Generalstaaten ihre Vermittlung anboten, 42) die er nun mit dem Bemerken ablehnen konnte, daß er nicht nur ohne Wissen seiner Verbündeten und der Reichsfürsten überhaupt die Einmischung einer fremden Macht nicht zulassen dürfte, sondern daß auch nach altem Herkommen bei einem Streit zwischen dem Fürsten und einem der Landstände ein anderer Landstand die Vermittlung übernähme, wie das denn auch jetzt bereits geschehen wäre. Die Verhandlungen zwischen den Deputirten der Ritterschaft und denen des Raths und der Gemeine von Münster, welche sich am 11. September unter freiem Geleit auf dem Hause Geist versammelten, blieben jedoch vorläufig ohne Resultat, und ein großer Theil der Bürgerschaft zeigte sich auch zum Abschluß eines Vertrags um so weniger geneigt, da der von ihnen nach dem Haag gesandte Rathsherr Nienhues durch ein Schreiben zur Standhaftigkeit ermahnte und den Beistand der Niederlande in Aussicht stellte. 43) Unter diesen Umständen schritt Christoph Bernard wieder zum Angriff. Derselbe war zunächst in der Nacht vom 12. auf den 13. September gegen das Hörsterthor, dann am 14. gegen die Judenschanze gerichtet; jedesmal aber wurden die Stürmenden blutig zurückgeschlagen und verloren bei dem letzten Angriff namentlich den tapfern Führer der Mainzer Truppen Horbeck. Am Abende des 16. Septembers gelang es aber den Belagerern, an verschiedenen Punkten der Stadt besonders im Osten und Süden mehre Häuser in Brand zu schießen, in Folge dessen die Bürger, wie Einige erzählen, Fahnen mit der Inschrift: „GaLen InCenDIt VrbeM" (1657; „Galen hat die Stadt angezündet") anfertigen ließen. 44) Am Morgen des 17. wurde dann ein neuer Sturm auf die Judenschanze unternommen, aber auch jetzt wieder von den Be-

---

41) Schaumburg, Beil. F.
42) Schaumburg, Beil. G.
43) Alpen I. S. 346.
44) Theatr. Eur. VIII, 96. Leven v. C. B. S. 35. Im Diarium des Belenschen Archivs steht das Chronogramm: „Defensor noster aspIce, nos faMVLos ab Igne protege."

lagerten glücklich zurückgeschlagen. Am Abende desselben Tages brachte nun der Syndikus der Ritterschaft, Licentiat Droste, die Bewilligung eines Waffenstillstands von 24 Stunden, während dessen man zu neuen Unterhandlungen schritt. Die Stadt erklärte sich mit Vorbehalt aller Privilegien und Rechte sowie mit dem Bemerken, daß der Schöneflieter Vertrag und das kaiserliche Dekret bestehen bleiben, die schwebenden Streitpunkte aber auf dem nächsten Landtage erledigt werden sollten, dazu bereit, 300 Mann fürstlicher Truppen unter dem Kommandanten Reumont aufzunehmen und ihre eigenen Truppen auch dem Fürsten und der Ritterschaft schwören zu lassen. Da aber der Fürst eine weit stärkere Besatzung in die Stadt legen wollte und zugleich verlangte, daß man nach Entfernung des Stadtkommandanten ihm die Schlüssel und die Parole überlasse und daß von ihm allein der Rath ernannt werde, die Gilden und Albermänner aber ihren Einfluß verlieren sollten: entschlossen sich die Bürger um so mehr zur Fortsetzung ihres Widerstands, weil in der Nacht vom 17. auf den 18. September der nach Holland gesandte Bote Wilmsen mit einem Schreiben eintraf, wonach die Hochmögenden vier Deputirte mit Vermittlungsvorschlägen an den Fürsten gesandt hatten und für den Fall, daß dieselben abgewiesen würden, die Stadt mit Truppen zu entsetzen versprachen. [45])

Durch diese Nachricht war der Muth der Belagerten so gestiegen, daß sie noch vor Ablauf des Waffenstillstands, da sie nämlich fürstliche Truppen mit Faschinen nach der Judenschanze vorgehen sahen, die Feindseligkeiten wieder aufnahmen. Zu gleicher Zeit aber richteten Bürgermeister und Rath unter dem 20. September abermals ein Schreiben an die Reichsvikare, worin sie nach einer weitläufigen Schilderung ihrer Lage hervorhoben, daß die wiederholt angestellten Vermittlungsversuche der Ritterschaft nicht an ihrem guten Willen, sondern nur an den ungebührlichen Forderungen des Fürsten gescheitert seien, und demnach unterthänigst bitten, sie möchten kraft ihres hochtragenden Amts der getreuen Stadt, die dem Reiche so oft mit der größten Bereitwilligkeit ihre Dienste geleistet habe, eiligst zu Hülfe kommen und den Fürsten mahnen, daß er mit Entfernung seiner und der fremden Truppen die Feindseligkeiten einstelle und in Ruhe die gerichtliche Entscheidung ihres Streits erwarte. [46]) Daneben wurden jedoch die Unterhandlungen mit der Ritterschaft, wenngleich man sich

---

[45]) Alpen I. S. 352 f.
[46]) Manuscr. des Alt.-Ver.

über deren bisherige Erfolglosigkeit bitter beklagte, fortgeführt und gewannen plötzlich dadurch eine höhere Bedeutung, daß der von seinem Kurfürsten (unter dem 21. Sept.) eigens bevollmächtigte Mainzische Lehnprobst und Sekretair Jäger seine Vermittlung anbot. Zugleich aber überreichte derselbe ein unter dem 19. Sept. ausgefertigtes Warnungsschreiben der verbündeten Fürsten, worin die Stadt aufgefordert wurde, gegen Zusicherung ihrer Privilegien und Freiheiten „durch einnehmung einer erträglichen Garnison" mit dem Fürsten sich in Güte zu vergleichen.⁴⁷) Wenn die Stadt auf diese Forderung einzugehen nicht geneigt wäre, dann würde sie, so hieß es in einer Spezialinstruktion des Mainzischen Gesandten vom 22. September, ihre Privilegien verlieren; auch „solle die Manutenenz des H. Bischofs zu Münster in die Kayserl. Capitulation eingerückt und dem zukünftigen allgemeinen Oberhaupt die Coercition der stadt Münster ausdrücklich mit eingebunden werden."⁴⁸) Wie beide Drohungen späterhin wirklich in Erfüllung gingen, werden wir weiter unten sehen.

Bei der am 1. Oktober stattfindenden Zusammenkunft der städtischen Abgeordneten mit dem Kurmainzischen Gesandten kam es zu harten Worten; doch beschloß die Bürgerschaft Münsters am folgenden Tage in allgemeiner Versammlung nur die Einnahme einer Besatzung von 500 Mann, welche zugleich der Stadt schwören und aus Landsmitteln unterhalten werden sollten; auch wollte man dem Fürsten während seiner Anwesenheit in der Stadt die Ausgabe der Parole zugestehn; das Recht der Besatzung aber müßte bis zur gerichtlichen Entscheidung suspendirt bleiben. Damit war denn der eigentliche Streitpunkt unerledigt gelassen und die Belagerer dachten nun um so mehr wieder an Gewaltmittel, da sie neuerdings durch tausend Mann Hülfstruppen von Seiten der Verbündeten verstärkt auch an der Ostseite der Stadt ein Lager aufschlagen konnten.

In dieser Zeit der höchsten Gefahr meldeten endlich die vier Abgeordneten der Generalstaaten ihre Ankunft und erbaten sich vom Fürsten freies Geleit. Christoph Bernard aber, welcher die von ihnen angebotene Vermittlung zu verhindern und für die Unterhandlungen durch die Ritterschaft, die trotz schärferer Belagerung und stets neuer Angriffe gegen die Stadt noch immer im Gange waren, Zeit zu gewinnen suchte, reisete ihnen bis Ahaus entgegen und ertheilte ihnen

---

⁴⁷) Schaumburg, Beil. K.
⁴⁸) Manuscr. des Alt.-Ver.

daselbst am 5. Oktober eine Audienz. Als die Gesandten unter nachdrücklicher Hervorhebung, daß der Krieg auch für das Wohl der benachbarten Staaten, besonders aber für die Freiheit des Handels sehr nachtheilig sei, ihre Dienste zur Beilegung der obschwebenden Streitigkeiten anboten; lehnte der Fürst diese in ähnlicher Weise wie schon früher mit dem Bemerken ab, daß nach den Landesgesetzen bei einem Streit zwischen dem Fürsten und einem der Landstände nur einem andern Landstand, nicht aber einer fremden Macht die Vermittlung zustände und daß er auch noch insbesondere ohne Wissen der verbündeten Fürsten sich in keine Verhandlungen einlassen könnte; was aber die drohende Gefahr und den behinderten Verkehr beträfe, so würde er alsbald nach der in Aussicht stehenden Beilegung des Streits die fremden Truppen entlassen und nach wie vor für die Freiheit des Handels Sorge tragen; durch fremde Einmischung würde dagegen die Sache nur stets mehr verwickelt.[49] Mit diesem Bescheide wurden die Gesandten entlassen und begaben sich nun nach Burgsteinfurt, um daselbst weitere Verhaltungsmaßregeln von den Hochmögenden zu erwarten. Christoph Bernard aber hielt es unter diesen Umständen für gerathen, nicht nur den Obersten von Wylich gleich wieder nach dem Haag zu senden, um die dortige Stimmung genauer zu erforschen und wo möglich zu seinen Gunsten zu bearbeiten, sondern auch die Unterhandlungen durch die Ritterschaft mit desto größerem Eifer betreiben zu lassen, ohne jedoch darum die Feindseligkeiten auszusetzen. Am 9. Oktober war wieder eine Zusammenkunft auf dem Hause Geist, wobei die Deputirten der Ritterschaft den städtischen Abgeordneten „unvorgreifliche Vorschläge" machten, die dann auch von den letztern in einer „unvorgreiflichen Antwort" großen Theils angenommen wurden. Am 16. Oktober verständigte man sich darauf über einen Waffenstillstand, um die Verhandlungen endlich zum völligen Abschluß zu bringen, wenngleich vorzugsweise drei Bürger sich dahin vernehmen ließen, daß man in Abwesenheit der holländischen Gesandten nichts beschließen müsse.[50] Und wirklich stand die Einmischung derselben in gar naher Aussicht. Denn an demselben Tage hatten die Hochmögenden nicht nur von dem Obersten Wylich die schriftliche Erklärung gefordert, ob er im Namen seines Fürsten ihre Vermittlung annehmen wollte oder nicht, sondern auch zugleich verordnet, daß 53 Kompagnien zu Fuß und 47 zu Pferde unter

---

[49] Alpen I. S. 358 ff.
[50] Theatr. Eur. VIII, 99. Alpen I. S. 365.

Anführung des Wild= und Rheingrafen Friedrich nach der Gränze ziehen sollten, um auf erhaltene Ordre die zu Burgsteinfurt befindlichen Gesandten nach Münster zu geleiten. Letzteren Schritt beschönigten sie in einem Schreiben an Christoph-Bernard damit, daß selbst wider den Willen des Fürsten ihre Gesandten mancherlei Unbilden von Seiten der Kriegsvölker ausgesetzt sein könnten, drohten aber zugleich, daß, wenn die Gesandten oder deren Bedeckung irgend etwas Widriges erführen, daraus leicht ein größeres Uebel entstehen könnte.[51] Dieses veranlaßte Christoph Bernard, der lieber auf jede Art mit der Stadt sich vergleichen, als eine Vermittlung der Hochmögenden zulassen wollte, die demnächst bei jeder neuen Streitigkeit sich die Gelegenheit zu einer neuen Einmischung nicht würden entgehen lassen, daß er sich mit den von der Ritterschaft ihm vorgelegten Vergleichsbedingungen einverstanden erklärte. Die Protokolle wurden nun am 20. Oktober ratificirt und am folgenden Tage ausgewechselt.

Die Bedingungen des Vergleichs zur Geist[52] sind folgende: Alles Geschehene wird beiderseits vergeben und vergessen, selbst Wittenberg und Drachter sind von der allgemeinen Amnestie nicht ausgeschlossen. Die Gefangenen werden frei gegeben und sollen selbst wenn sie Dienste genommen, weder an ihrem Leben noch an ihren Gütern büßen. Die Stadt behält 300 Mann im Dienst und zwar bis zum nächsten Landtage oder doch den November hindurch auf eigene Kosten. Sie schwören, jedoch ohne Vorurtheil gegen das Recht der Stadt und die schwebenden Prozesse, dem Fürsten sowie den Ständen und der Stadt. Dazu werden 500 Mann oder 4 Kompagnien fürstlicher Fußsoldaten in die Stadt aufgenommen, die denselben Eid, wie die städtischen Truppen, schwören, und von der Stadt ihr Quartier, aus den Landsmitteln aber ihren Sold und ihr Brennholz erhalten. Ueber die Fortdauer dieser Besatzung soll auf dem nächsten Landtage gehandelt werden; in Betreff der Entscheidung über eine drohende Gefahr soll es aber beim kaiserlichen Dekret vom 9. December 1656 bleiben. Neben den genannten Truppen soll auch die fürstliche Leibgarde zu Roß und Fuß in die Stadt aufgenommen werden. Der vom Fürsten ernannte Kommandant, Generalwachtmeister Neumont, verspricht auf sein Ehrenwort, nichts gegen die Privilegien

---

[51] Alpen I. S. 363.
[52] Das Original im Prov.=Archive Fürstth. Münster, Urk. 4527. Abgedruckt bei Schaumburg, Beil. L. Theatr. Eur. VIII, 99 f. Londorp VIII, 302. Diar. Eur. I, 478.

und Rechte der Stadt unternehmen zu wollen. Nach seinem Tode soll kein anderer Kommandant ohne Einwilligung des Raths angestellt werden. Bei seiner Anwesenheit gibt der Fürst die Parole dem Bürgermeister und Rath, dieser dem Kommandanten, bei seiner Abwesenheit aber wird sie vom Bürgermeister ertheilt. Der Streit wegen der Thorschlüssel wird der kaiserlichen Entscheidung überlassen; doch sollen die Thore jedesmal auf Verlangen des Fürsten geöffnet und er mit gebührender Achtung empfangen werden. Der Fürst soll die Freiheiten, Privilegien, Rechte und Gewohnheiten der Stadt schützen; dagegen sollen die Bürger den bei der Huldigung geleisteten Eid treu und fest halten. Schließlich wird bemerkt, daß alles, was in den genannten Punkten nicht enthalten sei, nach dem Schöneflieter Vergleich gehalten werden solle, alles aber dahin auszulegen sei, daß die schwebenden Prozesse ihren Lauf behielten.

So war allerdings nach zweimonatlicher Belagerung ein Vergleich zu Stande gekommen; fragen wir uns aber, was war denn eigentlich durch so viele und so große Opfer an Gut und Blut damit erkauft, so müssen wir gestehen, daß sich bei der zum Theil sehr allgemeinen und unbestimmten Fassung sowie bei den vielfachen Verklausulirungen der Hauptbedingungen in der ursprünglichen Sachlage durchaus nichts geändert hatte. Der Fürst hatte nicht unbedingt gesiegt, die Stadt sich nicht unbedingt unterworfen und der ganze Vergleich war also nichts weiter als ein Waffenstillstand. Die streitenden Parteien glaubten zwar dem Wortlaute nach die definitive Lösung ihrer Streitigkeiten durch die Reichsgerichte erwarten zu dürfen; im Grunde aber waren sie gewiß schon damals bei sich darüber einig, daß jeder seinen Zweck nur auf einem weniger friedlichen Wege erreichen könne. Dabei setzte die Stadt ihre größte Hoffnung auf die Holländer, die zwar jetzt nicht vor der elften Stunde eingetroffen waren, deren Erscheinen aber doch der Sache wenigstens eine nicht ungünstige Wendung gegeben hatte. Je mehr übrigens die Stadt von denselben hoffte, um so eifriger war der Fürst bemüht, ohne die Einmischung der fremden Eindringlinge sein Vorhaben durchzuführen. Das Benehmen der Generalstaaten selbst, welches sie bei der vorläufigen Gestaltung der Dinge beobachteten, mag immerhin Manchem etwas auffallend scheinen, erklärt sich aber ganz einfach aus ihrer augenblicklichen Stellung als Vermittler, in der sie bestrebt sein mußten, sich für alle Fälle eine freie Hand zu sichern und durch einseitiges Vorgehen ihre Zwecke nicht zu verfehlen. Wenn demnach ihre Gesandten auf eine Einladung des Raths sich am 30. Oktober nach Münster begaben und der Stadt, welche ihnen einen sehr feierlichen Empfang bereitete, zur Wiedererlangung ihrer Freiheit Glück wünschten, so war es offenbar durchaus korrekt gehandelt, als die Hochmögenden ihnen den Befehl ertheilten, sich auch nach Wolbeck zum Fürsten zu begeben und demselben ebenfalls ihre Glückwünsche zur Beilegung der Streitigkeiten darzubringen. Der Fürst hatte ihnen überdies auch schon alsbald nach dem Abschluß des Vergleichs seinen Oberhofmeister Nagel nach Steinfurt gesandt, um ihnen nach Abzug der Belagerungstruppen die Wiedereröffnung des freien Handelsverkehrs zu melden und ihnen für ihre bisherigen Bemühungen Dank abzustatten.[55] Das war beiderseits mit diplomatischer Feinheit gehandelt, wobei es uns einstweilen noch gleichgültig sein kann, zu erforschen, wer von ihnen mit weniger Selbstüberwindung und mit größerer Aufrichtigkeit sich gegen den Andern so artig bewies. Es wird sich dieses weiter unten erklären, wenn wir zu berücksichtigen haben, mit welcher Bereitwilligkeit die Generalstaaten auf das Gesuch der Stadt Münster, sich ihrer ferner mit Wohlwollen anzunehmen, eingingen. Hier sei nur noch bemerkt, daß die Stadt bei ihrem Streit mit dem Fürsten nicht allein von den Holländern, sondern auch von der Ritterschaft Beistand erwarten mochte. Denn wenngleich diese sich ihr früher in manchen Stücken nicht sehr freundlich gesinnt bewiesen hatte, so schien sie doch jetzt, wo sie zugleich ihre eigenen Privilegien durch den Fürsten gefährdet glaubte, entschieden auf ihrer Seite zu stehen. Somit war der Standpunkt des Fürsten gewiß ein äußerst schwieriger und es gehörte eben ein Christoph Bernard dazu, um unter solchen Verhältnissen den einmal begonnenen Kampf zu einem für ihn glücklichen Ende zu führen.

---

[55]) Alpen I. S. 372 ff.

Dritter Abschnitt.

Letzter Kampf Münsters um seine Unabhängigkeit vom Geister Vergleiche bis zur völligen Unterwerfung im Jahre 1661. Regelung des Verhältnisses zwischen dem Fürsten und der Stadt.

Wenige Tage nach dem Abschluß des Geister Vergleichs rückten die fünfhundert Mann fürstlicher Besatzungstruppen in Münster ein; Christoph Bernard selbst hielt dagegen erst zu Anfang des December seinen feierlichen Einzug, bei welcher Gelegenheit zwar der Bürgermeister und Rath ihn am Thore empfing, die Bürgerschaft aber, welche in den Straßen unter dem Gewehre stand, nur wenig Achtung und noch weniger Freude an den Tag legte. Und daß nach der Wiederherstellung des äußern Friedens die innern Beziehungen zwischen dem Fürsten und einem großen Theile der münsterischen Zunftgenossen wenigstens nicht die freundlichsten waren, zeigte sich alsbald nur noch um so deutlicher, da man nicht nur wenige Tage nachher eine zur Rechtfertigung des Fürsten ausgegebene Schrift öffentlich durch Henkershand verbrennen ließ, sondern auch einen Kupferstich von der jüngsten Belagerung herausgab zugleich mit einer Beschreibung, worin Christoph Bernard nur Bischof der münsterischen Kirche genannt wurde. Nichts desto weniger bot der Fürst alles auf, um durch stets neue Gunstbezeugungen die Herzen der Bürger sich zu gewinnen, indem er fast täglich einige von den Vornehmen zur Mittags- oder Abendtafel einlud, die erledigten Benefizien meist den Söhnen der Rathsherrn und anderer Bürger verlieh und endlich der Stadt für den bei der Belagerung erlittenen Schaden einen Ersatz von 50,000 Thalern anbot.[1]) Aber die Stimmung unter einem großen Theile der Bürgerschaft war zu gereizt, um auf solche Dinge besonderen Werth zu legen, so lange die wichtigste Frage, die Sicherung der Privilegien, noch unerledigt war.

---

[1]) Alpen I. S. 882 ff. Theatr. Eur. VIII, 100.

Chriſtoph Bernard hatte nun gegen Ende des Jahres 1657 einen Landtag nach Münſter ausgeſchrieben und ſchon bald kam es auf demſelben mit dem zweiten und dritten Landſtande oder mit den Deputirten der Ritterſchaft und der Städte, namentlich Münſters, zu den ernſteſten Verwickelungen. Wie in dem ſchon früher während der Belagerung eingereichten Proteſt klagte die Ritterſchaft auch jetzt wieder über die Verletzung der Landesprivilegien, indem ſie dem Fürſten insbeſondere das Recht beſtritt, eigenmächtig Bündniſſe zu ſchließen, fremde Truppen einzuführen und die Bauern zu bewaffnen; zugleich drang ſie auf Reduktion der Truppen und ſuchte ferner den Amtsdroſten als Werkzeugen des fürſtlichen Willens ihre Stimmberechtigung zu entziehen. Die Entlaſſung einer Reiterkompagnie und hundert Mann Fußſoldaten wurde für nicht genügend zur Erleichterung des Landes befunden; und als der Fürſt nun einen Theil der Beſatzung aus Münſter zurückzog, trat die Oppoſition nur mit deſto größerem Muthe hervor. Zu gleicher Zeit ſoll auch der Graf von Flodorp ſehr viel zur Aufwiegelung der Gemüther gegen den Fürſten beigetragen haben. Derſelbe hatte auf dem von der Familie Büerden angekauften Gute Darfeld im Oktober einen fürſtlichen Reiter erſchoſſen, war darauf, um ſich der landesherrlichen Gerichtsbarkeit zu entziehen, nach Münſter geflohen, beim Krameramt eingeſchrieben und zum Hauptmann einer ſtädtiſchen Kompagnie ernannt. Er war Proteſtant und hatte vielfache Verbindungen in den Generalſtaaten, wodurch er der Stadt von Nutzen werden konnte.²)

Unter dieſen Umſtänden hielt es Chriſtoph Bernard für nöthig, von Coesfeld, wohin er ſich wegen der Haltung der münſteriſchen Zunftgenoſſen begeben hatte, wieder nach Münſter zurückzukehren und durch energiſche Vorſtellungen den Widerſpruch der genannten Landſtände zu brechen. „Bündniſſe zu ſchließen und Truppen zu halten," alſo lauteten ſeine Worte,³) „ſeien fürſtliche Rechte, die durch den Willen der Unterthanen weder gebrochen noch eingeſchränkt werden könnten. Die Erhaltung des Landes und der Religion ſei nur dem Fürſten übertragen. Die Sorge dafür ſei ihm aufgelegt durch den doppelten Eid, den er ſelbſt, und keiner der Unterthanen, dem Kaiſer und dem Papſte geſchworen. Das ſei von größerem Gewichte, als jedes von Unterthanen etwa vorgerückte Verſprechen; denn dieſes ver-

---

²) Iordanaeus S. 16. Alpen I. S. 385. Prov.-Arch. Domkap.-Prod. VI, 3. Darfelder Archiv.

³) Alpen I. S. 386 f.

pflichte niemals, wenn es mit jenem streite. Wenn es Privilegien gebe, so seien sie in jenen Zeiten entstanden, wo man nur ein Land und nur eine Religion kannte und wo man mit mehr Sicherheit die Bedingungen von Bündnissen offen vorlegen konnte, während deren Bekanntmachung jetzt, wo sich Zeiten und Umstände geändert hätten, ebensowohl ihrem Endzwecke schädlich, als der Sicherheit des Vaterlandes verderblich wäre. Und wenngleich er die den Ständen verliehenen Privilegien unverletzt und unangetastet erhalten wollte, so könnten doch dadurch die fürstlichen Rechte nicht geschmälert werden, welche durch die Reichsgesetze und durch die Beschlüsse des Westfälischen Friedens so oft bestätigt zwar in der Zeit später, dem Rechte nach aber kräftiger wären: nach ihnen müßten sich die Privilegien, nicht aber sie nach den Privilegien sich bequemen. Die Entscheidung über eine Gefahr komme ihm als Fürsten zu und wiewohl zugleich die Stände hinzugezogen und gehört werden könnten, so wäre es doch nicht im kaiserlichen Dekret enthalten, daß ihre Zustimmung abgewartet werden solle. Denn Zustimmung und Beirath sei im rechtlichen Sinne gar sehr von einander verschieden." Damit war den Ständen die Stellung, welche der offenbar mehr absolutistisch als konstitutionell gesinnte Fürstbischof ihnen fortan einräumen wollte, mit hinreichender Bestimmtheit angegeben.

Nach jenem Bescheide begab sich Christoph Bernard unter dem Vorwande, auf die Jagd gehen zu wollen, zunächst nach Horstmar und von da wieder nach Coesfeld und da die Stände sich demnächst noch nicht gefügiger zeigten, so vertagte er am 2. März 1658 angeblich wegen der Fastnachtsferien den Landtag, um denselben später — jedoch nicht in dem von der Belagerung noch arg entstellten Münster, sondern in seiner Residenz Coesfeld — wieder zusammentreten zu lassen.[4] Münster aber hatte unterdessen seine Unterhandlungen mit den Generalstaaten durch den Residenten der Hansestädte im Haag, Lieuwe van Aitzema, wieder aufgenommen. Dieser bewirkte nach einer wiederholten Vorstellung, daß die hochmögenden Herren endlich am 2. März sich dahin resolvirten, Münster in den Bund mit aufnehmen zu wollen, wenn die Städte Bremen, Hamburg und Lübeck sich damit einverstanden erklärten.[5] Auch schrieben sie in dieser

---

[4] Prov.-Archiv Domkap.-Prob. VI. 3. (Schreiben Chr. B. v. 9. u. 14. März 1658).

[5] Aitzema Historie of Verhael van Saken van Staet en Oorlogh in ende omtrent de vereenigde Nederlanden. IX u. X. Im Auszuge mitgetheilt bei Wiens Sammlung fragm. Nachr. S. 1 ff.

Angelegenheit an die genannten Städte, die jedoch angeblich aus Furcht, sich allzusehr zu engagiren, mit der Antwort zögerten. Wir erinnern dabei an die Art und Weise, wie sich dieselben Städte früher, als sie den münsterischen Abgesandten ein Empfehlungsschreiben an die Generalstaaten gegeben hatten, dem Bischofe gegenüber aus der Affaire zogen. Unter den genannten Umständen schien es nun von der größten Wichtigkeit, daß der durch den Geister Vergleich amnestirte Syndikus Drachter und der Aldermann Klute sich nach dem Haag begaben, wo sie zunächst am 16. März in feierlicher Sitzung den Generalstaaten unter Danksagung für die bisher geleisteten Dienste ihre Stadt empfahlen und dann am 23. d. Mts. einer besondern Kommission ihr Gesuch um Aufnahme in den hanseatischen Bund vortrugen. Sie machten dabei die Gründe geltend, daß die drei Hansestädte bereits durch ihr Empfehlungsschreiben vom 20. März 1657 in Wirklichkeit ihre Zustimmung gegeben, daß zufolge einer Resolution vom 18. Oktober 1646 Lübeck vor, ja ohne Zustimmung der andern aufgenommen, daß bei den Plänen des Bischofs und seiner Verbündeten jeder Verzug Gefahr bringen könne, daß dabei Münster seine vorzüglichste Hoffnung auf die Generalstaaten setze, daß wegen des bevorstehenden Landtags und anderer Geschäfte die Gesandten durchaus heimkehren müßten und daß endlich insbesondere die Ritterschaft mit der Stadt übereinstimme und ihre Aufnahme gar sehr wünsche, um sich demnächst wegen der vom Bischof erlittenen Beleidigung noch enger mit ihr zu verbinden.[6] — Daß eine Spannung zwischen dem Fürsten und der Ritterschaft bestand, haben wir schon früher gesehen. Wir bemerken hier noch, daß diese sich mit ihren Beschwerden wiederholt an die Reichsvikare wandte und obwohl Christoph Bernard es dem Marschall bei 4000, den übrigen Rittern bei 2000 Goldgulden Strafe verboten hatte, in einem neuen Schreiben vom 3. Mai 1658 über die hohen Ausgaben, die zu große Truppenzahl und die dem privilegio patriae zuwiderlaufende Allianz mit Fremden Klage führte. Auch Bürgermeister und Rath von Münster ersuchten unter dem 29. März die Reichsvikare um ihre Vermittelung.[7]

---

[6] „Gründlicher Verhalt und Erzehlung, wie sich die Statt Münster gelüsten laßen, wider deß h. Reichs Satzung von Ihrem gehuldigten Landts=Fürsten frevelmüthig außzusetzen und sich zu den Herren Staten der vereinigter Niederlanden zu schlagen... In offenen Truck gegeben anno 1658." Vgl. Beil. F.

[7] Die Schreiben der Ritterschaft und der Stadt im Prov.=Arch. Domkap.=Prob. VI, 3. Vgl. Landes=Archiv 539, 1 a.

Doch änderte sich die Sachlage schon bald durch die Wahl eines neuen Kaisers und die größte Hoffnung der Stadt beruhte wiederum nur auf den Generalstaaten.

Aber mittlerweile hatte Christoph Bernard seine Verbündeten dazu bewogen, ein Abmahnungsschreiben unter dem 15. März an die Generalstaaten zu richten und er selbst ließ am 5. April ein ähnliches von Coesfeld aus folgen. [b)] Auch suchte er, weil daselbst am 21. März die Stände zum Theil wieder zusammengetreten waren, [9)] die Deputirten von Münster, nämlich den Bürgermeister Bünigmann, die Rathsverwandten Kemner und Keppel sowie die vom Schauhause, sowohl in einer besondern Audienz als auch beim Landtage durch die Vorstellungen des Domkapitels von einer Verbindung mit Holland abzubringen. Die Deputirten erklärten jedoch, in Bezug auf die im Haag schwebenden Verhandlungen nicht instruirt zu sein und verließen demnächst Tages darauf, am 31. März, früh Morgens in aller Stille die Stadt Coesfeld. In Folge dessen befahl Christoph Bernard der Stadt Münster in einer Zuschrift vom 10. April unter Androhung einer bedeutenden Geldstrafe, ihre Gesandten aus dem Haag zurückzurufen und die Verhandlungen daselbst abzubrechen. Ferner sollten Bürgermeister und Rath binnen fünfzehn Tagen nach Empfang des Mandats vor ihm erscheinen und sich darüber erklären, daß sie seinen Forderungen Folge geleistet hätten. Am Schluß aber heißt es: „ihr erscheinet nun so dan oder nicht, so werden Wir nicht destoweniger verfuegen, was Recht und Billigkeit, auch Unser Lands-Fürstliche Befügnuß, Inhalts deß H. Reichs Satzung, wissentlich an die Hand geben, darnach ihr Euch zu richten." [10)] Wie kurz vorher der Ritterschaft gegenüber, so beruft sich Christoph Bernard auch jetzt nur auf seine landesfürstliche Befugniß nach den Satzungen des Reichs und nicht nach den Privilegien des Landes. — Bürgermeister und Rath erklärten nun unter dem 19. April, daß sie aus keinen andern Ursachen als wegen des Handels mit den Generalstaaten in Verbindung zu treten beabsichtigten, protestirten aber zugleich kraft ihrer Privilegien (als civitas mixta) gegen die Insinuation ungebührlicher

---

[8)] Alpen I. S. 393 u. 396 f.

[9)] Einige von der Ritterschaft und den Städten wünschten die Fortsetzung des Landtags in Münster. Schreiben v. 13. März 1658. Prov.-Arch. Domkap.-Prod. VI, 3.

[10)] Gründl. Verhalt, Beil. G. Statt 25,000 Goldgulden giebt Alpen I. S. 399 f. nur 2000 als Strafe an.

Befehle und behielten sich wegen der angedrohten Bestrafung eine Appellation an den Kaiser, bezüglich an das Reichskammergericht vor.[11]

Die Verhandlungen im Haag hatten übrigens nicht den gewünschten Erfolg. Mag man nun annehmen, daß die Abmahnungsschreiben der Fürsten ihren Eindruck nicht verfehlten oder daß die von Seiten des Königs Karl Gustav von Schweden nach theilweiser Unterwerfung Dänemarks für den Handel auf der Ostsee drohende Gefahr die minder wichtigen Angelegenheiten Münsters in den Hintergrund drängte: genug, den münsterischen Deputirten wurde am 15. April der frühere Bescheid wiederholt, daß man wegen der Aufnahme in den Bund zunächst die Zustimmung der drei Hansestädte abwarten müsse. Mit dieser Antwort kehrten die Deputirten unter einer Bedeckung holländischer Reiter, die sie auf ihr Gesuch vom 19. April erhielten, nach Münster zurück, wo sie von einer zahlreichen Mannschaft eingeholt am 3. Mai unter Pauken und Trompetenschall einzogen.[12] Somit waren die Unterhandlungen wegen Aufnahme in den hanseatischen Bund einstweilen sistirt. Daß aber Münster noch etwas ganz anderes, als was mit der Beförderung der Handelsangelegenheiten in Beziehung stand, betrieb, ist zwar schon früher außer Zweifel, findet aber jetzt noch besonders seine Bestätigung dadurch, daß es unter dem 27. Mai dem Grafen von Flodorp und Aitzema den Auftrag gab, die Generalstaaten um 1000 Mann Truppen zu ersuchen, die von der Stadt zu ihrer Sicherheit auf beliebige Zeit in Eid und Pflicht genommen werden sollten.[13] Aber Holland und besonders Amsterdam zeigte sich auch jetzt wieder wegen der Schwedischen Angelegenheit nicht geneigt.

Um dieselbe Zeit ließ Christoph Bernard einige Schriften gegen Münster im Druck erscheinen, namentlich folgende: „Gründtlicher Verhalt und Erzehlung, wie sich die Statt Münster gelüsten lassen, wieder deß H. Reichs Satzung, von Jhrem gehüldigtem Landts-Fürsten frevelmühtig außzusetzen und sich zu den Herren Staten der vereinigter Niederlanden zuschlagen..." ferner: „Rechtlich begundete Anzeige vnd Außführung über die Frage ob die Statt Münster in Krafft des Hanse-Bunds befugt sey, wieder Jhres gehuldigten regalifirten Lands-Fürsten Wissen und Willen Verbündnuß mit außwertigen

---

[11]) Gründl. Verhalt, Beil. H.
[12]) Gründl. Verhalt, Beil. J. u. K. Vgl. Alpen I. S. 403.
[13]) Wiens a. a. O. S. 9 ff. Archiv der Stadt Münster XIV, 140.

Herrschaften einzugehen." In der letztern wurde insbesondere hervorgehoben, daß Münster weder ein Verbindungsrecht (ius foederis) durch ein Spezialprivilegium vom Kaiser erhalten habe, noch auch nach der goldenen Bulle, mehren Reichsabschieden und kaiserlichen Wahlkapitulationen eine Verbindung eingehen dürfe; auch werde das hanseatische Bündniß selbst im Reiche nur geduldet, könne also durchaus nicht ein Recht der Verbindung mit auswärtigen Mächten beanspruchen. Beide Schriften zeigten es klar, daß Christoph Bernard die im Haag gepflogenen Verhandlungen genau kannte. Es hatte aber sein dortiger Agent Hessing durch den von ihm bestochenen Schreiber des Staatssekretairs verschiedene Briefe der niederländischen Gesandten sowie mehre Resolutionen der Generalstaaten mitgetheilt erhalten. Diese Sache wurde nun im Haag bekannt. Der Schreiber wurde durch Urtheil vom 21. Oktober mit Amtsentsetzung und achtjähriger Verbannung bestraft; Hessing aber wurde in Arrest gesetzt und erst auf bringende Vorstellungen Christoph Bernards entlassen, worauf er denn seine Amtsverrichtungen wieder aufnahm. [14]

Unterdessen hatte sich im deutschen Reiche zweierlei zugetragen, was in der Folge auch für Münster von der größten Wichtigkeit war. Das erste dieser Ereignisse war die Wahl eines neuen Kaisers, die endlich nach ungefähr einjährigem Interregnum im Juli 1658 zu Frankfurt stattfand. Insbesondere zwei Parteien waren bei dieser Gelegenheit sehr thätig, um sich durch Annahme ihres Kandidaten einen erhöhten Einfluß im Reiche zu sichern, nämlich eine französische, die den mit einer savoyischen Prinzessin vermählten und von derselben völlig beherrschten Kurfürsten Ferdinand Maria von Baiern auf den Thron erheben wollte, und eine deutsche, die besonders unter der Aegide des großen Kurfürsten Friedrich Wilhelm, welcher sich zum Heile des Vaterlands aufs Engste an Oesterreich anschloß, für Ferdinands III. Sohn Leopold wirkte. Uebrigens kamen neben den für das ganze Reich wichtigen Interessen auch die einzelner Stände zur Berücksichtigung und die Wahrnehmung eben dieser ist gerade für uns hier von der größten Wichtigkeit. Während der Berathungen über die Wahl machte die Stadt Münster durch den Bürgermeister Timmerscheid und den Rechtsgelehrten Keppel den Versuch, bei den Wahlfürsten zu ihren Gunsten zu wirken; aber auch die Gesandten Christoph

---

[14] Alpen I. S. 405 f. Die Berichte Hessings im Prov.-„Landes"-Archiv 684, 1 a, b, c. Dabei die Resolutionen der Generalstaaten und viele Nummern holländischer Zeitungen.

Bernards waren nicht unthätig und die münsterischen Deputirten wurden namentlich von dem mainzer Kurfürsten mit großer Kälte behandelt. Wenn wir uns daran erinnern, daß eben dieser Kurfürst in der Spezialinstruktion für seinen Gesandten während der letzten Belagerung Münsters gedroht hatte, daß „die Manutenenz des H. Bischofs zu Münster in die Kaiserl. Capitulation eingerückt und dem zukünftigen allgemeinen Oberhaupt die Coercition der stadt Münster ausdrücklich mit eingebunden werden solle;" so erklärt sich gar leicht die Einschiebung und Bedeutung des neunten Artikels der Wahlkapitulation, worin den Mediat-Unterthanen, d. h. den Unterthanen von Reichsständen verboten wird, „mit auswärtigen Potentaten und Republiken oder anderwärtigen Reichsständen oder deren Landständen und Unterthanen einige Conföderation, Protection, Mediation und Garantie sub quocunque praetextu et colore — namentlich unter dem Vorwand des Hansebundes — einzugehen oder aufzurichten." [15] Dieser Artikel war offenbar auch gegen die Stadt Münster gerichtet und es war ihr darin nicht allein jede Aussicht auf fremde Unterstützung bei ihrem fernern Streit abgeschnitten, sondern zugleich auch durch den Ausdruck Mediatunterthanen hinreichend angedeutet, wessen sie sich mit dem Anspruch, daß sie wenigstens eine civitas mixta sei, fortan zu versehen hatte.

Von nicht geringerer Bedeutung als der erwähnte Artikel in der Wahlkapitulation war für die münsterischen Verhältnisse die Erweiterung der rheinischen Allianz. Am 14. August 1658 traten derselben die drei Herzöge von Braunschweig=Lüneburg, der Landgraf von Hessen und der König von Schweden (als Herzog von Bremen) bei und am folgenden Tage schloß sich sogar der französische König Ludwig XIV. dem Bunde an und versprach, „den Verbündeten sammt und sonders mit 1600 Mann zu Fuß und 800 zu Roß, sampt zugehörigen Stücken (Geschützen) und auf eigene Kosten beizuspringen, wenn Einer oder der Andere ihrer nöthig habe." [16] Durch dieses Bündniß suchte sich Ludwig XIV. den durch Leopolds Erhebung auf den kaiserlichen Thron gefährdeten Einfluß in Deutschland zu sichern; dasselbe war zwar dem Wortlaut nach zur Erhaltung des auch von Frankreich garantirten Westfälischen Friedens, in Wirklichkeit aber —

---

[15] Alpen I. S. 408 f. Theatr. Eur. VIII, 491 ff. Wagner hist. Leop. I, 45 ff. Londorp Acta publ. VIII, 349.

[16] Alpen I. S. 411 ff. Londorp Acta publica VIII. p. 417—423. Theatr. Eur. VIII, 560—569. Wagner I, 47.

wenigstens nach den Intentionen Ludwigs gegen das Haus Oesterreich aufgerichtet. Christoph Bernard, welcher dieses richtig herausfühlte, nahm zuerst Anstand, den Vertrag zu unterzeichnen, wurde jedoch späterhin durch die Versicherung, daß der Bund die Fürsten durchaus zu nichts verbinde, was mit ihren Pflichten gegen den Kaiser und das Reich kollidire, bewogen, demselben beizutreten. War der Beitritt klug, insofern der Fürst sich dadurch gar mächtige Nachbarn verbündete, so war die anfängliche Zurückhaltung nicht minder klug, indem er sich dadurch dem Oesterreichischen Hause geneigt bewies, was um so wichtiger war, weil die Münsterischen in Frankfurt gerade von den Oesterreichern sehr freundlich aufgenommen waren und alsbald nach der Kunde von der Erhebung Leopolds aus freiem Antriebe ein großes Freudenfest veranstaltet hatten. [17]) Die Münsterischen hatten, wie die Ereignisse bald lehrten, in ihren sanguinischen Hoffnungen auf Österreichs Freundschaft zu früh gejubelt; der klügere Fürst aber hatte sich nicht nur die Gunst des Kaisers erhalten, sondern zugleich der Hülfe Frankreichs versichert. [18]) Uebrigens mag Christoph Bernard auch durch den Unwillen des päpstlichen Nuntius Sanfelici über das ohne Unterschied der Religion geschlossene Schutzbündniß bewogen sein, mit seinem Beitritt zu zögern.

Auf die von einigen aus der Ritterschaft gemachten Vorstellungen zog Christoph Bernard einen Theil seiner Besatzung aus Münster und da nun zwischen den übrigen Truppen und den Bürgern wiederholt Reibungen entstanden und man den erstern sogar das Quartier weigerte, ließ er auch den andern Theil der Besatzung ausrücken. Wenn wir hier dasselbe Manoeuvre, wie nach dem Schöneflieter Vergleich, sich wiederholen sehen, so läßt sich wohl nicht annehmen, daß Christoph Bernard, der über die Folgen desselben durch die Erfahrung hinreichend belehrt war, sich jetzt sollte der Erwartung hingegeben haben, daß durch eine solche Nachgiebigkeit die Opposition der Münsterischen irgendwie geschwächt würde. Indem er die Stadt nur einstweilen sich selbst überließ, konnte er sicher sein, daß dieselbe durch neue Ueberstürzungen gar bald wieder zum Einschreiten Veranlassung bot. Dann aber sollte auch der letzte entscheidende Schlag fallen. —

---

[17]) Im Diarium des Velenschen Archivs: „IMperator LeopoLDVs LIberabIt nos ab hoste" (1658).

[18]) Alpen I. S. 418: „sicuti capitulatione Caesarea Imperatorem, ita pactione hac Moguntina Regem Galliarum suum pariter ad subsidium obligavit."

Kaum hatte die fürstliche Besatzung Münster verlassen, als die Hauptleiter der Bewegung für Verbesserung der Wälle und Gräben, Anlegung von neuen Schanzen sowie Herbeischaffung von Geschützen und Munition Sorge trugen und dadurch ihre Absichten offen genug verriethen. Aber auch der Fürst rüstete sich, indem er auf den Landtagen zu Coesfeld (vom 1. bis 9. Oktober und vom 4. bis 9. December 1658) das Domkapitel und die Ritterschaft durch Hinweis auf die von den Schweden drohende Gefahr, da die Feinde bereits in den niedersächsischen Kreis eingefallen wären, zur Bewilligung der erforderlichen Geldmittel bewog. Vom Kaiser aber erwirkte er ein unter dem 12. December erlassenes Dekret, worin unter Bezugnahme auf den 9. Artikel der Wahlkapitulation der Stadt Münster befohlen wurde, sich nicht an Auswärtige um Hülfe zu wenden, sondern wegen der noch schwebenden Differenzen mit dem Fürsten die richterliche Entscheidung gehorsam abzuwarten.[19]) Die Münsterischen sollen zwar versprochen haben, diesem Gebote Folge zu leisten; doch scheint Christoph Bernard darauf so wenig Gewicht gelegt zu haben, daß er sich vielmehr gerade zu derselben Zeit eifrigst bemühte, den Niederländern jeden nur einigermaßen gegründeten Anlaß zum Einschreiten zu nehmen. Wir erfahren nämlich, daß er nicht allein die durch die Höfe von Geldern und Overyssel wegen einer bedeutenden Geldforderung dem Heinrich von Eck zugesprochenen Güter, welche besonders die münsterische Geistlichkeit in jenen Provinzen hatte, zu Anfang des Jahres 1659 durch seine Abgeordneten in Zütphen einlöste,[20]) sondern auch die Ansprüche des Hauses Cranien auf Bevergern und einige andere im Niederstift gelegenen Schlösser und Aemter, welche im Jahre 1400 der Graf Nikolaus von Tecklenburg an Münster abgetreten hatte, durch einen am 15. Februar zu Coesfeld aufgerichteten Vertrag mit 115,000 Thalern bezüglich nach Hinzurechnung der Zinsen in den sieben Zahlungsterminen mit 123,250 Thalern ablaufte.[21])

---

[19]) Londorp VIII, 481. Theatr. Eur. IX, 19.

[20]) Die Einlösung der eingezogenen Güter war schon auf dem im Juli 1635 zu Münster gehaltenen Landtage beschlossen. Die Erb- und Gutsherrn sollten das Geld hergeben, die Landschaft wollte es verzinsen. Kapital und Zinsen waren seitdem zu einer bedeutenden Summe angewachsen und das Land fühlte sich nicht wenig durch die sogenannte Eckische Kontribution beschwert. Auch schon deshalb war es an der Zeit, die Sache zum endlichen Austrag zu bringen. Durch Christoph Bernard wurde nun die Forderung auf 5000 Thaler abaccordirt. Landtagsrezeß vom 9. Okt. 1659.

[21]) Domkapitel und Ritterschaft gaben auf dem vom 11. bis 20. März zu

Hatte der Fürst auf diese Weise für die Erhaltung der äußern Ruhe Sorge getragen, so schien dagegen der innere Frieden zu derselben Zeit schon wieder gar sehr gefährdet zu sein. Denn die Stadt Münster hatte nicht allein den Syndikus Drachter mit vielen Urkunden nach Wien geschickt, um in dem Prozesse wegen des Besatzungsrechts ein günstiges Urtheil zu erlangen, sondern auch sogar durch Einführung neuer Abgaben, des Wagenzeichens und der Multersteuer, die selbst von dem Adel und der Geistlichkeit erhoben werden sollten, sich faktisch in den Besitz der bestrittenen Hoheitsrechte gesetzt. Die Erhebung der Multersteuer wurde durch fürstliches Dekret d. Coesfeld den 24. Septbr. 1658 bei einer Strafe von 10,000 Goldgulden verboten und zugleich verordnet, daß die bereits erhobenen Gelder binnen 14 Tagen auf dem fürstlichen Hofsaal angegeben werden sollten. Auch wurde darüber vom Fiskus ein Prozeß eingeleitet, und die bei der Pfennigkammer ausstehende Forderung der Stadt im Betrage von 12,950 Thalern arrestirt. Ferner verlangte Christoph Bernard in einem Schreiben vom 4. Juli 1659, keine auswärtige Hülfe nachzusuchen, wegen der Excesse des Grafen von Flodorp Genugthuung zu leisten, in das Kommando Neumonts nicht einzugreifen, die Streitigkeiten mit dem Domkapitel beizulegen, die Register der Hausstätteschatzung einzuschicken und es nicht bis zur Exekution kommen zu lassen, überhaupt jeden Eingriff in die Regalien des Fürsten zu vermeiden.[22] Wegen des alten Prozesses über das Besatzungsrecht aber schickte auch Christoph Bernard seine Abgeordneten nach Wien, nämlich den schon vielfach erprobten Wilhelm von Fürstenberg und den Rath Batze.[23] Diese bewirkten, daß Drachter unverrichteter Sache heimkehren mußte, und somit hatte Münster fast alle Aussicht auf einen glücklichen Erfolg, der mit so großem Eifer betriebenen Angelegenheit, verloren. Unter diesen Umständen entschloß es sich, trotz

---

Coesfeld gehaltenen Landtage ihre Zustimmung und das Instrument des Vergleichs wurde auf dem nächsten Landtage daselbst vom 4. bis 13. Juni ausgewechselt. Prov.-Archiv Fürstth. Münster, Urk. 4533.

[22] „Copia resoluti Chr. Bernardi, wonach die an Seiten der Stadt Münster auf der Pfennigkammer gestandenen 12,950 Rth. wegen rückständiger Multersteuern arrestirt und dem fisco adjudicirt werden de 1659." Archiv der Stadt Münster XIV, 138. Weitere Nachrichten über die Multersteuer im Prov.-Arch. Domkap.-Prob. VI, 16, wobei ein Schreiben Chr. Bernards v. 2. Aug. 1658, er werde auf jedes noch einmal so viel legen, als man vom Kapitel fordere. Das Schreiben vom 4. Juli 1659 daselbst VI, 3.

[23] Alpen I. S. 431 ff.

des kaiserlichen Verbots mit den Generalstaaten wieder in Unterhandlung zu treten, sandte jedoch keine Bevollmächtigte aus eigener Mitte nach dem Haag, sondern übertrug durch ein Schreiben vom 19. Juni dem Aitzema die Betreibung der Sache. Dieser überreichte einer von den Generalstaaten niedergesetzten Kommission eine Denkschrift, worin er für die Stadt Münster zur Abwendung der ihr drohenden Uebel um vier oder fünfhundert Mann Hülfstruppen nachsucht.²⁴) Während aber die Generalstaaten auch jetzt wieder mit ihrer Resolution zögerten, wurde bereits die am 9. Juli vom Reichshofrath gegen Münster gefällte Sentenz publizirt. Dieselbe lautete:

„In Sachen sich haltend zwischen Bürgermeister und Rath der Stadt Münster und ihrem Landesfürsten H. Christoph Bernard, Bischoffen zu Münster, seynd die an Seiten der Stadt übergebene positiones und Weißarticul als unerheblich nicht zugelassen und die solcher und ander Ursache halber gebetene Commission abgeschlagen und darauf die Sach von Amtswegen für beschlossen angenommen und allem Fürbringen nach zu recht erkannt, daß Bürgermeister und Rath das in actis eingeführte ius praesidii zusambt dem iure clavium, portarum, vallorum, murorum und symboli seu tesserae militaris in der Stadt Münster nicht erwiesen, sondern des Herrn Bischofen als ihres Landesfürsten und ordentlichen Obrigkeit praesidium militare, so oft es Ihro fürstl. Gnaden für nothwendig erachten, unweigerlich einzunehmen und Ihro fürstl. Gnaden derentwegen keinen Eintrag oder Verhinderung zu thun schuldig sein sollen, die Unkosten aus beweglichen Ursachen gegen einander compensirend und vergleichend. Sign. Wien unter Ihro Kayserl. Majestät aufgetrucktem Secret-Insiegel den 9. Juli 1659."²⁵)

Der Fürst ließ diese Sentenz drucken (Coesfeld den 2. August) und an dem Thore des bischöflichen Palastes aushängen, damit die Bürger sähen, wie sehr sie von ihren bisherigen Führern irregeleitet wären. Zugleich erließ er ein Schreiben an den Rath von Münster, „daß er auff bero Statt gebürende bezeigung und accomodation sich der erhaltener Urtheyl auff einigerley weiß nicht zu beroselben

---

²⁴) Wiens a. a. O. S. 13 f.

²⁵) Diarium Europaeum III. S. 91. Londorp VIII, 579. Prov.-Arch. Domkap.-Prot. VI, 3. Dabei ein Schreiben der Stadt Münster an den Kaiser d. 31. Januar 1659, worin sie sich wegen Nachsuchung fremder Hülfe vertheidigt. „Die Generalstaaten hätten sich propter vicinitatis et commerciorum interesse eingemischt."

untertruckung und nachtheil oder abbruch, wie sie sich biß dahero von anderen sie nicht wolmeinenden uberreden lassen, sondern vielmehr zu deß gantzen Stiffts und bevorauß dero Statt selbst aigener Verthettigung, Schutz, Schirm und gedeylichen auffnemmen gebrauchen, noch ihnen die Gnaden Thür versperret halten wollen." Ein anderes Schreiben schickte der Fürst an die Generalstaaten, damit diese ferner nicht mehr an eine Unterstützung der Stadt dächten, sondern der Gerichtsbarkeit des Kaisers und des Reichs freien Lauf ließen. Die Hauptleiter der Bewegung in Münster waren aber noch keineswegs geneigt, ihre Sache als eine verlorene aufzugeben, sondern ergriffen vielmehr alsbald Rekurs gegen die kaiserliche Sentenz, indem sie unter Erklärung ihrer Nichtigkeit auf eine Revision der Akten und die Restitution ihrer Gerechtigkeiten drangen.[26] Auch veröffentlichten sie die „abgenöthigte Ehrenrettung der uhralten Hanse-Stadt Münster in Westphalen auf die wider dieselbe vor und nach ausgesprengte famose und irrige Schriften," worin zunächst mit den schon aus frühern Deduktionen bekannten Gründen, nämlich aus den Ladebriefen zu Reichstagen, aus der freien Gerichtsbarkeit der Stadt, aus dem Huldigungseide, welchen man dem Bischofe leiste und der kein Unterthaneneid (homagium) sei, aus den vom Kaiser bestätigten Privilegien, nämlich der freien Wahl des Magistrats, dem Geleits- und Besatzungsrecht u. a., endlich aus der durch Franz von Waldeck gegebenen und vom Kaiser bestätigten Restitution der Schluß gezogen wurde, daß Münster wenigstens keine Munizipalstadt sei, dann aber auch gegen die Behauptung, als habe man sich wider die Reichssatzungen gegen den gehuldigten Landesfürsten freventlich aufgesetzt und sich an die Generalstaaten um Unterstützung gewandt, darauf hingewiesen wurde, daß Münster als Mitglied des unter andern von Karl V. bestätigten hanseatischen Bundes das Recht habe, einer Verbindung beizutreten, die schon längst bestehe und also nicht erst jetzt geschaffen werde und die zugleich durchaus nicht eine Benachtheiligung des Reichs, sondern hauptsächlich die Beförderung des freien Handelsverkehrs und die Erhaltung der wohlhergebrachten Freiheiten und Privilegien bezwecke.

Durch die Verbreitung dieser Schrift wurde weder beim Fürsten noch beim Kaiser etwas gewonnen. Denn Christoph Bernard veröffentlichte nun unter dem 14. August 1659 von Coesfeld aus eine zweite Mahnung zur Unterwerfung. Der Reichshofrath aber erließ

---

[26] Alpen I. S. 438 ff. Wiens S. 14.

auf Antrag der fürstlichen Deputirten trotz der durch die Advolaten Knoeft und Temming und den Stadtsekretair Holland im Namen Münsters erhobenen Apellation unter dem 10. September folgenden Bescheid: „ — Gebieten von Röm. Kays. Macht, auch Gerichts und Rechts wegen Euch bei poen 20 Mark löttiges Golts, halb in Unser Kays. Cammer und den andern halben theil obbesagtes Bischoffen zu Münster unnachleissig zu bezahlen, hiemit ernstlich, daß Ihr obberürten Kays. Urtheil ohne Ein= und Wiederred ihres Inhalts gehorsamblich nachkommet und gelebet, dieselbe exequiret und vollziehet und Euch derselben keinesweges widersetzet noch zugegen handlet, thuet oder fürnehmet, alß lieb Euch ist obbestimbte poen und Unser Kays. Ungnad und Straff zu vermeiden, daß meinen Wir ernstlich. Wir heischen und laden Euch auch von obberürter Kays. Macht hiemit und wollen, daß Ihr innerhalb zween Monaten den negsten von der insinuation dieser unserer Kays. Executorialien anzurechnen, so Wir Euch für den ersten, andern, dritten, letzten und endtlichen Gerichtstag setzen und benennen peremptorie und ob derselbe kein Gerichtstag sein würde, den negsten Gerichtstag danach selbst oder durch Eweren vollmächtigen Anwaldt an Unserem Kays. Hof, welcher Orten derselbe alßdann sein würde, erscheinet, gehorsame Anzeig und Erklärung zu thuen, daß Ihr mehr erwehntem Urtheil und diesem Unseren Kays. Executorialibus gehorsame parition und folg leisten wollet, wo nicht, alßdann zu sehen und zu hören, daß Ihr umb solcher Ewer Ungehorsams willen in obbestimbte poen gefallen seyet, mit Urtheil und Recht zu sprechen zu erkennen und zu erklären oder aber erhebliche und bestendige Ursachen, ob Ihr einige hettet, warum solche Erklärung nit zu geschehen, dagegen im Rechten, wie sich gebührt, fürzupringen und endtlichen Entschieds darüber zu gewarten.."[27] Auch diese Sentenz ließ der Fürstbischof am 13. Oktober durch den Druck veröffentlichen und dabei Münster abermals zur Unterwerfung mahnen. Aber auf den Rath ihres Agenten Aitzema im Haag, dem die Entscheidung des Reichshofraths durch den kaiserlichen Gesandten Friquet mitgetheilt war, hatte die Stadt, um durch eigene Deputirte ihre Sache mit mehr Nachdruck betreiben zu lassen, bereits am 23. Sept. den zweiten Syndikus Joachim von Eitzen und den Aldermann Klute nach den Niederlanden geschickt. Nur mit genauer Noth den Nachstellungen des Fürsten entgangen bereisten diese zunächst die Provinzen Geldern und Overyssel und kamen dann über Amsterdam nach

---

[27] Archiv des Grafen Merveld zu Westerwinkel.

Haag. Da Friquet sie bei einer Audienz warnte, durch ein Gesuch um Hülfe bei den Generalstaaten Kaiser und Reich zu beleidigen, sollen von Seite des hitzköpfigen Eitzen sehr harte Worte gefallen sein, so daß er sich sogar zu der Bemerkung fortreißen ließ, wenn die Stadt in Holland kein Gehör fände, so würde sie sich an die Schweden oder anderswohin wenden: denn sie wolle lieber unter den Türken, ja unter dem Teufel stehen, als unter dem Bischofe; die Religion kümmere sie nichts. [28])

Am 14. November wurden die münsterischen Abgeordneten von den Generalstaaten in feierlicher Audienz empfangen und baten um eine Unterstützung von 600 Mann zu Fuß und 4 Schwadronen Reiter. Aber Friquet protestirte am 18. d. Mts. gegen eine solche Hülfeleistung und bemerkte, daß ein Eingriff in die Rechte des Reichs leicht schlimme Folgen haben könnte. [29]) Und auch Christoph Bernard ließ sich in ähnlicher Weise vernehmen und bewirkte vollends durch den Dombdelan Brabeck, welcher den Rathspensionair Jan de Witt zu gewinnen wußte, daß wenigstens die Provinz Holland sich weigerte, auf das Gesuch der Münsterischen einzugehen.

Zu gleicher Zeit beschwerte sich der Fürst vor den am 23. September zu Coesfeld zusammengetretenen Landständen über die Vorgänge in Münster und im Haag und sprach sich ganz entschieden dahin aus, daß er, falls die Holländer sich gegen alles Recht einmischen und sogar Truppen senden würden, diese entweder nicht in Münster einlassen oder wenn sie wider Vermuthen einrücken sollten, mit allen möglichen Mitteln wieder hinausschaffen würde. Die Ritterschaft stellte sich auf Seite des Fürsten, indem sie sich darüber beklagte, daß die münsterischen Abgeordneten im Haag sich ohne Grund ihrer Parteinahme gerühmt hätten. Demnach wurde den Deputirten Münsters auf dem Landtage eine sehr ernste Vorstellung gemacht, zugleich aber, da jene sich nur bereit erklärten, darüber an den Rath zu referiren, der Beschluß gefaßt, den Fürsten für den Fall, daß die münsterischen Bürger sich durch fernere Widersetzlichkeit als „notorische Rebellen" darstellten, kräftigst zu unterstützen. [30]) Noch einmal machten zwar

---

[28]) Wiens S. 15. Alpen I. S. 453; vgl. S. 441 f. Das Schreiben Friquets im Prov.-„Landes"-Arch. 534, 1 c.

[29]) Remonstrantie van wegen den Kayser aende Staten General op dat deselfde aen de Stadt Munster geen secours sullen hebben te doen. Gedruckt 1659. (Paulin. Bibl.)

[30]) Landtagsrezeß vom 9. Okt. 1659.

die Stände durch ihre Abgeordneten, den Syndikus des Domkapitels Albrecht Boichorst, den Syndikus der Ritterschaft Ewerwin Droste und den Bürgermeister von Coesfeld Bernard Witfeld den Versuch, „Bürgermeister und Rath, wie auch Schauhaus und Gemeinheit von Münster zur Güte zu disponiren;" da aber auch dieser Versuch mißlang, so bewilligten sie dem Fürsten auf dem nächsten Landtage, welcher am 19. November in Coesfeld zusammentrat, nicht allein die Mittel zur Anwerbung von Truppen, sondern gestatteten ihm auch, die Unterthanen aufzubieten, wogegen der Fürst versprach, die Abeligen in und auf Hovesäten sowie für dieses Mal auch die Eigenhörigen und Diener, welche auf den bei der Schatzung befreiten Erben und Kotten wohnten, in Gnaden zu verschonen. Für den Fall aber, daß man fremder Hülfe bedürfe, wurde bestimmt, sich „einzig an Kayserl. Majestät und den in den Reichs-constitutionibus verfaßten modum zu halten." [31]) Letztere Bestimmung bezog sich darauf, daß nicht wieder, wie bei der vorigen Belagerung Münsters, gegen den Willen der Stände fremde Truppen in das Stift gerufen würden. Und wenn die Stände dem Fürsten unter dieser Bedingung ihre Hülfe gewährten, so erwirkte er demnächst auch vom Kaiser ein unter dem 10. Januar 1660 ausgestelltes Mandat, wonach die Stadt Münster bei Strafe der Reichsacht ihre Deputirten aus dem Haag zurückrufen, alles, was dort verhandelt wäre, rückgängig machen und sich binnen zwei Monaten am kaiserlichen Hofe darüber erklären sollte, daß sie nicht nur diesem Befehle nachgekommen wäre, sondern auch ferner keine Unterhandlungen mit Fremden wieder anknüpfen würde.[42]) Fast zu gleicher Zeit mit dem Mandat, welches am 4. Februar der Stadt insinuirt wurde, kam ein Regiment kaiserlicher Fußtruppen unter dem Obersten von Wolframsdorf und ein Regiment Reiter unter Faber im münsterischen Stift an. [33])

Die Ankunft der kaiserlichen Truppen, welche nach dem jüngsten Landtagsrezeß freilich zu erwarten stand, erregte nicht nur in Münster große Unruhe, sondern auch eine fast noch größere Bestürzung unter den rheinischen Alliirten. Letzteren hatte Christoph Bernard durch seinen Gesandten Matthias Korff in einem Memoriale vom 17. Januar 1660 erklären lassen: da es nicht zu vermuthen wäre, daß sich

---

[31]) Landtagsrezeß vom 1. Dec. 1659.

[32]) Alpen I. S. 463. Theatr. Eur. IX.

[33]) Die kaiserlichen Truppen wurden aus Landesmitteln unterhalten. Landtagsrezeß vom 15. April 1660.

die Niederländer Münsters und Münster der Niederländer abthun
würden, es geschähe denn durch Zwangsmittel oder aus Furcht vor
einem größern Uebel, so könnte er in so gefährlichem Stand nicht
länger bestehen und müßte einmal dem lang dauernden Unwesen,
auch wenn die kaiserlichen Exekutorialen nicht erfolgen sollten, ein
Ende machen. Daher bitte er um 12,000 Mann und einige halbe
Karthaunen und hoffe, dann in kurzer Zeit die Stadt zum Gehorsam
zu bringen, was auch andere Fürsten zum höchsten Vortheil gereichen
dürfte (indem sie in ähnlichen Fällen ähnlich verführen). Sollte er
aber von den alliirten Fürsten keine Hülfe erhalten, so würde er sich,
wenn auch ungern, nach andern Rettungsmitteln umsehen, da er je=
denfalls im bevorstehenden Sommer auf irgend eine Weise aus den
Gefährlichkeiten heraus sein wollte. Zugleich bemerkte er, daß er auf
die rheinische Allianz und besonders auf eine Verbindung mit Frank=
reich nur unter der Bedingung eingehen würde, wenn dasselbe ihn
bei seinen fürstlichen Rechten, den heilsamen Reichskonstitutionen ge=
mäß, gegen Alle und Jeden, der ihn etwa darin kränken würde,
Hülfe leisten wollte. Damit hatte Christoph Bernard nicht allein
ausgesprochen, was Münster von ihm zu erwarten hätte, sondern auch
den alliirten Fürsten gegenüber sich auf einen so bestimmten Stand=
punkt gestellt, daß auch sie sich endlich entscheiden mußten. Unter
diesen Verhältnissen sandte nun der kölner Kurfürst den General=
wachtmeister Freiherrn von Landsberg und der Herzog von Pfalz=
Neuburg den Obersten von Velbrück, welche gemäß einer Instruktion
vom 23. Januar 1660 nicht nur gegen das Einrücken der kaiserlichen
Truppen, als der bestehenden Exekutionsordnung zuwider, protestirten,
sondern auch Christoph Bernard dringend mahnten, zum Nutzen der
Kirche und des Landes vielmehr auf eine billige Weise mit Münster
sich zu vergleichen, als die Stadt durch Anwendung der äußersten
Mittel zur Verzweiflung zu treiben. Es schiene fast, daß das kaiser=
liche Urtheil zu weit ausgedehnt würde und man an eine Vernich=
tung der städtischen Privilegien dächte. Deswegen müßte den Bürgern
gute Versicherung gegeben werden und sie wären gern bereit, mit der
Stadt einen Vergleich zu vermitteln, was sicherlich nicht so schwer
sein dürfte, wenn man beider Seits die Erbitterung und Leidenschaft=
lichkeit nur wollte fahren lassen! — Christoph Bernard lehnte jede
Vermittelung ab, bis die Münsterischen ihre Deputirten aus den Nie=
derlanden zurückgerufen hätten. Wegen der kaiserlichen Hülfe ent=
schuldigte er sich mit der schlechten Verfassung des westfälischen Kreises.
Statt zu protestiren, möchten die Fürsten nur selbst Truppen senden,

um die Sache desto eher zu beenden. Denn die Niederländer richteten ihre Pläne vielmehr nach dem Nutzen und der leichten Ausführbarkeit, als nach der Gerechtigkeit. [34])

Nicht viel glücklicher war Landsberg mit seinen Vermittelungsvorschlägen bei dem Rath von Münster. Dieser verlangte eine Bedenkzeit von vierzehn Tagen, um mittlerweile über den Stand der Dinge im Haag etwas Näheres zu erfahren. Am 22. Januar hatte man nämlich nach der Abberufung und Entlassung des eitlen und verschwenderischen Eitzen den Syndikus Drachter unter militairischer Bedeckung nach dem Haag geschickt, da man sich gerade von diesem gewandten Unterhändler die besten Erfolge versprach. Und wirklich wußte Drachter durch die Andeutung, Münster würde sich nöthigen Falls den Schweden, welche bereits sehr annehmbare Bedingungen gestellt hätten, in die Arme werfen, die Hochmögenden dahin zu bringen, daß sie in einer Versammlung am 9. und 11. Februar auf den Antrag des Staatsrathspräsidenten Huygens beschlossen, einerseits den kaiserlichen Gesandten Friquet um Beilegung der münsterischen Streitigkeiten anzugehen, da sie bei gewaltsamer Bedrängung und Einschließung der Stadt auf Mittel zur Hülfe denken würden, andererseits — und das war die Hauptsache — Münster Geld vorzuschießen und den pensionirten Offizieren zu erlauben, in die Dienste der Stadt zu treten. [35]) Friquet protestirte gegen diesen Beschluß, indem er jede Unterstützung Münsters als eine Kriegserklärung gegen das Reich bezeichnete. Und Christoph Bernard ließ durch den Domdekan Brabeck, welchen er nach seiner Heimkehr aus dem Haag gleich wieder zurücksandte, jede von den Generalstaaten angebotene Vermittelung mit aller Entschiedenheit zurückweisen. Nichts desto weniger schossen die Generalstaaten den münsterischen Abgeordneten 25,000 Gulden zu 4 % Zinsen vor, sprachen jedoch zugleich dem kaiserlichen Residenten und dem Bischofe von Münster die Erwartung aus, daß es nicht zu einem Kriege kommen würde. Und wirklich erlangten sie durch die mit der Stadt abgeschlossene Anleihe, die Christoph Bernard um jeden Preis rückgängig zu machen wünschte, daß Brabeck nicht nur mit

---

[34]) Die betreffenden Schriftstücke im Velenschen Archive. Die Memorialien von Landsberg u. Velbrück im Fr. Münster, Landes-Archive 539, 1 h.

[35]) Die Resolutionen der Hochmögenden im Prov.-"Landes"-Archiv 534, 1 a—d. Der Agent Hessing schrieb am 5. März 1660 an Chr. Bern., Münster habe „geen subsidie van volck to verwachten, maer wel eenige assistentie van penningen."

Friquet und dem brandenburgischen Gesandten Weimann, sondern auch mit dem Rathspensionair de Witt und dem Pensionair von Amsterdam de Groot tägliche Konferenzen hielt; ja sogar der Graf von Flodorp wurde zu denselben zugelassen. Der Zweck dieser Konferenzen war die Feststellung eines Vergleichs, welcher, wie sich Friquet ausgedrückt haben soll, für die Stadt günstig sein müsse, so daß der Schein oder die Ehre äußerlich dem Bischof, die Realität aber der Stadt zu Gute komme, welche nicht unterdrückt werden dürfe. Also berichtet Aitzema und Schaumburg zieht daraus den Schluß, daß "den Prinzipien der kaiserlichen Politik getreu, welche bei Differenzen zwischen den Landesherrn und den Ständen sich stets in der Mitte hielt und nach keiner Seite hin sich entschieden aussprach, Friquet mit diplomatischer Gewandtheit das Gewicht seiner Stellung als Bevollmächtigter des Kaisers bald nach dieser bald nach jener Seite in die Wagschale legte." [36] Uebrigens zeigt das aufgestellte Vergleichsprojekt selbst deutlich genug, daß man dem Fürsten weit mehr als scheinbare Rechte zuerkennen wollte. So werden ihm nämlich darin alle landesfürstlichen Rechte, Regalien und Gerechtigkeiten innerhalb der Stadt Münster ausdrücklich gewahrt; und wenngleich der Prozeß über das Besatzungsrecht 25 Jahre suspendirt bleiben soll, so wird doch dem Fürsten vorbehalten, schon gleich 500 Mann Fußtruppen unter Kommandanten und Offizieren, die er nach Gutdünken ernennt, in die Stadt zu legen. Will die Stadt daneben eigene Truppen halten und eigene Wachen ausstellen, so stehen auch diese unter dem fürstlichen Kommandanten; die jetzigen Truppen der Stadt aber müssen unbedingt entlassen werden. Die militairische Gerichtsbarkeit übt nur der Kommandant. Zu jedem Thor, Thurm, Wall und sonstiger Fortifikation werden zwei Schlösser und zwei Schlüssel gemacht, die der Fürst erhält und von denen er den einen aus Gnade dem Bürgermeister und Rath zurückgibt. Der Kommandant darf auf eine dem ersten Bürgermeister gemachte Anzeige auch zur Nachtzeit die Thore öffnen lassen. Die Parole ertheilt der Fürst und in seiner Abwesenheit der Kommandant. Die Festungswerke sind von der Stadt zu unterhalten und dürfen ohne Bewilligung des Fürsten weder erweitert noch geschleift werden. Domkapitel und Geistlichkeit sowie alle, die auf den Freiheiten wohnen, sind von der Multersteuer, dem Wagenzeichen und anderen bürgerlichen Abgaben frei. Die Stadt darf fernerhin keine auswärtige Hülfe nachsuchen, noch

---

[36]) Die Aussagen Aitzemas bei Wiens S. 17. Vgl. Schaumburg S. 122.

Bündnisse schließen und muß die geschlossenen widerrufen. Endlich sollen Bürgermeister und Rath, Alderleute und Gildemeister sowie die Deputirten der Gemeinde für sich und die Bürgerschaft den Vertrag mit der Erklärung beschwören, daß sie sich als eine getreue gehorsame Landstadt betragen und halten wollen.⁸⁷) — Nach diesen Vergleichs= bedingungen hatte es in der That nicht den Anschein, daß man den Fürsten mit äußeren Ehren abfinden wollte; und selbst Schaumburg muß zugeben, daß man der Stadt Alles, wofür sie Jahre lang ge= stritten und sich die härtesten Opfer auferlegt hatte, aberkannte und das Wenige, was ihr zugestanden wurde, noch als besondere Gnade bewilligte. Ganz anders dagegen verhielt es sich um die am 8. April von Münster selbst vorgeschlagenen Vergleichsbedingungen. Danach sollten zwar die Stadtthore dem Fürsten stets geöffnet werden; auch wollte die Stadt in unruhigen Zeiten eine Besatzung einnehmen; aber diese sollte nicht nur aus Landesmitteln unterhalten werden, sondern auch die Parole vom Magistrat erhalten.⁸⁸) Bei diesem Vergleiche hätte sich allerdings die Stadt den reellen Vortheil, der Fürst kaum den Schein der Ehre gewahrt; aber der Vorschlag fand keine Aufnahme. Dagegen wurde das oben erwähnte Projekt am 5. Mai in einer Versammlung der Staaten von Holland vorgelegt und gutgeheißen. Brabeck übernahm die Empfehlung desselben bei dem Fürsten, Floborp die bei der Stadt; denn die städtischen Deputirten hatten auf eine Einladung zur Theilnahme an den Konferenzen ihre gewöhnliche, ausweichende Antwort gegeben, daß sie dazu keine Voll= macht hätten. Floborp fand den Rath zu Münster durchaus nicht geneigt, auf das Projekt, welches als eine Mißgeburt des bischöflichen Hofes bezeichnet wurde, einzugehen, wenngleich manche Bürger mit der Fortsetzung der Zwistigkeiten höchst unzufrieden schienen. Und als Drachter und Klute mit ihren 25,000 Gulden in Münster an= langten, und über das, was sie im Haag erreicht, bezüglich auch nicht erreicht hatten, ihren Bericht erstatteten, sprachen Bürgermeister und Rath in einem Schreiben vom 7. Mai den Generalstaaten zunächst ihre höchste Verwunderung aus, weil das Projekt mit der ihnen oft= mals gegebenen Erklärung, die Stadt bei ihren Privilegien, Rechten und Gerechtigkeiten handhaben zu wollen, nicht übereinstimme und indem sie ausdrücklich hervorhoben, daß sie lieber mit denen von Numantia Gut und Blut opfern, als sich einem so knechtischen Joche

---

⁸⁷) Wiens S. 38 ff.
⁸⁸) Prov.=Archiv Domkap.=Prob. VI, 3. Archiv der Stadt Münster XIV, 131.

unterwerfen wollten, baten sie um fernere monatliche Subsidien, zugleich aber auch um Kommittirte zur Vermittelung sowie um Verwendung bei dem Kaiser. Gleichzeitig wurde Aitzema in einem besondern Schreiben um die fernere Wahrnehmung der städtischen Interessen bei den Hochmögenden ersucht."

Während so die Unterhandlungen im Haag, abgesehen von den erlangten Subsidien, ein wenig günstiges Resultat für Münster gehabt hatten, waren auch die Bemühungen der städtischen Deputirten Knoest, Temming und Holland in Wien ohne den gewünschten Erfolg geblieben. Nach reiflicher Prüfung aller vom Bischofe und der Stadt eingereichten Schriften und Gegenschriften erließ nämlich der Reichshofrath am 23. Mai 1660 die Paritoria in Sachen Münster contra Münster, wonach dem Bischofe sein „der declarationis poenae undt arctiorum halber beschehenes begehren (die Acht zu verhängen) noch zur zeit abgeschlagen," der Stadt aber erklärt wurde, daß nicht allein „ihre pro revisione actorum et restitutione in integrum auch praetensae nullitatis (abermalige Durchsicht der Akten, Wiederherstellung des frühern Zustands und Vernichtung der bisherigen Erlasse), wider die am 9. Julii des nechst verwichenen 1659 Jahres ergangene Urtheil übergebene schrifften als unformblich und unzuläßig verworffen, sondern ihr zeit 2. Monathen, dem negsten von der insinuation anzurechnen, gläubiche Anzeig und beweiß zu thun, daß berührter Urtheil und darauff ergangenen uhrkunden und reproducirten Kays. Executorialibus gehörig gelebt und ein Würckliches begnügen geschehen, hiemitnachmalß peremptorie bestimbt und angesetzt sei, mit der verwarnung, daß sie jetzt als dan und dan als jetzt in die poen den Executorialibus einverleibt, hiemit erklehret, scharffere proces auch erkandt und Clägern die gerichtskosten berentwegen auffgeloffen nach rechtlicher ermeßigung zu bezahlen schüldig seyn sollen." Diese Urtheile wurden jedoch nicht direkt an die Parteien, sondern an die Bischöfe zu Osnabrück und Paderborn sowie den Grafen von Rietberg eingeschickt, mit dem Begehren, daß sie „zu abschneibung weiterer weitläufftigkeit sich in dieser sach unbeschwert interponiren und benebenst bewegliche remonstrirung obberürter der sachen umbstand, und sonderlich auß der unverhofften fernern wiedersetzligkeit besorgenden schweren weitläufftigkeiten, mit allem fleiß bemühen, die Statt zur gütlicher accomodation, woh möglich, zu vermögen; woferne aber die güte bei Ihro nicht statt finden wollte,

---

³⁹) Wiens S. 19. Vgl. Theatr. Eur. IX, 245 ff.

alsdann erst und ehender nicht mit denen paritoriis heraußgehen und solche insinuiren möchten." [40] Die versuchte Vermittelung blieb ohne Erfolg, da es mittlerweile bereits zu Feindseligkeiten zwischen dem Fürsten und der Stadt gekommen war. Nach der von Christoph Bernard den 19. Juli 1660 zu Cocsfeld in Druck gegebenen „offenbaren Nachricht an Statt Manifests des jetzigen zustands dero nuhn etlich Jahren gewehrter und noch dauernder hochärgerlicher wiedersetzligkeit der Statt Münster in Westphalen gegen deroselben ordentlichen Landsfürsten" bot die Stadt die nächste Veranlassung zu jenen Feindseligkeiten durch folgende Vorgänge. Zunächst weigerte sie sich zu der vom Landtag bewilligten Unterhaltung der kaiserlichen Truppen etwas beizusteuern, weshalb die zu Cocsfeld versammelten Stände auf Exekution drangen. [41] In Folge dessen holten die kaiserlichen Reiter, denen der von Münster zu entrichtende Theil der Steuern zu ihrer Verpflegung angewiesen war, am 22. Mai das Vieh der Bürger von den Weiden. An demselben Tage wurde den städtischen Landtagsdeputirten vom Fürsten die Weisung ertheilt, ohne seine Erlaubniß Cocsfeld nicht zu verlassen und erst nach drei Wochen erhielten sie auf die Verwendung der übrigen Stände gegen das Versprechen des Gehorsams die Erlaubniß zur Rückkehr. An das von den Deputirten geleistete Versprechen hielt sich die Stadt nicht gebunden, vielmehr ließ sie durch ihre Truppen am 20. Juni einen fürstlichen Reiter, der nach Warendorf beordert war, aufheben, setzte zwei zur Bewachung des fürstlichen Hofes in Münster zurückgelassene Gardisten gefangen, überfiel einen fürstlichen Quartiermeister in seinem Hause am Santrupperbaum und schleppte ihn nach arger Mißhandlung und Beraubung nach Münster. Eben dasselbe widerfuhr einem spanischen Offizier, einem Schützen des fürstlichen Regiments Fischer und einem Lieutenant des kaiserlichen Regiments Fabri. Ja sogar als Cristoph Bernard sich am 25. Juni in Begleitung seiner Garde und einer Abtheilung kaiserlicher Truppen von Billerbeck nach Wolbeck begab, sollen die Münsterischen einen Angriff auf ihn beabsichtigt haben. [42] Da bei dieser Gelegenheit drei von ihren Soldaten bei dem Hause Geist gefangen waren, ließen sie am folgenden

---

[40] Abgedruckt als Beilagen zur „offenbaren Nachricht" vom 19. Juli 1660. Eine Abschrift der Paritoria und des kaiserl. Schreibens an Franz Wilhelm von Osnabrück im Prov.=Arch. Domkap.=Prod. VI, 3.

[41] Landtagsrezesse vom 15. April und 5. Sept. 1660.

[42] Alpen selbst zieht dieses in Zweifel. S. 481.

Tage den Besatzungen in den umliegenden Ortschaften bekannt machen, sie würden jeden, der sich auf die Schußweite einer Kanone der Stadt nähere, oder gar die Bürger und Einwohner an Hab und Gut beschädige, als Feind betrachten.⁴³) Am 10. Juli überfielen sie einen Fuhrmann, der für den Fürsten Wein von Sassenberg nach Coesfeld bringen sollte, und nahmen dem fürstlichen Mundschenk unter argen Mißhandlungen sein Pferd. In der folgenden Nacht machten einige hundert Mann unter Anführung des Rittmeisters Stael und der Fähnriche Althaus und Sprung auf Betreiben des Rathsherrn Klute und des Aldermanns Deiterman einen Ausfall auf die in Altenberge und Nordwalde liegenden Truppen des Kaisers, erschossen unter Andern einen Wachtmeister, nahmen achtzehn Pferde und einige Soldaten gefangen und kehrten mit diesen sowie mit einer Beute an Geld, Kleidungsstücken und Gewehren triumphirend nach Münster heim. Zwei Tage nachher überfielen sie Havixbeck, jedoch ohne Erfolg. Zur nämlichen Zeit drohten sie Telgte und Wolbeck mit einem Ueberfall und rüsteten zu dem Zweck eine Kompagnie Reiter, welche jedoch am 15. Juli nur einige vom Regiment Fabri entlassene Leute aufbrachten. An demselben Tage wurden einige Bauern bei Roxel überfallen und verwundet. Ein Anschlag auf den Obersten Fabri in Bocholt kam nicht zur Ausführung und ebenso zerschlugen sich die Unterhandlungen mit dem Rittmeister Beyermann und dem Kornet Klöpper, welche mit den im Erzstift Köln geworbenen Reitern in städtische Dienste treten sollten. — In Folge dieser Vorgänge erklärte Christoph Bernard am Ende der erwähnten Schrift, daß er, „obwol er der Kayserlichen Commission und dem ordentlichen Executivproceß nicht vorgreifen wolle und sich alle billige und rechtschaffene Accomodationsmittel niemaln zuwider seyn lassen, auch biß dato die immer leidtliche excessus der Statt langmüttig übertragen, noch seine Intention immer gewesen, der Statt Münster an ihren wolerlangten und befuegten Recht- und Gerechtigkeiten oder Privilegien immer etwas abzubrechen, weniger dieselbe zu krenken und zu schwächen, dannoch jetzo bey so gestalten sachen gezwungen werde, auff mittel und wege zu gedenken, wie er zum wenigsten durch den Weg der in der Natur selbst erlaubten Defension diesem und noch ärgerem Uebel steuren und vorkommen, und dergleichen der Statt Münster auffrührische außfälle, unthaten und andere Vorfänglichkeiten und

---

⁴³) Dieser Erlaß ist als Beil. zur „offenbaren Nachricht" vom 8. August 1660 abgedruckt.

Attentate durch den ordentlichen weg rechtens ins künftig verhüten möge." —

Nachdem Christoph Bernard bereits am 1. Juni 1660 zur Anschaffung von Munition 12,000 Thaler auf seine Tafelgüter aufgenommen hatte,[44] ließ er drei Tage nach Veröffentlichung jenes Manifestes, am 22. Juli seine Truppen zugleich mit den beiden kaiserlichen Regimentern und einer Abtheilung kurkölnischer Hülfsvölker im Norden der Stadt Münster auf dem sogenannten Marienfelde ein Lager beziehen und etwa in der Entfernung einer halben Stunde auf dem linken Ufer der Aa die Marienschanze errichten.[45] Die Städtischen machten dagegen am folgenden Tage aus dem Jüdefelder-Thor einen Ausfall, wurden aber mit einem Verlust von zwölf Mann zurückgeschlagen. So war denn bereits der eiserne Würfel gefallen, als die Generalstaaten durch eigene Deputirten noch einmal den Versuch machten, das Vergleichsprojekt zur Annahme zu bringen. Wir haben oben gehört, daß der Rath von Münster bei der schon im Mai erfolgten Ablehnung desselben die Hochmögenden um einige Kommittirte zur Vermittelung bat. Aber die gleich darauf stattfindenden Festlichkeiten beim Besuche des englischen Königs im Haag hatten die Berathungen über die münsterische Sache bis in den Juni verzögert; und auch in den am 8. und 11. d. M. abgehaltenen Konferenzen kam es zu keinem Beschlusse, weil sich das sogar von Drachter in einem Briefe an Aitzema bestätigte Gerücht verbreitet hatte, daß der Bischof selbst das Projekt für unbillig befunden habe und der Stadt bessere Bedingungen in Aussicht stelle.[46] Erst als Aitzema

---

[44]) Das Reversale im Prov.-Arch. Domkap.-Prov. VI, 3.

[45]) Vgl. über die Belagerung: Iordanaeus Motuum Monaster. enarratio. S. auch Wiens S. 459 ff.

[46]) Wiens S. 21. — In einer von Drachter herrührenden (jetzt im Besitz des Kaufmanns Ed. Brockhausen zu Münster befindlichen) Urkundensammlung stehen folgende „Vergleichspunkta, so von Ihro hochfürstl. Gn. zu Münster mit Zuziehung Ein und anderer auß der Statt Mittel projectirt, von der Statt aber zumahlen verworfen worden" (Anno 1660): 1) Amnistia generalis. 2) Die Statt soll Ihre Völker abdanken, welche Ihr fürstl. Gn. entweder wird annehmen oder ihres wegs gehen lassen können. 3) Ihre hochfürstl. Gn. haben Ihre Commendanten zu setzen und fürerst, wo keine gefahr, 500 Mann herein zu legen; wann aber gefahr, 1000 Mann oberhalb der Leibguarde, wann die gefahr aber noch größer, mag die Statt 300 oder 400 Mann werben und unterhalten oder aber Landtschützen einnehmen, und sollen die Völker in ihr fürstl. Gn. und der Landtstände sydt bestehen, auß des Landts-Mitteln unterhalten und allein die

am 25. Juni auf neue Klagen der Stadt ein weitläufiges Memorial einreichte, entschloß man sich endlich nach langen Debatten am 30. Juni, eine Deputation nach Münster zu schicken, womit sich jedoch die Provinz Holland nicht einverstanden erklärte. Die Abreise der drei Deputirten van Balveren aus Gelderland, Scheltinga aus Friesland und Taminga aus Stadt und Landen erfolgte endlich am 24. Juli. Zwei Tage später trafen sie im bischöflichen Lager ein, wo sie von den Generalen Wylich und Nagel zur Tafel geladen wurden. Am 28. begaben sie sich dann zur Stadt, wurden am Schlagbaum feierlich empfangen und machten nun am folgenden Tage in einer Audienz vor Bürgermeistern, Rath, Aldermännern und denen aus der Gemeinde den Vorschlag, das Projekt seinem wesentlichen Inhalte nach (in substantia) anzunehmen.[47] Der Vorschlag fand keinen Beifall, dagegen verlangte man zur Anknüpfung von Unterhandlungen mit dem Fürsten zunächst die Vermittlung eines Waffenstillstands. Also abermals rekurrirte man von den Hochmögenden, welche das Projekt festhielten, an den Fürsten, der bereits mildere Bedingungen gestellt hatte. Und doch ließ sich nicht erwarten, daß man nach Verwerfung jener Bedingungen durch neue Unterhandlungen ein günstigeres Resultat erzielen würde, da man seinen etwaigen Ansprüchen auch nach Einmischung der Hochmögenden keinen kräftigern Nachdruck geben

---

quartier in der Statt verschaffet werden. 4) Tessera militaris oder daß Wohrt soll stets beym Landtsfürsten oder dessen Commandanten stehen; 5) wie auch die Schlüßell, jedoch zur halbscheidt. 6) Wann Ihr fürstl. Gn. würden von weit hereinkommen, sollen deroselben außerhalb der Statt alle Schlüßell praesentirt werden, wie auch allemahl tempore inaugurationis novi principis. 7) Allemahl nach beschehener Rathswahl soll von der Statt dem Landtsfürsten Juramenta praestirt werden, waß dießfalß geschlossen zu halten. 8) Disciplina et regimen militare penes Commendantem. 9) Alle Ungelte abschaffen. 10) Alle Immunität und darauf wohnende Personen unahngefochten zu lassen. 11) Exteris foederibus in perpetuum zu renunciiren und waß bei etlichen bereits gesucht zu annulliren. 12) Alle processus alibi pendentes ahnhero zu transferiren und entweder ahm Hoff= oder Officialatgericht einzuführen und mit drey oder vier satzschriften ad submissionem zu bringen und darin erkennen zu laßen. 13) Dieser Vergleich (si ita utrimque placuisset) soll 25 Jahre stehen, ob der Processus iuris praesidii ahm Kays. Hoff alßdan plenarie decidirt werden könne, woh nicht, soll es gesetzter Maßen dabey verbleiben. — Bei der Angabe, daß die Stadt diesen Vergleich verwarf, bemerkt ein Nachkomme Drachters: "Eheu! praestitisset enim aliqua quam nulla iura retinuisse. Hinc secutae universalis ruina lacrimaeque perpetuae."

[47] Wiens S. 23. ff.

konnte. Der Waffenstillstand wurde verweigert. Zugleich ließ Christoph Bernard, da nach Vollendung der Marien- und anderer (bei Wilkinghege angelegter) Schanzen die Stadt im Norden völlig einschlossen war, auch an der Südwestseite (von Mecklenbeck bis zur Geist) ein neues Lager anlegen. In ihrer stets mehr bedrängten Lage wünschte die Stadt nun sehnlichst Hülfe von den Generalstaaten; aber auch die eifrigsten Bemühungen des Aitzema hatten keinen Erfolg. Trotz alledem weigerten sich die Wortführer in Münster noch immer, das Projekt anzunehmen, entwarfen vielmehr ein Kontra-Projekt sowie einen „unverbindlichen Vorschlag" zum Vergleiche,[48]) wonach die Rechte des Fürsten sehr beschränkt werden sollten, so daß sich davon allerdings mit Recht behaupten ließ, daß der Stadt der wirkliche Vortheil, dem Fürsten kaum die äußere Ehre gesichert werde. Wollte doch die Stadt neben der aus fürstlichen und städtischen Völkern gebildeten Besatzung eine oder andere Kompagnie für sich aus eigenen Mitteln halten und sollten auch ferner alle diese Truppen in einem Streit zwischen dem Fürsten und der Stadt bei dieser allein stehen und halten. Das Recht der Schlüssel wurde der Stadt vorbehalten und nur die Parole dem Fürsten bei seiner persönlichen Anwesenheit zugestanden. — War nun aber der Stadt nicht einmal ein Waffenstillstand zur Anknüpfung von Unterhandlungen bewilligt, so konnte von der Annahme ihres Vorschlags gewiß gar keine Rede sein. Wollte man hier etwa die Frage aufwerfen, warum Christoph Bernard damals so entschieden jede Verhandlung ablehnte, so liegt der Grund dafür einerseits in der von ihm gemachten Erfahrung, daß sich in der Güte sein Zweck doch nicht werde erreichen lassen, andererseits in seinem prinzipiellen Widerstreben gegen jede Einmischung der Generalstaaten.

Die Feindseligkeiten hatten also ihren Fortgang. Die Mühlen außerhalb Münsters wurden unbrauchbar gemacht, mehrere Schnitter und Pferde, die das Getraide in die Stadt bringen sollten, am 8. August gefangen genommen und zwei Abtheilungen städtischer Truppen, von denen die eine sich in einem Walde nicht weit von der Marienschanze in ein Versteck gelegt hatte, die andere einen Angriff auf das Lager in Mecklenbeck zu machen beabsichtigte, mit nicht unbedeutendem Verluste zurückgeschlagen. Darauf wurde, um sowohl das Lager gegen fernere Ueberfälle zu sichern, als auch der Stadt jede Zufuhr abzuschneiden, nicht nur ein Damm durch die Aa ge-

---

[48]) Wiens S. 30 f. u. 39 ff.

worfen, so daß das Wasser die ganze umliegende Niederung über-
schwemmte, sondern auch (durch 2000 Bauern) ein Kanal von der
Aa in südöstlicher Richtung nach einem Zufluß der Werse, dem sogenannten Sonnenborn, gegraben. Den einzigen Zugang zum Lager
bildete fortan eine über den Kanal gelegte Brücke, die von einem
starken Posten bewacht wurde und nicht ohne besondern Erlaubniß-
schein passirt werden durfte. In Bezug auf die kleinen Gefechte, die
in der nächstfolgenden Zeit vorfielen, bemerken wir nur, daß die
Städtischen sich regelmäßig mit größerem oder geringerem Verluste
zurückziehen mußten. Noch mehr aber verschlimmerte sich die Lage
der Stadt, als Christoph Bernard, welcher am 20. August 1660 mit
den Kurfürsten von Mainz, Trier und Köln, den Herzögen von Pfalz-
Neuburg, Braunschweig-Lüneburg und Würtemberg und dem Land-
grafen von Hessen eine Allianz schloß,[49] bereits am 1. September
zunächst vom kölner Kurfürsten vier Kompagnien Fußtruppen und zwei
Schwadronen Reiter erhielt, welche nun mit vier Kompagnien fürstlicher Soldaten auch im Osten von Münster, bei Lütkenbeck, eine starke
Schanze errichteten.

Während des Waffengeräusches hatten übrigens die diplomatischen
Unterhandlungen nicht ganz geruhet, wenngleich sie sich einstweilen
nur auf den Verkehr der niederländischen Deputirten mit dem Rath
und der Bürgerschaft von Münster beschränkten. Wenn nach den
Berichten von Alpen und Jordanäus das Auftreten der Deputirten
als zweideutig erscheint, da dieselben offiziell zur Annahme des Projekts gerathen, im Privatverkehr aber zum kräftigen Widerstande auf-
gereizt haben sollen, so durfte Schaumburg diese Angaben nicht aus
dem Grunde allein, weil Alpen Generalvikar und Jordanäus Hofkaplan des Bischofs war, verwerfen und sich ganz und gar auf Aitzema
als glaubwürdigen Gewehrsmann verlassen.[50] Abgesehen davon,
daß wir Aitzema von vornherein nicht für weniger parteiisch als
Alpen oder Jordanäus halten können, müssen wir vor allem genau
untersuchen, ob denn wirklich die angezogenen offiziellen Urkunden durchaus klar und unzweifelhaft für die unbedingte Richtigkeit seiner Ansicht sprechen! Auf ein Schreiben der Deputirten vom 24. August,

---

[49] Prov.-Archiv Fürstenth. Münster, Urk. 4539. Landes-Archiv 539, 1 b.
Am 19. Juli 1669 hatte Chr. Bernard auch den schwedischen General
Königsmark um Unterstützung gebeten, erhielt jedoch eine ausweichende
Antwort, d. Stade 23. Juli. Prov.-Arch. Mscr. VI, 52.

[50] Schaumburg S. 144 f.

worin sie unter Darstellung der bedrängten Lage Münsters um nähere Instruktion oder um ihre Abberufung bitten, erfolgte am 28. d. M. zunächst eine offizielle Antwort der Hochmögenden, die Stadt wo möglich zur Annahme des Projekts in seinen wesentlichen Punkten (in substantia) zu bewegen, daneben aber zugleich eine geheime Resolution des Inhalts, „daß die Generalstaaten der Ansicht und geneigt wären, im Falle die Stadt das bewußte Projekt in substantia annähme, und darauf begründet einen Vergleich schlösse, alsdann diesen Vergleich in bester und kräftigster Form zu garantiren; die Herren Deputirten sollten dieses einigen aus dem Magistrat, deren Namen am meisten gelten, unter der Hand mittheilen und dieselben dafür zu gewinnen suchen." [51]) Heißt das korrekt und unzweideutig verfahren, wenn man unter der Hand seinen Zweck zu erreichen sucht? Freilich war auch in der geheimen Resolution von Annahme des Projekts die Rede. Aber wenn die Deputirten darauf unbedingt bestanden, wie konnten sie sich dann darauf einlassen, bei ihrem Abgange, der doch ihrer Aussage nach nur wegen der Nichtannahme des Projekts erfolgte, zwei Schreiben vom Rath und den Gilden zu Münster zur Uebermittelung entgegenzunehmen, die durchaus von den Seitens der Generalstaaten gemachten Vorschlägen abwichen? Der Rath stellte die Bitte, der Stadt mit bewaffneter Hand zu Hülfe zu kommen und verpflichtete sich dagegen, nach erretteter und befreiter Stadt, was immer in Rücksicht des Besatzungsrechts in dem beigefügten Kontraprojekt enthalten sei, der Republik der Niederlande freiwillig abzustehen. Die Gilden aber erklärten, der einhelligen Meinung zu sein, daß die Traktaten mit dem Bischof abgebrochen, daß die Thore geschlossen, daß mit den Generalstaaten allein verhandelt werden solle. Alle wollten lieber auch jede Forderung des Bischofs, ja die ganze Hand den Staaten der vereinigten Niederlande übergeben, als dem Fürsten ein Glied vom Finger nachgeben. [52]) Wie, so fragen wir abermals, konnten die Münsterischen daran denken, bei den Hochmögenden mit ihren Anträgen Gehör zu finden, wenn dieselben wirklich nur von dem Projekt hören wollten? Wie konnten sie auf Hülfe zu fernerem Widerstande hoffen, wenn man nur den Vergleich wollte? So viel scheint wenigstens unzweifelhaft, daß die niederländischen Deputirten, wenn sie auch gerade nicht zum Widerstande aufgefordert haben mögen, doch auch gewiß nicht davon ganz entschieden abriethen.

---

[51]) Wiens S. 32 f.
[52]) Alpen S. 492 ff.

Sie trieben wahrscheinlich die Politik der freien Hand und waren gewiß nicht gesonnen, mit ihrer Abreise der Stadt für immer den Rücken zu wenden. Sie wollten vielmehr um jeden Preis die Hand im Spiele behalten und gerade deshalb ist ihr Auftreten, wie Alpen es schildert, wenigstens wahrscheinlich, zumal wenn man bedenkt, daß die Stadt selbst sich über die lässige und zweideutige Vermittelung der Gesandten wiederholt beklagte.⁵³) Offiziell mußte zur Annahme des Projekts gerathen werden, so machte man sich beim Fürsten nicht ganz unmöglich; unter der Hand garantirte man seinen Beistand, so war man der Stadt unentbehrlich. Und je tiefer diese ins Elend gerieth, desto größere Anerbietungen machte sie für geleistete Hülfe. Mehr aber, als in den erwähnten Schreiben vom Rath und den Gilden angeboten wurde, ließ sich füglich nicht erwarten und so konnten denn unter solchen Umständen die Deputirten immerhin abreisen, indem sie dazu die äußere Veranlassung von der Zurückweisung ihrer Vergleichsbedingungen hernahmen, während der wirkliche Grund vielleicht in nichts anderm lag, als ihren hochmögenden Herrn die Nachricht von der fast unbedingten Unterwerfung der Stadt zu bringen und die Bitte um kräftigen Beistand vorzutragen. Welche Resolution die Generalstaaten in Folge dessen faßten, werden wir später sehen. Vorher richten wir unsere Aufmerksamkeit auf einen Gegenstand, der für eine der Stadt Münster günstige Wendung der Dinge von der größten Wichtigkeit zu sein schien.

Nach Aitzema erließ der Kaiser Leopold am 11. August von Grätz, wo er sich damals aufhielt, an Christoph Bernard einen die Einstellung der Feindseligkeit betreffenden Befehl (Mandatum inhibitorium), worin es hieß: „So befehlen wir Ew. Gnaden gnädigst und ernstlichst, die geklagten Thätlichkeiten und Attentaten alsbald abzustellen, die gefangenen Bürger und Einwohner, auch derselben Knechte, Mägde und andere Angehörige, ohne allen Entgeld, sofort auf freie Füße zu setzen, die Kommerzien in und außer der Stadt, wie auch die Bürger und Einwohner derselben auf den Landstraßen ungehindert zu lassen, auch Alles in den Stand, wie es sich zur Zeit der erkannten Kaiserl. Kommission befunden, zu stellen und sich im Uebrigen bis zu der Sache gänzlichem Austrage und der Kaiserl. Verordnung, aller fernern Thathandlungen und eigenmächtigen Proceduren völlig

---

⁵³) „Bedroette Schryvens ende Klagens uyt Munster wegen d'Heeren Staatische Mediatores." Druckschrift im Fr. Münster. Landes-Archiv 584, 1 b.

zu enthalten."⁵⁴) Es ist auffallend, daß weder Alpen noch Jordanäus von diesem Mandate sprechen. Daß sie es absichtlich mit Stillschweigen übergangen haben, läßt sich wenigstens so ohne Weiteres nicht annehmen, zumal wenn man bedenkt, daß namentlich Alpen nicht alles dem Fürsten Ungünstige aus Prinzip völlig verschweigt. Dazu kömmt, daß das fernere Verhalten Christoph Bernards, welcher die Belagerung der Stadt ganz ungestört fortsetzte, mit jenem Mandat nicht übereinstimmt. Aber vielleicht setzte er sich über den kaiserlichen Befehl hinweg? Wenn das, so ist es unerklärlich, warum nicht ein schärferer Befehl erfolgte, wie es doch der Stadt gegenüber wiederholt vorkam, warum ferner der Kaiser in keinem seiner spätern Erlasse die Nichtbeachtung seines ausdrücklichen Befehls auch nur mit einem einzigen Worte berührte, warum endlich wenigstens die kaiserlichen Regimenter nicht die Weisung erhielten, sich an den fernern Gewaltthätigkeiten gegen die Stadt nicht zu betheiligen! Auch ist es schwer zu begreifen, warum die Stadt, zu deren Gunsten doch das Mandat lautete, sich niemals darauf berief, vielmehr ihre einzige Hoffnung auf die Hochmögenden setzte! Können diese Bedenken gegen den kaiserlichen Erlaß als begründet erscheinen, so wird es sich nur noch fragen, wie konnte Aitzema mit einem solchen Dokumente hervortreten, das durch das faktische Verhalten der betreffenden Parteien geradezu dementirt wurde! Mußte er nicht erwarten, daß, wenn das bezügliche Mandat eine reine Erfindung war, der Kaiser sich dagegen erklärte und so die Wirkung, welche Aitzema mit der Veröffentlichung desselben namentlich bei den Hochmögenden bezweckte, völlig vernichtete? Und da nun ein solcher Protest des Kaisers nicht erfolgte, so wird man allerdings zu der Annahme gedrängt, daß die Existenz jenes Mandats sich trotz aller Bedenken nicht ganz leugnen läßt. Uebrigens läßt sich auch die Angabe Aitzema's und daneben das Verhalten Christoph Bernards als gerechtfertigt erklären durch die Annahme, daß ein solches Mandat beabsichtigt wurde und in der kaiserlichen Kanzlei bereits koncipirt war, daß der städtische Bevollmächtigte, welcher es dem Aitzema abschriftlich mittheilte, den Inhalt von irgend einem befreundeten Schreiber erfuhr, daß aber das Mandat wohl in Folge der Gegenbemühungen des fürstlichen Gesandten wirklich nicht erlassen wurde. Man hat behauptet, Christoph Bernard habe den ihm widerstrebenden Kaiser dadurch gewonnen, daß er ihm Hülfe gegen die Türken versprach; aber dieses Versprechen scheint mir weniger

---

⁵⁴) Wiens S. 83 f.

mit dem Mandat, als vielmehr mit dem Umstande zusammenzuhängen, daß der Fürst sich gerade damals auf die rheinische Allianz und somit auf eine Verbindung mit Frankreich einließ, dessen Hülfe er nicht sowohl gegen Münster als gegen die Generalstaaten bedurfte. Hatte er früher seinen Beitritt nach der Angabe Alpens aus Rücksicht auf Oesterreich verweigert, so bewies er jetzt durch das Versprechen der Türkenhülfe, daß er auch nach geschlossener Verbindung in Reichssachen wenigstens vorläufig auf Seiten des Kaisers stände.

Aitzema ließ das kaiserliche Mandat nach der ihm gewordenen Mittheilung ins Holländische übersetzt abdrucken und den Generalstaaten zugehen, welche demnächst die Resolution faßten, ihre Deputirten noch einstweilen in Münster zu lassen. Diese waren aber bereits eher, als sie von der Wendung der Dinge in Kenntniß gesetzt werden konnten, abgereist, hatten in Coesfeld bei Christoph Bernard, der sie nicht als beglaubigte Gesandte, sondern nur als Privatpersonen ansah, eine zwar höfliche, aber ihrem offiziellen Charakter durchaus nicht entsprechende Aufnahme gefunden und statteten demnächst am 24. September in einer Versammlung der Generalstaaten über ihre Mission Bericht ab, wobei sie zugleich die von dem Rath und den Gilden zu Münster erhaltenen Schreiben übergaben. Friesland, Seeland, Gelderland, Over-Yssel, Stadt und Landen sprachen sich für eine kräftige Unterstützung der bedrängten Stadt aus; Holland dagegen erklärte, daß man ohne Zustimmung der übrigen Bundesgenossen keinen Krieg beschließen könne. Unter diesen Umständen erwirkte Aitzema nur den Beschluß, Christoph Bernard sowie der Stadt ein Schreiben zu senden, worin dieselben freundnachbarlichst gebeten würden, von aller fernern Feindseligkeit abzulassen.[55] Wozu bedurfte es dieser freundlichen Bitte, wenn Aitzema wußte, daß der strenge Befehl des Kaisers nicht bloß im Concept existirte? Christoph Bernard lehnte die Bitte mit der kurzen Bemerkung ab, die Republik möge sich um seine Handlungen nicht mehr kümmern, als er sich in ihr Treiben einmische. Die entschiedene Sprache dieser Antwort, wie überhaupt das Verhalten gegen die Hochmögenden bewies, daß der Fürst jetzt einen kräftigern Rückhalt habe, als während der vorigen Belagerung. Es waren aber auch außer Fürstenberg in Wien nicht nur der Malteserkomthur Friedrich von Schmising bei den Rheinischen Alliirten in Frankfurt und der Oberstlieutenant von Vrede in Brüssel, sondern auch der Domkustos Matthias von Schmising

---

[55] Wiens S. 60. Alpen I. S. 494 f.

und Werner Zurmühlen in Paris sowie d Kanzler von Wylich in London für die Zwecke des Fürsten thätig.[56] England und Frankreich erklärten sich zur Unterstützung bereit, die Kurfürsten von Köln, Mainz, Trier und der Herzog von Pfalz=Neuburg aber sandten wirklich Hülfstruppen.[57] Die Mainzer blieben einstweilen als Reserve in Coesfeld, die übrigen wurden so vertheilt, daß sich eine stark verschanzte Linie rings um Münster herumzog. Ferner errichtete man zwei Batterien vor dem Aegidiithor, angeblich um das Aufeisen der Aa, welche dort in die Stadt eintritt, zu verhindern. Vielleicht aber hing die Errichtung dieser Batterien damit zusammen, daß man zu gleicher Zeit unterhalb der Stadt in der Nähe der Marienschanze einen Damm durch die Aa legte, um durch Aufstauung des Wassers eine Ueberschwemmung in Münster zu bewirken; das einzige Mittel, sich dagegen zu schützen, war, das Wasser bei seinem Eintritt in die Stadt aufzuhalten; das aber sollten vielleicht die am Aegidiithor errichteten Batterien verhindern. Die städtischen Truppen machten nun sowohl am 10. Oktober gegen die Batterien, als am 2. November gegen die zum Schutze des Dammes errichteten Schanzen Ausfälle, wurden jedoch nicht ohne Verlust zurückgeschlagen. Ebenso blieben die Angriffe auf Wilkinghege am 11. und auf Lütkenbeck am 18. Oktober ohne günstigen Erfolg; dagegen gelang es, das vor dem Liebfrauenthor weidende Vieh vor einem Ueberfall fürstlicher Truppen unter dem Hauptmann Schlump und dem Rittmeister Gosäus zu retten (17. Oktober).

Unter den obwaltenden Umständen blieb den Münsterischen keine andere Aussicht auf Rettung, als durch die Hochmögenden. Und sie fanden in der That auch an Aitzema einen kräftigen Fürbitter, aber an Holland einen lässigen Patron. Auf ein ausführliches Memorial, welches der Erstere am 30. September einreichte, wurde nach abermaligem Verhör der aus Münster zurückgekehrten Deputirten und nach abermaliger Prüfung aller betreffenden Schriften von der für diese Angelegenheit niedergesetzten Kommission endlich beantragt, man möge aus den vier Provinzen je einen Delegirten an den Fürsten und die Stadt schicken, um die Einstellung der Feindseligkeiten und

---

[56] Die Berichte Wylichs von Winnenthal aus London im Fr. Münster. Landes=Arch. 533, b.

[57] Dem Pfalzgrafen wurden für 2000 Mann 30,000 Thaler zu 5 % versprochen und die Aemter Dülmen u. Werne verpfändet. Revers vom 30. Dec. 1660 im Prov.=Arch. Domkap.=Prob. VI, 8. Landes=Arch. 539, 1 a.

die Abführung der fremden Truppen zu erwirken, zugleich aber, um jener Aufforderung einen kräftigern Nachdruck zu geben, Anstalten zum Kriege treffen. Durch die Annahme dieses Vorschlags hätten leicht dieselben Verhältnisse, wie gegen Ende der vorigen Belagerung, zurückgeführt werden können; daß es jetzt soweit kam, verhinderte die Provinz Holland, welche die Sache erst weiter überlegen wollte. Soviel wenigstens erlangte jedoch Aitzema durch sein unaufhörliches Drängen, daß man am 13. Oktober beschloß, eine Kommission von sechs Mitgliedern, zu denen auch der holländische Rathspensionair de Witt gehörte, solle mit dem kaiserlichen Residenten Friquet konferiren, wie sich die Streitigkeiten am besten beilegen ließen; zugleich möge sie sich darüber Gewißheit verschaffen, ob der kaiserliche Befehl (Mandatum inhibitorium) dem Fürsten auch wirklich insinuirt sei? Aus dem letztern geht wiederum klar hervor, wie begründet unsere oben ausgesprochene Vermuthung war, daß der betreffende Befehl wohl nur im Concept vorhanden war. Die Kommission konnte wegen allerhand Schwierigkeiten, welche ihnen Friquet bereitete, nicht vor dem 25. Oktober ihre Thätigkeit beginnen. Mittlerweile war ein Trompeter mit Abmahnungsschreiben an Christoph Bernard und den Rath von Münster geschickt, wurde aber von den fürstlichen Truppen nicht nach der Stadt gelassen. Dagegen erhielt Aitzema am 15. Oktober einen chiffrirten Brief vom Stadtsekretair Holland, worin bringend um Hülfe gebeten wurde. Anstatt jedoch diese Hülfe zu leisten, beschlossen die Generalstaaten am 28. Oktober, Friquet zu ersuchen, daß er sich beim Kaiser für die Stadt verwende und zunächst besonders dahin wirke, daß die kaiserlichen Regimenter abberufen und milde Vergleichsbedingungen aufgestellt würden. So wurde die Stadt an den Kaiser verwiesen und durfte sich von diesem auch in der That ebenso viel versprechen, als von den Hochmögenden. Denn diese erklärten in einer geheimen Resolution an Aitzema, daß die Stadt Münster von ihrem Staate nichts zu erwarten haben solle, wenn sie sich weigere, das bewußte Projekt anzunehmen. Diese Resolution, welche hauptsächlich auf Betreiben der Provinz Holland zu Stande gekommen zu sein scheint, war die letzte von Wichtigkeit und zugleich die am meisten verhängnißvolle, welche überhaupt in der Angelegenheit Münsters erlassen wurde. Da der Bote, welcher dieselbe überbringen sollte, von den fürstlichen Truppen aufgefangen wurde, so blieb die Stadt einstweilen noch in Ungewißheit über das ihr bevorstehende Schicksal. Sie wandte sich daher wiederholt an Aitzema, der auch am 1. und am 10. November das immer bringendere Gesuch um Hülfe erhielt, von den Hochmögenden aber mit dem kalten Bescheide abgewiesen wurde, man müsse noch etwas warten! Was man durch dieses Warten zu erreichen hoffte, läßt sich schwerlich einsehen; was man aber in Wirklichkeit — ob mit oder gegen seinen Willen — erreichte, das freilich wissen wir. Während nämlich die Hochmögenden sich zu einer mehr erfolgreichen Verwendung nicht resolviren konnten, hatte Christoph Bernard der Sache bereits eine entscheidende Wendung gegeben. Durch den von ihm bestochenen Boten hatte er die obige Resolution erhalten, schnitt davon die in der letzten Zeile stehenden Worte: „wenn sie das bewußte Projekt anzunehmen sich weigern wird" ab und ließ dieselbe nun durch den Boten in die Stadt befördern. Hier entstand eine nicht geringe Bestürzung, als man den kategorischen Bescheid der Generalstaaten erfuhr: „daß die Stadt Münster von diesem Staate nichts zu erwarten haben soll!" Mit bittern Klagen beschwerten sich Bürgermeister und Rath in einem Schreiben an Aitzema vom 13. Dezember über die Vernichtung aller ihrer Hoffnungen, indem sie sich dabei auf einen angeblichen Ausspruch Christoph Bernards beriefen: „die Generalstaaten werden mich oder die Stadt betrügen." Daß übrigens die Generalstaaten und namentlich die Holländer, welche jeden für Münster günstigen Beschluß verhinderten, den Vorwurf, die Stadt, wenn auch nicht absichtlich, dann doch thatsächlich betrogen zu haben, verdienen, läßt sich wohl nicht völlig in Abrede stellen. Wollten sie sich der Schutzflehenden, die sich ihnen sogar unbedingt in die Arme warfen, wirklich und kräftig annehmen, so durften sie weder so lange zögern, noch auch so bescheiden auftreten. Waren sie nicht gesonnen, der Stadt von ihren Ansprüchen mehr zu erhalten, als ihr in dem Projekt zugesichert war, dann bedurfte es ihrer Vermittlung nicht. Besorgten sie aber, durch ein mehr entschiedenes Auftreten in Ungelegenheiten zu gerathen, indem ihnen sowohl mit den rheinischen Alliirten als mit dem Kaiser Verwickelungen drohten, so durften sie die Münsterischen, die auf sie allein ihre Hoffnung setzten, durchaus nicht so lange in Ungewißheit hinhalten und dadurch ihre Lage nur noch immer mehr verschlimmern. Mit einem Worte, konnten und wollten die Holländer, oder wollten und konnten sie nicht, jedenfalls mußten sie der Stadt auf ihr bringendes Gesuch mit einem entschiedenen Ja oder Nein antworten. Ihre Resolutionen waren weder warm noch kalt und es scheint in der That, daß sie mit ihrem Laviren nur beabsichtigten, sich mit beiden Parteien gut zu halten, auf daß sie, mochte nun der Fürst oder die Stadt endlich den Sieg gewinnen, ihre Rechnung dabei fänden. Und welchen Lohn erhielten sie dann? Ihr letzter Bote traf gerade am Neujahrstage, wo die Münsterischen die Unterhandlungen mit dem Fürsten aufnahmen, in Coesfeld ein und wurde demnächst mit einem recht artigen Neujahrs= gruße an die Hochmögenden, die sich doch ohne Grund nicht weiter bemühen möchten, heimgeschickt. Die eigentliche Abrechnung wurde noch etwas hinausgeschoben. Kehren wir zurück zu der hart be= drängten Stadt, deren wahrhaft heroischer Muth erst dann zu wanken begann, als sie sich von allen verlassen glaubte. Nur noch eines ein= zigen Stoßes bedurfte es, um das tragische Ende herbei zu führen.

Am 18. Dezember entstand ein furchtbarer Sturm; der oberhalb der Stadt durch die Aa gelegte Damm wurde von dem andringenden Wasser durchbrochen und bald waren wenigstens die niedriger gele= genen Straßen alle überschwommen. Ich kann die Vermuthung nicht unterdrücken, daß der obere Damm bei der erforderlichen Vorsicht vielleicht ebenso wohl hätte erhalten werden können, als der unter= halb der Stadt gelegene, dessen Beschädigungen für den Aufwand von dreihundert Thalern schnell ausgebessert wurden. Auch ist es sehr fraglich, ob die 600 vom General Wylich kommandirten Soldaten mehr um die Stadt als um ihr Lager gegen die Gewalt des Wassers zu schützen bemüht waren. — Noch hielt sich die Stadt bis zum Neu= jahrstage 1661. Da ließ der Rath den Fürsten um freies Geleit für einige Deputirte ersuchen, welche die Friedensunterhandlungen ein= leiten sollten. Nichts desto weniger wurden noch in den ersten Tagen des Januar einige Feindseligkeiten gegen die Stadt geübt, wohl aus keinem andern Grunde, als um die Gemüther der Bürgerschaft noch etwas mürber zu machen. Denn die Vergleichsbedingungen, welche man der Stadt vorschrieb, waren sehr hart und jeder Versuch, sie zu mildern, blieb erfolglos. Ja es wurden sogar der neuerwählte Bür= germeister Timmerscheid und sechs andere Deputirte aus dem Rath, welche sich am 31. Januar nach Coesfeld begaben, beim Fürsten nicht einmal zur Audienz gelassen, sondern erhielten von dessen Räthen, welche ihnen das rebellische Betragen der Stadt vorrückten, den kate= gorischen Bescheid, ihre Soldaten zu entlassen, dem Fürsten die Stadt= schlüssel zu bringen und dessen Garnison einzunehmen, widrigenfalls derselbe sie schon mit größerer Macht zum Gehorsam zwingen werde. Die letzte Hoffnung der Städter beruhte unter den augenblicklichen Verhältnissen auf dem Kaiser, welcher seinem Residenten Friquet sowie dem Grafen von Bronkhorst=Gronsfeldt den Auftrag ertheilte, den Frieden zwischen dem Fürsten und der Stadt vermitteln zu helfen. Mag der Wille dieser Vermittler auch noch so gut gewesen sein, der

Erfolg ihrer Thätigkeit entsprach jedenfalls nicht den Erwartungen, welche die Stadt davon hegen mochte.

Die Hauptbedingungen der am 26. März 1661 geschlossenen Kapitulation sind folgende: die Thorschlüssel werden dem Fürsten überreicht; nach seinem Gutdünken nimmt die Stadt Besatzungstruppen ein, welche ihren Sold aus der Landschafts-Pfennigkammer, die Quartiere von der Stadt erhalten. Thore und Wälle werden von diesen besetzt. Alles zwischen Münster und den Generalstaaten Verhandelte wird widerrufen. Die Hälfte der Multersteuer bekommt der Fürst; doch kann die Stadt sie in Zukunft gegen eine accordirte Summe ablösen. Das Gericht Senden wird dem Fürsten abgetreten. Die Stadt zahlt 45,000 Reichsthaler und zwar 8000 baar, 37,000 in gültigen Handschriften. Die Unterwerfung geschieht in der vom Fürsten vorgeschriebenen Weise. Von der allgemeinen Amnestie werden die sechs Hauptunruhestifter ausgeschlossen, doch sollen diese nicht mit dem Leben büßen, sondern nach der Beschaffenheit ihres Verbrechens eine außerordentliche Strafe erleiden.[58] In dem besondern Erlasse des Fürsten über die Unterwerfung verdient folgende Stelle unsere Beachtung: „den Bürgermeistern, Rath und Genossen restituiren und konfirmiren Wir aus Gnade die gemeinen, der Stadt und einem jedweden privatzuständigen, rechtmäßig erhaltenen und ruhig bisher besessenen, nicht streitigen, weder mit der neulich über das Besatzungsrecht definitiv gesprochenen Sentenz Konnexion oder Dependenz habenden, noch sonst durch eine besondere Cession renunciirten Gerechtigkeiten und Privilegien, alles Hab und Gut, worin Wir als Fürst sie beschützen und handhaben wollen, jedoch also daß sowohl sie als ihre Nachfolger und Nachkommen sich dessen mit Diskretion bedienen; weder Unseren ersten und zweiten Klerus in seinen Immunitäten, Freiheiten und Exemptionen oder geistlichen und weltlichen Gerechtigkeiten und Jurisdiktionen, noch jemand anders, es sei in oder außerhalb der Stadt, beunruhigen oder verletzen, Uns auch und Unsern Nachfolgern sich beständig getreu, gehorsam und unterthänig beweisen und alle schuldige Ehre, Unterwerfung und Reverenz allezeit erzeigen. Wir reserviren Uns nichts desto weniger alles Fürsten-Recht, Regalien, Gerechtigkeiten und Jurisdiktionen und in deren Rücksicht alle obere Inspektion und Sorge über die Stadt, vornehmlich in Fällen der öffentlichen Ruhe und Sicherheit, und wenn es sich einstens zutragen

---

[58] Provinzial-Archiv Fürstenth. Münster, Urk. 4544. — Vgl. Aitzema a. a. O. S. 814. Londorp VIII, 753. Theatr. Eur. IV, 308.

sollte, daß der Rath und das Schauhaus sich nicht gut verstehen oder auch sammt und sonders uneinig seien; oder die Bürger sich in Faktionen trennen oder auf die alte Manier zu Tumulten, Aufruhr und Verrath oder jeden andern dergleichen gefährlichen Anstiftungen Anlaß geben oder Uns oder Unsern Nachfolgern mit That und Wort Unbilde zufügen. Endlich reserviren wir auch ausdrücklich Uns und Unsern Nachfolgern die Macht, mit Zuziehung des Raths Polizei- und Justizbeamte anzuordnen und alle schon seit einiger Zeit eingeschlichene Neuigkeiten, Mängel und Fehler zu verbessern und zu sorgen, daß zu den ersten Aemtern der Stadt ehrsamere, wahrhaft katholische und Uns als Fürsten aufrichtig zugethane Männer befördert; und hingegen die stürmischen und unruhigen, auch Uns oder unsern Nachfolgern ungetreue und widerwärtige davon ausgeschlossen werden; letztens werde sorgfältig verhütet, daß Wir hinfüro gegenwärtigen Schaden oder das alte Elend nicht wieder erfahren."

Von nicht geringerer Wichtigkeit ist die von der Stadt ausgefertigte Reversal-Urkunde, [59] worin sie zunächst bekennt, in des Landesfürsten und Herrn hohe Ungnade dadurch gerathen zu sein, daß sie besonders bei den Generalstaaten „unterm nahmen des Hansebundes Schirm, Hülff und Bündtnuß gesuchet;" und da sie nun in den neunten Monat enge eingesperrt gehalten sei und daran gedacht habe, durch gehörige Submission sich mit dem Landesfürsten und ordentlichen Oberhaupt zu vereinigen, so hätten die kaiserlichen Gesandten Gronsfeld und Friquet ihr mit kräftigen Motiven zu Gemüth geführt, daß sie zu dem Zwecke alle im Haag gesuchte Verbindungen und eingegangene Verpflichtungen widerrufen müsse; in Folge dessen sie dann alles, was dort oder sonst verhandelt und geschlossen ist, als ungültig, null und nichtig widerruft, abthut, kassirt, annullirt und renunzirt und zugleich für sich und ihre Nachkommen verspricht, daß „zu ewigen thagen keine frembde Hülff, Succurs oder Bundnüß nicht gesuchet, angenohmen, weniger auff andere weiß dergleichen Verpflichtungen unberstanden, vorgenohmen und attentirt werden sollen." Demnach wird nun auch die dem Leo von Aitzema ertheilte Vollmacht widerrufen und ferner hinzugefügt: „Alles nicht allein bey Verunterpfandung aller unser Haab undt Güter, sondern auch bey Verlust unser Privilegien, Recht und Gerechtigkeiten, also und dergestalt, daß gegen uns im fall der Verwürkung via executoria mitt

---

[59] Abgedruckt bei Niesert, Münsterisch. Urkundensammlung VII. S. 530 ff. Das Original im Prov.-Arch. Fr. Münster, Urk. 4544 u. 4545.

oder ohne Recht verfahren werden möge, nicht minder als wan die Kays. jüngsthin sub poena banni wider uns ausgelassene paritoria würklich publicirt undt in ihre Krafft ergangen wehre, Gestalt wir dan uns beständig verobligiren undt versprechen, nicht allein obiges alles, sondern auch was Hochfürstl. Gn. in Dero uns gnädigst unterm gleichen Dato ertheiltem abolitions- undt remissions-Brieff verordnet, undt wir zu underthänigsten Danck gehorsamblich angenohmen, trew versprochner maßen bei wahren wortten in krafft eines würklichen Aides, welchen wir, so offt undt vielmahle Jhro Hochfürstl. Gn. oder Dero Successoren selbiges erfordern werden, zu erwiederen schuldig, undt krafft dessen Deroselben und Dero Nachkommen trew, holt undt gehorsamb sein sollen und wollen, zu halten."

Zugleich mit dieser Urkunde wurden am 26. März noch drei andere ausgestellt, worin sich Bürgermeister und Rath von Münster zur Annahme der einzelnen Kapitulationsbedingungen bereit erklärte, und zwar über die Abtretung des Gogerichts zu Senden, über die Zahlung von 45,000 Reichsthalern sowie über die Cession der halben Multersteuer.⁶⁰) Alles das geschieht „zu gebührender Aussöhnung;" der Schluß der Urkunden aber heißt: „wir begeben uns aller exceptionen undt einreden, alß doli, metus, vis, item beneficii restitutionis in integrum, undt sonsten wie die nahmen haben mögten, deren wir noch uns noch unsere Nachkommen künfftig nicht bedienen wollen."

Zwei Tage nach dem Abschluß der Kapitulation hielt Christoph Bernard auf dem Felde bei der Geist Musterung über die Belagerungstruppen (11,500 zu Fuß und 2600 zu Pferde) und ließ dann nach dem Abzuge der städtischen Soldaten vorläufig 2000 Mann zu Fuß und 200 Reiter in Münster einrücken. Zum Kommandanten ernannte er den General von Pleuren, dem auch die Schlüssel der Stadt übergeben wurden. Am 12. April besichtigte Christoph Bernard, welcher zu dem Zwecke von Wolbeck herüberkam, die Festungswerke. Am folgenden Tage wurden als beständige Besatzung 12 Kompagnien Fußsoldaten zu 100 Mann und 300 Reiter bei den Bürgern einquartirt. Aus den übrigen Truppen bildete der Fürst ein Regiment zu Fuß von 2000 und eins zu Pferde von 1000 Mann und stellte sie dem Kaiser gegen die Türken zur Disposition. Bevor es jedoch zum Abmarsch kam, waren manche von den Soldaten

---

⁶⁰) Vgl. Niesert a. a. O. S. 528 f., 534 f. und 536 f. Die Originale im Prov.-Arch. Fr. Münster, Urk. 4544 u. 4546.

bereits desertirt, so daß von Wiltinghege aus unter dem 27. Mai ein strenger Verhaftsbefehl erlassen werden mußte.

So war Münster „zum Gehorsam zurückgeführt" (ad obedientiam reductum, wie die Inschrift auf der zum Andenken an dieses Ereigniß geschlagenen Münze lautet). Die Behauptung der Stadt schien dem Fürsten übrigens durch die hinein gelegte Besatzung noch durchaus nicht hinreichend gesichert, weshalb er sich auf dem vom 21. April bis zum 3. Mai in Sassenberg gehaltenen Landtage mit allem Nachdruck für die Anlage einer Citadelle aussprach. Und bereits am 18. Mai begann unter der Leitung des Ingenieurs Spöde der Bau der Paulsburg oder der sogenannten Brille, weil Christoph Bernard angeblich gesagt hatte, er wollte damit der Stadt eine Brille aufsetzen. Sie lag an der Westseite Münsters zwischen dem scharfen Hügel und dem Jüdefelder Thore.⁶¹) Zur Erwerbung der Gerechtigkeit über den Boden, welcher in dem unter der Jurisdiktion des Domkapitels stehenden Bakenfelde lag, trat der Fürst gegen dessen Ueberlassung dem Domkapitel das von Münster erworbene Gogericht Senden ab. Der Tausch war jedoch ein ungleicher und so verzichtete das Kapitel am 2. Januar 1663 zu Gunsten des an demselben Tage von Christoph Bernard seinem Neffen übertragenen Erbkämmereramts auf das Kirchspiel Enniger, „dessen Gericht und Jurisdiktion cum mero et mixto imperio mit allem demselben anklebenden Zubehör, nutzbarkeiten, verfällen, brüchten, accisen und was darin einiger gestalt von rechts oder gewohnheit wegen gehörig seyn mögte, jedoch also daß darunter die hohe fürstliche iura und regalien und ferner all dasjenige, was von der hohen landsfürstlichen Obrigkeit dependirt, wie auch der Hofkammer leibeigenhörige Leute, gründe, pfächte, renthen und gefälle in keinerlei weiß und gestalt verstanden, sondern außtrücklich außgenommen, reservirt und vorbehalten bleiben."⁶²) — Zum Ausbau der Citadelle bewilligten die Landstände nach dem Rezeß vom 25. Mai 1663 drei Quartale der Kirchspielschatzung.⁶³) Von diesem Gelde wurden übrigens nur die Baukosten bestritten, während von

---

⁶¹) „Designation deren Länder so Behuff dieser münsterischer cittadelbaw mit deren beyden Anschlüssen verbrauchet und in anno 1661 u. 62 unbrauchbar gemachet worden." Alt.-Ver. Ms. 101, 2. Vgl. die aus dem Lagerbuche Thl. 2 S. 219 gemachten Mittheilungen bei Niesert. Urkundensamml. Bd. 3 S. 7—15. Am 17. Juli legte Chr. Bernard den Grundstein zu einer Kapelle auf der Paulsburg. Alpen I. S. 579 f.
⁶²) Prov.-Archiv Fürstth. Münster, Urk. 4558.
⁶³) Prov.-Archiv Fürstth. Münster, Urk. 4564.

einer eigentlichen Entschädigung der Grundeigenthümer kaum Rede war. Denn von der Summe, wozu der jährliche Ertrag der vergrabenen Ländereien taxirt war (etwa 1600 Thalern), wurde in den ersten acht Jahren (bis 1669 kaum der einfache Betrag (1662 Thaler) entrichtet. Ob späterhin noch etwas gezahlt wurde, ist nicht bekannt, und ebenso wenig läßt sich nachweisen, daß der während der Belagerung Münsters auf Mauritz angerichtete Schaden, welcher sich nach einer Designation des Probstes vom 24. Februar 1662 auf 8471 Thlr. 10 dt. belief, jemals vergütet ist.⁶⁴)

Nach dem Schlusse des Landtages in Sassenberg verweilte der Fürst etwa zwei Monate auf Wilkinghege, in Cocsfeld und Ahaus, während welcher Zeit in Münster die großartigsten Vorbereitungen zu seinem feierlichen Einzuge getroffen wurden. Dieser fand endlich am 10. Juli, dem sogenannten Reliquienfeste, statt und zwar unter der Theilnahme des dazu besonders geladenen Landadels sowie unter dem Andrange vieler Neugierigen von nah und fern. Die Festlichkeiten dauerten drei Tage. Am ersten begab sich der Fürst in großem Pompe von Wilkinghege zunächst zur Citadelle, wo er nach den ersten Empfangsfeierlichkeiten unter einem prächtigen Zelte den neuen Huldigungseid des Raths und der Bürgerschaft von Münster entgegennahm. Diese gelobten, „dem hochwürdigsten Fürsten und Herrn Christoph Bernard und nach dessen Ableben bis zur ordentlichen Neuwahl, Confirmation und erlangten kaiserl. Regalien eines neuen Herrn dem ehrwürdigen Thumbkapitul treu, hold und gehorsam zu sein und in keinem Rath oder Convention zu sein, da gegen Ihro hochfürstl. Gnaden gehandelt oder geredet wird, sondern da dergleichen vorfiele, solches alsbald zu offenbaren, Dero ärgstes zu wehren und nach vermögen zu verhindern, sodan Dero bestes zu befördern und gegen Dieselbe nach inhalt des vom 26. März auf den Tag des h. Ludgerus in diesem Jahr datirten abolitions- und renuntiationsbriefes keine frembde Verbundtnuß noch ahnhang zu suchen, weniger einzugehen und sich sonst in allem zu verhalten, wie getreuen unberthanen eignet und gebühret." Nach empfangener Huldigung begnadigte der Fürst auf besondere Verwendung des Domkapitels die sechs in der Kapitulation von der allgemeinen Amnestie ausgeschlossenen Hauptleiter der Bewegung, jedoch unter Vorbehalt einer vom Fiskus noch etwa zu bestimmenden Geldstrafe.

Von der Citadelle begab sich der Fürst in Begleitung der höhern

---

⁶⁴) Prov.-Arch. Domkap.-Prob. VI, 13.

und niedern Geistlichkeit, des Adels und der Bürger unter dem Geläute der Glocken und dem Donner der Geschütze in die mit Triumphbögen, Altären, Kränzen und allegorischen Bildwerken geschmückte Stadt. Am folgenden Tage wurde die gewöhnliche „große Prozession" gehalten, zu deren Verherrlichung Christoph Bernard einen Theil der Multersteuer assignirte.[65] Am dritten Tage fanden mehr weltliche Festlichkeiten statt, wie denn unter anderm bei den Jesuiten eine den Verhältnissen angepaßte Komödie „Daniel und der König Evilmerodach" zur Aufführung kam. An allen drei Tagen war große Tafel beim Fürsten, Abends brillantes Feuerwerk und Illumination.[66]

Wollen wir uns allein nach den bei den erwähnten Festlichkeiten zum Lobe Christoph Bernards ausgeströmten Reden und Gedichten ein Urtheil bilden, so müssen wir das damalige Verhältniß zwischen dem Fürsten und der Bürgerschaft Münsters als ein durchaus freundliches bezeichnen. Dieser Annahme scheint jedoch zu widerstreiten, daß nach einem so erbitterten Kampfe, der wiederholt aufgenommen Jahre lang fortdauerte, nicht so plötzlich eine durchaus vollständige und rückhaltlose Versöhnung einzutreten pflegt, dann daß auch in den selbst bis auf unsere Tage erhaltenen Liedern und Erzählungen keineswegs ein so günstiges Urtheil der Mit= und Nachwelt ausgesprochen liegt, als es sich in den vielleicht nur von einer kleinen Partei herrührenden Festgedichten kundgiebt. Wir glauben übrigens ebenso wenig auf die Spottlieder als auf die Lobreden ein vollgültiges Urtheil gründen zu können und beschränken uns daher auf die Mittheilung der von Christoph Bernard zur Regelung der Verhältnisse in Münster getroffenen Anordnungen, welche offenbar den allein sicheren Anhalt zur Lösung der Frage bieten, ob der Fürst seinem Versprechen gemäß der Stadt „die rechtmäßig erhaltenen und ruhig bisher besessenen, nicht streitigen, weder in der über das Besatzungsrecht definitiv gesprochenen Sentenz Konnexion oder Dependenz habenden, noch sonst durch eine besondere Cession renunciirten Gerechtigkeiten und Privilegien wirklich restituirte und konfirmirte."

---

[65] Alpen I. S. 561.
[66] Eine genauere Beschreibung der Festlichkeiten u. a. findet sich außer bei Alpen I. 543 ff. auch im Theatr. Eur. IX, 308 ff. (Wiens S. 77 ff.) und bei Iordanaeus „descriptio festivi ingressus" S. 37 ff. Vgl. cantus triumphalis von Wiens, Wesel bei Bagel 1839. Daneben manche Spottlieder. Vgl. auch Monasterium anagrammatismis exenteratum u. Monasterium ad anagramma reductum. Ms. des Alt.=V. 162 S. 109 ff.

Münster mußte zunächst nicht allein auf die beanspruchte Reichs=
freiheit, sondern auch auf das mit allen Mitteln der Gewalt und
rechtlicher Deduktionen verfochtene Besatzungsrecht verzichten. Wir er=
wähnen des auf Reichsfreiheit erhobenen Anspruchs nur, um die selbst
in neueren Geschichtswerken noch vertretene Ansicht, daß erst Christoph
Bernard die Stadt ihrer Reichsfreiheit beraubt habe, als irrig zu be=
zeichnen. Münster ist nie eine reichsunmittelbare Stadt gewesen und
das von ihr im Eifer der Opposition gegen die Bezeichnung „bischöf=
liche Municipalstadt" gestellte Gesuch, für eine freie Reichsstadt erklärt
zu werden, wurde vom Kaiser als unbegründet zurückgewiesen, so daß
sich also gewiß nicht behaupten läßt, Christoph Bernard habe sie zu
einer Landstadt herabgedrückt. Dagegen scheint der Anspruch auf das
Besatzungsrecht, welches auch eigentlich den Hauptanlaß zu den wie=
derholten Streitigkeiten bot, weit mehr begründet zu sein. Wenig=
stens läßt es sich zunächst nicht bestreiten, daß die Stadt längere Zeit
hindurch von diesem Rechte Gebrauch machte und also im wirklichen
Besitze war. Aber ebenso wenig kann geleugnet werden, daß selbst
nach der von Franz von Waldeck erlangten Restitution der früheren
Privilegien und Gerechtigkeiten wiederholt und namentlich unter Ernst
von Baiern ein Streit über das Besatzungsrecht zum Ausbruch kam.
Schon damals also wurde dieses Recht als ein usurpirtes wenigstens
in Zweifel gezogen und ebenso wenig, wie manche andere Gerechtigkeit
durch den Austausch vieler und umfangreicher Schriften und Gegen=
schriften neuerdings sicher gestellt.[67] Dieses ist um so auffallender,
je klarer jenes Recht in einem Briefe des Bischofs Eberhard vom 18.
Januar 1277 der Stadt zugesprochen zu sein scheint, da sie nach den
Worten „item turres apud Bischopinchoff, super quibus questio fuit inter nos et civitatem, erunt in custodia civium, sicut aliae turres civitatis" die Wache in sämmtlichen
Thürmen selbst auf der Freiheit des Bispinghofs hatte.[68] Uebrigens
behauptete das Domkapitel in einem am 22. Mai 1658 an den Für=
sten eingeschickten Berichte, daß das Wort custodia nicht ausschließ=

---

[67]) Manuscr. der Paulin. Bibl. N. 133. „Von Reckenschoff des Raibes."
Dabei „Articuli apud Caesaream Maiest. controversi" (158 §§) und die
„Responsio senatus ad articulos Principis" und im Anschluß daran
„Articuli resolvendi" (442 §§) und „Reconventionales" (51 §§). Die
darin berührten Streitpunkte verdienen in einer eigenen Abhandlung er=
örtert zu werden.

[68]) Der Brief Eberhards abgedruckt im Urkundenbuche der westfäl. Gesch. v.
Archivrath Dr. Wilmans. Thl. 3 S. 537.

liches Besatzungsrecht, sondern nur einfache Bewachung bezeichnete („nudam custodiam, quod sit quasi depositum et ideo habens in custodia non possideat") 69). Mit dieser Deduktion, die offenbar als eine spitzfindige bezeichnet werden muß, ist allerdings kein Gegenbeweis geliefert. Doch ist es auffallend, daß die Stadt in den von ihr veröffentlichten Vertheidigungsschriften niemals auf jenen Brief als unzweifelhaften Beweis für die Berechtigung ihres Anspruchs sich berief. Man könnte freilich vermuthen, daß der erwähnte Brief entweder mit vielen andern Dokumenten des städtischen Archivs zur Zeit der Wiedertäufer verloren gegangen war oder doch wenigstens den damaligen Verfechtern des Besatzungsrechts unbekannt blieb, wie sich denn auch zu andern Zeiten in der Behandlung der Erbmännerfrage bei den städtischen Vertretern große Unkenntniß und Verwirrung zeigte. Aber weder die eine noch die andere Annahme ist in dem vorliegenden Falle zulässig. In einem zwischen dem Domkapitel und der Stadt am 23. September 1663 aufgerichteten Vergleiche wird nämlich ausdrücklich darauf Bezug genommen, daß nach einer Bestimmung eben desselben Briefes vom Bischofe Eberhard das Kapitel aus der städtischen Grut jährlich 40 Mark erhalten sollte. Da diese schon lange nicht mehr nach dem früheren Geldwerth gezahlt wären, da ferner die Stadt die vom Kapitel geschlagenen kleinen Kupfermünzen seit vielen Jahren nicht mehr annähme, ihre Münzen dagegen sogar in den Gogerichten des Kapitels in Umlauf setzte und da endlich die Stadt mehre neue Außenwerke in der Jurisdiktion des Kapitels angelegt hätte, so ward bestimmt, daß die Stadt 30,000 Thaler in guter gangbarer Reichsmünze bezahlen sollte. Von diesen blieben 4000 Thaler auf der Grut stehen, wofür 200 Thaler Zinsen in vier Terminen jährlich entrichtet werden mußten; von den übrigen 26,000 Thalern wurden zunächst für die vom Kapitel arrestirten bürgerlichen Güter 1764 Thaler 24 Schillinge abgezogen, der Rest sollte in Raten zu 1000 Thalern jedes Jahr am Feste Johannis des Täufers gezahlt werden. 70) Der Brief war also weder verloren noch unbekannt. Wenn aber die Stadt zur Erfüllung der darin übernommenen Verpflichtung gegen das Domkapitel so ernstlich angehalten wurde, wie kam es dann, daß sie auf das in dem unmit-

---

69) Prov.=Arch. Domkap.=Prob. VI, 3.
70) „Vergleich und Contract sambt darauff ertheilter ratification Ihrer hochfürstl. Gn. zwischen Einem hochw. münst. Thumbkapitul und der Statt Münster aufgerichtet." Prov.=Archiv Fürstth. Münster, Urk. 4566. Archiv der Stadt Münster XVII, 66a.

telbar vorhergehenden Satze desselben Briefes ihr eingeräumte Recht der Besatzung verzichten mußte? Sowohl aus den frühern, als aus den unter Christoph Bernard beim Reichshofrath geführten Prozessen ist ersichtlich, daß man den Ausdruck custodia (Wache) nicht gleichbedeutend nahm mit ius praesidii (Besatzungsrecht). Daher die vom Reichshofrath an die Stadt gestellte Forderung, das beanspruchte Recht mit bessern Gründen zu beweisen, daher ferner, als die geforderten Beweismittel nicht beigebracht werden konnten, die gegen die Stadt gefällte kaiserliche Sentenz, daher endlich die in die Kapitulation aufgenommene Verzichtleistung Münsters auf ein zwar längere Zeit wirklich geübtes, aber nach den damaligen juristischen Begriffen nicht zu behauptendes Recht. Zum Schlusse mag hier noch bemerkt werden, daß diese Verzichtleistung für den Fürsten von der größten Wichtigkeit und für die Stadt nicht von erheblichem Nachtheil war.

Eine offenbar weit empfindlichere Beschränkung der städtischen Privilegien war die Aufhebung der freien Rathswahl. Die Mitglieder des Stadtraths und vor allen die Bürgermeister wurden fortan durch den Fürsten auf Lebenszeit ernannt. Den damaligen Bürgermeister Timmerscheid machte Christoph Bernard zum Assessor des Hofgerichts, den Stadtschreiber Holland zum fürstlichen Sekretair. Unter dem 18. August 1661 erhielten die Bürgermeister und der Stadtrath zugleich mit dem fürstlichen Stadtrichter ihre neuen Instruktionen, welche im Jahre 1670 in einigen Punkten verändert wurden. Der äußere Anlaß zu dieser Veränderung scheint dadurch geboten zu sein, daß statt der 1661 eingesetzten Bürgermeister Ernst Hofflinger und Heinrich Römer 1670 der Junker Rudolf von Tinnen und Dr. Bernard Schöpping ernannt wurden und auch in dem Rath einige Ergänzungen stattfanden. In der zwischen Christoph Bernard und Münster abgeschlossenen Kapitulation selbst war noch keine Rede von der neuen Einrichtung und Besetzung des Raths; dagegen hieß es in dem besondern Erlasse des Fürsten über die Unterwerfung der Stadt: „Endlich reserviren wir auch ausdrücklich Uns und Unsern Nachfolgern, daß zu den ersten Aemtern der Stadt ehrsamere, wahrhaft katholische und Uns als Fürsten aufrichtig zugethane Männer befördert und hingegen die stürmischen und unruhigen, auch Uns oder Unsern Nachfolgern ungetreue und widerwärtige davon ausgeschlossen werden." Ueber das durch die erwähnten Instruktionen geschaffene Verhältniß zwischen dem fürstlichen Stadtrichter und dem neu eingerichteten Magistrat haben wir folgendes zu bemerken. Auf Grund eines am 15. März 1661 vom Stadtrichter an den Fürsten

eingelaufenen Berichts: „wie es mit dem fürstlich münsterischen Stadt=
gerichte beschaffen und wie der fürstlichen Jurisdiktion in alten und
neuen Zeiten eingegriffen und zeithero nicht wiederumb redintegrirt
und in stand gesetzt worden" erschien bereits am 18. August d. J.
ein „Regulament für den fürstlichen Stadtrichter", welches 1670 mit
einigen unerheblichen Veränderungen abermals publizirt wurde. [71])
Danach führte der fürstliche Richter sowohl bei den gewöhnlichen,
jede Woche abzuhaltenden, als auch bei den außergewöhnlichen Raths=
versammlungen, welche letztere ihm jedesmal am Tage vorher anzu=
zeigen waren, den Vorsitz und hatte darauf zu achten, daß nichts be=
schlossen wurde, was die Ehre und den Respekt des Fürsten oder die
gemeine Sicherheit gefährden könnte. Ueber die vom Rath gefaßten
Beschlüsse war jedes Quartal ein Bericht einzuschicken. Außerdem
hatte der fürstliche Stadtrichter zunächst als Freigraf mit den vom
Magistrat verordneten Stuhlherrn das Freigericht, ferner mit zwei
ebenfalls aus dem Rath verordneten Beisitzern oder Richtamtsherrn
das Kriminalgericht wie auch das Gericht in Civilsachen. Bei Ver=
haftungen, bei Erkenntniß auf Tortur, bei Verurtheilung oder Frei=
sprechung mußte der Richter sich mit den Bürgermeistern, dem
Syndikus, den Gerichtsbeisitzern und den übrigen Schöffen zu einer
Meinung vergleichen, die dann durch den Schreiber zu protokolliren
und genau zu exequiren ist. Der Richter bewahrte das Gerichtssiegel
und sorgte besonders dafür, daß die Parteien in Ordnung und Be=
scheidenheit ihre Sachen führten, daß die Botmeister ihre Pflichten
kannten und thaten, daß die Schreiber die Urtheile richtig abfaßten
und verkündigten, daß die Protokolle gut verwahrt wurden, daß die
Angeschuldigten nicht über Gebühr mit Arrest beschwert wurden, daß
endlich der Magistrat nicht in die Befugnisse des Gerichts eingriff,
sondern diesem freien Lauf ließ. Doch sollte der Richter jedesmal
die Bügermeister zuziehen, um vorher eine gütliche Vergleichung der
Parteien zu versuchen. Erst nach dem Mißlingen dieses Versuchs
wurde die Sache an das Stadtgericht gebracht und davon nur an
das fürstliche Hofgericht appellirt. Bei Festsetzung der Strafe hatte
der Richter nicht allein auf das Vergehen Rücksicht zu nehmen, son=
dern auch auf die Vermögensumstände des Freylers sowie auf den
Ort und die Person, wo und an welcher gefrevelt war. Damit der
Bestrafte nicht „verliefe", verarmte oder verstürbe, sollte die Strafe
nicht verschoben, sondern jedes halbe Jahr ein Verzeichniß der Delin=

---

[71]) Der Bericht u. das Regulament Mscr. des Alterth.=Vereins.

quenten und der Brüchte eingeschickt werden. Noch ist zu bemerken, daß der Richter nur über die in der Stadt selbst verübten Verbrechen ein Urtheil zu fällen hatte. Die Vergehen außerhalb der Stadt wurden vor den zuständigen Richtern oder Gografen abgeurtheilt und ebenso wurde in Bezug auf die Gerichtsbarkeit des Domkapitels auf dem Domhofe durch einen besondern Rezeß vom 5. Januar 1663 jeder Eingriff des fürstlichen Stadtrichters untersagt, während das Kapitel das sogenannte Pfahlgericht im Rayon der Festungswerke Münsters an den Fürsten überließ.[72] In Bezug auf die Stellung des Domkapitels wollen wir hier zugleich noch bemerken, daß das ihm von Karl IV., Ferdinand I. und Rudolf II. verliehene Privilegium wegen Befreiung von aller weltlichen Gerichtsbarkeit der Fürsten durch den Kaiser Leopold bereits am 13. Juni 1659 bestätigt wurde.[73] Zu den Pflichten und Befugnissen des fürstlichen Stadtrichters gehörte schließlich auch noch die Kontrole über die Aufnahme neuer Bürger, bezüglich über die Verheirathung auswärtiger Mädchen und Frauen mit münsterischen Bürgerssöhnen und Wittwern. Vorzugsweise nur fromme und ehrliche Katholiken sollten aufgenommen werden; über die akatholischen Einwohner aber hatte der Stadtrichter besonders zu wachen, damit sie in Handel und Wandel kein Aergerniß gäben. Auch sollte der Stadtrichter stets ein vollständiges Verzeichniß der Bürger nach ihrem Vermögen und ihrer Profession besitzen und über die sogenannten Servitute der Häuser genügende Aufklärung erhalten.

Daß neben einem mit so ausgedehnten Befugnissen versehenen Stadtrichter den eigentlich städtischen Behörden nur ein kleiner Wirkungskreis blieb, ist leicht von selbst klar und wird auch durch die 1661 und 1670 für die Bürgermeister und den Rath erlassenen Instruktionen bestätigt. Danach hatten die Bürgermeister nur den Rath zu berufen und ihm Vorlagen zu machen. Neben ihnen standen die schon erwähnten Stuhl- und Richtamtsherrn, ferner die sogenannten Wein- und Bierherrn, welche den Rathskeller mit gutem Wein und Bier zu versorgen und über die davon erhobene Accise jährlich Rechnung zu legen hatten. Auch wurden die Weinherrn später zu Bürgerhauptleuten ernannt und ihnen die Billettirung übertragen. Die „Kemner" hatten von den Gerichts- und Brüchtegefällen sowie von dem Einzugsgelde neuer Bürger die öffentlichen Gebäude in gutem

---

[72] Prov.-Archiv Fürstth. Münster, Urk. 4561.
[73] Prov.-Archiv Fürstth. Münster, Urk. 4585.

Zustande zu halten, die Rathsstube und das Gruthaus mit Brennholz zu versorgen und auf Beobachtung der Feuerordnung zu sehen. Die Grutherrn hafteten für die Multersteuer und andere Einkünfte. Die Hospital=, Kapellen=, Kinderhaus= und Elendsherrn trugen Sorge für die ihnen untergebenen Armen= und Kranken= (Pest=) Häuser. Die Sterbherrn hatten das Vermögen derer, welche ohne Erben verschieden waren, zu inventarisiren und waren zugleich Vorsteher des Waisenhauses. Die Ziegelherrn sollten die zu errichtende städtische Ziegelei beaufsichtigen, die Bau= und Wegeherrn sorgten für die Erhaltung der Stadtmauern, der Straßen und Wege. Endlich wurde nach der Instruktion von 1670 den Kaufherrn aufgetragen, darauf zu sehen, daß jeder sein Geschäft gut verstände und fleißig betriebe sowie daß Handel und Gewerbe bestens gefördert und weder durch Monopole behindert noch durch Betrügereien gestört würde. Bei etwaigen Streitigkeiten in Zunftsachen hatten die Kaufherrn die Parteien zu verhören und den Versuch zu machen, sie gütlich zu vergleichen. Keinenfalls aber sollten die Gilden und Bruderschaften irgend eine Strafe zuerkennen, sondern die Kaufherrn sollten alle vierzehn Tage ein Verzeichniß der Vergehen dem fürstlichen Richter einschicken. Aus dem Gesagten geht hervor, daß sowohl die Gerichtsbarkeit, worauf Münster mit der größten Energie Anspruch erhob, [74]) als auch die Verwaltung der städtischen Angelegenheiten, deren Restitution unter Franz von Walbeck gegen bedeutende Geldsummen erkauft war, von dem Fürsten völlig abhängig gemacht wurde. Erst 1682 gab der Nachfolger Christoph Bernards der Stadt die Wahl ihrer Vorsteher wieder frei.

Eine fernere Beschränkung der städtischen Freiheiten war die Beseitigung des Einflusses, den die Gilden auf das Stadtregiment übten. Am 20. Oktober 1661 erging ein fürstlicher Befehl, die Amtsbücher und Rollen der Gilden und Aemter einzuschicken. [75]) Das Schauhaus und andere Zunfthäuser wurden in Zeughäuser verwandelt und bei der Gelegenheit über die Thür des ersteren der Spruch gesetzt: „ne sVtor VLtra CrepIDaM" (Schuster, bleib bei deinem Leisten).

---

[74]) Prov.=Archiv Domkap.=Prob. VI, 17 u. 3.

[75]) Archiv der Stadt Münster XI, 64. Unter den eingeschickten Büchern war auch wohl das für das Gildewesen höchst wichtige „Rothe Buch", welches erst 1826 wieder aufgefunden wurde und sich jetzt im münst. Stadtarchive befindet. Abgedruckt ist es bei Niesert, Urkundensammlung Bd. 3 S. 234 ff.

Nicht allein Alpen, sondern auch das Theatrum Europäum berichtet, daß selbst viele Bürger mit der Maßregel des Fürsten gegen die Gilden einverstanden waren; und es ist leicht erklärlich, daß die Gilden wegen ihres übergroßen Einflusses, der nicht selten in Druck ausartete, sowie insbesondere wegen des Unheils, daß gerade ihre hartnäckige Opposition über die Stadt gebracht zu haben schien, für gar Viele ein Stein des Anstoßes waren. Mit Recht supponirte man in der an der hintern Wand des Schauhauses befindlichen Inschrift:

Hic locus odit, amat, punit, conservat, honorat,
    Nequitiam, pacem, crimina, iura, probos

statt des zweiten Verses:

Magnates, luxum, peregrinos, iurgia, scribas. [76])

(„Dieser Ort haßt die Schlechtigkeit, liebt den Frieden, straft die Verbrechen, schützt das Recht, ehrt die Braven"; dafür: „haßt die Vornehmen, liebt den Aufwand, straft die Fremden [Eingriffe in fremde Jurisdiktion], nährt die Streitigkeiten und ehrt die Schreiber.")

Auch der Papst Alexander VII., dem Christoph Bernard die Unterwerfung Münsters angezeigt hatte, erklärte in seinem Antwortschreiben vom 27. April 1661, daß er den Einfluß des Volks auf das Stadtregiment zu beseitigen um so mehr für nothwendig hielte, je weniger dessen Treiben ihm bei seiner Anwesenheit zur Zeit des westfälischen Friedensschlusses gefallen hätte. Er hofft, daß die neuen Einrichtungen des Fürsten die Ruhe und Sicherheit der Stadt und die kräftige Handhabung der kirchlichen Rechte sowie überhaupt die Ausbreitung der katholischen Religion in jenen Gegenden befördern werden. [77]) Es ist offenbar, daß dem Papste bei den damaligen Wirren die früher durch die Wiedertäufer erregten Unruhen vorschwebten. War doch auch in den von Christoph Bernard gegen die Stadt gerichteten Schriften wiederholt darauf hingewiesen, daß man die Rückkehr ähnlicher Scenen wie 1535 befürchten müßte. Dieselbe Furcht hegte das Domkapitel, wie sich aus einem Schreiben vom 10. November 1660 an den französischen König und dessen Minister Mazarin ergiebt. Auf die Anzeige von der Reduktion Münsters sprach Ludwig XIV. in seiner Antwort vom 13. April 1661 dem Kapitel seinen Glückwunsch aus wegen Rettung der kirchlichen Rechte und Erhaltung der Religion („la conservation des droits de votre

---

[76]) Corfey, Chronik in „Geschichtsquellen des Bisthums Münster" Bd. 3 S. 261.
[77]) Alpen I. S. 529 ff.

eglise et le maintien de notre sainte religion". [78]) Eine Veranlassung dazu, dem Zerwürfnisse zwischen dem Fürsten und der Stadt Münster ein religiöses Motiv unterzulegen, war allerdings insofern gegeben, als Münster den Hanseaten und den Generalstaaten die Einführung der lutherischen, bezüglich kalvinistischen Konfession in Aussicht gestellt haben sollte; doch wurde dieses von der Stadt wiederholt und nachdrücklichst geleugnet. Auch hatte sie wenigstens im Jahre 1655 gegen die Anschuldigung, daß sie die katholische Religion durch die Aufnahme von Kalvinisten gefährdet hätte, Zeugnisse von den Dominikanern, Minoriten, Kapuzinern und Jesuiten beigebracht. [79]) Aber die spätere Aufnahme von Florarp und Eitzen und die Verwendung dieser Männer als Agenten bei den Generalstaaten mußte der Stadt offenbar zum Vorwurf gereichen. Dabei bleibt jedoch bestehen, daß der Streit zunächst und hauptsächlich nur ein politischer war. Weder in den Kapitulationsbedingungen noch in den von der Stadt ausgestellten Reversen ist von der Erhaltung und Sicherung der Religion die Rede, sondern es handelt sich darin einzig und allein um die Befestigung und Erweiterung der fürstlichen Gewalt. Zur nähern Erklärung haben wir nur noch zu konstatiren, daß Christoph Bernard seinen Plan, Münster zu einer bischöflichen Municipalstadt herabzudrücken und ganz von sich abhängig zu machen, mit um so größerer Entschiedenheit verfolgte, je heftiger die städtischen Vertreter und namentlich Viertenhalven und Drachter sich ihm widersetzten. Dazu kam, daß er in der Auffassung und Anwendung seiner Fürstenrechte nichts weniger als irgend eine Beschränkung ertragen konnte und der einen Stadt gewiß keine selbstständigere Stellung einräumen wollte, als den sämmtlichen Landständen, denen er ihre gänzliche Abhängigkeit, wie wir oben sahen, auf dem Landtage des

---

[78]) Prov.=Archiv Domkap.=Prob. VI, 2.

[79]) Prov.=Archiv Domkap.=Prob. VI, 3. In einer Spezial=Instruktion für den an die Generalstaaten abgeordneten Syndikus Drachter v. 3. März 1658 begehrt der Stadtrath von Münster „Admission in die zwischen Ihrer Hochmög. undt den dreyen Stätten Lübeck, Bremen undt Hamburg eingangene confoederation ... iedoch mit dem außdrücklichen Vorbehalt undt reservation, daß dadurch dem h. röm. Reich und der Catholischer uralter religion nutn undt ins künftig kein der geringster Praeiuditz oder Nachtheil entstehen solle, könne oder möge, sondern blößlich pro iusta et legitima defensione contra omnem vim et iniuriam gemeint sein solle." Vgl. meine Biographie Drachters in der Zeitschrift für vaterländ. Gesch. XXIV v. 4. Bd. 3. Folge S. 224 ff.

Jahres 1657 bereits zur vollen Klarheit brachte. Uebrigens darf es hier nicht unerwähnt bleiben, daß Christoph Bernard ebenso wie viele andere Fürsten von dem Geiste der damaligen Zeit nicht wenig beeinflußt wurde. Der Absolutismus, der sich unter Ludwig XIV. in Frankreich ausbildete, kam auch in Deutschland zur Durchführung, da fast zu derselben Zeit, wo Münster mit seinem Streben nach völliger Unabhängigkeit scheiterte, Erfurt durch den Kurfürsten von Mainz, Magdeburg durch den großen Kurfürsten, Braunschweig durch seinen Herzog der Reichsfreiheit beraubt wurde. Die Zeit der städtischen Freiheit war vorüber und es wird selbst von vorurtheilsfreien Geschichtsforschern behauptet, daß die Art von Freiheit, welche in den deutschen Städten und durch sie bestand, keine Erhaltung verdiente, zumal „da es dahin gekommen war, daß die Zunftmeister sich getraueten auf dem Rathhause und im Staate so gut Bescheid zu wissen, wie in ihrer Werkstätte und in Folge dessen, daß in den Handwerkern Ansprüche auf Theilnahme an der Führung der öffentlichen Sachen erwachten, die ständischen Reibungen, die Kämpfe, die blutigen Auftritte allgemein und verderblich wurden."80) Wer von den Ausschreitungen der Zunftherrschaft nur einige Kenntniß besitzt, wird es Christoph Bernard gewiß nicht zum Vorwurfe machen, daß er der Stadt durch Beschränkung dieses Regiments die für ihre gedeihliche Fortentwickelung so nöthige Ruhe wiedergab.

Eine andere Frage aber ist es, ob der Fürst bei der Regelung der politischen Verhältnisse Münsters nur die Geltendmachung seiner Oberherrschaft bezweckte oder ob er zugleich auch darauf Bedacht nahm, das materielle Wohl der seiner Huld und Gnade sich unterwerfenden Bürger möglichst zu fördern. Erhard und Schaumburg haben es mit Nachdruck getadelt, daß er sich um die Beförderung der Gewerbthätigkeit und des Handels nur sehr wenig kümmerte und der Stadt auch nicht einmal den Vortheil angedeihen ließ, daß er seine Residenz dorthin verlegte und ihr die nicht unbedeutenden Summen einer fürstlichen Hofhaltung zuwandte. Noch vor vier Jahren beim Abschlusse des Geister Vergleichs hatte Christoph Bernard es in Aussicht gestellt, daß er in Münster nicht nur seine Residenz nehmen, sondern auch die lang ersehnte, vom Kaiser und Papst bereits bestätigte Universität errichten wollte. Die Universität wurde nicht errichtet; die Residenz war unterdessen schon in Coesfeld aufgeschlagen; die Gründe für die Wahl dieses Ortes haben wir oben angeführt. Münster er-

---

80) Hüllmann, Städtewesen III, S. 92 f.

hielt statt der Residenz eine Citadelle und erst etwa ein Jahrhundert später wurde an ihrer Stelle ein fürstliches Schloß errichtet. Mochte übrigens auch der Verlust, welcher der Stadt aus der Verlegung der Residenz erwuchs, ein bedeutender sein, so kann er doch wenigstens insofern nicht direkt in Rechnung gebracht werden, als auch unter vielen andern Fürsten und namentlich unter den kölner Kurfürsten sowie unter dem auf Cristoph Bernard folgenden Bischofe von Paberborn der Hof anderswo gehalten wurde. Nur darin liegt der eigentliche Grund zum Tadel, daß Christoph Bernard, von dem man als einheimischen Fürsten jedenfalls erwarten durfte, daß er in der Hauptstadt des Landes residiren würde, aus bloßer Abneigung gegen Münster selbst nach der Zeit, wo es sich ihm ergeben und er es wenigstens äußerlich wieder zu Gnaden angenommen hatte, immer nur so lange dort verweilte, als entweder fürstliche oder bischöfliche Amtsverrichtungen seine persönliche Gegenwart nöthig machten. Was den anderen Vorwurf betrifft, daß der Fürst sich um die Beförderung der Gewerbthätigkeit und des Handels gar zu wenig kümmerte, so werden wir, da es sich dabei nicht allein um Münster, sondern um das ganze Stift handelt, weiter unten darauf zurückkommen. Hier sei nur noch bemerkt, daß, wenn sowohl durch die Vernachläßigung des Handels als durch die Verlegung der Residenz in den Einkünften Münsters ein bedeutender Ausfall entstand, dieser gerade damals um so schmerzlicher empfunden werden mußte und den zunächst Betheiligten um so weniger gerechtfertigt erscheinen mochte, je mehr der Stadt zu eben derselben Zeit die Mittel entzogen waren, sich aus ihrer bedrängten Lage wieder emporzuarbeiten. Es ist Thatsache, daß Münster während der Regierungszeit Christoph Bernards große Schulden kontrahirte: [81] manche Summe war für die Erweiterung und Verbesserung der Festungswerke, für Truppen und Munition verausgabt, viele Gelder wurden für die Deputirten zu Köln, Mainz, Frankfurt, Regensburg und Wien sowie für die Agenten bei den Hanseaten und im Haag aufgewendet — alles umsonst. Die Reduktion erfolgte und

---

[81] Ueber die kontrahirten Schulden enthält das Archiv der Stadt Münster unter anderm folg. Verzeichnisse: 1) Die auf Münster, besonders dem Gruthaus haftenden Schulden, welche ab anno 1655—1661 aufgenommen cum statu derselben et commissorio Principis Chr. Bernardi zu deren Untersuchung sambt observatis zu den Grut-Amts Rechnungen de 1661. 2) Schulden der Stadt Münster de 1669. 3) Paket betreffend die von einigen holländischen Creditoren der Stadt Münster vorgestreckten Gelder von 1665—1688.

es wurden nicht allein die politischen Freiheiten sondern auch die materiellen Verhältnisse beträchtlich reduzirt. Für die beim Bau der Citadelle vergrabenen Ländereien wurde ebenso wenig wie für die während der wiederholten Belagerung ruinirten Grundstücke und Gebäude den Eigenthümern eine Entschädigung gezahlt. Vielmehr wurde die Stadt noch obendrein zur Zahlung von 45,000 Thalern und zur Verzichtleistung auf die halbe Mulstersteuer verpflichtet. Dazu kam, daß ihr die zur Befriedigung der Schweden vorgeschossenen 50,000 Thaler bisher nicht zurückerstattet waren; denn nach einer Liquidation vom 1. September 1663 hatte die Stadt noch 5091 Thlr. 19 ß. 7 dt. zu fordern. [82] Die Berichtigung dieser Forderung blieb auf sich beruhen; konnte doch selbst Pfalz-Neuburg wegen der Gelder, die ihm für seine Hülfe gegen Münster binnen zwei Jahren gezahlt werden sollten, erst am 31. Januar 1713 mit dem damaligen Bischofe Franz Arnold zu einem Vergleich kommen. [83] Was die Mulstersteuer betrifft, so war diese der Stadt zur Verzinsung und Abtragung der großen Schulden, welche sie zu ihrem eigenen und des Landes Besten im dreißigjährigen Kriege kontrahirt hatte, zu erheben gestattet. Ungerecht jedoch war es, daß diese Steuer zur Zeit auch auf den Klerus ausgedehnt wurde. Bei der Reduktion mußte die Stadt nun auf die Hälfte verzichten und durch eine Verfügung vom 2. Januar 1663 wurde bestimmt, daß von dieser Summe sogenannte Präsenziengelder den Geistlichen sowie einigen weltlichen Beamten, die bei der großen Prozession und der für Christoph Bernard abzuhaltenden Memorie oder Gedächtnißmesse zugegen wären, durch den Erbkämmerer gezahlt werden sollten. [84] Nach dem Tode Christoph Bernards beklagte sich der Erbkämmerer wiederholt über die schlecht einkommenden Gelder, bis die Stadt endlich 1701 ihre Verpflichtung mit 10,000 Thalern ablösete. [85] Noch erwähnen wir hier einer im April 1663 wegen der Mulstersteuer erlassenen Verordnung. [86] Danach waren die Geistlichen, die fürstlichen Beamten, namentlich auch des Hofgerichts, der Syndikus und der Sekretair des Domkapitels sowie die Stabträger und die Küster der Domkirche von jener Steuer befreit. Jeder andere war verpflichtet, das Getreide, welches er jährlich zur

---

[82] Prov.-Arch. Domkap.-Prob. VI, 17.
[83] Prov.-Arch. Domkap. Prob. VI, 8.
[84] Prov.-Arch. Fürstth. Münster, Urk. 4557.
[85] Prov.-Arch. Domkap.-Prob. VI, 16. Archiv der Stadt Münster VIII, 182.
[86] Prov.-Arch. Fürstth. Münster, Urk. 4563.

Mühle schickte, genau anzugeben und dafür einen bestimmten Satz zu entrichten; was er über das angegebene Quantum hinaus mahlen ließ, dafür mußte er besonders zahlen (für jeden Scheffel einen Schilling). Von den beiden Multerschreibern hatte der eine das Geld zu empfangen und darüber einen Zettel auszustellen; der andere mußte nach dem ihm vorzulegenden Zettel die Einnahmen notiren, damit nachher eine „Kontrarechnung" angestellt werden konnte. Jeder von ihnen erhielt monatlich sechs Thaler Gehalt.

Somit hatte die Reduktion Münsters die wichtigsten Folgen. Der Verlust des Besatzungsrechts, die Aufhebung der freien Wahl des Magistrats, die Beschränkung der Gerichtsbarkeit, die Vernichtung des politischen Einflusses der Gilden, das Sinken von Handel und Gewerbe, die Zahlung einer bedeutenden Kontribution und dabei die Beschränkung der Einnahmen bewirkten zunächst für Münster selbst eine große Aenderung in seinen politischen und materiellen Verhältnissen. Die materielle Lage war übrigens nicht eine direkte Folge der jüngsten Unterwerfung allein; denn Handel und Gewerbe waren schon früher, wo die Verbindung mit den Hanseaten sich lockerte und diese selbst ihre Macht und ihr Ansehen größten Theils verloren, immer tiefer gesunken und würden sich vielleicht selbst dann, wenn die Beziehungen zu den Generalstaaten, welche den Handel jetzt meist in Händen hatten, freundliche geblieben wären, nicht gar sehr wieder gehoben haben; ferner waren die Schulden größten Theils entweder schon während des Streites gemacht oder rührten gar aus den Zeiten des dreißigjährigen Krieges her. Was andererseits die Regelung der politischen Verhältnisse betrifft, so war der Fürst es offenbar sich und dem Lande schuldig, die Verfassung der Stadt so einzurichten, daß jede Anarchie im Innern und jeder Eingriff der eroberungssüchtigen und — was Christoph Bernard vor allem in Anschlag brachte — andersgläubigen Nachbarn für die Zukunft vermieden würde.

Als eine weitere Folge der Reduktion Münsters haben Erhard und Andere es bezeichnet, daß „das Schicksal einer so berühmten Stadt auf das gesammte Städtewesen Deutschlands zurückwirkte, indem es die Scheu, mit welcher man bisher die größeren Städte überhaupt betrachtet hatte, ganz aufhob und dadurch nicht nur im Allgemeinen eine veränderte Stellung der Städte zu ihren Landesherrn herbeiführte, sondern auch die Katastrophe einzelner Städte, die sich mit Münster in ähnlicher Lage befanden, beförderte." Letzteres gilt namentlich von Erfurt, bei dessen Reduktion auch Christostoph Bernarb mitwirkte.⁸⁷) Uebrigens darf nicht übersehen werden, daß die Lage der meisten Städte, welche fast zu gleicher Zeit mit Münster von den Landesherrn unterworfen wurden, wenigstens insofern eine wesentlich andere war, als sie völlige Reichsfreiheit besaßen. Was die veränderte Stellung der Städte zu ihren Landesherrn betrifft, so machen wir hier insbesondere auf den höchst wichtigen Umstand aufmerksam, daß seit der Reduktion Münsters die städtischen Deputirten auf den Landtagen des Fürstenthums eine sehr untergeordnete Rolle spielten und ihre Vota kaum irgend welche Beachtung fanden. Nicht viel besser stand es um die Ritterschaft, welcher es durch die stets erneuete Berufung auf das privilegium patriae nicht gelingen wollte, ihre früher so einflußreiche Stellung zu behaupten. Nur das Domkapitel wußte sich noch einige Zeit seinen Einfluß zu sichern, bis die Differenzen, welche in Folge der kriegerischen Unternehmungen des Fürsten und zum Theil auch bei der Wahl eines Koadjutors entstanden, die Veranlassung boten, auch seine Macht zu beschränken.

Die Reduktion Münsters bezeichnet also überhaupt den Zeitpunkt, wo der Absolutismus des Fürsten seinen Anfang nahm. Die späteren Ereignisse dienten großen Theils nur zu seiner weitern Ausbildung und Befestigung.

---

⁸⁷) „Die Reduktion von Erfurt" v. W. J. A. von Tettau in den Jahrbüchern der königl. Akademie gemeinnütziger Wissenschaften zu Erfurt. Neue Folge, Heft III. 1863.

Vierter Abschnitt.

Begebenheiten von 1661 bis 1666.

Christoph Bernard Administrator von Korvey. Besuch des kölner Kurfürsten. Zerwürfniß mit den Generalstaaten, hauptsächlich wegen Borkelo. Friesisch = liechtensteinischer Streit. Reichstag zu Regensburg. Christoph Bernard zu Wien und in Ungarn. Die Generalstaaten nehmen die Dieler Schanze. Krieg Münsters und Englands gegen die Generalstaaten und Frankreich. Der Friede zu Kleve. Die Pest im Münsterlande.

Durch die Unterwerfung Münsters hatte Cristoph Bernard seine Fürstenmacht zunächst im eigenen Stifte befestigt und erhöhet. Schon erweiterte sich der Schauplatz seiner Unternehmungen, die Verhältnisse wurden großartiger und verwickelter, neue und mächtige Gegner erhoben sich und der Fürst eines verhältnißmäßig nur kleinen Gebiets wußte sich Gelegenheit und Mittel zu verschaffen, um seinen Namen selbst bis weit über die Gränzen von Deutschland bekannt zu machen.

Die nächste Erweiterung seines Ansehens und Einflusses wurde für Christoph Bernard dadurch herbeigeführt, daß nach dem Tode des Abtes Arnold zu Korvey die Benediktiner, welche sich nach einem kräftigen Beschützer gegen die protestantischen Nachbarn umzusehen für nöthig hielten, einstimmig ihn zu ihrem Abte erwählten. Der Papst Alexander VII. bestätigte am 21. Januar 1661 die Postulation[1]) und beauftragte den Probst zu Paderborn Freiherrn von Sintzig, dem Postulirten in gewohnter Weise das Glaubensbekenntniß und den Eid abzunehmen. Dieser kam am 16. Mai nach Sassenberg, wo sich der Bischof damals aufhielt, traf jedoch bei der Abnahme des Eides auf Schwierigkeiten, weil in der vorgelegten Formel die Abtei Korvey als unter Paderborn gehörig bezeichnet war. Christoph Bernard protestirte dagegen und leistete den Eid nur dahin, daß er Papst

---

[1]) Prov.=Archiv Fürstth. Münster, Urk. 4542.

und Kaiser als die einzigen Oberherrn der Abtei anerkannte.²) Am 7. Juni 1662 empfing er vom Kaiser Leopold die Belehnung.³) Da er übrigens in der mit dem Domkapitel zu Münster aufgerichteten Kapitulation sich verpflichtet hatte, kein zweites Stift anzunehmen, so legte er vor Uebernahme der Abtei in einem besondern Reversale vom 1. Juli das Versprechen ab, stets im Stifte Münster auf seinen Tafelgütern zu residiren und für den Fall seiner nur kurze Zeit dauernden Abwesenheit mit Bewilligung und nach dem Rathe des Kapitels einen Verweser zu bestellen, damit in geistlichen und weltlichen Dingen nichts verabsäumt würde. Zugleich versprach er, wegen Korvey das Stift Münster nicht in Kriegsgefahr zu bringen, die beiderseitigen Sachen nicht mit einander zu vermischen, die Mittel und die Macht des münsterischen Stifts dabei nicht zu gebrauchen und dessen Landständen bei etwaiger Beschädigung alles zu ersetzen.⁴) In gleicher Weise hatte er zu Sassenberg am 9. Oktober 1661 eine sogenannte Assekuration in Form einer Kapitulation wegen der in Korvey zu führenden Regierung dem dortigen Kapitel ausgestellt.⁵) Danach intendirt Christoph Bernard bei der Annahme der auf ihn gefallenen Wahl nichts weiter als „die Ehre Gottes und die Beförderung der katholischen Religion" und will sie „bevorab in der Stadt Huxar (Höxter) soviel immer durch Gottes Hülf bei jetzigem Zustand des römischen Reichs thuenlich beförbern und firmiren." Ferner will er die Kontroversen mit dem Hause Braunschweig und der Stadt Höxter durch ordentliche in Rechten und Reichskonstitutionen zulässige Mittel zum gedeihlichen Austrag bringen, sich auch bemühen, daß die Probstei Remnaben wieder herbeigebracht und die Streitigkeiten mit dem Stift Paderborn wegen der geistlichen Jurisdiktion zu Höxter und der Pastorat zu Stadtbergen zum guten und gedeihlichen Ausschlag gebracht

---

²) Die Eidesformel bei der unter 1 erwähnten Urkunde beginnt: „Ego Christ. Bernardus Episc. Monast. perpetuus commendatarius Monasterii Abbatiae nuncupati Corbeiensis sancti Benedicti seu alterius ordinis Paderbornensis dioecesis . . ." Das Stift Korvey war schon durch Papst Benedikt VII. am 2. April 981 von der bischöflichen Jurisdiktion befreit und unmittelbar unter den päpstlichen Stuhl gestellt. Schaten A. P. I, 220. Falke C. Tr. Corb. p. 729.

³) Alpen I, 569.

⁴) Capitulatio seu Reversale ab Illmo Capitulo extradita ratione suscipiendae administrationis Corbeiensis. Prov.-Archiv Fürstth. Münster, Urk. 4551.

⁵) Prov.-Archiv Fürstth. Münster, Urk. 4549.

werben. Enblich verspricht er, ohne ber Kapitulare Vorwissen und
Konsens nichts zu verbringen und zu veräußern, kein Feudum von
Wichtigkeit zu verleihen, bei drohenden Gefahren (in arduis), woraus
Schaden und Unheil erwachsen könne, nichts vorzunehmen, die zur
Abtei gehörenden Besitzungen (res domestica) zu des Stifts Besten
und mit Rath der Kapitulare so einzurichten, daß die Kapitulare
daraus alimentirt und die Ueberschüsse zu Abtragung der Schulden
verwendet werben. Inwiefern Christoph Bernard diesen Versprechun=
gen nachzukommen bemüht war, zeigte sich bereits bei der am 12.
Oktober 1662 zu Korvey und Höxter entgegen genommenen Hulbi=
gung.⁶) Bei dieser Gelegenheit traf er nämlich mit dem Herzoge
von Braunschweig=Wolfenbüttel zusammen und erhob bittere Klagen
darüber, daß nicht allein die Probsteien Kemnaben und Groningen,
welche im Lehnsbriefe des Kaisers als zu Korvey gehörig bezeichnet
waren, von benachbarten Fürsten besetzt gehalten würden, sondern auch
die Klöster zu Herford, Schacken, Verben und Wisbeck ihrer eigent=
lichen Bestimmung sowie ihrem rechtmäßigen Herrn entfremdet wären.
Auf diese Weise wahrte er sich den Anspruch auf die genannten Be=
sitzungen, deren förmliche Zurückforderung wegen anderweitiger Be=
schäftigungen einstweilen der Zukunft vorbehalten blieb. In Korvey
selbst trug der neue Abt Sorge für die genaue Befolgung der etwas
gelockerten Ordensregeln und bestellte einen geistlichen und weltlichen
Rath zur Wahrnehmung der Regierungsgeschäfte. In Höxter wurde
unter Bezugnahme auf den Spruch cuius regio eius religio nicht
allein die Nikolaikirche den Katholiken zugewiesen, sondern auch den
vertriebenen Konventualen die Rückkehr gestattet.⁷) Die von Pader=
born früher beanspruchte Jurisdiktion in der letztgenannten Stadt bot
keine Veranlassung zu erheblichen Differenzen; vielmehr gestalteten sich
die Beziehungen zwischen Christoph Bernard und Ferdinand von Pa=
derborn nach dem ausdrücklichen Wunsche des Papstes⁸) in einer sehr

---

⁶) Ἐπιϰρότησις sive applausus quem Revdissimo Celsisimo et illustr. Principi ac Domino D. Chr. Bernardo . . . tempore inaugurationis humil-
limi clientes decanus caeterique ecclesiae collegiatae ad S. Petrum in
Huxaria canonici devotissime offerebant anno 1662 die 12. mensis Octobris. Paderbornae imprimebat David Huber. 18 S. fol. lateinische
Gedichte.

⁷) Alpen I, 567—83.

⁸) Prov.=Archiv Fürstth. Münster, Urk. 4547: „Alexander Papa VII. venerabili fratri salutem et apostol. benedictionem. Si profecto tributum
fuisset Venerabili fratri Ferdinando Episc. Paderbornensi, ut quem

freundlichen Weise, wie sich dieses besonders bei der balb darauf er=
folgten Wahl eines Koadjutors von Münster zeigte. Nachdem die
Lehenträger, welche zufolge einer Aufforderung vom 4. Juni in Kor=
vey erschienen waren, die Belehnung erhalten hatten,*) kehrte Chri=
stoph Bernard nach Münster zurück.

Dort empfing er am 8. November 1662 den Kurfürsten von
Köln Max Heinrich, welcher das auch von ihm verwaltete Stift Hil=
desheim besucht hatte. Er bewirthete denselben auf eine höchst fest=
liche Weise, führte ihn am 10. November auch nach Coesfeld und
gab ihm bei seiner Abreise nach Dorsten eine Strecke Weges das
Geleit. Ob bei dieser Zusammenkunft der beiden Fürsten auch po=
litische Fragen zur Erörterung kamen, wird nicht berichtet; doch läßt
sich vermuthen, daß sich eine derartige Unterredung zunächst auf die
gerade damals betriebene Verlängerung der rheinischen Allianz sowie
auf die vom kölner Kurfürsten gewünschte Aufnahme des Grafen von
Waldeck in jenes Bündniß bezog. Dieses war bereits am 31. August
1661 nach Ablauf der für seine Dauer zunächst bestimmten drei Jahre
bis zum 15. August 1664 ausgedehnt und wurde nun am 25. Ja=
nuar 1663 zu Frankfurt durch Uebereinkunft der dabei betheiligten
Fürsten, wie Alpen behauptet, besonders auf Betreiben Christoph Ber=

---

potissimum vellet episcopum vicinum habere ultro deligeret, nullum
plane fraternitati Tuae praetulisset, a quo vel sacerdotalis pietatis et
constantiae ad imitandum exempla potiora desumere vel amantiora
coniunctae voluntatis officia pro communi Dioecesuum istarum utilitate
sperare posset. Eius igitur eximias virtutes nec ignotas Tibi et Nobis
assiduis longi temporis experimentis penitus inspectas et probatas ut
artius in dies usque complectaris etiam atque etiam cupimus. Etenim
speramus quoque fore ut consociatis istic in vinea Domini laboribus
ampliores et uberiores quotidie fructus ad eius gloriam, catholicae
religionis bonum et animarum istarum salutem recolligi queant. Interim ille novum paternae voluntatis Nostrae testimonium afferet fraternitati Tuae, cui benedictionem apost. peramanter impertimur. D.
Romae apud s. Mariam mai. sub annulo piscatoris die XXII. Junii
MDCLXI Pontif. nostri a. VII." Die zwischen Paderborn und Münster
in puncto iurisdictionis gewechselten Schreiben im Fr. Münster. Landes=
Archiv 541, 1 a.

*) Eine fernere Belehnung geschah am 9. Sept. 1666 u. zwar die des Frei=
herrn Adrian Wilh. v. Virmundt mit a) der Hälfte des Gehölzes „die
Haardt" und zwei Höfen zu Brungerinkhausen, b) dem Gut Twiste, c)
dem halben Zehnten vor dem Sassenberge und d) beim Gut Berendorf.
Prov.=Archiv Fr. Münster. Urk. 4584—87.

8

narbs bis zum 15. August 1667 verlängert.¹⁰) Da der münsterische Bischof früher unter allerlei Vorwänden mit seinem Beitritt zögerte, so erscheint es in der That sehr auffallend, daß gerade er jetzt mit solchem Eifer die Verlängerung des Bündnisses betrieb. Daß er dieses aber hauptsächlich mit Rücksicht auf Holland gethan habe, wird nicht nur von Alpen hervorgehoben, sondern ergiebt sich auch mit völliger Klarheit aus der damaligen Gestaltung seiner Beziehungen zu jenem Lande. Zunächst war es schon 1662 zu kleinen Reibungen gekommen. Die Veranlassung dazu bot der Umstand, daß die Holländer ihre Briefe nach England nicht mehr über Antwerpen, sondern direkt über Sluys beförderten. Darüber beschwerte sich Taxis, der in einem großen Theile von Deutschland und besonders in den österreichischen Ländern sowie in den spanischen Niederlanden die Post hatte. Der Kaiser ließ nun Christoph Bernard durch Gronsfeld beauftragen, den nach Hamburg gehenden Boten der Holländer, wenn sie das münsterische Gebiet berührten, die Felleisen abzunehmen und den Boten von Taxis zu übergeben. Dasselbe geschah im Bentheimischen durch den Grafen Ernst Wilhelm. Auf eine Beschwerde der amsterdamer und hamburger Kaufleute erklärten die Fürsten und Stände des niedersächsischen Kreises, wozu Hamburg gehörte, auf einer Versammlung zu Lüneburg, das Verfahren widerstreite den Rechten der Fürsten, die in ihren Gebieten über die Beförderung der Briefe und Waaren zu bestimmen hätten. Uebrigens war dieses Recht durchaus nicht verletzt, da es Christoph Bernard als Reichsfürsten freistand, die Beförderung von Briefen und Waaren durch sein Gebiet entweder eigenen Boten oder denen von Taxis zu überlassen. Als daher die Generalstaaten und namentlich Amsterdam sich mit ihrer Beschwerde an Christoph Bernard selbst wandten, antwortete er, daß er zwar gern mit ihnen gute Nachbarschaft halten wollte, daß er sich aber im vorliegenden Falle dem Willen des Kaisers zu widerstreben nicht veranlaßt sähe. Da der kaiserliche Befehl nicht zurückgenommen wurde, so schickten die Holländer ihre Boten einstweilen durch Friesland und Oldenburg nach Bremen und Hamburg. Erst im Klever Frieden wurde ihnen der Weg durch das münsterische Stift wieder geöffnet.¹¹)

Weit wichtiger als diese Botenangelegenheit war für die Beziehungen zwischen Christoph Bernard und Holland der Anspruch, den

---

¹⁰) Alpen I, 587 ff. Prov.-Archiv Fr. Münster. Urk. 4553—55.
¹¹) Alpen I, 574—78.

jener auf die Herrschaft Borkelo erhob.[17] Der letzte rechtmäßige Inhaber derselben Graf Jobokus zu Brunkhorst war 1553 ohne Nachkommen gestorben und der damalige Bischof von Münster, Wilhelm von Ketteler, hatte die Herrschaft als ein erledigtes Lehen seines Stifts eingezogen. Zwar behielt die Wittwe des Grafen Jobokus, Maria von Hoya, bis zu ihrem Tode 1579 die Leibzucht oder die Nutznießung der Güter, aber nur mit dem ausdrücklichen Bemerken, daß dieses der Besitznahme des Bischofs nicht nachtheilig sein sollte. Bald jedoch traten die Gräfin Irmgard zu Limburg-Styrum und der Graf Rudolf von Diepholt mit Ansprüchen auf das Lehen hervor. Jene war eine Nichte des Grafen Jobokus, da ihre Mutter Walburgis eine Schwester seiner Mutter, Meta von Berg, war; ferner war auch ihre Großmutter Margaretha eine Tante des Jobokus. Rudolf von Diepholt aber war der Urenkel des Grafen Otto von Diepholt und der Hedwig, einer andern Tante des Jobokus. Beide, Irmgard und Rudolf, wandten sich mit ihren Ansprüchen an das Lehengericht zu Münster. Hier ernannte man zwölf Schiedsrichter, welche jedoch selbst das Endurtheil nicht fällten, sondern die Prozeßakten an die Juristenfakultät zu Straßburg einschickten, da man die

---

[17] Wegen der Ansprüche auf Borkelo zu vergleichen: a) Exegesis status causae Borckeloensis in 4 Theilen, wovon der letzte (S. 16—189 fol.) die Urkunden enthält. — b) Wel gefundeert Verhael van den Staet ende beschapenheyt der rechtmaetige saecken aengaende de Heerlyckheyt Borckeloe; Arnhem, Biesen 1653. Das Werk (89 S. fol.) erschien, als Chr. Bernard 1652 seine erste Forderung auf Borkelo erhob. Es zerfällt in 3 Theile: de procedure in petitorio (S. 7—14), de proc. in possessorio (S. 15—40) und das nach dem Geldrischen Prozeß Vorgefallene (S. 40 ff.). S. 55 ff. sind die Forderungen der Gesandten Chr. Bernards und die Resolution der Hochmögenden abgedruckt. Urkundliche Beweise fehlen. — c) Deductie waerinne Kortelyck ende naer waerheyt vertoont werdt het Territorial-Recht, dat de Provintie van Gelderlandt over de Stadt ende Heerlyckheyt Borculoe competeert. Arnhem, Briesen 1663. 62 S. 8. Angehängt der Brief der Hochmögenden an Chr. B. vom 30. Juni 1653. Dagegen erschien: d) Kurzer warhaffter Bericht wegen deß Münsterischen Stifts und Fürstenthums eigenthumblicher, im Heil. Röm. Reich unter dem Nieder-Rheinischen Westphälischen Craiß gelegener Herrschaft Borkeloh. 1663. 58 S. — Dazu kömmt die nach dem Klever Frieden geschriebene Broschüre: e) Estat du different que mons. le comte de Stirum a avec mons. l'evesque de Munster pour la terre et seigneurie de Borculo. 16 S. Die Schrift enthält dieselben irrigen Angaben wie die unter c. — Endlich gehört hieher Diar. Europ. T. XVI. Append. 3 p. 15 ff.

Mitglieder derselben wegen der weiten Entfernung und besonders wegen ihres protestantischen Glaubens, wozu sich auch die Bewerber bekannten, für unparteiisch halten konnte. Von Straßburg kamen die Akten versiegelt nach Münster zurück und wurden daselbst am 9. Juli 1570 im Beisein der Betheiligten geöffnet. Das Urtheil lautete dahin, daß Borkelo ein Manneslehen des münsterischen Stifts sei und somit die nur von weiblicher Seite mit dem letzten Vasallen verwandten Bewerber keine rechtlichen Ansprüche auf dasselbe erheben könnten. Irmgard appellirte nun zwar an das Reichskammergericht zu Speier, aber die gebetene Sequestrirung wurde von demselben am 23. Juni 1578 abgeschlagen. Eine ganz andere Wendung nahm jedoch plötzlich die streitige Sache, als sich der Graf Jobokus von Limburg-Styrum und Bruntkhorst, ein Enkel der Irmgard, nach Arnheim an den Kanzler und die Räthe des Fürstenthums Gelbern und der Grafschaft Zütphen wandte. Diese forderten nun den kölner Kurfürsten und münsterischen Bischof Ferdinand sowie das Domkapitel von Münster vor ihren Gerichtshof. Ferdinand schickte zwar seinen Rath Johann Hobbeling nach Arnheim, ließ jedoch durch denselben nicht allein den gelbrischen Gerichtshof als inkompetent für Glieder des deutschen Reichs erklären, sondern auch den Nachweis liefern, daß die Fürsten und Stände von Gelbern bisher keine Gerichtsbarkeit über Borkelo gehabt hätten. Dazu kam, daß der Kaiser den gelbrischen Prozeß kassirte und nicht allein dem Grafen von Limburg-Styrum die Fortführung desselben untersagte, sondern auch den münsterischen Räthen und Ständen unter Androhung einer Strafe verbot, sich auf denselben irgendwie einzulassen. Nichts desto weniger hatte der Prozeß seinen Fortgang und wurde am 30. December 1615 durch ein Urtheil in contumaciam dahin entschieden, daß der Graf Jobokus der rechtmäßige Herr von Borkelo sei. Ferner wurde Münster zum Ersatz der genossenen Einkünfte verurtheilt und demnächst seine Besatzung aus der Herrschaft vertrieben. Die Unterhandlungen des Kurfürsten Ferdinand mit den Generalstaaten sowie mit dem Grafen von Styrum selbst führten nicht zu dem gewünschten Resultate, da beide erst nach geschehener Belehnung über die Abfindungssumme für die genossenen Einkünfte unterhandeln wollten, wobei freilich der Graf versprach, sich also redlich zeigen zu wollen, „daß man in der Thabt alle Freundschaft befinden solte." Der gelbrische Hof aber stellte am 24. Februar 1634 die Forderung, Münster solle binnen 2 Monaten 523,995 Gulden 6 Stüver zahlen. Das entschiedene Verfahren der Gelbrischen erklärt sich leicht aus dem Umstande,

daß bei den damaligen Verwickelungen im deutschen Reiche durch den
dreißigjährigen Krieg und besonders bei dem siegreichen Vordringen
der Schweden und ihrer Verbündeten in Westfalen und an den Rhein
der kölner Kurfürst sich veranlaßt sah, die Sache einstweilen „Gott
und der Zeit anzubefehlen." Zwar entschied das Reichskammergericht
zu Speier am 6. Juli 1612 für die Restitution Borkelos an das
Stift Münster; aber erst Christoph Bernard trat am 17. Oktober
1652 neuerdings mit Ansprüchen auf dasselbe hervor, erhielt jedoch
von den Hochmögenden unter dem 30. Juni 1653 die Antwort, daß
sie den damaligen Inhaber der Herrschaft in seinem Besitze schützen
würden.

Bevor wir uns auf eine weitere Mittheilung dessen einlassen, was
Christoph Bernard zur Verwirklichung seiner Ansprüche unternahm,
müssen wir noch kurz die Frage erörtern, inwiefern die Ansprüche
Münsters auf Borkelo rechtlich begründet waren. Bei der Beantwor=
tung dieser Frage haben wir zunächst zu sehen, ob Jobokus, der letzte
Graf von Brunkhorst, als Herr von Borkelo wirklich ein Vasall von
Münster war, weiterhin ob und inwiefern seit dem Tode desselben
1553 bis zum Jahre 1612, wo der geldrische Gerichtshof die Sache
in die Hand nahm, die Lehensgerechtigkeit Münsters über Borkelo
Anerkennung fand, endlich auf welche Gründe gestützt die Provinz
Gelderland das Territorialrecht über die Herrlichkeit Borkelo bean=
spruchte. Daß der Graf Jobokus von Brunkhorst als Herr von Bor=
kelo wirklich ein Vasall von Münster war, ergiebt sich aus der Be=
lehnung desselben durch den münsterischen Bischof Franz von Walbeck
1539 und 42, sowie aus der seiner Wittwe ertheilten Bewilligung,
den Nießbrauch der Güter für ihre Lebenszeit zu behalten, worüber
diese am 11. December 1556 eine Kaution ausstellte. Ferner ist es
aber auch von Wichtigkeit zur Beurtheilung des damaligen Verhält=
nisses zwischen Borkelo und Gelbern zu erfahren, daß der spätere
Kaiser Karl V. als Herzog von Gelbern und Graf von Zütphen 1505
an Friedrich Herrn zu Borkelo ein Schreiben wegen Grenzstreitigkeiten
richtete und 1517 das Gesuch stellte, einem aus Gelbern nach Bor=
kelo Geflüchteten das Geleit zu kündigen, sowie daß die Herren von
Borkelo nur zu den niederrheinisch=westfälischen Kreisversammlungen
geladen und auch nur von den ausschreibenden Fürsten und Ständen
dieses Kreises Hülfe baten und erhielten. Borkelo war also unter
den Grafen von Brunkhorst nicht ein Theil von Gelderland, sondern
ein Lehen von Münster oder, wie es in einem Briefe des Grafen
Friedrich vom Jahre 1507 genannt wird, ein Lehen von Sankt Paul.

Zur Beantwortung der zweiten Frage, ob die Lehensgerechtigkeit Münsters über Borkelo auch nach dem Tode des letzten Grafen von Brunthorst Anerkennung fand, diene folgendes. Es ist schon erwähnt, daß der münsterische Bischof Wilhelm von Ketteler 1553 das erledigte Lehen einzog und nur den Nießbrauch gegen Ausstellung einer Kaution der Gräfin Marie überließ. Unmittelbar nach dem Tode derselben im November 1579 wurden die Unterthanen in der Herrschaft Borkelo und Lichtenfurt vereidet und daselbst auch ein Rentmeister, sowie 1580 der adelige Droste von Bobelschwing angestellt. Münster war also damals wirklich im Besitze der Herrschaft, die ihm auch, wie wir oben gehört haben, durch rechtliches Urtheil sowohl von der Juristenfakultät in Straßburg als von dem Reichskammergericht in Speier zugesprochen wurde. Es verdient bemerkt zu werden, daß die Grafen von Styrum in dem Prozesse den Besitztitel Münsters nicht anfochten, sowie daß Irmgard 1580 nur auf die Allodien und nicht auf die Lehengüter Anspruch erhob. Ferner ist es von Wichtigkeit, daß Borkelo in einem Schatzungsregister des Stifts Münster unter der Rubrik Emsland mit 83 Thalern 14 Schill. aufgeführt ist, daß es bis 1616 seine eigene Miliz hatte, endlich daß es bis zu eben dieser Zeit unter der geistlichen Jurisdiktion des Bischofs von Münster stand. Zur weitern Bestätigung des letzten Punktes bemerkt Hobbeling in seiner Beschreibung des Stifts Münster, daß, als zu Deventer ein neues Bisthum errichtet worden, diesem unter anderm auch die Grafschaft Zütphen, nicht aber die Herrlichkeit Borkelo untergeordnet sei, ferner daß, wenn Philipp II. von Spanien als Herzog von Geldern und Graf von Zütphen irgendwelche Herrlichkeitsrechte über Borkelo gehabt hätte, dieser wohl nicht die Beibehaltung der augsburger Konfession daselbst gestattet haben würde. Nach dem Gesagten unterliegt es keinem Zweifel, daß der Bischof von Münster wenigstens bis zu der Zeit, wo der geldrische Gerichtshof eine andere Entscheidung fällte, als der Lehnsherr von Borkelo angesehen wurde. Mit dem Jahre 1612 änderten sich plötzlich die Verhältnisse: Geldern und Zütphen erzwangen in Borkelo Kontributionen und schrieben am 23. December 1613 sogar die Verpachtung der gemeinen Landsmittel daselbst aus, wogegen der Kaiser in einem Schreiben an die Generalstaaten, Linz den 7. März 1614, vergebens protestirte. Die Provinz Geldern betrachtete nun einmal Borkelo als unter ihrer Botmäßigkeit stehend, ließ daselbst seit 1611 Edikte publiziren und verdrängte vollends durch den Urtheilsspruch ihres Gerichtshofes sowie durch die Vertreibung der Besatzung den münsterischen Bischof aus seinem bisherigen Besitzthum. Forschen wir nach den rechtlichen Gründen, woraus sich dieses Verfahren erklären läßt, so finden wir zunächst in den zu Arnheim herausgekommenen Schriften auch nicht eine durchschlagende Behauptung, welche urkundlich aufrecht gehalten werden kann. Es haben sich daher auch die Verfasser jener Schriften gar fein gehütet, für ihre Angaben die urkundlichen Beweise beizubringen: sie waren eben nicht zu haben. Wie nun aber die Deduktionen der Gegner beschaffen waren, mag man aus Folgendem ersehen. Die Grafen von Styrum behaupteten, daß die Herren zu Borkelo sich 1469 zu gelbrischen Unterthanen gemacht hätten. In dem genannten Jahre war freilich ein Konföderations- oder Unionsbrief von Gisbert von Borkelo und dem Herzog Adolf von Geldern ausgestellt; es war dieses aber nur ein Pakt zur gegenseitigen Unterstützung, welcher mit dem Tode Adolfs 1477 wieder aufhörte. Jener Brief spricht also gewiß nicht dafür, daß Borkelo unter der Botmäßigkeit von Geldern stand. Viel eher noch hätten die Herren zu Borkelo als Unterthanen der Grafschaft Zütphen gelten können, wozu sie als Grafen von Brunkhorst gehörten: aber Brunkhorst und Borkelo standen nicht unter demselben Herrn und wenn die Inhaber dieses Lehens sich noch immer Grafen von Brunkhorst nannten, so war das eben nur ein Titel. — Aus allem geht hervor, daß das Verfahren Gelderns nicht ein rechtliches, sondern nur ein gewaltsames war. Warum hätten auch sonst nach der Entscheidung des gelbrischen Gerichtshofs die Generalstaaten sowie der Graf von Styrum sich bereit finden lassen, mit dem münsterischen Bischof in Unterhandlung zu treten und einen Vergleich zu versuchen? Und Styrum erklärte sogar noch am 2. April 1614 in einem Schreiben an den Kaiser, er sei nicht der Meinung und Intention, die Feudalgerechtigkeit der Herrschaft Borkelo dem Stift Münster und dem h. römischen Reiche zu entziehen. Diese Intention war unter den Stürmen des dreißigjährigen Kriegs vergessen. Das h. röm. Reich verlor in demselben so manche große und schöne Provinz: wie sollte es um ein so unbedeutendes Ländchen neue Streitigkeiten beginnen? — Aber Christoph Bernard war nicht der Mann, der auf ein Besitzthum, welches er irgendwie rechtlich beanspruchen konnte, ohne Weiteres Verzicht leistete. Das erfuhren die Holländer in Bevergern; das sollten sie auch jetzt in Bezug auf Borkelo erfahren. Der Fürst ließ nämlich den Generalstaaten wie auch seinen rheinischen Alliirten eine Denkschrift zugehen, worin er die Rechte Münsters auf die Herrlichkeit Borkelo weitläufig erörterte. Der Domdekan Brabeck übergab dieselbe den Hochmögenden im Haag;

zugleich aber drang auch der französische König Ludwig XIV. durch seinen Gesandten b'Estrades auf Erledigung der streitigen Angelegenheit. Die Generalstaaten ernannten zwar eine Kommission; aber Geldern verweigerte die Herausgabe der Dokumente und beschränkte sich auf die Veröffentlichung einer Gegenschrift, wodurch die Sache jedoch um nichts gefördert wurde, da die vorgebrachten Behauptungen, wie schon oben bemerkt, aller Begründung entbehrten. Freilich konnte unter solchen Umständen, wie Alpen bemerkt [13]), nicht Asträa, sondern nur Mars den Streit zur Entscheidung bringen: zu einem kriegerischen Eingreifen hatten sich aber gerade damals die Verhältnisse für Christoph Bernard noch nicht günstig genug gestaltet.

Auch sollten sich die Veranlassungen zum Kriege noch erst mehren und zwar besonders durch die Einmischung in den schon lange schwebenden friesisch-liechtensteinischen Streit. Graf Enno III. von Ostfriesland hatte mit den Töchtern seiner ersten Gemahlin, Sabina Katharina und Agnes, am 28. Januar 1600 den berumer Vergleich geschlossen, wonach diese ihren Ansprüchen auf das mütterliche Erbe, das sogenannte Harlingerland, eidlich entsagten, der Graf dagegen auf den Nießbrauch der Einkünfte von Rietberg sowie auf die Wiedererstattung einer bedeutenden Summe, die er aus seinen Mitteln für die Grafschaft abgetragen hatte, verzichtete und dazu seinen Töchtern 200,000 Thaler auszuzahlen versprach. Davon sollten 35,000 Thaler mit der Grafschaft Rietberg der Sabina Katharina, die übrigen 165,000 Thaler aber Agnes zufallen. Letztere wollte nach ihrer Heirath mit dem Fürsten von Liechtenstein den berumer Vergleich, wodurch sie sehr benachtheiligt sei, nicht anerkennen, ließ sich durch den Papst von ihrem Eide entbinden und verklagte ihren Vater. [14]) Der Prozeß stand gleich Anfangs ungünstig für den Grafen Enno und dieser erklärte sich daher 1622 zu einer Nachzahlung von 135,000 Thalern bereit; aber die bereits in Fässer verpackte Summe wurde durch Ernst von Mansfeld geraubt. Die Nachfolger Ennos erhoben zwar allerhand Einwendungen gegen die liechtensteinische Forderung, aber vergebens, zumal da die anfänglich vereinbarte Summe von 165,000 Thalern noch nicht einmal gezahlt war. Im Jahre 1663 erklärte der Reichshofrath allen weiteren Aufschub für unzulässig und ertheilte dem münsterischen Bischof Christoph Bernard den Auftrag, die ganze Summe von 300,000 Thalern mit den (wegen des dreißig-

---

[13]) Alpen I, 593.
[14]) Klopp, Gesch. Ostfrieslands II, 124 u. 336.

jährigen Kriegs auf ein Viertel ermäßigten) Zinsen beizutreiben. Aber Georg Christian, der damalige Fürst von Ostfriesland, hatte kein Geld, versprach jedoch binnen vier Jahren die Summe aufzubringen und setzte dafür sein Fürstenthum zum Pfande. Damit waren übrigens die ostfriesischen Stände nicht zufrieden, da die Schuld nur das Harlingerland betraf; und eben so wenig billigten sie auch den Vorschlag, daß Christoph Bernard dem Fürsten einen Theil des Reiderlandes für 150,000 Thaler abkaufen wollte. Georg Christian suchte nun von den Generalstaaten ein Kapital anzuleihen und versprach ihnen dafür die Schanze zu Diele einzuräumen. Aber die Hochmögenden, welche besonders gegen den Bischof von Münster möglichst viele feste Plätze zu haben wünschten, verlangten auch noch den jemgumer Zwinger, machten jedoch eben dadurch die ganze Uebereinkunft scheitern. Noch einmal wandte sich Georg Christian um Aufschub bittend nach Münster, aber vergebens. Christoph Bernard wollte die als Schlüssel zu Friesland höchst wichtige dieser Schanze nicht in die Hände der Generalstaaten kommen lassen. In der Nacht vom 6. auf den 7. Dezember schickte er 60 Mann in einer Pünte die Ems hinab nach Diele, welches nur von 6 oder 7 Mann besetzt war. Diese wurden bald zur Kapitulation gezwungen und nach ihrem Abzuge setzten sich die bis auf 300 Mann vermehrten Truppen des Bischofs in der Schanze fest, während sie zugleich die nicht weit entfernte Hampoler Schanze an der Grenze schleiften. Die Friesen sowohl als auch ganz besonders die Generalstaaten wurden durch die Nachricht von der Besetzung Dieles sehr unangenehm berührt und wenn die Provinz Holland nicht aus Furcht vor Ludwig XIV., dem Alliirten des münsterischen Bischofs, zurückgehalten hätte, so wäre es wohl schon damals zwischen den Generalstaaten und Christoph Bernard zu einem Kriege gekommen. Die Hochmögenden schickten nun eine Gesandtschaft mit 135,000 Thalern nach Ostfriesland, die Stände mußten nach einiger Weigerung die für den ersten Zahlungstermin noch fehlenden 150,000 Thaler aufbringen; aber Christoph Bernard weigerte sich, das Geld anzunehmen, wenn nicht die Schanze geschleift würde. Denn es war offenbar, daß dieselbe gleich nach seinem Abzuge von den staatischen Truppen besetzt werden sollte, wenngleich der Kaiser Leopold dieses als einen Friedensbruch anzusehen drohte. Die Drohung des Kaisers hatte kein großes Gewicht, so lange er mit den Türken beschäftigt war; Christoph Bernard allein konnte aber den Hochmögenden schwerlich widerstehen, und so begann er denn abermals durch den Dombekan Brabeck mit ihnen in Unterhandlungen zu treten.¹⁵) Diese betrafen übrigens nicht allein die friesische Sache, sondern zugleich auch die Heirlichkeit Borkelo und waren also nur darauf berechnet, durch die fernere Ausbeutung jener alten Streitigkeit den Hochmögenden die Lust zu neuen Verwickelungen zu nehmen. Die Verständigung wegen der friesischen Sache wurde dem kaiserlichen Residenten Friquet übertragen; zugleich aber bewirkte Christoph Bernard, daß der Kaiser, wie andere Mächte, so auch die Generalstaaten um Hülfe gegen die Türken ersuchen ließ.¹⁶) Daß sie sich darauf nicht einließen, hatte seinen Grund nicht sowohl in der Furcht, in einen Seekrieg mit England verwickelt zu werden oder den Handel in der Türkei zu verderben, als vielmehr in der Absicht, die bieler Schanze wenn nicht durch Vertrag, dann mit Gewalt zu gewinnen.

Mittlerweile war Christoph Bernard nach Regensburg zum Reichstage abgereiset, wenngleich die Landstände der Meinung waren, er möge sich beim Kaiser entschuldigen, damit er nicht persönlich erscheinen brauche.¹⁷) Die Stände hatten die Kosten ersparen wollen; der Fürst aber hielt es für nothwendig hinzugehen, um, wie Alpen bemerkt, sein Ansehen zu erhöhen und den Feinden eine heilsame Furcht einzuflößen.¹⁸) Für eine genaue und richtige Erfassung des Wesens und der Bestrebungen Christoph Bernards ist es daher von Wichtigkeit zu erfahren, was derselbe hauptsächlich zur Erreichung des genannten Zweckes auf dem regensburger Reichstage unternahm. Vor allem ist hier seine lebhafte Betheiligung an einem Streite der Fürsten zu erwähnen, welche sich über die weniger würdevolle Behandlung von Seiten des Kaisers und der Kurfürsten bei öffentlichen Versammlungen beklagten und in einem besonderen Rituale ihre betreffenden Wünsche kundgaben. Von Christoph Bernard selbst aber wird berichtet, daß er bei seiner ersten Audienz beim Kaiser so lange unten an der Treppe stehen blieb, bis der Hofmarschall sich herbeiließ, ihn zu empfangen und zum Kaiser zu führen. Wir können den weitern Verlauf der kleinlichen Rangstreitigkeiten füglich auf sich beruhen lassen und wenden uns zu der eigentlichen Aufgabe des regensburger Reichstags. Der Kaiser verlangte Truppen und Geld zum Kriege gegen die Türken, welche abermals verheerend in Ungarn eingebrochen waren und bei dem schlechten Zustande der kaiserlichen Truppen sieg-

---

¹⁵) Klopp a. a. O. S. 367 ff.
¹⁶) Alpen I, 608—626.
¹⁷) Landtagsabschiede vom 2. Mai 1662 u. 7. Mai 1663.
¹⁸) Alpen I, 606.

reich vordrangen.[19] Die Stände beschlossen die Aufstellung eines Reichsheeres und bewilligten drei Römermonate als Beisteuer, bestellten aber auch zugleich trotz dem kaiserlichen Hofkriegsrath noch einen besonderen Reichskriegsrath, zu dessen Präsidenten Christoph Bernard und der Markgraf Friedrich von Baden=Durlach mit einer monatlichen Besoldung von achthundert Reichsthalern ernannt wurden. Wir werden später sehen, was die Präsidenten für ihr Geld leisteten. Vorläufig haben wir noch einen andern Punkt zu berücksichtigen, der auch auf dem Reichstage zur Sprache gebracht wurde. Es handelte sich dabei um die Wiedererlangung der vom Reiche widerrechtlich abgerissenen Stücke und gerade Christoph Bernard zeigte sich bei diesen Verhandlungen auf das Lebhafteste interessirt, da sich dieselben sowohl auf die Zurückforderung Borkelos als auf die Behauptung der von den Generalstaaten bedrohten dieler Schanze bezogen. Wegen der letztern verständigte sich Christoph Bernard mit dem Herzoge Eberhard von Würtemberg, dem Schwiegervater des Fürsten Georg Christian von Ostfriesland dahin, daß bis zur Zahlung der festgesetzten Summe die Schanze in seiner Gewalt bleiben sollte. Damit hatte er seine Zwecke in Regensburg erreicht. Bevor er jedoch nach Münster heimkehrte, gab er den versammelten Fürsten ein glänzendes Mahl, wo er bei jedem Toaste 100 Schüsse aus einer ganz neuen Art von Feldstücken abfeuern ließ, die wegen ihrer besondern Konstruktion ebenso leicht und geschwind als Musqueten behandelt werden konnten.[20] Er hatte dieselben eigens von Münster kommen lassen; — ob vielleicht auch zu dem angegebenen Zwecke, — „ut augeret vel autoritatem vel metum sui" wissen wir nicht.

Kaum war Christoph Bernard im Frühlinge des Jahres 1664 nach Münster heimgekehrt, als er die nöthigen Anordnungen zur Reise nach Wien traf. Vor allem sandte er zu den früher schon abgeschickten Truppen noch tausend Veteranen dem Kaiser zu Hülfe: was um so auffallender erscheinen muß, weil er von den Generalstaaten nichts Gutes zu erwarten hatte. Alpen meint, der Fürst habe wegen des mit dem Herzoge von Würtemberg geschlossenen Vergleichs und wegen seiner Verbindung mit vielen andern Fürsten geglaubt,

---

[19] Wagener, historia Leopoldi I, S. 122. In einem Schreiben v. 23. Mai 1663 ersuchte der Kaiser Chr. Bernard „aus sonderlichem Vertrauen," ihm mit Rath und That an die Hand zu gehen und wirkliche und eilige Hülfe zu leisten. Prov.=Archiv Domkap.=Prot. VI, 2.

[20] Alpen I, 628.

die Generalstaaten würden ihn, besonders wo es sich um einen Krieg gegen den Erbfeind der Christenheit handelte, nicht angreifen.[21] Wenn übrigens die Generalstaaten sich wirklich von einem Angriff hätten zurückhalten lassen, so wäre es wohl nur geschehen, um die wenigstens noch äußerlich guten Beziehungen zum Kaiser, in dessen Auftrag Christoph Bernard gehandelt hatte, aufrecht zu halten. Wie wenig sie aber unter den damaligen Verhältnissen eine solche Rücksichtnahme für nöthig hielten, zeigen schon die nächstfolgenden Ereignisse.

Gleich nach dem Abzuge der münsterischen Truppen sammelten die Generalstaaten ein beträchtliches Heer unter dem Prinzen Wilhelm Friedrich von Nassau. Der kaiserliche Resident Friquet erhob dagegen am 17. April 1664 Protest, indem er die von Christoph Bernard getroffenen Maßregeln der Exekution gegen Ostfriesland zu rechtfertigen suchte. Aber die Generalstaaten ließen sich dadurch nicht bewegen, ihre Rüstungen einzustellen, sondern schickten vielmehr am 29. April ein Schreiben an Christoph Bernard, worin sie für den Fall, daß die bieler Schanze nicht gutwillig geräumt würde, mit Gewalt drohten. Der Fürst berief sich in seinem Antwortschreiben vom 4. Mai darauf, daß er als Exekutor im Namen des Kaisers und des Reichs nur seine Pflicht gethan hätte, und verwies sie im Uebrigen an seinen Gesandten Brabeck, der für die betreffenden Unterhandlungen instruirt wäre. Die Unterhandlungen führten aber wenigstens für die Hochmögenden nicht zu dem gewünschten Resultat. Friesland und Liechtenstein waren allerdings damit einverstanden, daß die Schuld in bestimmten Terminen abgetragen würde; auch Christoph Bernard war bereit, die Schanze zu räumen, und zwar sollte der Kommandant, sobald der ostfriesische Fürst zu Meppen am 31. Mai die beiden ersten Raten mit 285,000 Thalern abbezahlt hätte, seine Truppen mit allem, was ihnen gehörte, herausziehen: — aber nicht den Hochmögenden, sondern dem Fürsten von Ostfriesland sollte die Schanze übergeben werden. Unter diesen Umständen schrieben die Generalstaaten an Christoph Bernard sowie an den Fürsten von Ostfriesland, sie möchten ihre Deputirten am 31. Mai nicht nach Meppen, sondern in das Lager vor der bieler Schanze schicken. Dort nämlich stand der Prinz von Nassau mit seinen Truppen bereits seit

---

[21] Alpen I, 629. Auch der Kurfürst von Mainz und der Bischof von Straßburg waren der Ansicht, daß die Generalstaaten keinen Krieg anfangen würden. Fr. Münster. Landes-Archiv 541, 2.

dem 19. Mai; dort hofften die Generalstaaten bei der projektirten Zusammenkunft nicht unerhebliche Veränderungen in dem Vergleiche zwischen Münster und Friesland durchzusetzen. Die münsterischen Deputirten erschienen zwar, erklärten sich jedoch nur zu Unterhandlungen mit den Friesen bevollmächtigt. In Folge dessen hob der Prinz von Nassau die seit dem 29. bewilligte Waffenruhe wieder auf, ließ einige Minen anlegen, das Wasser aus den Gräben ableiten und zerstörte einen Theil der Wälle durch mehrtägiges Feuern aus dem groben Geschütz, so daß sich der bischöfliche Kommandant Elverfeld bereits am 4. Juni genöthigt sah, die Schanze gegen freien Abzug zu räumen. Diel wurde von staatischen Truppen besetzt; die münsterischen Deputirten mußten unverrichteter Sache aus Friesland heimkehren.

Das Verfahren der Hochmögenden war, wie Klopp richtig bemerkt,²²) ohne alle Frage feindlich gegen das Reich. Denn gesetzt auch, daß der Bischof Bernard von Galen seine Befugnisse als Vollstrecker des Urtheils gegen Georg Christian überschritten hätte: so stand es doch nur diesem zu, sich darüber bei Kaiser und Reich zu beklagen, und nicht waren die Generalstaaten berechtigt, den Reichsboden feindlich zu betreten. Sie erließen eine Rechtfertigungsschrift an den zürnenden Kaiser Leopold. Sie beriefen sich darauf, daß sie durch die Gewährleistung der ostfriesischen Landesverträge und durch das eigene Interesse, weil das Land und der Fürst ihnen bedeutende Summen schuldig seien, sich als verpflichtet angesehen hätten, den ungerechten Uebergriffen des Bischofs zu wehren. Ihnen liege nichts mehr am Herzen, als gute Freundschaft und Nachbarschaft mit dem Reiche. Auf solche Worte freilich kam es wenig an. Die That war einmal geschehen und der Kaiser war nicht in der Lage mehr zu thun, als daß er sie mißbilligte.

Auch Christoph Bernard konnte wenigstens jetzt nicht daran denken, Gewalt gegen Gewalt zu setzen; denn es war bereits die höchste Zeit, daß er seinen Sitz im Reichskriegsrath zu Wien einnahm. Auf der Reise dorthin erhielt er ein vom 17. Juni 1664 datirtes Schreiben der Generalstaaten mit einer Forderung von 1,500,000 Gulden, wozu das Stift Münster vor fünfzig Jahren wegen der aus der Herrschaft Borkelo gezogenen Einkünfte vom geldrischen Gerichtshofe verurtheilt sei. Für den Fall, daß die Zahlung nicht erfolgte, wurde mit Exekution gedroht. Auch diese Drohung mußte der Fürst einstweilen mit

---

²²) Klopp a. a. O. S. 370.

Stillschweigen hinnehmen. Gegen Ende Juli traf er zu Wien ein. Schon wenige Tage nachher, am 1. August 1664, folgte die entscheidende Niederlage der Türken bei dem Kloster St. Gotthard, in Folge deren die bereits früher angeknüpften Unterhandlungen endlich am 10. August zum Abschluß eines zwanzigjährigen Waffenstillstands führten. Von Christoph Bernard erfahren wir nur, daß er sich um die Herbeischaffung von Lebensmitteln und Kriegsmunition eifrigst bemühete. Uebrigens scheint gerade der Umstand, daß dem Kaiser die dazu nöthigen Gelder fehlten, den Hauptgrund zur Annahme der für den siegenden Theil gewiß nicht günstigen Bedingungen der Uebereinkunft von Vasvar abgegeben zu haben. [23]) Christoph Bernard blieb noch bis zum 14. Oktober in Wien, während welcher Zeit er dem Kaiser nicht allein seine Ansicht über die zweckmäßigste Kriegsweise gegen den Erbfeind der Christen [24]) mitgetheilt zu haben scheint, sondern auch jedenfalls wohl Rede war über das Verhalten der Generalstaaten in der ostfriesischen sowie der borkeloschen Angelegenheit. Daß der Bischof dabei zugleich auf die gefährlichen Pläne Frankreichs hinwies, ist aus spätern Aeußerungen des Königs Ludwig XIV. mehr als wahrscheinlich. [25]) Am Tage vor seiner Abreise hatte Christoph Bernard eine Audienz beim Kaiser, der nicht nur ihm ein goldenes, mit Diamanten besetztes Kreuz verehrte, sondern auch seinen Soldaten ein Geldgeschenk einhändigen ließ.

Von Wien begab sich Christoph Bernard zunächst nach Erfurt, welches gerade damals durch den Kurfürsten Johann Philipp von Mainz mit Hülfe französischer und münsterischer Truppen zur Unterwerfung gebracht war. Er wurde daselbst glänzend bewirthet und kehrte dann über Höxter nach Münster zurück, wo er im Dezember glücklich eintraf. Für das nächstfolgende Jahr 1665 konnte der Fürst nun seine ganze Aufmerksamkeit den Generalstaaten zuwenden und insbesondere die Mittel zu erlangen suchen, um einerseits den Ueberfall der bieler Schanze zu rächen, andrerseits nicht nur die wegen Borkelo gestellte Forderung von 1,500,000 Gulden zurückzuweisen, sondern sich vielmehr in den Besitz des streitigen Gebiets zu setzen. Ohne Krieg ließ sich die Sache nicht zum Austrag bringen und es handelte sich daher für Christoph Bernard, der es allein mit den Ge-

---

[23]) Wagener, hist. Leop. S. 171.
[24]) Wiens Samml. fr. Nachr. S. 385 f.
[25]) Alpen I, 681. Wiens S. 382 Anm. Fr. Münster. Landes-Archiv 541, 2. (Schreiben des Bisch. v. Straßburg d. 26. Jan. 1665).

neralstaaten nicht aufnehmen konnte, zunächst darum, Bundesgenossen zu erwerben. Er setzte seine Hoffnung namentlich auf Brandenburg und Pfalz-Neuburg, die wegen der im jülichschen Erbfolgestreit ihnen zugefallenen Länder zum westfälischen Kreise gehörten. Auf einer Zusammenkunft mit diesen Fürsten zu Dorsten erwirkte er nicht nur eine Verständigung über das Kondirektorium des Kreises sowie über die freie Religionsübung der Katholiken, Protestanten und Reformirten in Kleve, sondern beantragte auch zugleich einen Vertrag zur Erhaltung und Beschützung des Kreises. Dieser war von den Generalstaaten nicht unbedeutend geschmälert; denn sie hatten nicht nur die klevischen Städte Wesel, Büderich, Rees, Emmerich, Orsoy, die Schanze zu Gennep und die Schenkenschanze besetzt, sondern auch in der zu Jülich gehörenden Stadt Ravenstein die Beamten und Güter mit Arrest belegt, so daß die Fürsten von Brandenburg und Neuburg gegen die Generalstaaten gewiß keine geringeren Beschwerden zu führen hatten als der Bischof von Münster, der vor allem Borkelo wiedergewinnen wollte. Die Bedingungen des Vertrags wurden berathen und festgestellt und es bedurfte nur noch der Auswechselung der Ratifikationen. Daß man diese Anfangs verzögerte und später ganz verweigerte, hatte seinen Grund in der Einmischung des französischen Königs Ludwig XIV. Dieser fürchtete nämlich, daß das Schutzbündniß der Fürsten des westfälischen Kreises unter dem Einfluß des österreichischen Hauses nicht nur in andern Kreisen ähnliche Bündnisse hervorrufen, sondern sich sogar zu einem Reichsverein gestalten würde. Dadurch könne man sowohl die rheinische Allianz sprengen und somit seinen Einfluß in Deutschland vernichten, als auch, wenn man die spanischen Niederlande als burgundischen Kreis in den Verein mit aufnehme, seine Absichten auf dieses Land durchkreuzen. Unter diesen Umständen hielt es der König für nothwendig, vor allem den mächtigen Kurfürsten von Brandenburg dahin zu bringen, daß er dem projektirten Bunde nicht beitrete. Doch schien es ihm weniger gut und sicher, die Sache direkt zu betreiben, als vielmehr durch seinen Gesandten Estrades die Prinzessin von Oranien auf eine höchst intriguante Weise zu bestimmen, daß sie dem Kurfürsten, ihrem Schwiegersohne, die Ratifikation des dorstener Bündnisses widerriethe. Ludwig erreichte seinen Zweck, wenngleich er den Kurfürsten nicht überzeugen konnte, daß der dorstener Vertrag der rheinischen Allianz schädlich sei. [26]) Der eigentliche Grund, weshalb der Kurfürst den

---

[26]) Vgl. die Briefe von Ludwig, Lionne u. Estrades bei Wiens S. 374 ff. Die

Vertrag nicht ratifizirte, war der Wunsch, den Frieden zu erhalten. Denn er hatte sowohl durch das heimliche Anerbieten Frankreichs, Kleve ihm abzukaufen, gegen Ludwigs Pläne Argwohn geschöpft, als auch hielt er sich davon überzeugt, daß man unter dem Vorwande des von Münster erregten Krieges etwas gegen die Protestanten im Schilde führe. So war denn die Hoffnung Christoph Bernards auf eine Verbindung mit Brandenburg vereitelt; Pfalz-Neuburg aber ward ebenso wie Köln, das etwa wegen des ihm von den Generalstaaten entrissenen Rheinberg zu den Waffen hätte greifen mögen, durch den französischen König zur Neutralität gemahnt. Eben derselbe war es auch, der durch seinen Gesandten den zu Regensburg versammelten Reichsständen eine Schrift überreichen ließ, wonach der münsterische Bischof als angreifender Theil nicht unterstützt werden dürfte. Und wirklich war Frankreichs Einfluß in Deutschland mächtig genug, um Christoph Bernard jeder Aussicht auf Bundesgenossenschaft im Reiche zu berauben. Dagegen bot sich ihm gerade damals die günstigste Gelegenheit zu einer Verbindung mit dem Auslande, da die Engländer aus Eifersucht über die Vortheile, welche die Generalstaaten in der jüngsten Zeit zur See errungen hatten, die Waffen ergriffen. Die Verhandlungen über diese Verbindung wurden mit Rücksicht sowohl auf Frankreich, welches sie etwa hintertreiben mochte, als auch auf die Generalstaaten, welche vor ihrem Abschluß zu gefährliche Nachbarn waren, in aller Heimlichkeit geführt. Christoph Bernard zog nur das Domkapitel zu Rathe, entweder weil er den übrigen Landständen seine Pläne aus Besorgniß vor zu frühzeitiger Kundgebung nicht vorlegen wollte, oder weil er von ihnen ein bereitwilliges Eingehen auf dieselben nicht erwarten konnte. Mit Genehmigung des Kapitels wurde der mindensche Domherr von Wrede nach London geschickt und vereinbarte am 13. Juni 1665 mit dem englischen Staatssekretair Arlington die Bedingungen eines Bündnisses, welche am 21. von dem Könige Karl II. genehmigt und durch den Lord William Temple auch Christoph Bernard zur Ratifikation übermittelt wurden. Danach verpflichtete sich dieser mit 20,000 Mann

---

Bestimmungen des borstener Vertrags wurden größten Theils aufgenommen in den am 9. Sept. 1666 zu Kleve aufgerichteten „Erbvergleich zwischen Chur-Brandenburg und Pfalz-Neuburg über die Jülichschen Successionsstreitigkeiten." Scotti „Sammlung der Gesetze u. Verordnungen .. in Cleve." Düsseldorf 1826 Th. 1 S. 436 ff. Ueber das Direktorium des westfäl. Kreises s. Scotti S. 446 ff. und den Nebenreceß über die streitigen Religions- u. a. geistl. Angelegenheiten S. 454 ff.

zu Fuß und mit 10,000 Reitern gegen die Generalstaaten zu operiren, wogegen der englische König zur Anwerbung der Truppen in den Monaten Juni, Juli und August 500,000 Thaler und fernerhin zur Besoldung für jeden Monat, so lange der Krieg gemeinschaftlich geführt würde, 50,000 Thaler zu zahlen versprach.[27]) Daß man den Fürsten von Brandenburg und Pfalz-Neuburg den Beitritt zum Bündnisse offen hielt, war ohne Erfolg, da jene nicht einmal den dorstener Vergleich ratifiziren wollten. Der Domdelan Brabeck, den Christoph Bernard nach Berlin schickte, kehrte daher auch unverrichteter Sache zurück.

Kaum war der Bund mit England geschlossen und die ersten Subsidiengelder gezahlt, als Christoph Bernard zu Hamburg, Lübeck, Frankfurt, Mainz, Köln und in den spanischen Niederlanden Truppen zu werben begann. Die Generalstaaten beschwerten sich darüber sowohl bei dem deutschen Kaiser als auch bei dem spanischen Gesandten im Haag, Don Estevan de Gamarra, und dem Statthalter Castel-Rodrigo in Brüssel. Der Kaiser, dem auch Christoph Bernard in einem eigenen Schreiben[28]) die Gründe seines Verfahrens auseinander setzte, ließ die Beschwerdeführer ohne Antwort. Der spanische Gesandte sowie der Statthalter gaben sich aber alle erdenkliche Mühe, die Generalstaaten davon zu überzeugen, daß sie die Werbungen des münsterischen Bischofs nicht nur nicht unterstützten, sondern vielmehr geradezu verhinderten,[29]) fanden jedoch mit ihren Versicherungen wenig Glauben. Es war auch in der That unleugbar, daß nicht allein viele Truppen, sondern auch tüchtige Offiziere aus den spanischen Niederlanden in die Dienste Christoph Bernards traten. Castel-Rodrigo, welcher die gefährlichen Pläne Frankreichs gegen die spanischen Provinzen durchschaute, mußte es in seinem Interesse finden, den kriegerischen Bischof sich geneigt zu machen. Soweit er diesem daher ohne zu großes Aufsehen nützlich werden konnte, bewies er sich ihm durchaus willfährig; nur das Gesuch, den tüchtigen General Bournonville in münsterische Dienste treten zu lassen, wurde abgelehnt.[30]) Auch der Graf von Waldeck, dem Christoph Bernard die Stelle eines Feldmarschalls anbot, erklärte, wegen seiner Besitzungen in Holland nicht

---

[27]) Alpen I, 670 ff.
[28]) Ein Abdruck des Briefes auf der Paulin. Bibl. h¹⁸ 99.
[29]) Vgl. die Briefe bei Wiens S. 315 ff.
[30]) Mém. de Gaiche. Wiens S. 226. Berichte des Majors von Haugwitz, welcher wegen Anwerbung von Truppen Anfangs Juni 1666 nach Brüssel geschickt wurde im Fr. Münster. Landes-Archiv 534, 1 a.

darauf eingehen zu können. Ja er schlug sich sogar bald nachher auf Seite der Generalstaaten und zwar, wie es aus seinen Briefen an den kurkölnischen Generalwachtmeister von Landsberg hervorgeht,[31] aus Argwohn gegen den emporstrebenden Nachbarn. Wenn ich mich, so lauten seine Worte, mit Holland engagiren werde, so geschieht dieses zur Beruhigung unsers Vaterlands und zu Hintertreibung des Bischofs mir bekannten weitaussehenden Desseins. Und in einem andern Schreiben: Ich suche nichts als Ruhe; kann mir die werden, so werde ich kein fremdes Interesse embrassiren. Daß übrigens der Graf von Waldeck allein aus politischen Gründen zu den Generalstaaten hielt, läßt sich kaum annehmen und Christoph Bernard hatte gewiß nicht ganz Unrecht, wenn er ihm zugleich religiöse Motive unterlegte. Als Oberfeldherrn gewann der Bischof demnächst den Prinzen Georg Christian von Hessen-Homburg.

Die Generalstaaten hatten unterdessen schon empfindliche Verluste zur See erlitten und ihre Lage war um so bedenklicher, weil im eigenen Lande eine oranische und eine republikanische Partei sich gegenüberstand, wodurch die Unternehmungen des eifrigen Rathspensionairs de Witt vielfach gelähmt wurden. Nun drohte obendrein ein Angriff des Bischofs von Münster, und zwar zu einer Zeit, wo man die Besatzungstruppen der meisten Städte auf der Flotte verwandte. Dazu kam, daß man die Landmacht überhaupt sehr vernachlässigt hatte und so mußten die Generalstaaten ihre Rettung fast allein von Frankreich erwarten. Sie wandten sich daher an Ludwig XIV., um gemäß dem am 27. April 1662 geschlossenen Vertrage[32] Unterstützung zu erhalten, wurden jedoch einstweilen nur aufgefordert, durch die Rückgabe Borkelos den Vorwand zum Kriege zu beseitigen. Der König betrachtete die Streitigkeiten wegen dieser Herrschaft als eine reine Privatsache, in der das Recht offenbar auf Seite des Bischofs sei.[33] Wenn die Generalstaaten sich weigerten, diesem Genugthuung zu leisten, so könnte leicht ein allgemeiner Krieg entstehen, da auch andere Fürsten, wie der von Köln und Brandenburg, ähnliche Forderungen hätten. Um einen Krieg mit dem deutschen Reiche zu vermeiden, würde Frankreich nur dann zur Unterstützung herbeiziehen, wenn der Bischof zuerst angriffe. Auch Christoph Bernard hatte zu gleicher Zeit den Malteserkomthur Schmising nach Paris geschickt, um

---

[31] Belensches Archiv.
[32] M. d'Estrades lettres, mémoires et négoc. II, 1.
[33] Vgl. die Briefe des Königs und Estrades bei Wiens S. 144 ff.

von dem französischen Könige zufolge der rheinischen Allianz Hülfe zu verlangen, da die Generalstaaten durch die Verheerung des Stifts während seiner Abwesenheit in Ungarn die Feindseligkeiten zuerst eröffnet hätten. Aber Ludwig XIV. zeigte sich nicht allein sehr ungehalten, weil Christoph Bernard den Oesterreichern und Spaniern zu Regensburg und Wien für Frankreich höchst verderbliche Rathschläge ertheilt habe, sondern erklärte auch, daß er wegen der von den Spaniern unterstützten großartigen Rüstungen des Bischofs sich veranlaßt sehe, den Generalstaaten um so eher beizuspringen, als er mit diesen weit enger verbündet sei, wie mit Münster. Wie der König übrigens eigentlich von der Sache dachte, geht aus einem Schreiben Lionnes an Estrades hervor, worin es heißt: „Der König ist zwar entschlossen, den Generalstaaten Hülfe zu geben, theils seiner eigenen Ehre theils auch seines Vortheils wegen, welcher nicht der ist, daß die Staaten gänzlich erliegen: aber was er auch immer bei dieser Gelegenheit thun mag, so sind wir dennoch überzeugt, daß die Staaten zu andern Zeiten uns keine Dankbarkeit erzeigen; und insbesondere daß sie, wenn der König seine Rechte auf Flandern sollte geltend machen wollen, die Partei seiner Feinde ergreifen werden. Ist es nun nicht verdrießlich in einen großen Krieg, worin wir vielleicht von unsern Alliirten gar verlassen werden, gehen zu sollen und das für Leute, die uns mit der ebenerwähnten Münze bezahlen werden?"[34] Ludwig XIV. wollte also einen Krieg, von dem er sich wenigstens keine Vortheile versprach, wo möglich vermeiden und er wirkte in dieser Beziehung nicht allein bei den Generalstaaten, denen er immer von neuem die Ausgleichung der borkeloschen Streitigkeit rieth, sondern auch bei Christoph Bernard, den er durch seinen außerordentlichen Gesandten Lessein von jeder Feindseligkeit abzuhalten suchte. Es leitete ihn dabei offenbar die Furcht, daß sich aus der Verbindung zwischen England und Münster durch den Hinzutritt von Spanien, Oesterreich, Brandenburg und Schweden eine große Koalition bilden und so seine Pläne auf Flandern leicht durchkreuzt würden. Hatte doch Schweden sich bereits mit England wirklich verbündet und ein Heer nach Deutschland geschickt; und sprachen doch auch mehre wichtige Thatsachen dafür, daß Spanien in Uebereinstimmung mit Münster handle. Je länger aber Ludwig mit seiner Unterstützung zögerte, desto mehr verbreitete sich in den Generalstaaten selbst unter den bedeutendsten Mitgliedern der Ständeversammlung der Glaube an die Wahrheit der Behauptung

---

[34] Wiens S. 159.

Caſtel-Robrigos, daß nicht nur der Krieg mit England durch Frank=
reichs Einflüſterungen angeſtiftet ſei, ſondern auch derjenige, zu wel=
chem der Biſchof von Münſter rüſte, durch eben dieſes Frankreich an=
geſchürt werde. [35]) Dieſer Behauptung entſprachen auch die Thatſachen,
daß Ludwig XIV. weder den Engländern, welche die Feindſeligkeiten
doch ſchon längſt begonnen hatten, den Krieg erklärte, noch auch die
angeblich von Chriſtoph Bernard angeſtifteten Unruhen zu Gennep,
Doesberg und Arnheim als Friedensbruch betrachtete. Letzteres konnte
freilich auch wohl nicht geſchehen, da die Theilnahme Chriſtoph Ber=
nards an jenen Unruhen nicht unzweifelhaft erwieſen war, vielmehr
dieſer ſie mit aller Entſchiedenheit in Abrede ſtellte. [36]) Mochte dem
nun ſein, wie ihm wollte, ſo iſt wenigſtens ſo viel klar, daß Ludwig
XIV. nicht eher ins Feld rücken wollte, als bis Chriſtoph Bernard
die Feindſeligkeiten eröffnet hatte. Zugleich verfolgte er auf alle
mögliche Weiſe das Streben, den Krieg, wie wir jetzt ſagen würden,
zu lokaliſiren. Daher ſuchte er zunächſt den Biſchof jeglicher Bei=
hülfe namentlich durch deutſche Fürſten zu berauben, um ſo einen
Reichskrieg zu verhüten; dann aber auch hintertrieb er jede Unter=
ſtützung deſſelben auf diplomatiſchem Wege, wie insbeſondere die von
Spanien angebotene Vermittlung, [37]) um auf dieſe Weiſe die Rege=
lung der Angelegenheiten ganz in ſeiner Gewalt zu behalten und für
ſeine Zwecke auszubeuten. Aus dieſem Geſichtspunkte allein läßt ſich
das Verhalten Frankreichs vor und während des Kriegs erklären.
Gehen wir nun auf die Thatſache des Kriegs ſelbſt näher ein, ſo
wird es nur noch um ſo mehr hervortreten, wie der Verbündete der
Generalſtaaten bei allem, was er dem Anſcheine nach für dieſe un=
ternahm, nur ſtets die Erreichung ſeiner eigenen Zweck im Auge hatte.

Am 14. September 1665 erließ Chriſtoph Bernard von der Lud=
gersburg bei Coesfeld ein Schreiben an die Generalſtaaten, [38]) gleich=
ſam ein Ultimatum, worin er wegen der obſchwebenden Streitpunkte
unverzüglich Genugthuung und Sicherſtellung verlangt, widrigenfalls
er Gewaltmittel gebrauchen werde, um „zu deſto beſtendiger einigkeit

---

[35]) Wiens S. 150.
[36]) „Copye van de informatien, confessien ende seutentien van de twee
verraders ende conspirateurs tegens de Steden Arnheimb ende Doesberg consequentelik tegens den Staet der vereinigten Nederlanden on-
dernommen." Dazu die (gedruckte) Widerlegung des Biſchofs. Beides
in der Paulin. Bibl.
[37]) Wiens S. 319, 161 f. u. 183.
[38]) Ein „copeylicher Abdruck" deſſelben in der Bibl. des Alterth.=Vereins.

und ruhestandt mit den vereinigten Niederlanden zu gelangen." Noch bevor die Antwort der Generalstaaten eintraf, schickte Christoph Bernard den Generalwachtmeister Gorgas mit einigen Regimentern nach Meppen, um das Burtanger-Fort zu belagern. Er selbst rückte am 23. September in die Twente ein, mußte jedoch wegen des eintretenden Regenwetters die schwere Artillerie und einen Theil seiner Bagage in Coesfeld zurücklassen. Daher beschränkte er sich vorläufig auf die Einnahme kleinerer Plätze in den Landschaften Overyssel und Zütphen, gewann aber auch zugleich das Fort Borkelo.³⁹) Die Generalstaaten hatten unterdessen ein Heer von ungefähr 6000 Mann aufgebracht. Prinz Moriz von Nassau stand mit der Infanterie hinter Zwoll, der Rheingraf mit etwa 1500 Reitern zwischen Arnheim und Zütphen. Die beiden Führer galten als sehr tüchtig und es war vorzüglich nur eine Schuld der Verhältnisse, daß sie so wenig ausrichteten. Denn zunächst wurden ihre Unternehmungen dadurch gelähmt, daß sie nicht nach eigener bester Einsicht, sondern nur mit Zustimmung einiger ihnen beigeordneter Felddeputirten handeln durften. Dann aber auch befand sich das Heer der Generalstaaten in einem schlechten Zustande, da es einerseits an Reiterei mangelte, andererseits das Fußvolk von den zu Offizieren beförderten Bürgermeistersöhnen nicht nur schlecht geführt, sondern auch um einen großen Theil des Soldes betrogen wurde. Uebrigens waren auch die Fußtruppen Christoph Bernards nicht in einem guten Zustande und wenngleich er an Reiterei die Feinde übertraf, so ist es doch immerhin sehr fraglich, ob er, wie de Guiche meint, einen Streifzug gegen Utrecht oder gar gegen Amsterdam unternehmen durfte. Als er an eine Belagerung von Doesberg oder Zütphen dachte, um die Velau in Kontribution setzen zu können, rieth der General Plüren davon ab, weil die Truppen bereits viel gelitten hätten, dann aber auch insbesondere weil man Gorgas den Rücken frei halten müßte und weil nach der Einnahme des Burtanger-Forts aus Friesland und Gröningen größere Kontributionen zu erlangen wären als aus der Velau.¹⁰) Während die Truppen sich nun über Borkelo nach Ommen begaben, erhielt Christoph Bernard durch einen Trompeter die Antwort der Generalstaaten auf sein Manifest. Unter Ablehnung der ihnen gemachten Vorwürfe behaupteten jene, stets darauf bedacht gewesen zu sein, die freundnachbarlichen Beziehungen zu Münster aufrecht zu halten; da

---

³⁹) Mém. de Guiche. Wiens S. 289. Theatr. Eur. X, 55 ff.
⁴⁰) Alpen I, 690.

nun jedoch die Feindseligkeiten gegen sie bereits ihren Anfang genommen hätten, so würden sie auf Mittel zur Abwehr sinnen, bis der Bischof zu besserer Einsicht gelangte und ihnen völlige Genugthuung leistete. Die Antwort war vom 29. September datirt. An demselben Tage ließen die Felddeputirten der Generalstaaten die Ufer der Yssel mit Truppen besetzen, um den Feind an einem Uebergange zu hindern. Da aber die Nachricht von dem Marsch der Bischöflichen nach Ommen einlief, entschloß man sich alsbald durch Besetzung des Passes von Staphorst und Roveen die Drenthe gegen einen Einfall zu sichern. Aber die dort aufgestellten Truppen flohen nach kurzem Widerstande vor dem andringenden Feinde nach Hasselt und b'Ossery überflutete mit 8000 Mann bischöflicher Soldaten die Drenthe und Gröningen, welche Gegenden von staatischen Truppen fast ganz entblößt waren.[41]) Christoph Bernard selbst war unterdessen mit der übrigen Armee durch die Grafschaft Bentheim nach dem Emslande gezogen und hatte sich mit Gorgas vereinigt. Aber die Hoffnung, das Burtanger-Fort zu nehmen, erwies sich als eitel und der ganze Krieg schien eine höchst unglückliche Wendung zu nehmen, da die Generalstaaten nicht nur selbst alles aufboten, um das Corps des b'Ossery, welches sich in Winschoten verschanzte, zu umzingeln und bei seinem Mangel an Lebensmitteln zu vernichten, sondern auch jetzt endlich von Frankreich die versprochene Hülfe erlangten. Ludwig XIV. hatte nämlich auf die Nachricht von dem Einfall der münsterischen Truppen 4000 zu Fuß und 2000 Reiter unter der Führung Pradels abgeschickt, welche, da ihnen der Marsch durch die spanischen Niederlande verweigert wurde, durch das Gebiet von Lüttich zogen. Christoph Bernard beklagte sich in einem Schreiben an den kurkölnischen Generalwachtmeister von Landsberg darüber, daß man den Franzosen auf das erste Ansinnen den Durchzug gestattete; „ein wenig Weigern und Anerbietung gütiger Interposition hätte nicht übel gestanden." Uebrigens, meint er, sehe man jetzt klar ein, „die rheinische Allianz sei mehr zur darinnen begriffener Chur- und Fürsten Unterdrückung als derselben Erhaltung."[42]) Hätte er diese Einsicht nur früher gehabt oder doch wenigstens für die Zukunft festhalten wollen! — Der Krieg nahm jedoch durch das Erscheinen der Franzosen vorläufig keine andere Wendung, da sie, wie wir weiter unten

---

[41]) Aitzema XI, 1362 ff. Wahrscheinlich gab der aus Groningen geflohene Schulenburg die Veranlassung zu diesem Zuge. Wiens S. 241, Note 1.

[42]) Velensches Archiv.

sehen werden, nicht ernstlich entschlossen waren, ihn mit Entschieben=
heit zu führen. Zunächst wenden wir unsere Aufmerksamkeit wieber
auf b'Ossery. Dieser hatte bei seinem Einfall in Drenthe den Paß
bei Roveen unbesetzt gelassen und so mußte er denn, da die Feinde
sich alsbald des Ortes wieder bemächtigten, darauf denken, seinen
Truppen, welche sich bei dem immer weitern Vorbringen der Feinde
und dem stets empfindlichern Mangel an Lebensmitteln den Winter
über nicht halten konnten, einen andern Rückweg zu bahnen. In
dieser mißlichen Lage kam Christoph Bernard auf den Gebanken, von
Hebe im Emslanbe nach dem Kloster Apel quer durch das Butanger=
Moor einen Damm zu legen. Einige tausend Bauern wurden zu
dem Werk aufgeboten. Reisig, Fensterrahmen und Hausthüren von
zerstörten Gebäuden dienten als Grundlage; darüber wurden eichene
Bohlen gelegt und so in dem kurzen Zeitraume von sechs Wochen
eine Art Brücke hergestellt, die 1236 Ruthen lang und so breit war,
daß brei Pferbe oder fünf Mann im Gliede sie bequem passiren
konnten.[43] Es ist in der That auffallend, daß die staatischen Trup=
pen, welche doch in der jüngsten Zeit einige Vortheile über die Feinde
errangen, nicht einmal den Versuch machten, den Bau der Brücke zu
hindern. Die Vertheibigungsmittel b'Offerys in Heiligerlee und Win=
schoten müssen, trotzbem daß von seinen Truppen viele erkrankten und
auch viele sogar zum Feinde überliefen, der Art gewesen sein, daß
die staatischen Felbherrn keinen größern Koup wagen mochten, zumal
da die Nachricht einlief, daß auch Gorgas mit einem Theil seines
Heeres durch das Moor nach Winschoten vorgedrungen sei. So ge=
lang es dem b'Offery am 23. Novbr. ben Rückzug zu bewerkstelligen.
An der Spitze marschierte die Infanterie, in der Mitte befand sich
die Bagage und tausend Ochsen, die man in Friesland erbeutet hatte,
den Schluß bildete die Kavallerie. Die Brücke wurde später größten
Theils zerstört; was sich davon erhalten hat, führt noch den Namen
Bischops=Damm oder Gorgas=Dyk.[44]

Die Generalstaaten sahen sich in der Hoffnung, einen Theil der
feindlichen Armee zu vernichten, plötzlich getäuscht. Die Beschwerden,
welche sie bei den münsterischen Landständen über die Verwüstungen
der bischöflichen Truppen führten, hatten keinen Erfolg.[45] Die glück=

---

[43] Aitzema XI, 1846 ff. Alpen I, 606.

[44] Aitzema XI, 1873 ff. Alpen I, 701. Vgl. Essellen „das Kastell Alifo und die pontes longi." Anlage S. XI f.

[45] Wiens S. 329.

liche Wendung des Krieges lag, wie es schien, allein in den Händen der Franzosen, welche am 21. November, zwei Tage vor dem Abzug der Feinde, zu Nimwegen eingetroffen waren. Aber das Verhalten des Generals Prabel zeigte schon sehr bald, daß es den Franzosen nicht um eine energische Unterstützung ihrer Verbündeten zu thun war. Den von den staatischen Feldbeputirten vorgelegten Operationsplan, die verbündeten Truppen möglichst bald über die Yssel gegen den Feind zu führen, wies er mit dem Bemerken zurück, daß man aus vielen Gründen, besonders aber wegen der späten Jahreszeit und der schlechten Wege die Truppen in die Winterquartiere legen müsse. Erst nach längern Verhandlungen und auf die bestimmte Anzeige, daß der Prinz Moriz wenigstens mit den staatischen Truppen vorrücken würde, entschloß sich Prabel am 9. December gegen Lochem aufzubrechen. Der dortige Kommandant Elverfeldt mußte kapituliren und erhielt am 14. December unter ehrenvollen Bedingungen freien Abzug nach Breden. [46])

Christoph Bernard war unterdessen mit seinen Truppen aus dem Emslande herangerückt, ließ sie jedoch auf die Nachricht von der Uebergabe Lochems umkehren und, während nur das Regiment Scharenberg Bocholt besetzte, die Winterquartiere beziehen. Die Waffen schienen also bis zum nächsten Frühjahr ruhen zu sollen. Aber die staatischen Deputirten beschlossen in Uebereinstimmung mit den Kriegsobersten, die ganze Armee nach dem Stift Münster zu führen und entweder dem Feinde eine Schlacht anzubieten oder ihn, falls er sich zurückziehen sollte, auf eignem Grund und Boden zu beobachten und möglichst zu belästigen. Zugleich sollten die in Wesel liegenden Regimenter längs der Lippe vorrücken und die Herzöge von Braunschweig-Lüneburg nach einem mit ihnen abgeschlossenen Vertrage 8000 Mann zu Fuß und 4000 zu Pferde von Osten her in das Münsterland eindringen lassen. Der Plan war gewiß höchst verderblich, wenn nur der französische General sich darauf eingelassen hätte. Dieser war allerdings den staatischen Truppen in das Münsterland gefolgt; als es aber zu einem Angriff auf Bocholt kommen sollte, hielt er es wegen Mangels an Fourage und schweren Geschützen für unmöglich, den, wie er behauptete, wohl befestigten und besetzten Ort einzunehmen. Es blieb also den Feldbeputirten nichts übrig, als auf seinen Vorschlag einzugehen und die Soldaten in die Winterquartiere zu ent-

---

[46]) Amtl. Bericht der Feldbeputirten bei Wiens S. 900 f. Aitzema XI, 1395. . Theatr. Eur. X, 68.

laſſen. Auch die lüneburgiſchen Truppen, welche zum Aufbruch bereit ſtanden, erhielten Gegenbefehl.

Aus dem ganzen Feldzuge geht klar hervor, daß es den Franzoſen mit der Kriegführung nicht Ernſt war, daß ſie vielmehr ihre Verbündeten, ſtatt in ihren Operationen zu unterſtützen, nur lähmten. Fragen wir uns, zu welchem Zwecke ſie alſo verfuhren, ſo können uns nur die gleichzeitig geführten diplomatiſchen Verhandlungen darüber einigermaßen aufklären.[47]) Zunächſt geht aus einem Briefe Lionnes an Eſtrades vom 18. Nov. hervor, daß es den Franzoſen zwar hauptſächlich darum zu thun war, die biſchöfliche Armee zu ruiniren und zu zerſtreuen. Doch ſuchten ſie dieſes nicht direkt, ſondern auf Umwegen zu erreichen, wobei es ihnen möglich wurde, ohne die Einmiſchung Anderer die Angelegenheit zu regeln. Daher wandten ſie zunächſt alle Mittel an, um die Truppen des Biſchofs zur Deſertion zu verleiten, was ihnen auch in ſo hohem Grade gelang, daß ſie aus den Ueberläufern mehre Kompagnien errichten konnten. Zu gleicher Zeit wurde der Geſandte Eſtrades angewieſen, durch allerhand Wendungen und Kunſtgriffe nicht nur die von Chriſtoph Bernard geſtellten Bedingungen eines Waffenſtillſtands, ſondern auch die von dem deutſchen Kaiſer und dem Kurfürſten von Brandenburg angebotene Vermittlung zu hintertreiben. Dabei hatte Ludwig XIV., wie er in einem Briefe vom 11. Dec. ausſagt, zwei gewichtige Intereſſen: „einmal daß durch den künftigen Vergleich der Biſchof zur Abdankung ſeines Heeres verpflichtet werde; dann daß die Unterhandlung nicht durch die Hände des Kaiſers gehe. Denn außer dem Ruhm, dem Einfluß und Vertrauen, das er dadurch gewönne, würde er auch die Beherrſchung und Leitung des Geſchäfts an ſich bringen und Mittel finden, die Entwaffnung des Biſchofs zu verhindern." Alſo der Biſchof ſoll entwaffnet und der Kaiſer jeder Gelegenheit, ſeinen Einfluß zu erhöhen, beraubt werden, weil — und das eben iſt der eigentliche Grund — dieſes für die Pläne Frankreichs auf Erwerbung der ſpaniſchen Niederlande nothwendig ſcheint. Wir haben ſchon früher hervorgehoben, daß Ludwig XIV. bei allem, was er anſcheinend für die Generalſtaaten unternahm, in Wirklichkeit nur ſeinem Unternehmen gegen Flandern vorarbeitete. Dieſes zeigt ſich noch klarer bei folgenden Umſtänden. Als die Münſteriſchen den Grafen von Auvergne in Mole auf ſpaniſchem Gebiete überfallen hatten, verſäumte Eſtrades keine Gelegenheit, die Staaten gegen den ſpaniſchen König, ohne deſſen

---

[47]) Vgl. die Briefe bei Wiens S. 175 ff.

Erlaubniß die That nicht verübt sein könnte, aufzureizen und Ludwig XIV. bestand sogar darauf, falls der Statthalter Castel=Rodrigo keine Genugthuung leiste, Repressalien zu nehmen. Aber die Genugthuung wurde geleistet und der Grund zum Angriff war gehoben. Noch schärfer traten die Absichten des französischen Königs hervor bei den Verhandlungen über ein Bündniß mit dem Kurfürsten von Brandenburg. Dieser wollte den Vertrag nur auf den gegenwärtigen Krieg mit Münster bezogen wissen. Ludwig hielt es nun zwar für gut, den Herrn de Witt in der Ueberzeugung zu lassen, als verlange er auch von jenem Fürsten weiter nichts; zugleich aber forderte er Estrades auf, den Kurfürsten enger in seine Interessen zu verflechten d. h. ihn, wenn es möglich sei, dahin zu bringen, daß er nach Beendigung des münsterischen Kriegs auf die eine oder andere Weise seine Truppen oder zum wenigsten ein effektives Korps von 6000 Mann ihm zu beliebigen Zwecken überlasse. In diesem Falle werde er auch keine Schwierigkeiten machen, ihm nach Verhältniß der zu stellenden Truppen Subsidien zu bewilligen. Der Zweck, wozu er die Truppen gebrauchen wollte, war offenbar kein anderer, als die Unternehmung gegen Spanien. Der Abschluß des Vertrags mit Brandenburg wurde eifrigst betrieben, weil man dadurch zugleich die Maßregeln des Kaisers zur Unterstützung Christoph Bernards zu zerschneiden hoffte, verzögerte sich jedoch noch einige Monate. — Ein fernerer Beweisgrund dafür, daß Ludwig XIV. nicht an eine ernstliche Unterstützung der Generalstaaten dachte, liegt in der Vermeidung aller Feindseligkeit gegen England. Trotz seiner Verbindung mit den Generalstaaten korrespondirte und konspirirte der französische König mit Karl II. von England, den er durch allerlei Vorspiegelungen und Versprechungen dahin zu bringen suchte, daß er seinen Plänen auf die spanischen Niederlande wenigstens nicht entgegenträte. Das ganze arglistige Verfahren Ludwigs mußte jedoch schon bald den Argwohn der Generalstaaten erregen. „Es war jedenfalls verdächtig und bemerkenswerth," schreibt Aitzema,[46]) „daß der König Ludwig noch nicht einen Stüver und nicht einen Mann zur Hülfe gegen England geschickt hatte; und was er gegen den Bischof that, brachte mehr Schaden als Vortheil, indem seine Truppen der Landesmiliz ein böses Beispiel gaben und dieselbe zum Mißvergnügen verleiteten, der Plünderungen nicht zu gedenken, die sie so arg wie der Feind in den Quartieren von

---

[46]) Aitzema XII, 197. Vgl. den Brief von W. Temple an Ormond bei Wiens S. 111.

Nimwegen, Velau, Zütphen und Overyssel verübten." Was das Betragen der französischen Soldaten betrifft, so klagt Aitzema darüber an vielen Stellen und findet seine Bestätigung nicht nur im Theatrum Europäum sondern auch bei dem französischen Geschichtschreiber Limiers.⁴⁹) Estrabes suchte auf alle mögliche Weise die Aufführung der Truppen zu rechtfertigen und Ludwig selbst gab sich den Anschein zu glauben, daß, wenn der Soldat sich einige Freiheit nehme, dies nur aus der geringen Vorsorge der Feldbeputirten für Sachen, die zu ihrer Subsistenz unentbehrlich seien, herrühren könne. Dieser Ansicht lag allerdings etwas Wahres zu Grunde; aber die Beschwerden besonders von Seiten der Gegner Frankreichs und de Witts wurden weder durch solche Entschuldigungen noch durch die Ordnungsstrafen, welche man über einzelne Soldaten verhängte, gemindert. Unter biesen Umständen hielt es der König für nöthig, in seiner Kriegführung etwas mehr Ernst zu zeigen. Daher schrieb Lionne unter dem 25. Dec. an Estrabes: „Da der König urtheilt, daß nichts den Bischof von Münster zu einem Frieden auf erwünschte Bedingungen eher bringen könne, als die Fortsetzung des Krieges während der feindlichen Jahreszeit, so ist er der Meinung, daß man die Truppen, anstatt sie in die Winterquartiere zu legen, so weit als möglich in Münsterland vorbringen und daselbst irgend einen Platz belagern lasse.... Wenngleich die Staaten sich dazu nicht entschließen sollten, so werden sie wenigstens erkennen, daß der König seine Truppen nicht geschont haben will und großes Verlangen hat, ihnen dieselben nützlich zu machen, wobei Sie, um davon noch einen vollständigern Beweis zu geben, hinzusetzen werden, daß der König über diese Sache auch an Herrn Prabel schreiben und demselben, falls die Staaten den erwähnten Vorschlag nicht annehmen sollten, den Wunsch ausdrücken werde, das Truppenkorps damit zu beschäftigen, im Münsterischen die Felder zu verwüsten, Dörfer zu verbrennen und alle nur mögliche Feindseligkeiten zu verüben."⁵⁰) Inwiefern Prabel sich bewogen fühlte, diesen Vernichtungsplan seines Königs zur Ausführung zu bringen, haben wir bereits oben bei der Affaire vor Bocholb gesehen. Als daher der obige Brief des Königs den Generalstaaten bekannt wurde, meinte man Anfangs, daß Prabel ein verlorener Mann sei, weil er gegen seine Instruktionen gehandelt habe. „Aber man hat nicht vernommen,

---

⁴⁹) Aitzema XI, 1375, 1377, 1383—86. Vgl. Theatr. Eur. X, 65 und Limiers histoire du regne de Louis XIV. Th. 3 S. 147 u. 152.

⁵⁰) Wiens S. 193.

sagt Aitzema, daß er darum jemals sauer sei angesehen worden: so
daß es nichts als ein Kunstgriff des Königs war." [51]) Und solcher
Kunstgriffe bediente sich Ludwig XIV. wiederholt, wobei er nur die
Absicht hatte, zu Zeiten, wo die oranische Partei in den Generalstaaten die Oberhand zu gewinnen drohte, durch scheinbare Unterstützung der republikanischen Partei seinen Einfluß zu behaupten.
Selbst Bestechungen wurden bei den Mitgliedern der staatischen Ständeversammlung angewandt und doch konnte der Argwohn der Provinzen
gegen Frankreich und besonders das Gerücht, de Witt wolle dem Könige das Land in die Hände spielen, nicht unterdrückt werden. [52])

Wenn bei diesem Verhältnisse zwischen Frankreich und den Generalstaaten an eine ernstliche Kriegführung nicht zu denken war, so
hatte Christoph Bernard dabei allerdings einigen Vortheil. Im Uebrigen aber gestalteten sich die Dinge nicht sehr nach seinem Wunsche.
Gleich nach der Eröffnung des Feldzugs hatte er den Prinzen von
Hessen-Homburg zum Kaiser geschickt, um dessen Unterstützung zu gewinnen. Frankreich suchte dieses auf alle mögliche Weise zu verhindern und der Kaiser selbst fand es bei dem Tode des Königs Philipp
IV. von Spanien in seinem Interesse, neutral zu bleiben und statt
durch seine Unterstützung den Krieg auszudehnen, ihn vielmehr möglichst bald beizulegen. Auch der Hof zu Madrid, wo während der
Regentschaft der Königin Maria Anna von Oesterreich für ihren un-
mündigen Sohn Karl die Parteien des Nietharb und des Don Juan
d'Austria sich bekämpften, ließ die Begünstigungen, welche Christoph
Bernard früher erfahren hatte, aufhören. In Folge dessen kamen
drei Regimenter des Bischofs, welche in den spanischen Niederlanden
lagen, arg ins Gedränge. Kleuter machte einen fruchtlosen Versuch
auf Valkenburg und Dalhem jenseits der Maaß. Natta und Karpi
bemächtigten sich des Schlosses Wouda und Oudenbosch und beabsichtigten Wilhelmstadt zu nehmen, um den Engländern, welche zwanzig
Transportschiffe bereit hatten, eine Anfahrt zu verschaffen. Aber da
die Spanier ihnen den Aufenthalt in ihrem Lande nicht länger gestatteten, so wurden sie, bevor sie sich noch gehörig in Verfassung
hatten setzen können, von den feindlichen Truppen aus Herzogenbusch
und Breda überfallen und umzingelt. Ein Theil mußte sich ergeben,
mit dem andern rettete sich Natta durch das Stift Lüttich in das
Land jenseits der Maaß, wo er Kontributionen ausschrieb, die in

---

[51]) Aitzema XII, 186.
[52]) Wiens S. 198 u. 204.

Aachen bezahlt werden sollten. Allein die Generalstaaten droheten mit Repressalien gegen das Aachener Gebiet, falls man die Münsterer dort länger unterstützte.

Glücklicher waren die Streifzüge der Bischöflichen in Overyssel und Drenthe. General Gorgas schlug im December 1665 ein Corps von 600 Reitern und 400 Fußsoldaten und machte viele zu Gefangenen. Die Obersten Lützow und Wolframsdorf drangen am 6. Januar 1666 bei eingetretenem Frost über das Moor nach Friesenvenn, wo sie 500 Mann gefangen nahmen. Am folgenden Tage machte Walpot von Meppen aus einen Einfall in Drenthe, tödtete von 150 Feinden, welche sich in dem Dorfe Emmen verschanzt hatten, etwa ein Drittel, nahm die übrigen gefangen und gewann eine beträchtliche Beute. Da erließ der Kommissar der Generalstaaten Grünewald unter dem 20. Februar 1666 von Wesel aus ein Edikt, wonach wegen der in Twenthe und Zütphen geübten Repressalien die Unterfassen des Stifts Münster aufgefordert wurden, ihre Abgaben nicht mehr an den Fürsten, das Domkapitel, die Generale, Drosten, Räthe, Gografen, Richter, Rentmeister und Vögte, sondern an ihn und seine Receptoren zu zahlen. Und bald darauf plünderten die staatischen Soldaten, welche am 23. Februar von Groll aus in das münsterische Stift einfielen, das Dorf Wüllen: aber der Oberstlieutenant Meinhardshagen und der Oberstwachtmeister Mellinger verfolgten sie mit ihren Truppen aus Ahaus und Ottenstein, entrissen ihnen bei Stadtlohn die gemachte Beute und nahmen über hundert gefangen. Einige Tage später, am 26. Februar, vernichtete Gorgas die neue Besatzung in Friesenvenn. Am 27. wurde das Schloß Schulenburg genommen. Weiterhin beabsichtigte man einen Angriff auf Stickhuisen und den Hafen Grietzil, um daselbst eine Verbindung mit den Engländern herzustellen: doch kamen die Feinde den Bischöflichen in der Besetzung dieses wichtigen Punktes zuvor.[53]

Diese Unternehmungen des Bischofs mitten im Winter zeigten hinlänglich, daß die Franzosen sich ohne allen Grund darauf berufen hatten, zu dieser Jahreszeit im Felde nicht ausharren zu können. Daher glaubte Aitzema sich zu dem Schlusse berechtigt, daß der General Pradel, wenngleich er wiederholt das Gegentheil versicherte, die Ordre hatte, den Bischof bis zum Sommer zu verschonen.[54] Bis dahin aber gelang es, diesen zum Frieden zu bewegen. Die dabei

---

[53]) Alpen I, 710 ff.
[54]) Aitzema XII, 196 f.

mitwirkenden Umstände waren insbesondere folgende. Anfangs Februar 1666 war nach langen Verhandlungen zwischen Frankreich, den Niederlanden und Brandenburg endlich ein Bündniß der beiden letztern zum Abschluß gebracht, demgemäß der Kurfürst gegen bedeutende Subsidien den Generalstaaten mit 8000 Mann zu Fuß und 4000 Reitern zu Hülfe kommen wollte, falls es ihm nicht gelänge, Christoph Bernard zum Frieden zu stimmen. Schon früher hatte der Kurfürst zwischen den streitenden Parteien wiederholt zu vermitteln gesucht, und auch jetzt blieb dieses seine Hauptsorge, so daß es den Anschein gewinnt, er habe sich nur deshalb mit den Generalstaaten verbündet, um seinen Vorschlägen beim Bischof desto größeren Nachdruck geben zu können. Denn bei dem Argwohn, den er, wie wir schon oben sahen, gegen Frankreich hegte, hielt er es zwar seiner klevischen Besitzungen wegen für nothwendig, seine neutrale Stellung aufzugeben: zugleich aber behauptete er gegenüber dem englischen Gesandten Vane, als dieser ihm deshalb mit dem höchsten Mißfallen des Königs drohte, daß er nicht um sich allein, sondern auch um den Bischof der Gefahr zu entreißen, diesen Schritt gethan habe.[55] Mittlerweile hatten der kaiserliche Gesandte Friquet und der Pensionair de Witt bereits die Hauptbedingungen eines Friedens festgestellt, welche der Baron Goes dem Bischofe mittheilte zugleich mit dem Bemerken, daß der Kurfürst von Brandenburg und der Herzog von Braunschweig-Wolfenbüttel im Auftrage des Kaisers die Vermittlung zu übernehmen bereit wären. Als nun der brandenburgische Kurfürst seinen Kanzler Friedrich Jena nach Münster sandte, um Christoph Bernard unter Androhung von Gewaltmitteln zur Annahme des Friedens zu bewegen, erklärte sich dieser zwar nach einigem Sträuben zur Anknüpfung von Unterhandlungen bereit, verlangte jedoch, daß der Kurfürst von Köln, der Herzog von Neuburg und der Bischof von Paderborn unter die Zahl der Vermittler und der Garanten des Friedens aufgenommen würden. Auch wollte er im Voraus auf das Bündniß mit England nicht verzichten, um sich nicht aller Vertheidigungsmittel zu entblößen. Aus letzterm Umstande geht klar genug hervor, daß der Bischof den Frieden noch nicht ernstlich wollte. Was ihn einstweilen zur Nachgiebigkeit stimmte, war das Drängen der Vermittler. Wenn nur andere Fürsten sich aus dem Spiele lassen wollten, sagte er zu dem brandenburgischen Gesandten, so brauche er die Niederländer, deren Truppen nur geringe Beweise ihrer Tapferkeit gegeben

---

[55] Wiens S. 349.

hätten, keineswegs zu fürchten. Noch deutlicher spricht er sich in einem Briefe an den englischen Gesandte Temple vom 12. Februar 1666 also aus: „Ich versichere Sie, es ist nichts in der Welt, das ich unerschütterlicher zu behaupten entschlossen bin, als meine Allianz mit Sr. Maj. dem Könige, und keine Gewalt wird fähig sein, mich derselben zu entziehen. Ich will nicht hoffen, daß die Vermittlung, welche der Kaiser und die Fürsten mir angeboten haben, bei Ihnen den Verdacht erregen werde, als dächte ich darauf, meine Entschließungen zu wechseln. Die Lage meiner Angelegenheiten hat mir freilich nicht erlaubt, dieselbe offen und geradehin abzuweisen. Nur um Zeit zu gewinnen, habe ich die Proposition angenommen, wobei ich mich aber ganz in den Gränzen allgemeiner Präliminarien halte, welche die Wahl der vermittelnden Personen, die Art der Negoziation und die Garantie des künftigen Friedens betreffen. Denn mein Entschluß steht fest, mich von dem Könige nicht zu trennen, da ich von seiner Protektion mein ganzes Glück erwarte."[56] Wenn Christoph Bernard nichts desto weniger von seinem Entschlusse, an England festzuhalten, schon bald nachher zurückkam und sich im Widerspruche mit seinen früheren Aeußerungen dazu veranlaßt sah, auch ohne England in Friedensverhandlungen einzutreten, so hatte das eben zunächst darin seinen Grund, daß er von England nicht in der gewünschten Weise unterstützt wurde. Er ersuchte nämlich Temple in dem erwähnten Schreiben zugleich darum, ihm das dritte Quantum der Subsidiengelder in Einer Summe zu zahlen, damit seine Unternehmungen, zumal da er von den Feinden wegen des Hinzutritts Brandenburgs größeren Widerstand zu erwarten hätte, nicht behindert würden. England aber zögerte mit der Zahlung, weil es hoffte, daß der Kaiser und die deutschen Fürsten aus Gründen der Ehre und des eigenen Vortheils ihren Mitstand nicht untergehen lassen würden, so daß der Krieg auch ohne seine Subsidien vorangingen.[57] Um den Kaiser und die Fürsten zur Theilnahme am Kriege zu bewegen, hatte es den Grafen Karlingfort nach Deutschland geschickt; jedoch ohne Erfolg. Die Lage Christoph Bernards wurde immer schlimmer. Schon gegen Ende Januar hatte eine Truppenabtheilung in Coesfeld wegen rückständigen Soldes revoltirt; die fernere Unterhaltung der zahlreichen Krieger auf eigene Kosten war dem Bischof unmöglich: aber seine noch so dringenden Vorstellungen um Unterstützung wurden von den Eng-

---

[56] Wiens S. 119 ff.
[57] Wiens S. 118 N. 9.

ländern mit dem Bemerken abgelehnt, daß sie wegen des Verlustes der bei Ostende untergegangenen Zinnladung die nöthigen Gelder einstweilen nicht aufbringen könnten. Mochte jener Verlust auch nicht unbedeutend sein und mochte ferner auch bei der lockeren Wirthschaft des Königs mitunter große Geldverlegenheit in England herrschen: so viel wenigstens steht fest, daß man damals nicht aus wirklichem Geldmangel dem Bischofe die Unterstützung versagte, da Temple unmittelbar nachher, als der Bischof sich ernstlich zum Frieden neigte, ihm Geld genug zur Verfügung stellte.

Je länger übrigens die Engländer es versäumten, dem Bischofe die nöthige Unterstützung zu gewähren, desto nachgiebiger zeigte sich dieser bei den wiederholt an ihn gestellten Vermittlungsvorschlägen. Außer dem Kurfürsten von Brandenburg schickte auch der Kurfürst von Köln und der Herzog von Neuburg einen Gesandten nach Münster, um das Friedenswerk beschleunigen zu helfen. Die beiden letztern waren dazu veranlaßt durch den französischen König, der nun einmal durchaus den Frieden wollte, weshalb sein Unterhändler Colbert darauf drang, daß man dem Bischofe möglichst scharf zusetzen sollte. Das Betragen desselben, meinte er, sei bisher so gewesen, als ob ihn die Gunst Sr. Majestät wenig kümmere: auch habe er zu mancherlei Verdacht und Argwohn Anlaß gegeben. Jedoch wenn er nach Abschluß des Friedens bessere Gesinnungen annehme, so sollte ihm alsdann der Weg zur Freundschaft des Königs nicht verschlossen sein.[58]) Also die Gunst und Freundschaft Ludwigs XIV. stand auf dem Spiele, wenn Christoph Bernard sich nicht willfährig bewies. Und freilich durfte der Bischof es unter den damaligen Umständen kaum wagen, dem französischen Könige entgegen zu sein. Von Spanien und dem Kaiser, die gleichfalls den Frieden wollten, war keine Hülfe zu erwarten; die rheinischen Alliirten standen ganz unter dem Einfluß Frankreichs; Brandenburg drohte die Waffen zu ergreifen; England zahlte keine Subsidiengelder und die Aussicht auf eine Unterstützung Schwedens war noch zu ferne. Unter diesen Umständen erklärte sich Christoph Bernard, zumal da ein letzter Versuch, Brandenburg durch den Kaiser fernzuhalten, mißglückte,[59]) endlich dazu bereit, auf die Friedensverhandlungen einzugehen und sandte Schmising

---

[58]) Wiens S. 353.
[59]) Noch am 2. April 1666 schrieb Chr. Bernard an seinen Agenten Meyer zu Wien, er möchte versuchen, „ob nicht die Röm. Kais. Maj. zu bewegen wäre, Chur-Brandenburg und Braunschweig-Lüneburg von dem mit auswär-

und Wiedenbrück nach Kleve, wo auch die Abgesandten von Frankreich und den Generalstaaten sowie von den vermittelnden Fürsten zusammenkamen. Die Verhandlungen verzögerten sich hauptsächlich wegen der Bestimmungen über die vom Bischof geforderte Verzichtleistung auf Borkelo sowie über die Reduktion seiner Truppen. Frankreich suchte die Sache durch allerhand Intriguen und reichliche Geldspenden möglichst zu fördern; und auch der Kurfürst von Brandenburg zeigte den größten Eifer, „theils um von der Last der übelhausenden französischen Hülfstruppen befreit zu werden, theils aus Furcht, es möchten die Schweden, die im Bremischen standen, sich mit dem Bischofe verbinden,"⁶⁰) — und so kam es denn endlich am 18. April 1666 zu einer Verständigung über die Bedingungen.

Kaum hatte der englische König von den Verhandlungen in Kleve Nachricht erhalten, als er Temple den Befehl zukommen ließ, von Brüssel möglichst schnell nach Münster zu eilen, um den Abschluß des Friedens aus allen Kräften zu hintertreiben. Temple legte nicht ohne vielfache Beschwerden und Gefahren den Weg über Düsseldorf und Dortmund zurück und wurde von Christoph Bernard mit großer Auszeichnung empfangen und bewirthet, konnte jedoch durch seine Vorstellungen und Versprechungen in der Sache nichts mehr ändern, da der Friede bereits unterzeichnet war. Das Einzige, was ihm noch übrig blieb, war durch eine möglichst schnelle Rückkehr nach Brüssel zu hindern, daß die von England gesandten Wechsel dem bischöflichen Agenten eingehändigt wurden.⁶¹)

Der zwischen Münster und den Generalstaaten vereinbarte Friede umfaßte fünfzehn Artikel, deren Hauptinhalt folgender ist. Beide Theile ziehen ihre Truppen aus den eroberten und besetzten Plätzen zurück, ohne weitern Schaden anzurichten. Die Gefangenen werden ohne Lösegeld ausgewechselt. Die ausgeschriebenen Kontributionen hören mit dem letzten April auf. Nach geschehener Ratifikation entläßt der Fürst-Bischof seine Truppen bis auf 3000 Mann, welche zur Sicherheit des Stifts nöthig und hinreichend erscheinen. Neue Werbungen darf er nur dann anstellen, wenn es die Sicherheit des Reichs

tigen gewalten gegen einen Reichsstand den constitutionibus Imperii zuwider eingegangenen Bundtnuß per mandatum zu dehortiren." Fr. Münster. Landes-Archiv 534, 5.

⁶⁰) Ueber die Umtriebe Frankreichs vgl. die Briefe bei Wiens S. 211—219 und de Guiche mém. II, 43. Wegen Brandenburgs s. Wiens S. 355.

⁶¹) Brief von Temple bei Wiens S. 128 ff.

ober anbere Verbinbungen, die dem gegenwärtigen Traktate nicht zuwiderlaufen, erfordern. Auch sind beiderseits die Allianzen, welche mit diesem Frieden nicht bestehen können, aufgehoben und dürfen keine neuen der Art eingegangen werden. In Bezug auf die Herrschaft Borkelo bleibt der Rechtszustand, wie er vor dem Kriege war, bestehen; nur der Souverainität entsagt der Bischof, jedoch mit Vorbehalt der Rechte des Reichs. Künftige Zwistigkeiten zwischen dem Bischofe und der Republik sollen in Güte verglichen, die Streitigkeiten der Unterthanen aber im Wege Rechtens entschieden werden. Die Garanten des Friedens sind der Kaiser, der König von Frankreich, die Kurfürsten von Brandenburg, Köln und Mainz, der Bischof von Paderborn, der Pfalzgraf von Neuburg und die Herzöge von Braunschweig-Lüneburg.[62]

Anfangs Mai erfolgte die Auswechselung der Ratifikationen. Christoph Bernard empfing am 10. auf der Citadelle zu Coesfeld den staatischen Abgeordneten Zyborgh und gab ihm die Versicherung, daß er nicht nur allen Bestimmungen des Vertrags getreulich nachkommen, sondern auch jederzeit sich als geneigten Freund und guten Nachbarn der Hochmögenden beweisen werde. Dagegen wünschte er in einer neuen Audienz am folgenden Tage die möglichst schnelle Räumung und Herstellung des Hauses Werth, die Zahlung der noch rückständigen Kontribution an den Obersten Lithau in Otmarsum sowie die Freilassung der Gefangenen aus Siegburg und in Herzogenbusch. Die Untersuchung und Erledigung dieser Beschwerden, meinte Zyborgh, werde eine geraume Zeit erfordern; doch könne deßhalb die Räumung der staatischen Plätze nicht aufgeschoben werden. Insbesondere bemerkte er, daß die Abführung der Besatzung aus Borkelo als der kräftigste Beweis für die friedliche Gesinnung des Bischofs gelten werde; worauf dieser in die Worte ausbrach: „Mein Borkelo, welches mir von Gottes und Rechts wegen zukömmt!... Doch, fügte er nach einer Pause hinzu, ich werde sehen, daß die Räumung erfolgt."[63] — Die wegen rückständiger Kontributionen, Auswechselung der Gefangenen und anderer Punkte entstehenden Zweifel und Zwistigkeiten wurden durch beiderseitige Gesandte in der am 28. Juli geschlossenen Konvention von Nordhorn im Bentheimischen verglichen und gehoben.[64] Sobald

---

[62]) Prov.-Archiv Fr. Münster. Urk. 4580—83. Mitgetheilt bei Alpen I, 724 ff. Theatr. Eur. X, 338. Pufendorf X, 14 ff.

[63]) Vgl. den Bericht Zyborghs bei Wiens S. 361 ff.

[64]) Alpen I, 737 ff.

der Friede publizirt war, reduzirte Christoph Bernard seine Truppen auf die bestimmte Zahl und überließ auf die Vorstellungen des englischen Gesandten Temple [65] mehre Regimenter unter dem General Pleuren dem spanischen Statthalter Castel-Robrigo.

So endete der erste Krieg Christoph Bernards gegen die Generalstaaten, der gleich bei seinem Beginne sowie nachher bei verschiedenen Menschen, jenachdem sie für oder gegen den Bischof gestimmt waren, nicht nur große Hoffnung oder Furcht erregt, sondern auch freudige Billigung oder harten Tadel gefunden hat. Während der Eine das ganze Unternehmen als ungerecht oder wenigstens als höchst verwegen bezeichnete, war ein Anderer der Meinung, der Bischof sei durch die Umstände gezwungen worden, zu eigener Erhaltung und Sicherheit die Waffen zu ergreifen. Während die Brabänder in ihren Gedichten Christoph Bernard als einen Helden feierten, überschütteten die Holländer ihn mit den ärgsten Schmähungen. Ja man ging sogar so weit, ihn geradezu für den Antichristen zu erklären. [66] Von größerer Wichtigkeit für uns ist die Ansicht der münsterischen Landstände. In einem Schreiben vom 24. Februar 1666 beklagte sich das Domkapitel darüber, daß der Fürst ohne Landstände „eigenen Gefallens die eine Schatzung nach der andern ausgeschrieben, beigetrieben und verwendet, die Unterthanen mit Einquartierungen, Durchzügen und Diensten beschwert, dagegen die Pensionen und Gehälter nicht bezahlt hätte." [67] Und als im Juni 1666 in Münster ein Landtag zusammentrat, beschwerten sich die Stände darüber, „daß der mit den Herrn Generalstaaten vorgewesene Krieg ohne consens Eines Hochwürdigen Thumbkapituls und der Stenden geführt, sowie sie auch weil dasjenige, so dabey und sonsten ferner vorgegangen, dem privilegio patriae und altem Herkommen zuwieder seye, am zierlichsten bedungen, benebenst versicherung begehrt haben, daß solches, was dießfalß vorgelauffen, den gesambten Stenden und derselben recht und gerechtigkeit zu keinem nachtheil und praeiuditz gereichen, noch auch inskünftige dagegen gehandelt werden solle." Uebrigens bewilligten sie auf diesem wie auf dem im Oktober zu Sassenberg gehaltenen Landtage eine monatliche Beisteuer von 8000 Thalern zur Einrichtung und Besetzung der Festungen und der für die Vertheidigung des Stifts wichtigen Städte.

---

[65] Wiens S. 140 f.
[66] Alpen I, 743. In ChristophorVs BernardVs GaLenVs (oder Von GaLen) entdeckte man die in der Apokalypse 13, 18 angeführte Zahl 666.
[67] Prov.-Archiv Domkap-Prob. VI, 7.

Hatte der Krieg schon großes Unheil über das Münsterland ge=
bracht, so wurde dieses noch dadurch erhöht, daß die Pest wie in vielen
andern Ländern Europas so auch in diesem Stift ihre Opfer forderte.
Christoph Bernard suchte auf alle mögliche Weise der Ausbreitung
des Uebels zu wehren, indem er nicht nur sogenannte Pestordnungen
erließ, sondern auch seinen Leibarzt Rottendorff beauftragte, besondere
Reglements für die Chirurgen und Krankenwärter zu entwerfen sowie
einen Bericht, wie der gemeine Mann sich bei der Pest zu verhalten
habe, zu verfassen und durch den Druck zu veröffentlichen. Als Krank=
heitssymptome sind Beulen und Hitzblattern bezeichnet. Der Infizirte
wurde in ein besonderes Haus gebracht, von eigenen Wärterinnen ge=
pflegt und wenn er starb an einem abgelegenen Platze beerdigt. Wer
mit einem Pestkranken in Berührung kam, mußte zur Warnung für
die Gesunden einen weißen Stecken oder ein rothes Kreuz auf der
Brust tragen. Die Häuser der Erkrankten wurden abgesperrt, mit
einem Strohkranze oder einem weißen Kreuze auf der Thüre versehen
und durften binnen einer bestimmten Zeit nur von den zu ihrer Rei=
nigung verordneten Personen betreten werden. Auch war es bei Strafe
verboten, irgend ein Besitzthum eines Kranken sich anzueignen. Katzen,
Hunde und Schweine wurden entweder getödtet oder fortgeschafft. Mit
einem Orte, wo wenigstens zehn Häuser infizirt waren, durfte kein
Verkehr stattfinden. Zugleich trug man Sorge, daß den geringen
Leuten aus gemeinen Mitteln gesunde Nahrung, besonders Brod,
Fleisch und Bier verschafft würde. Auch befahl Christoph Bernard
auf den Rath des Generalvikars Alpen und mit Genehmigung des
Domkapitels die Einführung der sogenannten Pestmessen.[68]

---

[68]) Alpen 1, 742. Vgl. Wiens Sammlung S. 386 ff. und „Nachrichten zur
Charakteristik der Pestzeit von 1666" S. 20 ff. (Münster, Regensberg 1843).
Die Pestordnungen d. Ahaus b. 15. Juli u. 10. Okt. sowie die Präserva-
tivmittel und Verhaltungsregeln des Dr. Rottendorff dat. Münster d. 26.
Okt. 1666 stehen auch in der 1842 bei Aschendorff in Münster herausge-
gebenen Sammlung der Gesetze u. Verordnungen Bd. 1 S. 261 u. 263 ff.

Fünfter Abschnitt.

Begebenheiten von 1666 bis 1672.

Die Wahl eines Koadjutors von Münster. Erwerbung der geistlichen Gerichtsbarkeit im Niederstift. Die bentheimischen Händel. Kreistag zu Köln. Streit wegen der Oberhoheit über die Herrschaft Gemen. Verhältniß Christoph Bernards zu Frankreich und den Generalstaaten während des Devolutionskrieges in den spanischen Niederlanden. Verwickelungen mit Braunschweig wegen Höxter.

Die durch den Frieden von Kleve wenigstens vorläufig herbeigeführte Waffenruhe benutzte Christoph Bernard zur Erledigung einiger höchst wichtiger Angelegenheiten im Innern. Schon unter dem 26. September 1665 hatte der Papst Alexander VII. in einem Breve an den Bischof, dem ein anderes an das Domkapitel beigefügt war, den Wunsch ausgesprochen, daß zur Sicherung der Religion und der öffentlichen Ruhe ein Koadjutor für das Stift Münster gewählt würde.[1] Die Sache hatte sich zufolge der Abwesenheit des Bischofs in Ungarn und wegen des Krieges mit den Generalstaaten verzögert. Auch war Christoph Bernard selbst Anfangs nicht der Ansicht, mit ihrer Erledigung sehr eilen zu müssen: aber der Gedanke an sein schon vorgerücktes Alter von ungefähr 60 Jahren und an die vielen Wechselfälle des Lebens zur Zeit des Krieges und besonders der Pest ließ es ihm schon bald als wünschenswerth erscheinen, durch die Bestimmung eines Nachfolgers seine kirchlichen und politischen Schöpfungen zu sichern,

---

[1] Das Breve an das Domkapitel im Prov.-Archiv Fr. Münster, Urk. 4576. Zur Koadjutorwahl vgl. außer Alpen II, 11 ff. besonders: a) Vera et brevis relatio electionis Coadiutoris Monasteriensis hoc 1667 anno die 19. Iulii ibidem celebratae, iussu Christ. Bernardi publicis typis divulgata. Monast. Raesfeld 1667. — b) Fürstl. Münsterischer warhaffter Gegenbericht auff die Chur-Cöllnische speciem facti die Münsterische Coadjutor-Wahl betreffend. Gedruckt im J. 1667 am 17. Sept.

zumal da die bei der Wahl einiger Domprälaten in der jüngsten Zeit entstandenen Streitigkeiten die größte Besorgniß vor noch ärgern Parteikämpfen bei der Wahl eines Oberhauptes erweckte. Wie gegründet diese Besorgniß war, zeigte sich leider nur zu früh. Am 23. Mai 1667 fand die erste Versammlung der Domherrn im Kapitelshause statt. Die bischöflichen Geheimräthe Merveld und Wiedenbrück überreichten das an das Domkapitel gerichtete päpstliche Breve und legten die Gründe vor, weshalb der Bischof die Wahl eines Koadjutors für nöthig hielt. Zwar stellten einige der Domherrn die Nothwendigkeit der schon jetzt vorzunehmenden Wahl in Frage; die Majorität aber war der Ansicht, daß man dem „aus eigenem Antriebe" ausgesprochenen Wunsche des Papstes sowie den vorgelegten Gründen des Bischofs Folge geben müsse und so wurde der 19. Juli zum Wahltage bestimmt.²) Alsbald bildeten sich unter den Domherrn zwei Parteien, wovon die eine den Kurfürsten Max Heinrich von Köln, die andere den Bischof von Paderborn, Ferdinand von Fürstenberg, in Aussicht nahm. Die kölnische Partei war augenscheinlich die schwächere, weil außer dem Kurfürsten selbst, der ein Kanonikat hatte, die beiden Kanonici Nesselrode und Lehrabt, da sie nicht emanzipirt waren, nach den Kapitelsstatuten kein Stimmrecht besaßen. Alle drei meldeten demnächst ihre Resignation dem Turnarius Bucholtz, welcher nun alsbald die erledigten Stellen anderweit zu besetzen suchte. Aber als der Mandatar der in Vorschlag gebrachten Kandidaten den Antrag stellte, ihre Wappen zur Prüfung im Kapitelshause aufzuhängen, erklärte sich die Majorität im Kapitel gegen die Zulässigkeit der Kollationen. Man bezeichnete nämlich nicht nur die Resignation Lehrabts zu Gunsten seines Schwestersohnes als ungültig, sondern erhob auch gegründete Bedenken gegen die Echtheit der von Nesselrode ausgestellten Verzichtleistung und beanstandete ebenso in einer spätern Sitzung die Uebertragung der Präbenden des kölner Kurfürsten, welche nur durch den Papst geschehen könnte. Da jedoch die Gegenpartei die Gründe für die Unzulässigkeit der einzuführenden Kandidaten nicht anerkannte und sich insbesondere darauf berief, daß die angezogene Bulle des Papstes Pius, wonach Resignationen zu Gunsten eines Verwandten ungültig waren, weder jemals publizirt noch auch bisher beobachtet sei, so wurde die Frage über das Aufhängen der Wappen in einer neuen Sitzung abermals zur Abstimmung gebracht.

---

²) Das Einladungsschreiben des Kapitels im Prov.=Archiv Fr. Münster. Urk. 4593.

Die Stimmen für und gegen waren gleich; da beanspruchte der Dekan es als ein besonderes Recht, durch seine Stimme den Ausschlag zu geben. Die dadurch majorisirte Partei protestirte dagegen um so mehr, weil der Dekan, so lange er nicht den Nachweis lieferte, daß er ordentlich und gesetzlich zum Priester geweiht wäre, überhaupt keine Stimme im Kapitel hätte. Ist es einerseits auffallend, daß man nicht schon früher die Ordination und Stimmberechtigung des Dekans bezweifelt hatte, so kann andrerseits auch nicht geleugnet werden, daß durch die Einmischung Christoph Bernards in den Kampf der Parteien die Sache nur verschlimmert wurde. Der Bischof nämlich bestätigte nicht nur den gegen den Dekan gefaßten Beschluß, sondern erklärte auch ihn sowohl als den Vicedominus Bucholz wegen Uebertretung der päpstlichen Bulle für suspendirt. Zwar brachte der Dekan das Zeugniß bei, daß er zum Priester geweihet sei; aber nun sollte er auch noch beweisen, daß er in gehöriger Weise und kraft eines päpstlichen Indults, wie es im Zeugnisse hieß, die Weihe empfangen hätte. Auf Antrag des Fiskus wurde ferner auch der Senior Schorlemmer wegen öffentlichen Konkubinats und anderer Vergehen suspendirt. Die von ihm sowie von den beiden andern erhobene Appellation wurde als unstatthaft verworfen. Durch diese Vorgänge wurde das ohnehin nicht besonders gute Verhältniß zwischen dem Bischofe und einem großen Theile des Kapitels noch verschlimmert. Als jener am Reliquienfeste im Dome erschien, wurde er nur von wenigen Domherrn empfangen. Die Uebrigen hatten sich gegen sein Verbot sogar während des Gottesdienstes zu einer Sitzung im Kapitelshause versammelt. Damit dieser Vorfall sich nicht etwa auch am folgenden Tage, wo wegen des Zusammenflusses vieler Menschen bei der großen Prozession der Skandal um so größer war, erneuerte, ließ er das Kapitel schon frühzeitig von seiner Ankunft in Kenntniß setzen. Wiederum war eine Sitzung anberaumt, in welcher man nicht nur wiederholt über die Zulassung der für die erledigten Präbenden Vorgeschlagenen debattirte, sondern auch zugleich darüber in heftigen Streit gerieth, ob man verpflichtet sei, den Bischof bei seinem Erscheinen im Dom zu empfangen. Bevor noch eine Einigung erzielt war, erschien der Bischof in dem Paradiese, einer Vorhalle des Doms, und ließ abermals und zwar unter Androhung der Suspension die Domherrn auffordern, ihn mit gebührenden Ehren zu empfangen. Da sie jedoch dieser Aufforderung nicht Folge leisteten, so begab sich der Bischof nach einigem Zögern auf das Chor und das Hochamt begann. Erst nach einer Stunde fanden sich die Domherrn im Chore ein. In Folge dessen erklärte der Bischof vier Mitglieder des Kapitels, welche sich seinem Empfange am meisten widersetzt hatten, Nesselrode, Frentz, Palandt und Landsberg für suspendirt. Auch trug er sich mit dem Gedanken, die auf den folgenden Tag angesetzte Wahl eines Koadjutors noch weiter hinauszuschieben, kam jedoch davon zurück und zwar, wie es scheint, nicht sowohl deshalb, weil die Sache nun einmal doch schon fast zum Austrag gediehen war, als vielmehr weil durch den Beitritt zweier bisher neutraler Domherrn die paderborner Partei die Stimmenmehrheit erlangte. Am 19. Juli hatte sich das Kapitel bereits des Morgens um 6 Uhr versammelt. Von dem kölner Kurfürsten als Metropoliten waren unterdeß Mandate zu Gunsten sowohl der nicht zur Einführung gelassenen Kandidaten als der drei zuerst suspendirten Domherrn eingelaufen. Während nun die eine Partei darauf bestand, daß diese Mandate sogleich verlesen werden sollten, war die entgegenstehende Majorität der Ansicht, man müsse zunächst der Messe vom h. Geist beiwohnen. Die meisten Domherrn verließen auch wirklich den Kapitelssaal; die Zurückbleibenden aber entwarfen einen Protest gegen die vorzunehmende Wahl, verlasen denselben bei der Wiederkehr der übrigen und begaben sich demnächst nach der Wohnung des Dekans. Während nun die noch im Kapitelshause versammelten Domherrn sowohl jenen Protest zurückwiesen, als auch von den angeblichen Mandaten des Metropoliten, deren Original nicht vorlag, an ein höheres Gericht appellirten, lief von dem Bischofe die Erlaubniß ein, daß die vier am vorigen Tage suspendirten Prälaten an der Wahl sich sollten betheiligen dürfen. Aber die Partei des Dekans gab die schriftliche Erklärung ab, daß sie der Wahl weder beiwohnen noch zustimmen würde; nur Wolf-Metternich fand sich nach zwei Stunden wieder im Kapitelssaale ein. Man schritt demnächst zur Wahl, welche bis des Nachmittags um fünf Uhr dauerte, wo der paderborner Bischof Ferdinand von Fürstenberg als Koadjutor proklamirt wurde. Wolf-Metternich allein hatte für den kölner Kurfürsten gestimmt. Er begab sich alsbald zur Dekanei, wo er sein Votum von Notar und Zeugen beglaubigen ließ. Die übrigen dort Versammelten stimmten ihm zu und beauftragten Bucholtz nebst zwei andern, sich nach Bonn zu begeben und dem kölner Kurfürsten wegen der Wahl zum Koadjutor Glück zu wünschen. Um so mehr mußte dieser durch die bald nachher einlaufende Anzeige Christoph Bernards von der auf den paderborner Bischof gefallenen Wahl in Staunen und Entrüstung versetzt werden, so daß er nicht allein einen Prozeß zu Rom anhängig machte, sondern auch mit Waffengewalt drohete.

Der Bischof von Straßburg glaubte deshalb Christoph Bernard warnen zu müssen, der sich jedoch in keinerlei Weise einschüchtern ließ. Der Kurfürst von Brandenburg aber erklärte auf eine Beschwerdeschrift des kölner Erzbischofs, daß er in einer Sache, so ihn nicht konzernire, den Ausschlag der röm. kais. Majestät und wohin sonsten dieses Negotium gehöre, heimgestellt sein lasse. Und so unterblieb ein Krieg zwischen Köln und Münster, zumal da auch der König von Frankreich es in seinem Interesse fand, denselben zu verhindern. Im März 1668 wurde der Prozeß zu Rom entschieden; am 30. April erschien die Konfirmationsbulle für den paderborner Bischof, der am 13. März 1669 die kaiserliche Bestätigung folgte.³) Noch wollen wir hier zugleich bemerken, daß der Dekan Brabeck 1667 Münster verließ und durch Vermittlung des kölner Kurfürsten ein Kanonikat zu Hildesheim erhielt. Als aber daselbst 1674 der Dekan Schmising resignirte, wurde er in dessen Stelle gewählt und verzichtete nun dagegen auf die Würde eines Dekans zu Münster sowie auf die Herrschaft Schönefliet, wofür er zur Entschädigung ein für alle Mal 11,000 Thaler und die Einkünfte und Präsenzen einer münsterischen Dompräbende auf Lebenszeit erhielt.⁴) Schönefliet wurde dem Thesaurarius Schmising verliehen, zur Würde eines Domdekans aber Rotger Tork erhoben. Auch der Vicedominus Bucholtz resignirte 1669 und an seine Stelle kam Theodor Anton Freiherr von Velen.

Außer der Wahl eines Koadjutors fand fast zu derselben Zeit noch eine andere das Bisthum unmittelbar berührende Angelegenheit ihre Erledigung. Das sogenannte Niederstift stand zwar unter der weltlichen Herrschaft von Münster, aber unter der geistlichen Gerichtsbarkeit von Osnabrück. In Folge dessen waren nicht selten Kollisionen entstanden und Christoph Bernard hatte sich daher schon länger bemüht, auch die geistliche Gerichtsbarkeit von Osnabrück zu erwerben. Aber erst nach dem Tode des Bischofs Franz Wilhelm gelang es den münsterischen Kommissaren Generalvikar Alpen, Thesaurarius Schmising und Bursarius Droste eine Verständigung mit dem osnabrückischen Kapitel herbeizuführen. Am 19. September 1667 wurde mit Einwilligung des Erzbischofs von Köln, jedoch unter Vorbehalt der päpstlichen Bestätigung dem Bischofe von Münster alle bischöfliche und archidiakonale Gerichtsbarkeit sowie alles Patronatsrecht im Emslande,

---

³) Die Konfirmationsbulle des Papstes Clemens IX. im Prov.-Archiv Fr. Münster. Urk. 4602, die Bestätigung durch den Kaiser, Urk. 4610.
⁴) Prov.-Archiv Domkap.-Prob. VI, 13. Landes-Archiv 689, 2.

den Aemtern Bevergern, Kloppenburg und Vechte und anderen unter münsterischer Hoheit stehenden Distrikten gegen die Summe von 10,000 Thalern abgetreten. Die Genehmigung des Papstes Clemens IX. erfolgte am 8. Juni 1668 und nachdem das bedungene Geld gezahlt war, wurde durch den vom Papst damit beauftragten paderbörner Offizial Hermann von Plettenberg am 19. September 1668 die Abtretungsurkunde ausgefertigt.[5]) Ende Sommer 1669 machte der Bischof seine erste Visitationsreise durch das Niederstift.

Zu gleicher Zeit suchte Cristoph Bernard seinen Einfluß wie in politischer so auch in kirchlicher Hinsicht in der Grafschaft Bentheim zu erhöhen, da diese nicht allein wegen ihrer Lage zwischen dem Hoch- und Niederstift von Wichtigkeit war, sondern auch bei einem mit den Generalstaaten etwa wieder ausbrechenden Kriege als Stützpunkt der Operationen dienen konnte. Als ein bedeutendes Hinderniß bei der Durchführung seiner Pläne zeigte sich dem Bischofe der Umstand, daß der damalige Graf Ernst Wilhelm von der ihm heimlich angetrauten Gertrud Zelst aus Doetichem (im Herzogthum Geldern) in der größten Abhängigkeit stand, diese aber mit ebenso großer Schlauheit als Entschiedenheit jede fremde Einmischung, welche ihr rücksichtlich des religiösen oder politischen Zustandes der Grafschaft irgendwie gefährlich zu sein schien, fernzuhalten suchte. Längere Zeit hindurch stand sie allerdings zu dem Bischofe von Münster in freundlichem Verhältniß und erklärte sogar wiederholt ihre Geneigtheit, zum Katholizismus überzutreten. Aber die Absicht, welche sie dabei verfolgte, war keine andere, als die Anerkennung der nicht standesmäßigen Verbindung zwischen ihr und dem Grafen zu erlangen. Denn nach einem Rezesse, welchen ihr Gemahl mit seinem Bruder Philipp Konrad von Steinfurt am 26. August 1663 aufrichtete, sollte sie mit ihren Kindern „wegen nicht gleichen Standes" des Erbrechts in Bentheim verlustig erklärt und mit einer Summe Geldes abgefunden werden. Auf ein deshalb von ihr gestelltes Gesuch vom $\frac{23. \text{Nov.}}{3. \text{Dec.}}$ 1663 versprach ihr Christoph Bernard als mitausschreibender Fürst des westfälischen Kreises seinen Schutz und seine Verwendung beim Kaiser. Und wirklich wurde sie durch ein kaiserliches Diplom in den Stand einer gebornen Reichsgräfin erhoben. Zugleich versprach ihr Christoph Bernard gegen jede mögliche Kränkung ihrer Rechte seinen kräftigen Schutz

---

[5]) Die Urkunden bei Alpen II, 62—86. Prov.-Archiv Domkap.-Prov. VI. 21 und Fr. M. Landes-Archiv 540, 1.

und bewirkte durch längere Korrespondenz mit dem Grafen Ernst Wilhelm über die wegen der Succession entstandenen Differenzen, daß endlich am 6. Mai 1665 zu Bentheim ein sogenanntes Tutorium und Protektorium errichtet wurde, worin der Graf erklärte, daß er sich „an die Edle und Thugendtsahme Frau Gertrudt gebohrne Zelst vor diesem ehelich vermählet und solche Ehe durch einen seiner Religion ahnverwandten Predigern und Pfarrherrn in facie ecclesiae in Gegenwart seiner Fräulein Schwester Anna Amalia ohne einige bedingnuß, Condition und außnahmb, zumahlen aber nicht ad morganaticam vollzogen, bestettiget und authorisirt sei."*). Auch erklärte der Graf zum Beweise für die Vollgültigkeit der eingegangenen Ehe, daß die daraus geborenen Kinder noch bei seinen Lebzeiten in den Besitz seiner Güter gesetzt werden sollten. Soweit war alles in der schönsten Ordnung, als plötzlich ein folgenreicher Umschwung in der Gesinnung des Grafen sowie in dem Verhältnisse zu seiner Gemahlin und zum Bischofe eintrat. Die auf einer Reise durch Deutschland, Frankreich und England erwachte Abneigung gegen die Lehre der Reformirten veranlaßte ihn um Ostern 1667 zu dem Entschluß, in den Schooß der katholischen Kirche zurückzutreten. Ein Gerücht davon hatte sich bald verbreitet, zumal da der Graf seinen bisherigen Kanzler Pagenstecher entließ und an dessen Stelle den Herrn von Wiedenbrück, einen eifrigen Katholiken und Bruder des fürstbischöflich münsterischen Geheimen Raths, berief. Durch diesen erhielt wahrscheinlich auch Christoph Bernard von dem Vorhaben des Grafen nähere Kunde und suchte die aus allerhand Bedenklichkeiten noch immer verzögerte Durchführung desselben möglichst zu fördern. Als daher der Graf am 3. August 1668 zum Leichenbegängnisse seines Bruders Philipp Konrad nach Steinfurt gekommen war, ersah der Bischof, welcher auf die von den Begleitern des Grafen erhaltene Nachricht, daß dieser am 8. nach Bentheim zurückkehren würde, bereits am 5. sich nach Wettringen begab, eine günstige Gelegenheit zur persönlichen Zusammenkunft. Er ließ nämlich anscheinend zu dem Zwecke, eine Jagd veranstalten zu wollen, alle Pässe um Steinfurt durch Reiter und Fußknechte besetzen. Der Graf, welcher erst bei seiner Abfahrt von der Anwesenheit des Bischofs in Wettringen Kunde erhielt, wollte nun seinen Weg über Wellbergen nehmen, wurde aber schon bald von den dort aufgestellten

---

*) Die Korrespondenz Chr. Bernards mit dem Grafen und der Gräfin im Fr. Münst. Landes-Archiv 59, 1 u. 2. Das Protektorium unter den Urkunden des Frstth. Münster N. 4571.

Wachen umringt und so lange aufgehalten, bis Christoph Bernard selbst auf dem Platze erschien. Dieser lud ihn in der freundlichsten Weise ein, ihm den längst versprochenen Besuch auf dem Jagdschlosse zu Ahaus doch endlich einmal abzustatten und der Graf bequemte sich nach einigen Ausflüchten dazu, der dringenden Bitte gleich nachzukommen. Von Ahaus begab er sich demnächst mit dem Bischofe auch nach der Residenz Coesfeld. Dort legte er nach wiederholten Unterredungen mit dem Jesuiten Körler sowie mit dem Bischofe selbst am 21. August nach geschehener Beichte öffentlich das katholische Glaubensbekenntniß ab und empfing aus den Händen Christoph Bernards die Kommunion und Firmung. Wenn der anonyme Berichterstatter,[7] dem wir in der Erzählung obiger Begebenheiten gefolgt sind, unsern Glauben verdient, so kann Erhard freilich in gewissem Sinne behaupten, daß Christoph Bernard hier **halb mit Gewalt** verfahren sei.[8] Uebrigens ist dieses so zu verstehen, daß es bei dem Grafen, der ja bereits längst den Entschluß hegte, zum Katholizismus überzutreten, eines kräftigen Sporns bedurfte, damit er sich bei seinem unentschiedenen Charakter nicht etwa aus Furcht vor seiner Gemahlin, die nicht nur eine bittere Kalvinistin war, sondern auch unbedingte Gewalt über ihn besaß, noch länger und vielleicht für immer zurückhalten ließ, seinen Entschluß offen auszuführen. Das aber ist sicher, daß der Bischof keine günstigere Gelegenheit erspähen konnte, auf den Grafen einzuwirken, als gerade damals, wo dessen Gemüth durch den Tod des Bruders ohnehin erschüttert war. Papst und Kaiser sowie viele Fürsten des Reichs wünschten dem Grafen wie auch dem Bischofe Glück; dagegen war die Gräfin beim Empfang der Nachricht nicht wenig überrascht und glaubte sogar befürchten zu müssen, daß der Schritt ihres Gemahls von höchst nachtheiligen Folgen für sie und ihre Kinder begleitet sein dürfte. Sie sandte daher alsbald die vier ältesten Kinder nach Overyssel und traf Anstalten, das Schloß Bentheim gegen einen Angriff bischöflicher Truppen zu sichern. Die Wahrheit der Angabe, daß sie selbst ihrem Gemahl die Rückkehr verweigert habe, mag auf sich beruhen bleiben; soviel aber steht fest, daß das Verhältniß zwischen ihr und dem Grafen fortan ein sehr gespanntes war. Bei dieser Lage der Dinge schien es dem Letzteren, zumal da auch eine Einmischung der Hochmögenden zu befürchten stand, am gerathensten, nicht ohne hinreichenden Schutz die Rückkehr anzutreten.

---

[7] Der Bericht im Fr. Münster. Landes-Archiv 59, 3.
[8] Erhard, Gesch. Münsters S. 525. Vgl. Alpen II, 99 f.

Christoph Bernard gab ihm daher mit 1600 Mann zu Fuß, einigen
Kompagnien Reitern und wenigen Geschützen das Geleit. Bentheim
wurde genommen und mit einer Abtheilung Fußsoldaten besetzt, welche
dem Kaiser und dem Grafen schwuren und als Besatzung des west-
fälischen Kreises galten. Christoph Bernard handelte somit hier als
Direktor des genannten Kreises und machte zugleich die bentheimische
Sache gegenüber etwaigen Eingriffen der Generalstaaten zu einer
Reichsangelegenheit. Dem entsprechend beauftragte auch der Kaiser
Leopold, welcher schon am 28. April 1668 ein Protektorium und
Servatorium der Grafschaft Bentheim ausgestellt hatte, in einem besondern Schreiben vom 22. Sept. den Bischof, daß er den Grafen
und die Grafschaft gegen jede Gewalt vertheidigen sollte.*) Schon
hatten nämlich die Bentheimer dem Statthalter von Overyssel Raesfeld nicht nur die Besetzung des Schlosses gemeldet, sondern sich auch
insbesondere darüber beklagt, daß mit der Einführung des Katholizismus die Freiheit ihrer religiösen Uebungen arg gefährdet sei. Allerdings war bereits die Schloßkapelle zum Schutzengelfest für den
katholischen Gottesdienst eingerichtet; aber schon wenige Tage nachher
gab der Graf in einer Zuschrift an die Generalstaaten die bestimmte
Erklärung ab, daß seine Unterthanen bei ihrem Festhalten an der
reformirten Konfession nicht im mindesten sollten gekränkt werden.

Die Beziehungen des Grafen zu seiner Gemahlin wurden stets
unangenehmer, da diese sich hartnäckig weigerte, den Aufenthaltsort
der älteren Kinder anzugeben. In Folge dessen ward sie mit ihrem
jüngsten Kinde zuletzt nach Münster gebracht und im Hause des Bürgermeisters Römer in Verwahrsam gehalten. Nach einigen Tagen
gestand sie nun zwar, daß sie die Kinder nach den Niederlanden habe
bringen lassen und überreichte auch ein an die Generalstaaten gerich-
tetes Schreiben, worin sie die Zurückstellung jener verlangte; im Geheimen aber sorgte sie für die Uebermittelung eines andern Briefes
mit der Bitte, daß die Hochmögenden ihre Kinder verborgen halten
und zunächst die Beilegung ihres Zerwürfnisses mit dem Grafen vermitteln möchten. Fast zu gleicher Zeit hatte sich auch die Wittwe
des Grafen Philipp Konrad zu Steinfurt an die Generalstaaten gewandt, damit diese die Vormundschaft über ihren minderjährigen Sohn
Arnold Moriz übernähmen. Da aber nicht nur Christoph Bernard,
sondern auch der Kurfürst von Brandenburg als Vormund auftrat,

---

*) Das kaif. Protektorium und die Kommission an Chr. Bernard im Fr
Münster. Landes-Archiv 59, 3. Vgl. Lünig R. A. spec. Sec. I, 38.

so hielten es die Hochmögenden in ihrem Interesse, sich einstweilen nur der Bentheimischen Sache anzunehmen. Eine folgenreiche Wendung darin wurde herbeigeführt, da die Gräfin Gelegenheit fand, in der Verkleidung einer Magd mit Hülfe eines bentheimischen Fuhrmanns aus Münster zu entfliehen und sich nach den Niederlanden zu begeben, wo sie im Haag von einem durch die Generalstaaten ihr bestimmten Gehalt lebte. Hatten schon früher die Gesuche des Grafen wie des Bischofs um Zurückstellung der Kinder keinen Erfolg gehabt, so war vollends jetzt in dieser Sache nichts mehr zu erwarten, wenn nicht etwa der Kaiser und der König von Frankreich sich ihrer annahmen. Ihnen zunächst empfahl sie daher Christoph Bernard; aber auch die Einmischung des kaiserlichen Residenten im Haag blieb fruchtlos. Die weitern Folgen der bentheimischen Händel werden wir später gehörigen Orts besprechen; hier sei als nächstes Ergebniß nur noch bemerkt, daß Christoph Bernard am 11. Juni 1670 den Grundstein zu einer katholischen Pfarrkirche in Bentheim legte, sowie daß er mit Genehmigung des Papstes vom 28. Februar 1671 die geistliche Jurisdiktion auch in der niederen Grafschaft oder in demjenigen Theile, welcher früher namentlich der Diöcese Deventer untergeben war, erhielt; die übrige Grafschaft gehörte bereits zum münsterischen Sprengel.[10]

Während so Christoph Bernard seiner bischöflichen Gewalt einen bedeutenden Zuwachs verschaffte, war er zugleich auch darauf bedacht, den errungenen Einfluß als weltlicher Fürst zu erhalten oder noch zu erhöhen. Im Herbst 1667 war hauptsächlich auf Veranlassung des Kurfürsten von Brandenburg ein Kreistag nach Köln ausgeschrieben. Vor Eröffnung desselben stellten die Gesandten Christoph Bernards auf Grund der früher zu Dorsten gepflogenen Verhandlungen den Antrag, daß einige münsterische Lehen im klevischen gegen klevische Lehen im münsterischen Gebiete zur Vermeidung fernerer Streitigkeiten ausgetauscht werden möchten. Namentlich war ein Streit wegen der Oberhoheit über die Herrschaft Gemen ausgebrochen, da der Inhaber derselben, der Graf von Limburg-Styrum, behauptete, daß sie nicht nur ein klevisches Lehen, sondern überhaupt von der Oberherrlichkeit des Fürsten von Münster eximirt sei. Er wurde dabei unterstützt von dem brandenburger Kurfürsten, wogegen Christoph Bernard die Unmittelbarkeit leugnete und die Burg besetzen ließ. Wir können hier auf den weiteren Verlauf des beim Reichskammergericht darüber anhängig gemachten Processes nicht näher eingehen,

---

[10]) Alpen II, 88—112, 127—134, 138—141, 145

halten es jedoch für nöthig, wenigstens folgende Bemerkungen hier beizufügen. Die Burg Gemen stand nach einer Urkunde vom Jahre 1280 im Lehnsverhältniß zu den Grafen (später Herzogen) von Kleve und es ist wahrscheinlich, daß die Belehnung um die Mitte des 13. Jahrhunderts stattfand. Zugleich standen die Herren von Gemen aber auch im Lehnsverbande zu den Bischöfen von Münster, von denen sie unter anderm namentlich einen Zehnten zu Lehn trugen. Endlich steht es fest, daß, wenngleich die Stammburg selbst im Lehnsnexus zu einem Reichsstande sich befand, nichts desto weniger die Herrschaft Gemen reichsunmittelbar war oder die Reichsstandschaft hatte.[11] — Der Wunsch Christoph Bernards, das Verhältniß der Herrschaft durch einen Vergleich mit Brandenburg zu regeln, blieb unerfüllt, da der zu Neuß am $\frac{1.}{11.}$ Juli 1667 über die Lehns- und Jurisdiktionsverhältnisse von Gemen errichtete Vertrag vom brandenburger Kurfürsten nicht ratifizirt wurde.[12] Auf dem nun eröffneten Kreistage selbst wurden außer der Vertheidigung und Ergänzung des Kreises insbesondere folgende Punkte, die für uns hier von näherem Interesse sind, zur Sprache gebracht. Der Bischof von Münster stellte den Antrag, auch als Burggraf von Stromberg Sitz und Stimme zu erhalten, wurde jedoch auf den nächsten Kreistag verwiesen. Die Angelegenheit der Grafschaft Bentheim wurde dem Kurfürsten von Mainz als Erzkanzler zur Befürwortung empfohlen. Endlich erfahren wir, daß die von dem Bischofe von Münster und andern Kreisständen vorgestreckten Schwedengelder von den übrigen zur Beisteuer verpflichteten Reichsständen noch immer nicht ersetzt waren, weshalb ein erneuerter Antrag auf Abtragung dieser Schuld gestellt wurde. Die Zahlung unterblieb auch jetzt; dagegen fand Christoph Bernard gerade damals eine andere Gelegenheit, nicht unbeträchtliche Geldsummen sich zu erwerben, was für ihn um so wichtiger war, weil das nicht nur durch alte Schulden vielfach belastete sondern auch durch den jüngsten Krieg zum Theil verödete Stift kaum die nöthigsten Gelder aufbringen konnte.[13] Jene Gelegenheit bot sich in Folge des von Ludwig

---

[11] Gesch. der Herrschaft Gemen von Fr. v. Landsberg-Velen in der Zeitschr. für vaterl. Gesch. Münster 3. Folge 2. Bd. S. 68 ff.

[12] Prov.-Archiv Fr. Münster. Urk. 4594. Durch Vergleich vom J. 1700 wurde die Stadt Gemen mit den Bauerschaften Binnenwirthe und Krückeling als reichsunmittelbare Herrschaft anerkannt.

[13] Landtagsrezeß vom 31. Okt. 1667.

XIV. im Jahre 1667 gegen die spanischen Niederlanden unternommenen Devolutions- oder Erbfolgekriegs.

Nach dem in einigen Gegenden der Niederlande geltenden Devolutions- oder Heimfallsrechte, wodurch den Töchtern erster Ehe in Betreff der Erbfolge der Vorrang vor den Söhnen zweiter Ehe zuerkannt wurde, trat nach dem Tode Philipps IV. von Spanien der französische König, obwohl er bei seiner Vermählung mit Maria Theresia, einer Tochter Philipps, deren Verzichtleistung auf alle Erbansprüche anerkannt hatte, dennoch mit solchen Ansprüchen auf die spanischen Niederlande hervor. Während Spanien noch mit Portugal im Kriege lag und der deutsche Kaiser Leopold durch die von Frankreich geschürten Verwickelungen in Ungarn beschäftigt war, ließ Ludwig XIV. durch Türenne einen großen Theil der Niederlande rasch besetzen und bewog zugleich die Fürsten der benachbarten deutschen Länder durch große Geldsummen zur Neutralität. Auch mit Christoph Bernard trat er durch seinen außerordentlichen Gesandten Milet in Unterhandlung, zumal da die Generalstaaten durch den Oberstlieutenant Copes jenen Fürsten zu einem Defensivbündniß zu bewegen suchten.[14] Der holländische Gesandte wurde bald durch den französischen überflügelt und man begann fürstlicher Seits sich wiederholt über die Hochmögenden wegen Nichtbeobachtung des klevischen Friedens zu beschweren. Das projektirte Bündniß kam nicht zu Stande, es ließ sich vielmehr als durchaus wahrscheinlich betrachten, daß Christoph Bernard eine Gelegenheit, gegen die Generalstaaten aufzutreten, nicht versäumen würde. Hatte er doch den Verlust Borkelos so wenig verschmerzt, daß er während seiner Unterredungen mit Copes wiederholt die Bemerkung machte: „Aber wie erhalten wir unser Borkelo wieder?" —

Unterdessen hatten die Fürsten des niedersächsischen Kreises gegen die Schweden, welche unter Wrangel einen Angriff auf Bremen machten, eine Verbindung projektirt. Auch Christoph Bernard, der in einem kaiserlichen Protektorium d. Wien 14. Oktober 1666 als Konservator der freien Reichsstadt Bremen mit angeordnet war,[15] wurde durch Franz Egon von Fürstenberg, den Gesandten des kölner Kurfürsten, nach Rietberg eingeladen; dort wurde aber weniger über ein Bündniß mit den Herzögen von Braunschweig-Lüneburg als mit dem Könige von Frankreich verhandelt. Nicht die Wohlfahrt des

---

[14] Vgl. den Bericht von Copes bei Wiens S. 367 ff.
[15] Prov.-Archiv Fr. Münster. Urk. 4589. Landes-Archiv 539, 3.

Reichs, sondern vielmehr der eigene Vortheil war bei den meisten Fürsten der leitende Grundsatz ihrer Politik. Nahmen sie doch, wie selbst Alpen [16]) angibt, nicht darauf Rücksicht, was Oesterreich, sondern was Frankreich wollte, so daß sie stets fürchteten, etwas zu unternehmen, was dem Könige unlieb war. Denn dieser war ein mächtiger Nachbar und zahlte obendrein seinen Verbündeten sehr bedeutende Subsidien. Die Kurfürsten von Köln, Mainz und Neuburg, der Bischof von Paderborn und der Herzog von Braunschweig nahmen Geld von Frankreich: sollte etwa Christoph Bernard allein sich inmitten dieser Fürsten dem französischen Einfluß haben entziehen können? Der einmalige Versuch, selbst gegen Frankreich seine Pläne durchzusetzen, war in einer Weise mißglückt, daß er fortan ohne Frankreich die Erreichung derselben nicht erwarten mochte. Die Ueberzeugung hievon war es, welche Christoph Bernard ganz nach dem Wunsche Ludwigs XIV. zu einem Vasallen Frankreichs machte. Die von Milet eingeleiteten Unterhandlungen wurden, da dieser nicht mit ausreichenden Instruktionen versehen war, durch den gewöhnlichen Vermittler des Bischofs, den Komthur Schmising weitergeführt. Dieser begab sich zunächst nach Lüttich, wo er mit den Gesandten der Kurfürsten von Köln, Mainz und Pfalz-Neuburg zusammentraf und im Allgemeinen die Bedingungen eines Vertheidigungsbündnisses feststellte. Der Allianzvertrag selbst wurde zu Köln am 31. August 1667 abgeschlossen und in einem Nachtrage vom 2. September bestimmt, daß zum Schutz ihrer Länder bei den in den Niederlanden entstandenen Unruhen Mainz und Pfalz-Neuburg je 500 Reiter und 3000 Mann zu Fuß, Köln 1400 Reiter und 4000 Mann zu Fuß, Münster desgleichen 4000 Mann zu Fuß, dagegen 1800 Reiter stellen sollten. [17])

Von Lüttich reiste Schmising nach Paris und erlangte insbesondere, daß der König dem Bischofe vierteljährlich die Summe von 27,000 Reichsthalern aussetzte. Während der Dauer des Devolutionskrieges empfing Christoph Bernard wenigstens viermal die Subsidiengelder [18]), welche er zur Anwerbung von neuen Truppen benutzte. Die dadurch beunruhigten Generalstaaten richteten nicht allein

---

[16]) Alpen II, S. 8.
[17]) Prov.-Archiv Fr. Münster, Urk. 4597.
[18]) Depping, Gesch. des Krieges der Münsterer u. Kölner im Bündnisse mit Frankreich gegen Holland (Münster, Theissing 1840) S. 83 Note 62. Vgl. Wagener hist. Leop. III, 211.

ein Schreiben an den Bischof, sondern beschwerten sich auch zugleich bei den Garanten des klevischen Friedens, jedoch ohne Erfolg. Die Franzosen eroberten mitlerweile unter Condé auch die Freigrafschaft Burgund. Da endlich gelang es den Generalstaaten, mit England und Schweden die sogenannte Tripelallianz abzuschließen zur Beilegung des Krieges zwischen Frankreich und Spanien, dessen weitere Ausdehnung jenen selbst höchst gefährlich zu werden drohte. Auch den Kurfürsten von Brandenburg hoffte man in das haager Bündniß zu ziehen; dieser aber wurde von Ludwig XIV. durch das Versprechen, bei der bevorstehenden Königswahl in Polen für Condé sich nicht weiter bemühen zu wollen, gewonnen. Nur die Herzöge von Braunschweig-Lüneburg versprachen den Generalstaaten eine Unterstützung von 3000 Mann zu Fuß und 1600 zu Pferde. Um diesen Truppen den freien Durchzug durch das Stift Münster zu erwirken, sandte man den Freiherrn von Reede zu Amerongen nach Coesfeld. Aber Christoph Bernard zögerte mit seiner Einwilligung, bis die Nachricht vom bevorstehenden Abschluß des Friedens zu Aachen einlief. Dieser kam am 1. Mai 1668 zu Stande, weil der französische König es für gerathen hielt, die weitere Verfolgung seiner Pläne einstweilen einzustellen.

Der Bischof von Münster hatte zwar an dem Devolutionskriege keinen thätigen Antheil genommen, übrigens jedoch in der Erwartung, daß Ludwig XIV. seinen Angriff auch gegen die Generalstaaten richten würde, seine Städte und Schlösser mit Soldaten und Kriegsbedürfnissen versehen. Diese Rüstungen setzte er auch nach dem Abschlusse des Friedens fort. Bevor sich ihm jedoch durch den sogenannten Raubkrieg Frankreichs gegen Holland eine Gelegenheit zur Wiedererlangung Borkelos darbot, entstanden arge Verwickelungen mit den Herzögen von Braunschweig wegen der Oberherrlichkeit über Höxter. Diese Stadt war bereits von Ludwig dem Frommen der Abtei Korvey geschenkt, stand aber längere Zeit unter dem Schutze der Herzöge von Braunschweig. Namentlich hatte der Abt Temmo den Herzog von Braunschweig zum Vogt in Höxter bestellt und der Abt Robert den Herzögen Otto und Magnus sogar die halbe Stadt abgetreten, jedoch nur auf Lebenszeit. Somit war den Aebten von Korvey offenbar das Recht der Territorialherren gewahrt. Nichts desto weniger suchten die Herzöge von Braunschweig ihre Gewalt über die Stadt zunächst in politischer Hinsicht zu erweitern, indem sie sowohl im Allgemeinen statt der zeitlichen Vogtei eine erbliche Schutzgerechtigkeit, als auch insbesondere die niedere Gerichtsbarkeit, die

Bestellung des Scharfrichters und das Judengeleit beanspruchten. Weiterhin hatten sie sich auch in religiöser Beziehung manche Eingriffe erlaubt. So waren nach dem westfälischen Frieden wolfenbüttelsche und magdeburgische Bevollmächtigte in Höxter erschienen und hatten den dortigen Katholiken zugleich mit den Kirchen auch die freie und öffentliche Ausübung der Religion genommen. Eine auf Betreiben des damaligen Abts Arnold eingesetzte Kommission von Mainz, Fulda, Braunschweig und Oldenburg konnte sich über die Beilegung der Sache nicht verständigen. Vielmehr schritten die Braunschweiger und Magdeburger bald darauf zur Ausweisung der Franziskaner und ein auf Restitution lautender Befehl des Kaisers vom 23. Mai 1652 war einstweilen ohne Wirkung. So blieben die Verhältnisse bis zum Jahre 1662, wo Christoph Bernard zum Abt von Korvey gewählt wurde. Wir haben bereits oben gehört, daß er sich gleich bei seiner Huldigung gegen den Herzog von Braunschweig-Wolfenbüttel über mehrfache Beeinträchtigungen der Abtei beschwerte, sowie daß er in Höxter zugleich mit der Zurückführung der Franziskaner die Ausübung des Katholizismus herstellte. Eine Gelegenheit zur Geltendmachung seiner weltlichen Macht über die Stadt als Territorialherrn bot sich gegen Ende des Jahres 1670. Nach einer althergebrachten Brauordnung durfte jeder Bürger von Höxter gegen eine bestimmte Abgabe an einem durch das Loos ihm bezeichneten Tage brauen. Nur dem Stadtschreiber Bierbüsse war es durch Begünstigung einiger Rathsmitglieder erlaubt, auch außer der Reihe zu brauen, um dadurch seine geringen Einkünfte zu verbessern. Von seinen Gegnern ward übrigens behauptet, daß er auf wiederholten Reisen und zu Ausschweifungen aller Art mehr Geld als nöthig verausgabe. Um so mehr sahen sich etwa achtzig Bürger veranlaßt, durch eine Deputation am 18. Januar 1670 bei der Regierung von Korvey Beschwerde zu führen, daß ihm zu ihrem großen Nachtheile die Nichtbeachtung der Brauordnung gestattet sei. Die in Folge dessen von der korveyschen Regierung erlassenen Mandate blieben trotz der angedrohten Strafen unbeachtet; ja der Rath von Höxter verbot sogar den Bürgern ausdrücklich, sich mit weitern Beschwerden an jene Regierung zu wenden. Unter diesen Umständen wurde der Landvogt von Korvey am 7. Oktober mit der Exekution beauftragt und ließ eine Menge Vieh von der Gemeineweide fortführen. Alsbald entstand in der Stadt ein großer Auflauf, die Sturmglocken wurden geläutet und die Trommeln gerührt. Man begnügte sich nicht damit, einige von den Deputirten des Brauamts, welche als Gegner des

Stadtschreibers bekannt waren, ins Gefängniß zu werfen, sondern es wurde auch das Haus des korveyschen Sekretairs gestürmt und sein Braugeräthe auf den Markt geschleppt. Die an die Aufrührer ergehende Vorladung nach Korvey sowie das Gebot, die Eingekerkerten zu entlassen und zu entschädigen, war ohne Erfolg; vielmehr wandte man sich an den Herzog Rudolf August von Braunschweig-Wolfenbüttel als den angeblichen Schutzherrn von Hörter um Unterstützung. Dieser suchte zunächst durch die Vermittlung des Herzogs Georg Wilhelm von Braunschweig-Celle Christoph Bernard zu bewegen, daß er die Schritte seiner Regierung zu Korvey nicht bestätige. Christoph Bernard sandte nun zur nähern Untersuchung der Sache den Rechtsgelehrten Dr. Werner Zurmühlen nach Korvey. Kaum zwei Tage war dieser dort anwesend, als braunschweigische Truppen in der Stärke von drei Kompagnieen zu Fuß und zwei Kompagnieen zu Pferde in Hörter einrückten und nicht nur gegen den fürstlich münsterischen Hauptmann Meier, welcher mit einer kleinen Abtheilung Soldaten dort eingelagert war, zu Gewaltthätigkeiten schritten, sondern auch einen Versuch der Hörterer, das ihnen fortgeführte Vieh mit Gewalt wiederzuerlangen, kräftigst unterstützten. Die Einmischung der Braunschweiger war zwar zunächst durch den wegen der Brauordnung entstandenen Streit veranlaßt, hatte aber nicht sowohl die Beilegung dieses Streites als vielmehr die Geltendmachung der beanspruchten Erbschutzgerechtigkeit in Hörter zum Zwecke. Es ist mehr als wahrscheinlich, daß Bierbüsse und seine Partei sich mit dem schon länger in Hörter anwesenden fürstlich braunschweigischen Rath Söhle darüber verständigte, die Stadt ihrem bisherigen Oberherrn zu entreißen. Je entschiedener Christoph Bernard als Administrator von Korvey gleich von Anfang an sowohl in weltlicher als geistlicher Beziehung seine Oberhoheit geltend gemacht hatte, desto eifriger sann die genannte Partei auf eine Restitution ihrer anscheinend bedrohten politischen und religiösen Rechte. Diese aber hoffte man am leichtesten durch den Herzog von Braunschweig zu erlangen, welcher seinerseits als Grund der Einmischung die seinen Vorfahren über Hörter verliehene Vogtei angab. Es kam nun zwischen ihm und Christoph Bernard zunächst zu einem Federkriege,[19] doch sah der letztere nur zu bald ein, daß

---

[19] Vgl. a) „Manifest und Bericht, was gestalt deß Herrn Rudolf August Herzogen zu Braunschweig-Lüneburg Durchl. die Fürstl. Corveysche Municipal-Stadt Höxar Friedtbrüchiger weise invadirt und mit gewapffneter Hand in offenbahrer rebellion wieder die Lands-Fürstliche Obrigkeit fo-

es ihm ohne Mittel der Gewalt nicht möglich sein würde, den Herzog von seinem Unrecht zu überzeugen und zum Weichen zu bringen. Daher rüstete er außer den Truppen, welche ihm der Herzog Karl von Lothringen überließ, noch neun Regimenter unter der Führung des Generals Nagel, der jedoch wegen des regnerischen Herbstes nicht gleich ausrücken konnte. Die Generalstaaten, welche jeden seiner Schritte mit argwöhnischen Augen beobachteten, ließ er durch Bentink wegen der Rüstungen beruhigen. Ihr Anerbieten der Vermittlung lehnte er mit dem Bemerken ab, daß, bevor Höxter von den Braunschweigern geräumt wäre, von einem Vergleiche nicht gesprochen werden könnte. Auch die dem braunschweigischen Hause entstammten Fürsten Ernst August von Osnabrück sowie die Brüder Georg Wilhelm von Celle und Johann Friedrich von Hannover schickten Gesandte an Christoph Bernard, um die Sache in der Güte beizulegen. Der Kaiser Leopold befahl dem Herzoge Rudolf August, Höxter zu räumen; die Kurfürsten von Mainz und Köln erhoben ihre Stimme für den Frieden und selbst der König von Frankreich mischte sich in die rein lokale Angelegenheit. Die Veranlassung zu diesen Einmischungen bot das bei den Friedensverhandlungen in Kleve von dem münsterischen Bischofe am 8. April 1666 gegebene Versprechen, „daß er die Stadt Hoxar all dasjenige genießen laßen wollte, was ihr aus dem (westfälischen) instrumento pacis und dem arctiore modo exequendi von rechtswegen zukäme." [20] Christoph Bernard ernannte endlich Twickel, Wiedenbrück und Rave zu seinen Unterhändlern und diese bewirkten vorzugsweise mit Hülfe des mainzer Gesandten Schönborn am 15. April 1671 den Abschluß eines Vertrages, wonach der Herzog von Braunschweig seine Truppen aus Höxter zurückzog, der Bischof von Münster dagegen versprach, die Stadt in ihren hergebrachten Rechten gemäß dem westfälischen Frieden zu schützen und bis die obschwebenden Streitigkeiten wegen der Schutzgerechtigkeit innerhalb einer bestimmten

---

mentirt." Im Jahre 1670 (mit 18 Beilagen). — b) Gegen=Manifest und in iure et facto gegründeter Bericht, das Herrn Rudolf August bei denen motibus, so in Dero Erb=schutzverwandten Stadt Höxer durch der Fürstlich Corveyschen Regierung verübte Pressuren entstanden, Ihre Guarnison hinein zu legen höchstbefugt . . ." Wolfenbüttel 1671 (mit 36 Beil.). — c) „In iure et facto wolgegründete Ablehnung des Fürstl. Braunschweigisch=Wolfenbüttlischen Gegenmanifestes . . ." Münster, Raesfeldt 1671 (mit 41 Beilagen). — S. auch Londorp IX, 737; 768 u. append. T: XXII Diar. Eur.

[20] Prov.=Archiv Domkap.=Prob. VI, 7.

Frist durch schiedsrichterliches Urtheil beigelegt sein würden, eine Besatzung von nur siebzig Mann hineinzulegen. Auch sollten die aufrührerischen Bürger zwar nicht völlig amnestirt, aber doch weder an Leib noch Leben gestraft werden.²¹) Zu Besatzungstruppen wählte Christoph Bernard nur verehelichte Soldaten, so daß die Höxterer statt siebzig gegen dreihundert Menschen zu beherbergen hatten. Wegen der durch die Händel verursachten Kosten faßte der Bischof den Entschluß, die Abtei Korvey für immer mit dem Stift Münster zu vereinigen, kam jedoch von diesem Plane bald wieder zurück, da nicht nur der Benediktinerorden, sondern auch der kaiserliche Hof widerstrebte. Durch den mit Höxter geschlossenen Vertrag waren die Differenzen nur vorläufig beigelegt; ihre völlige Lösung erfolgte erst durch einen Vergleich, welchen der Prior von Korvey Zitwitz und zwei aus Höxter deputirte Bürger mit Christoph Bernard am 17. März 1674 zu Coesfeld errichteten. Danach wurde die weltliche Jurisdiktion zwei katholischen Assessoren, welche der Fürst, und zwei Protestanten (Augsburger Konfession) welche der Stadtrath bestellte, übertragen. Für das Halsgericht waren einige freie Schöffen aus der Bürgerschaft zu ernennen. Bei Streitigkeiten zwischen augsburger Konfessionsverwandten vor dem geistlichen Gerichte über Ehe und dgl. sollte auch der Stadtprediger mit hinzugezogen werden. Die städtischen Verhältnisse wurden dahin geordnet, daß nur Katholiken und Augsburger Konfessionsverwandte durch Erlegung von sechs Thalern das Bürgerrecht erwerben konnten. Die bestehenden Gilden und Aemter wurden bestätigt. Die sieben vornehmsten Aemter waren die der Kaufherrn, der Kürschner, der Wollenweber, der Schuhmacher, der Bäcker, der Schmiede und der Knochenhauer. Diese Aemter, zu denen auch Katholiken zuzulassen waren, wählten die Körgenossen und diese den Stadtrath; dabei hatte das Kaufamt zwei Stimmen, die übrigen je eine. Der Rath mußte dem Fürsten den Eid der Treue leisten, hatte eine beschränkte Gewalt (modicam exercitionem) über die Bürger und durfte Schatzungen erheben. Jedesmal vor der Wahl eines neuen Raths mußten die abtretenden Mitglieder vor einem fürstlichen Deputirten Rechnung legen. Dabei wurden zugleich die Personalregister (Bürgerrollen) berichtigt, da sich in der Bevölkerung während eines Jahres manches ändern konnte. Nach den Registern war die Billettirung zu ordnen. Mit Rücksicht darauf, daß der Syndikus oder Stadtschreiber der Stadt viele Ungelegenheiten bereitet hatte,

---

²¹) Alpen II, 156 ff.

wurde zwar nicht geweigert, daß die Stadt ihren Konsulenten hätte, doch sollte dazu ein grundbesitzender (in immobilibus gesessener) Mann gewählt und ihm ein Gehalt ausgesetzt werden. Auch behielt die Stadt das Privilegium zu brauen für sich und die Stiftsdörfer mit Ausnahme von Leuchtringen, Fürstenau und Brenkhausen. Auf dem Lande erhob der Abt von dem Bier eine Accise, in der Stadt konnte der Rath sie erheben. Ferner hatte die Stadt die halbe Nutzbarkeit von der Apotheke; der Apotheker wurde aber vom Fürsten angestellt. Den Weinkeller besorgte die Stadt allein. Von den durch Eigenthümer oder Verwandte nicht beanspruchten Gütern oder Erbschaften (in bonis et haereditatibus vacantibus) sollte die Stadt die Hälfte genießen. Von den verkauften Gütern erhielt die Stadt den dritten Pfenning oder doch einen bestimmten Antheil. Wegen der Juden wurde bestimmt, daß sie sich nach einer festgesetzten Ordnung zu verhalten und zu den Schatzungen beizutragen hätten. Ferner waren der Stadt die Holzungen, Haiden, Weiden u. a. gegen gewisse Leistungen zu Lehen gegeben. Zum Schutz der Stadtfeldmark sollte eine Landwehr mit Thüren und Schlagbäumen unterhalten werden. Außer den gewöhnlichen Jahrmärkten wurde auch das am Feste des h. Vitus früher gehaltene wieder eingeführt. Ueber die Weser mußte die Stadt eine Brücke unterhalten, die von den Mitgliedern des Kapitels zu Korvey sowie von den fürstlichen Bedienten frei passirt werden konnte; die Fahrleute wurden vom Abt bestellt und vereidet; bei Kriegszeiten war die Brücke abzunehmen. Stadtthore, Schlüssel, Mauern, Thürme und Wälle mit allen von der landesfürstlichen Oberhoheit dependirenden Rechten blieben dem Fürsten ausschließlich (privative) vorbehalten. Wenn kein Kommandant in der Stadt wäre, sollten die Thorschlüssel dem Rath anvertrauet werden. Damit die Stadt sich erholen und ihre Kreditoren befriedigen könnte, versprach Christoph Bernard einen Aufschub (moratorium) des Zahlungstermins zu bewirken und wegen der Kapitalien und Pensionen alles möglichst gut einzurichten. Die alte Landtaxe „Drei in Sieben" wurde suspendirt und dafür „Zwei in Sieben" angeordnet. Wegen dieser Vergünstigungen trat die Stadt den Katholiken die ihnen vom Fürsten schon früher überwiesene Nikolaikirche jetzt förmlich ab; doch blieb das Begräbniß auf dem dortigen Kirchhofe den dazu bisher Berechtigten auch fernerhin vorbehalten. Endlich versprach die Stadt im 32. Artikel, alle obschwebende Streitigkeiten zu renunziren, so daß dieser Vergleich als die Lösung der von Christoph Bernard bei seiner

Wahl zum Abte in der Kapitulation wegen Höxter übernommenen Verpflichtung zu betrachten ist. [22])

Zugleich mit den Verwickelungen wegen der Oberherrlichkeit in Höxter erhoben sich ähnliche Händel zwischen der Stadt Braunschweig und dem Herzoge Rudolf August sowie zwischen der Stadt Köln und dem Kurfürsten Max Heinrich. Braunschweig mußte sich dem Herzoge ergeben; zwischen Köln und dem Kurfürsten aber kam es besonders durch die Vermittlung Christoph Bernards, welcher sich im Oktober 1671 nach dem Hause Kendenich bei Köln begeben hatte, am 2. Januar 1672 zu einem Vergleich, wonach die unter dem Holländer Pamphield geworbenen Soldaten aus der Stadt entlassen und diese einstweilen von westfälischen Kreistruppen besetzt wurde. Christoph Bernard übernahm die Vermittlung als Direktor des niederrheinisch-westfälischen Kreises, der im August 1671 auf dem zu Bielefeld gehaltenen Kreistage unter anderm auch die Beilegung der Kölner Wirren zur Sprache gebracht hatte. [23]) Zugleich ist es wahrscheinlich, daß der Fürstbischof von Münster diese Gelegenheit benutzte, um sich dem wegen der Koadjutorwahl verstimmten Kurfürsten wieder mehr zu nähern, zumal da der König von Frankreich gerade damals aufs eifrigste bemüht war, beide Fürsten unter einander und mit sich gegen Holland zu verbünden. Dabei war es für Ludwig XIV. von der größten Wichtigkeit, das zwischen Christoph Bernard und den Kondirektoren des westfälischen Kreises, dem Kurfürsten von Brandenburg und dem Pfalzgrafen von Neuburg, auf dem Tage zu Bielefeld geschlossene Defensivbündniß, welches eigentlich gegen Frankreich gerichtet war, zu lösen.

Die Diplomatie entwickelte nämlich gerade zu jener Zeit eine um so größere Thätigkeit zur Erhaltung des Friedens, je mehr dieser durch den eroberungssüchtigen König von Frankreich bedroht wurde. Nach längeren Verhandlungen durch seinen Gesandten Matthias von Korff-Schmising hatte Christoph Bernard am $\frac{\text{25. Februar}}{\text{7. März}}$ 1670 zunächst mit den Herzögen von Braunschweig-Lüneburg, Georg Wilhelm, Johann Friedrich, Rudolf August und Ernst August, von denen der

---

[22]) Alpen II, 411 ff. Der Vergleich mit Höxter im Prov.-Archiv Domkap.-Prod. VI, 19.

[23]) Prov.-Archiv Fr. Münster, Urk. 4627 u. Landes-Archiv 539, 3. Vgl. Alpen II, 174—198; Gastelius de statu publ. Europae c. 32 S. 919; Recueil IV, 289; Pufendorf de rebus gestis Fr. Guil. XI, 20. Diar. Eur. XXVII, 435.

letztere damals Bischof von Osnabrück war, einen Vertrag projicirt, welcher „zu keines Menschen Offension, besonders nicht gegen Kaiser und Reich" aufgerichtet, die Erhaltung der deutschen Freiheit sowie der einem jeden von den Verbündeten zustehenden Rechte und Gerechtigkeiten bezweckte und sowohl gegen Kriegsgefahren, Durchzüge und Einquartierungen als „wider alle innerliche Empörungen" Schutz gewähren sollte, „also daß die Konföderirten ohne Unterschied der Religion im rechten Vertrauen durch Rath und That (in consiliis et actionibus) sich festiglich und ohnausgesetzt beiständen."[24]) Der auf drei Jahre projektirte Bund kam jedoch nicht zum Abschluß, wahrscheinlich weil der einen oder der andern Partei wegen der noch jüngst vorhandenen Differenzen das „rechte Vertrauen" fehlte. Dagegen schloß nun Christoph Bernard am 7. April 1671 auf dem erwähnten Kreistage zu Bielefeld mit dem Kurfürsten Friedrich Wilhelm von Brandenburg und dem Herzoge Philipp Wilhelm von Pfalz-Neuburg eine Defensiv-Allianz zur Sicherung ihrer Länder und des ganzen westfälischen Kreises gegen Durchzüge, Einquartierungen und Kontributionen. Danach waren die Verbündeten verpflichtet, dem Bedrängten innerhalb sechs Wochen Hülfe zu schicken. Das Bundesheer sollte (in simplo) 15,000 Mann stark sein, wozu Brandenburg und Münster je 1700 Reiter und 3500 Mann zu Fuß, Pfalz-Neuburg 1600 Reiter und 3000 Mann zu Fuß und zwar „tüchtige geworbene Mannschaft" stellte. Die Hülfeleistung sollte erst aufhören, wenn das angegriffene Land wieder sicher wäre und der Angreifer Satisfaktion gegeben hätte. Bei verstärktem Angriff war auch das Hülfskorps zu verstärken. Jeder „Bundesverwandte" mußte sein Kontingent bereit halten, auch sein Land in guten Vertheidigungszustand setzen. Würden zwei nach einander mit Krieg überzogen, so sollte der später Bedrängte von dem früher Angegriffenen seine Hülfstruppen zurückfordern dürfen. Die Stärke eines Regiments wurde auf 8 bis bis 10 Kompagnien festgesetzt und zwar sollte jede Kompagnie zu Pferde 80 bis 100 Einspännige und ein Fähnlein Fußtruppen 125 bis 150 Knechte mit den nöthigen Ober- und Unteroffizieren stark sein; der Abgang an Leuten war stets gleich zu ersetzen. Die Truppen sollten gleiche Verpflegung erhalten; doch hatte der Hülfesuchende nur für Quartier, Servis und „Rauhfutter" zu sorgen. Bei jedem Regimente zu Fuß mußten zwei Stücke mit Munition und Bedienten gestellt werden;

---

[24]) Prov.-Archiv Fr. Münster, Urk. 4614. Dazu die Hildesheimer Traktaten und Korrespondenzen Schmisings, N. 4613.

für größere Operationen hatte der Hülfesuchende die Artillerie zu beschaffen. Das Kommando und die Jurisdiktion sollte Jeder über seine Truppen haben; nur das Oberkommando und die Hauptdirektion wurde dem Hülfesuchenden vorbehalten. Ferner war bestimmt, daß Jeder Magazine einrichten, Gewehre und Munition anschaffen sollte. Fremde Werbungen mußten durch offene Patente verboten werden. Uebrigens wollte man nicht allein durch Truppen, sondern auch auf jede andere Weise einander beistehen und besonders, wenn dem westfälischen Kreise eine Kriegsgefahr drohte, alles versuchen, diese abzuwenden und die Irrungen zu heben. Endlich war noch hinzugefügt, daß dieser Bund anderen Bündnissen nicht präjudiziren sollte, wenn nur die stipulirten Bedingungen unverbrüchlich bestehen blieben. Gegenwärtige Allianz war auf sechs Jahre geschlossen und während dieser Zeit auch anderen Fürsten, besonders denen des westfälischen Kreises der Beitritt offen gelassen.[25] Der Einzige, welcher dem Bunde beitrat, war der Kurfürst von Köln. Dieser erklärte in einem Accessionsrezeß vom 8. Juli 1671, daß er alle Bedingungen des obigen Vertrags annähme und, da außer dem Erzstift Köln auch die Stifter Lüttich und Hildesheim in den Vertrag mit aufgenommen wurden, 4500 Mann zu Fuß, 1700 Reiter und 300 Dragoner stellen wollte.[26] Ueberdies verständigte sich der kölner Kurfürst mit Christoph Bernard auch noch über einen Vertrag wegen der in den früheren Kriegen häufig okkupirten Stadt Dorsten, die wegen ihrer Lage an der Gränze des zum Erzstift gehörenden Vestes Recklinghausen und des Bisthums Münster von großer Wichtigkeit war. Nach diesem Vertrage vom 24. August 1671 sicherte Christoph Bernard die bei Dorsten über die Lippe führende Brücke durch eine Schanze, welche jedoch der Stadt nicht zum Nachtheil sein sollte. Die Besatzung der Schanze durfte aus 24 bis 30 Mann und auf Ersuchen des kurfürstlichen Kommandanten in Dorsten aus 100 Mann bestehen. Sie stand unter dem Befehl des erwähnten Kommandanten und mußte, wenn sie etwa abgefordert wurde, durch eine andere wieder ersetzt werden. Die kölnische Garnison hatte die Wache mitten auf der Brücke; die Münsterer durften weder Brückengeld noch Zoll erheben. Nur so lange der Kurfürst es gestattete, durfte die Schanze bleiben. Bei einer etwaigen Belagerung Dorstens hatte der Bischof von Münster die Truppen in der Schanze mit allem Nöthigen zu versehen. Ins-

---

[25] Prov.-Archiv Fr. Münster, Urk. 4620.
[26] Prov.-Archiv Fr. Münster, Urk. 4623.

besondere sollte die Schanze selbst mit drei Stücken besetzt und außerdem vier Stücke hergegeben werden zur Armirung der beiden halben Monde oder Ravelins, welche die Schanze von der Stadt her bestrichen. Außerdem mußten Baraquen für die Besatzung und ein Haus zur Aufbewahrung der Munition in der Schanze errichtet werden. Um alles dieses so schnell als möglich herzustellen, schickte der Bischof von Münster 500 Musquetiere nach Dorsten. Diese erhielten vom kölner Kurfürsten außer Quartier und Service täglich je zwei Pfund Kommisbrod und einen Blamüser; für das Uebrige sorgte der Bischof, welcher auch 3—400 Schiebkarren, Schanzzeug, Schüppen, Hacken u. a. hergab. [27])

Nur wenige Tage nach der Errichtung des Accessionsrezesses, wodurch Köln der Allianz zwischen Brandenburg, Pfalz=Neuburg und Münster beitrat, am 17. Juli 1671 schloß Christoph Bernard auch noch mit dem Kaiser eine sogenannte Partikular=Defensiv=Allianz zur Aufrechthaltung des westfälischen Friedens und zum Schutze der deutschen Freiheit. In diese Allianz wurde auch namentlich die Grafschaft Bentheim wegen des ihr ertheilten Protektoriums eingeschlossen. Bei einem feindlichen Angriffe sollten auf die erste Mahnung binnen vierzehn Tagen vom Kaiser außer der nöthigen Feldartillerie 1000 Reiter und 2000 Mann zu Fuß, vom Bischofe 400 Reiter, 500 Mann zu Fuß und 100 Dragoner gestellt werden; auf eine zweite Mahnung war innerhalb drei Wochen eine gleiche Anzahl Truppen nachzuschicken. Die Hülfe sollte so lange geleistet werden, bis alles sich wieder im vorigen Stande befände. Bei getheiltem Angriffe waren auch die Truppen zu theilen. Für den Fall, daß die Hülfe nicht ausreichte, wurde eine weitere Verständigung vorbehalten. Auch wegen der jedesmal auszuführenden Unternehmungen sollte stets im Kriegsrathe Beschluß gefaßt werden. Das Oberkommando führte der vom Kaiser bestellte General. Der Sold wurde den Truppen von ihrem Herrn gezahlt und war ihnen gleich für zwei Monate mitzugeben. Von dem Hülfesuchenden erhielten sie nur Obdach und Rauhfutter sowie „vorschußweise" auch Kommisbrod, welches dann nachträglich bezahlt werden mußte. Ferner wurde bestimmt, daß, wenn die Alliirten sich schon kraft eines anderen Bundes (Reichs= oder Kreis=) Hülfe zu leisten hätten, dann die obigen Truppen von dem Kontingent abgezogen werden sollten. Ein der vorliegenden Allianz entgegenstehendes Bündniß durfte nicht aufgerichtet werden; dagegen

---

[27]) Prov.=Arch Fr. Münster, Urk. 4625.

stand anderen Fürsten, Katholiken wie auch augsburger Konfessions=
verwandten, der Eintritt in diese Allianz offen. Ueberdies verpflich=
teten sich die Verbündeten, dafür Sorge zu tragen, daß bei gegen=
wärtigem Reichskonvent die gemeine Sicherheit („punctus securitatis") und damit die gemeine Provisional=Reichsverfassung einge=
richtet würde.²⁸)

Die „gemeine Sicherheit" war gerade damals eine mit um so
größerem Eifer behandelte Frage, je unverhüllter die Absichten des
französischen Königs auf die Erwerbung deutscher Länder hervortraten.
Namentlich war es der Kurfürst Johann Philipp von Mainz, welcher
sich in Folge des Devolutionskriegs veranlaßt sah, der Politik Lud=
wigs XIV. vorläufig wenigstens in der Stille entgegenzuwirken.
Durch sein Verhalten war zunächst auf einer zu Braunschweig gehal=
tenen Versammlung eine Verständigung unter den Mitgliedern der
rheinischen Allianz über deren Fortbauer verhindert und somit dieser
schmachvolle Bund endlich im Januar 1668 aufgelöset. Eben derselbe
Kurfürst von Mainz war es auch, der nicht wenig dazu beitrug, daß
über das vom französischen Könige an den Reichstag zu Regensburg
gestellte Anerbieten, mit den im Frieden von Aachen erworbenen bur=
gundischen Landschaften dem Reichsverbande beizutreten, nicht einmal
eine Umfrage stattfand. Johann Philipp endlich war es, der nicht
allein mit dem Herzoge von Lothringen, dem Kurfürsten von Trier
und andern Fürsten, die von Frankreich am meisten bedroht waren,
ein Bündniß projektirte und zu dem Zwecke von seinem Rath Leibnitz
eine Staatsschrift unter dem Titel: „Bedenken, welcher Gestalt se-
curitas publica interna et externa und status praesens im
Reich jetzigen Umbständen nach auf festen Fuß zu stellen" ausarbeiten
ließ, sondern auch, nachdem der Herzog von Lothringen durch Ludwig
XIV. vertrieben und dagegen in Wien der französisch gesinnte Mi=
nister Auersberg gestürzt war, den Kaiser zugleich mit den Kurfürsten
von Trier und Sachsen, dem Markgrafen von Baireuth und dem
Bischofe von Münster zum Abschluß einer Allianz bewog.²⁹) Aber
Auersbergs Nachfolger und Gesinnungsgenosse Fürst Lobkowitz ver=
eitelte schon bald die Pläne des Kurfürsten von Mainz. Schon am
1. November 1671 schloß der Kaiser einen Vertrag mit Frankreich,
wonach der Eine die Feinde des Andern nicht unterstützen sollte und
der Kaiser überdies versprach, sich in keinen Krieg einzulassen, der

---

²⁸) Prov.=Archiv Fr. Münster, Urk. 4624.
²⁹) Guhrauer Kurmainz im Jahre 1672. S. 186 f.

etwa außerhalb der Reichskreise zwischen Frankreich einerseits und England, Schweden oder Holland andrerseits über den Frieden von Aachen entstünde. [30] Was nützte Christoph Bernard unter diesen Verhältnissen noch die mit dem Kaiser geschlossene Partikular-Defensiv-Allianz? Was gewann er ferner durch die Allianz mit Brandenburg und Pfalz-Neuburg? Der Kaiser war durch Frankreich gebunden; der Kurfürst von Köln wurde durch die ihn völlig beherrschenden Gebrüder Fürstenberg trotz dem Accessionsrezeß in französisches Interesse gezogen, und bald hatte der Vertrag von Bielefeld das gleiche Schicksal mit dem zwischen den Direktoren des westfälischen Kreises früher zu Dorsten projektirten Bündnisse. Der Vertrag zerfiel durch Frankreichs Einfluß; Frankreich wollte Krieg gegen Holland; von Frankreich erwartete der Kurfürst von Köln die Restitution Rheinbergs und wer sonst konnte dem Bischofe von Münster zum Besitze Borkelos wieder verhelfen, als Frankreich? —

---

[30] Lünig, Reichsarchiv pars spec. contin. I. Abth. II. S. 443.

Sechster Abschnitt.

Abermaliger Krieg des Fürstbischofs von Münster in Verbindung mit dem Kurfürsten von Köln und dem Könige von Frankreich gegen die Generalstaaten im Jahre 1672.

Der Kurfürst von Köln schloß am 2. Januar 1672, also an demselben Tage, wo er den erwähnten Vergleich mit der Stadt Köln einging, ein Offensivbündniß mit dem Könige von Frankreich gegen Holland; und auch Christoph Bernard erklärte sich schon am 4. Januar bereit, diesem Vertrage beizutreten. Die deutschen Fürsten versprachen jeder 16,000 Mann zu Fuß und 400 Dragoner ins Feld zu stellen; außerdem sollte der Kurfürst von Köln 1700, der Fürstbischof von Münster dagegen 2500 Reiter ausrüsten; dafür erhielt dieser von den französischen Subsidien monatlich 13,000 Reichsthaler, jener nur 11,000. Zugleich wurde bestimmt, daß Christoph Bernard für die Lieferung von Munition und Artillerie den fünften Theil der Kontributionen und der eroberten Oerter vorab erhalten, das Uebrige aber unter die Verbündeten nach Verhältniß vertheilt werden sollte.[1] Außer den deutschen Fürsten wußte Ludwig XIV. auch England und Schweden, welche noch jüngst in der Tripelallianz mit Holland seinen Eroberungsplänen entgegengetreten waren, für sich zu gewinnen. So sahen sich denn die Generalstaaten rings von Feinden umgeben und zwar zu einer Zeit, wo nicht allein ihre Vertheidigungsmittel gegen einen Angriff zu Lande in einem höchst erbärmlichen Zustande waren, sondern auch arge Zerrüttungen im Innern herrschten. Zwar schien durch die sogenannte Akte der Harmonie, wonach dem Prinzen von Oranien unter der Bedingung, daß die Statthalterwürde und die Oberbefehlshaberschaft stets getrennt blieben, der Eintritt in den Staatsrath gestattet wurde, die Eintracht zwischen der republika-

---

[1] Prov.-Archiv Fr. Münster, Urk. 4626.

nischen und oranischen Partei hergestellt zu sein; aber es war eben nur eine scheinbare Beilegung des Haders, der nicht vor dem Tode de Witts auch nur für einige Zeit ruhen sollte. Zu dem politischen Zerwürfniß kam ein religiöses zwischen den Kalvinisten und den Katholiken, von denen die letztern nicht geringe Hoffnung hegten, durch den französischen König und die deutschen Fürsten aus ihrer unterdrückten Stellung befreit zu werden.

Am 3. April unterzeichnete Christoph Bernard das durch den französischen Gesandten Verjus vermittelte Offensivbündniß mit Ludwig XIV., welcher ihm bedeutende Summen zur Anwerbung von Truppen aussetzte. Zwar wurden ihm von dem Statthalter der spanischen Niederlande bei der Werbung von Offizieren sowie in Hannover bei dem Durchmarsch der Truppen Hindernisse in den Weg gelegt; dennoch gelang es ihm, eine Armee zusammenzubringen, welche aus 17 Kavallerieregimentern nebst mehr als 9 besonderen Schwadronen und zwei Dragonerregimentern, aus 27 Infanterieregimentern von 12 bis 17 Kompagnieen nebst mehr als 20 besonderen Bataillons endlich aus einer zahlreichen Artillerie mit 60 Mörsern, 25 halben und fast 30 Viertelkarthaunen sowie vielen Haubizen bestand. England erließ bereits am 29. März, Frankreich am 10. April die Kriegserklärung an Holland; der Kurfürst von Köln und der Fürstbischof von Münster gaben sich dagegen öffentlich noch immer den Schein, neutral bleiben zu wollen. Die Holländer hatten unterdessen ein Lager bei Doesburg bezogen. Von dort sandten die acht Felddeputirten den Herrn van Kovorden mit einem vom 29. April datirten Schreiben an Christoph Bernard nach Koesfeld, um von ihm die bestimmte Zusage der Neutralität zu erlangen. Nach einer Audienz und wiederholten Konferenzen erhielt der Abgesandte am 16. Mai aus der fürstbischöflichen Kanzlei die Antwort, daß man zunächst sich vergewissern müsse, ob auch Frankreich und Köln mit der in Aussicht genommenen Neutralität sich einverstanden erklären würden. Es könnte allerdings auf den ersten Blick befremden, daß Christoph Bernard selbst nachdem er ein Offensivbündniß mit Frankreich eingegangen war und zu einer Zeit, wo sowohl England als Frankreich den Krieg an Holland bereits erklärt hatten, über sein Verhalten noch so wenig entschieden zu sein schien: aber er hatte offenbar mehr als einen Grund, vorläufig noch eine zurückhaltende Stellung einzunehmen. Nicht allein der Kaiser sondern auch viele deutsche Fürsten zeigten sich der mit Frankreich eingegangenen Verbindung abgeneigt, namentlich aber hatte Christoph Bernard von den Herzögen von Braunschweig und dem

Kurfürsten von Brandenburg zu fürchten. Dazu kam der Widerwille eines großen Theils seiner eigenen Unterthanen gegen die Erneuerung eines Kriegs, von dem man abermals nur argen Druck und im günstigsten Falle nur geringen Vortheil erwartete. Aus dieser Lage der Dinge erklärt sich das längere Schwanken Christoph Bernards, der sich nicht eher zur Eröffnung der Feindseligkeiten entschließen mochte, als bis er gegen die Folgen dieses Schrittes möglichst sicher gestellt war. Schon im Januar hatte Ludwig XIV. den Herzog von Luxemburg nach Köln und Münster gesandt, um sich mit den deutschen Fürsten über den Kriegsplan sowie über die Verpflegung der Truppen zu verständigen. Die mit Christoph Bernard gepflogenen Verhandlungen ließen die Vermuthung aufkommen, daß er entweder von der kunstgerechten Kriegführung fast nichts verstand oder daß es ihm damit wenigstens nicht recht Ernst war. Der Plan, direkt gegen Doesburg oder Deventer vorzurücken und die Truppen in echt Wallensteinischer Manier für ihre Verproviantirung selbst sorgen zu lassen, erregte bei dem Herzoge von Luxemburg nicht geringes Erstaunen. Auch der französische Kriegsminister Louvois tadelte in einem Schreiben an den Herzog vom 22. April die grillenhaften Anschläge des Fürstbischofs und beschwerte sich zugleich über dessen höchst unbillige Geldforderungen, versprach jedoch ihm 40,000 Livres von den erst im Dezember fälligen Subsidien vorzustrecken. Jene Geldforderungen schienen um so weniger gerechtfertigt, als Anfangs April Verjus dem Fürstbischof noch 100,000 Reichsthaler überbracht hatte. Diese und andere Geldsummen konnten doch unmöglich schon verausgabt sein, zumal da die Rüstungen noch nicht einmal beendigt waren. Das ganze Verhalten Christoph Bernards erweckte nicht nur bei dem Herzoge von Luxemburg sondern auch am Hofe zu Paris endlich den Verdacht, daß jener trotz dem abgeschlossenen Bündnisse sich der Theilnahme am Kriege entziehen möchte. Luxemburg meinte daher, daß man „dem Starrsinn und der Habsucht" desselben etwas nachgeben müßte, und Louvois hielt es sogar für nöthig, durch persönliche Verhandlungen mit Christoph Bernard sowie mit dem Bischof von Straßburg, der für den in Kriegssachen völlig unerfahrenen Kurfürsten von Köln eintrat, dahin zu wirken, daß die beiden Verbündeten aus der unentschlossenen und zuwartenden Stellung endlich heraustraten. Am 26. Mai fand die Zusammenkunft des französischen Kriegsministers und der beiden Bischöfe auf dem Gute Oberhausen statt. Es wurde ein Vertrag verabredet, wonach dem Fürstbischof von Münster außer den Kriegssteuern auch der Besitz von Borkelo und Lingen sowie von allen in Friesland und Gröningen einzunehmenden Oertern zugestanden wurde; nur sollte er davon monatlich 9000 Thaler an den König und den Kurfürsten abgeben." Diese lockende Aussicht auf Geld= und Ländererwerb veranlaßte Christoph Bernard, sich jetzt ohne wei= tere Zögerung für den Krieg zu entscheiden, zumal da er durch die Verbindung Frankreichs mit Schweden, deren Truppen im Bremischen standen, sein Stift gegen einen etwaigen Angriff der für Holland sich erhebenden Fürsten gesichert glaubte.

Unterdessen weilte der Herr van Kovorden noch immer in Coes= feld und harrte der Entscheidung wegen der in Vorschlag gebrachten Neutralität. Endlich erhielt er am 25. Mai abermals ein Schreiben aus der fürstlichen Kanzlei, worin über eine von dem Rathspensionair de Witt, dem Bürgermeister von Amsterdam und andern gegen das Land und Leben des Fürstbischofs angestiftete Verschwörung Klage geführt wurde. Die Anschuldigungen gründeten sich auf die Aussagen eines Baron von Griem, der früher Hauptmann in holländischen Diensten war, aber wegen mehrfacher Vergehen sich nach Münster ge= flüchtet hatte. Dieser wurde wegen eines verdächtigen Schreibens an den Herrn van Kovorden am 7. Mai verhaftet und legte am 18. und 20. ein Geständniß ab, wonach er mehre Schreiben von dem Prinzen von Oranien, von de Witt und dem Kommissar Felßen er= halten hatte und zuletzt bei einer persönlichen Zusammenkunft im Haag aufgefordert war, über die Stärke und Beschaffenheit der mün= sterischen Truppen, über den jedesmaligen Aufenthalt des Fürstbischofs und seinen Verkehr mit fremden Gesandten zu berichten sowie auch zugleich dahin zu arbeiten, daß Offiziere und Soldaten zu den Hol= ländern übergingen.[3] Mag man den Aussagen des allerdings nicht ganz unverdächtigen Menschen auch kein großes Gewicht beilegen, so steht doch wenigstens soviel fest, daß dadurch das Vertrauen in die von den Generalstaaten „religieuselich und serieuselich versicherte Freund= und Nachbarschaft" heftig erschüttert werden mußte. Dazu kommt,

---

[2]) Depping a. a. O. S. 19. Ueber die Kriegsereignisse vgl. außer Depping und Alpen besonders Valckenier verw. Europa; Diar. Eur. XXVII „der erschütterte Löwe"; Theatr. Eur. XI, 270 ff. Mémoires par Temple. Amsterd. 1708. Wagner hist. Leop. IX, 283. „Franse, Engelse, Keulse, Munsterse en Nederlandse Oorloge." Amsterdam; Konynenberg 1673. „Holländische Staats= und Kriegsgeschichte von T. P. M. F. 1674."

*) Nach einer Prozeßakte im Archiv des Appellationsgerichts zu Münster. Vgl. Wiens Rechtfertigung einiger Klagen des Fürstbischofs C. B. von Galen über die Verräthereien der Generalstaaten. Münster, Regensberg 1848.

daß man um dieselbe Zeit noch einen zweiten Verräther und Mordbrenner, der von dem Kommandanten zu Deventer abgeschickt war, entdeckte und verhaftete. Sein Verhör in Gegenwart des Herrn van Kovorden lieferte einen fernern unzweideutigen Beweis von den verdächtigen Umtrieben der Generalstaaten. In Folge dessen beschleunigte der Feldbeputirte, zumal da man ihn selbst des Verkehrs mit den Verräthern beschuldigte, seine Abreise von Cocsfeld. Christoph Bernard aber erließ unmittelbar nach seiner Rückkehr von Oberhausen unter dem 28. Mai von Ludgersburg ein Antwortschreiben an die Feldbeputirten zu Doesburg, worin er unter Hinweis auf die obenerwähnten Vorgänge die gewünschte Neutralität ablehnte. [4]

Mittlerweile hatte der Kurfürst von Köln am 27. Mai den Generalstaaten den Krieg erklärt und so ließ denn auch Christoph Bernard bald darauf sein Manifest ergehen, worin er die Generalstaaten der wiederholten Verletzung des klevischen Friedens beschuldigte. [5] Das Hauptgewicht fällt auch hier wieder auf die angesponnenen Verräthereien. Dann wurde noch insbesondere hervorgehoben, daß die Holländer nicht nur Rheine mit einem Ueberfall bedroht, sondern auch denen, die sich mit ihnen verbinden würden, andere Theile des Stifts Münster angeboten hätten. Der Zweck ihrer Einmischung in den Streit mit Höxter sei nicht gewesen zu vermitteln sondern nur neue Verwickelungen zu bereiten. Noch schlimmer aber sei es, daß sie das vom Kaiser ihm als kreisausschreibenden Fürsten übertragene Schutzrecht in der Grafschaft Bentheim verletzt hätten. Ein fürstlicher Gesandter wäre zu Dotekum angehalten und geprügelt, ein münsterischer Bürger wegen gemeiner Schulden der Stadt in Zwoll mißhandelt, ein fürstlicher Leibgardist überfallen und der für die Kreiskonvention zu Duisburg bestimmten Briefe beraubt, ein gewisser Watgins zu Arnheim wegen unerwiesenen Verdachts, daß er zum Fürsten halte,

---

[4] „Ihrer Fürstl. Gnaden zu Münster Erklehrung auff Ihro von den Herren General-Staten der Vereinigten Niederlande Deputirten zu Feldt proponirte Neutralität anno 1672." (Paulin. Bibl.)

[5] „Kurter Bericht, was gestalt an Seiten der Vereinigten Niederlande der zu Cleve im Jahre 1666 den 18. April mit Ihrer Hochfürstl. Gnaden zu Münster .... geschlossener Fried fast in allen Articulen und Puncten gebrochen. Getruckt im Jahr 1672." (Bibl. des Alterth.-Vereins.) Die Aufnahme der den Holländern zur Last gelegten Verräthereien wurde lebhaft anempfohlen von dem Bischofe zu Straßburg in einem Schreiben an Christoph Bernard d. 17. Mai 1672. Fr. Münster Landes-Archiv 541, 2a. — Eine Widerlegung des von Christoph Bernard erlassenen Manifest bei Balkenier a. a. O.

verbannt und dessen Haus gestürmt; ebenso hätte man die Wohnung des Hauptmanns Bernard in Zwilbrock bei Vreden geplündert und dem Kriegskommissar Raesfeld die ihm und seiner Frau im staatischen Gebiete gehörenden Besitzungen entrissen. Auch wäre den Umwohnern von Meppen der Weg zu ihren Ländereien und Wiesen gesperrt und die vom Fürsten im Morast angelegte Brücke zerstört. Die wegen des Torfvenns zwischen Buerlo und Winterswyck mit den gelbrischen Deputirten getroffene Vereinbarung hätte der gelbrische Landtag nicht angenommen; vielmehr wären die Winterswycker mit einigen Soldaten aus Bredefort hereingebrochen und hätten vielen Torf verbrannt. Zugleich hätte man die in der Herrschaft Bredefort ausstehenden Gelder und Renten münsterischer Unterthanen arrestirt und ihre dortigen Besitzungen eingezogen. Ferner wären drei Schiffe des Fürsten, die mit Hafer beladen aus Ostfriesland auf der Ems zurückfuhren, von den staatischen Truppen in der bieler Schanze angehalten und, da man ihnen den geforderten Zoll verweigert hätte, vernichtet. Wegen dieser und anderer Beschwerden habe der Fürst sich an die Garanten des klevischen Friedens, namentlich den König von Frankreich und den Kurfürsten von Köln gewandt und sowohl letzterem wegen verweigerter Rückgabe der Stadt Rheinberg Bundeshülfe geschickt, als auch zur Vertheidigung des eigenen Landes gegen die an der Yssel zusammengezogenen Truppen der Generalstaaten die nöthigen Maßregeln getroffen.

Wenn Christoph Bernard ein besonderes Gewicht darauf legte, den Krieg nicht als Angriffs- sondern als Vertheidigungskrieg darzustellen, so geschah dieses zu seiner Rechtfertigung einerseits bei dem Kaiser und den übrigen Fürsten Deutschlands, andererseits aber auch bei seinen eigenen Unterthanen. In letzterer Beziehung ist es besonders von Wichtigkeit zu erfahren, wie die Landstände und namentlich das Domkapitel über den beabsichtigten Krieg dachten. Die Opposition auf den Landtagen war bisher vorzugsweise von den Städten und in einzelnen Fällen von der Ritterschaft ausgegangen. Daß aber auch zwischen dem Domkapitel und dem Fürstbischofe ein Zerwürfniß sich gebildet hatte, trat schon bei der Wahl eines Koadjutors klar genug hervor. Die jetzigen Beschwerden des Kapitels drehten sich hauptsächlich um folgende Punkte.*) In dem Landtagsrezeß vom

---

*) „Relatio causarum rev. capituli cathedralis ecclesiae Monast. pro capitulo generali s. Iacobi 1672 facta per D. Heerde. Praes. 27. Iulii 1672 in capitulo." Mscr. des Alterth.-Vereins.

30. September 1671 war unter anderm bestimmt, daß monatlich 30,000 Thaler für die Pensionen und die Beamten der Pfennigkammer beigetrieben werden sollten. Doch war das Geld für diese Zwecke nicht verwendet. Und ebenso wenig war die weitere Bestimmung, daß die Unterthanen weder mit Einquartierung noch Verpflegung von Truppen beschwert werden sollten, festgehalten. Am 6. Februar 1672 ließ der Fürst durch Zurmühlen vorstellen, daß bei dem Kriege zwischen Frankreich und Holland das Stift nicht hinreichend gesichert sei, da die Holländer, wenn Kurköln die französischen Truppen aus seinem Gebiete nicht entferne, auch die benachbarten Länder verwüsten würden. Das Kapitel möchte sich daher erklären, ob nicht außer den 30,000 Thalern eine Personenschatzung zur Unterhaltung von Reitern ausgeschrieben werden könnte. Das Ansinnen wurde abgelehnt mit dem Bemerken, der Fürst möchte sich dem Kriege fern halten. Aber schon am 15. Februar verlangte Christoph Bernard abermals auf einem Landtage zu Münster wegen der in ganz Europa drohenden Gefahren die Bewilligung neuer Mittel. Die Stände bestimmten, daß, wenn es das Land, was man übrigens bezweifelte, tragen könnte, mit der Erhebung der Tranksteuer bis Juni fortgefahren und auch eine Personenschatzung ausgeschrieben werden sollte, wobei jedoch die Geistlichen und die sonst Eximirten nicht in Anschlag zu bringen seien. Ebenso wenig sollte statt eines Zahlungsunfähigen ein Reicherer herangezogen, noch auch irgend einer zu Kriegs- oder Spanndiensten angehalten werden. Wenngleich die fürstlichen Räthe dieses versprachen, so wurde das Land dennoch mit Einquartierung beschwert. Spanndienste mußten selbst außer Landes geleistet werden und die zum Dienst tauglichen Pferde wurden ohne weiteres eingezogen; dagegen erhielten die Pensionarien und Pfennigkammerbedienten auch jetzt wiederum keine Zahlung. Als das Kapitel dem Fürsten darüber schriftliche Vorstellungen machte, ließ dieser ihm bloß den Empfang derselben bescheinigen. Die Beschwerden blieben um so mehr unbeachtet, weil der Fürst durch seine plötzliche Abreise die Ausfertigung eines Landtagsrezesses verhinderte, mit andern Worten den Beschlüssen der Stände seine Genehmigung verweigert hatte. Am 11. März ließ der Fürst durch den Licentiaten Rave mit dem Bemerken, daß im Falle eines Krieges mit Frankreich und England die Generalstaaten seine Neutralität nicht anerkennen würden, das Kapitel um seine Ansicht fragen, was zu thun wäre. Dieses bat sich bis zum folgenden Tage Bedenkzeit; da aber war Rave bereits nach Coesfeld zurückgekehrt. Das Kapitel sandte nun noch

an demselben Tage, den 12. März, ein Schreiben an den Fürsten, er möchte sich unter Beobachtung des klevischen Friedens ohne Wissen des Kapitels weder in Krieg und Fehde, noch in ein Bündniß einlassen. Am 30. März erfolgte eine ablehnende Antwort, wogegen das Kapitel am 6. April remonstrirte. Auf ein abermaliges Schreiben des Fürsten vom 17. April, worin das Kapitel wegen seines Verhaltens getadelt wurde, beschloß man, den Dompropst, den Probst zu St. Mauritz und den Syndikus an den Fürsten zu schicken, um sich nicht allein wegen der Nichtbeachtung der jüngsten Landtagsbeschlüsse zu beschweren und Abhülfe zu bitten, sondern auch zu erfahren, weshalb der Fürst die Generalstaaten der Verletzung des klevischen Friedens beschuldige sowie mit wem und unter welchen Bedingungen er sich verbünden wolle. Der Fürst entschuldigte sich wegen der den Unterthanen zugefügten Beschwerden sowie wegen der nicht erfolgten Zahlung der Pensionen mit der äußersten Noth und versprach, die Vorschläge des Kapitels, wie dem Stift der Friede erhalten werden könnte, zu überlegen. Auf den Antrag der Deputirten, die übrigen Landstände, welche nach dem privilegium patriae über Krieg, Fehde und Bündniß zu bestimmen hätten, zu einem Landtage zu berufen, damit das verlangte Gutachten über die Erhaltung des Friedens desto förmlicher, einmüthiger und beständiger abgefaßt würde, ging der Fürst nicht ein. Vielmehr erließ er am 18. Mai von Ludgersburg ein Patent, worin jedem Unterthanen Korrespondenz und Kaufhandlung mit Holländern untersagt wurde. Bald darauf erfolgte sogar das Kriegsmanifest und gegen Ende Mai waren die Truppen bereits auf dem Marsche. Der Fürst gebot nun, der zum Aufbruch kommandirten Reiterei nach der Verpflegungsordonance einen vollen Monatssold bei Strafe sonst zu erwartender militairischer Exekution zu zahlen. Zugleich ließ er für Juli und August eine halbe Schatzung ausschreiben. Der Sold wurde wegen der angedrohten Strafe bezahlt. Und wenngleich das Kapitel gegen ihn wie auch gegen die Schatzung protestirte, so war damit doch bei dem entschiedenen Vorgehen des Fürsten nichts gewonnen. Die Kriegsoperationen hatten ihren Fortgang und ein großer Theil des Kapitels war unter diesen Umständen sogar der Ansicht, daß „Ihrer hochfürstl. Gnaden wegen der so glücklichen Progresse zu kongratuliren sei."

Unmittelbar nach dem Erlaß seines Manifestes, welches von den Generalstaaten unbeantwortet blieb, setzte Christoph Bernard seine Truppen in Bewegung. Während die Franzosen Büderich, Rheinberg, Orsoy, Emmerich, Wesel und Rees gewannen, besetzten die

Münsterischen zunächst die Herrschaft Lingen. Dann fiel die Reiterei in die Twenthe ein und in wenigen Tagen waren Otmarsen, Oldenseell, Enschede, Almelo, Delden, Borkelo und andere Oerter genommen. Bei der Umzingelung Grolls leistete auch ein Theil der verbündeten Truppen, welcher von Dorsten nachgerückt war, einige Hülfe; aber hauptsächlich weil die münsterische Artillerie allein am 8. Juni gegen 300 Bomben in die Stadt schleuderte, sah sich der Kommandant, der überdies von den zum Theil katholischen Einwohnern wenig unterstützt wurde, schon am folgenden Tage zur Kapitulation genöthigt. Die Besatzung erhielt freien Abzug, den Bürgern wurde ihr Eigenthum sowie freie Ausübung der Religion zugesichert. Die Stadt kam in die Gewalt Christoph Bernards, der am 18. Juni auch Bredefort durch zwei Regimenter besetzen ließ. Die Verbündeten hatten unterdessen Lochem genommen und waren gegen Deventer vorgerückt. Die Festung hatte zwar eine starke Besatzung, aber unter den Offizieren herrschte Uneinigkeit und die Außenwerke waren nicht nur in einem schlechten Zustande, sondern sogar völlig verlassen. Uebrigens drohte auch im Lager der Verbündeten zwischen Christoph Bernard und dem Herzoge von Luxemburg, welche sich von Anfang an über die Kriegführung nicht verständigen konnten, ein Zerwürfniß zu entstehen, und es wäre vielleicht zu einer Trennung der Truppen gekommen, wenn nicht der Bischof von Straßburg die Sache vermittelt hätte. Nach dreitägiger Belagerung am 19. Juni wurden zwei katholische Edelleute aus Overyssel mit einem Trompeter nach der Festung entsandt, um sie zur Uebergabe aufzufordern, erhielten jedoch einen abschlägigen Bescheid. Alsbald ließ nun Christoph Bernard eine Menge Kugeln und Bomben hineinwerfen und traf Anstalten zu einem Sturme, wodurch ein großer Theil des Raths und der Bürgerschaft so sehr in Schrecken gesetzt wurde, daß man am 21. eine Deputation in das Lager der Verbündeten schickte, um wegen der Kapitulation zu unterhandeln. Am 22. erfolgte die Uebergabe unter der Bedingung, daß die Reformirten ihre Schulen und zwei Kirchen behalten, die Stadt aber unter der Oberherrschaft des Kurfürsten von Köln und des Fürstbischofs von Münster wieder mit dem deutschen Reiche vereinigt werden sollte. Die Besatzung mußte das Gewehr strecken und wurde mit Ausnahme von zwölf Oberoffizieren, die man „aus angeborner Milde" nach Gröningen oder Friesland entließ, zu Kriegsgefangenen gemacht. Die Soldaten, welche keine Gelegenheit zu entfliehen noch sich loszukaufen fanden, wurden den feindlichen Regimentern eingereiht.

Noch während der Belagerung von Deventer ließ Christoph Bernard durch Nagel und Schade das Städtchen Hatten sowie durch Hautyn die Oerter Elburg und Harderwyck einnehmen. Nachdem er dadurch die sogenannte Veluwe in Overyssel völlig unterworfen und — was die Hauptsache war — mit starker Brandschatzung belegt hatte, sandte er seine Truppen über die Yssel gegen Zwoll. Diese starke Festung war nur schlecht besetzt und obendrein zeigte Magistrat und Bürgerschaft wenig Lust, ihre schönen Gebäude einem Bombardement der münsterischen Artillerie preiszugeben. Als daher der deventer Bürgermeister L'Espiere und der Junker Adolf Bentink zu Brakelenkamp, ein katholischer Edelmann mit einem Tompeter des Fürstbischofs erschienen und die Uebergabe der Stadt unter denselben Bedingungen wie zu Deventer in Vorschlag brachten, zog sich die Besatzung, welche in Kriegsgefangenschaft zu gerathen fürchtete, nach Hasselt zurück, Zwoll aber wurde am 23. Juni übergeben. An demselben Tage kapitulirte auch Kampen und nachdem die Truppen, welche erst eben aus Zwoll angelangt waren, noch in der Nacht sich weiter nach Friesland zurückgezogen hatten, öffnete auch Hasselt seine Thore. Ihm folgten Steenwyk, Meppel, Geelmunden, Swartesluys, Blockzyl, Kuynder und Koveen, welche im Namen der Ritterschaft und Städte von Overyssel eine aus Zwoll datirte Aufforderung zur Uebergabe erhalten hatten. Am 1. Juli beriefen nun die münsterischen Kommissare von Schmising und Grothues von der Ommerschanze aus, welche von den staatischen Truppen schon am 24. Juni verlassen war, die Ritterschaft der Provinz Overyssel zu einer Konferenz. Nach einem vom Rath Rave vorgelegten Entwurf einer Kapitutation sollte die Ritterschaft der niederländischen Union entsagen und den Fürstbischof von Münster als Oberherrn anerkennen. Dieser würde seinen neuen Unterthanen nicht allein kräftigen Schutz sondern auch volle Religionsfreiheit gewähren. Aus der Ritterschaft und den Städtedeputirten sollte ein Provinzial-Gerichtshof gebildet werden. Ferner sollten alle Ritter, welche nur 14 Morgen steuerfreien Landes besäßen, zum Landtag zugelassen werden und ein jährliches Gehalt von 100 Gulden aus der Landeskasse beziehen. Ohne daß zuvor die Zustimmung der übrigen Provinzialstände eingeholt war, wurde die Kapitulation von der Ritterschaft, welche im Weigerungsfalle nichts besseres zu erwarten hatte, angenommen und am 5. Juli von Christoph Bernard im Hause ter Scheeren vor Koverden unterzeichnet. Das Verhalten der Ritterschaft erklärt sich hauptsächlich aus der Unzufriedenheit über die Schmälerung ihrer Vorrechte durch die republitanische Regierung. Unter der Bürgerschaft aber fanden die Verbündeten besonders bei den Katholiken wegen des erlittenen religiösen Drucks sowohl öffentlich als heimlich Unterstützung.

Unterdessen war das Hauptheer der Franzosen, bei dem sich Ludwig XIV. selbst befand, am 13. Juni über den Rhein gegangen und hatte sich, ohne Widerstand zu finden, Utrechts bemächtigt. Am 17. hielt Türenne seinen Einzug in Arnheim. An demselben Tage waren auch die französischen Truppen von Emmerich nach Doesburg gerückt, welche Stadt sich schon bald ergab. Heftigern Widerstand erfuhr der Herzog von Orleans vor Zütphen, welches erst durch ein Bombardement münsterischer Artillerie, die besonders requirirt war, zur Kapitulation gebracht werden konnte. Auch Nymwegen mußte längere Zeit belagert werden; dagegen ergaben sich Grave, Crevecoeur und Bommel ohne Widerstand. Ein Versuch der Generalstaaten, Ludwig XIV. zum Frieden zu bewegen, scheiterte, da dieser außer dem holländischen Brabant die Festung Orsoy, Rheinberg, Wesel, Rees und Emmerich verlangte.

Bei einer Zusammenkunft der Bischöfe von Münster und Straßburg mit Ludwig XIV. auf dem Schlosse Bouillon bei Arnheim wurden die gemachten Eroberungen so vertheilt, daß der französische König nach einem schon vor dem Feldzuge entworfenen Plane alles Land zwischen Rhein, Maas und Yssel, also auch die von den Verbündeten genommenen Plätze Harderwyk, Elburg, Hatten und Kampen erhielt. Zwoll sollte von Köln und Münster gemeinschaftlich besetzt werden. Ferner bekam der Kurfürst von Köln Rheinberg und Deventer, Christoph Bernard dagegen Groll, Bredefort, Borkelo und alle in Overyssel, Gröningen und Friesland gemachten oder noch zu machenden Eroberungen. Außerdem beschenkte der König den Letztern mit einem diamantenen Kreuz im Werthe von über 20,000 Reichsthalern.

Die Noth und Furcht des niederländischen Volks bei dem immer weitern Vordringen der siegreichen Feinde erreichte endlich eine solche Höhe, daß man in einem Aufstande die Brüder de Witt, welche man des geheimen Einverständnisses mit den Franzosen beschuldigte, überfiel und unter schändlichen Mißhandlungen ermordete. Der Verdacht, daß der Rathspensionair sich den Franzosen zuneigte, war schon früher aufgetaucht und hatte besonders durch die jüngsten Unterhandlungen mit Ludwig XIV. neue Nahrung gewonnen. Durchaus gerechtfertigt aber war der gegen ihn erhobene Vorwurf, daß er durch Vernachlässigung des Landheers den Staat in die größten Verlegenheiten und Nachtheile gebracht habe. Mit der Erhebung des Prinzen von Oranien zum Statthalter kam eine größere Einheit in die Vorkehrungen zur Vertheidigung und der Krieg erhielt schon bald eine für die Generalstaaten günstige Wendung.

Nachdem der französische König sich zu Bouillon den Löwenantheil von den gemachten Eroberungen zugesprochen hatte, kehrte er nach Frankreich zurück und überließ die weitere Führung des Krieges seinen Feldherrn. Christoph Bernard aber faßte nun den Entschluß, mit seinen Truppen allein die ihm zugefallenen Provinzen Friesland und Gröningen zu besetzen. Der Einfall in Friesland wurde gehindert, da die Einwohner durch das Aufziehen der Schleusen und das Durchstechen der Dämme die Zugänge aus Overyssel unter Wasser setzten. Da entschied sich der Fürstbischof für den Zug nach Gröningen, mußte aber auf dem Marsche durch die Provinz Drenthe zunächst die starke Festung Kovorden zu gewinnen suchen. Die Armee, welche durch einen Theil der vom Herzoge von Mecklenburg herbeigeführten Hülfsvölker verstärkt wurde, eröffnete am 5. Juli die Laufgräben. Zwanzig Mörser warfen Bomben, Granaten und mit brennbarem Material gefüllte Stinkpotten — wegen des üblen Geruchs von den Holländern so genannt — in die Stadt. Am 7. wurde Bresche geschossen, am 9. das friesische Thor zertrümmert und die Kontrescarpe genommen, am 11. erfolgte schon die Kapitulation. Nicht nur von den holländischen Schriftstellern sondern auch von Alpen selbst wird ausdrücklich bemerkt, daß man der Besatzung das Versprechen des freien Abzugs nicht gehalten habe. Die Kanonen wurden zurückbehalten, die Unteroffiziere unter die bischöflichen Truppen gesteckt, die aus den bereits eroberten Gegenden herstammenden Soldaten nicht entlassen, die Reiterei beinahe ganz aufgelöst und der Rest der Besatzung nur auf weiten Umwegen und mit Verlust eines Theils ihres Gepäcks nach Haarlingen gebracht. So hat Christoph Bernard seine größte Waffenthat in diesem Kriege durch schmählichen Treubruch geschändet; die Strafe für diesen Uebermuth ließ nicht lange auf sich warten.[7]

---

[7] Die Kapitulationsbedingungen im Prov.-Archiv Fr. Münster, Urk. 4628. Ueber die Verletzung des Vertrags vgl. Alpen II, 287: „Nec ignoro Principem a nonnemine monitum, post male servatam fidem non raro sisti blandientis fortunae cursum. An etiam Principis intentio, quae purior ante solius Dei et Ecclesiae gloriam spectabat, post occupatam Covordiam naevum aliquem contraxerit, haud definivero; certe vidimus fortunae aleam aliquo usque postea variatam."

Noch während der Belagerung Kovordens war Wilhelm von Fürstenberg im Auftrage des kölner Kurfürsten zu Christoph Bernard gekommen, um die Wiedervereinigung der kölnischen und münsterischen Truppen zu erwirken. Wir haben schon oben erwähnt, daß der Fürstbischof von Münster bald nach Eröffnung des Kriegs mit dem Herzog von Luxemburg zerfiel. Ein gleiches Zerwürfniß entstand auch zwischen ihm und Köln hauptsächlich wegen der Kontributionen in den ihm zugetheilten Provinzen. Zwar hatte der französische König bei der Zusammenkunft zu Bouillon anscheinend eine Aussöhnung herbeigeführt; doch zog es Christoph Bernard vor, ohne Kooperation der verbündeten Truppen den Krieg fortzusetzen, um auf diese Weise Friesland und Gröningen für sich allein auszubeuten. Während er nun rasche Fortschritte machte, lagen die Kölner ganz unthätig in Deventer und Zwoll und fanden für die bereits aufgewandten Kriegskosten nicht die entsprechende Entschädigung. Um daher von den Vortheilen der weitern Eroberungen in Gröningen und Friesland wenigstens etwas zu erlangen, brachten sie jetzt eine Wiedervereinigung der Truppen in Vorschlag. Christoph Bernard ließ sich darauf nicht eher ein, als bis Wilhelm von Fürstenberg drohte, der Kurfürst würde mit den Generalstaaten Frieden machen. Uebrigens glaubte auch der Fürstbischof, die kölnischen Truppen bei dem beabsichtigten Angriff auf Gröningen gut gebrauchen zu können. Unterdessen hatte der münsterische Kriegskommissair Martel die Dyler-, Bellingworder- und Langacker-Schanze genommen; erstere wurde geschleift, die beiden andern besetzten die Obersten Grubbe und Nitzav. Das vom Hauptmann Prot vertheidigte Burtanger-Fort ließ Martel blokiren, um die Besatzung zu hindern, daß sie die nahe Gränze von Münsterland beunruhigten.

In dem am 19. Juli zu Kovorden gehaltenen Kriegsrathe wurde besonders auf Betreiben Christoph Bernards der Angriff auf das stark befestigte und besetzte Gröningen beschlossen. Schon nach drei Tagen standen die verbündeten Truppen vor der Stadt. Die alte und die neue Schanze, welche nach dem Dollart hin lagen, wurden von den Münsterischen bereits früher besetzt; der Angriff auf die Festung selbst konnte aber nur von einer Seite, zwischen dem Hornse- und Schüttendiep, bewerkstelligt werden, da die Einwohner durch Abdämmung der vorbeifließenden Hunse die Niederungen auf den andern Seiten unter Wasser gesetzt hatten. Dort begannen die Belagerer sogleich an den Transcheen zu arbeiten, indem sie sich dahin verständigten, daß die Münsterischen die vor ihnen liegende Bastei von der linken, die Kölner von der rechten Seite angreifen sollten. In den nächsten vierzehn Tagen wurden dann über 9000 Kanonenschüsse abgefeuert und über 5000 Bomben geworfen, von denen manche sogar 300 Pfund wogen. Man ließ solche später in Holland für Geld sehen und gab auch Abbildungen heraus von Metallplatten mit einer Art von Zauberformel, die man in den Bomben gefunden haben wollte. Der ganze Zauber der Geschosse lag in ihrer furchtbaren Wirkung. Die Stadttheile, welche von den Bomben und den bekannten Stinkpotten erreicht werden konnten, lagen bald größten Theils in Schutt und Trümmern und die Einwohner mußten sich nach dem ärmlichen Viertel zurückziehen, welches der Angriffsseite gegenüber lag. Aber nichts besto weniger blieb der Muth der Belagerten unerschüttert. Bürger und Studenten schlossen sich der Besatzung an und der aus Hessen gebürtige Kommandant Rabenhaupt leitete die Vertheidigung mit ebenso viel Klugheit als Tapferkeit. Die Belagerer hofften, daß eine englisch-französische Flotte im Hafen von Delfzyl erscheinen und Hülfstruppen ans Land setzen würde. Aber der holländische Admiral Ruyter besiegte das feindliche Geschwader am Texel und bald landete zur großen Freude der Gröninger die ostindische Kauffahrteiflotte mit unermeßlichen Schätzen bei Delfzyl. Die Friesen und Holländer schickten Truppen und Munition und die Festung dachte weniger als je an Uebergabe. Ein Angriff über die Hoger-Brücke, wobei einige kölnische Soldaten sogar die äußern Festungswerke erstiegen, blieb ohne Erfolg, da er nicht zeitig unterstützt wurde; ebenso hatte ein zweiter Angriff über die Ruysser-Brücke keinen glücklichern Ausgang. Da beschloß Christoph Bernard, sich der an der Hunse gelegenen Schanze Awerderzyl zu bemächtigen, um so einerseits die Verbindung Gröningens mit dem Meere zu hindern, andererseits die Schleusen in seine Gewalt zu bekommen und das Wasser aus den Niederungen abzuleiten. Nagel machte mit 4000 Mann einen Angriff, ohne jedoch die Schanze nehmen zu können. Ebenso wenig gelang es aber auch den Belagerten, die Langacker- oder Neu-Schanze wieder zu gewinnen. Von der letztern aus hatte Christoph Bernard Unterhandlungen mit der Stadt Emden angeknüpft, welche auch einige Abgeordnete an ihn entsandte. Als er diesen den Vorschlag machte, die holländische Besatzung zu entlassen und 2000 Mann münsterischer Truppen aufzunehmen, entgegneten sie, daß ihre Stadt nichts thun werde ohne den Rath der Hochmögenden. „Wer sind diese?" lautete die Frage der Fürstlichen. Und da die Emder sich verwunderten und meinten, daß diese Bezeichnung der Generalstaaten doch bekannt genug sei, erwie-

derten jene: „Die waren Hochmögende; von nun an sind sie Minder=
mögende." Aber die Zeit des siegestrunkenen Uebermuths war vor=
über. Die Einnahme von Koworden war der Kulminationspunkt des
Glücks der münsterischen Waffen gewesen; vor den Gräben und Wäl=
len von Gröningen begann der Krieg eine andere Wendung zu neh=
men. Und nicht allein hier sondern auch in den übrigen Provinzen
der Generalstaaten ermannte sich das Volk unter dem tapfern und
klugen Oranien zum kräftigsten Widerstande. Dazu gewann der Statt=
halter auch die Unterstützung des ihm verwandten Kurfürsten von
Brandenburg, welcher Umstand vorzugsweise dazu beitrug, daß nicht
nur die Emder mit aller Entschiedenheit die münsterische Besatzung
ablehnten,*) sondern auch Christoph Bernard die Belagerung Grö=
ningens aufhob. Kaum war nämlich die Verbindung der General=
staaten mit Brandenburg bekannt geworden, als Ludwig XIV. den
mit ihm verbündeten Fürsten den Rath ertheilte, ihre Truppen aus
Holland zurückzuziehen, um sie zur Vertheidigung der eigenen Länder
zu gebrauchen. Wie er übrigens selbst über diese Vertheidigung dachte,
erhellt aus einem Schreiben des Kriegsministers Louvois an Türenne
vom 20. August, worin diesem der Befehl ertheilt wird, im Falle
daß der Kurfürst von Brandenburg Münsterland bedrohen sollte, keine
Truppen zur Bedeckung dieses Landes gegen ihn vorrücken zu lassen;
vielmehr sollte er sich nach einem andern Schreiben des Königs vom
22. darauf beschränken, den Rhein frei und offen zu halten. So
wurde denn das Stift Münster durch die arglistige Politik des fran=
zösischen Hofes dem Feinde völlig preisgegeben und zwar aus keinem
andern Grunde, als weil Ludwig XIV. auf die Eroberungen Chri=
stoph Bernards in den niederländischen Provinzen schon länger nei=
disch war und am allerwenigsten wünschte, daß jener bei seinem hoch=
strebenden Geiste eine gar zu große Macht erlangte. Soll er ihm doch
sogar bei der Zusammenkunft zu Bouillon gesagt haben, daß er sich
selbst fast vor ihm zu fürchten veranlaßt sähe. War das auch nur
eine scherzhafte Schmeichelei, so mochte doch der französische König sich
noch wohl erinnern, was Christoph Bernard früher und besonders
durch das dorstener Bündniß zu erreichen sich bemüht hatte.

Mit bedeutendem Verluste an Gefallenen und Deserteuren zog sich
der Fürstbischof gegen Ende August von Gröningen zurück. Die
Einwohner stellten öffentliche Danksagungen an, wobei es nicht ohne
heftige Schmähreden auf den heimgeschickten „Tyrannen, Eisenbeißer

---

*) Klopp, Gesch. Ostfrieslands II, 384 f.

und Waffenträger des Antichristen" abging.*) Rabenhaupt benutzte den Abzug der Feinde, um sich Winschotens und der Brügger-Schanze wieder zu bemächtigen. Fast um dieselbe Zeit nahmen die Friesen die am Zuyder-See gelegenen Oerter Blockzyl und Kuynder. Der Kommandant des erstern Platzes war am 2. September den von Kaperschiffen aus Land gesetzten Truppen entgegengerückt und wurde bei einem plötzlichen Ueberfall der Einwohner getödtet. Auf diese Nachricht glaubte Kuningham sich auch in Kuynder nicht länger halten zu können, zumal da ihm die Lebensmittel ausgingen und er verließ den Platz noch vor der Ankunft der Friesen.

Christoph Bernard hatte sich nach Borkelo begeben und ließ von Kovorden und andern Festungen, die in seiner Gewalt waren, die umliegenden Ortschaften auf dem glatten Lande in Kontribution setzen, kam jedoch dadurch in Konflikt mit den Franzosen, da er auch die Dörfer bei den von ihnen besetzten Städten Kampen und Hasselt brandschatzte. Louvois drohte, die münsterischen Mordbrenner zu vertreiben und die von ihnen eingeforderten Kriegssteuern von den Subsidien abzuziehen. Die Vorstellungen und Klagen Christoph Bernards über dieses Verfahren waren ebenso nutzlos als die bald darauf erhobenen Beschwerden, daß man seinem Lande gegen den von Brandenburg und dem Kaiser drohenden Angriff nicht den geringsten Schutz gewähre. Es hatte sich nämlich außer dem brandenburger Kurfürsten Friedrich Wilhelm, welcher gegen bedeutende Geldsummen den Generalstaaten 20,000 Mann Hülfstruppen versprach, auch der wiener Hof ungeachtet des vom Fürsten Lobkowitz erhobenen Widerspruchs gegen Frankreich und seine Verbündeten erklärt. Im September vereinigten sich die brandenburger Truppen im Stift Hildesheim mit den kaiserlichen unter Montekukuli und beschlossen, nach Westfalen vorzurücken, wo sie sich nicht nur leicht verpflegen sondern auch verstärken zu können hofften. Bei der drohenden Gefahr hielten der Fürstbischof von Münster und der Bischof von Straßburg eine Zusammenkunft mit Türenne und dem Grafen d'Estrades, welche an der Spitze der Rheinarmee standen. Der Marschall Türenne drang auf die Sicherung Zwolls und der benachbarten Schanzen durch die

---

*) „Brevis discursus de revolutionibus huius anni ac nominatim de feliciter soluto Groningae obsidio habitus in choro Templi academici 23. Augusti 1672 cum fasces Academiae quartum susciperet Samuel Maresius Theologus. Gedruckt zu Groningen in Friesland 1674." (Latein und Deutsch.)

Verbündeten; zur Abwehr der Brandenburger hoffte er mit seinen
Truppen allein im Stande zu sein. Da er aber schon am Tage
nach der Zusammenkunft von der Lippe aufbrach, mochte Christoph
Bernard für die Sicherheit seines Landes fürchten. Er ließ ihn daher alsbald benachrichtigen, daß der kaiserliche Feldherr Montekukuli,
welcher von seinen Beschwerden über den französischen König gehört
hätte, durch den Oberstlieutenant von Haugwitz ihn seines Beistandes
versicherte; doch wäre er auf dieses Anerbieten nicht eingegangen.
Türenne antwortete, daß der König nicht allein einen treuen Verbündeten an dem Fürstbischofe zu haben vertraue, sondern ihm auch
wiederholt und vor allem die Erhaltung seines Landes zur Pflicht
gemacht habe. Das war gerade das Gegentheil von dem, wie es
sich in Wirklichkeit verhielt. Und auch in den Niederlanden standen
die Sachen für Christoph Bernard um nichts besser. Aus Zwoll
suchten die Franzosen den Theil der Besatzung, welcher aus seinen
Truppen bestand, zu entfernen, da diese großentheils krank oder ohne
Disciplin wären. Wegen der bei Kampen und in andern Gegenden
Frieslands einzutreibenden Kontributionen hatte sich der Fürstbischof
zwar mit dem kölner Kurfürsten verglichen; doch machten die Franzosen ihm nun auch die Erhebung von Kriegssteuern bei Bredefort
und Lichtenfort streitig, so daß er sich sogar zu der Drohung veranlaßt sah, er würde sie, falls sie wiederum dort mit Forderungen
hervorträten, vertreiben.[10]) Auch der Kurfürst von Köln oder vielmehr in seinem Namen der Bischof von Straßburg führten nicht geringere Beschwerden, daß er von den zum Unterhalt seiner Truppen
nöthigen Kontributionen nichts erhielte und daß obendrein nicht nur
die Feinde sein Hildesheim und das Herzogthum Westfalen auffräßen,
sondern auch selbst die Franzosen im Lüttichschen und sogar im Kölnischen raubten und mordeten. Weder durch solche Beschwerden noch
durch die Drohung, sich dem Feinde in die Arme zu werfen, ließ
Ludwig XIV. sich in der Verfolgung seiner Pläne aufhalten. Er
hatte aus seinem Bunde mit Köln und Münster nun bei seinem

---

[10]) Auf einen Bericht Zurmühlens, daß er zu Kampen in politicis et temporalibus etwas zu verfügen durch den französischen Kommandanten verhindert worden sei, befahl ihm Christoph Bernard unter dem 31. Juli
1672, „sich nach der Provinz Over-Yssel zu begeben, die verglichenen Kontributionen entrichten zu lassen, die Domainen, wo es noch nicht geschehen,
zu verpachten und die confiscabeln Güter in possession zu nehmen." Fr.
Münster Landes-Archiv 533, 3.

Nachezuge gegen Holland Nutzen ziehen wollen, nicht aber lag es in seiner Absicht, der Verbündeten wegen mit dem deutschen Reiche in Krieg zu gerathen, zumal da auch Spanien die Partei der Holländer zu ergreifen drohte. Zwar hatte d'Estrades auf die Kunde, daß die Brandenburger im kölnischen Gebiete Kontributionen erhoben hätten, auch im klevischen eine gleich hohe Brandschatzung ausgeschrieben; doch erhielt er alsbald Befehl, mit dem Verbrennen der Ortschaften, welche die Fourage nicht herbeischaffen könnten, einzuhalten.

Uebrigens hatten diese Vorgänge zur Folge, daß der Kurfürst von Brandenburg am 20. Oktober aus seinem Hauptquartier zu Bergen bei Frankfurt a. M. folgendes Schreiben an Christoph Bernard richtete: „Nachdem Wir gleich jetzo die sichere Nachricht erhalten, daß nicht alleine die Franzosen in Unseren Clevischen Landen über alle vorige Hostilität auch gar gebrandt und unterschiedliche Oerter angezündet haben, sondern auch da man dießfals Beschwerung geführt, der comte d'Estrade außdrücklich bekandt und sich vernehmen lassen, daß solches uff Ordre geschehen und man damit ferner fortfahren würde, solches aber alles allein Ew. Liebd. halber geschieht und Wir deroselben und anderen, so solche Unruhe anstifften helffen, zu imputiren haben, als haben Wir durch diesen Expressum von Ew. Liebd. vernehmen wollen, ob Sie uns innerhalb wenig Tagen, von denjenigen, so dieses anstecken, also verübet und andere höchst empfindliche Schaden angethan, gebührende Satisfaktion schaffen wollen, widrigen Fals wollen Wir vor Gott, dem gantzen Römischen Reich und dann Ew. Liebd. Capitulo und anderen Unterthanen entschüldigt seyn, daß Sie Uns zu gleicher Verfahrung und eben uff solche Ahrt Jhre Lande und Unterthanen tractiren zu lassen genötigt haben. In Erwartung schleuniger Antwort verbleiben Ew. Liebden zu angenehmen Diensten stets geflissen." Christoph Bernard antwortete darauf unter dem 19. November vom Schloß Borkelo, daß das Niederbrennen einiger Oerter im Klevischen durch die Franzosen ihm unbekannt wäre, ihn auch nichts anginge. Um so mehr komme es ihm „befremdt vor, da man dem lieben Teutschland persuadiren will, daß des Kurfürsten Allianzen und Actionen zur Erhaltung des Instrumenti Pacis und der teutschen Libertät zielten; daß aber dadurch nur ein Arbitrium absolutum im Reich und eine Superiorität über andere Mit-Reichs-Stände gesuchet werde, solches weiset leider der Zustand derjenigen Reichsländer so der Kurfürst und dero Militz wider die Reichsconstitutiones und den so hoch verpönten Landfrieden überzogen und ruinirt haben." Zudem würde eben nur durch die Aufstellung einer brandenburgischen Armee der gegen Holland gerichtete Krieg nach Deutschland hingezogen und so lasse er, „was hierauß für Weiterung und Unheil entstehen dörffte, billich zu Sr. Gn. und Liebd. Verantwortung gestellet seyn." [11])

Alsbald begab sich nun Christoph Bernard nach Münster, um zur Vertheidigung des Stifts die nöthigen Anstalten zu treffen. Auch wandte er sich noch einmal an Frankreich um Hülfe sowohl gegen die Holländer als gegen die Brandenburger. Wie übrigens der Hof zu Versailles über die Sachlage dachte, ergiebt sich aus einem Schreiben des Kriegsministers Louvois an Wilhem von Fürstenberg (29. November), worin er die Frage aufwirft, falls Frankreichs Bundesgenossen nach der Kriegserklärung des Kaisers ihre Truppen zum Theil zurückziehen wollten, wozu sie nach dem Bundesvertrage berechtigt wären, ob es alsdann nicht zweckmäßiger sein würde, sich mit dem Kurfürsten von Köln zu verständigen, als dem Fürstbischofe von Münster in den jetzigen Umständen mehr Stärke beizulegen. In diesen Worten liegt die Bestätigung unserer oben ausgesprochenen Ansicht, Christoph Bernard möglichst schwach zu erhalten, damit er nicht etwa gefährlich werde. Frankreich hoffte gegen Brandenburg und den Kaiser nicht allein Schweden, sondern auch deutsche Fürsten aufzureizen. Schweden verfuhr jedoch äußerst langsam bei seiner Rüstung und unter den deutschen Fürsten erhielten die Herzöge von Hannover und Braunschweig zwar bedeutende Subsidien, stellten jedoch keine Hülfstruppen. Ebenso wenig konnte man den Herzog von Neuburg und den Kurfürsten von der Pfalz zur Theilnahme am Kriege bewegen. Christoph Bernard war also darauf angewiesen, so gut es gehen wollte, sich selbst zu helfen. Wir haben hier seine doppelte Thätigkeit im Stift Münster und in den Niederlanden ins Auge zu fassen.

Beim Heranrücken der Brandenburger durchstreifte der General Spann zunächst die Umgegend von Ahlen und schrieb daselbst Kontributionen aus. Der zu Münster kommandirende Rheingraf eilte zwar schnell herbei, konnte den Feind jedoch nicht mehr erreichen.

---

[11]) Beide Schreiben stehen unter den Beilagen (6 u. 7) zu: „Wiederlegung deß wieder Chur-Cöln und Münster außgegangenen Chur-Brandenburgischen Manifests." (Paulin. Bibl.) Vgl. Londorp IX, 890 u. X, 1 ff. Pufendorf XI, 69. Auch an das Domkapitel zu Münster erließ der Kurfürst von Brandenburg einen Drohbrief. Prov.-Archiv Domkap.-Prod. VI, 2.

Da ließ Christoph Bernard zur Schabloshaltung die Städte Lünen, Unna und Kamen besetzen und begann zugleich mit den in Dorsten liegenden Kölnern die Dörfer der Grafschaft Mark zu brandschatzen. Andererseits besetzte er das Schloß Rheda, ein münsterisches Lehen, um so auch im Osten das Land zu decken. Die auf die Anzeige von diesen Fortschritten erfolgten Glückwünsche Ludwigs XIV. waren ebenso wenig aufrichtig gemeint, als dessen Versprechen, die verlangte Hülfe demnächst zu schicken.

Unterdessen hatte sich die Lage der Münsterischen in den Niederlanden gar sehr verschlimmert. Die Langackerschanze war schon Ende Juli wieder verloren; im Oktober eroberten die staatischen Truppen auch die Bellingwolder Schanze, gestatteten jedoch dem Obersten Grubbe freien Abzug nach Kovorden. Bald darauf mußte die Altschanze wegen Mangels an Lebensmitteln kapituliren. Das wegen seines Torfes wichtige Zwartesluys wurde nur mit Hülfe einer französischen Truppenabtheilung aus Zwoll behauptet. Die dieler Schanze war im November von 125 Mann staatischer Truppen besetzt, wurde jedoch beim Anrücken der Bischöflichen geräumt und von diesen zerstört.[12]) Dagegen ging am 30. Dezember die von einem neu eingesetzten und weder bei den ältern Offizieren noch bei den Soldaten beliebten Kommandanten Moy vertheidigte Festung Kovorden verloren. Ein gewisser Meinhard van Thynen, ehemaliger Küster daselbst, hatte den General Rabenhaupt zu Gröningen nicht allein von dem unter der münsterischen Besatzung herrschenden Zerwürfniß benachrichtigt, sondern ihm auch einen genauen Plan der Festung eingehändigt. Jener beschloß alsbald, den Platz zu überrumpeln und schickte bei einem starken Frost gegen tausend Mann zu Fuß mit einigen Dragonern und Reitern unter der Führung des Obersten Eybergen am 28. Dezember von Gröningen ab. In der Nacht vom 29. auf den 30. langten die Truppen vor Kovorden an und begannen alsbald in drei Haufen getheilt den Angriff. Die zugefrorene Kontrescarpe und die äußeren Wälle wurden überstiegen; über den inneren Graben, dessen Eis losgehauen war, gelangte man vermittels Binsenbrücken und es kam nur noch darauf an, die inneren Wälle zu nehmen. Diese aber waren besetzt und so erhielt der Kommandant Kunde von dem Ueberfall. Da er nun in der jüngsten Zeit, nur um die Wachsamkeit der Soldaten auf die Probe zu stellen, wiederholt Allarm hatte schlagen lassen, so bewies die Besatzung,

---

[12]) Klopp, Gesch. Ostfrieslands II, 386.

als jetzt bei wirklicher Gefahr die Trommel gerührt wurde, nur geringen Eifer, sich zu versammeln. Die Feinde drangen um so rascher vor; ein Tambour wurde auf den Wall gehoben und schlug den Prinzenmarsch in den Straßen der bestürzten Stadt; bald war die Wache am friesischen Thore entwaffnet und nach einem kurzen Gefechte, worin der Kommandant umkam, streckten auch die übrigen Truppen das Gewehr; nur ein kleiner Theil rettete sich durch das bentheimer Thor. Der Verlust der Festung mit ihren Geschützen, Kriegs- und Mundvorräthen war um so schlimmer, weil nicht nur Christoph Bernard den festesten Stützpunkt im Kriege gegen die Niederlande verlor, sondern auch die staatischen Truppen fortan durch ihre Streifzüge in der Umgegend den Verbündeten alle Zufuhr aus dem Ostfriesischen und Münsterischen abschnitten. So unglücklich endete das Jahr 1672.

Siebenter Abschnitt.

Zerwürfniß des Fürstbischofs von Münster mit dem Kaiser. Verschwörung Adams von der Kette.

Das Jahr 1673 erhöhte noch die Verlegenheiten Christoph Bernards nicht nur in Holland sondern ganz besonders in dem eigenen Stift. Die kaiserlichen und die brandenburgischen Truppen hatten ihre Winterquartiere im Stift Paderborn und in der Grafschaft Mark und es stand zu befürchten, daß bei einem weitern Vorrücken derselben ein großer Theil der Münsterländer sich für sie erklären würde, zumal da diese weder dem Kriege gegen Holland noch der Verbindung mit Frankreich jemals zugestimmt hatten. Unter diesen Umständen glaubten sogar die Franzosen von ihrem verrätherischen Vorhaben, das Stift Münster den Feinden preiszugeben, zurückkommen zu müssen. Türenne ließ nicht allein das für den Uebergang über die Lippe wichtige Dorsten durch ein größeres Truppenkorps unter Regnel besetzen, sondern rüstete sich auch mit der zu Wesel lagernden Armee zu einem Feldzuge, um die Feinde daran zu hindern, daß sie sich in Westfalen völlig festsetzten. Dieses Eingreifen der Franzosen schien um so nothwendiger, je mehr die Kaiserlichen sich bemühten, sie zu entfernen. So hatte Montekukuli zunächst Christoph Bernard aufgefordert, von dem Bündnisse mit Frankreich zurückzutreten, da es dem Kaiser und dem Reiche daran gelegen sei, die auf eine gefahrdrohende Weise immer weiter sich ausbreitende Macht dieses Nachbarstaates zu beschränken. Christoph Bernard erklärte, daß er mit Rücksicht auf die von den Generalstaaten verübten Gewaltthätigkeiten weder beim Beginne des französischen Krieges neutral hätte bleiben können noch auch jetzt von seinem Verbündeten sich trennen dürfte. Uebrigens, fügte er hinzu, wären seine Waffen auch des Kaisers Waffen. Auch ließ er durch den Kommandeur von Schmising versprechen, daß er Rheda den kaiserlichen Truppen einräumen würde, besann sich jedoch balb eines andern, und schloß mit den Ständen jener Herrschaft am 20. März 1673 einen Vertrag wegen Unterhaltung einer münsterischen Garnison auf dem dortigen Schlosse. Danach mußten für 150 Fußknechte täglich 300 Pfund Kommisbrod und für eine Kompagnie zu Pferde (80 Einspänner) täglich 45 Scheffel Hafer und 180 Bund Stroh und monatlich 327 Thaler Traktament gegeben werden.[1]) Da somit der Fürstbischof selbst nicht zu gewinnen war, so erließ der Herzog von Bournonville, welcher nach dem durch „schwere Leibes-Indisposition" veranlaßten Rücktritt Montekukulis zum kaiserlichen Generalfeldmarschall bestellt war, am 9. Februar im Auftrage des Kaisers ein sogenanntes Avokatorium, wodurch „alle und jede kurkölnisch und fürstlich=münsterische Kriegsoffiziere hohen und niedern Standes zu Roß und Fuß, absonderlich aber diejenige, so der R. K. Maj. und des h. röm. Reichs Vasallen und Unterthanen seynd, ... ernstlich dahin erinnert und ermahnt werden, daß sie die kurkölnische und fürstlich=münsterische Kriegsdienste verlassen und sich bei der kaiserlichen Armee angeben, allwo alsdann ein jeder nach seinem Stand, Kondition und getragener Charge wiederum soll akkomobirt und avancirt, immittelst aber und bis daran mit Geld, Quartier und Verpflegungsmitteln kompetenter versehen werden. Der aber oder diejenige, so dieses ergangenen öffentlichen Patents ungeachtet in mehr erwähnten kurkölnisch und fürstlich=münsterischen Kriegsdiensten ungehorsamer Weise verharren werden, soll oder sollen Ihrer Kais. Maj. höchste Ungnad, Konfiszirung ihrer Haab und Güter, wie nicht weniger bei zufälliger Begebenheit Beschimpf= und Bestrafung an Leib und Leben unfehlbarlich zu gewarten haben, wonach sich nun ein jeder zu richten, Gnad und Ehr zu erwerben und vor Schaden, Spott und Schand sich zu hüten wissen wird." Christoph Bernard erklärte alsbald (Münster den 14. Febr. 73) in einem Gegenmanifeste, daß er nicht allein den Auftrag des Kaisers zu einem solchen Befehle, welcher den Reichsgesetzen, dem westfälischen Frieden und der kaiserlichen Kapitulation widerstritte, durchaus bezweifeln müßte, sondern auch sich berechtigt hielte, jeden, welcher dem Befehle Folge leisten und seine Fahnen verlassen würde, mit Verlust seiner Habe, seiner Ehre und selbst seines Lebens zu bedrohen.[2]) So stand denn für die münsterischen Truppen in jedem Falle, mochten sie nun ihrem

---

[1]) Prov.=Archiv Fr. Münster, Urk. 4631.
[2]) Das kaiserl. Avokatorium bei Wiens Samml. S. 444. Das gedruckte Gegenmanifest Christoph Bernards in der Bibl. des Alterth.=Vereins.

bisherigen Oberherrn treu bleiben oder zum Kaiser übergehen, Hab und Gut, Ehre und Leben auf dem Spiele. Der strenge Gegenbefehl von Seiten Christoph Bernards war, wenn er aus seinen Verhältnissen nicht heraustreten wollte, um so nothwendiger, je entschiedener ein Theil seiner Truppen sich bereits geweigert hatte, gegen die Kaiserlichen zu marschiren. Uebrigens war weder mit diesen Manifesten noch mit den zu Regensburg gedruckten und am Reichstage vertheilten Schutzschriften des Fürstbischofs etwas gewonnen, da es sich schließlich allein darum handelte, wer seinen Worten durch die Waffen den größern Nachdruck geben könnte.

Unter diesen Verhältnissen trat ein Ereigniß ein, welches von den wichtigsten Folgen nicht nur für Christoph Bernard sondern für das ganze Stift hätte werden können: die Verschwörung des Johann Adam von der Kette.[3] Er war der Sohn eines frühern Rittmeisters und spätern Rathsverwandten der Stadt Münster und stand als Sekretair im Dienste des Grafen von Harrach. Schon einige Jahre früher soll er bei einem Aufenthalt zu Marienfeld den Entschluß geäußert haben, sich wegen despektirlicher Behandlung seines Vaters an dem Fürstbischof und dessen Stift zu rächen, wonach also sein ganzes Unternehmen mehr oder weniger als Privatsache erscheinen würde. Diesen privaten Charakter verlor die Sache auch nicht völlig dadurch, daß er sich bei ihrer Durchführung nur als Werkzeug der kaiserlichen Politik zeigte. Wir haben übrigens hier besonders

---

[3] Ueber die Verschwörung Adams von der Kette vgl. Wiens Samml. S. 416—458 und „Beiträge zur Gesch. der Verschw. des A. v. d. Kette" in der Zeitschr. für vaterländ. Gesch. Bd. IV, 1841 (bes. zur Berichtigung der Angaben bei Alpen II. 345—49). Eine wesentliche Ergänzung des von Wiens Mitgetheilten bilden die Prozeßakten, die bei Veröffentlichung der Beiträge nur zum Theil vorlagen, ferner die Briefe und Berichte der heimgelassenen Räthe, die Schreiben der Angeklagten und deren Verwandten u. a. in der Manuscripten=Sammlung des Alterthums=Vereins (M. 93). Dazu kommen handschriftl. Nachrichten namentlich über Witfeld im Archiv der Stadt Münster XIV, 152. Ferner: „Außführlicher apologetischer Bericht wider alle ungütliche Zulagen, welche Ihro Hochgräfl. Excellentz dem Hochgeb. Graffen und Herrn, H. Johann Ludwigen, Wildgraffen zu Dhaun und Kyrburg ... wie auch dessen Obrist Wachtmeistern Herrn von Göckingen wegen der Kettischen Verrätherey unbilligter weise aufgebürdet werden wollen. Anno 1673" (mit 12 Beilagen, 1—9 u. a—c). — Eine sehr schwache und dürftige Darstellung der Verschwörung brachte das Wochenblatt der Kreise Coesfeld, Borken und Ahaus 1838 N. 48 u. 49.

zwei Momente ins Auge zu fassen, einmal daß Kette ohne Unterstützung von kaiserlicher Seite für sich allein nichts anfangen konnte, dann daß auch die Kaiserlichen, deren Befehle und Drohungen Christoph Bernard unbeachtet ließ, bei dem Plane, die Stadt und das Stift Münster zu gewinnen, Kette sowohl wegen seiner Lokalkenntnisse als wegen seiner freundlichen und selbst verwandtschaftlichen Beziehungen zu mehreren münsterischen Familien sehr gut gebrauchen konnten. So trat denn Kette in Konferenz mit den Fürsten Lobkowitz und Schwarzenberg, dem Grafen von Lamberg und dem Kanzler Hocher und es wurde später bischöflicher Seits behauptet, daß zwischen ihnen nicht nur von der Besetzung der wichtigern Festungen im Stift Münster sondern auch von der Gefangennahme des Fürstbischofs Rede gewesen wäre.

Unter dem 23. Januar 1673 erhielt Kette einen im Namen des Kaisers ausgestellten und mit dessen Sekret-Insigel versehenen Schutzbrief des Inhalts: „Jhro Kais. Maj. hätten mit mehrerem gnädigst vernommen, was für Vorschläge und Sachen er (Kette) in einem gewissen geheimen Negotio an die Hand gegeben, welche dann Jhre Kais. Maj. Jhro (Sich) allergnädigst gefallen lassen und daher Jhn zu Vollziehung dessen an Dero Generallieutenant Herrn Raymundt Grafen von Montekukuli abordnen und ihm beiliegendes Kreditiv mitgeben: mit gnädigster Versicherung, daß Jhro Maj., wann bemeldte Vorschläge ihren Effekt erreichen werden, solches sobann nicht allein gegen ihn mit Kaiserl. Gnaden erkennen, sondern auch ihn und die Seinigen kraft dieses in Jhre allergnädigste Protektion, Schutz und Schirm aufgenommen haben wollen, darin auch beständig erhalten werden." Von Wien begab sich Kette nach Paderborn zum Grafen Montekukuli und erhielt von ihm am 3. Februar ein sogenanntes Protektorium, wodurch jeder männiglich aufgefordert wurde, „ihn samt bei sich habenden Wagen, Roß und Reutern aller Orten nicht allein frei, sicher und ungehindert paß- und repassiren zu lassen, sondern auch ihm alle befördersamb geneigten guten Willen, Assistenz und Vorschub zu erweisen." Daß Kette sich mit zwei Schutzbriefen versehen ließ, erklärt sich auf eine einfache Weise. Das Protektorium Montekukulis gab als Zweck der Reise an, daß Kette sowohl die Sachen seines Herrn, des Grafen Harrach, welcher nämlich gegen die Leutersheimischen Erben eine Schuldforderung hatte, als auch seine selbst eigenen Angelegenheiten betreiben wolle: das war zunächst nur darauf berechnet, ihn der fürstbischöflichen Behörde, bei der er sich wegen des Zwecks seines Aufenthalts auszuweisen hatte, als unverdächtigen Menschen zu bezeichnen. Der kaiserliche Schutzbrief dagegen war erst dann von Wichtigkeit, wenn ihn die Betreibung des darin erwähnten geheimen Negotiums in Ungelegenheit brachte.

In Münster angekommen nahm Kette seine Wohnung beim Dr. Goeckmann, der seine Schwester zur Frau hatte. Alsbald begann er nun mit denjenigen Personen, von deren Gesinnung er sich zum Theil schon bei seiner frühern Anwesenheit überzeugt zu haben glaubte, in näheren Verkehr zu treten. Dahin gehörten zunächst in Münster außer Goeckmann selbst der Profurator Zurwelle, Dr. Lagemann, von Schulenburg, der Rathsherr Schwick, der Syndikus der Ritterschaft Licentiat Wittfeld, der Altermann Klute, die Obersten Tillmann, Post und Mainartshagen und vor allen der zu Münster kommandirende Wild= und Rheingraf sowie dessen Oberstwachtmeister Goecking; ferner in Coesfeld der Kommandant Fißnack, und endlich in Gemen der Amtmann Hüge als Mittelsperson bei den Verhandlungen mit dem Oberstlieutenant Grafen Styrum zu Gemen. Uebrigens waren die Genannten durchaus nicht in gleicher Weise bei dem Unternehmen betheiligt, da einige von ihnen nur eine mehr oder weniger genaue Mitwissenschaft erhielten, andere dagen als wirkliche Mithelfer bei der Durchführung des Planes auftreten wollten. Auch waren die Mittel und Wege, wie die einzelnen gewonnen wurden, sowie die Zwecke, welche sie zu erreichen hofften, vielfach verschieden.

Unter den Mitwissern war am wenigsten gravirt der Schwager Kettes selbst, Goeckmann, der schon deshalb, weil in seinem Hause häufige Zusammenkünfte stattfanden, von der Sache im Allgemeinen etwas erfuhr, im Uebrigen jedoch sich möglichst fern hielt und zu Kette wiederholt gesagt haben soll: „Sehet wohl, was Ihr thut, damit Ihr mich, mein Weib und meine Kinder nicht in Ungelegenheit bringt." Nicht größer war die Schuld des Dr. Lagemann sowie des Rathsherrn Schwick, dem Kette, als er am dritten Tage nach seiner Ankunft bei ihm zu Tische war, unter dem Siegel der Verschwiegenheit sein Vorhaben im Allgemeinen offenbarte. Von einer Theilnahme an der Durchführung desselben war vorläufig keine Rede. Tiefer eingeweiht wurden der Altermann Klute und der Syndikus Wittfeld. Ersterer, welcher von den zwischen Christoph Bernard und der Stadt Münster früher obschwebenden Streitigkeiten her bekannt ist, begab sich zufolge einer durch den Gerichtsprofurator Zurwelle erhaltenen Einladung gegen Abend in die Wohnung Kettes, woselbst er auch den Syndikus Wittfeld antraf. Dieser entfernte sich jedoch schon bald darauf, nachdem er ihm ein Glas Wein angeboten hatte.

Da nun begann Kette in Gegenwart Zurwellens, indem er auf einige Schreiben des Kaisers an die münsterischen Landstände, welche auf dem Tische lagen, hinwies, sich dahin auszusprechen, daß der Kaiser gesonnen wäre, Münster und andere Städte des Stifts in Versicherung zu nehmen. Es wurde dieses in Verbindung gesetzt zu dem kaiserlichen Avokatorium an die fürstlichen Truppen und dabei hervorgehoben, daß sowohl der zu Münster kommandirende Rheingraf als auch andere hohe Offiziere davon in Kenntniß gesetzt wären und ihm Folge geben würden. Zugleich bemerkte Kette, daß Münster zu einer freien Reichsstadt gemacht und zur frühern Blüte wieder erhoben werden sollte. Dieses war für Klute gewiß das Verlockendste: dennoch hat er sich nach seinen eigenen wie auch nach Kettes späteren Aussagen nicht zur Mitwirkung erboten, sondern vielmehr erklärt, daß solche Sachen eines hohen Orts zu suchen und die Kommissionen bei den münsterischen Landständen vorzubringen wären. Er war durch die Ereignisse von 1661 vorsichtig gemacht und mochte sich nur dann einen Erfolg von dem Unternehmen versprechen, wenn die Landstände darauf eingingen. Uebrigens hatte sich Kette auch bereits am 12. Februar an den Erbmarschall Morrien auf Nordkirchen gewandt und ihn auf Grund des kaiserlichen Kreditivs an die Ritterschaft zu einer Konferenz nach Münster eingeladen. Ließ sich doch von diesem um so eher eine Unterstützung erwarten, weil sein Vater, wie wir oben erwähnten, bei einem Jagdstreit von dem Vater Christoph Bernards erstochen war. Dennoch scheint die Konferenz nicht stattgefunden zu haben und Kette sah sich veranlaßt, mit dem Syndikus der Ritterschaft Licentiaten Wittfeld in Unterhandlung zu treten. Nachdem er ihm bei der ersten Unterredung schon im Allgemeinen mitgetheilt hatte, daß der Kaiser eine Besatzung in Münster zu legen beabsichtige, stellte er einige Tage später an ihn die Frage, ob er das an die Ritterschaft gerichtete Schreiben entgegennehmen wollte, was jedoch Wittfeld mit dem Bemerken ablehnte, daß Kette sich bei Abwesenheit des Erbmarschalls Morrien an dessen Stellvertreter den Drosten Twickel wenden möchte. Eine dritte Zusammenkunft wurde dadurch veranlaßt, daß Wittfelds Brudersohn aus Billerbeck eine Kondition zu Wien, woselbst er eine Tante hatte, zu erhalten wünschte, weshalb es vortheilhaft schien, ihn Kette zu empfehlen und diesen zu ersuchen, daß er ihn nach Wien mitnehmen möchte. Bei dieser Gelegenheit war von den kaiserlichen Avokatorien sowie auch wiederum von den an die Landstände gerichteten Schreiben die Rede; nur behauptete Wittfeld bei seinem spätern Verhör, daß ihm Kette damals von dem

Inhalt jener Schreiben nichts mitgetheilt, sondern nur gesagt hätte, der Rheingraf würde dem Befehle des Kaisers gehorchen. Somit besaß auch Wittfeld nur eine mehr oder weniger genaue Mitwissenschaft von dem Plane, die Stadt Münster in kaiserliche Hände zu spielen, ohne daß dabei zugleich der Gefangennahme des Fürstbischofs Erwähnung geschah. Noch haben wir eines andern Mitwissers zu gedenken, der sich offenbar in einem weit höheren Grade, als die bisher Genannten, mit Kette einließ und dabei wohl auch ganz andere Zwecke verfolgte. Ich meine den schon früher erwähnten Schulenburg, der besonders wegen eines Aufstandsversuches in Gröningen zum Tode verurtheilt nach Münster entwichen und von Christoph Bernard zum fürstlichen Rath gemacht war. Es ist gewiß von Interesse zu erfahren, wie gerade dieser, der doch dem Fürsten zum größten Danke verpflichtet war, dahin gebracht wurde, sich mit Kette einzulassen. Wenn die oben Genannten sich der Hoffnung hingaben, daß Münster zu einer freien Reichsstadt erhoben würde, so konnte dieses doch bei Schulenburg nur von untergeordneter Bedeutung sein. Auch legen wir kein besonderes Gewicht darauf, daß eine Verbindung Kettes mit einer Tochter Schulenburgs in Aussicht genommen wurde: vielmehr scheint uns der eigentliche Grund von dem Verfahren des Letzteren der zu sein, daß er die in Holland okkupirten Plätze in kaiserliche Gewalt zu bringen wünschte. Dieses ergiebt sich hauptsächlich aus dem Umstande, daß er von dem mit dem sogenannten alten Amte in der Provinz Gröningen zum Theil unter seiner Vermittelung abgeschlossenen Kontrakte, obwohl dieser auf fürstlichen Befehl geheim gehalten werden sollte, Ketten eine genaue Mittheilung machte. Als Grund dieses Verfahrens gab er selbst an, daß er nicht nur persönlich dabei interessirt gewesen wäre, sondern auch hätte erfahren wollen, ob die im Kontrakte erwähnte kaiserliche Protektion nicht bei Hofe erwirkt werden könnte. Wessen Inhalts jener Kontrakt gewesen ist, läßt sich nur vermuthen, da weder das Schriftstück selbst erhalten ist, noch auch eine nähere Angabe darüber sich irgendwo findet. Aus dem Verhör Schulenburgs erfahren wir, daß die Person, mit welcher der Kontrakt geschlossen war, zu Gröningen hingerichtet wurde; der holländische Biograph Christoph Bernards aber berichtet, daß ein Bauer des alten Amts wegen heimlicher Verständigung mit dem Fürstbischofe enthauptet sei. Also scheint es sich um den Verrath Gröningens gehandelt zu haben und es ist wahrscheinlich, daß die dabei betheiligten Insassen des alten Amts bereits eine Uebereinkunft dahin getroffen hatten, daß auch ihre Provinz mit dem deutschen Reiche wieder vereinigt werden sollte. War doch dasselbe der Stadt Deventer in Aussicht gestellt und ein ähnlicher geheimer Kontrakt mit der Ritterschaft von Overyssel abgeschlossen. Das persönliche Interesse, welches Schulenburg bei dem Vertrage mit dem alten Amte hatte, erklärt sich leicht aus dem Umstande, daß er dadurch seine Güter in Gröningen wieder zu erlangen hoffte. Es fragte sich nur, ob der Kaiser die in Aussicht gestellte Protektion leisten würde, zumal da Schulenburg sich zu der Annahme berechtigt glaubte, daß Christoph Bernard wiederholt den Namen und die Autorität des Kaisers mißbraucht hätte. So war wenigstens die Rückgabe Deventers an das deutsche Reich ohne Vorwissen des Kaisers stipulirt und vielleicht nur ein betrügerisches Vorgeben ohne alle rechtliche Bedeutung. Auch gewann es sogar den Anschein, daß die gemachten Eroberungen schließlich den Franzosen allein zufallen würden und so hatte Schulenburg mehr als einen Grund, nur von einem Anschließen an die kaiserliche Partei die Erfüllung seiner Wünsche und Hoffnungen zu erwarten, besonders seitdem das Unternehmen Christoph Bernards gegen Gröningen mißglückt war. Daher trat er auch unmittelbar nach seiner Rückkehr aus dem Lager vor Gröningen mit Kette in Unterhandlung. Ein ähnlicher Grund wie Schulenburg konnte auch den Grafen Styrum zu Gemen bewegen, auf die Seite des Kaisers zu treten. Wollte jener das Seinige in Gröningen wieder erlangen, so war es für diesen von Wichtigkeit, in den Besitz der Herrschaft Borkelo wieder eingeführt zu werden. Und wenngleich er selbst weder mündlich noch schriftlich mit Kette verkehrt zu haben behauptete, so hatte dieser doch wenigstens mit dem Amtmann zu Gemen Hüge sowie mit der Mutter des Grafen in Unterhandlung gestanden.

Die bisher Genannten hatten höchstens eine Mitwissenschaft von dem Unternehmen; zu einer eigentlichen Theilnahme und Mitwirkung bei dem Verrath erklärten sich dagegen nur bereit der Prokurator Zurwelle, der Rheingraf und dessen Oberstwachtmeister Goecking sowie der Kommandant Fißnack zu Coesfeld. Der Rheingraf erbot sich, wie es hieß, auf gemachte große Versprechungen bei Ankunft der zur Ueberrumpelung der Stadt Münster bestimmten Völker die Pforten zu öffnen und diese einzulassen. Ebenso sollte auch Coesfeld in die Hände der Kaiserlichen gebracht werden, in Bezug worauf Fißnack in der Wohnung seiner Schwester der Wittwe Oberst Krone zu Münster das Nähere mit Kette verabredete. Goecking und Zurwelle gingen noch weiter, indem sie die Gefangennahme des Fürstbischofs zur Beförderung ihres Planes für nothwendig erachteten. Letzterer

namentlich versprach, mit etwa zehn oder zwölf Bürgern unter Zu=
ziehung einiger Soldaten und Offiziere den Fürstbischof bei Abend
oder Nacht anzugreifen und, falls er im Leben bleiben sollte, in die
Wohnung Goeckmanns zu bringen, damit man ihn zur Uebergabe
der Festungen, bezüglich zur Ertheilung der nöthigen Befehle an die
Kommandanten anhalten könnte. Zur Ausführung dieses Planes
wurde der 24. Februar bestimmt, an welchem Tage man Christoph
Bernard zur Ertheilung der Priesterweihe in Münster erwartete. Daß
zunächst nur die Gefangennahme und nicht zugleich, wie man später
bischöflicher Seits behauptete, die Massakrirung Christoph Bernards
in Aussicht genommen wurde, ist nach den Prozeßakten mehr als
wahrscheinlich; unzweifelhaft aber ist es, daß die selbst gegen den kai=
serlichen Hof geschleuderte Anschuldigung, als habe er Meuchelmörder
gegen deutsche Reichsfürsten gedungen und ausgesandt, eine reine
Verläumdung war. Auch scheint es mir kaum zulässig, die Frage
aufzuwerfen, ob der Kaiser, wenn der Mord wirklich vollzogen wäre,
nicht, wie bei Wallenstein, nachträglich die That gutgeheißen hätte.
Denn die Verhältnisse waren jetzt bei weitem anders gestaltet, so daß
auch ohne eine solche Gewaltthat die gefahrdrohende Verwickelung
gelöset werden konnte. Es fragt sich also nur, ob, zumal da die
münsterischen Landstände der Einladung, auf kaiserliche Seite zu tre=
ten, wenigstens offen nicht nachkamen, Kette selbst vor dem Ge=
danken einer solchen That nicht zurückbebte. Da es bekannt wurde,
daß Christoph Bernard an dem bestimmten Tage nicht nach Münster
käme, sondern vielmehr, um mit Türenne über die Maßregeln zur
Vertheidigung des Stifts zu verhandeln, nach Kappenberg sich begäbe,
so sah Kette den früheren Plan, wie er sich dessen Person mit Zur=
mellens Hülfe versichern wollte, gescheitert und beschloß daher den
Obersten Meinartshagen für seine Zwecke zu gewinnen. Am Mor=
gen des 20. Februar besuchte er ihn in der Wohnung des Licentiaten
Reping und entdeckte ihm den gegen die Stadt Münster sowie auch
gegen die Person des Fürstbischofs gerichteten Anschlag. Zugleich
forderte er ihn auf, einige Kompagnieen etwa unter Führung des
Rittmeisters Gosäus dem Fürsten nachzuschicken, damit sie ihn gefan=
gen nähmen. Dabei bemerkte er, daß er wohl 10,000 Thaler darum
geben wollte, wenn er den Fürsten lebendig oder todt haben könnte.
Auch soll er dem Obristen versprochen haben, ihm vom Kaiser nicht
nur ein Reiter=Regiment von 1000 Pferden mit einem jährlichen
Einkommen von 10,000 Thalern sondern auch ein Gut mit einem
jährlichen Ertrage von 4000 Thalern zu erwirken. Da jener wegen

seines schon vorgerückten Alters die weite Reise nach Oesterreich nicht machen zu können vorgab, stellte Kette ihm eine Entschädigung aus den Galenschen Gütern, welche die Familie nicht behalten würde, in Aussicht. Auf den Einwand aber, daß der Anschlag auf die Person des Fürsten nicht so gar leicht wäre, soll Kette mit dem Degen gegen die Thüre ein Zeichen gegeben haben, wie man Jemand durchstoßen könnte. Diese von Meinartshagen gemachten Aussagen wurden später von Kette bei Anwendung der Tortur im dritten Grade nur zum Theile bestätigt; insbesondere ist die Behauptung von Wichtigkeit, daß es sich bei der ausgesetzten Belohnung von 10,000 Thalern nur um die Versicherung oder Einlieferung des Fürstbischofs gehandelt hätte. Ferner erfahren wir auch, daß Kette sich zu diesem Schritte entschlossen habe, ohne vom Kaiser beauftragt zu sein. Und endlich fügte der Angeklagte noch hinzu, daß er dem Obersten Göding bei dessen früherer Behauptung, mit der Versicherung des Fürsten würde es groß Aufsehen geben, man müsse ihn vielmehr massakriren, ganz kategorisch widersprochen habe. Danach scheint es, daß, wenn überhaupt von Massakrirung Rede war, Göding die Veranlassung dazu gegeben habe; und zugleich erklärt sich, daß Kette sich eben deshalb, weil er auf Gödings Vorschlag nicht eingehen wollte, an Meinartshagen gewandt habe. Uebrigens täuschte er sich in diesem völlig, da der Oberst dem Fürstbischof durchaus ergeben war und den Präsidenten der fürstlichen Hofkammer Droste alsbald von dem Vorgefallenen in Kenntniß setzte. Aber nicht diese Uebereilung allein ließ sich Kette zu Schulden kommen, sondern schon am folgenden Tage, den 21. Februar, beging er den zweiten Fehler, indem er an den Kommandanten der Citadelle zu Münster, Obersten Tölner, den schriftlichen Befehl ausfertigte, die Schlüssel der Citadelle ihm nach seiner Wohnung zu bringen und fernere Ordre abzuwarten, mit dem Bemerken, daß jeder Offizier für seine Devotion nach Verdienst avanciren, widrigenfalls mit Konfiskation und Tod bestraft würde. Der Befehl war unterzeichnet: „Per imperatorem. J. A. von der Kette, Kays. Abgeordneter." Kette behauptete später, daß er zu diesem Schreiben durch den Rheingrafen bewogen sei, welche Angabe zu bezweifeln kein genügender Grund vorliegt. Es war ein höchst gewagtes Spiel, dessen Entscheidung schon bald erfolgen sollte. Bereits am 22. Februar erließ der von allem benachrichtigte Fürstbischof von Kappenberg aus den Befehl, Kette nach der Citadelle im Gewahrsam zu bringen, welcher Befehl Tages darauf vollzogen wurde. Der Hofkammerpräsident hatte gleich nach der von Meinartshagen gemachten Entdeckung am 22. Rette zur Tafel geladen und ihn bis spät am Abend bei sich behalten, um dem gefährlichen Agenten jede Gelegenheit zu fernern Umtrieben und vielleicht auch zur Flucht zu nehmen. Während der Nacht ließ er ihn in seiner Wohnung heimlich bewachen und am folgenden Morgen gleich wieder zu sich rufen unter dem Vorwande, er habe mit ihm wegen der Erbschaftsangelegenheit des Grafen Harrach zu verhandeln. Auf Rettes Antwort, daß er durch wichtigere Geschäfte verhindert würde, beeilte sich Droste die bereit gehaltenen Soldaten mit der Ausführung des Verhaftungsbefehls zu beauftragen. Von denen, welche ihre Mitwirkung bei der Ausführung des Planes zugesagt hatten, wurde keiner ergriffen. Der Prokurator Zurwelle hatte sich nach Angabe seiner Frau nach Altenberge begeben, um Holz fällen zu lassen, konnte jedoch daselbst nicht aufgefunden werden. Ebenso erfolglos war die am 10. März unter Trommelschlag verkündete Bestimmung des Fürsten, daß, wer den Aufenthaltsort des Prokurators entdecke, 100 Dukaten erhalten, wer ihn verheimliche, auch noch nach zehn Jahren dieselbe Strafe wie jener erleiden solle.

Die beiden andern Hauptgenossen des Verschwörers, welche ihn eben zum Aeußersten gedrängt hatten, der Rheingraf und dessen Oberstwachtmeister Göcking, verließen Münster an demselben Tage, wo Rette zur Haft gebracht wurde. Der Rheingraf hatte bereits einige Zeit vorher unter Berufung darauf, daß er nicht allein nach der beim Antritt seines Dienstes mit dem Fürstbischof getroffenen Kapitulation zu der Theilnahme an einem Kriege gegen Oesterreich nicht verpflichtet wäre, sondern auch zugleich als Reichsgraf und Vasall des Kaisers dem Avokatorium gehorchen müßte, Urlaub gebeten, um während der Feindseligkeiten zwischen Christoph Bernard und dem Kaiser sich auf seine Güter zurückzuziehen. Der Urlaub war ihm am 21. Februar bewilligt, so daß die Abreise an und für sich keinen Grund zur Verdächtigung bot, zumal da er sie offen und mit Gefolge bewerkstelligte. Zugleich mit ihm begab sich auch Göcking von dannen, angeblich weil er nach Zustellung eines Abberufungsschreibens von Kurbrandenburg, dessen eigentlicher Unterthan er war, seinen Abschied verlangt und erhalten hatte. Der erste Verdacht gegen beide entstand, als man Kenntniß erhielt von einem Schreiben Rettes an den kaiserlichen General Bournonville vom 23. Februar, worin jener den Rheingrafen, welcher den Effekt des Desseins nicht hätte abwarten mögen, sowie den Oberstwachtmeister Göcking seinem Wohlwollen empfahl, da beide alles wohl infaminirt hinterlassen und ihm in der Sache trefflich assistirt hätten. Das Schreiben kam vielleicht durch

Verrath in die Hände der heimgelassenen Räthe des Fürstbischofs
welche bei einem am 25. Februar auf der Citadelle angestellten Verhöre den Verhafteten, der anfänglich behauptet hatte, weder einen
Mitwisser noch einen Mithelfer zu haben, durch Vorzeigung jenes
Schreibens dahin brachten, daß er die Theilnahme der beiden Genannten an der Verschwörung eingestand. Unterdessen hatte man
bereits in Erfahrung gebracht, daß die Geflüchteten ihren Weg über
Burgsteinfurt genommen hätten. Der Domdekan Schmising schickte
ein Schreiben an den dortigen Kommandanten Vehling mit dem
Auftrage, den eingeschlossenen Befehl dem Rheingrafen einzuhändigen
und sich der Person des Obersten Göcking zu bemächtigen. Beides
geschah. Der Graf erwiederte nach Lesung des Schreibens, daß er
nach Coesfeld berufen würde und sich gleich dorthin aufmachen wollte.
Göcking aber gelang es, aus dem Gewahrsam zu entspringen und
nachdem er rasch seine Kleider gewechselt hatte, zu entfliehen. Die
Verfolgung unterblieb wegen der geringen Besatzung von nur vierzehn Mann und Vehling begnügte sich damit, die Dienerschaft, Pferde
und Kleider der Geflohenen aufzuheben. Ein Gesuch Christoph Bernards an den Fürsten zu Osnabrück, den Rheingrafen und Göcking
anhalten zu lassen, war ebenso erfolglos, als der von Franz Egon
von Fürstenberg ertheilte Befehl zu ihrer Verhaftung im kurkölnischen
Gebiete. Der Rheingraf entkam nach seinem Gute Dhaun, von wo
aus er zu seiner Vertheidigung nicht nur wiederholt an Christoph
Bernard, an den Bischof von Straßburg und an den Herrn von
Nagel schrieb, sondern auch zuletzt einen „apologetischen Bericht" veröffentlichte. Er starb schon im nächstfolgenden Jahre. Ueber Göckings
fernere Schicksale haben wir keine Nachricht. Nur so viel wissen wir,
daß er zunächst mit dem Rheingrafen nach dessen Gütern sich begab
und gleichfalls eine apologetische Widerlegung der gegen ihn ausgesprengten Anschuldigungen zu Frankfurt am 21. Juni 1673 veröffentlichte. Weder Göckings noch des Rheingrafen Apologie enthält
auch nur einen einzigen durchschlagenden Grund zum Beweise ihrer
Schuldlosigkeit. Dazu kömmt, daß das Verfahren Beider die Wahrheit der von Kette gegen sie gemachten Aussagen durchaus bestätigt,
und es bleibt nur noch die Frage zu beantworten, was sie zur Theilnahme an der Verschwörung bewog. Nach meinem Dafürhalten war
es nicht sowohl eine edele Entrüstung über das Verhalten Christoph
Bernards gegen den Kaiser als vielmehr die sichere Aussicht auf eine
bedeutende Belohnung, wodurch sie für den Plan, das Stift Münster
in kaiserliche Hände zu liefern, gewonnen wurden.

Kehren wir zurück zu Kette und den Uebrigen, welche wegen ihrer Mitwissenschaft in Anklagestand versetzt wurden. Von diesen war zunächst Dr. Goeckmann zugleich mit seinem Schwager Kette nach der Citadelle gebracht. Der Syndikus Wittfeld stellte sich selbst gleich nach Kettes Verhaftung und auch die übrigen Mitwisser, welche in Münster anwesend waren, Klute, Schwick und Schulenburg wurden nach einander eingezogen. Bereits am 24. Februar war der Befehl eingegangen, alle, welche durch ihren Verkehr mit Kette oder aus einem andern Grunde verdächtig wären, ohne Ansehen der Person, möchten es Geistliche oder Weltliche sein, an allen Orten, selbst auf den Immunitäten zu verhaften. Ferner sollten Stadt und Citadelle wohl bewacht und wenn die eigenen Truppen nicht ausreichten oder die Feinde sich näherten, die Franzosen um Hülfe ersucht werden. In Folge dessen verständigten sich die heimgelassenen Räthe mit den Obersten Tölner und Schaben über die Besetzung der Wachen durch Soldaten und Bürger, ließen die Thore sperren und verordneten, daß die Brücken und Fährten auf der Ems und andern Flüssen zerstört und fortgeschafft würden. So hatte man alle möglichen Vorkehrungen getroffen, einerseits um der Verdächtigen habhaft zu werden, andererseits um sich gegen einen Ueberfall der Feinde zu sichern. Und dennoch glaubte Christoph Bernard seine Person noch immer nicht genug sicher gestellt, weshalb er oft und rasch seinen Aufenthaltsort wechselte und sich während der kurzen Dauer des Prozesses von einem Monate zu Kappenberg, Coesfeld, Rheine, Sassenberg, Assen, Wolbeck und Warendorf aufhielt.

Nach einer vorläufigen Vernehmung Kettes auf der Citadelle am 25. Februar fand am Montag den 27. auf der Stadtschreiberei in Gegenwart der dazu deputirten Rechtsgelehrten Bischoping und Kramer ein Verhör statt. Kette behauptete, kein Verräther, sondern ein Mandatar des Kaisers zu sein. Wenn der Fürstbischof selbst ihn nicht hören wollte, so möchte er einige von seinen Vertrauten zu ihm schicken, denen er insgeheim etwas mittheilen würde. Im Auftrag der Räthe zogen sich Bischoping, Kramer und der Sekretair Meyer mit Kette zurück und nachdem dieser sie wiederholt beschworen hatte, das ihnen Mitzutheilende nur dem Fürstbischofe oder den ihm zunächst stehenden Personen zu berichten, machte er folgende Entdeckungen. Der Kaiser werde, da nicht nur Spanien sondern auch das Reich zu ihm halte, ernsthaft vorgehen, zumal da die Verbindung Frankreichs mit England und Schweden sich wahrscheinlich auflöse. Kurköln bereue es schon, sich soweit verirrt zu haben und werde demnächst auf Seite des Kaisers treten. Wenn nun der Fürstbischof zulasse, daß die kaiserlichen Völker sich an der Yssel aufstellten, so solle er die in den Niederlanden gewonnenen Plätze behalten und daselbst auch die kirchliche Jurisdiktion üben. Man beabsichtige nämlich das ganze Land mit Ausnahme der nahe bei Brabant gelegenen Oerter, welche man Spanien abtreten werde, dem deutschen Reiche neuerdings einzuverleiben. Auch fügte Kette noch hinzu, daß die Familie des Fürstbischofs in den Grafenstand erhöben werden sollte. Würde dieser aber auf das Projekt nicht eingehen, so stände zu erwarten, daß nicht nur die Niederländer ihre Plätze wiedergewännen, sondern auch Brandenburg und Schweden einen Theil vom Stift Münster erhielten. Auf die Frage, warum er dieses dem Fürstbischofe nicht gleich offenbart habe, machte er als Grund geltend, daß der Kaiser wohl wüßte, jener würde sich nur schwerlich von Frankreich trennen. Schließlich hob er noch einmal hervor, daß er überhaupt in allem nur auf Befehl des Kaisers handelte und erbot sich, wenn man ihm Zeit gäbe, die Bescheinigung dafür beizubringen. Die gemachten Enthüllungen wurden Christoph Bernard mitgetheilt, welcher jedoch in einem Schreiben vom 2. März die Räthe aufforderte, trotz des geheimen Desseins, welches Kette angegeben, mit aller Entschiedenheit (cordate) voranzugehen.

In einem fernern Verhör auf der Stadtschreiberei am Dienstag den 28. Februar vor den Kommissaren Bischoping, von der Becke (Abeck), Kramer, Sack, Rave und Büningmann wurde die mehr oder weniger genaue Mitwissenschaft von Schwick, Wittfeld, Goeckmann und Klute konstatirt. Außerdem denunzirte Kette den Amtmann zu Gemen Hüge und den Kapitain des rheingräflichen Regiments Kabardt, von denen der erstere die Unterhandlungen mit dem Oberstlieutenant Grafen Styrum vermittelt, der andere auf Betreiben Göcking's jede mögliche Kooperation versprochen hätte. Die Mitwissenschaft anderer leugnete Kette auch nach Anwendung des ersten Grades der Tortur und so glaubten die fürstlichen Räthe, die Voruntersuchung schließen und den Kriminalprozeß anfangen zu können, weshalb sie Christoph Bernard um Unterzeichnung der dazu nöthigen Spezialkommission ersuchten. Nach eingetroffener Genehmigung wurden die mit der Führung und Entscheidung des Prozesses beauftragten Kommissare, wozu außer den oben genannten Rechtsgelehrten auch Dr. Ham gehörte, am 1. März auf der fürstlichen Rathsstube von dem geh. Rath und Vizekanzler Dr. Werner Zurmühlen auf den 8. Artikel der karolinischen Konstitution oder peinlichen Halsgerichtsorduung vereibet, nachdem sie des dem Fürsten geleisteten Amtseides für die Dauer des Prozesses (quoad hunc actum) entbunden waren. Demnächst wurde ihnen auf der städtischen Rathsstube Kette vorgeführt und Fiskus Beckhaus übergab die „Kriminal- und Peinliche Halsgerichtsartikeln", worüber der Inhaftirte eidlich zu vernehmen war. Der von diesem unter Berufung auf die kaiserliche Kommission erhobene Protest gegen das Kriminalverfahren wurde zurückgewiesen und der Prozeß nahm seinen Anfang. Um bei den vielen Mitwissern die Untersuchung desto schneller zu fördern, wurden aus der Kommission zwei Abtheilungen gebildet, wovon die eine aus Hau, Kramer und Rave, die andere aus Bischoping, von der Becke, Sack und Büningmann bestand. Nach den fast täglichen Berichten der heimgelassenen Räthe an den Fürstbischof sowie nach den Prozeßakten selbst nahmen die Verhandlungen folgenden Verlauf.

Auf die vom Fiskus übergebenen Artikel machte Kette die eidliche Aussage, daß er versucht hätte, vermöge gedruckten kaiserlichen Avocatorii die Kriegsoffiziere des Fürstbischofs durch in Aussicht gestelltes Avancement und Geld zu gewinnen, die Stadt Münster in die Hände des Kaisers als des Oberlehnsherrn zu liefern und des Fürstbischofs sich zu bemächtigen, um denselben zu bewegen, daß er auch die andern Festungen übergäbe. Als Mitwisser nannte er außer dem Rheingrafen und Göding noch Fisnack und Kabardt. Ferner behauptete er, daß er sich keines andern Mittels zur Erreichung seiner Zwecke hätte bedienen wollen, als der Offenbarung seines Desseins kraft habender Kreditive an die drei Stände. Somit leugnete er die Verrätherei sowie die gegen ihn erhobene Anschuldigung, als hätte er den Fürsten massakriren lassen wollen, wie er denn überhaupt in Abrede stellte, daß sein Vorhaben ohne Gefahr und Schaden und ohne großes Blutvergießen nicht hätte werkstellig gemacht werden können. Auf den Wunsch des Angeklagten wurde ihm alsdann der Licentiat Knippenberg zum Advokaten und der Agent Bisping zum Prokurator bestellt. Das Gesuch des Vertheidigers um Mittheilung der Kreditive, des kaiserlichen Protektoriums sowie der in der General-Inquisition über die Mitverschworenen gemachten Aussagen wurde, da der Fiskus von den Kreditiven keine Kenntniß zu haben vorgab, von den Kommissaren am 3. März dahin erledigt, daß jenem nur eine Kopie des Protektoriums sowie der die Theilnehmer betreffenden Akten mitgetheilt werden sollte. An demselben Tage fand ein Verhör des Obersten Tilmann und der Frau Goedmann statt. Diese nannte als solche, die mit ihrem Bruder Kette

14

vielfach verkehrt hätten, den Dr. Lagemann, Obersten Tilmann, Hauptmann Klute und Prokurator Zurwelle. Tilmann behauptete, weder von seinem Schwager Fißnack noch von Kette etwas Näheres erfahren zu haben, da er nach erhaltenem Abschiede sich nach Brabant zu begeben beabsichtigte. Auf Antrag des Fiskus vom 4. März wurde der Oberst Meinartshagen zum 6. auf den fürstlichen Hofsaal zum Zeugenverhör citirt. Vor dem Beginne des Verhörs überreichte der Vertheidiger ein Schreiben, worin er gegen die Kompetenz der Gerichtskommission zur Aburtheilung eines kaiserlichen Abgeordneten protestirte und abermals um Mittheilung der Kreditive bat. Der Fiskus leugnete in einer Gegenschrift vom 7. März den Charakter Kettes als eines Abgesandten; überdies hätte dieser auch selbst sich eines solchen Charakters entkleidet, sobald er zum Verräther geworden wäre und könnte sich daher jetzt unter einem solchen Vorwande dem Gerichte nicht entziehen. Nicht weniger erfolglos war auch ein Schreiben des Angeklagten, worin er unter Berufung auf die Kreditive hervorhob, daß man zur weitern Beglaubigung seiner Aussage in Betreff der ihm ertheilten Kommission die Erklärung des Kaisers einholen möchte. Die auf Grund des Avokatoriums geführten Unterhandlungen mit den Offizieren könnten ihm nicht als Verbrechen zur Last gelegt werden. Auch könnten die Kommissare, weil sie sowohl Diener des Fürsten wären, als auch von den Kreditiven nichts wissen wollten, weder über seine Person noch über seine That ein kompetentes Urtheil fällen, weshalb er sich auf den Spruch ausländischer Gelehrten und Universitäten im Reich außer in Kurköln, Mainz und Baiern berufen müßte. In dem auf Antrag des Vertheidigers erst am 10. März anberaumten Termine übergab dieser ein neues Schreiben folgenden Inhalts: die vom Angeklagten aus Furcht vor der Tortur gemachten Aussagen dürften dem Fiskus nicht als Fundament der Klage gelten, vielmehr könnte die Entscheidung darüber, ob jener ein Verbrecher wäre, nur dem Kaiser zustehen, dessen Abgeordneter er wäre und in dessen Auftrag er gehandelt hätte. Wenn Fiskus von einer Ueberschreitung des Mandats spräche, so möchte dem Verklagten verstattet werden, beim Kaiser um die Mittheilung der nöthigen Beweise schriftlich einzukommen; auch müßte über die vom Fiskus gemachte Auslegung des Protektoriums die kaiserliche Deklaration eingeholt werden. Schließlich beanstandete er abermals die Kompetenz des Gerichtshofes und verlangte ein Universitätsgutachten darüber, ob ein Verbrechen vorläge, ob zu dessen Kognition der Fürstbischof und seine Diener befähigt wären und ob nicht zum Zwecke der Vertheidigung die Kreditive und andere kaiserliche Befehle herbeigeschafft werden müßten. Noch an demselben Tage übergab Fiskus den von Montekukuli ausgestellten Paß, woraus zu ersehen, daß Kette nur im Auftrage des Grafen Harrach und in eigenen Angelegenheiten die Reise unternommen hätte und nicht als Abgeordneter (publica persona) gelten könnte. Die Mittheilung der vom Fürsten eingezogenen Kreditive wurde in Aussicht gestellt, zumal da auch die heimgelassenen Räthe der Ansicht waren, daß eine Verweigerung derselben eine Nichtigkeitsbeschwerde zur Folge haben würde. Am 13. März beauftragte endlich Christoph Bernard von Assen aus seinen geh. Sekretair Heinrich Bruchhausen, die kaiserlichen Schreiben den Räthen in Münster einzuhändigen; den Kommissaren aber wurde vom Fiskus außer dem Schreiben an den Herzog Bournonville nur das Originalkreditiv an die Stadt Münster übergeben.

Unterdessen hatte der Angeklagte bereits am 8. März um Ernennung eines auswärtigen Advokaten gebeten, weil die ihm pflichtgemäß gestellten Advokaten sich stets wegen Nichtbeleidigung des Fürsten bedängen. Die Bitte wurde abgeschlagen und auch die am 14. März eingereichte Erklärung des Vertheidigers, daß er sich deshalb genöthigt sähe zu appelliren, blieb unberücksichtigt. Ebenso wenig hatte der Protest des Vertheidigers, daß vor der Entscheidung über die Kompetenz des Gerichtshofes der Oberst Meinartshagen vernommen würde, etwas gefruchtet. Die Kommissare beschlossen am 11. die Verkündigung der Zeugenaussagen und die Räthe sprachen sich in einem Schreiben an Christoph Bernard vom 14. sogar dahin aus, ob nicht auf diese Aussagen hin gleich rechtlich erkannt werden sollte, um nicht durch eine etwaige Appellation des Angeklagten die Sache zu verschleppen! Der Fiskus beantragte jedoch, gegen Kette die Tortur zu beschließen, da er zwar gestanden hätte, sich der Person des Fürstbischofs versichern zu wollen, nicht aber daß, wer ihn todt oder lebendig überlieferte, 10,000 Thaler erhalten sollte. Zugleich begehrte Fiskus den Inhaftirten wegen abweichender Angaben über die Mitverschworenen mit der scharfen Frage abzuhören. Kette und sein Vertheidiger suchten jetzt zunächst Zeit zu gewinnen. Am 16. bat Letzterer, da ihm die Kopie von dem Verhör des Obersten Meinartshagen erst Abends vorher zugekommen wäre und er einmal wegen Krankheit, dann weil er zum Verklagten inzwischen keinen Zutritt gehabt hätte, das zur Entgegnung nothwendige Material nicht hätte zusammenstellen können, daß der Termin wenigstens um zwei Tage hinausgeschoben würde. Die Kommissare beschlossen jedoch ihm nur bis zum folgenden Tage Mittags zwei Uhr Zeit zu geben und ihn mittlerweile, so oft es nöthig sein sollte, zum Verklagten zuzulassen. Nach einem Dekret vom 13. durfte nämlich der Gerichtsdiener Haverkamp selbst den Vertheidiger nur in Gegenwart des Dr. Sack oder eines andern von den Räthen bezeichneten Kommissars zu Kette ins Gefängniß führen. Am 18. überreichte der Vertheidiger eine Schrift, worin er sich nicht nur über das eilige Verfahren des Fiskus sowie über die Einhändigung von nur einem Kreditive beklagte, sondern auch insbesondere hervorhob, daß Meinartshagen einmal als Diener des Fürsten und zugleich als angeblicher Vetter des Verklagten, vor allem aber weil er harthörig wäre und in seinen Aussagen über das von Kette ihm Mitgetheilte sich widersprochen hätte, nicht als vollgültiger Zeuge betrachtet werden könnte. Nichts desto weniger beschlossen die Kommissare, am folgenden Morgen die Folter in Anwendung zu bringen. Als Kette wegen seiner Schwäche vor der Tortur einen Beichtvater verlangte, wurde ihm bedeutet, daß zwischen dem ersten und zweiten Grad Zeit genug zum Beichten sein würde. Die Tortur wurde im Rathhauskeller vollzogen. Bei den ersten beiden Graden leugnete Kette die ihm vorgelegten Fragen; erst beim dritten Grade machte er das Geständniß, daß er dem, welcher den Fürsten todt oder lebendig liefern würde, aus eigenem Antriebe und nicht im Auftrage des Kaisers eine Belohnung versprochen hätte.[1] Bei der am 20. geforderten Ratifikation oder gütlichen Wiederholung der auf der Folter gemachten Aussagen versuchte Kette mehreres zu widerrufen, wurde jedoch endlich durch die Drohung, daß man mit der Tortur ferner verfahren würde, zu der Erklärung veranlaßt, daß er die Aeußerung, 10,000 Thaler darum geben zu wollen, wenn er den Fürsten todt oder lebendig haben könnte, jedenfalls ohne alle Ueberlegung gethan hätte. Der Vertheidiger machte sich nur vergebliche Mühe, als er am 21. in einer abermaligen Schrift gegen die Zulässigkeit des Zeugen Meinartshagen sowie gegen die widerrechtliche Anwendung der Tortur protestirte und neuerdings appellirte. Räthe und Fiskus hielten die Sache für spruchreif, ließen am 23. früh Morgens die Kommissare vor sich kommen und legten ihnen ihre Gründe zur Entscheidung *rationes*

---

[1] Auch der bischöfl. Agent in Wien, Franz von Meyersheim, schreibt d. 26. März 1673, Kette habe nicht den Befehl erhalten, Christoph Bernord todt oder lebendig zu liefern, sondern nur der Offiziere und Soldaten sich zu versichern. Fr. Münster Landes-Archiv 534, 5.

decidendi vor. Nach einer gedrängten Ausführung des Thatbestandes wird Rette der Verrätherei, des Aufruhrs und des Mordversuchs beschuldigt. Daß er der Urheber der ganzen Verschwörung sei, ergebe sich aus dem Schreiben an Bournonville und dem kaiserlichen Protektorium; daß es sich dabei insbesondere um einen Verrath gehandelt habe, zeige die Flucht der Haupttheilnehmer. Weiterhin wird ausgeführt, daß die Tortur nach Recht und Gesetz beschlossen und vorgenommen sei und daß von diesem Beschlusse keine Appellation stattfinden könne. Denn die gegen die Glaubwürdigkeit des Zeugen Meinartshagen erhobenen Bedenken, daß er mit dem Angeklagten verfeindet sei und daß in seinen Aussagen sich ein Widerspruch finde, seien unbegründet. Auch könne der Oberst nicht deswegen, weil er im Dienste des Fürsten stehe und harthörig sei, als Zeuge verworfen werden, zumal da es Rechtens sei, auch solche Zeugen in dunklen und verwickelten Sachen zur Feststellung der Wahrheit heranzuziehen. Ueberdies habe Verklagter selbst bereits vorher das Geständniß gemacht, daß er sich der Person des Fürsten habe versichern wollen und es sei nur noch festzustellen gewesen, ob er sich Meinartshagen gegenüber der Worte „lebendig oder todt" wirklich bedient habe. Das habe sich aber nicht ohne Anwendung der Tortur ermitteln lassen. Was die Appellation betreffe, so könne eine Nichtigkeitsbeschwerde nur dann statthaben, wenn Verklagter nicht citirt und gehört werde oder wenn man „wider natürliche Vernunft gegen ihn handle und urtheile." Weder das Eine noch das Andere könne hier behauptet werden. Und wenn die Bitte des Verklagten, ein offenes Schreiben an den Kaiser zu richten, unberücksichtigt geblieben sei, so liege das darin begründet, daß der Vertheidiger zwar die betreffende Bittschrift zu den Akten übergeben, nicht aber darüber bei den Kommissaren eine Petition eingereicht habe! Endlich verwirft der Fiskus die Behauptung, daß Rette ein Gesandter gewesen sei, weil er sowohl in dem Passe nur als Privatperson aufgeführt werde als auch vor seiner Gefangennahme niemals den Charakter eines Gesandten beansprucht habe. Ueberdies werde ein Gesandter durch Auftrag seines Herrn bei Ausführung eines Verbrechens nicht entschuldigt. Ebenso wenig lasse sich aus dem Avokatorium die Verleitung der Offiziere zu einem so gefährlichen Unternehmen rechtfertigen, noch auch könne man behaupten, daß die Gefangennahme des Fürsten und die Ueberlieferung der Stadt sich ohne Blutvergießen bewerkstelligen lasse. Demnach beantragt Fiskus, den Verklagten nach dem Artikel 124 der Karo=

linischen Konstitution zu köpfen und zu viertheilen. Von einer Verschärfung der Strafe durch Schleifen und Zangenreißen wolle er Abstand nehmen, weil der Plan nicht zur Durchführung gekommen sei, weil der Schuldige gewissermaßen im fremden Auftrage gehandelt und der Kaiser darum gewußt habe, endlich weil man jenen nach ärztlicher Aussage wegen seiner Körperschwäche durch härtere Strafmittel leicht zur Verzweiflung bringen könne, dieses aber durch das kanonische Recht untersagt werde!

Nach Anhörung der zur Entscheidung vorgelegten Gründe erbaten sich die Kommissare, da sie wegen Kürze der Zeit die Akten noch nicht durchgesehen, sondern sich nur einen Auszug hätten mittheilen lassen, Bedenkzeit bis vier Uhr Nachmittags. Dann wurde folgender Beschluß gefaßt:

„In peinlicher Spezialinquisitions=Sachen hochfürstlich münsterischer Ober= und Landfisci Anklägern eines, wider Johann Adam von der Kette Inhaftirten und Angeklagten anderen Theils ist auf Klage, Antwort und gerichtliches Vorbringen, auch allen wohlerwogenen Umständen nach diese Sache von Amts und Rechts wegen für beschlossen angenommen und darauf zu Rechte erkannt: Demnach bei der Gerichtshandlung gestanden und erwiesen, daß jetztgemeldeter Angeklagter Johann Adam von der Kette Ihrer hochfürstl. Gnaden zu Münster und Korvey Dero Stadt Münster, Citadelle daselbsten und andere Festungen ganz gefährlicher Weise entziehen wollen, zu dem End sowohl die geschwornen Bürger von ihrer gehuldigten Obrigkeit als auch hohe und niedere Kriegsoffiziere wider ihren Eid und Pflichten wirklich zu verleiten sich unterstanden, nicht weniger höchstgemeldeter Ihrer hochfürstl. Gnaden hohe Person durch dazu bestellte Leute in Versicherung zu nehmen oder gefänglich anzuhalten vorgehabt, sonsten um derselben todt oder lebendiger Einlieferung getrachtet, daß darum mehr gemeldeter Angeklagter Johann Adam von der Kette sich selbst zu wohl verdienter Strafe, andern aber zum abscheulichen Exempel erst mit dem Schwert vom Leben zum Tod hingerichtet, demnächst durch seinen ganzen Leib in vier Stücke zerschnitten und zerhauen, also gestrafet und solche Viertel nebst dem Kopfe an vier verschiedenen Oertern öffentlich gehangen und gestecket werden, gleich wir zu dieser peinlichen Inquisitionssache absonderlich verordnete Kommissare hiemit erkennen und den Angeklagten dazu verdammen. Von Rechts wegen. Decretum den 23. März 1673."

Das Urtheil wurde nicht gleich publizirt, da Christoph Bernard an demselben Tage von Wolbeck aus den Befehl erließ, wegen des bevorstehenden Festes des heil. Ludger (26. März) sowie wegen der Charwoche das gerichtliche Verfahren zu sistiren. Nach den Feiertagen wurde selbst der bereits Verurtheilte noch zweimal verhört, einmal am 5. April wegen eines beabsichtigten Anschlags auf den Bischof von Straßburg, dann am 6. wegen angeblicher Unterhandlungen mit dem kaiserlichen Feldherrn Marquis de Grana zu Köln. Was den Anschlag auf den Bischof von Straßburg betrifft, so sollte Kette gesagt haben, daß man auch diesen emportiren würde, was er in dem Verhör dahin erklärte: weil der Kurfürst von Köln die kaiserliche Seite wohl amplektiren dürfte, so würde man auch den Bischof von Straßburg wohl emportiren d. h. gewinnen und auf dieselbe Seite bringen. In Betreff des Marquis de Grana erklärte er, daß er mit demselben niemals korrespondirt hätte, dessen Handschrift nicht einmal kännte, auch nicht dafür hielte, daß ihm vom Hofe oder aus der Armee von dem Vorhaben irgend welche Mittheilung gemacht wäre. Am 7. April wurde Kette aufgefordert, sich für den folgenden Tag zum Tode vorzubereiten. Die Hinrichtung geschah auf dem Markte vor dem Peinhaus. Nachdem auf den Antrag des Fiskus das Todesurtheil verlesen war, bat Kette die Richter, die hohe Obrigkeit, alle Personen hohen und niederen Standes sowie die Kriegsoffiziere um Verzeihung, falls er sie etwa durch sein Treiben beleidigt hätte. Demnächst bat er um Gnade, daß er wegen seiner Jugend und Unbesonnenheit also gefehlt hätte, und da ihm Bischoping keine Aussicht auf Begnadigung eröffnen konnte, sprach er gefaßt: „Dein Wille geschehe!" Dann wurde er auf einem eigens errichteten Schaffot enthauptet und sein Körper geviertheilt, die einzelnen Theile aber nebst dem Kopf an vier verschiedenen Thoren aufgehängt.

Dasselbe Loos mit Kette traf den Oberstlieutenant und Kommandanten zu Coesfeld Fißnack, welcher auf den Vorschlag, die ihm anvertraute Festung den Kaiserlichen zu überliefern, geantwortet hatte, daß er, falls man ihm sichere Briefe vorzeigte, sich als treuen Diener des Hauses Spanien erweisen würde. Das am 14. April aus den Obersten Burggraf, Kitzlitz, Holthausen und Reinardt gebildete Kriegsgericht erkannte am 19. auf Antrag des Fiskus allen wohlerwogenen Umständen nach zu Recht, daß Fißnack zu wohlverdienter Strafe und andern zum abscheulichen Exempel mit dem Schwert vom Leben zum Tode hingerichtet werden sollte, welches Urtheil am 22. zwischen neun und zehn Uhr gehörig publizirt und auf dem Markt exequirt wurde.

Von den übrigen Verschworenen wurde keiner am Leben gestraft. Der Kapitain Kabardt, welcher von dem Obersten Göcking bei seiner

Abreise mit dem Plane bekannt gemacht und zu jeder möglichen Unterstützung veranlaßt sein sollte, konnte nicht zum Geständniß gebracht werden, indem er am 20. April die Tortur sogar in allen Graden ohne das geringste Zeichen von Schmerz ertrug. Das Kriegsgericht, welches an die Anwendung einer bösen Kunst dachte, beschloß den Angeklagten am folgenden Tage nach Abschneidung der Haare noch einmal auf die Folter zu spannen. Ueber sein weiteres Schicksal enthalten die vorhandenen Akten ebenso wenig wie über das Loos Schulenburgs eine bestimmte Angabe. Doch dürfen wir aus einem Schreiben des Domkapitels vom 26. März 1676, wonach alle im Retteschen Prozeß Verwickelten bis auf Wittfeld begnadigt waren, den Schluß ziehen, daß auch die beiden Genannten wegen unzureichenden Beweises aus der Haft entlassen wurden. Der Oberst Tilmann, dessen Mitwissenschaft in seinem Verhör am 3. März nicht konstatirt werden konnte, hatte mit seiner Schwiegerin und Fißnacks Schwester, der Obristin Krane, bereits am 4. April in der Stille Münster verlassen. Der Einzige, über dessen Schuld das Kriegsgericht noch zu entscheiden hatte, war der Oberstlieutenant Graf Styrum. In einem am 13. März auf der Citadelle angestellten Verhör hatte dieser jeden Verkehr mit Kette und jede Kenntniß von dessen Plan entschieden geleugnet. Ebenso wenig anerkannte er sich als den Autor eines von Bingen datirten Memorials und behauptete, die von ihm in einem Gespräche mit dem Oberstwachtmeister Moselage zu Borkelo gebrauchten Worte, daß einem etwas bekommen möchte, wie dem Hund das Grasfressen, bezögen sich nur auf Frankreich, welches einige Oerter so arg behandelte, als wollte es sie auf die Dauer nicht behalten. Auch Kette erklärte in seinem Verhör am 18. März, daß er nicht mit dem Grafen selbst, sondern nur mit dessen Mutter und dem Amtmann Hüge zu Gemen verhandelt hätte, und so wurde der Graf einstweilen in Gewahrsam gehalten, bis man den Amtmann eingezogen und erfahren haben würde, ob dieser seinen Herrn von der Sache in Kenntniß gesetzt hätte. Hüge aber war, wie sich aus seinem Schreiben an den fürstbischöflichen Sekretair Bruchhausen vom 24. Dezember 74 ergiebt, kurz vor der Einziehung des Grafen nach Roermond abgereiset und begab sich, da ihm von Gemen aus gemeldet wurde, daß man ihm nachstellte, nach Wien, trat beim Regiment des Markgrafen von Baireuth als Sekretair ein und kam erst im Jahre 1674 nach Wesel, von wo aus er auf Grund eines kaiserlichen Geleitsbriefs um die Erlaubniß freier Rückkehr nach Gemen bat. In Beziehung auf den Retteschen Verrath stellte er seine

Mitwissenschaft in Abrede und behauptete, von seiner Herrschaft nur in Angelegenheit ihrer am kaiserlichen Hofe sich aufhaltenden Kinder zu Kette nach Münster geschickt zu sein. Da man bei der Entfernung Hüges keine genügenden Beweisgründe gegen den Grafen auffinden konnte, so war man nicht ungeneigt, ihn auf den am 24. Juni 73 gestellten Antrag seines Großvaters, des Grafen von Velen, gegen eine hinreichende Kaution aus der Haft zu entlassen.

Es wurde ein Revers entworfen, wonach sich der Graf verpflichtete, „weder selbst noch durch einen andern Seine fürstl. Gnaden oder deroselben Civil- und Militairbediente heimlich oder öffentlich in keinerlei Wege zu rechen oder frechen, auch sich von dem Eid weder durch Papst noch Kaiser noch sonst absolviren zu lassen." Ferner mußte er unter Pfandsetzung seiner Güter versprechen, nicht allein selbst auf eine etwaige Citation wieder zu erscheinen, sondern auch wo möglich den Amtmann Hüge zu stellen. Zugleich aber sollte sich auch der Graf von Velen mit seinen Gütern verbürgen, daß das von seinem Enkel geleistete Versprechen wirklich gehalten würde. Als Dr. Sack diesen Revers vorlegte, erklärte Styrum, daß er seinen Großvater zur Unterschrift nicht würde bewegen können, was gewiß um so auffallender war, weil eben dieser sich früher zur Kaution bereit erklärt hatte. Der Widerspruch lösete sich bald auf eine höchst einfache Weise, da nämlich Styrum Gelegenheit fand, auch ohne Revers und Kaution seine Freiheit wieder zu erlangen. Wegen mangelnden Beweises jeder Schuld hatte man dem Grafen gestattet, nicht nur Besuch anzunehmen, sondern auch in der Citadelle und auf den Wällen frei umherzugehen. Am 9. August Abends nach 8 Uhr war er nun, da auf dem Ravelin gerade kein Posten stand, die Wälle hinabgestiegen und mit Zurücklassung seiner Kleider durch den Graben geschwommen. Die Flucht war jedenfalls mit dem jungen Grafen von Velen und einem gewissen Dr. Dryver, welche in der jüngsten Zeit mit Styrum viel verkehrt und erst kurz vor ihm die Citadelle verlassen hatten, verabredet. Uebrigens scheinen auch einige von der Besatzung um die Sache gewußt zu haben, da sich nur so das Zurückziehen des Postens vom Ravelin sowie die dem Oberst Schelver vom Fähnrich Statius, welcher die Wache hatte, beim Hinauslassen der Musquetiere zur Verfolgung des Geflüchteten bereiteten Schwierigkeiten erklären lassen. Der Graf, welchem an der andern Seite des Grabens Kleider und Pferde bereit gehalten waren, wurde nicht wieder eingeholt; dagegen lief ein vom 13. August datirtes Schreiben desselben an Christoph Bernard ein des Inhalts, daß er, da weder er selbst noch sein Großvater den bespektirlichen Revers hätte unterschreiben können, gezwungen gewesen wäre, sich des Arrestes selbst zu entschlagen, übrigens würde er sich jeder Zeit einem kompetenten Richter stellen und verzichte hiemit auf seine militairische Charge.

Schließlich haben wir noch einiges über das weitere Schicksal von Klute, Goeckmann, Schwick und Wittfeld hinzuzufügen. Diese waren nach geschlossener Voruntersuchung am 24. März 73 auf einem mit Stroh belegten Leiterwagen nach der Citadelle von Coesfeld abgeführt und sollten durch die auf fürstlichen Befehl vom 12. April den Kommissaren beigegebenen Doktoren Pagenstecher, Balcken, Billich und Hagemann abgeurtheilt werden. Die Sache verschleppte sich noch lange Zeit, während man doch mit Kette einen sehr kurzen Prozeß gemacht hatte. Weitere Anzeichen von Schuld wurden bei keinem gefunden, als daß man ihnen eine mehr oder weniger genaue Mitwissenschaft und daher eine mehr oder weniger strafwürdige Geheimhaltung des Planes zur Last legen konnte. Ein mündliches und schriftliches Gesuch der im Herbst 1673 zum Landtag versammelten Stände um Befreiung der Inhaftirten wurde abgelehnt. Ebenso fruchtlos waren auch die wiederholten Bittschriften der sechs minderjährigen und mutterlosen Kinder Schwicks sowie der beiden Töchter Klutes, dessen Gattin während der ersten Zeit seiner Gefangenschaft gestorben war. Beide, Schwick und Klute, wurden in Folge der langen und harten Haft von Krankheit befallen; insbesondere hatte sich bei Ersterem nach ärztlichen Zeugnissen von Hosius zu Münster und Ruff zu Coesfeld die Schwindsucht ausgebildet, weshalb die Kinder Ende September 1674 bringendst baten, ihn zur nöthigen Verpflegung bis zur Eröffnung des Urtheilsspruchs gegen Kaution der Haft zu entlassen. Aber erst auf Verwendung des Domküsters Schmising ertheilte Christoph Bernard am 24. März 1675 dem neuen Kommandanten zu Coesfeld Granvoiller den Befehl, Schwick und Klute freizugeben. Letzterer wurde wegen geringerer Schuld und schlechter Verhältnisse mit einer Strafe von 200 Thalern belegt, Schwick dagegen mußte das Zehnfache zahlen. Auch Goeckmann wurde entlassen und nur Wittfeld blieb noch längere Zeit in Gewahrsam. Auf wiederholte und sehr bringende Bittschriften wurde es seiner Frau im Juli 1674 zwar gestattet, ihn im Gefängniß zu besuchen und zu pflegen; dagegen wurde es abgelehnt, ihn gegen Kaution nach Münster zu entlassen, wenngleich Dr. Hosius erklärte, ihn weder zu Coesfeld wegen der weiten Entfernung noch während seines Aufenthalts in einem schlechten Gefängniß ärztlich behandeln zu können. Wittfeld litt nämlich besonders an Ohrenschmerzen, Schwindel und Appetitlosigkeit und sein Zustand verschlimmerte sich nach und nach so sehr, daß man seinen baldigen Tod befürchtete. Da verwendete sich auch das Domkapitel am 26. März 1676 zu seinen Gunsten und ersuchte Christoph Bernard, wegen der österlichen Zeit, wo auch der Heiland die Schuld aller getilgt hätte, Gnade üben zu wollen, zumal da die Uebrigen schon vor Jahresfrist wieder in Freiheit gesetzt wären. Da jedoch die Kommissare erklärten, den Syndikus wegen seiner größeren Schuld nicht entlassen zu können, so beschränkte man sich darauf, ihn in einem bessern Gefängniß zu halten und da er zum Schlage disponirt war, ihm jemanden beizugeben, damit er nicht etwa ohne Sakramente stürbe. Erst durch eine letztwillige Verfügung Christoph Bernards drei Tage vor seinem Tode wurde Wittfeld der Haft entlassen. Wie schnell demnächst die Rehabilitation seiner Ehre erfolgte, ergiebt sich aus dem Umstande, daß er im Jahre 1682 erster Bürgermeister von Münster war.

Somit hätten wir den Anschlag Kettes mit seinen Folgen für ihn selbst wie für die Theilnehmer und Mitwisser kennen gelernt. Daß derselbe mißlang, lag freilich zunächst an seiner Entdeckung durch Meinartshagen und Tölner, zugleich aber auch an der Theilnahmlosigkeit der münsterischen Stände und an dem Mangel jeglicher Unterstützung von Seite der kaiserlichen Truppen. Was die Stände betrifft, so erklärte wenigstens Schmising in einem Schreiben nach Regensburg zur Widerlegung eines dort schon am 18. Februar 1673 verbreiteten Gerüchts, daß weder Münster von den Kaiserlichen eingenommen wäre, noch das Domkapitel und die Landstände sich für eine solche Besetzung gegen den Willen des Fürstbischofs erklärt hätten. Der französische Feldmarschall Türenne urtheilte dagegen ganz anders über die Gesinnung der Münsterländer, indem er in mehreren Schreiben an Louvois die Ueberzeugung aussprach, daß, wenn die Kaiserlichen und Brandenburger vorrückten, eine politische Umwälzung im Stift entstehen und Christoph Bernard gezwungen würde, mit den Deutschen gemeine Sache zu machen. Um so eifriger bemühte er sich, das Vorrücken jener Truppen zu verhindern; und der Anschlag Kettes mußte daher um so eher scheitern; je weniger sich von den Franzosen nach ihrem bisherigen Kriegsplan ein ernster Widerstand erwarten ließ. Hätten nämlich diese auch fernerhin das Stift Münster den feindlichen Truppen völlig bloßstellen wollen, so daß die Kaiserlichen ungehindert vordringen konnten, dann würde die Verständigung mit dem kommandirenden Rheingrafen und dessen Obersten vielleicht allein schon ausgereicht haben, um jenen die Stadt in die Hände zu spielen. Bei den veränderten Verhältnissen mußte auch der Plan selbst sich ändern. Aber die gerade im entscheidenden Momente ins Vertrauen gezogenen Persönlichkeiten vereitelten das Unternehmen. Was übrigens den auf ihre Anzeige eingeleiteten Prozeß betrifft, so wurde neben der von den kaiserlichen Truppen beabsichtigten Besatzung Münsters, Coesfelds und anderer wichtiger Städte mit völliger Gewißheit nur noch konstatirt, daß man sich zur bessern Durchführung dieses Planes der Person des Fürstbischofs versichern wollte. Dagegen bleibt die von Meinartshagen gemachte Aussage, Kette habe sogar von einer Massakrirung Christoph Bernards gesprochen, wenigstens nicht unzweifelhaft, da Kette das erst im dritten Grade der Tortur herausgepreßte Geständniß bei dem nachfolgenden Verhör, wo es nach der gesetzlichen Bestimmung auch in der Güte und aus freien Stücken wiederholt werden mußte, nicht unbedingt bestätigte, sondern vielmehr selbst bei Androhung erneueter Gewaltmittel dahin modifizirte, daß, wenn er solches gesagt hätte, es jedenfalls ohne Ueberlegung geschehen wäre. Bei einer so schwach begründeten Feststellung des Hauptanklagepunkts ist es in der That auffallend, daß das Prozeßverfahren so sehr beschleunigt, ja fast übereilt wurde. Insbesondere läßt es sich kaum begreifen, warum man jede Appellation fast gewaltsam verhinderte, warum man, selbst wenn man die gegen die Kompetenz der niedergesetzten Gerichtskommission erhobenen Bedenken nicht anzuerkennen für nöthig hielt, zur größeren Sicherheit von auswärtigen Universitäten, wie es Kette beantragte und wie es bei andern Gelegenheiten, namentlich in dem Streite mit Mallinckrodt und wegen Borkelo, regelmäßig geschah, ein Gutachten einzuholen sich weigerte, warum endlich das wiederholte Gesuch Kettes, durch den Kaiser sich legitimiren zu lassen, abgewiesen wurde. Dabei macht es einen peinlichen Eindruck, daß man bei der Verurtheilung des Angeklagten, den man während der ganzen Dauer des Prozesses als kaiserlichen Agenten nicht hatte anerkennen wollen, gerade deshalb, weil er im fremden Auftrage gehandelt und der Kaiser um sein Unternehmen gewußt habe, von einer Schärfung der Strafe Abstand nahm. Daß dem Kaiser der Anschlag bekannt war, ließ sich auch schon deshalb nicht bezweifeln, weil das dem Kette ausgestellte Protektorium und die an die Stände gerichteten Kreditive vorlagen. Wenn die letztern in der aus den Prozeßakten gemachten Relation, welche in deutscher, lateinischer und französischer Sprache verbreitet wurde, unerwähnt blieben, so geschah dieses nach einem Schreiben des Kanzlers Zurmühlen an ben fürstlichen Sekretair Bruchhausen vom 8. April 1673, weil der Kaiser verschont bleiben sollte! Wahrlich sehr delikat gegen das Oberhaupt des Reichs, das man sonst freilich nicht mit allzu großem Respekt behandelte, wie es sich besonders aus dem Protest gegen das unmittelbar vorhergegangene Avokatorium ergiebt. Wir müssen dabei mit schmerzlichem Bedauern konstatiren, daß der Kaiser eben nur durch das Widerstreben des Fürstbischofs von Münster und des Kurfürsten von Köln veranlaßt wurde, zur Aufrechthaltung seiner Autorität solcher Gewaltmittel sich zu bedienen, wie sie jetzt gegen Christoph Bernard und, wie wir weiter unten sehen werden, ein Jahr später gegen Wilhelm von Fürstenberg in Anwendung gebracht wurden. Wenn Christoph Bernard wegen Vereitelung des Ketteschen Anschlags vom Domkapitel ein Glückwunschschreiben erhielt und nicht allein im Stift Münster sondern auch in den von ihm besetzten Orten der Niederlande am Sonntag Jubilate (23. April) ein Dankfest feiern ließ: so hätte offenbar für ihn und sein Land weit mehr eine Veranlassung zur Beglückwünschung und Dankesfeier vorgelegen, wenn es eines solchen Zwischenfalls nicht bedurft hätte, um ihn an die treue Erfüllung der Pflichten eines deutschen Fürsten zu mahnen! —*)

---

*) Nach einem Schreiben des Agenten von Meyersheim d. 2. Juli 1673 wurde Chr. Bernard von Bielen zu Wien der Reichsfelonie beschuldigt. Fr. Münster Landes-Archiv 584, 5.

Achter Abschnitt.

Fortsetzung des Kriegs. Verheerungen im Münsterlande. Unterhandlungen Frankreichs mit deutschen Fürsten. Kongreß zu Köln. Vergebliche Belagerung Kovordens durch Chr. Bernard. Vereinigung der kaiserlichen und staatischen Truppen im Erzstift Köln. Gefangennahme Wilhelms von Fürstenberg. Christoph Bernard schließt Frieden mit den Generalstaaten und zieht im Bunde mit dem Kaiser und Spanien gegen Frankreich. Ferner betheiligt er sich mit Brandenburg, Dänemark und Braunschweig am Kriege gegen Schweden. Verhältnisse in Ostfriesland. Friede von Nimwegen.

Die Unternehmungen der Kaiserlichen und Brandenburger in Westfalen während der ersten Monate des Jahres 1673 beschränkten sich besonders wegen des von Türenne geleisteten Widerstandes sowie wegen der eigenen politischen und religiösen Eifersucht auf kleine Verheerungen und Gelderpressungen.[1]) Bei einem Angriff auf Werl wurden die Brandenburger von der französischen Besatzung zwar zurückgeschlagen, zersprengten dagegen die in den benachbarten Dörfern liegenden kölnischen und münsterischen Regimenter. Das Städtchen Unna wurde von ihnen nur kurze Zeit behauptet, da Türenne es durch zwei münsterische Mörser einäschern ließ und die Besatzung gefangen nahm. Andererseits machten die Brandenburger auch durch das Stift Münster wiederholte Streifzüge, indem sie zunächst von Hamm aus über die Lippe bis Ahlen und Beckum vordrangen, dann von Lippstadt aus, wo sie ihr Hauptquartier hatten, am 17. Februar Watersloh überfielen und am 23. April gegen die Benediktiner-Abtei Liesborn vorrückten. Nach einem handschriftlichen Berichte des Priors Hermann Bergmann kam es am 25. zwischen den unterdessen zu Hülfe herbeigeeilten münsterischen Truppen und den Feinden zu einem Ge-

---

[1]) Ueber die Kriegsereignisse vgl. die Abschnitt 6 Note 2 genannten Schriften.

fechte, in Folge dessen die Letzteren am Abend sich nach Lippstab zurückzogen. Im Kriegsrath zu Coesfeld beschloß man eine größere Besatzung unter dem General Nagel nach Liesborn zu schicken; aber schon am 29. wurde dieser mit den meisten Truppen von Christoph Bernard wieder zurückberufen und die Brandenburger machten am folgenden Tage einen neuen Ueberfall, wodurch die Abtei gar sehr beschädigt wurde. Uebrigens waren auch die münsterischen Truppen dort nicht sehr gelinde verfahren und Christoph Bernard hatte 67 Malter Getreide ohne irgend welche Entschädigung fortschaffen lassen.[2]

Das Hauptheer der Brandenburger hatte mittlerweile schon den Rückzug über die Weser angetreten und nur in Lippstadt, Minden und im Schlosse Sparenberg wurden Besatzungen zurückgelassen. Auch die Kaiserlichen, welche zuletzt im Gebiete von Korvey standen, zogen sich, ohne einmal mit den Franzosen handgemein geworden zu sein, zunächst nach dem Eichsfelde und Thüringen und weiterhin nach Böhmen zurück. Die Heimkehr der Kaiserlichen war offenbar eine Folge von dem schnellen Abmarsch der Brandenburger: diesen aber erklärten sich manche aus den zwischen den Verbündeten hervorgetretenen Mißverständnissen, während andere die Unentschlossenheit und den Wankelmuth des Kurfürsten oder die Verrätherei des Fürsten von Anhalt sowie der Räthe Schwerin und Maynsdero, welche von den Franzosen bestochen zum Rückzug gerathen hätten, als Hauptgrund angaben. Der Kurfürst trat alsbald durch den pfalz-neuburgischen Vizekanzler Stratmann mit den Franzosen in Unterhandlung wegen eines Waffenstillstands, dessen Abschluß übrigens Christoph Bernard nicht hinderte, in die Grafschaften Mark und Ravensberg sowie in das Bisthum Minden Streifzüge zu unternehmen und unter anderm nicht nur das Schloß Sparenberg zu belagern, sondern auch die Bielefelder durch ein Bombardement zur Zahlung von 3000 Thalern zu zwingen. Nach einem Vertrage mit den Ständen der Grafschaft Ravensberg vom 20. März 1673 erhielt er für den Monat 1500 Reichsthaler, wofür er das Land gegen Eintreibung von Kontributionen durch französische oder kölnische Truppen zu schützen versprach.[3] Ebenso wurde die Grafschaft Mark von den Franzosen allein besetzt

---

[2]) Descriptio hostilitatis inter Electorem Brandeburgicum Fridericum Guilielmum et Christ. Bernardum a Galen Princ. Monast. Monasterio Liesbornensi admodum fatalis ab adm. rev. patre Herm. Bergmann posteritati in scriptis relicta (Mscr. des Alt.-Ver. 162).

[3]) Prov.-Archiv Fr. Münster, Urk. 4632.

und sowohl Köln als Münster genöthigt, seine Truppen daraus zurückzuziehen. Während nun der Kaiser zu einem neuen Feldzuge rüstete, kam es mit den Brandenburgern schon am 16. Juni 1673 zum Frieden von Vossem, wonach die Franzosen alle Eroberungen außer den für ihre Stellung am Unterrhein wichtigen Festungen Wesel und Rees zurückgaben, der Kurfürst dagegen in einem besondern Artikel versprach, gegen eine beträchtliche Geldsumme, so lange das Reich nicht angegriffen würde, neutral zu bleiben.[4]) Die verbündeten Fürsten von Köln und Münster waren von Frankreich weder bei den Verhandlungen zu Rathe gezogen noch in den Vertrag mit aufgenommen und verloren somit jede Aussicht auf Entschädigung für die in ihren Ländern angerichteten Verheerungen, zumal da Türenne sie aufforderte, ihre Raubzüge auf brandenburgischem Gebiete einzustellen. Louvois suchte ihr wankendes Zutrauen zur Gerechtigkeitsliebe und zum Edelmuthe des Königs durch die Versicherung zu kräftigen, daß man nun mit vereinten Kräften sich gegen Holland wenden und diesen Freistaat zu einem Frieden zwingen würde, bei welchem der Vortheil der Verbündeten gewiß nicht übersehen werden sollte. Als aber Christoph Bernard bald darauf für sich eine Abtei in Frankreich und für seinen Bruder die Belehnung mit der Herrschaft Kampen und Elburg in den Niederlanden zu erhalten wünschte, wurde ihm eine ablehnende Antwort ertheilt.

Frankreich hatte unterdessen auch den Herzog von Hannover gewonnen, welcher sich gegen Zahlung von Hülfsgeldern verpflichtete, jeden Versuch deutscher Fürsten zu Gunsten der Generalstaaten nach Kräften zu verhindern. Auch die Kurfürsten von Trier und der Pfalz suchte Ludwig XIV. sich zu verbünden, aber vergebens. Daher ließ er nicht nur die pfälzische Rheinbrücke durch Türenne besetzen, sondern auch in das Stift Trier eine Heeresabtheilung einrücken, zumal da der Kurfürst ein kaiserliches Regiment in die Festung Ehrenbreitstein aufgenommen hatte. Die Stadt Trier wurde von den Franzosen erobert und das ganze Stift auf eine sehr harte und willkürliche Weise behandelt. Dazu kam, daß auch im Elsaß trotz der Bestimmungen des westfälischen Friedens die Festungswerke von Kolmar und Schletstadt geschleift und die bei Straßburg gelegene Brücke verbrannt wurde, um die Kaiserlichen zu hindern, in die ihnen geneigte Provinz einzubringen. Ein solches Verfahren erregte in Deutsch-

---

[4]) Pufendorf XI, 95. Recueil IV, 319. Samson hist. de Guill. III. T. III, 67 ff. Wagener hist. Leop. II, 305.

land statt Sorge und Furcht nur Haß und Erbitterung. Der zunächst bedrohte fränkische Kreis ließ sich auch durch bedeutende Geldsummen nicht bewegen, daß er nicht mit seinen Nachbarn einen Bund zur Vertheidigung ihres Gesammtgebiets einging. Ebenso wenig konnte der geschickte Unterhändler Verjus durch die Aussicht auf Subsidien und Geschenke den Kurfürsten von Brandenburg bestimmen, seine neutrale Stellung aufzugeben und auf die Seite Frankreichs zu treten. Ja selbst der Herzog von Hannover wollte sich trotz der mit Frankreich geschlossenen Allianz nicht dazu verstehen, die übrigen Verbündeten Ludwigs XIV bei ihren Unternehmungen im deutschen Reiche zu unterstützen. Somit gelang es dem französischen Könige weder durch den Frieden mit Brandenburg den Kaiser einzuschüchtern, noch durch die Unterhandlungen mit den meisten Fürsten die gewünschte Zwietracht im Reiche zu stiften. Unter diesen Umständen blieb ein Kongreß der kriegführenden Mächte zu Köln, wozu Frankreich den Herzog von Chaulnes und den Kriegsintendanten Barillon, der Kaiser den gewandten Diplomaten Lisola abgeordnet hatte, ohne Resultat. Die Parteien waren nicht gesonnen, einen unvortheilhaften Frieden zu schließen und selbst das Anerbieten Frankreichs, seine Truppen über den Rhein zurückzuziehen, konnte den Kaiser nicht zu dem Versprechen bewegen, seine Armee in Böhmen stehen zu lassen. Vielmehr schloß er am 30. August zugleich mit Spanien eine engere Allianz mit den Generalstaaten, wonach er sich verpflichtete, gegen 45,000 Thaler monatlicher Subsidien mit einem Heere von 10,000 Mann zu Pferde und 20,000 zu Fuß die Friedensverträge von Münster, Kleve und Aachen aufrecht zu halten.[5]

Bevor wir zur Darstellung der vom Kaiser wieder aufgenommenen Feindseligkeiten übergehen, haben wir die unterdessen in den Niederlanden vorgefallenen Kriegsereignisse zu berichten. Während die Franzosen unter dem Prinzen von Condé in Utrecht ein starkes Heer zusammenzogen, um von den Holländern möglichst hohe Kriegssteuern beizutreiben, hatte Christoph Bernard den Entschluß gefaßt, sich der Stadt Kovorden wieder zu bemächtigen. Da wegen des anhaltenden Regenwetters keine regelmäßige Belagerung stattfinden konnte, so kam man auf den Gedanken, die durch Kovorden fließende Vechte unterhalb der Festung bei dem Gute Gramsberg, welches von Dragonern mit Sturm genommen und befestigt wurde, abzudämmen

---

[5] Theatr. Eur. XI, 514. Valckenier §. 88. Londorp X, 91. Recueil IV, 321. Samson a. a. O. 179.

und so die ganze Gegend unter Wasser zu setzen. Unter der Leitung der Ingenieure Piktorius und Spöde und unter dem Schutze der Obersten Wedel und Grubbe begannen einige tausend Bauern aus dem Münsterlande, aus der Grafschaft Bentheim und aus den besetzten niederländischen Provinzen im Mai mit der Aufwerfung des Dammes, welcher nach einem holländischen Berichte unten dreißig, oben acht Schritte breit und entweder nach Alpen vier oder nach französischen Angaben zwei Stunden lang war. Er wurde durch sieben Schanzen gedeckt, von denen die beiden vorzüglichsten den Namen Spyt-Koporden und Trots-Koporden führten. Etwas mehr als einen Schuß weit vor dem Damme wurde eine mit fünf Redouten versehene Linie von starken Pflöcken gezogen, um die Feinde, wenn sie etwa in Böten von Koporden aus sich nähern sollten, zu hindern, den Damm zu durchstechen.

Unterdessen war ein holländisches Heer von 3 bis 4000 Mann unter Rabenhaupt am Einfluß der Ems in den Dollart gelandet und beunruhigte von einem befestigten Lager aus die von münsterischen Truppen unter Nitzov noch besetzte Langacker- oder Neu-Schanze. Der Graf St. Paul, welchen Christoph Bernard mit einigen Regimentern zum Entsatz hinschickte, wurde zurückgeschlagen und die Schanze mußte sich schon bald darauf ergeben. Anfangs Juli machte der Prinz Moriz von Heerenveen aus, wo die Holländer ein Lager errichtet hatten, einen Streifzug gegen die in Staphorst und Roveen liegenden Truppen des Fürstbischofs von Münster, welche sich nach der Gefangennahme des Obersten Post bei Steenwyk rasch und in großer Unordnung zurückzogen. Nun wandte sich Moriz gegen Zwartesluys und verschanzte sich auf dem von Hasselt dorthin führenden Damme, wurde jedoch von den Franzosen unter Mornas und den Bischöflichen unter Grandviller, welche zum Entsatze herbeieilten, zum Rückzug genöthigt. Außer vielen andern gerieth namentlich der Oberst Grimm mit dem Rest seines Regimentes in Gefangenschaft: zwei Kanonenböte, die den Angriff unterstützen sollten, waren von dem Festungsgeschütz in den Grund gebohrt und zwei hölzerne Batterien mit vier Kanonen fielen den Münsterischen in die Hände. Die Behauptung von Zwartesluys lag im eigenen Interesse der Franzosen: im Uebrigen thaten sie nicht nur nichts zur Unterstützung ihrer Verbündeten, sondern suchten sie vielmehr wo möglich um die errungenen Vortheile zu bringen. So bewogen sie Christoph Bernard durch die falsche Nachricht von einem Angriff der Feinde auf den Damm bei Koporden, daß er seine Truppen aus Zwoll ausmarschiren ließ.

Ueberdies schickte der Herzog von Luxemburg einige tausend Mann französischer Kavallerie in die von den Verbündeten besetzten Gegenden, damit sie dort verpflegt würden. Die Klagen Christoph Bernards über ein solches Verfahren würden wenig genützt haben, wenn nicht die Franzosen selbst ihre Kavallerie gegen die Feinde, welche Naarden bedrohten, hätten gebrauchen müssen. Doch gelang es ihnen nicht, Naarden zu retten und sie suchten daher nur Kampen durch eine größere Besatzung zu sichern und Zwoll in einen bessern Vertheidigungszustand zu setzen.

Gegen Ende September kam Rabenhaupt von Gröningen nach Kovorden, um ein Mittel zur Ableitung des bereits hoch gestiegenen Wassers zu finden und die Festung zu entsetzen. Da erhob sich zur Zeit der Nachtgleiche ein heftiger Sturmwind, welcher die Wogen mit solcher Gewalt gegen den Damm trieb, daß dieser allmählich gelockert am 30. September vollends durchbrach und das Wasser in die Niederung nach Zwoll abfloß. Die Schanze Spyt-Kovorden wurde mit fortgerissen, wobei einige Soldaten des Regiments Grubbe ihren Tod fanden. Trots-Kovorden und die übrigen Schanzen wurden verlassen; die münsterischen Truppen zogen sich zunächst nach Gramsberg, als aber die Holländer das benachbarte Schloß Ter Laer besetzten, nach der Grafschaft Bentheim zurück. Durch Abbildungen und Flugschriften in gebundener und ungebundener Rede wurde das glückliche Ereigniß in den Niederlanden gefeiert. Von Seiten Christoph Bernards aber war das Unternehmen gegen Kovorden der letzte Versuch zur Einnahme einer holländischen Festung.

Der Krieg nahm jetzt zunächst durch das Eingreifen des Kaisers Leopold eine andere Wendung. Dieser erließ nämlich am 17. September 1673 zu Znaim ein Manifest, worin er sich über die von den Franzosen besonders in Elsaß und Trier verübten Feindseligkeiten beschwerte und seinen Entschluß kundgab, zur Aufrechthaltung des westfälischen Friedens die Waffen zu ergreifen. Am 5. Oktober folgte ein zu Egra erlassenes Schreiben an die deutschen Bundesgenossen Frankreichs, worin mit Hinweisung auf die Schmach, sich zu Werkzeugen der Verheerung des Vaterlandes zu erniedrigen, das Vergießen christlichen Blutes und den Untergang getreuer Kurfürsten zu befördern, allen Unterthanen und besonders allen Kriegsleuten befohlen wurde, sich unverzüglich von den Ruhestörern des Reichs zu trennen und alle ihre Kräfte und ihre ganze Sorgfalt auf die Vertheidigung und auf die Wiederherstellung der Ruhe und Sicherheit des Reichs zu verwenden, widrigenfalls sie den im westfälischen Frieden wider die Ruhestörer verhängten Strafen verfallen würden." In einer andern Note an die Generalstaaten sprach der Kaiser die Erwartung aus, daß man die mit Spanien, Trier und Lothringen angeknüpften Unterhandlungen zu Ende brächte, den König von Dänemark, den Kurfürsten von Sachsen und die Fürsten von Zelle und Wolfenbüttel bewegen würde, dem Bunde beizutreten, daß man endlich zusammen wirken müßte, und Holland sich nicht durch die Vorspiegelung eines Separatfriedens dürfte abwendig machen lassen, da nur ein allgemeiner Friede abgeschlossen werden könnte.

Die Franzosen dagegen suchten auf jede mögliche Weise sowohl durch ihre eigenen Unterhändler als besonders durch Wilhelm von Fürstenberg die noch unentschiedenen deutschen Fürsten für sich zu gewinnen. Aber nicht allein der Fürst von Wolfenbüttel wies die ihm von Verjus gemachten Anträge mit bitterm Hohn auf die unbändige Herrschsucht Ludwigs XIV. zurück'), sondern auch die Kurfürsten von Mainz und der Pfalz, die wenigstens im Anfange eine Verbindung mit Frankreich in ihrem Interesse zu halten schienen, waren über das willkürliche und nichts weniger als freundliche Verfahren der französischen Truppen so sehr erbittert, daß sie dieselben möglichst bald zu entfernen wünschten. Selbst diejenigen deutschen Fürsten, welche große Geldsummen von Frankreich empfangen hatten, verhielten sich durchaus unthätig, als die Kaiserlichen unter Montekukuli in Verbindung mit den Truppen des Herzogs von Lothringen und des fränkischen Kreises an den Main vorrückten. ° Türenne zog sich über Philippsburg in langsamen Märschen nach Kreuznach zurück. Da er bei der vorgerückten Jahreszeit und auf den schlechten Wegen in die kölner Ebene hinabzusteigen für gefährlich hielt, so fuhren die Kaiserlichen unbehindert von Koblenz den Rhein hinunter nach Bonn und vereinigten sich mit dem Prinzen von Oranien, der gegen Ende Oktober an der Spitze von 8000 Mann die Maas überschritten hatte. Am 9. November begannen die verbündeten Truppen die schwach besetzte Residenz des kölner Kurfürsten zu beschießen, die bei der kaiserlichen Gesinnung der Bürger bereits nach drei Tagen kapitulirte. Die Besatzung unter Reveillon erhielt freien Abzug nach Neuß und Kaiserswerth und der Marquis von Grana bezog als Kommandant die er-

---

*) Londorp X, 74. Diar. Eur. XXVII, 565. Wagner a. a. O. S. 368. Pufendorf XII, 11. Valckenier S. 81.

') „Saulee au Verius", à Strasbourg 1674.

°) Theatr. Eur. XI, 375. Diar. Eur. XXVII, 594. Wagner IV, 313 ff.

oberte Stadt. Bald darauf wurden auch Brühl, Lahnich und Kerpen
ohne Widerstand genommen und selbst in Köln trat nicht nur unter
den Bürgern sondern auch im Domkapitel und bei den Landständen
die kaiserliche Gesinnung immer offener hervor, so daß die französischen
Gesandten auf dem dort eröffneten Friedenskongresse bald einsahen,
daß der kaiserliche Bevollmächtigte Lisola und der General Monte=
kukuli den größten Einfluß übten. Auch der Kurfürst hätte sich durch
die wiederholten und bringenden Vorstellungen der Stände und Un=
terthanen in Erzstift sowie im Bisthum Lüttich vielleicht schon damals
bewegen lassen, mit dem Kaiser Frieden zu schließen, wenn ihn nicht
der Bischof von Straßburg und ganz besonders dessen Bruder Wil=
helm von Fürstenberg daran gehindert hätte, indem er ihm die groß=
müthigsten Entschädigungen und Belohnungen von Seiten Ludwigs
XIV. in Aussicht stellte. Wie es übrigens um die freundliche Ge=
sinnung des französischen Königs gegen seine Bundesgenossen in
Wirklichkeit beschaffen war, zeigte sich nur zu klar in der Behandlung
ihrer Unterthanen wie in den Zugeständnissen, welche man ihnen auf
dem Kongresse zu machen für gut fand. Da die Behörden im Lüt=
tichschen den Unterthanen verboten, den gewaltthätigen Requisitionen
fremder Truppen Folge zu leisten, und eine Besatzung von 600 Mann
in Tongern legten, so ließ der französische Feldherr Graf d'Estrades
die Stadt nicht nur erstürmen sondern auch plündern und demnächst
der Festungswerke berauben. Die Erbitterung der Bürger stieg in
Folge dessen zu einem solchen Grade, daß die französischen Agenten
sich nicht mehr öffentlich zu zeigen wagten. Der französische Hof be=
mühte sich gar sehr, den Vorfall in einem andern Lichte darzustellen;
aber für ein solches Verfahren im verbündeten Lande gab es keine
Entschuldigung. Auch die von Fürstenberg eröffnete Aussicht auf
großmüthige Entschädigung aller jemals angerichteten Verheerungen
mußten dem kölner Kurfürsten verschwinden, da ihm auf dem Kon=
gresse auch nicht das geringste Zugeständniß gemacht wurde. In Folge
dessen soll der Bischof von Straßburg, wie uns Pufendorf versichert,
erklärt haben, er halte es für besser auf alles zu verzichten, damit
man sich rühmen könne, von den Franzosen hintergangen zu sein.
Ja selbst die englischen Gesandten verhehlten nicht ihr Staunen dar=
über, daß Frankreich seine deutschen Bundesgenossen, welche ihm bei
den Eroberungen in Holland nicht geringe Hülfe geleistet hätten, jetzt
im Stiche ließe. Wie wahr diese Anschuldigungen auch in Bezug
auf das Verhalten Frankreichs gegen Christoph Bernard waren, er=
giebt sich aus einem Schreiben Courtins an Louvois, wonach der

Kommandeur von Schmising ihm einen Brief des Agenten, welcher zu Paris die Zahlung der dem Bischofe von Münster zustehenden Subsidien betrieb, vorgezeigt hatte, worin gemeldet wurde, daß Louvois 45,000 Thaler, welche er auf dem Punkte stand zu erheben, zurückhalten ließ. Der Kommandeur sagte, sein Herr würde dieses sehr übel nehmen und Courtin gab dem Minister zu bedenken, daß, wenn er auch seine Gründe gehabt hätte, um als Staatssekretair für das Kriegswesen so zu handeln, man doch zu einer Zeit, wo alles schwankte und bereit stände, sich mit dem Kaiser zu vergleichen, den Bundesgenossen keine Ursache zum Abfall darbieten dürfte. Uebrigens schien die Furcht vor einem Abfalle Christoph Bernards wenigstens so lange unbegründet, als er seine Eroberungen in Holland behaupten zu können hoffte. Wir haben daher unsere Aufmerksamkeit hier zunächst wieder auf den Stand der Dinge in den von den Franzosen und ihren Bundesgenossen besetzten Gegenden der Niederlande zu richten.

Als der Prinz von Oranien im November die Vereinigung mit den Kaiserlichen im Erzstift Köln zu Stande brachte, sah sich Frankreich veranlaßt, um seine Truppen anderweitig verwenden zu können auf die Behauptung von Utrecht, Bommel, Harderwyck, Elburg, Hatten, Kampen und einigen andern Oertern zu verzichten. War dieses Christoph Bernard überhaupt unangenehm, so fühlte er sich insbesondere durch die Räumung Kampens beleidigt, welches er nur unter der Bedingung, daß es ihm nach dem Frieden wieder zurückgegeben würde, den Franzosen abgetreten hatte. Diese verfolgten den Plan, die kleineren Festungen, welche sich unter den veränderten Verhältnissen ohnehin kaum behaupten ließen, aufzugeben und so mußte Christoph Bernard nicht nur auf den Besitz Hattens verzichten, sondern auch die Festungswerke von Steenwyck schleifen. Er besaß freilich noch unter anderm Groll, Bredefort, Hasselt, Zwartesluys und die Ommerschanze und hielt außerdem zugleich mit den Verbündeten Zwoll und Deventer besetzt; aber bei der schlechten Unterstützung der Franzosen, welche seit den Kriegsrüstungen der Spanier ihr Hauptaugenmerk wieder auf Flandern geworfen zu haben schienen, blieb nur wenig Hoffnung, auch jene Plätze auf die Dauer behaupten zu können. Deshalb machte es sich der Bischof zu einer besondern Aufgabe, auch für den Fall, daß die Städte den Holländern wieder in die Hände fallen sollten, die freie Uebung der katholischen Religion daselbst zu sichern. Zwoll erklärte sich zur Annahme des darauf bezüglichen Vertrags bereit; in Deventer dagegen ließ sich nur so viel erwirken, daß die alte Kathedralkirche des heil. Lebuinus durch Errichtung von zwanzig Kanonikaten wenigstens zeitweilig ihren frühern Glanz wieder erhielt. Eine weitere Unterstützung seines Planes hoffte Christoph Bernard von den Spaniern, welche er durch seinen Generalvikar Alpen zu bewegen suchte, die von ihm noch behaupteten Plätze in Besitz zu nehmen. Aber der spanische Gesandte sah sich mit Rücksicht auf das Bündniß, welches seine Regierung jüngst mit Holland eingegangen war, veranlaßt, den Antrag mit Unwillen zurückzuweisen. *) So standen die Sachen gegen Ende des Jahres 1673. Die noch übrigen Eroberungen in den Niederlanden waren wenig gesichert. Ein großer Theil des Erzstifts Köln wurde entweder von den verbündeten Franzosen selbst förmlich ausgeplündert oder befand sich in der Gewalt der Kaiserlichen. Das Stift Münster schien nur so lange, als der Winter die weitern Unternehmungen nicht begünstigte, von einem Einfalle verschont zu bleiben. Denn schon lagerten kaiserliche Truppen unter dem General Spork an der Gränze im Paderbörnischen. Der auf Veranlassung Lisolas gestellten Forderung, ihnen selbst im Münsterlande Winterquartiere anzuweisen, hatte Christoph Bernard auszuweichen gewußt. Uebrigens versicherte er den General Spork, daß er weder gegen den Kaiser noch gegen das Reich Krieg führte und die beiderseitigen Truppen, welche sich an der Gränze gegenüberlagen, vermieden wenigstens vorläufig jeden feindlichen Zusammenstoß. Diese Verhältnisse konnten jedoch nicht lange bleiben, da man in Wien keine Neutralität, sondern „pure Konjunktion" Münsters verlangte. 10)

Da ereignete sich am 13. Februar 1674 plötzlich ein Zwischenfall, der zu einer schnellern Wendung der Dinge nicht wenig beitrug. Als nämlich am Abende des genannten Tages Wilhelm von Fürstenberg in Begleitung seines Sekretairs und zweier Edelleute von einem Besuche bei der ihm befreundeten Gräfin von der Mark nach Hause zurückkehrte, wurde er von dem Major Obizi sowie mehreren Offizieren und Reitern des zu Bonn liegenden Regiments von Grana in einem abgelegenen Viertel der Stadt Köln überfallen und nach kurzer Gegenwehr, wobei seine Begleiter und einige von den Geg-

---

*) Alpen II, 379 f.

10) Korresp. Chr. Bernards mit dem Bisch. v. Straßburg Fr. Münster Landes-Archiv 541, 2 u. — Spork forderte in einem Briefe d. Brilon b. 31. März 1674 für den Unterhalt von 2 Regimentern auf 3 Monate 83,659½ Florin. Prov.-Archiv Domkap.-Prob. VI, 2.

nern schwere Wunden erhielten, nach Bonn abgeführt. Die dringenden Vorstellungen Frankreichs und Schwedens wegen gewaltthätiger Verletzung der den Gesandten verbürgten Sicherheit fanden weder bei dem Marquis von Grana noch am kaiserlichen Hofe die gewünschte Berücksichtigung. Es wurde vielmehr darauf hingewiesen, daß Fürstenberg einerseits als Gesandter des kölner Kurfürsten am Kongresse nicht anerkannt wäre, ja nicht einmal ein Krebitiv überreicht hätte, andererseits seine Umtriebe gegen den Kaiser, seinen Oberherrn, mit dem friedfertigen Charakter eines Gesandten sich nicht vertrügen, es auch allgemein bekannt wäre, daß dieser Fürst den heillosen Krieg hauptsächlich angestiftet und als französischer Heeresführer dem an ihn ergangenen Avocatorium keine Folge geleistet hätte.¹¹⁾ Zum Theil in Veranlassung dieses Zwischenfalls dann aber auch insbesondere, weil zu gleicher Zeit England seine Verbindung mit Frankreich lösete, erklärten die französischen Gesandten sich in weitere Verhandlungen wegen des Friedens nicht einlassen zu können.¹²⁾ Der Krieg hatte also seinen Fortgang, obwohl Frankreich gerade damals auch seine deutschen Bundesgenossen zu verlieren fürchten mußte. Namentlich zeigte sich der Kurfürst von Köln, seitdem der Bischof von Straßburg sich aus Besorgniß für seine Sicherheit nach Kaiserswerth zurückgezogen hatte, immer mehr geneigt, dem Drängen seiner Unterthanen nachzugeben und mit dem Kaiser Frieden zu schließen. Unter diesen Verhältnissen schien es, daß Frankreich auf die Erhaltung seines Bündnisses mit dem Fürstbischofe von Münster mehr als je Gewicht legte. Durch den Residenten Rousseau wurden Verhandlungen wegen Abtretung der bisher von den Franzosen besetzten Grafschaft Zütphen an Christoph Bernard eingeleitet und dieser erklärte sich in einem am 24. März zu Coesfeld geschlossenen Vertrage damit einverstanden, daß ihm Frankreich außer 9000 Thalern, welche es wegen der in Oberyssel zu erhebenden Kriegssteuern an Subsidien weniger zahlte, noch weitere 7000 Thaler monatlich abzog.¹³⁾ Aber der französische Hof fand es bald wieder in seinem Interesse, bei dem erneuten Angriffe auf die Freigrafschaft Burgund seine Eroberungen in den Niederlanden mit Ausnahme weniger fester Plätze völlig fahren

---

¹¹) Fr. Münster Landes-Archiv 541, 2 u. Pufendorf XII, 9. Londorp X, 191 u. 139 ff. Diar. Eur. XXIX. app. Theatr. Eur. XI, 564. Wagner IV, 330.

¹²) Londorp X, 161. Wagner IV, 333.

¹³) Prov.-Archiv Fr. Münster, Urk. 4637.

zu lassen. Der coesfelder Vertrag wurde nicht bestätigt und der Marschall Bellefons, welcher in seinem redlichen Eifer den Verbündeten gern jede von Frankreich erwartete Unterstützung geliehen hätte, erhielt den gemessenen Befehl, die in den vereinigten Provinzen zerstreut liegenden Truppen zu sammeln und sich mit ihnen nach Mastricht zurückzuziehen. Eben dorthin sollte auch der Marschall Humières mit der Reiterei aus Nymwegen aufbrechen und sich mit der Sambre-Armee unter dem Prinzen von Condé vereinigen. Während Humières dem Befehle ohne Weiteres gehorchte, suchte Bellefons nicht nur die von den Franzosen aufgegebenen Plätze dem Bischofe von Straßburg in die Hände zu spielen,[14] sondern versprach auch dem Fürstbischofe von Münster, dessen Truppen während des Frostes über das Burtanger-Moor in die Provinz Gröningen eingefallen und nachdem sie die Umgegend von Winschoten geplündert hatten, mit Geißeln und Beute zurückgekehrt waren, seine kräftige Unterstützung gegen den zur Rache heranziehenden Rabenhaupt. Dieser rückte mit seinem durch friesische Truppen verstärkten Heere in die Grafschaft Bentheim, besetzte Nordhorn und machte bei der Einnahme von Nienhus mehrere Kompagnieen bischöflicher Soldaten zu Gefangenen. Da jedoch ein anderes Truppenkorps der Holländer nach einer Niederlage durch die Bischöflichen zum Rückzuge nach Brandlecht gezwungen wurde, so wandte sich Rabenhaupt über Oldenzell nach Kovorden und ließ nur 1500 Mann unter Eybergen zum Schutze von Nienhus zurück. Aber auch dieser Platz fiel den Bischöflichen schon bald wieder in die Hände; ein großer Theil der Besatzung wurde getödtet, der andere gefangen genommen und mit fünfzehn erbeuteten Fahnen abgeführt. Auf die Nachricht von diesen glücklichen Vorgängen traten die von Bellefons versprochenen Hülfstruppen, welche schon bis Borkelo gekommen waren, den Rückmarsch an. Uebrigens waren dieses die letzten Kriegsthaten des Fürstbischofs von Münster während seiner Verbindung mit Frankreich. Die Weigerung jeder kräftigen Unterstützung von Seiten der Franzosen sowie die drohende Stellung der Herzöge von Braunschweig, Celle und Wolfenbüttel, welche den Holländern 14,000 Mann Hülfstruppen versprachen, bewog Christoph Bernard mit den holländischen und kaiserlichen Gesandten zu Köln

---

[14]) Der Bischof v. Straßburg wünschte auch von Chr. Bernard die Quartiere in Ober-Yssel zu erhalten, erhielt jedoch zur Antwort, daß er seine Truppen in Deventer, Neuß, Kaiserswerth und Dorsten einlagern möchte. Fr. Münster Landes-Archiv 541, 2 a.

Unterhandlungen anzuknüpfen. Diese führten am 22. April zum Frieden mit Holland unter der Bedingung, daß der Fürstbischof sämmtliche Eroberungen in ihrem dermaligen Zustande, jedoch mit Vorbehalt der Rechte des deutschen Reichs, wieder abtrat. Auch die Lehenträger Hollands erhielten ihre unbeweglichen Güter zurück und namentlich der Graf Georg Friedrich von Waldeck die Stadt und Herrschaft Werth unter Wahrung der vom Bischofe und Stift rechtlich zu erhebenden Ansprüche. Die Gefangenen wurden beiderseits ohne Lösegeld freigegeben. [15] Der Graf von Bentheim wurde in den Frieden eingeschlossen. Dagegen konnten die Holländer für den Grafen von Flodorp, dem wegen der Erschlagung eines fürstlichen Dieners und der Theilnahme an den münsterischen Unruhen das Haus Darfeld vom Fiskus genommen war, nur erwirken, daß die kaiserlichen Gesandten die Rückgabe jenes Gutes zu vermitteln versprachen. Die Sache blieb jedoch während der Regierungszeit Christoph Bernards unerledigt.

Zu gleicher Zeit schloß Christoph Bernard einen Vertrag mit dem Kaiser, [16] dessen Truppen unter Führung der Grafen von Trautmannsdorf und Styrum noch in demselben Monat April die Stadt Werne und andere Ortschaften im südlichen Theile des Münsterlandes überfallen und geplündert hatten. [17] Das Vorgehen der Kaiserlichen schien um so bedenklicher, weil nach einem anonymen Schreiben vom 24. Februar auch holländische und brandenburgische Truppen mit einem Einfall drohten. Ferner sollte der Kaiser den frühern Plan, sich der Person des Bischofs zu versichern, wieder aufgenommen haben, da er insbesondere darüber erbittert gewesen wäre, daß Christoph Bernard nach Angabe des Rheingrafen und Styrums mit Bezug auf Kettes Bestrafung geäußert hätte: „Es wäre besser eine österreichische Feindschaft als einen Verrath zu dulden." [18] Es ließe sich vermuthen, daß zumal zu einer Zeit, wo Wilhelm von Fürsten-

---

[15] Prov.-Archiv Fr. Münster, Urk. 4640 u. 42. Vgl. Alpen II, 386 ff. Londorp X, 160. Wagner IV, 334.

[16] Prov.-Archiv Fr. Münster, Urk. 4639.

[17] „Ausführl. u. wahrhaftiger Bericht der Stadt Werne, was gestalt die Herren Grafen von Trautmanstorf und Styrumb im April 1674 gemeldte Stadt Werne und andere des Stifts Münster Kirchspielen und Wigbolden feindlich überfallen und darein barbarischer Weise gehauset, geraubet und geplündert." Gedr. im J. 1674.

[18] Mscr. des Alt.-Ver. 93. Fr. Münster L.-Arch. 684, 5.

berg nach Granas Versicherung auf ausdrücklichen Befehl des Kaisers
festgenommen war und sein Bruder, der Bischof von Straßburg, sich
ebenso wenig sicher glaubte, auch der Fürstbischof von Münster haupt=
sächlich nur durch Furcht bewogen wäre, jetzt auf Seite des Kaisers
zu treten. Doch ließ sich Christoph Bernard durch Furcht allein nie
bestimmen und bei einer richtigen Würdigung der Verhältnisse tritt
es auch klar genug hervor, daß andere und zwar höchst wichtige Mo=
mente bei seinem Entschlusse mitwirkten. Von den Franzosen war
nichts mehr zu hoffen; dagegen machte der Kaiser sich anheischig, nicht
nur für die Befestigung des katholischen Kultus in den eroberten
Gegenden und namentlich in der Herrschaft Lingen zu sorgen, son=
dern auch die Generalstaaten dahin zu vermögen, daß sie dem prä=
tendirten Rechte der Landeshoheit über die Herrschaft Borkelo ent=
sagten, und diese somit an das Reich und an das Bisthum Münster,
welchem sie von Rechts wegen gehörte, zurückfiele. Dazu kam, daß
auch nicht mehr der Kaiser allein im Bunde mit Holland handelte,
sondern das ganze Reich damals den Krieg gegen den gefährlichen
Nachbarn beschloß. Wollte also der Fürstbischof von Münster nicht
als Feind des Reiches gelten und sich den größten Gefahren aus=
setzen, so mußte er wenigstens jetzt seine bisherigen Verbindungen
lösen und mit dem Kaiser gemeinschaftliche Sache machen. Endlich
sprach sich auch die Stimmung der eigenen Unterthanen zu Gunsten
eines Bündnisses mit dem Kaiser schon längst laut genug aus, als
daß Christoph Bernard ihr noch ferner hätte entgegenhandeln können.
Unter diesen Verhältnissen suchte ihn der französische Resident Rous=
seau durch das Versprechen einer monatlichen Subsidie von 20,000
Thalern wenigstens dahin zu bewegen, daß er dem Kaiser nur das
für einen Reichskrieg bestimmte Kontingent an Truppen stellen möchte.
Aber Christoph Bernard besaß eine zu große Kriegslust und hegte zu
große Hoffnungen auf einen etwaigen Ersatz der jüngst erlittenen
Verluste, als daß er sich nur in so geringer Weise bei dem Kriege
hätte betheiligen mögen. Daher versprach er dem Kaiser nicht nur
10,000 Mann zu stellen, sondern gestattete ihm auch Werbungen in
dem Stifte und freien Durchmarsch seiner Truppen.

Unterdessen hatte der Fürstbischof seine Besatzungen aus Zwarte=
sluys, Hasselt, Ommerschanze, Zwoll, Groll, Bredefort, Lingen und
Borkelo zurückgezogen und ließ sie einstweilen ein Lager bei Borken
beziehen. Plötzlich entstand unter ihnen das Gerücht, sie sollten dem
Kaiser verkauft werden, in Folge dessen ein förmlicher Aufruhr los=
brach und einige Regimenter davonliefen, so daß Christoph Bernard

mit aller Energie gegen die Rädelsführer einschreiten mußte.[19] Es ist nicht unwahrscheinlich, daß die Franzosen, denen es nicht gelang, die Soldtruppen des Fürsten und besonders die Reiterei von ihm zu kaufen, diesen Aufruhr anzettelten. Nach Wiederherstellung der Ruhe sandte Christoph Bernard sieben Reiterschwadronen, zwei Regimenter Dragoner, fünf Regimenter Infanterie und ein Regiment Artillerie unter der Oberanführung des Generalwachtmeisters Post dem Kaiser zu Hülfe.

Die Franzosen hatten drei Armeen im Felde, die eine unter Türenne stand am Ober-Rhein, die andere unter Condé in Brabant, die dritte unter Ludwig XIV. selbst hatte die Freigrafschaft Burgund besetzt. Während der Erbstatthalter Wilhelm II. von Oranien in Verbindung mit spanischen und kaiserlichen Truppen in Brabant operirte und dem erfahrenen Condé bei Seneffe nicht weit von Löwen ein höchst blutiges aber unentschiedenes Treffen lieferte, hatten die Kaiserlichen unter Bournonville und dem Herzoge von Lothringen auch am Ober-Rhein den Krieg gegen Türenne wieder aufgenommen, erlitten jedoch bereits am 16. Juni bei Sinsheim eine Niederlage und konnten es trotz der aufgebotenen Reichsarmee nicht verhindern, daß die Franzosen während der Monate Juni und Juli die Pfalz auf eine gräßliche Weise verwüsteten. Dieses Ereigniß läßt sich nur erklären durch die unentschiedene und selbst widerstrebende Haltung mancher Reichsfürsten sowie durch das zweideutige und sogar verrätherische Benehmen der Hauptanführer. Was die Fürsten betrifft, so kann es zwar weniger auffallen, daß der König von Schweden bei der im Mai erfolgten Kriegserklärung des deutschen Reichs trotz seiner Pflicht als eines Reichsstandes die neutrale Stellung behauptete: dagegen verdient die noch stets innige Verbindung des Herzogs Johann Friedrich von Hannover mit Frankreich, selbst zur Zeit wo Münster und Köln sich dem Reiche wieder angeschlossen hatten, als ein schmählicher Verrath an der deutschen Sache gebrandmarkt zu werden. Noch schlimmer aber wirkte augenblicklich die zweideutige Haltung der kaiserlichen Feldherrn Bournonville und de Souches sowie die damit zusammenhängende Uneinigkeit unter den Mitgliedern des Kriegsraths. Die Niederlage bei Sinsheim war zum Theil eine Folge davon, daß Bournonville die Truppen des Kurfürsten von Brandenburg nicht erwartete. Dieser war durch den Frieden von Vossem nur gebunden, bis das Reich den Krieg erklärte, und so

---

[19]) Erlaß d. Münster 1. Mai 1674 (Gebr.). Vgl. Alpen II, 408 f.

schloß er, wenngleich Frankreich alles aufbot, um ihn in der Neutralität zu erhalten, Anfangs Juli 1674 mit dem Kaiser, mit den Generalstaaten und Spanien ein Schutz- und Trutzbündniß. ²⁰) Am 11. September wohnte er einem Kriegsrath zu Heilbronn bei, ohne sich jedoch mit den kaiserlichen Feldherrn über den Operationsplan verständigen zu können. Und wenngleich in dem Rathe nicht einmal von einer Schlacht gesprochen war, so lieferte doch Bournonville abermals bevor die brandenburgischen Truppen angekommen waren, am 30. Oktober bei Ensisheim unweit Straßburg den Franzosen ein Treffen und wurde abermals geschlagen. Achttausend Soldaten des Fürstbischofs von Münster hatten bis zum Einbruch der Nacht, welche dem Treffen ein Ende machte, mit rühmlichem Muthe gestritten, aber vergebens. Einige Tage später gingen die Brandenburger bei Straßburg über den Rhein, fanden jedoch, da Bournonville jetzt einer entscheidenden Schlacht auswich, nur Gelegenheit in kleineren Gefechten den Feinden Schaden zuzufügen. Türenne zog sich nach Lothringen zurück, wo er seine Truppen in die Winterquartiere legte. Auch die Kaiserlichen bezogen die Winterquartiere und nur Christoph Bernard rief seine Truppen zurück, da sie in einer ausgesogenen und gegen die Angriffe der Feinde nicht hinreichend geschützten Gegend lagerten, dann aber auch weil sie um 3000 Mann vermindert waren und namentlich den Oberanführer General Post sowie den Obersten Hautin verloren hatten. ²¹)

Während des Winters von 1674 auf 75 machte Christoph Bernard seine Regimenter zwar wieder vollzählig, ohne jedoch entschlossen zu sein, an den weitern Operationen der kaiserlichen Feldherrn, deren Kiegführung ihm nicht gefallen mochte, theilzunehmen. Vielmehr ließ er sich durch den Herzog von Hannover und den französischen Residenten Verjus zu dem Entschluß bewegen, einer Defensivallianz, welche Schweden mit Hannover und Baiern geschlossen hatte, beizutreten und beauftragte zu dem Ende seinen Sekretair Wyntgens mit einer heimlichen Mission nach Hannover. Uebrigens hatte er dessen Vollmacht dahin beschränkt, daß er nicht einen gegen den Kaiser und das Reich gerichteten Vertrag eingehen sollte und so führten die angeknüpften Unterhandlungen nicht zu einem sichern Resultate. ²²) Um

---

²⁰) Pufendorf XII, 25. Wagner V, 346. Actes et mém. I, 655.
²¹) Theatr. Eur. XI, 580 ff. Diar. Eur. XXX, 229 ff. XXXI, 272. Wagner V, 354 ff. Pufendorf XII, 46 f.
²²) Alpen II, 418 ff. Vgl. Pufendorf XII, 13. Diar. Eur. XXX, app. p. 172 ff.

so eher gelang es nun dem kaiserlichen Abgesandten Fischer, Christoph Bernard durch das Anerbieten höchst vortheilhafter Bedingungen für ein neues Bündniß zu gewinnen. Demgemäß hatte der Fürst unter einem eigenen General 6000 Mann zu Fuß, 2400 zu Pferde und 600 Dragoner zu stellen. Diese Truppen sollten, so lange nicht durch einen besondern Vergleich etwas anderes bestimmt würde, nur in Westfalen, am Rhein, an der Mosel und der Weser gebraucht werden. Zum Ersatz des vorigjährigen Verlustes sowie zum Unterhalt des jetzt vereinbarten Kontingents zahlte der Kaiser gleich nach der Ratifikation des Vertrags 30,000 Thaler und fernerhin an monatlichen Subsidien 10,000 Thaler. Jeglicher Abgang an Truppen wurde vom Kaiser ergänzt. Die Rückstände des vorigen Jahres wurden aus der Judenkommission zu Frankfurt und aus der Grafschaft Oldenburg holsteinischen Antheils bezahlt. Was aber dem Fürsten für die 1000 Mann zu Pferde und ebenso viele Soldaten zu Fuß, die er dem westfälischen Kreise gestellt hat, zukömmt, bezahlen die Kreisstände. Zur Verpflegung der Hülfstruppen assignirt der Kaiser die Fürstenthümer Paderborn und Korvey und die Grafschaften Bentheim, Tecklenburg, Rietberg, Lippe, Schauenburg gräflichen Antheils und die andern im westfälischen Kreise liegenden Herrschaften. Rücksichtlich der Quartiere, der Fourage und anderer Bedürfnisse werden die münsterischen Truppen den kaiserlichen gleich gehalten. Wenn der westfälische Kreis in Gefahr kömmt, so kann der Fürst seine Truppen zurückziehen und vom Kaiser Hülfe fordern. Gegenwärtiger Vergleich dauert bis zum Abschluß des Friedens. Die Ratifikation von Seiten des Kaisers erfolgte übrigens erst am 7. September 1675, nachdem mit Rücksicht auf die Generalstaaten, den König von Dänemark und den Kurfürsten von Köln die Vereinbarung getroffen war, daß Ostfriesland, Oldenburg und das Vest Recklinghausen unter den zum Unterhalt der Truppen verpflichteten Ländern nicht aufgeführt werden sollten. [23]

Die Verbindung des Kaisers mit Christoph Bernard hatte einen doppelten Zweck, einmal den Kurfürsten von Trier gegen die Franzosen, welche dessen Hauptstadt eingenommen hatten, dann den Kurfürsten von Brandenburg gegen die Schweden, welche im Bunde mit

---

[23] Prov.-Arch. Fr. Münster, Urk. 4647. Vgl. Alpen II, 421—28. Ostfriesland schloß mit Chr. Bernard einen Vertrag, um die Einquartierung von 1600 Mann münsterischer Truppen abzukaufen. Klopp, Gesch. Ostfriesl. II, 388. Prov.-Arch. Fr. Münster, Urk. 4654.

Frankreich in die Mark verheerend eingebrochen waren, zu unterstützen.²⁴) So nahmen denn auch einerseits 3500 münsterische Soldaten unter dem Obersten Grandvillier an der Belagerung von Trier und an der Schlacht bei Diedenhofen Theil, wo sie zur Niederlage des französischen Generals Crecqui nicht wenig beitrugen und zwei große Kanonen erbeuteten. Andererseits schloß Christoph Bernard zum weiteren Kampfe gegen die Schweden, die vom großen Kurfürsten bereits am 18. Juni bei Fehrbellin glänzend besiegt waren, im August ein besonderes Bündniß mit Brandenburg und Dänemark ²⁵), und machte die großartigsten Zurüstungen zum Angriff auf die im westfälischen Frieden den Schweden überlassenen Herzogthümer Bremen und Verden. Nachdem der bisher mit den Feinden verbündete Herzog Johann Friedrich von Hannover oder Braunschweig-Kalenberg am $\frac{11.}{21.}$ September 1675 zu einem Neutralitätsvertrage bewogen war, ²⁶), begann Christoph Bernard seinen Feldzug mit der Wiedereroberung des im westfälischen Frieden zum Herzogthum Bremen gezogenen Amtes Wildeshausen und vereinigte sich dann nach einem Marsch durch die Grafschaft Hoja mit dem Obersten Wedell, der an der Spitze von 7000 Mann von der Grafschaft Lippe aus an der Weser hinaufgerückt war. Die Besitzungen der Schweden auf der linken Seite der Weser wurden ohne Weiteres genommen und während man scheinbar Anstalten traf, um bei dem Schlosse Tedinghausen gegen den General Horn, welcher mit 3000 Mann das andere Ufer besetzt hielt, den Uebergang zu erzwingen, wurde dieser ohne Mühe zur Nachtzeit bei dem Dorfe Wiha bewerkstelligt. Da die Schweden sich nun in eiliger Flucht zurückzogen, so besetzten die Münsterischen Langwedel, Burg und Verden, vereinigten sich dann mit den Brandenburgern und eroberten weiterhin auch Rotenburg und Ottersberg. Während Christoph Bernard die genannten Orte ausschließlich für sich behielt, schloß er zum Angriff auf Burtehude, Karlstadt, Stade und Bremervörde mit den Herzögen Georg Wilhelm von Braunschweig-Zell und Rudolf August von Braunschweig-Wolfenbüttel am $\frac{4.}{14.}$ Oktober eine Allianz unter folgenden Bedingungen. Burtehude soll in die Gewalt der Herzöge kommen, die drei anderen Plätze sollen von den verbündeten

---

²⁴) Schreiben Chr. Bernards an den Kaiser v. 18. August 1675. Fr. Münster Landes-Archiv 538, 2 a.
²⁵) Pufendorf XIII, 21. XIV, 39 f.
²⁶) Prov.-Archiv Fr. Münster, Urk. 4649. Vgl. Alpen II, 449 f.

Truppen besetzt werden. Von der bei der Einnahme gemachten Beute erhält jeder einen gleichen Theil. Die Verbündeten wollen bei dem Kaiser und den Alliirten die förmliche Abtretung der eroberten Länder zu erwirken suchen und zwar soll der Fürst außer dem Amte Wildeshausen den dritten Theil, die Herzöge das Uebrige erhalten. Werden die Herzöge innerhalb zwölf Jahre nach Abschluß des Friedens in ihrem Besitze gestört, so muß der Fürst ihnen mit 3000 Mann zu Fuß und 1000 Reitern auf eigene Kosten beistehen; umgekehrt helfen die Herzöge ihm mit 6000 zu Fuß und 2000 zu Pferde.²⁷)

Mit vereinten Kräften wurde nun zunächst Buxtehude angegriffen und alsbald zur Uebergabe gezwungen. Die schwedischen Besatzungstruppen wurden nach Stade entlassen, die deutschen mußten in die Dienste der Verbündeten treten. In Bremervörde nöthigten die deutschen Söldlinge, welche den größeren Theil der Besatzung bildeten, den Kommandanten zu kapituliren. Nur Karlstadt und Stade behaupteten sich noch einige Zeit gegen die Angriffe der Verbündeten.

Fast zu gleicher Zeit, wo Christoph Bernard die Allianz mit Braunschweig gegen Schweden schloß, war er auch in einen engeren Bund mit Spanien und den Generalstaaten gegen Frankreich getreten. Am 12. Oktober nämlich verpflichtete er sich im Haager Traktat ²⁸), gegen 24,000 Thaler Werbegelder und 8000 Thaler monatlicher Subsidien 2500 Mann zu Fuß und 500 Dragoner zu stellen. Zweck der Verbindung war, den Spaniern die Niederlande und Burgund, den Generalstaaten ihre europäischen Länder, dem Fürstbischofe von Münster seine wirklichen Besitzungen zu sichern. Und zwar sollte für den Fall, daß einer der Verbündeten innerhalb zehn Jahre nach Abschluß des Friedens angegriffen würde, Spanien und die Generalstaaten je 4000 Mann zu Fuß und 2000 Reiter, der Fürstbischof 1000 Mann zu Fuß und 500 Reiter zu Hülfe schicken. Der Vertrag hatte übrigens vorläufig keine Wirkung ²⁹) und auch auf dem östlichen Kriegsschauplatz schien einstweilen eine Waffenruhe einzutreten,

---

²⁷) Prov.-Archiv Fr. Münster, Urk. 4650. Vgl. Alpen II, 453 ff. — Ueber die der verabredeten Theilung zu Grunde liegenden Pläne vgl. Pufendorf XIV, 26. 39 f.

²⁸) Prov.-Archiv Fr. Münster, Urk. 4651. Vgl. Alpen II, 458 ff.

²⁹) Die Ratifikation Spaniens, wovon in einem Separatartikel die Gültigkeit des Vertrags abhängig gemacht war, erfolgte nicht. Prov.-Archiv Fr. Münster, Urk. 4652. Berichte des Vize-Kanzlers Zurmühlen. Domkap. Prob. VI, 9.

da die Truppen größten Theils die Winterquartiere bezogen und Christoph Bernard nach Münster zurückkehrte, wo er wegen der errungenen Siege mit großen Feierlichkeiten empfangen wurde. Nur die vor Karlstadt gelagerten Truppen setzten auch während des Winters ihre Angriffe fort und zwangen die Festung endlich am 7. Januar 1676 zur Uebergabe. Die schwedische Besatzung erhielt freien Abzug mit ihrer Bagage und zwei Kanonen. Bei dem siegreichen Vordringen der münsterischen und braunschweigischen Truppen, welche jetzt nur noch Stade zu erobern hatten, suchte der französische Resident Bidal zu Hamburg Christoph Bernard auf alle mögliche Weise für seinen Herrn zu gewinnen, aber vergebens. Und wie hätte sich auch der Fürstbischof gerade mitten in seinem Siegeslaufe jenem Könige wieder zuneigen können, der ihn in seinen wohlerworbenen Ansprüchen niemals nach Kräften unterstützt, vielmehr meist nur als seinen Söldling mißbraucht und nicht selten im entscheidenden Augenblicke sich allein überlassen hatte! Nur mit dem Kurfürsten von Köln schloß Christoph Bernard am 31. Januar 1676 einen Vertrag zum gegenseitigen Schutz gegen Einfälle, Durchzüge und Plünderungen. [30])

Mit dem Beginn des Frühlings rückten die münsterischen, braunschweigischen und dänischen Truppen gegen Stade. Am 6. Juni wurde die Schanze am Einfluß der Schwinge in die Elbe genommen und der Festung jede Verbindung zu Wasser abgeschnitten, so daß drei Kriegsschiffe und sechs Transportschiffe der Schweden, welche demnächst anlangten, unverrichteter Sache zurückkehren mußten. Unter diesen Verhältnissen sah sich der Kommandant von Stade, Feldmarschall Graf Horn, am 12. August zur Kapitulation genöthigt. Den schwedischen Truppen wurde mit ihrer Bagage, fünf Kanonen, vier Feldstücken und einem Mörser freier Abzug gewährt. Von den übrigen erbeuteten Kanonen erhielt Christoph Bernard 65 Stück.

Mit der Einnahme von Stade war die völlige Vertreibung der Schweden aus den Herzogthümern Bremen und Verden gelungen und die Verbündeten schritten jetzt nach ihrem Vertrage zur Theilung der eroberten Länder. Christoph Bernard erhielt außer dem Amte Wildeshausen das ganze Herzogthum Verden und im Bremischen unter anderm Bremervörde, Ottersberg und Tebinghausen mit ihren Gebieten. [31])

---

[30]) Prov.-Archiv Fr. Münster. Urk. 4655a. Auch der Kaiser hatte am 18. Okt. 1675 dem Herzogthum Westfalen ein Protektorium gegen Durchzüge, Einquartierungen und Kontributionen ertheilt.

[31]) In Wildeshausen wurde eine Schatzung von 205 Thlr. 6 β aufgebracht;

Während nun der Krieg gegen die Schweden von dem Könige von Dänemark und dem Kurfürsten von Brandenburg fortgesetzt wurde, indem dieser sich das Herzogthum Pommern zu unterwerfen suchte, jener nach einem glänzenden Seesiege Helsingborg, Landskrona, Karlshafen und andere Städte am baltischen Meere sowie die Insel Gothland und fast ganz Schonen eroberte, wandten die verbündeten Fürsten von Münster und Braunschweig, wiewohl sie den brandenburger Kurfürsten in Pommern zu unterstützen versprachen,³² ihre Aufmerksamkeit wieder nach dem westlichen Kriegsschauplatze, wo die Franzosen unterdessen nicht unerhebliche Vortheile über ihre Feinde errungen hatten. Die Truppen des Kaisers und der ihm verbündeten Reichsstände operirten am Oberrhein, die der Spanier und der Generalstaaten am Niederrhein; daher beschlossen Christoph Bernard, Georg Wilhelm von Zell und Rudolf August von Wolfenbüttel in einem am $\frac{19.}{29.}$ August 1676 zu Bremervörde und Stabe vereinbarten Vertrage, ³³) mit ihren Truppen über den Mittelrhein an der Mosel vorzubringen. Die Stärke des Heeres wurde auf 24 bis 30,000 Mann festgesetzt, wozu Christoph Bernard 8000 Mann zu Fuß, 3000 zu Pferde und 1000 Dragoner zu stellen sich erbot. Den Oberbefehl erhielt der Herzog Georg Wilhelm. Die Kriegsbeute und die Eroberungen, welche etwa gemacht würden, sollten nach einem genau bestimmten Plane vertheilt werden. Das Unternehmen der Verbündeten zeugte allerdings von ihrem Eifer für die gute Sache, aber der Erfolg entsprach nicht ihren Erwartungen. Nach einem fruchtlosen Versuche gegen Saarbrück mußten die Truppen sich nach der Wetterau und dem Westerwald in die Winterquartiere zurückziehen.

Mehr als sechs Regimenter des Fürstbischofs von Münster, welche sich an der Expedition nach dem Mittelrhein nicht betheiligten, hatten bereits im September ihre Winterquartiere in Ostfriesland genommen und blieben auch trotz einer Aufforderung des Kaisers, sich zurückzuziehen, daselbst liegen.³⁴ Mit ihrer Hülfe suchten die Schwäger

---

* von der auf 11,753 Thlr. 40 ₰ reduzirten Schatzung der Herzogthümer Bremen und Verden erhielt Chr. Bernard 2938 Thlr. 22 ₰. Prov.-Archiv Fr. Münster, Urk. 4659, 2.

³²) Nach einem Rezeß v. 18. Aug. wollte Chr. Bernard 1000 Mann, nach einem zweiten vom 15. Sept. 76 zugleich mit Rudolf August 4000 Mann nach Pommern schicken. Prov.-Archiv Fr. Münster, Urk. 4656.

³³) Prov.-Archiv Fr. Münster, Urk. 4659, 1. Vgl. Alpen II, 475 ff.

³⁴) Fr. Münster Landes-Archiv 538, 2 a.

Dobo von Kniphausen und Haro Burchard von Göbens sich der Herrlichkeit Kniphausen wieder zu bemächtigen. Die verwittwete Fürstin Christine Charlotte von Ostfriesland dagegen unterhandelte mit Christoph Bernard, daß er gegen die sofortige Auszahlung von 14,000 Thalern die Truppen bis auf 8 Kompagnien zu Fuß und 2 Schwadronen Reiter fortführen sollte. Diese wollte die Fürstin in Eid und Pflicht nehmen und zu ihrer Verpflegung jeden Monat im Winter 14,000 Thaler, im Sommer 7000 Thaler zahlen. Aber die in Leer versammelten Stände von Ostfriesland verweigerten aus Furcht vor der Uebermacht der herrschsüchtigen Fürstin die Genehmigung des Vertrages.[35] Die Folgen dieses Schrittes werden wir unter den Ereignissen des nächsten Jahres kennen lernen. Hier sei nur noch bemerkt, daß es den münsterischen Truppen gelang, ein aus Amerika zurückkehrendes Kauffahrteischiff der Franzosen zu nehmen, welches in die Ems einlief und zur Zeit der Ebbe auf einer Untiefe stecken blieb. Es wurde mit der Ladung für 12,000 Thaler verkauft. Christoph Bernard hatte über diesen unerwarteten Glücksfall eine solche Freude, daß er ein Modell jenes Schiffes von Silber anfertigen ließ, welches nach seinem Tode in der mittlern der von ihm erbauten Domkapellen aufgehängt wurde.

Nachdem die Bemühungen des Papstes um Herstellung des Friedens unter den katholischen Fürsten insbesondere an der zur Bedingung gemachten Freilassung des Fürsten Wilhelm Egon von Fürstenberg, welche der Kaiser entschieden verweigerte, gescheitert waren, begannen die Franzosen den Feldzug des Jahres 1677 mit argen Verwüstungen im Elsaß und im Herzogthum Mömpelgard. Von dort rückten sie nach Belgien vor, eroberten Valenciennes und Kambrai und besiegten die heranziehenden Truppen der vereinigten Niederlande. Unter diesen Umständen sandte der Statthalter von Belgien den Marquis Honsbroeck an Christoph Bernard um Hülfe und es kam unter Vermittlung des münsterischen Vizekanzlers Werner Zurmühlen am 23. April zum Abschluß des Subsidientraktats von Brüssel,[36] welcher, obwohl die Generalstaaten demselben nicht beitraten, als eine Erweiterung des haager Vertrags anzusehen ist. Außer den 3000

---

[35] Klopp, Gesch. Ostfrieslands II, 390.
[36] Prov.-Archiv Fr. Münster, Urk. 4667. Vgl. Alpen II, 505 ff. Ein zwischen Spanien, Münster und den Generalstaaten projektirtes Schutz- und Trutzbündniß wurde von den letztern nicht ratifizirt, weil sie nicht 3000 Mann Hülfstruppen stellen könnten. Prov.-Arch. Fr. Münster, Urk. 4662.

Mann Hülfstruppen, welche Christoph Bernard in diesem Vertrage
versprochen hatte, wollte er jetzt noch 6000 Mann, nämlich 3500 zu
Fuß, 2000 zu Pferde und 500 Dragoner stellen. Dafür zahlte der
König von Spanien sogleich 50,000 Thaler Werbegelder und die laut
des haager Vertrags noch rückständigen 24,000 Thaler, ferner zum
Unterhalt der 6000 Mann monatlich 16,000 Thaler und für die
3000 Mann seinen Antheil zu 4000 Thalern. Anfangs Mai rückten
nun unter der Anführung Wedels 6 Regimenter Kavallerie, ein Regiment Dragoner und 10 Regimenter Infanterie nebst einem Regiment Artillerie nach Geldern, wo sie bis Ende Juni stehen blieben.
Da im brüsseler Traktat der Artillerie keine Erwähnung geschehen
war, so kamen Honsbroeck und der münsterische Kriegskommissair Ham
am 28. Juni zu Roeremonde dahin überein, daß der Fürstbischof 40
Kanonen, Mörser und Feldstücke mit Munition und Bedienung stellen
sollte, wogegen der König sich verpflichtete, für den Gebrauch monatlich 2000 Thaler zu zahlen und das Verdorbene wieder zu ersetzen.
Die münsterischen Truppen streiften nun bis unter die Mauern von
Mastricht, vereinigten sich mit den Spaniern, Holländern und Lüneburgern und belagerten Charleroi. Da aber Luxemburg ihnen die
Kommunikation mit Brüssel, wo ihre Magazine waren, abschnitt, so
mußte die Belagerung wieder aufgehoben werden. Im Oktober ging
das Heer der Verbündeten aus einander. Wedel führte die münsterischen Truppen bei Roeremonde über die Maas und bezog die Winterquartiere in der Wetterau und Eifel.

Aber nicht allein an dem Kriege der Spanier gegen Frankreich,
sondern auch an dem der Dänen gegen Schweden betheiligte sich der
Fürstbischof von Münster, indem er nach einem Vertrage vom $\frac{13.}{23.}$
März 1677 ein Hülfskorps von 3500 Mann zu Fuß, 300 Reitern,
200 Dragonern und 60 Artillerie-Bedienten dem dänischen Könige
zu Hülfe sandte, wogegen dieser 52,000 Thaler Subsidien zahlte,
auf die von Ostfriesland wegen dort angewiesener Winterquartiere
noch zu fordernden 12,000 Thaler zu Gunsten Christoph Bernards verzichtete und den Transport der Truppen hin und zurück übernahm.[37]
Nach einem andern Vertrage mit Brandenburg vom $\frac{14.}{24.}$ April, welchem Dänemark am $\frac{3.}{13.}$ Mai beitrat, stellte Christoph Bernard zu
den 5000 Brandenburgern und 4000 Dänen 2000 Mann zu Fuß,

---

[37]) Prov.-Archiv Fr. Münster, Urk. 4666.

750 Reiter und 250 Dragoner, also im Ganzen 3000 Mann Hülfstruppen.[38]) Diese wirkten mit bei der Entsetzung von Christiansstadt und wohnten nach einer vergeblichen Belagerung von Malmoe dem Treffen in der Nähe von Landskrona bei. Während auf dem linken Flügel die Dänen von den Schweden geschlagen wurden und auch das münsterische Regiment des Grafen von Tecklenburg, der selbst kaum aus der Gefangenschaft gerettet wurde, sehr viel zu leiden hatte, brachten auf dem rechten Flügel die übrigen münsterischen Truppen den Feind zum Weichen, mußten sich jedoch, da nun auch der siegreiche linke Flügel gegen sie heranrückte, nach Christiansstadt zurückziehen. Der Dänenkönig lobte ihre Tapferkeit und beschenkte den General Grandvillier mit einer goldenen Halskette. Die Verwundeten wurden nach Kopenhagen gebracht, die übrigen betheiligten sich an der Vertreibung der Schweden von der Insel Rügen.

Unterdessen hatte die bereits oben erwähnte Weigerung der ostfriesischen Stände, den zwischen ihrer Fürstin und Christoph Bernard geschlossenen Vertrag wegen der von diesen einquartierten Truppen zu genehmigen, zu feindseligen Auftritten geführt. Die Fürstin beschloß nämlich die zur Verpflegung der Truppen bestimmten Gelder aus den für andere Zwecke bewilligten Schatzungen zu decken und die münsterischen Soldaten waren nun beim Eintreiben derselben behülflich, führten sogar das Vieh aus der Umgegend von Emden fort und bemächtigten sich der zu dieser Stadt gehörigen Herrlichkeiten Olbersum und Borsum. Da traten die Stände mit dem Kaiser in Unterhandlung und suchten gegen die jährlich zu entrichtende Summe von 50,000 Thalern die Einquartierung für die Zeit des Krieges abzukaufen. Der Kaiser gebot der Fürstin die Entlassung der Truppen, aber vergebens. Erst auf eine Drohung der Generalstaaten, welche sich häufig in die ostfriesischen Angelegenheiten einmischten, wurden im April 1677 sechshundert Mann entlassen. Im Juni schrieb der Kaiser abermals an die Fürstin und an Christoph Bernard, daß das Land von den Truppen gänzlich geräumt und das Beitreiben der Schatzungen eingestellt werden sollte; aber weder die Fürstin noch der Bischof kümmerten sich um den kaiserlichen Befehl. Da griffen die Embener zu den Waffen, bemächtigten sich wieder der Schlösser Borsum und Olbersum und nahmen die Besatzungen mit dem Obersten Puling gefangen. Christoph Bernard aber schickte gegen Ende des Jahres etwa 15 Kompagnien neuer Truppen, welche Olbersum wieder

---

[38]) Prov.-Archiv Fr. Münster, Urk. 4668 u. 69.

einnahmen, von einem Angriffe auf Emden dagegen abstehen mußten, weil die Bürger im Januar 1678 die Schleusen öffneten und das Land unter Wasser setzten. Nach manchen vergeblichen Versuchen zur gütlichen Ausgleichung der Sache kam endlich am $\frac{13.}{23.}$ April zu Rheda ein Vertrag zwischen Christoph Bernard, der Fürstin und den Ständen von Ostfriesland zu Stande, wonach die dem Kaiser bewilligten 50,000 Thaler an den Fürstbischof jährlich gezahlt werden sollten, dieser dagegen binnen zehn Tagen die Truppen abzuführen versprach. Der Kaiser übernahm es alsdann, durch eine Salvegarde von 200 Mann das Land gegen jede fremde Einquartierung während des Krieges zu schützen.[39]

Die aus Ostfriesland zurückgezogenen Truppen fanden alsbald eine anderweitige Verwendung, da Christoph Bernard bereits am $\frac{24. \text{Mär}_3}{3. \text{April}}$ 1678 zu Sassenberg einen neuen Subsidienvertrag mit dem Könige von Dänemark, welcher von den Schweden wiederum heftig bedrängt wurde, abgeschlossen hatte. Der Fürstbischof verpflichtete sich, 3812 Infanteristen, 50 Artilleristen, 1592 Reiter und 638 Dragoner zu Hülfe zu schicken und außerdem für die ihm überlassenen Winterquartiere in der Herrschaft Jever ein Regiment Infanterie von 1000 Mann auf seine Kosten zum Dienste des Königs zu unterhalten. Der König dagegen versprach, von der Elbe an die Verpflegung der Armee zu bestreiten, für den Verlust an Truppen und Geschütz Schadenersatz zu leisten, die Einbuße des vorigjährigen Feldzugs mit 24,000 Thalern zu vergüten und dem Fürsten nach der Ratifikation des Vertrages nicht nur 20,000 Thaler zu den für das jeversche Regiment in Abzug kommenden 10,000 Thalern zu zahlen, sondern auch eine Verschreibung über 25,000 Thaler mit Verpfändung eines Distrikts im Oldenburgischen auszustellen.[40] Nach Abschluß dieses Vertrages rückten nun 5 Regimenter Infanterie, ein Regiment Dragoner und 4 Regimenter Kavallerie unter Anführung des Generals Wedel den Dänen zu Hülfe und betheiligten sich an der Wiedereroberung von Helsingborg, wogegen Christiansstadt an die Schweden verloren ging.

Zu gleicher Zeit dachte Christoph Bernard an die Mittel zur kräftigen Fortsetzung des Krieges gegen Frankreich und sandte den Vizekanzler Werner Zurmühlen nach Köln, wo auch die Gesandten der übrigen verbündeten Fürsten am 2. April 1678 zu einer Berathung

---

[39] Prov.-Archiv Fr. Münster, Urk. 4679. Vgl. Klopp a. a. O.
[40] Prov.-Archiv Fr. Münster, Urk. 4672. Vgl. Alpen II, 546 ff.

zusammentraten. Der Vorschlag, eine Armee von 30,000 Mann, wozu das Stift Münster 5000 zu Fuß und 2000 zu Pferde stellen sollte, an der Maas zusammenzuziehen, wurde nur von Wenigen mit Bereitwilligkeit entgegen genommen. Dazu kam, daß die Spanier mit der Zahlung der dem Fürstbischof versprochenen Subsidien bedeutend im Rückstande waren. Und so wurde endlich zwischen Münster, Brandenburg und Neuburg nur vereinbart, ein Heer von 18,000 Mann an der Maas aufzustellen. Christoph Bernard entsandte dorthin 5 Regimenter Infanterie, ein Regiment Dragoner und 3 Regimenter Kavallerie, welche bei Roeremonde ein Lager bezogen und von denen sich nur für kurze Zeit die eine oder andere Abtheilung dem Prinzen von Oranien anschloß und unter anderm an dem Treffen bei Mons Theil nahm. [41])

Während so seine Kriegsvölker gegen Schweden und Frankreich im Felde lagen, richtete Christoph Bernard seine Aufmerksamkeit insbesondere darauf, in den eroberten Herzogthümern Bremen und Verden nicht nur seine Herrschaft zu befestigen, sondern auch die Herstellung des Katholizismus zu bewirken. Daher verweilte er öfter und länger in jenen Gegenden und betrieb sowohl die Befestigung des sehr günstig gelegenen Ottersberg als die Rückgabe der Kathedral- und Kollegiatkirchen in Bremen und Verden sowie der dort früher bestandenen neun Benediktiner-Abteien, um nach den von Schweden nicht berücksichtigten Bestimmungen des westfälischen Friedens wenigstens den religiösen Zustand des Jahres 1624 wieder herzustellen. Zu gleicher Zeit suchte er auch den mehr als 20,000 Katholiken im Gebiete von Lingen, welche im Jahre 1652 durch die Vormünder des minderjährigen Fürsten von Aurich ihrer Kirchen beraubt und deren Priester bei den Unruhen des Jahres 1676 völlig aus dem Lande vertrieben waren, die freie Ausübung ihrer Religion wieder zu verschaffen. Er bemühte sich zu dem Zwecke nicht allein zu Wien sondern auch in Nymwegen, wo sich die Gesandten der kriegführenden Mächte zu Unterhandlungen wegen Wiederherstellung des Friedens bereits versammelt hatten. Am 6. Oktober 1677 mußte der Generalvikar Alpen sich nach Nymwegen begeben und die Befürwortung der religiösen Angelegenheiten in Bremen, Verden und Lingen außer dem päpstlichen Nuntius Bevilaqua namentlich dem kaiserlichen und spanischen Gesandten empfehlen. Aber Frankreich führte das größte Wort bei den Verhandlungen und seinen Intriguen gelang es zuletzt sogar die gegen ihn verbündeten Mächte

---

[41]) Ein Bericht über das Treffen bei Mons. Prov.-Arch. Domkap.-Prob. VI, 2.

zu trennen. Holland, welches doch eigentlich die Veranlassung zum Kriege gewesen war und bis zum Ende bei seinen Bundesgenossen auszuharren versprochen hatte, ließ sich zuerst von allen am 10. August 1678 zum Abschluß eines Separatfriedens bewegen, wodurch es die Integrität seines Gebietes rettete. Ihm folgte Spanien, welches am 17. September durch Abtretung der Grafschaft Burgund und eines Theiles der Niederlande den Frieden von Frankreich erkaufte. Die Unterhandlungen mit dem deutschen Reiche dauerten noch einige Zeit länger und so wurde Christoph Bernard bei seinem am 19. September erfolgten Tode wenigstens vor dem Schmerze bewahrt, einen großen Theil seiner Hoffnungen und Wünsche durch die gewährten Friedensbedingungen vernichtet zu sehen. Sein bisheriger Koadjutor Ferdinand von Fürstenberg mußte nämlich am 29. März 1679 mit Schweden und Frankreich einen Separatfrieden eingehen, wonach die in den Herzogthümern Bremen und Verden gemachten Eroberungen zurückgegeben wurden. Nur das Amt Wildeshausen blieb bis zum Jahre 1698, wo Schweden die zur Erstattung der Kriegskosten bedungenen 100,000 Thaler bezahlte, dem Stift Münster verpfändet. Von Frankreich erlangte der Fürstbischof die Summe von 50,000 Thalern und das Versprechen, sich bei dem Könige von Schweden dafür verwenden zu wollen, daß die katholische Religion in den Herzogthümern Bremen und Verden in dem von Christoph Bernard hergestellten Zustande, soweit er sich mit dem westfälischen Frieden vereinbaren ließe, erhalten würde. [42]

---

[42] Alpen II, 680—88. — Nach einem am 17. Nov. 1678 zu Neuhaus geschlossenen Vertrage wurden dem Könige Christian von Dänemark das Regiment von Wedel zu 1000 Mann und ein Regiment zu Pferde zu 688 Mann nebst 200 Dragonern für 41,080 Thaler überlassen; die übrigen Truppen sollten nach Münster zurückkehren. Prov.=Archiv Fr. Münster, Urk. 4691.

Neunter Abschnitt.

Militairische und staatliche Einrichtungen Christoph Bernards. Stärke und Beschaffenheit des Heeres. Besoldung. Schatzungen. Zwecke und Folgen der kriegerischen Unternehmungen für den Fürstbischof und das Stift. Verordnungen zur Abhülfe der Kriegsschäden. Ausfuhrverbote. Wüste Erben. Zahlungsunfähigkeit. Edikte über Waldungen und Wege. Handel. Münzedikte. Polizei: Feuerordnung; Gelage; Aufenthalt von Fremden in Münster; Sanitätspolizei; Verordnungen gegen Landläufer und Bettler. Magi und Arioli; Judenordnung; Edikte über Schlägereien und Duelle. Rechtswesen: Kriminalprozeß; Brüchtenordnung; Kanzleiordnung; Fiskalatsprozeß; Brüchtenappellation; Vergleiche; Reformation des geistlichen oder Offizialatsgerichts.

Wenn wir, abgesehen von den Zurüstungen, deren es zum wiederholten Kampfe gegen die Stadt Münster beburfte, unsere Aufmerksamkeit insbesondere darauf richten, daß Christoph Bernard es sich ermöglichte, nicht allein dem Kaiser ein ansehnliches Hülfskorps gegen die Türken zu schicken, sondern auch langwierige und kostspielige Kriege gegen die Generalstaaten, Frankreich und Schweden zu führen: so drängt sich uns ganz natürlich zunächst die Frage auf, welche Mittel und Wege er zur Errringung einer so bedeutenden Machtstellung in Anwendung gebracht hat. Das Hauptmittel zu diesem Zwecke war offenbar eine große Kriegsmacht und es ist daher gewiß von einem besonderen Interesse, die Stärke und Einrichtung des fürstbischöflichen Heeres zur Zeit der großartigen kriegerischen Unternehmungen kennen zu lernen. Nach einem Verzeichnisse vom Jahre 1672 bestand die Armee aus 25 Regimentern und 20 besonderen Bataillonen oder 42,072 Mann Infanterie, aus 19 Regimentern und 9 einzelnen Schwadronen oder 17,928 Mann Kavallerie, welches allein schon die Gesammtzahl von 60,000 Mann giebt, wozu aber noch die aus 25 halben Karthaunen, 80 Viertelkarthaunen, 60 Mörsern verschiedener

Größe und mehrern Haubizen bestehende Artillerie hinzugerechnet werden muß. Neben diesem Heere war eine sogenannte Landmiliz unter Kirchspielsführern organisirt, welche zur Vertheidigung des Landes gegen feindliche Einfälle diente und wozu jeder Unterthan vom sechszehnten bis sechszigsten Lebensjahre gehörte.[1] Nach einem Defensionalbefehl vom 17. September 1669 mußte die dienstpflichtige Mannschaft, und zwar aus jedem Hause ein Mann, an den Sonntagnachmittagen sich in den Waffen üben. Ueberhaupt läßt sich die militairische Verfassung als eine für jene Zeit durchaus wohlgeordnete bezeichnen. Selbst in dem nur aus geworbenen Soldaten bestehenden Kriegsheere wurde auf gute Waffenübung und tüchtige Mannszucht viel gehalten; jede Nachlässigkeit im Dienst und jeder Ungehorsam gegen die Vorgesetzten wurde gleich und strenge gestraft. Zur genaueren Kenntniß der bei Aufrechthaltung der Disciplin angewandten Mittel sind besonders wichtig die dem Verpflegungsreglement vom 1. Januar 1674 und 76 beigefügten Bestimmungen.

Unter spezieller Bezeichnung dessen, was Offiziere und Gemeine an Traktament und Servis erhalten sollen, wird zunächst verordnet, daß jede weiter gehende Forderung an die Unterthanen von dem kommandirenden Offizier ersetzt werden muß. Auch angeblich freiwillige Beisteuern dürfen die Soldaten unter keiner Bedingung entgegennehmen. Sollte das im Verpflegungsreglement Vorgeschriebene nicht gezahlt werden, so erstreckt sich die Exekution nicht auf sämmtliche Eingesessenen sondern nur auf die Vorsteher des betreffenden Orts. Den Fürsten wegen nicht gezahlter Gage zu verläumden ist unter Strafe der Landesverweisung und selbst des Lebens verboten. Sind etwa von ihm zu leistende Zahlungen noch im Rückstande, so müssen dieselben binnen 14 Tagen bei der Kriegskanzlei angemeldet

---

[1] Eine Verordnung für die Kirchspielsführer mit Feststellung der von ihnen zu beschwörenden 20 Artikel vom J. 1650 in der „Sammlung der Gesetze und Verordnungen im Hochstift Münster (M. Aschendorff 1842) Bd. 1 S. 217 ff. — In demselben Buche sind auch die meisten der übrigen in diesem Abschnitte erwähnten Verordnungen abgedruckt. Die darin nicht enthaltenen oder nicht vollständig mitgetheilten Erlasse sind entnommen aus der von dem geh. Justizrath Schlüter angelegten, in jüngster Zeit von dem Alterthums-Verein zu Münster erworbenen Sammlung der Verordnungen Chr. Bernards. Eine andere Sammlung befindet sich im Besitze der Familie des verst. Präsidenten C. von Olfers. Die von diesem herausgegebenen „Beiträge zur Gesch. der Verfassung und Zerstückelung des Oberstifts Münster" (M. Coppenrath 1848) sind besonders für die Darlegung der Jurisdiktionsverhältnisse von Wichtigkeit.

werben. Um Streitigkeiten wegen Servis zwischen Soldaten und Bürgern zu verhindern, wird bestimmt, daß die Soldaten nur Quartier und Lagerstätte (Bett und Stallung), nicht aber Holz, Feuer, Licht, Gewürz, Kessel, Töpfe und andere Hausgeräthe erhalten. Die Billettirung ist Sache der Ortsobrigkeit. Kein Quartiermeister oder Offizier darf mehr Quartiere oder Billete fordern, als für die wirklich vorhandene Mannschaft. Den Ortsvorstehern und Kommissaren ist mit schuldiger Achtung zu begegnen. Mißverständnisse, welche sich mit ihnen erheben, müssen vor den Regimentsräthen verglichen werden. Freies Nachtlager und freie Spanndienste sind aufgehoben. Die Stärke der einzuquartierenden Mannschaft muß den Ortsobrigkeiten früh genug angezeigt werden, damit sie danach ihre Verfügungen treffen können. Bei gutem Wetter sollen die Truppen auf freiem Felde lagern, sonst mit den angewiesenen Quartieren zufrieden sein und an Feld- und Gartenfrüchten nichts zerstören. Für je vier Kranke muß bis zum nächsten Quartier ein Fuhrwerk gestellt werden; jede Beschädigung an demselben hat der kommandirende Offizier zu ersetzen. Auch war noch das Verbot hinzugefügt, irgend einen wider seinen Willen zum Eintritt in den Kriegsdienst zu veranlassen. Daß diese Bestimmungen nicht immer pünktlich beobachtet sind, wollen wir gern zugeben; so viel aber ist sicher, daß gerade die Franzosen, welche den Ruhm der münsterischen Truppen am meisten zu verkleinern suchten, der Disciplin ihrer eigenen Truppen sich zu rühmen am wenigsten Grund hatten. Klagen, wie sie nicht allein die Holländer sondern auch die mit Ludwig XIV. verbündeten Kölner und Lütticher über das zügellose und selbst barbarische Verfahren der französischen Soldaten wiederholt laut werden ließen, wurden über die münsterischen Truppen nur selten geführt.[2] Lag es doch auch nicht im Plane

---

[2] Folgende im Fr. Münst. Landes-Archiv 538, 2 aufbewahrte Schreiben des Kaisers sind hier bemerkenswerth. Die Truppen Chr. Bernards hatten 1675 der Grafschaft Lippe durch ihre Excesse einen Schaden von 1½ Tonne Goldes zugefügt; der Kaiser befahl unter dem 6. Nov., die Truppen fortzuführen und den Schaden zu ersetzen. (Vgl. die sog. Münsterische Invasion in Falkmanns Beiträgen zur Gesch. des Fürstenthums Lippe I. S. 35 ff.). Ein gleicher Befehl erfolgte am 26. Sept. u. 21. Nov. 1676 wegen der eigenmächtigen Einquartierungen in Ostfriesland und Recklinghausen; in letztgenanntem Veste trieben die Truppen über 24,000 Thaler ein. Am 5. Januar u. 8. Mai 1677 tadelt der Kaiser Chr. Bernard wegen eines Einfalls in die Landgrafschaft Hessen; am 11. Januar droht er ihm für einen Einfall in Bremen 30,000 Thaler abzuziehen und doch wurde nach einem Schreiben vom 24. Juli noch viel Vieh aus dem Bre-

Christoph Bernard, die eroberten Gegenden in ähnlicher Weise, wie Frankreich es seiner Vertheidigung wegen mit der Pfalz zu halten für gut fand, in Einöden zu verwandeln, sondern sie vielmehr möglichst zu schonen, weil er fast bei allen die Absicht hatte, sie in bleibende Besitzungen seines Stifts umzuschaffen. Ein anderer Vorwurf, den ebenfalls die Franzosen den münsterischen Truppen machen, betrifft ihre Tapferkeit. Dieses kann sich jedoch höchstens auf die Infanterie beziehen, von der es allerdings nicht ohne Grund behauptet werden kann, daß sie der Kavallerie und besonders der Artillerie in ihren Leistungen nachstand. Uebrigens darf man auch nicht übersehen, daß besonders in den Kriegen gegen Holland, dessen Landmacht gerade sehr vernachlässigt war, die Infanterie nur wenig zur Verwendung kam, die Artillerie dagegen bei den wiederholten Städtebelagerungen von der größten Wichtigkeit war und die meiste Gelegenheit zur Auszeichnung fand. Wenn ferner die Franzosen wirklich eine so geringe Meinung von der Tapferkeit der münsterischen Truppen hatten, warum suchten sie dann gegen so schwere Geldsummen sich deren Hülfe zu versichern? Warum bewarben sich der Kaiser und so viele andere Fürsten immer von neuem um ein Bündniß mit Christoph Bernard, wenn dieser ihnen nur feiges Gesindel zuführen konnte? Und haben denn die Franzosen in den langwierigen Kriegen auch nur ein einziges Unternehmen namhaft machen können, das durch die Feigheit der münsterischen Truppen gescheitert wäre? Lassen sich nicht vielmehr viele Data anführen, wo diese ohne und trotz Frankreich die glänzendsten Waffenthaten vollbrachten? Ebenso wenig können wir einen dritten Vorwurf gelten lassen, daß Christoph Bernard, wenngleich er bei seinen oft abenteuerlichen Einfällen und allzu verwegen Kriegsoperationen mitunter glücklich gewesen sei, die gemachten Eroberungen doch nicht habe behaupten können. Wenn die den Generalstaaten entrissenen Besitzungen wieder verloren gingen, so lag der Grund, wie wir oben gesehen haben, eben darin, daß die Franzosen selbst ihre Verbündeten zum Aufgeben der Eroberungen veranlaßten, ja sogar zwangen. Was aber die den Schweden genommenen Herzogthümer Bremen und Verden betrifft, so war es gewiß nicht eine Folge der Fahrlässigkeit Christoph Bernards, daß diese nach seinem Tode wieder zurückgegeben wurden.

---

mischen fortgetrieben. Fernere Klagen wegen eigenmächtiger oder zu starker Einquartierung liefen ein aus Emden am 12. Dec. 1677, aus Wetzlar am 15. Januar, aus Waldeck am 28. Januar und aus Franken am 14. Februar 1678.

Eine nicht minder wichtige Frage als nach der Stärke und Beschaffenheit des fürstbischöflichen Heeres ist die nach den Mitteln, welche zu seinem Unterhalte erforderlich waren. Indem wir die in den Reglements vom 1. Juni 1673 und vom 1. Januar 1674 und 76 bestimmten Sätze*) anführen, bemerken wir nur noch, daß an Fourage für jedes Pferd monatlich 10 Scheffel Hafer oder 2 Thaler und täglich 2 Bunde Stroh oder monatlich 14 Schillinge = ½ Thaler verabreicht werden mußten. Rechnen wir dieses zum Traktement, so erhielt monatlich

	1. bei der Kavallerie		2. bei den Dragonern		3. bei der Infanterie	
	Pferde	Thaler	Pferde	Thaler	Pferde	Thaler
ein Oberst	18	120	12	90	10	83⅓
ein Oberstlieutenant	11	60	6	45	4	40
ein Oberstwachtmeister	9	50	5	40	3	35
ein Regiments-Quartiermeister	4	24	3	18	2	14
ein Regimentsadjutant	4	20	—	—	2	14
ein Regimentspriester	2	16	1	12	1	12
ein Regimentsaubiteur	2	16	1	10	1	10
ein Regimentsfeldscheer	3	12	1	7	1	10
ein Reg.-Trompeter, bez. Tambour	1	7	1	4½	—	6
ein Regim.-Profoß mit Knechten	2	12	1	6	—	8
ein Rittmeister, bez. Hauptmann	7	40	4	35	2	25
ein Lieutenant	4	24	3	20	1	14
ein Cornet	3	20	—	—	—	—
ein Fähndrich	—	—	2	17	1	10
ein Wachtmeister, Sergeant oder Feldwebel	2	8	1	5	—	5½
ein Quartiermeister, Führer oder Fourier	2	8	1	5	—	3
ein Korporal	1	5	1	4	—	2¾
ein Schreiber, Feldscheer und Spielmann	1	4	1	3½	—	2½
ein Schmidt, Sattler und Einspänniger	1	6	—	—	—	—
ein Gemeiner	—	—	—	—	—	2

*) Die Sätze des Soldreglements vom 6. Februar 1671 sind theilweise etwas geringer. Auch fehlen darin die Angaben für die Dragoner.

Wenn man außer dem Traktament noch die Gelder für die Anwerbung und Ausrüstung der zahlreichen Truppen in Anschlag bringt, so ergiebt sich eine sehr beträchtliche Summe, deren Herbeischaffung offenbar nicht den Unterthanen des münsterischen Stifts allein aufgebürdet werden konnte. Und doch hätte dieses geschehen müssen, wenn Christoph Bernard selbstständig seine Kriege geführt hätte. Aber wir sehen ihn stets im Bunde mit anderen Fürsten, so mit England, Frankreich, dem Kaiser, Spanien und Dänemark, welche sich zur Zahlung von Werbegeldern und bedeutenden Subsidien verpflichteten. Zwar wurden die Subsidien namentlich von den Engländern, Franzosen und Spaniern nicht immer pünktlich gezahlt; doch fand sich meistentheils eine Gelegenheit, den Ausfall durch die in den eroberten Gegenden ausgeschriebenen Kontributionen zu decken. Neben den Subsidien und Kontributionen, die wir bereits bei der Darstellung der Kriege genauer spezialisirten, haben wir als dritte Geldquelle die Schatzungen im Stifte Münster selbst zu bezeichnen. Die Schatzung war eine fünffache und zwar von den Häusern und den Personen, vom Vieh, eine Trankssteuer oder Accise und eine Besteuerung der Waaren oder Konsumptien. Die zu erhebenden Hauptsummen wurden auf den Landtagen festgestellt, die einzelnen Sätze durch fürstliche Edikte von den Kanzeln durch Anschlag bekannt gemacht und die von den Receptoren erhobenen Beträge der Pfennigkammer eingeschickt. Zur näheren Kenntniß von der Höhe der einzelnen Steuersätze geben wir eine Zusammenstellung der zu verschiedenen Zeiten ausgeschriebenen Schatzungen. Was zunächst die Hausstätteschatzungen betrifft, so finden wir in den noch vorliegenden Anschlägen dreierlei Sätze und zwar den niedrigsten vom 31. Oktober 1652, vom 18. Oktober 1660 und vom 1. Oktober 1662, den mittleren vom 11. Juni 1659 und vom 1. August 1661, den höchsten vom 18. Juni 1665. Wir stellen die drei in den mit den Jahreszahlen 1652, 1659 und 1665 bezeichneten Rubriken neben einander. Es zahlte

	1652			1659			1665		
	Thlr.	Sch.	Pf.	Thlr.	Sch.	Pf.	Thlr.	Sch.	Pf.
ein Domherr, der eine Kurie hat	2	—	—	2	—	—	2	18	8
eine Abtissin von den freiweltlichen Stiftern . .	2	—	—	2	—	—	2	18	8
eine adelige Kanonissa, die ein Haus hat . . .	1	—	—	1	—	—	1	9	4

	1652			1659			1665		
	Thlr.	Sch.	Pf.	Thlr.	Sch.	Pf.	Thlr.	Sch.	Pf.
ein Kanonikus von St. Paul ober Mauriz	1	14	—	1	14	—	2	—	—
andere Kanonici	1	—	—	1	—	—	1	—	—
ein Pastor	1	—	—	1	—	—	1	9	4
ein Vikarius	—	14	—	—	14	—	—	18	4
Klöster und Komthureien	3	—	—	3	—	—	4	—	—
Adelige und andere unschätzbare Häuser	2	—	—	2	—	—	2	18	8
ein zweipflügiges Erbe	1	14	—	2	14	—	3	—	—
ein einpflügiges Erbe	1	—	—	1	7	—	2	—	—
ein halbes Erbe oder Pferdekötter	—	14	—	1	—	—	1	7	—
ein anderer Kötter (mit 2 ober 3 Kühen)	—	7	—	—	21	—	—	21	—
ein Brinksitzer	—	3	6	—	14	—	—	14	—
in den Städten und Wigbolden die Häuser, so ganzen Dienst thun	1	—	—	1	—	—	1	14	—
so halben Dienst thun	—	14	—	—	14	—	—	14	—
so ¼ Dienst thun	—	7	—	—	7	—	—	7	—
in den Dörfern die besten Häuser (mit Giebel)	1	—	—	1	—	—	.	.	.
die mittelmäßigen oder halben Häuser	—	14	—	—	14	—	—	21	—
die geringsten Häuser (Gadem)	—	7	—	—	7	—	.	.	.
Backhäuser	—	3	6	—	7	—	.	.	.

Nach einem andern Schatzungsanschlage vom 28. März 1663 mußten von jedem Fache eines Hauses zu 6 Fuß 6 Schilling gezahlt werden. Um die richtige Veranschlagung kontrolliren zu können, verordnete Christoph Bernard unter dem 25. Februar 1665, daß sämmtliche Häuser nach Lage und Beschaffenheit bei dem Gerichte, worunter die Eigenthümer säßen, genau angegeben und darüber zwei Listen, die eine an ihn, die andere an die Pfennigkammer eingeschickt werden sollten.

Was ferner die Personenschatzungen betrifft, so stellen wir die nach Verhältniß der zu erhebenden Hauptsumme bestimmten höchsten Sätze vom 10. Februar 1654, 25. August und 21. December 1663,

24. März 1665 und 1. November 1669 in der ersten Rubrik mit den niedrigsten Sätzen vom 20. September 1660, 30. Mai 1661, 14. Juli und 2. December 1662 in der zweiten Rubrik zusammen. Danach zahlte

	1654			1660		
	Thlr.	Sch.	Pf.	Thlr.	Sch.	Pf.
I. von den Personen geistlichen Standes						
ein Komthur sowie eine Abtissin gräflichen Standes und eine Kanonisse in gräfl. Stiftern	8	—	—	5	—	—
ein Domherr, ein Konventual der abeligen Klöster sowie ein Abt und eine Abtissin in Stiftern und Klöstern . .	5	9	4	3	10	—
ein Johanniter und Deutsch-Ordensritter, ein Komthur in den Servientenhäusern und ein emancipirter Kanonikus von St. Paul und Martini . . .	4	—	—	2	14	—
ein anderer Kanonikus sowie die Kanonissen in abeligen Stiftern, ferner die Patres und Magistri der Gesellschaft Jesu, die Konventuaben in den Abteien, die Beichtiger in den Schwesterhäusern und die residirenden Pastöre und Vikare	2	18	8	1	19	—
ein nicht residirender, aber die Einkünfte beziehender Pastor und Vikarius . .	3	—	—	1	25	—
die gewöhnlichen Mönche und die Coadiutores laici	1	9	4	—	23	—
die Officianten oder gemeinen Priester der Johanniter, der Deutsch-Ordensritter und in den Servientenhäusern sowie die geistl. Jungfern in nicht abeligen Klöstern	—	18	8	—	12	—
Derselbe Satz galt von den Laienbrüdern in den Klöstern sowie von den Kameralen, den Küstern und Schulmeistern. Die Frauen der letztern zahlten die Hälfte.						

	1654			1660		
	Thlr.	Sch.	Pf.	Thlr.	Sch.	Pf.
jede geistl. Person in den Schwestern- oder Jungfernhäusern	—	9	4	—	6	—
jede Laienschwester	—	4	—	—	3	—

II. von den Abeligen und Erbmännern

ein Rittermäßiger sowie einer von den Erbmännern	5	9	4	3	10	—
deren Frau oder Wittwe	4	—	—	2	14	—
jedes Kind	2	18	8	1	19	—

III. von den Bürgerlichen

ein Rechtsgelehrter und Arzt, ein Rentner, Pfennigmeister und Kommissar, ein Rentmeister, Richter und Gograf nicht abeligen Standes, ein Buchdrucker und Münzmeister, ein Apotheker und ein Ingenieur	4	—	—	2	14	—
eine Frau der Genannten	2	18	8	1	19	—
ein Kind	2	—	—	1	7	—
ein Sekretair, Prokurator und Notar, ein Diener der Siegelkammer, ein Verwalter und Pächter auf abeligen Gütern, ein Amtmann oder Rentmeister an den Stiftern, Klöstern und Hospitälern, ein Amts- oder Gerichtsvogt, ein Waagemeister und Kellerwirth, endlich ein Kramer, Tuchschneider, Höcker, Brauer, Bäcker, Fleischer, Ochsen-, Roß- und Weinkäufer sowie ein Herbergsvater	2	18	8	1	19	—
eine Frau	2	—	—	1	7	—
ein Kind	1	9	4	—	23	—

Die Krämer, Schneider u. s. w. auf dem Lande, in Dörfern und Wigbolden zahlten die Hälfte.

die Frohnen und Botmeister, die Müller, welche Mühlen in Pacht haben sowie

	1654			1660	
	Thlr.	Gr.	Pf.	Thlr.	Gr.	Pf.
die haussitzenden Handwerker in den Städten	1	9	4	—	23	—
eine Frau	—	18	8	—	12	—
ein Kind	—	5	4	—	3	—
Die haussitzenden Handwerker auf dem Lande zahlen die Hälfte, ebenso die Müller, welche keine Mühle in Pacht haben; nur die Oel= und Walkmüller zahlen 8, bez. 5 Schill.						
ein Trompeter und ein Einspänner . .	1	—	—	—	18	—
dessen Frau	—	14	—	—	9	—
ein Kind	—	7	—	—	4	—
gemeine Schreiber, Notare, Sollicitatoren und Kopisten, ferner Spielleute sowie Pedelle und Thorwärter	—	18	8	—	12	—
haussitzende Diener sowie andere ledige Diener, die am Reisigen=Tisch ihren Platz haben, ferner die Bauknechte und Pförtner wie auch die Zöllner . . .	—	9	4	—	6	—
ledige Handwerksknechte in Städten . .	—	8	—	—	5	—
ledige Handwerksknechte auf dem Lande, Taglöhner, Feldboten, ausreitende Diener, Reisige und andere Jungen sowie auch Dienstmägde	—	5	4	—	3	—
ein Mann auf einem zweipflügigen Erbe	2	18	8	1	19	—
dessen Frau	1	9	4	—	23	—
ein Kind	—	18	8	—	12	—
ein Mann auf einem einpflügigen Erbe .	1	9	4	—	23	—
dessen Frau	—	18	8	—	12	—
ein Kind	—	9	4	—	6	—
der Besitzer eines halben Erbes oder ein Pferdekötter	—	18	8	—	12	—
dessen Frau	—	9	4	—	6	—
ein Kind	—	4	—	—	3	—
ein anderer Kötter oder Brinksitzer . .	—	4	—	—	6	—
dessen Frau	—	2	8	—	3	—
ein Kind	—	1	4	—	2	—

Nach den Anschlägen vom 2. December 1662, 29. April 1674 und 11. März 1675 waren die Steuersätze zum Theil etwas höher als vom Jahre 1660. Von der Zahlung waren ein für alle Mal befreit die Kinder unter zwölf Jahren und die Almosen genießenden Armen; nach den Anschlägen vom 1. August 1670 und 20. Februar 1672 wurden aber auch die Geistlichen und Adeligen sowie die Erbmänner eximirt, was sich zum Theil, wie wir früher gesehen haben, aus der damaligen Stellung des Fürsten zu diesen beiden Ständen erklärt, übrigens jedoch keine ungewöhnliche Neuerung war, da solche Exemtionen schon von den ältesten Zeiten her bestanden.³)

Die dritte Art der Schatzung ist die vom Vieh. Nach den Anschlägen vom 13. Juni 1669, 24. Oktober 1670 und 10. Oktober 1674 wurde erhoben von einem Pferde über 2 Jahre ein Thaler, von einem einjährigen Pferde 14 Schillinge, von einem Fohlen 7 Sch., von einem Zugochsen, einem fetten Ochsen, einer milchgebenden Kuh oder einem Rinde 14 Sch., von dem übrigen Rindvieh 7 Sch., von einem einjährigen Kalbe 3 Sch. 6 Pf., von einem jüngeren Kalbe 1 Sch. 9 Pf., ebenso von einem anderthalbjährigen Schwein 3 Sch. 6 Pf., von einem jüngeren 1 Sch. 9 Pf., von einer Ziege 3 Sch. 6 Pf., von einem Schafe 1 Sch. und ebenso viel von einer Imme oder einem Bienenkorb. Nur das Vieh der Geistlichen und Adeligen sowie auch derjenigen armen Leute, die nur eine Kuh zu ihrem Unterhalte hatten, war frei. Von dem Hornvieh auf dem Sande, wo schlechteres Futter war, galten 3 Stück gegen 2 Stück auf dem Kleiboden.

Eine vierte Art der Einkünfte floß aus der Tranksteuer oder Accise, zu deren Kenntniß wir die Grundzüge der Verordnungen vom 1. Februar 1655, 8. Januar 1656, 7. Februar 1657, 6. September

---

³) Ohne jede Ermäßigung sind fünf Anschläge, nämlich die doppelte Schatzung vom 10. Febr. 1654 und die einfachen vom 25. Aug. u. 21. Dec. 1663, 24. März 1665 u. 1. Nov. 1669; für den Klerus, den Adel und die Gewerbtreibenden auf ⅗, bezüglich ¾ für die Uebrigen weniger ermäßigt sind die doppelten Anschläge vom 20. Sept. 1660 u. 29. April 1674 sowie die einfachen vom 30. Mai 1661, 14. Juli u. 2. Dec. 1662 und 11. März 1675; die Anschläge vom 1. Aug. 1670 u. 20. Febr. 1672, wobei die höheren Stände eximirt wurden, waren einfache. Vgl. über das Steuerwesen die in der Sammlung der Gesetze S. 67 ff. abgedruckte Relation des geh. Raths von Druffel und besonders über die Schatzungen unter Chr. Bernard S. 88 ff. und wegen der Exemtionen S. 94 n. 4 u. 5, auch S. 77 f.

1660, 20. Juli 1661 und 28. Februar 1664 angeben. Die Brauer und die Verkäufer von Getränken müssen sich bei den Steuerbeamten oder Receptoren einschreiben lassen. Diesen muß auch die Größe der Braukessel und die Zahl, wie oft ein jeder brauen will, angegeben werden. Nichts darf vor der Besichtigung durch die Receptoren verzapft oder verkauft werden. Die Tranksteuer beträgt von einer Tonne inländischen Bieres 9 Schill. 4 Pf., von einer Kanne 2 Pf., von einer Tonne, bezüglich einer Kanne ausländischen Bieres das Doppelte, von einer Kanne Rhein- oder Franzwein nach der Verordnung von 1655 sechs, nach der von 1660 zwölf Pfennige, ebenso von einer Kanne spanischen oder süßen Weines ein bezüglich zwei Schillinge und von einer Kanne Branntwein 18 Pf. bezüglich 3 Sch. 6 Pf. Auch sollen von jedem Pfund Tabak 4 bezüglich 8 Schill. gezahlt werden; nur ist in der Verordnung von 1656 bestimmt, daß die Verkäufer von Tabak in den Städten monatlich $\frac{1}{2}$ Thaler, in den Dörfern einen Reichsort oder $\frac{1}{4}$ Thaler zu entrichten haben. Jede Kontravention wird mit 20 Reichsthalern und der Konfiskation des betreffenden Objekts bestraft.

Eine fernere Steuer wurde erhoben von den sogenannten Konsumptien oder von den Erzeugnissen des Bodens, den Brennmaterialien, den Gegenständen der Manufaktur u. a. und zwar mußte nach der Verordnung vom 6. Mai 1661, womit die vom 1. Juni deff. J. und vom 24. Januar 1662 und 27. December 1663 zu vergleichen sind, für jedes Stück zum Werthe von einem Thaler im Durchschnitt ein Schilling entrichtet werden. Diese Verbrauch-Steuer hörte übrigens mit dem Jahre 1664 wieder auf.[4])

Wir halten es kaum für nöthig zu bemerken, daß zwar nicht der ganze Steuerbetrag, aber doch gewöhnlich der bei weitem größere Theil für militairische Zwecke verausgabt wurde, während der Rest zur Abtragung oder Verzinsung der Stiftsschulden, zur Aufbesserung der fürstbischöflichen Einkünfte u. a. diente. In Betreff der Stiftsschulden fügen wir noch hinzu, daß diese fortan nicht mehr auf den Domainen hafteten, sondern auf das Land übertragen wurden.

Nachdem wir die Kriegsverfassung des Stifts Münster und die zu ihrer Erhaltung den Unterthanen aufgebürdeten Lasten kennen gelernt haben, gehen wir zu der Frage über, welche Zwecke Christoph Bernard bei seinen Unternehmungen verfolgte und inwiefern er dieselben erreichte. Als einen der Hauptzwecke, welche der Fürst na-

---

*) Die spezialisirten Angaben in der Sammlung der Gef. N. 137 S. 252 ff.

mentlich in den mit Frankreich und Köln gegen die Generalstaaten geführten Kriegen im Auge hatte, glauben Einige seine Geldgier bezeichnen zu können. Soviel steht allerdings fest, daß er in diesen sowie in andern Kriegen ein großes Gewicht darauf legte, bedeutende Subsidien zu erhalten und starke Kontributionen einzutreiben, aber nicht sowohl um seine Geldgier zu befriedigen als vielmehr um die zum Unterhalt seiner zahlreichen Truppen nöthigen Mittel großen Theils zu decken. Denn hätte er nicht von den Verbündeten oder den Feinden möglichst große Summen zu erhalten gewußt, wie sollte er allein von seinen Unterthanen, bezüglich von den Landständen, ohne und gegen deren Zustimmung viele von den Kriegen unternommen wurden, die dazu erforderlichen Gelder erlangt haben! Ueberdies findet sich niemals unter andern Verhältnissen die Geldgier als ein Zug seines Charakters ausgeprägt. Auch ist es bei der Annahme, daß er vorzugsweise nur nach Geld strebte, in der That unbegreiflich, warum er die ihm für Beobachtung der Neutralität wiederholt angebotenen Summen zurückwies und nicht wie andere deutsche Fürsten das Geld, statt es im Dienste der Verbündeten zu verwenden, einfach einsteckte. Nicht Geldgier ist also der Hauptzweck seiner Unternehmungen, sondern Kriegs- und Eroberungslust. Fast keinen Anspruch, den er mit wirklichem oder vermeintlichem Rechte zu erheben befugt war, hat Christoph Bernard ohne Anwendung oder doch wenigstens Androhung von Waffengewalt geltend gemacht. An jedem Unternehmen, sei es gegen die entfernten Türken oder die benachbarten Holländer, gegen die Franzosen oder die Schweden, betheiligte er sich bald aus Kriegslust bald aus Eroberungssucht. Nicht der Besitz Borkelos genügte ihm, sondern auch die eine und andere Provinz der Generalstaaten wollte er unter seine Botmäßigkeit bringen; nicht mit der Wiedererlangung des Amtes Wildeshausen war er zufrieden, sondern auch ein großer Theil der Herzogthümer Bremen und Verden sollten ihm untergeben sein. Und zwar wollte er diese Eroberungen zum Theile zwar für das Stift Münster, zum Theil aber auch für seine Familie gemacht haben, wie wir denn bereits früher hörten, daß er für diese von den Franzosen eine Herrschaft in den Niederlanden zu erhalten suchte. Aber nicht allein als weltlicher Fürst wollte er seine Macht vergrößern, sondern er bemühete sich auch zugleich als Bischof in den eroberten protestantischen Gegenden um die Wiederherstellung des Katholizismus. Somit dürfen wir als die beiden Hauptzwecke, die er bei seinen Unternehmungen verfolgte, den politischen und den religiösen bezeichnen und wir können mit Rücksicht darauf den Holländern Recht geben, wenn sie ihn in ihren Bildwerken nicht selten halb als Krieger halb als Bischof darstellen.

Zur Beantwortung der weiteren Frage, inwiefern Christoph Bernard seine Zwecke erreichte, haben wir zunächst zu unterscheiden zwischen dem, was er für seine Person gewann und wie er die Wohlfahrt des Stiftes förderte. Zugleich aber bemerken wir, daß wir hier ausschließlich seine Wirksamkeit als Fürst im Auge haben, indem wir die Erfolge, welche er als Bischof errang, später besonders hervorheben werden. Also was gewann Christoph Bernard zunächst für seine Person? Das Ansehen und den Ruhm eines mächtigen Fürsten, dessen Zorn seine Feinde fürchteten und dessen Hülfe seine Verbündeten für schweres Geld erkauften. Daß der Ehrgeiz ein hervorstechender Zug seines Charakters war sahen wir bereits, wo er als Burggraf von Stromberg Sitz und Stimme auf den Reichstagen verlangte. Und wie sehr fühlte er sich dadurch geschmeichelt, daß er zum Mitglied des Reichskriegsraths gegen die Türken ernannt wurde, daß die mächtigsten Fürsten, Kaiser und Könige sich um seinen Beistand bewarben. Von dem Kaiser sowie von dem französischen Könige erhielt er ein kostbares Kreuz zum Geschenke, der Papst sandte ihm fast bei jeder Erweiterung seiner Macht ein Glückwunschschreiben, Karl II. von Spanien sah sich sogar veranlaßt, den Antritt seiner Regierung auch dem münsterischen Fürstbischofe zu notifiziren und der große Kurfürst von Brandenburg hatte besonders bei Gelegenheit einer persönlichen Zusammenkunft zu Beckum eine so vortheilhafte Meinung von ihm gewonnen, daß er ihn bald darauf bei der Geburt eines Sohnes zugleich mit Kaiser und Königen die Stelle eines Pathen zu übernehmen ersuchte.[5]) So hatte denn der Gebieter eines kleinen Stiftes sich in ganz Europa einen Namen erworben und es entsteht nur noch die Frage, ob er damit zugleich auch die wahre Wohlfahrt seines Landes nach Kräften gefördert habe. Wenn schon der Ruhm eines kriegerischen Fürsten fast niemals den Maßstab zur richtigen Würdigung der Lage seiner Unterthanen abgeben kann, so ist dieses bei Christoph Bernard gewiß um so weniger der Fall, weil er jenen Ruhm nur durch übermäßige Anspannung der geringen Kräfte seines Landes erringen konnte. Nach den kaum beruhigten Stürmen des dreißigjährigen Krieges bedurfte das Stift für längere

---

[5]) Alpen II, 534 f. Korrespondenz zwischen Chr. Bernard und dem Kurf. von Brandenburg Fr. Münster Landes-Archiv 589, 4.

Zeit der Ruhe und der Erholung und gerade jetzt kam die Regierung in die Hände eines Fürsten, der vorzugsweise Krieger war. Hätte dieser sich mit der Befreiung der von fremden Truppen noch besetzten Städte Coesfeld, Vechta und Bevergern zufrieden gegeben, so würde er freilich nicht in den Annalen der Kriegsgeschichte glänzen, aber vielleicht desto mehr als weiser Regent gerühmt sein. Doch die Waffen ruhten nun einmal nicht in seiner Hand. Nur sie entschieden den Streit mit der Hauptstadt seines eigenen Landes, nur durch sie sollten auch die Rechte auf Borkelo zur Geltung gebracht werden und so begannen jene Kriege, welche den größten Theil der Regierungszeit des Fürsten ausfüllten. Der reelle Erfolg dieser Unternehmungen aber beschränkte sich zuletzt auf die Verpfändung des Amtes Wildeshausen; und so waren denn nutzloser Weise die größten Geldsummen verausgabt, welche mehr als eine Herrschaft Borkelo anzukaufen ausgereicht hätten. Wären die Gelder zur Vertheidigung des Landes gegen willkürliche Angriffe verausgabt worden, so hätten die Unterthanen keinen Grund zur Klage gehabt; aber die Veranlassung zu den Kriegen wurde nicht sowohl durch die bedrohte Lage des Stifts als durch die Neigung des Fürsten geboten. Seine Kriegslust war so stark, daß er mitunter selbst die Rechte seiner Unterthanen nicht berücksichtigte, indem er durch die ohne Zustimmung der Landstände mit auswärtigen Fürsten eingegangenen Bündnisse und geführten Kriege den Bestimmungen des auch von ihm bestätigten Staatsgrundgesetzes oder privilegium patriae vom 6. April 1570 entgegenhandelte. Die von der Ritterschaft und später auch vom Domkapitel erhobenen Proteste waren fruchtlos und die Stimmen der Städtedeputirten wurden überhaupt nicht mehr berücksichtigt. Blieben doch selbst die kaiserlichen Befehle ohne Wirkung, wenn sie den Absichten und Wünschen des Fürsten nicht entsprachen. Wie aber kann man erwarten, daß ein so autokratischer und zugleich kriegslustiger Fürst sich durch die Rücksichtnahme auf die augenblickliche Wohlfahrt seiner Unterthanen bestimmen ließ, wenn er darin nicht zugleich eine Förderung seiner besonderen Zwecke erblickte. Daher standen denn auch viele seiner Verordnungen, welche zwar nicht geradezu das Kriegswesen betrafen, doch zu diesem in einer näheren oder entfernteren Beziehung. So das am 14. Juni 1673 erlassene Verbot der Getreideausfuhr, wonach das betreffende Objekt konfiscirt und außerdem ein dreifaches Quantum an die fürstlichen Magazine geliefert werden sollte, der Denunziant aber für jedes Malter einen Thaler erhielt. Am 30. Mai 1676 wurde eine Verfügung des Kaisers Leopold gegen die Einfuhr französischer Waaren auch für das Stift Münster bestätigt und zugleich dahin erweitert, daß auch die Einfuhr von Leinen und Tuch aus Verviers, Lüttich, Aachen und Schlesien verboten wurde. Diese Bestimmung war zwar zu Gunsten der Leinenweber und Tuchfabrikanten im Stifte Münster hinzugefügt, aber die Verordnung selbst war doch nur durch den Krieg gegen Frankreich veranlaßt. Aus demselben Grunde wurde am 10. November 1676 die Ausfuhr von Pferden nach Frankreich verboten. Ebenso sollte nach einer Verordnung vom 7. März 1664 kein Kupfer, Messing, Zinnen, Blei, „Pottglocken und metallen Speyß" bei einer Strafe von 25 Goldgulden und Konfiskation des betreffenden Objekts außer Landes geführt werden, sondern wer dergleichen zu verkaufen hätte, sollte sich an Hellmich Meyer zu Münster wenden. Nach einer andern Verordnung vom 20. December 1655 durfte auch Gold und Silber nicht an auswärtige Abnehmer verkauft, sondern nur dem Münzmeister Engelbert Ketteler zu Münster gegen Vergütung des Werthes zur Präge eingeliefert werden.

Wichtiger aber für die innere Verwaltung des Landes sind jene Verordnungen, wodurch Christoph Bernard die nothwendigen schlimmen Folgen der kriegerischen Ereignisse zu heben versuchte. Diese Folgen zeigten sich zunächst in der Veröbung mancher Gegenden und der Verarmung vieler Unterthanen. Demnach wurde in einer Verfügung vom 31. Mai 1651 befohlen, daß, da viele Häuser unbewohnt und die Aecker großen Theils unbebaut waren, jeder Münsterländer, der sich etwa in fremden Gegenden aufhielte oder in auswärtigen Diensten stände, in seine Heimath zurückkehren und von da ab keiner mehr ohne besondere Erlaubniß das Land verlassen sollte. Daß diese Verfügung nicht die gehoffte Wirkung hatte, zeigt die öftere Wiederholung am 26. September 1654, am 3. September 1655, am 24. Mai 1667 sowie die theilweise Verschärfung durch die Edikte vom 6. März 1658 und 3. März 1672. Diese sollten insbesondere das noch immer stattfindende Verziehen der Waffenfähigen verhindern, weshalb bestimmt wurde, daß jeder Wirth, welcher fremde Werber beherbergte, eine Strafe von 50 Thalern zahlen, die Werber aber sowie die Angeworbenen keinen Paß erhalten, sondern nach dem nächsten Amthaus gebracht werden sollten. Der Denunziant erhält 20 Thaler Belohnung. Wer von den fürstlichen Soldaten ohne förmlichen Abschied seinen Dienst verlassen hatte, sollte bei Konfiskation seines Vermögens und Strafe an Leib und Leben binnen sechs Wochen oder nach einer neuen Verfügung vom 16. Januar 1675 wenigstens binnen zwölf Wochen zurückkehren. Wenn diese Edikte nur mit dem Kriegswesen zusammenhingen; so läßt sich dagegen eine andere Verordnung vom 18. April 1670 vorzugsweise als eine Maß= regel der inneren Landesverwaltung bezeichnen. Als Grund dafür, daß noch immer so viele Häuser in schlechtem Zustande oder gar gänzlich unbewohnt seien, wird die Verschuldung und selbst völlige Verarmung der Eigenthümer sowie der Mangel eines rechtmäßigen Besitzers angeführt. Die verschuldeten Häuser sollen abgeschätzt wer= den und falls die Eigenthümer oder deren Kinder sie zu dem fest= gesetzten Preise nicht behalten wollen, den Gläubigern oder andern, die mehr bieten, überlassen werden. Ist ein baufälliges Haus im Besitze einer verarmten Familie, so wird dieser ein Termin von drei Jahren zum Neubau gestellt; sollte jedoch nach Ablauf dieser Frist das Haus sich nicht in einem besseren Zustande befinden, so wird es verkauft und das Geld dem bisherigen Eigenthümer gegeben. Was endlich die von keinem rechtmäßigen Besitzer bewohnten und völlig unbebaut liegenden Plätze betrifft, so sollen diese abgeschätzt und den nächsten Verwandten des früheren Eigenthümers, falls diese bekannt sind, angeboten oder meistbietend verkauft werden. Wer aber einen Platz, der vier Jahre hindurch wüst gelegen hat, wiederum bebauet, soll auf fünf Jahre von allen Schatzungen, Einquartierungen und anderen bürgerlichen Lasten frei sein. Wenn es den Anschein hat, daß diese Bestimmungen den verschuldeten und verarmten Familien wo nicht geradezu nachtheilig, dann doch nur wenig günstig waren, so bestanden dagegen auch andere Verfügungen zu Gunsten derer, welche ohne eigene Schuld in Armuth gerathen waren. So wurde durch ein sogenanntes Exekutionsedikt vom 13. September 1661 ver= ordnet, daß, zumal da manche Kirchspielsvorsteher und Kirchenräthe die Gemeinden ungebürlich belasteten, durch besondere Kommissare die etwaigen Schulden untersucht, die liquiden von den nicht liquiden gesondert und wegen der Zahlung ein gütlicher Vergleich getroffen oder andere Mittel ausersehen werden sollten, damit die Unterthanen wider Recht und über Vermögen nicht beschwert würden. Nach einer anderen Verordnung vom 27. Januar 1655 sollten die Schuldner nicht gehalten sein, die Kapitalien abzutragen, noch mehr als die lau= fende und eine halbe vorhin verfallene Pension zu entrichten. Die Gerichte wurden angewiesen, die Exekutionen nicht mit allzu großer Strenge vorzunehmen, insbesondere nicht das Vieh fortzutreiben und wie es oft geschähe, gegen unbedeutende Summen an Landstreicher oder andere selbstsüchtige Unterhändler zu verkaufen. Endlich bestimmte ein Edikt vom 1. Januar 1660, daß fortan statt 6 nur 5 % genommen werden dürften, „weil wegen vorgewesenen lang gedauerten Kriegswesens und ausgestandenen Schaden und Verderb die Unterthanen vielfältig heruntergekommen wären."

Neben den Verordnungen, welche die Veröbung der Ländereien und die Verarmung der Unterthanen verhindern sollten, sind weiterhin von Wichtigkeit die Verfügungen über die Erhaltung der zum Bauen und zur Mast nöthigen Wälder sowie der für die Truppenmärsche und den Handelsverkehr wichtigen Landstraßen. In Bezug auf den erstern Punkt wurde in einem Edikt vom 11. Juni 1652 gegen eine Strafe von 10 Goldgulden, wovon der Denunziant den vierten Teil erhalten sollte, verboten, in den Marken und auf den eigenhörigen Erben ohne besondere Erlaubniß Holz zu fällen. Wer Holz ausführt, ohne daß dieses von einer in jedem Amte dazu bestellten Person gezeichnet und ihm ein Paß oder Geleitsbrief ausgestellt ist, wird mit der Konfiskation des betreffenden Objekts und zum ersten Male mit 20 Goldgulden, bei weitern Uebertretungen mit einer höhern Geldstrafe belegt, von der wiederum der Denunziant jedesmal den vierten Theil erhalten soll. Durch Verfügung vom 12. April 1660 wurde Heinrich Schulze Höping zum Generalaufseher des Holzbestandes auf den Lehens- und Privatgütern des Fürsten ernannt und jeder Beamte unter Androhung schwerer Strafen aufgefordert, ihm bei Verhaftung der Kontravenienten den nöthigen Beistand zu leisten. Doch mußte das Edikt am 2. Juli 1669 von neuem eingeschärft werden.

In Bezug auf die Erhaltung der Landstraßen wurde durch die Edikte vom 18. Juni 1651, 30. April 1655, 20. Juni 1659, 2. Juni 1662 und 15. Juni 1676 bestimmt, jedes Jahr zu Anfang des Sommers und Winters, weshalb auch die betreffende Verfügung jedes Mal am Pfingstdienstage und am Feste aller Heiligen von neuem verkündet werden sollte, die Wege aufzubessern durch Knüppel, Buschen, Aufschütten von Sand, Auswerfen der Gräben und Entfernung des größeren Holzes von den etwa nebenher laufenden Wallhecken, damit die Sonne hindurchbringen und die sumpfigen Stellen austrocknen könnten. Zu gleicher Zeit sollen auch die Bäche gereinigt und mit Pfahlwerk und Brücken versehen werden. Ist eine Gegend zu morastig, so daß sie durch Ableitung des Wassers nicht trocken gelegt werden kann, so sollen die Wege über die benachbarten höheren Ländereien geführt und der dadurch entstehende Schaden dem Grundbesitzer vergütet werden. Ebenso wurde durch ein Edikt vom 27.

Juni 1665 der Ankauf von Ländereien zur Erbreiterung der Landstraßen befohlen. Um größere Mittel zur Aufbesserung der Wege und zur Herstellung der Brücken zu erhalten, wurde durch eine Verfügung vom 17. August 1674 eine Art von Wegegeld und Ausfuhrsteuer eingeführt. Es sollten nämlich bei den Hebestellen zu Warendorf, Dolberg, Olfen, Dülmen, Borken, Vreden, Gronau, Rheine, Meppen, Haselünne, Kloppenburg und Vechta folgende Sätze erhoben werden: von jedem ausländischen Frachtwagen nach Holland 2 Thaler, aus Holland 4 Thaler, von jeder ausländischen Frachtkarre 1½, bezüglich 3 Thaler, von jedem inländischen Frachtwagen nach Holland 1 Thaler, aus Holland 2 Thaler, von jeder inländischen Frachtkarre ½, bezüglich 1 Thaler, für ein Pferd ½ Dukaten, für einen Ochsen oder eine Kuh 3 Blamüser, für ein Schwein 1½ Blamüser und für ein Schaf 1 holländischen Stüber.

Bei der Herstellung der Landstraßen hatte man zwar vorzugsweise die Erleichterung der Truppenmärsche im Auge, doch blieb auch die Beförderung des Handelsverkehrs nicht ganz unberücksichtigt. So wurde auch in der letztgenannten Verfügung vom 17. August 1674 den Soldaten ausdrücklich eingeschärft, die Kaufleute ungehindert ziehen zu lassen und den wegen der Kriegsereignisse und der dadurch herbeigeführten Unsicherheit der Wege ohnehin gestörten Handel nicht weiter zu beeinträchtigen. Uebrigens konnten derartige Bestimmungen, so lange kein Friede im Lande war, ein gedeihliches Aufblühen des Handels und der Gewerbe nicht befördern und diese erfreuten sich deshalb nur insofern, als sie entweder mit dem Kriegswesen oder mit der Hofhaltung des Fürsten in unmittelbarer Verbindung standen, eines größeren Erfolges. Auch die Maßregeln, um die Schifffahrt auf der Ems zu befördern [6]) und ihr durch Anlegung eines Kanals einen andern Weg mit Umgehung von Ostfriesland anzuweisen, hatten keinen Erfolg, wogegen ein mit der Stadt Emden am 25. Oktober 1669 abgeschlossener Handelsvertrag [7]) für den Absatz

---

[6]) Am 9. Febr. 1651 wurde ein Vergleich zwischen Chr. Bernard und dem Domkapitel über Schiffbarmachung der Ems von Schöneflieth bis Telgte aufgerichtet. Prov.-Archiv Fr. Münster, Urk. 4480. Vgl. Mscr. VI, 52. — Auch die Schiffbarmachung der Aa oder Schippbeck war projektirt. Schreiben Chr. Bernards an die Stadt Deventer d. Coesfeld 30. Juni 1652. Fr. Münster Landes-Archiv 533, 4½.

[7]) Prov.-Archiv Fr. Münster, Urk. 4611. Die Bedingungen sind: a) freundlicher Verkehr auf der Ems und Aufhebung aller Arreste u. Repressalien; b) die münsterischen Schiffe können sich bei Berg- oder Thalfahrt drei

inländischer Produkte wenigstens einigen Vortheil brachte. Endlich verweisen wir noch auf die zu Gunsten des Verkehrs erlassenen Münzedikte vom 4. Mai 1658, 12. Juli 1664, 16. April und 17. Oktober 1673. Danach gingen auf einen Reichsthaler 14 Zweischillingsstücke, 21 Sechszehnpfennigstücke, 22 Fünfzehnpfennigstücke plus sechs Pfennigen, 28 einfache Schillinge, 56 Sechspfennigstücke, 84 Vierpfennigstücke und 112 Dreipfennigstücke. Ein Kopfstück galt 6 Schillinge, ein halber Blamüser der Städte Dortmund und Lünen 16 Pfennige, ein brabändischer Beischlag 18 Pfennige, ein brabändischer Blamüser 3 Schillinge 5 Pfenige, ein holländischer Blamüser 3 Sch. 4 Pf., ein holländischer Stüber 6 Pfennige und ein gemeiner Stüber 5 Pfennige. Nach einer Verfügung vom 2. Juli 1654 mußten auch die vom Domkapitel geschlagenen Kupfermünzen zum Werth von einem bis vier Pfennige im Verkehr angenommen werden.

Eine weit größere und erfolgreichere Aufmerksamkeit als der Beförderung des Handels und des Verkehrs schenkte Christoph Bernard der Aufrechthaltung der polizeilichen Ordnung, Ruhe und Sicherheit im Hochstift Münster. Zunächst heben wir hier eine verbesserte Feuerordnung vom 16. Oktober 1662 hervor folgenden Inhalts: Vor Sonnenaufgang und nach Sonnenuntergang darf nicht am Flachs gearbeitet noch derselbe auf Darren oder in Stuben aufbewahrt werden; auch darf man zu der Zeit kein Malz auf die Darre bringen; jede Uebertretung dieses Verbots zieht die Konfiskation des betreffenden Gegenstandes und außerdem eine Geldstrafe nach sich, wovon der Denunziant den dritten Theil erhält. Ferner ist das Dreschen nur bei einer Laterne gestattet; mit offenem Licht und angezündeter Pfeife darf man sich weder in Stallungen noch auf Stroh- oder Holzböden begeben; Schornsteine und Ofenröhre müssen oft gereinigt und überhaupt muß alles vermieden werden, wodurch irgendwie eine Feuersgefahr entstehen könnte. Die übrigen hieher gehörigen Verordnungen sind vorzugsweise politischer oder sittenpolizeilicher Natur.

Tage zu Emden aufhalten; c) bei ihrer Ankunft werden die Güter, welche den münsterischen Unterthanen gehören, beim Bürgermeister genau angegeben; d) während des dreitägigen Aufenthalts der Schiffe ist freier Handel und Wandel; e) die münsterischen Schiffe sind jedoch nicht gehalten auszuladen; f) der Zoll ist für beide Theile gleich; g) ebenso das Kranen-, Wage- und Hallen-Geld; h) Zoll und andere Gelder bleiben beim alten Valor; i) die Embener dürfen die Schiffe visitiren; k) für Quadersteine aus den fürstl. Steinbrüchen wird kein Zoll gezahlt, für andere je 36 Stüver; l) der Vertrag ist beiderseits nicht präjudicirlich.

Durch ein Edikt vom 22. December 1652 wurden die Zechereien bei den sogenannten Eheberedungen, Kistenfüllungen und Jungfrauen-Gesellschaften verboten. Zu Hochzeiten in Städten, Wigbolden, Flecken und Dörfern, auf vornehmen Amts- und Schulzenhöfen sowie auf zweipflügigen Erben durften 24, auf gemeinen Erben 18 und auf Kotten nur 12 Personen geladen werden. Die Feier war auf zwei Tage zu beschränken und jedesmal Abends um neun Uhr zu schließen. Die Hauptmahlzeit durfte nur aus vier Gerichten nebst Butter und Käse bestehen. Bettler sollten nicht zu den Gästen eingelassen werden, sondern an einem besonderen Orte ihre Gaben erhalten. Bei Kindtaufen durften außer den beiden Gevattern oder Pathen höchstens zehn Personen geladen werden. Auch diese sollten eine Mahlzeit von vier Gerichten erhalten und nicht über neun Uhr hinaus zusammenbleiben. Zum Vogelschießen, welches in jeder Gemeinde oder Bauerschaft einmal im Jahre stattfinden durfte, sollten keine fremden Gäste aus andern Gemeinden oder Bauerschaften geladen werden. Auch hierbei erhielten die Theilnehmer eine Mahlzeit von vier Gerichten und auf je 20 Personen eine Tonne Bier. Ebenso sollte bei der Errichtung eines Hauses für je 20 Männer, die dabei thätig waren, nur eine Tonne Bier verzapft werden. Und auch diese Gelage mußten um 9 Uhr des Abends geschlossen sein, um jede Nachtschwärmerei zu verhüten. Die sogenannten Gildenbiere und Maigänge wurden verboten, die Zusammenkünfte auf Fastnacht oder die Fastelabendsbiere dagegen auf einen Tag beschränkt zugleich mit der Bestimmung, daß sich dabei nur die Nachbarn und zwar ohne alle Mummerei versammeln sollten. Den Grund zu dieser Verfügung finden wir hauptsächlich in der materiellen und moralischen Zerrüttung eines großen Theils der Stiftsunterthanen. Uebrigens hatte jenes Verbot ohne die Androhung irgend einer Strafe nicht die gewünschte Wirkung und wenngleich die Mittheilungen holländischer und französischer Schriftsteller über die Virtuosität der Münsterländer besonders im Trinken sich nur auf die Truppen, die meist Ausländer waren, bezogen, so erfahren wir doch auch von den Stiftseingesessenen selbst, daß sie ihrer Gewohnheit noch keineswegs entsagt hatten. So wurde in einer neuen und schärfern Verordnung vom 3. Mai 1671 zur Verhütung von Trunkenheit und Schlägerei der Verkauf von Branntwein bei einer Strafe von 20 Gulden verboten und in einer andern Verordnung vom 23. September 1676 wurden sogar alle öffentlichen Hochzeiten und Kindtaufen sowie die sogenannten Glasebiere, Bruderschaften und andere weitläufige Zusammenkünfte bei einer Strafe von

25 Goldgulden gänzlich untersagt und zwar nach dem Wortlaute des Edikts „wegen der leider hin und wieder eingefallenen bekleiblichen Krankheiten." — Wie jetzt die geselligen Zusammenkünfte zu öffentlichen Lustbarkeiten, so waren auch schon früher durch ein Edikt vom 11. März 1658 die politischen Versammlungen ohne Vorwissen und Aufforderung des Fürsten verboten.

Gleichfalls aus politischen Rücksichten wurde die Verordnung vom 16. März 1665 erlassen, wonach jeder Fremde bei seiner Ankunft in Münster durch den am Thore wachehaltenden Soldaten zur Hauptwache geführt und dort vom Offiziere darüber befragt werden sollte, woher er wäre, was er in Münster zu verrichten hätte und wie lange er sich dort aufzuhalten gedächte. Ein mit den erhaltenen Angaben versehener Zettel war jeden Abend dem Fürsten oder in dessen Abwesenheit dem Kommandanten zu überbringen. Auch die Wirthe mußten sich nicht nur beim Kommandanten angeben, sondern auch jeden Abend eine halbe Stunde nach Schließung der Stadtthore die bei ihnen eingekehrten Fremden auf der Hauptwache anmelden. Ueberdies hatte die Hauptwache jeden Abend die einzelnen Wirthshäuser zu visitiren. Wenn ein Fremder nicht bei einem Gastwirth, sondern bei einem andern Bürger einkehrte, so mußte auch dieser ihn anmelden. Nach dem Zapfenstreich des Abends sollte in den Wirthshäusern weder Wein noch Bier verschenkt werden, sondern sich alles zur Ruhe begeben; insbesondere aber sollte sich kein Fremder nach jener Zeit mehr auf der Straße sehen lassen. Endlich wurde noch verfügt, daß sich ein Fremder nicht über ein halbes Jahr in Münster aufhalten durfte. Die Wirthe mußten die bei ihnen einkehrenden Gäste von dieser Verordnung in Kenntniß setzen. Wer sich gegen dieselbe in irgend einem Punkte verfehlte, wurde mit einer Strafe von 100 Goldgulden, bezüglich mit Konfiskation der Güter und selbst mit Todesstrafe belegt. Nicht weniger scharf waren anderweitige Verordnungen gegen Reisende; insbesondere wurde aus sanitätspolizeilicher Rücksicht durch eine Verfügung vom 28. Juli 1664 bestimmt, daß wegen der in Holland ausgebrochenen Pest kein Reisender und namentlich kein Jude, der mit alten Kleidern handelte, in das Stift gelassen werden sollte, wenn er nicht nachwiese, daß er sich wenigstens vierzehn Tage an einem gesunden Orte aufgehalten hätte. Mit den Verordnungen, welche zur Zeit, wo die Pest sich auch im Münsterlande verbreitet hatte, über das Verhalten vor und während der Krankheit, über die Verpflegung der Kranken und über die sogenannten Pesthäuser erlassen wurden, haben wir uns bereits früher bekannt gemacht.

Ein anderes Edikt vom 20. Juli 1663 war gegen die Landläufer und Bettler gerichtet. Danach sollten insbesondere fremde Bettler, Leprosen, Zigeuner und anderes Gesindel, welches vor den Häusern sänge oder spielte, nicht geduldet werden. Falls sie aber durch irgend ein Unglück in Armuth gerathen und mit Zeugnissen versehen wären, so sollten sie zur Hofkanzlei geschickt werden, damit man ihre Zeugnisse untersuchte und entweder ihnen auf bestimmte Zeit einen Bettelbrief gäbe oder sie in das Spinn-, Zucht- und Rasphaus verwiese. Die einheimischen Bettler, welche wegen Alter oder Krankheit ihr Brod nicht mehr verdienen könnten, sollten entweder in die Armenhäuser aufgenommen werden oder falls diese schon besetzt wären, von den Pfarrern einen Bettelschein erhalten. Für sogenannte Hausarme sollten unter der Predigt Almosen gesammelt werden. Kinder oder Erwachsene, die angeblich keine Arbeit hätten, sollten nicht herumlaufen; letztere könnten sich bei Anton Loyer in Münster melden und gegen ordentlichen Lohn Linnen, Wolle, Hanf, Flachs u. dgl. spinnen. Von andern Verfügungen, welche ebenfalls gegen das wilde Herumstreichen gerichtet waren, erwähnen wir außer einer Gesindeordnung insbesondere eines Edikts vom 19. Juli 1658, wonach den sogenannten Wickern, Nachweisern, Teufelsbannern und denen, welche das Segnen zu verstehen behaupteten (Magi und Arioli) die Ausübung ihrer Kunst bei einer Strafe von 2000 Goldgulden untersagt wurde. Von noch größerer Wichtigkeit war die am 29. April 1662 erlassene Judenordnung, wonach nur denjenigen Juden, welche entweder von dem Rentmeister zu Sassenberg oder von den Gerichtsschreibern in den Gränzörtern Vreden, Bocholt, Haltern, Werne, Beckum, Delbe, Vechta, Kloppenburg und Meppen einen Paß oder Geleitszettel und demnächst zu Münster einen förmlichen Geleitsbrief erhalten hatten, der Aufenthalt und die Besorgung ihrer Geschäfte im Stift Münster gestattet wurde. Uebrigens sollten sie weder mit Christen in denselben Häusern noch in der Nähe der Kirchen wohnen, auch nicht an Sonn- und Festtagen noch an den letzten drei Tagen der Charwoche Geschäfte treiben, sondern ihre Häuser und Läden geschlossen halten. Sie durften weder den Soldaten auf ihre Waffen, den Bauern auf ihre Ackergeräthe, noch den Dienstboten ohne Wissen ihrer Herrschaften und den Minderjährigen ohne Erlaubniß ihrer Eltern oder Vormünder etwas borgen. Ferner sollten sie kein Gold oder Silber ausführen, die nicht wieder eingelöseten Pfänder nicht ohne Weiteres an sich nehmen, sondern durch die Ortsrichter verkaufen lassen und von dem Erlös nur das Ihrige erhalten, endlich bei

Geldvorschüssen bis zu 20 Thalern höchstens 10, bis zu 50 Thalern höchstens 8 %, und von höheren Summen nur die landesüblichen Zinsen sich zahlen lassen und nicht etwa durch Theilung der Summe einen größeren Nutzen zu erzielen suchen. Jede Uebertretung dieses Verbots wurde mit Konfiskation der ausgeliehenen Gelder und außerdem mit 50 Goldgulden bestraft.

Wir schließen die Reihe der Polizeiverordnungen mit den gegen Schlägereien und Duelle erlassenen Edikten. Unter dem 23. August 1659 werden die Fiskale aufgefordert, für die Erhaltung von Ruhe und Frieden unter den Unterthanen zu sorgen; wer sich einer Injurie schuldig macht oder bei einer Schlägerei und Verwundung betheiligt, soll den Richtern und Gografen angezeigt werden. Auf das Strengste aber werden die Duelle verboten durch die Verfügungen vom 19. Juli 1658, 31. Juli 1665 und 12. Mai 1672. Nicht nur der Herausforderer sondern auch der Geforderte wird jedes Amtes und jeder Würde entsetzt und für immer unwürdig und unfähig erklärt. Fällt der Herausforderer, so erhält er kein christliches Begräbniß. Wer übrig bleibt, soll nach Karls V. Halsgerichtsordnung bestraft werden.

Die bis dahin erwähnten polizeilichen Verordnungen Christoph Bernards waren zwar großen Theils keine neuen Verfügungen; doch verdient die wiederholte Einschärfung derselben um so mehr Anerkennung, weil im westfälischen Frieden eine Verbesserung des Polizei- und Justizwesens in Aussicht gestellt war, der im Jahre 1653 zu Regensburg eröffnete Reichstag aber für die Hebung der Polizei in keinerlei Weise thätig war. In Bezug auf das Rechtswesen dagegen enthielt der sogenannte jüngste Reichsabschied vom Jahre 1654. gar manche wichtige Bestimmungen besonders über die Form des Prozesses beim Reichskammergericht, und im §. 137 erging an sämmtliche Reichsfürsten die Aufforderung, diese Prozeßform auch bei ihren Gerichten einzuführen. Wir haben demnach zu erörtern, ob und wie Christoph Bernard dieser Aufforderung nachkam.

Zunächst sei im Allgemeinen bemerkt, daß wie in andern fürstlichen Ländern so auch im Hochstift Münster für die weltliche Gerichtsbarkeit zwei Instanzen bestanden, nämlich ein Obergericht und Untergerichte. Das Obergericht oder das fürstliche Hofgericht zu Münster war erst im Jahre 1572 eingesetzt; [8]) bis dahin war das Gogericht zu Sandwelle im Amt Horstmar der höchste Gerichtshof, an

---

[8]) Nach der Rebultion Münsters wurde das Hofgericht dorthin zurückverlegt.

ben auch die Appellationen von den Untergerichten abgingen. Die Untergerichte zerfielen in Stadt= und Landgerichte; letztere führten auch den Namen Gogerichte. Uebrigens wurde die Jurisdiktion nicht allein vom Fürsten geübt, sondern auch vom Domkapitel, sowie von den Rittergutsbesitzern, welche entweder eine volle Gerichtsbarkeit (cum mero et mixto imperio) oder sogenannte Beifänge hatten. Mit den Beifängen war meist nicht das Recht über Leben und Tod (ius gladii) verbunden, und wenn der Eingesessene eines Beifangs außerhalb desselben ein Verbrechen verübte, so wurde er dem Landes= herrn straf= oder bruchtfällig. Fürstliche Gerichte waren zunächst im Amte Wolbeck: das Gericht zu Wolbeck, die Stadt= und Gogerichte zu Ahlen und Beckum, das Stadtgericht zu Telgte, ferner das vom Domkapitel erworbene Gogericht zu Sendenhorst. Schönefliet und Schönebeck waren Beifänge des Domkapitels; auch bestellte dieses die Gografen zum Bakenfelde, Meest, Telgte und Senden. Letzteres hatte Christoph Bernard von der Stadt Münster erlangt, überließ es aber 1663 dem Domkapitel gegen Abtretung eines Distrikts aus dem Gogerichte Bakenfelde, rings um die Stadt Münster im Rayon der Festungswerke, wo er das fürstliche Pfahlgericht (iudicium intra palos, von den Gränzpfählen) einrichtete. Unterherrlichkeiten waren Lütkenbeck, Drensteinfurt und Heessen, wo die Herren von der Reck, und Ostbevern, wo die Herren von Schenking eine besondere Ge= richtsbarkeit übten. Im Amte Sassenberg hatte der Fürst die Juris= diktion um das Amthaus sowie zu Warendorf und Beelen; daneben bestand das Privatgericht Fredenhorst und das Gogericht der Herren zu Harkotten, Korff=Schmising. Im Amte Stromberg gab es drei fürstliche Gogerichte zu Stromberg, Oelde und Herzfeld; daneben übten im Kirchspiel Lippborg die Herren von Galen zu Assen die Jurisdiktion. Im Amte Werne standen die Ortschaften Werne, Olfen, Bork, Bockum, Hövel und Herbern unter der Gerichtsbarkeit des Landesherrn; Unterherrlichkeiten hatten der Erbmarschall zu Nord= kirchen und Wolff zu Füchtelen, Beifänge der Probst von Kappenberg zu Lenkler, der Herr von Münster zu Meinhövel, der Erbmarschall von Nordkirchen zu Kapelle, der Herr von Böhmer zu Stockum. Im Amte Lüdinghausen hatte nur der Herr von Droste Vischering einen Beifang im Berenbrock. Im Amte Dülmen gab es zwei fürstliche Richter in den Städten Dülmen und Haltern und einen Gografen an der Grainkuhle, einem Gerichtsort bei Dülmen; einen Beifang hatte der Herr zu Buldern. Im Amte Bocholt waren dem fürst= lichen Richter auch Rhede, Dingden und Werth untergeordnet. Im

Amte Ahaus gab es einen fürstlichen Richter „zum steinernen Kreuz" von Ahaus und Ottenstein, ferner einen Richter in den Städten Borken, Stadtlohn und Vreden, welcher letztere zugleich Gograf zu Gerkinkloe war, endlich ein Stadtgericht zu Ramsdorf und ein Gogericht „auf'm Brahm", wozu die Gogerichte Borken, Gescher, Stadtlohn und Süblohn gehörten. Daneben bestanden die Reichsherrlichkeit Gemen und die Herrlichkeit Raesfeld, Ostendorf und Lembeck. Im Amte Horstmar übten neben den fürstlichen Richtern zu Horstmar, Billerbeck und Coesfeld die Gografen zu Sandwelle und Hastehaus die Rechtspflege; eine besondere Gerichtsbarkeit hatten Gronau und Rorup, ferner die Burgmänner zu Nienborg, die Herren von Merveld in den Kirchspielen Osterwick und Legden sowie die Stifte Asbeck, Borghorst und Metelen, einen Beifang der Probst des alten Doms in der Bauerschaft Limberg; Kirchspiels Darup. Das Amt Rheine=Bevergern stand wie unter einem Drosten und Rentmeister so auch unter einem Richter. Im Amte Emsland waren fünf Gerichte, zu Meppen und Haren, zu Haselünne, auf dem Hummelink, zu Laten und zu Aschendorf. Im Amte Kloppenburg gab es ein, im Amte Vechta drei fürstliche Gerichte zu Vechte, „auf'm Desum" und zu Damme, endlich ein Gogericht zu Sudholt.

Indem wir nun zu einer kurzen Darlegung der Gerichtsverordnungen Christoph Bernards übergehen, bedarf es kaum der Bemerkung, daß diese nur die fürstlichen Richter und Gografen betrafen. Zunächst wurde bereits am 23. November 1651, also gleich zu Anfang der Regierung des Fürsten eine sogenannte Provisional= oder Kriminalprozeßordnung erlassen, der am 22. December 1652 eine Brüchtenordnung folgte. Beide wurden in einer Verfügung vom 15. November 1659 von neuem verschärft und danach folgende Bestimmungen getroffen. Keiner soll verhaftet werden, wenn er nicht auf der That ertappt oder „bei leibsträflichen Malefizsachen kenntlichen Argwohn" wider sich hat. Bei Denunziationen soll, wenn nicht etwa ein Fluchtversuch zu befürchten ist oder Gefahr in der Verzögerung liegt, zunächst in möglichster Stille der Thatbestand nach Zeit und Ort erforscht, auch ein oder anderer Zeuge bereits verhört werden. Die über die Untersuchung geführten Akten müssen eingeschickt werden, damit der Fiskus oder Staatsanwalt danach das Klagelibell anfertigen kann. Auch während des Prozesses müssen die zu seiner Führung kommittirten Richter die Akten zur Durchsicht einschicken. Bei widerrechtlicher Verhaftung oder sonst ungebührlichem Verfahren in peinlichen Sachen soll der, welcher die Aufsicht zu führen hatte, dem Beschädigten für Schmach, Kosten und Schaden stehen. Ferner wird nach der erwähnten Brüchtenordnung bestimmt, daß jeder landesherrliche Vogt, Frohne und andere Diener zur schriftlichen Anzeige aller ihm bekannt werdenden Vergehen und Frevel verpflichtet ist; daß die Richter und Gografen alle vierzehn oder nach Umständen alle acht Tage Gericht halten und auf Grund gehöriger, in allen über zwanzig Thaler Werth steigenden Sachen schriftlich abgefaßter und entweder dem Angeschuldigten selbst insinuirter oder durch seine Hausgenossen übermittelter Vorladungen verfahren sollen; daß diese Insinuationen vierzehn Tage vor dem Gerichtstermin geschehen und wenn der Vorgeladene ausbleibt, mit weiterer Frist von acht Tagen erneuert, dann jedoch entweder nach dem Eingeständniß oder der Ueberführung des Angeschuldigten oder auch in contumaciam die Urtheile gefällt werden sollen; daß in den von den Gerichtsschreibern zu führenden Protokollen nur die Klage, die Antwort und der Beweis verzeichnet und darauf das Urtheil gefällt und, insofern nicht in gehöriger Zeit dagegen appellirt worden ist, ohne Weiteres vollzogen werden soll; daß alle fiskalische Prozesse binnen Jahresfrist beendigt und monatliche Nachweise derselben oder Angabe der Ursachen ihrer Nichtbeendigung an den landesherrlichen Beamten eingereicht werden müssen; daß endlich außer den näher bestimmten Prozeßkosten und den Diäten der zum Brüchtenverhör nöthigen Vögte und Frohnen sowie der dazu deputirten Kommissare des Landesherrn nichts von den Parteien erhoben noch in den Amtsrechnungen aufgeführt werden dürfe. Unter dem 23. August 1659 wurde durch ein Rescript der fürstlichen Kammerräthe den richterlichen Beamten eröffnet, daß zum Zweck einer besseren Ermittelung der fiskalisch zu verfolgenden, brüchtfälligen Vergehen jeder Eingesessene eines Gerichtsbezirks zu deren Denunziation verpflichtet sein sollte, bezüglich zur Angabe der ihm beiwohnenden Kenntniß der Begebenheit amtlich aufgefordert werden könnte und daß hieraus weder dem Angeber oder dem Vernommenen irgend eine Gefahr und Verbindlichkeit erwachsen, noch auch dem etwa darunter begriffenen Verletzten sein besonderer Rechts- und Verfolgungsanspruch gegen seinen Beschädiger beschränkt werden sollte. Im Jahre 1666 publizirten die zur Abhaltung der fiskalischen Prozeduren für die einzelnen Aemter halbjährig deputirten landesherrlichen Kommissare eine neue Brüchtenordnung, wodurch insbesondere bestimmt wurde, daß sämmtliche fiskalische Beamten alle 14 Tage ausführliche Nachweise der ihnen bekannt gewordenen und mit allen Umständen von ihnen zu erforschenden

Vergehen, die Richter jedoch nur gleichmäßige Berichte in den Amthäusern einzureichen verpflichtet wären und daß auf Grund dieser Schriftstücke die Strafe verhängt werden sollte; daß ferner die bei deren Festsetzung sich nicht beruhigenden Delinquenten zum Gericht verwiesen, dort aber im Ueberführungsfalle zum doppelten Betrage der früher angesetzten Strafe und zum Kostenersatz verurtheilt werden sollten und endlich daß bei den hiernach nur dann statthaften Berufungen an den Landesherrn, wenn der Appellant Bürgschaft für Strafe und Kosten gestellt hätte, im Falle der Bestätigung des frühern Urtheils immer auf dessen doppelten Strafansatz erkannt werden würde. Der Zweck dieser Verfügungen war offenbar die Herstellung eines regelmäßigen, schleunigen und kostensparenden Prozeßbetriebes in Brüchtesachen. Denselben Zweck verfolgte auch die im März 1663 publizirte Kanzleiordnung, worin die Reihenfolge und die Form der Verhandlungen (modus procedendi) in den täglich zu bewirkenden Rathssitzungen der fürstlichen Kanzlei genau vorgeschrieben wurde, ferner die am 18. Mai 1667 erlassene Fiskalatsprozeßordnung für das zu Coesfeld residirende Fiskalatsgericht sowie die Brüchten-Appellations-Prozeßordnung bei eintretenden Berufungen von den Untergerichten an den Landesherrn oder dessen Kommissare. In der erstern Verordnung wurde das von dem landesherrlichen Fiskalatsgericht und dem Advokaten des Fiskus zu beobachtende Prozeßverfahren genau bestimmt. Zugleich waren dem genannten Advokaten in einem Reglement vom 17. Mai seine Dienstobliegenheiten und Verpflichtungen bestimmt vorgeschrieben. Ist ein Vergehen von dem Fiskus selbst erkundet oder sonst zur Anzeige gelangt, so soll an den Delinquenten eine Citation und wenn dieser nicht Folge leistet, ein Monitorium erlassen werden. Erscheint er auch jetzt nicht, so wird in contumaciam verfahren; stellt er sich dagegen auf die zweite Ladung, so hat er sich zunächst wegen seines früheren Ausbleibens gehörig zu entschuldigen oder eine Geldstrafe zu zahlen. Weiterhin soll er auf die ihm vorgelegte fiskalische Klage ohne Verzug kurz und bestimmt antworten und zwar unter eidlicher Erhärtung seiner Aussagen, falls die Kommissare nicht aus höchst erheblichen Ursachen den Eid nachlassen. Ist durch das einmalige Verhör das Vergehen festgestellt, so soll zur Vermeidung weiterer Kosten der Verklagte gleich brüchtfällig erklärt werden. Ist aber fernere Kognition nöthig oder will der Angeklagte sich wegen der Anschuldigung weiter vertheidigen, so soll bis zur nächsten Gerichtssitzung am Dienstag oder Freitag oder längstens binnen 14 Tagen sowohl der Advokat des Fiskus seine Beweisthümer beibringen als auch der Angeklagte seine Vertheidigung durch Urkunden oder Zeugen bewirken, doch alles möglichst kurz und bestimmt. Dem Angeklagten werden zwei Vertheidiger oder Prokuratoren bewilligt, denen ebenso wie dem Fiskus alle 8 oder 14 Tage ein Termin zur Führung ihrer Sache anberaumt wird. Bei Versäumung des Termins oder bei hinlänglicher Kognition der Sache soll das Urtheil gefällt werden, gegen welches der Angeklagte nur binnen 14 Tagen zu appelliren berechtigt ist. Die Akten müssen von dem Notar des Fiskus alle Vierteljahre der fürstlichen Kanzlei zur Festsetzung der Brüchten eingesandt werden. Ist der Angeklagte freigesprochen, so erhalten die Gerichtsbedienten keine Expense; ist er dagegen in die Kosten verurtheilt, so sollen diese „dermaßen bescheidentlich taxirt werden, daß sich keiner mit Fug zu beklagen habe."

In Bezug auf die erwähnte Brüchten=Appellations=Prozeßordnung haben wir zunächst zu bemerken, daß eine Appellation nur unter den Bedingungen angenommen wurde, wenn der Appellant binnen 2 Tagen dem bisherigen Richter davon Anzeige machte, wenn er seine Beschwerde schriftlich einreichte, endlich wenn er ein neues Beweisthum vorbrachte, von dem er eidlich erhärtete, daß er es während des Prozesses in erster Instanz nicht gekannt hätte. Die eingereichten Schriftstücke sollen dem Oberfiskus gleich zugestellt und über die Beschwerden und neuen Beweisthümer Untersuchungen angestellt werden, so jedoch, daß die Appellationssachen mindestens innerhalb der Frist eines halben Jahres völlig erledigt wären. Wird der Appellant abgewiesen oder von neuem verurtheilt, so soll er als Strafe für den frevelhaften Prozeß den Betrag des ursprünglichen Brüchtensatzes doppelt erlegen, welcher dann von den Rentmeistern ganz zu erheben, zum dritten Theile aber an die fürstliche Hofkammer einzuliefern ist.

Sehen wir den Fürsten in dieser Appellationsprozeßordnung zugleich darauf Bedacht nehmen, der leichtsinnigen und frevelhaften Prozeßsucht seiner Unterthanen vorzubeugen, so tritt dieser Zweck doch noch klarer hervor in einer Verfügung vom 12. Januar 1669, wodurch jedem bei einer Strafe von 10 bis 20 Goldgulden verboten wurde, einen Prozeß zu beginnen, wenn nicht zuvor ein Vergleich in Güte versucht worden. Zu dem Ende soll von den fürstlichen Lokal=Beamten und Richtern unter Zuziehung von nur einem Gerichtsschreiber in der ersten Woche eines jeden Monats ein sogenannter „gütlicher Vergleichstag" anberaumt werden, zu welchem die Recht suchende Partei sich anmelden und ihren Gegner durch die Behörde mündlich vorladen lassen muß. Die erschienenen Parteien soll man nach Anhörung ihres möglichst kurz und bestimmt gefaßten Beweises und Gegenbeweises mit Beseitigung alles schriftlichen Verfahrens nur durch gütliches Zwischensprechen der Billigkeit und erwogenen Umständen nach in der Güte von einander zu setzen versuchen. Mißlingt der erste Sühne-Versuch, so müssen die Parteien gleich in demselben Termine auf den nächsten Vergleichstag mündlich wieder vorgeladen werden und erst, wenn auch der zweite Versuch scheitert, sind sie an ihr ordentliches Gericht zu verweisen. Gelingt der Vergleich, so erhalten die Parteien gegen billige Gebühr des Richters und des Schreibers von den kurz und deutlich zu protokollirenden Vereinbarungen amtliche Auszüge, welche demnächst von den landesherrlichen Richtern ordnungsmäßig und förmlich exequirt werden müssen. Sowohl über die verglichenen als über die an die Gerichte verwiesenen Rechtsstreitigkeiten sollen jedes halbe Jahr Verzeichnisse eingereicht werden. Endlich verbietet die Verfügung, irgend einen Rechtsstreit über Jahresfrist hinzuziehen.

Aus dem Gesagten geht klar hervor, daß das Gerichtswesen im Hochstift Münster nach dem Verhältniß der damaligen Zeit durchaus wohlgeordnet war und um so mehr war es begründet, jede Nichtbeachtung der erlassenen Verfügungen auf das Strengste zu bestrafen. Noch aber wurde durch eine besondere Verordnung vom 14. August 1675 denjenigen Beamten, welche, obwohl ihnen keine Jurisdiktion zustände, dennoch das, was bei den ordentlichen Gerichten erkannt und abgesprochen wäre, durch widrige Mandate zu hemmen oder darüber einiger Gestalt zu kognosciren wagten, eine Strafe von 50 Goldgulden angedroht.

Schließlich ist es zur völligen Kenntniß des Rechtswesens erforderlich, auf die von Christoph Bernard unter dem 2. December 1651 getroffene Reformation des geistlichen oder Offizialatsgerichts*) hinzuweisen. Die in lateinischer Sprache geschriebenen

---

*) „Reformatio et visitationes Iudicii ecclesiastici." Mscr. 130 des Alterthums-Vereins. Von Interesse ist die Jahresrechnung dieses Gerichts unter den Mscr. des Alterthums-Vereins N. 135. Die Gesammteinnahmen von Sept. 1661 bis 64 betrugen 5626 Mark 6 Solidi, die Gesammtausgaben 5677 M. 5 ß 10 dt. Davon erhielt a) Alpen, Sigillifer, außer den Accidenzien an Wein, Schweinen, Gänsen, Hühnern, Weizen, Erbsen, Mort- u. a. Gelde, Holz (nach der Bestallung vom 13. Juni 1661) an Gehalt jährlich 240 Thlr. oder 560 M.; b) Dr. Peter Hülsmann, Offizial, in den 3 Jahren im Ganzen 1166 M. 8 ß; c. Dr. Ger-

Verordnungen, welche 165 Folio-Seiten umfassen, zerfallen in zwei Theile, von denen der erste zunächst in zwölf Titeln über die vor das erwähnte Gericht gehörigen Sachen und die Obliegenheiten der dabei fungirenden Personen, dann im 13. Titel über die Form der sogenannten Bankal-Prozesse handelt, der zweite Theil aber in 38 Titeln das Verfahren bei den gewöhnlichen Prozessen auseinandersetzt, dem sich dann im 39. Titel eine Verordnung über die Visitation des geistlichen Gerichts und die Taxe der Prokuratoren anschließt. Vor das Forum des Gerichts gehörten alle geistliche Personen und Sachen, dann aber auch die Unterhörigen oder Schutzbefohlenen der Geistlichen und namentlich die Wittwen und Waisen in Sachen, welche die Ehe, die Legitimation der Nachkommen, den kirchlichen Zehnten, die Verbindlichkeit der Eide u. dergl. betrafen. Vorsitzender des Gerichts war der Offizial, welchem übrigens bei der Leitung der Verhandlungen in den am Donnerstag und Samstag stattfindenden Sitzungen zwei Assessoren zur Seite standen. Ferner gab es einen Siegelbewahrer, welcher die säumigen Geistlichen an ihre Pflichten zu mahnen, jeden Angriff auf geweihte Personen und Sachen, auf Synodaldekrete und gegen das geistliche Gericht zurückzuweisen, bezüglich durch den Fiskalprokurator zu verfolgen, fremde Weltgeistliche und Mönche ohne Atteste nicht zuzulassen und endlich für die Durchführung der Testamente zu sorgen hatte. Der erwähnte Fiskalprokurator war der eigentliche Staatsanwalt des geistlichen Gerichts, welcher auf die Beurtheilung und Bestrafung der zu seiner Kenntniß gelangten Vergehen bringen sollte. Daneben versah er die Stelle eines Notars für Ehesachen, welche vor dem Generalvikar verhandelt wurden. Die übrigen Beamten des geistlichen Gerichts waren die Advokaten, die Notare, die Prokuratoren, die sogenannten Bankal-Notare, deren zwei vom Fürsten, zwei vom Domkapitel, zwei von dem Offizial und den Assessoren ernannt wurden, ferner die Exekutoren und Sollicitatoren. Allen diesen wurde es ernstlich anbefohlen, ohne Ansehen der Person und ohne Rücksichtnahme auf Gebühren oder gar Geschenke nach bestem Wissen und Gewissen die ihnen anvertrauten Sachen zu führen und auf keinerlei Weise die möglichst rasche Beendigung des Prozesses zu hindern. In Bezug auf das Prozeßverfahren selbst wurden im

---

hard Kemper, Assessor im G. 746 M. 8 β; d) Hermann Nyrmann, sigilli minister im G. 576 M. und e) Jakob Stöve, sigilli minister im G. 497 M.

zweiten Theile folgende Bestimmungen getroffen. In dem ersten Termine nach geschehener Citation ist die Klageschrift einzureichen und eine Kopie davon dem Prokurator der Gegenpartei zu übergeben. Hat der Angeschuldigte noch keinen Advokaten finden können, so erhält er 14 Tage Zeit, falls er ihn in Münster, und einen Monat, falls er ihn außerhalb suchen will. Auch muß er sich entweder durch einen Eid oder durch Gewährsmänner verpflichten, pünktlich vor Gericht erscheinen zu wollen. Endlich muß der Schuldige selbst oder dessen Prokurator sich entweder gleich im ersten oder im nächstfolgenden Termine über die Zulässigkeit der Klage erklären. Nach Annahme der Klage haben sich die Parteien durch einen Eid zu verbinden, daß sie die reine Wahrheit sagen werden. Der Termin zur Verhandlung über die eingereichte Klage und deren Erwiederung wird dann nach 14 Tagen angesetzt. In diesem haben Kläger und Verklagter ihre weiteren Bemerkungen in kurzer, bestimmter und erschöpfender Fassung einzureichen. Zur Prüfung derselben erhalten die Prokuratoren fernere 14 Tage Zeit. Werden einige Aussagen des Klägers vom Verklagten oder umgekehrt geläugnet, so sollen zur Ermittelung der Wahrheit in zweien nach je 14 Tagen anzusetzenden Terminen Zeugen angemeldet und vorgeladen werden. Wer sich weigert, als Zeuge zu erscheinen, gegen den wird eine Strafe von 100 Goldgulden bestimmt und selbst Gewalt gebraucht. Nachdem die Zeugen geschworen haben, die Wahrheit sagen zu wollen, werden sie über die von den Parteien eingereichten Fragen vernommen. Etwaige Einwendungen der einen Partei gegen die Persönlichkeit und die Aussagen der Zeugen von der andern Partei sind im nächsten Termin vorzubringen und möglichst bald zu erledigen, worauf dann die Sache als spruchreif betrachtet und das Urtheil gefällt wird. Das bezeichnete Verfahren findet seine Anwendung in Sachen von besonderer Wichtigkeit; betrifft die Klage nur ein Werthobjekt unter 20 Thalern oder andere minder erhebliche Dinge, so wird sie mehr summarisch behandelt. Ferner werden in Bezug auf das Kontumacialverfahren gegen Geistliche sowie gegen Laien im Allgemeinen dieselben Vorschriften gegeben, wie in der Hofgerichtsordnung (Thl. II. Tit. 37). Wenn der Kläger nicht erscheint, so wird entweder gleich im Citationstermin, wo jener seine Klageschrift einreichen müßte, der Verklagte vorläufig freigesprochen, oder dem Kläger wird, falls er nach dreimaliger Citation nicht erscheint, ewiges Stillschweigen auferlegt, oder endlich wird bei schon wirklich eingeleitetem Prozeß der Spruch gefällt und der nicht erschienene Kläger ohne Rücksicht

darauf, ob er die Sache gewonnen oder verloren hat, in die Kosten
verurtheilt. Wenn dagegen der Angeklagte nicht erscheint, so hat
der Prozeß seinen Fortgang und jener wird unbedingt in die Kosten
verurtheilt; auch kann der Kläger verlangen, bei etwa streitiger Sache
in deren Besitz gesetzt zu werden und endlich wird dem Angeklagten
bei wiederholter vergeblicher Vorladung eine besondere Strafe auf=
erlegt; falls er sich aber später stellt und wegen seines Ausbleibens
hinreichend entschuldigt, so sollen seine gerechten Einsprüche gegen die
Klage gehört und danach entschieden werden. Die übrigen Titel
handeln zunächst übereinstimmend mit der Hofgerichtsordnung über
Rekonvention, über Inhibitions= und Kassationsmandate gegen welt=
liche Richter, die sich weder in Prozesse gegen geistliche Personen
und in geistlichen Dingen noch in Angelegenheiten, die beim Offi=
zialatsgericht einmal anhängig gemacht sind, einmischen dürfen, ferner
über die Vorladungen säumiger Parteien, über die Beschlagnahme
eines streitigen Objekts, welche dem bisherigen Besitzer anzuzeigen
und bei dessen anderweitiger Verbürgung aufzuheben ist, über Aus=
einandersetzungen, die nicht gar zu lange verzögert werden sollen,
über Verläumbungen und Angebereien, bei denen nicht voreilig zu
verfahren ist, sowie über Prozesse in Ehesachen, wobei man zunächst
ermitteln soll, daß sie nicht aus Böswilligkeit begonnen werden.
Ferner war vorgeschrieben, die Akten gut aufzubewahren, die anhän=
gigen Sachen in den festgesetzten Terminen pünktlich zu Ende zu
führen und etwaige Appellationen an den Bischof oder den Papst
innerhalb einer Frist von zwei, bezüglich sechs Monaten zu bewirken.
Die Verkündigung der Mandate geschah durch die Pfarrer, welche
darüber einen Vermerk beizufügen hatten; die gefällten Urtheile wur=
den nicht allein der verlierenden Partei sondern auch den weltlichen
Richtern und den Magistraten zugestellt, damit die Durchführung
um so mehr gesichert wäre. Endlich war bestimmt, daß die Visita=
tion des geistlichen Gerichts jedes Jahr oder wenigstens alle zwei
Jahre durch Deputirte des Bischofs und des Domkapitels stattfinden
und sich sowohl auf die dabei fungirenden Personen als auf die
dort abgeurtheilten Sachen erstrecken sollte. Eine wesentliche Ver=
änderung in der Einrichtung des geistlichen Gerichts wurde durch
die spätern Visitationen nicht herbeigeführt und so behielt jene Re=
formation, welche einer fast völligen Umgestaltung der früheren Be=
stimmungen gleichkam und nur zum Theil auf die Visitation vom
Jahre 1604 zurückging, auch für die Folgezeit ihre Geltung. End=
lich sei noch bemerkt, daß die geistliche Gerichtsbarkeit in dem von

Osnabrück erworbenen Niederstift nicht dem geistlichen Hofgericht sondern dem Generalvikariat beigelegt wurde und die Appellation unmittelbar an den Fürstbischof ging. [10]

Mit der Reformation des Offizialatsgerichts schließen wir die Darstellung von der Thätigkeit Christoph Bernards als Regenten und Gesetzgebers und wenden unsere Aufmerksamkeit demnächst auf seine Wirksamkeit als Bischof, wozu gerade die zuletzt erwähnten Verordnungen bereits den Uebergang vermittelten.

---

[10] Olfers, „Beiträge zur Gesch. d. Verf. u. Zerst. des Ob. Münster" S. 8.

Zehnter Abschnitt.

Bischöfliche Wirksamkeit Christoph Bernards. Umfang und Zustand der Diöcese. Hebung der vorhandenen Uebelstände und Förderung des religiös-sittlichen Lebens durch Visitationen, Synodaldekrete und Hirtenbriefe. Konfraternitäten. Verwaltung der Sakramente. Beförderung des äußern Gottesdienstes. Schulwesen. Klöster. Verordnungen gegen Aberglauben und Unglauben. Uebertritt des Herrn von der Recke zu Steinfurt, Galen zu Ermelinghof und des Grafen von Bentheim zum Katholizismus. Auflösung der Ehe des Grafen. Rekatholisirung der Grafschaft. Verhältniß Christoph Bernards zum Papste. Uebersicht über die vom Bischofe persönlich geübten Funktionen.

Wenn wir die Wirksamkeit Christoph Bernards in seiner Eigenschaft als Bischof einer nähern Betrachtung und Würdigung unterziehen, so ergeben sich für uns nothwendig die Fragen, wie weit erstreckte sich sein bischöflicher Wirkungskreis, wie war der religiös-sittliche Zustand seiner Unterthanen beschaffen und was hat er zur Weckung und Förderung der Gläubigen im Wissen und Wollen, im Glauben und Handeln gewirkt.

Was zunächst die Ausdehnung des bischöflichen Wirkungskreises betrifft, so haben wir bereits früher gehört, daß Christoph Bernard im Jahre 1668 vom Kapitel zu Osnabrück mit Zustimmung des Papstes gegen die Summe von 10,000 Thalern die geistliche Jurisdiktion über die Präfekturen des Emslandes, Kloppenburg, Vechta, Bevergern und andere Distrikte erhielt. Die weltliche Jurisdiktion in jenen Gegenden hatte der münsterische Bischof schon früher geübt, so in Vechta seit 1250, in den tecklenburgischen Distrikten seit 1400, und wenn es demnach schon aus diesem Grunde angemessen erschien, daß er eben dort auch die geistliche Oberherrschaft gewann, so war es doch außerdem noch von einer ganz besondern Wichtigkeit, weil nach den Bestimmungen des westfälischen Friedens in Osnabrück ein weltlicher Fürst jedesmal mit einem Bischof in der Regierung abwechselte. Und so wurden denn mit der münsterischen Diöcese über fünfzig Pfarreien vereinigt, erhielten übrigens nicht einen eigenen Archidiakon, sondern standen unmittelbar unter dem Bischofe, dessen Einfluß auf die Regelung ihrer Angelegenheiten dadurch um so bedeutender wurde. Eine fernere Ausdehnung seiner geistlichen Jurisdiktion gewann Christoph Bernard dadurch, daß ihm, nachdem der Graf Ernst Wilhelm von Bentheim bereits 1668 zum Katholizismus übergetreten war, durch ein päpstliches Schreiben vom 28. Februar 1671 der ehemals zur Diöcese Utrecht, später Deventer gehörige Theil der Grafschaft untergeordnet wurde, damit er, wie es in dem Schreiben heißt, jenem Volk nicht wie einem fremden Weinberge als Miethling sondern als Vater seine Sorge und seinen Schutz zuwende. Eine noch weitere Ausdehnung der geistlichen Gerichtsbarkeit in den eroberten Provinzen der Niederlande und in dem beim Kriege gegen Schweden gewonnenen Theile der Herzogthümer Bremen und Verden hatte, wie wir bereits früher sahen, nicht den gewünschten Erfolg und mit dem Verlust der gemachten Eroberungen gingen auch die dort bereits getroffenen kirchlichen Einrichtungen ihrer Wiederauflösung entgegen. Was endlich die Uebernahme der Administration von Korvey betrifft, so wurde dadurch der Wirkungskreis des münsterischen Bischofs an und für sich nicht erweitert, da nach einem darüber ausgestellten Reversale die Angelegenheiten des Stifts und der Abtei durchaus von einander getrennt behandelt werden mußten. Da wir nun aber bereits früher die von ihm als Administrator jener Abtei entwickelte Thätigkeit für die Hebung der gelockerten Ordensdisciplin sowie insbesondere für die Herstellung des Katholizismus in Höxter kennen gelernt haben, so bleibt uns hier zunächst nur seine Wirksamkeit in dem Bisthum Münster und den damit vereinigten Gegenden des Emslandes und der Grafschaft Bentheim näher zu entwickeln.

Zur richtigen Würdigung dieser Wirksamkeit ist es offenbar sehr wichtig und sogar nothwendig, den religiös-sittlichen Zustand jener Gegenden zu der Zeit, wo Christoph Bernard das bischöfliche Amt übernahm, bezüglich die geistliche Jurisdiktion im Emslande und im Bentheimischen erlangte, kennen zu lernen. Wir haben übrigens zu diesem Zwecke nicht allein die unmittelbar vorhergehenden Zeiten oder die durch die unglückseligen Ereignisse des dreißigjährigen Krieges herbeigeführten Zustände sondern auch die schon früher veränderte Lage des Bisthums ins Auge zu fassen. In letzterer Beziehung mag es genügen, der in einem Visitationsprotokoll vom Jahre 1592 gerügten Uebelstände zu erwähnen. Danach hatten viele Geistliche entweder ihren Abfall offen erklärt oder sich doch den verderblichsten Irrthümern und gröbsten Ausschweifungen ergeben. Manche von ihnen hatten seit vielen Jahren nicht nur die Oelung sondern selbst die Taufe nicht mehr ertheilt; andern war die Formel für die Lossprechung von den Sünden völlig unbekannt und auch die Konsekration des Brodes und des Weines in den Leib und das Blut Christi geschah von vielen nicht in der richtigen Weise. Der Glaube an ein Fegefeuer war in den meisten Gegenden geschwunden und damit zugleich die Abhaltung von sogenannten Todtenmessen aufgegeben. In sittlicher Beziehung übte es einen höchst verderblichen Einfluß, daß viele von den Geistlichen sogar offen im Konkubinat lebten. Daher wurde von dem Erzbischofe Ferdinand, dem Vorgänger Christoph Bernards, in einem Synodaldekret d. Münster den 18. März 1613 verlangt, daß sowohl die wilden Ehen überhaupt nicht gestattet, als insbesondere aus den Wohnungen der Geistlichen die verdächtigen Weiber entfernt werden sollten. Ebenderselbe hielt es auch für nothwendig, in einem spätern Dekrete d. Meschede den 10. August 1616 die Reformation der Klöster, namentlich des Franziskanerordens, sowie in drei andern Dekreten d. Bonn den 9. September 1616 die Reformation der Damenstifte, der Kollegiat- und Pfarrkirchen zu fordern.[1]) Diese Dekrete fanden übrigens nicht die gewünschte Berücksichtigung und es mag wohl als ein einziges Beispiel in seiner Art bastehen, daß der Pfarrer Hermann Goeß (Goseus) zu Ahaus, welcher bei seinem Amtsantritt nur zwei Katholiken vorfand, bei seinem Tode (1640) von sich rühmen durfte, daß er keinen Häretiker in der Pfarre hinterlasse.

„Vrbs AbVsana DVos paroCho hoC IneVnte fIDeLes
NVLLos haeretICos hInc abeVnte tVLIt."

Die Stürme des dreißigjährigen Krieges hatten nicht nur in politischer sondern auch in religiös-sittlicher Beziehung die schlimmsten Folgen für das Stift Münster, zumal da kein eigener Fürstbischof daselbst residirte und schon zwei Jahre nach Beendigung jenes Krieges übernahm Christoph Bernard das bischöfliche Hirtenamt. Nicht genug

---

[1]) Das Visitationsprotokoll von 1592 bei Niesert, Münsterische Urkundensammlung Bd. VII S. 27 ff. Das Synodaldekret vom 18. März 1613 das. S. 39 ff., das vom 10. Aug. 1616 das. S. 49 ff. und die vom 9. Sept. S. 54 ff., 64 ff. u. 73 ff.

daß das Land an dreien Seiten von Protestanten und Kalvinisten umgeben war, auch in dem Bisthume selbst wurden noch mehrere Städte von den Häretikern besetzt gehalten. Die Entfernung dieser Besatzungen war nicht minder für den Bischof als für den Fürsten von Wichtigkeit und ebenso dürfen wir auch bei den von Christoph Bernard gegen die Generalstaaten und gegen die Schweden geführten Kriegen nicht übersehen, daß er dabei neben den politischen zugleich kirchliche Zwecke verfolgte, indem er bei der Lage seines Landes zwischen andersgläubigen Nachbarn, welche zum Theil eine sehr mächtige und gefahrdrohende Stellung einnahmen, zugleich mit der weltlichen auch seine geistliche Macht zu erweitern suchte. Wenn wir die Kriege aus diesem Gesichtspunkte beurtheilen, so wird der früher ausgesprochene Tadel wegen der Eroberungslust des Fürsten sowie wegen der dem Lande aufgebürdeten Lasten und Kosten gar sehr gemildert. Wäre es dem Fürstbischofe gelungen, die besetzten Provinzen der Niederlande und die den Schweden entrissenen Herzogthümer Bremen und Verden zu behaupten und zum Katholizismus zurückzuführen, so möchte es ihm wohl nicht schwer geworden sein, sich wegen der mit einem so glänzenden Erfolge gekrönten Unternehmungen vor den Landständen und namentlich vor dem unzufriedenen Domkapitel zu rechtfertigen. Aber nicht nur für seine auswärtigen Kriege sondern selbst für seine Unternehmungen gegen Münster glaubte der Bischof neben dem politischen auch einen religiösen Grund zu haben; da wenigstens eine Partei in der Stadt den Generalstaaten sowie den Hanseaten für ihre Unterstützung freie Religionsübung für die Anhänger des Protestantismus und Kalvinismus zugesichert haben sollte. Daraus erklärt es sich auch, daß der Papst Alexander VII. dem Bischofe wegen der Unterwerfung Münsters ein Glückwunschschreiben übersandte, ebenso wie Klemens X. durch den Kardinal Alteri in einem Briefe vom 2. August 1670 Christoph Bernard seine Freude darüber aussprechen ließ, daß sein Pontifikat in eine Zeit falle, wo die nördlichen Gegenden, die einst der Kirche entfremdet wären, in Folge der ruhmwürdigen Siege des Bischofs gegründete Hoffnung böten, dem Katholizismus wieder gewonnen zu werden. Was übrigens den religiösen Zustand Münsters betrifft, so läßt sich nicht leugnen, daß dem bei der Bischofswahl entstandenen Streite zwischen den Anhängern Christoph Bernards und Mallinckrodts sowie der späteren Parteinahme für den Letzteren, welche sich abgesehen von einem Theile der Bürgerschaft auch bei dem Klerus und besonders bei den Mönchen zeigte, ein religiöses Motiv zu Grunde lag, so daß man die Gegner füglich in streng Orthodoxe und Freisinnige unterscheiden kann. Daraus ergiebt sich, daß, wenn Christoph Bernard als Fürst wegen der Vernichtung der politischen Freiheiten Münsters sich manchen Tadel zuzog, er andererseits als Bischof sich das Verdienst erwarb, der Stadt und dem Stift den katholischen Charakter mit aller Energie gewahrt zu haben. Und in der That bedurfte es der größten Energie zu einer Zeit, wo der Unglaube und Aberglaube immer mehr um sich griffen und nicht allein ein großer Theil des Volks sondern auch viele Geistliche in der ärgsten Unwissenheit und der strafwürdigsten Unsittlichkeit um ihr ewiges Heil unbekümmert dahinlebten. Denn trotz der strengen Verfügungen des Fürstbischofs Ferdinand wurde der Coelibat von vielen Geistlichen nicht gehalten, da sie mit ihren Haushälterinnen oder Köchinnen, die nicht selten wie Bräute ausgestattet mit dem sogenannten Braut- oder Kistenwagen in die Pfarrhäuser festlich eingeführt wurden, wie mit angetrauten Weibern verkehrten. Durch ein so ärgerliches Leben verlor der geistliche Stand nicht nur alle Achtung, sondern übte auch den verderblichsten Einfluß auf die Sitten des Volkes. Zu der Fleischeslust gesellte sich natürlich auch Unwissenheit und Trägheit. Selbst mit den Lehren des Christenthums kaum bekannt und sich fast allein damit zufrieden gebend, durch die Einkünfte von oft mehr als einer Pfründe sich ein möglichst behagliches Leben zu verschaffen, konnte und wollte mancher Pfarrer seine Gemeinde durch Predigt und Katechese im Glauben und Wissen nicht fördern. Die Kirchen und Kapellen standen nicht selten leer, viele, die im dreißigjährigen Kriege zerstört waren, lagen noch in Trümmern, die Altäre waren zum Theil zerfallen, die heiligen Gefäße gestohlen, die Bilder zertrümmert, die Beichtstühle aus den Kirchen entfernt, die nicht betretenen Kanzeln voll des dicksten Staubes und die nicht geöffneten Taufsteine mit Spinnegeweben überzogen. Da bedurfte es freilich in hohem Maße der Säuberung und Herstellung und wir müssen in der That gestehen, daß Christoph Bernard mit dem erforderlichen Scharfsinn die ihm gewordene schwere Aufgabe erfaßte und mit aller Entschiedenheit zu lösen suchte.

Zur richtigen Erkenntniß der vorhandenen Schäden waren wiederholte Visitationen der Diöcese nöthig; mit der Hebung der Uebelstände aber beschäftigten sich außer einzelnen Dekreten insbesondere die Hirtenbriefe und die fast regelmäßig wiederkehrenden Synoden. In Bezug auf die letztern war bestimmt, daß sie jedes Jahr zweimal und zwar im Frühling oder zur Fastenzeit und im Herbst gehalten werden sollten. Nur durch kriegerische Ereignisse wurde zuweilen die Abhaltung dieser Synoden sowie für einige Zeit auch die Anwesenheit des Fürstbischofs bei der Verkündigung der gefaßten Beschlüsse verhindert. In dem 9. und 10. Bande der von Hartzheim veranstalteten Ausgabe der concilia Germaniae und im 4. Theile der von Kock ebirten series episcoporum Monasteriensium [2]) finden sich die Synodalbekrete vom 15. Oktober 1652, 11. Okt. 1655, 27. März 59, 17. März 62, vom Frühjahr 63, vom 15. März 65, 21. März und 18. Okt. 67, 13. März und 16. Okt. 68, 2. April und 12. Okt. 69, 18. März und 14. Okt. 70, 10. März und 13. Okt. 71, 29. März und 11. Okt. 72, 14. März 73, 16. Okt. 74, 26. März und Okt. 75, Frühling und Herbst 76, Frühling und 8. Okt. 77 und endlich vom 22. März 78. In den Jahren, wo keine Synoden gehalten wurden, erschienen gewöhnlich Hirtenbriefe und zwar im Jahre 1656, am 10. März 57, 10. Okt. 58, 2. März 60, 1. Okt. 61, 16. Februar 62, 6. Okt. 63, 10. März und 28. Sept. 64, endlich am 3. April 66. Nicht anwesend war der Bischof bei den Synoden von 1667 bis 72 und vom Herbst 1675 bis 78, wo abwechselnd Brabeck, Beverförde, Droste, Korff-Schmising, Plettenberg, Torck und Alpen präsidirten.

Als seine erste und wichtigste Aufgabe nach Uebernahme des bischöflichen Amts betrachtete Christoph Bernard die Beseitigung des Grundübels, welches in dem ärgerlichen Konkubinate vieler Geistlichen bestand. Nachdem er sich mit den Archidiakonen und Prälaten, denen nach einem besondern Privilegium wie nach alter Gewohnheit das Recht des Einschreitens gebührte, verständigt hatte, erließ er unter dem 4. Juli 1651 von Münster aus eine scharfe Verfügung,[3]) worin er den Geistlichen befahl, die anrüchigen Weibsleute von ihren Wohnungen meilenweit zu entfernen, damit jeder Verdacht eines sträflichen Umgangs mit ihnen aufhörte. Wer diesem Befehle binnen sechs Wochen nicht nachkam, dem drohte er außer mit den im kanonischen Recht bestimmten Strafen auch mit Anwendung weltlicher Macht. Und wirklich erhielten die fürstlichen Beamten und

---

[1]) Der 9. und 10. Band der durch Schannat begründeten, durch Hartzheim und Scholl fortgesetzten Ausgabe der Concilia Germaniae ist von Neissen besorgt und enthält den Wortlaut der meisten Synodalbekrete und Hirtenbriefe Im Uebrigen vgl. den 4. Band der series episc. Monast. von Kock oder die Constitutio Bernardina.

[2]) Niesert a. a. O. S. 95 ff.

Ortsvorstände zu gleicher Zeit den Befehl, alle verdächtigen Weiber, die sich etwa in die Wohnungen der Geistlichen wieder einschleichen würden, ohne Rücksicht auf Verletzung irgend einer Immunität mit gewaltsamer Hand zu entfernen. Das strenge Auftreten Christoph Bernards gleich zu Anfang seiner Regierung und die wiederholte Einschärfung des Erlasses durch die Synoden von 1652, 55 und 71 sowie durch den Hirtenbrief vom 3. April 1666 bewirkte die Beseitigung des Konkubinats und damit die Hebung des Hauptübels, wodurch eine gedeihliche Entwickelung und Wirksamkeit des Klerus verhindert war. Als die aus der Unsittlichkeit fast nothwendig hervorgegangenen Uebel haben wir oben die Unwissenheit und Trägheit bezeichnet und auch diese mußten mit aller Entschiedenheit bekämpft und gehoben werden. Daher sollten die Archidiakone nach dem Hirtenbrief vom 2. März 1660 darauf Acht haben, daß kein Pfarrer ohne vorhergegangenes Examen (pro cura) und ohne ein Zeugniß vom Generalvikar angestellt würden. Ein Synodalbekret vom 16. Oktober 1674 verfügte bei Erledigung einer Pfarre jedesmal die Eröffnung eines Konkurses oder die Abhaltung einer Prüfung vor J. Rotger von Torck und Joh. Ad. von Korff-Schmising. Auch wohnte der Bischof selbst gewöhnlich den Prüfungen der Alumnen bei und verlieh nur solchen ein geistliches Amt, von deren wissenschaftlicher Tüchtigkeit und sittlicher Reinheit er sich hinlänglich überzeugt hielt. Gegen die Trägheit der Geistlichen, welche sich zunächst und hauptsächlich darin zeigte, daß sie entweder gar keine oder nur höchst ungenügende Predigten und Katechesen hielten, wurden auf mehreren Synoden die schärfsten Mahnungen und selbst Strafen ausgesprochen. Nach einem Hirtenbriefe vom 10. Oktober 58 durften die Katechesen namentlich in den Bauerschaften wegen schlechter Witterung, weiter Wege oder geringer Zuhörerzahl nicht ausfallen. Und nach einem Hirtenbriefe vom 2. März 60 soll derjenige, welcher in einem halben Jahre keine Katechese gehalten, 4 Pfund Wachs geben, wer sie aber ein ganzes Jahr versäumt hat, soll suspendirt werden. Ferner wurde in einem Hirtenbriefe vom 28. September 64 mit allem Nachdruck darauf aufmerksam gemacht, daß die fundirten Messen pünktlich zu halten wären; und ein Dekret der nächsten Synode vom 17. März 65 bestimmte, daß jeder gehalten sein sollte, in Bezug auf solche Fundationen, deren Einkünfte etwa während der Kriegszeiten reduzirt wären, selbst keine Aenderungen vorzunehmen, sondern an den Bischof oder den Generalvikar zu berichten. Nicht selten nämlich war es der Fall, daß die Geistlichen ungeachtet der

Bestimmungen des Tridentiner Konzils XXIV, 17 wegen angeblich zu geringer Einkünfte mehrere Stellen, von denen jede die persönliche Anwesenheit oder Residenz forderte, zugleich verwalteten. Deshalb war bereits am 1. Dezember 1651 eine Verordnung erlassen, wonach nur die Verwaltung einer solchen Stelle, die keine persönliche Anwesenheit erforderte, mit übernommen werden durfte. Zur bessern Regelung dieser Angelegenheit wurde zugleich bestimmt, daß getreue Kopien von den Fundationsurkunden und genaue Angaben von den Einkünften der Stellen eingeschickt werden sollten. Obige Verordnung wurde auch in den folgenden Jahren entweder auf den Synoden oder durch besondere Dekrete wiederholt eingeschärft. Ein ähnlicher Mißbrauch wie mit der gleichzeitigen Verwaltung mehrerer Stellen wurde ferner damit getrieben, daß man für eine einzige Messe zuweilen ein doppeltes Stipendium nahm, gegen welchen Unfug sich eine Verfügung vom 12. Februar 1660 mit aller Schärfe aussprach.

Mit dem Aufgeben der Residenz hing es zusammen, daß die Amtswohnungen der Geistlichen leer standen oder gar verfielen; viele derselben waren übrigens auch während der Kriegszeiten verwüstet oder verbrannt. Daher wurden die Archidiakone wiederholt angewiesen, dafür Sorge zu tragen, daß die zerstörten Wohnungen wieder aufgebaut und die verfallenden in guten Zustand gesetzt würden. Ebenso sollten sie auch darauf sehen, daß die Kleidung der Geistlichen eine anständige sei, daß insbesondere die Röcke wenigstens bis über die Kniee hinabreichten. Wichtiger als die Sorge für solche Aeußerlichkeiten war die wiederholte Einschärfung der Verbote, Wirthshäuser zu einer andern Zeit, als auf Reisen zu besuchen, mit Würfeln zu spielen, Handel zu treiben und wohl gar geistliche Stellen zu kaufen oder zu verkaufen. Ueberhaupt sollten die Geistlichen nicht am Gelde kleben, nicht nach den einträglichsten Pfründen trachten, nicht die Bereicherung der Erben sondern das Heil der ihnen anvertrauten Seelen im Auge haben. Daher wurde gut dotirten Pfarrern aufgegeben, für den Fall, daß sie ihr Amt nicht in der gehörigen Weise selbst mehr verwalten konnten, einen Kooperator aus eigenen Mitteln zu halten. Und sämmtlichen Geistlichen wurde befohlen, in ihrem Testamente der Armen und der Kirche zu gedenken und insbesondere auch für das von Christoph Bernard neu eingerichtete Priesterseminar eine Summe auszusetzen; wer dieser Bestimmung nicht nachkam, dessen Testament sollte für nicht gültig erklärt werden.

Um sich von der genauen Befolgung der zur Besserung des Klerus erlassenen Verordnungen zu überzeugen, durchreiste der Bischof selbst zu wiederholten Malen einzelne Theile der Diöcese, hielt überall Kirchenvisitationen, ermunterte die Archidiakone zur strengen Wachsamkeit über die Sitten der ihnen untergebenen Geistlichkeit und ermahnte die Pfarrer und Vikare, ihre Pflichten treu und pünktlich zu erfüllen. So wurden in der Zeit von 1654 bis 57 zwei und fünfzig Pfarrkirchen visitirt und im Jahre 1671 besuchte der Bischof zwölf Gemeinden in dem seiner Jurisdiktion unterworfenen Emslande.[4]) Auch wenn er nicht als Visitator sondern aus andern Veranlassungen irgend einen Ort besuchte, ließ er sich stets neben der Verfolgung seiner besondern Zwecke den Klerus und die kirchlichen Verhältnisse angelegen sein. Die Pfarrer der von ihm berührten Orte mußten ihm ihre Aufwartung machen, wurden durch eine freundliche Ansprache und nicht selten durch eine Einladung zur Tafel erfreut und erhielten, statt daß sie dem Bischofe eine sogenannte Liebesgabe (subsidium charitativum) zu entrichten hatten, von diesem vielmehr reichliche Almosen für verschämte Armen.

Die Bemühungen des Bischofs hatten einen sehr guten Erfolg, was sich auch insbesondere darin zeigt, daß viele Geistliche der Diöcese Münster der von dem Pfarrer in Schepsdorf und Erzpriester von Lingen Johann Heinrich Stodtbrock im Jahre 1661 eingeführten confraternitas bonae voluntatis oder Bruderschaft der Priester vom guten Willen beitraten. Die Zahl der Mitglieder, zu denen auch Christoph Bernard gehörte, stieg in den ersten 36 Jahren, wo Stodtbrock das Präsidium führte, von 21 auf 445. Darunter waren

---

[4]) Nach dem im Archive des General=Vikariats zu Münster aufbewahrten Protocollum Ordinatorum ab Ill. Princ. Monast. et Episc. Christ. Bernardo (fol. 332—553) visitirte der Bischof 1654 d. 13. Sept. Epe, 14. Nienborg, 20. Osterwick, 21. Gescher, 27. Schöppingen, 29. Laer, d. 3. Okt. Billerbeck, 4. Darfeld, 17. Stadtlohn, d. 1. Nov. Nottuln; — 1655 d. 4. April Greven, 14. Hiltrup, 15. Amelsbüren, 17. Albersloh, 18. Horstmar, 30. Nienberge, d. 28. Mai Alveskirchen, 29. Everswinkel, d. 20. Sept. Wolbeck, 21. Sendenhorst, 22. Enniger, 23. Ennigerloh, 25. Vorhelm, 26. Ahlen, 27. Dolberg, 28. Drensteinfurt, 29. Beckum, d. 1. Okt. Sunninghausen, 2. Stromberg, 3. Oelde, 31. Bocholt, d. 3. Nov. Rhede, 4. Borken; — 1656 d. 18.—21. März u. 5. April Dülmen ("decanus ab omni cura suspensus"), d. 20. Juni Alstädde, 28. Großreden, 29. Haltern, d. 1. Juli Buldern, 2. Senden, 4. Seppenrade, 5. Olfen, 6. Norup, 22. Wettringen, 23. Bevergern, 25. Emsdetten, 29. Emsbüren, 30. Schepsdorf, d. 24. Sept. Legden; — 1657 d. 29. April Breden, 6. Juni Nordwalde, 7. Borchorst, 8. Leer. Wegen der Visitationen in den spätern Jahren vgl. N. 22.

jedoch nicht allein Priester aus der Diöcese Münster sondern auch aus dem Osnabrückischen und Lingenschen. Was die äußere Einrichtung der Bruderschaft betrifft, so stand dieselbe unter einem Präses, dem Definitoren und Assistenten beigegeben waren. Der Präses wurde von den Definitoren abwechselnd aus einem der Distrikte Lingen, Münster und Osnabrück und zwar auf Lebenszeit, die Definitoren jener Distrikte selbst nur auf drei Jahre gewählt. Zur Regelung der allgemeinen Angelegenheiten versammelten sich Präses, Definitoren und Assistenten jedes Jahr einmal an einem ungefähr in der Mitte der Distrikte gelegenen Orte, seit 1687 regelmäßig zu Telgte. Der Zweck der Bruderschaft war gegenseitige Unterstützung in dem Streben nach Vervollkommnung und in der Erlangung der ewigen Seligkeit. Daher wurde den Mitgliedern ein fleißiges Studium, das Lesen erbaulicher Bücher, das Tragen einer einfachen, anständigen und bescheidenen Kleidung, die sorgfältige Anwendung ihrer Zeit nach einer bestimmten Tagesordnung, die Uebung des innern Gebets und der Betrachtung sowie die Theilnahme an den jährlichen Exercitien anempfohlen. Auch sollten sie einander stets zum wahrhaft priesterlichen Leben und Wirken ermuntern und anhalten; insbesondere sollte jeder einen näher befreundeten Mitbruder haben, der, wenn er etwas Unschickliches an ihm entweder selbst oder durch Andere entdeckt hätte, ihn ermahnte und zurechtwiese, der ferner ihm auch auf dem Sterbebette beistände und seinen Tod zur Anzeige brächte. Endlich war jeder verpflichtet, für die lebenden Mitglieder in jedem Monat, für ein verstorbenes ein ganzes Jahr hindurch in jeder Woche einmal das h. Meßopfer darzubringen. Die Bruderschaft wurde vom Papst Innocenz XI. durch eine Bulle vom 9. August 1687 bestätigt und hat sich bis jetzt erhalten.[5]

Eine andere Bruderschaft, welche gleichfalls unter Christoph Bernard und zwar am 26. September 1662 bei einer Kapitularversammlung in der Kollegiat= und Pfarrkirche des heil. Nikomedes zu Borchorst erneuert wurde, war der schon 1314 gestiftete, aber wegen der Länge und Ungunst der Zeiten in Verfall gerathene große Kaland (fraternitas Calendarum maiorum s. Spiritus). Der Zweck der Bruderschaft war, daß die Mitglieder durch ein inniges Band der Liebe im heil. Geiste verbunden sowohl sich unter einander beiständen als auch die ihnen anvertrauten Gläubigen um so leichter

---

[5] Ueber die Confrat. bonae vol. vgl. das münsterische Sonntagsblatt 1861 N. 19 u. 20.

und sicherer auf dem Wege des Heils leiten und erhalten könnten. Aufgenommen wurden zunächst nur Kuratpriester, welche in Münster oder in den Satrapien Horstmar und Ahaus eine feste Anstellung hatten. Trunkenbolde, Streitsüchtige und Unkeusche waren, so lange sie nicht entschiedene Besserung zeigten, ausgeschlossen. Die Mitglieder sollen sich eines frommen Wandels befleißigen, in jeder Woche wenigstens dreimal das heil. Meßopfer darbringen und überhaupt alle Pflichten ihres Amtes pünktlich erfüllen. An höheren Festtagen, bei Prozessionen und wo es sonst nöthig erscheint, sollen sie einander nach Kräften unterstützen. Wenn einer von ihnen erkrankt, so sollen die aus der Nachbarschaft ihn fleißig besuchen und bei der Ordnung seiner zeitlichen und ewigen Angelegenheiten unterstützen. Sobald ein Mitglied verscheidet, wird dem Dekan davon Anzeige gemacht, welcher es dann den übrigen zur Kenntniß bringt. Die Benachbarten werden den Verstorbenen zu Grabe geleiten, alle aber bei erhaltener Nachricht von dem Todesfalle das officium defunctorum beten und drei heil. Messen lesen, sich auch während eines Monats in den übrigen Messen des Hingeschiedenen erinnern. Ueberdies wird nach der Größe des Legats, welches in dem Testamente für die Bruderschaft ausgesetzt ist, von dem Dekan eine Andacht für die Ruhe der Seele (compensatio pro refrigerio istius animae) bestimmt. Was die äußere Einrichtung der Bruderschaft betrifft, so wurde von dem Dekan jedes Jahr, wenn nicht gewichtige Ursachen es verhinderten, eine Versammlung berufen, worauf jedes Mitglied im langen Priesterkleide und mit Biret erscheinen mußte. Der Ort der Versammlungen wechselte. Nach einem feierlichen Gottesdienste gab der, an welchem die Reihe war, den Mitgliedern ein bescheidenes Mahl, wozu ohne Vorwissen des Dekans kein Fremder geladen und welches keinen Falls zu einem förmlichen Gelage ausgedehnt werden durfte. Auch sollten die Mitglieder keinen Einladungen zu andern Gelagen folgen. Wer das Mahl gab, erhielt aus der gemeinschaftlichen Kasse für Wein und für Fleisch je 10 Thaler, zu Brod 2 Scheffel Weizen und ebensoviel Roggen, endlich für die Bedienung u. s. w. 6 Thaler.*)

Während der Klerus somit in seinem Leben und Wirken zum Guten ermahnt und in der mannigfachsten Weise gefördert wurde, nahm auch die Verwaltung der Heilsmittel der Kirche und der äußere Gottesdienst überhaupt zum großen Heile der Gläubigen einen

---

*) Statuta capitularia fraternitatis Calendarum maiorum s. Spiritus in Billerbeck fundatae 1314, renovatae 1662.

völlig neuen Aufschwung. Was zunächst die Verwaltung der Sakramente betrifft, so wurden über die dabei zu beobachtenden Stücke insbesondere auf der am 11. Oktober 1655 gehaltenen Synode genaue Vorschriften gegeben. Vor allem sollten die Gläubigen über das Wesen der Sakramente überhaupt sowie auch insbesondere über die Wirkung der einzelnen Sakramente genau unterrichtet werden. Weiterhin wurde in Bezug auf das bei der Verwaltung dieser Heilsmittel zu beobachtende Verfahren unter anderm folgendes bestimmt. Bei einer Taufe sollen nur solche zu Pathen genommen werden, von denen man überzeugt ist, daß sie für eine gute Erziehung des Täuflings sorgen werden. Die Taufbücher muß der Pfarrer pünktlich führen, auch soll er die Wöchnerinnen ermahnen, die schöne Sitte des Aussegnens nicht aufzugeben. Die Firmung wird nicht in zu zartem Alter ertheilt, damit den Gefirmten eine lebendige Erinnerung bleibe. Das Bußsakrament ist mit größter Sorgfalt zu verwalten; die Beichtstühle sollen nur in der Kirche selbst aufgestellt werden. Zur Aufbewahrung des allerheiligsten Altarssakraments müssen wenigstens vergoldete Kelche und Monstranzen sowie ein sauberer Tabernakel hergestellt werden; auch die Kommunionbank soll würdig ausgeschmückt sein. Die Pfarrer haben darauf zu achten, daß die Gläubigen wenigstens zur österlichen Zeit kommuniziren und daß die Sterbenden die Wegzehrung empfangen. Zur öffentlichen Verehrung des Allerheiligsten werden Prozessionen angeordnet, die jedoch, um die Andacht der Theilnehmenden nicht erkalten zu lassen, weder zu häufig angestellt noch zu lange ausgedehnt werden sollen. Nach dem Hirtenbriefe vom 22. März 1678 wurden sie auf Frohnleichnam und die vier Hochzeiten beschränkt. Messen sollten auch in der Woche gelesen, an Sonn= und Festtagen aber stets zu einer bestimmten Stunde gehalten werden, damit die weither Kommenden sich danach einrichten könnten. Die Meßgebete sollten weder zu schnell noch zu langsam gesprochen und bei Hochämtern in den Pausen keine weltliche Melodien auf der Orgel gespielt werden. In Bezug auf den Empfang der heil. Oelung sind die Gläubigen zu ermahnen, daß sie denselben bei eingetretener Krankheit nicht etwa aus Furcht vor Beschleunigung des Todes hinausschieben. Von denen, welche ohne Oelung sterben, sollen Verzeichnisse eingeschickt werden, damit man gegen die lässigen Pfarrer oder Familienväter einschreiten könne. Zur Erlangung guter Seelsorger werden die Gläubigen ermahnt, jedesmal zur Zeit der Priesterweihe fleißig zu beten. Endlich wird in Bezug auf die Ehe bestimmt, daß Verlöbnisse pünktlich gehalten und Verbindungen weder ohne vorhergegangene Proklamation noch überhaupt in der Stille eingegangen werden sollen; über die geschlossenen Ehen müssen die Pfarrer genaue Verzeichnisse anlegen. Andere Dekrete der erwähnten Synode betreffen die Ausschmückung der Kirchen und Altäre mit schönen und anständigen Bildern, die Feier der Sonn= und Festtage, an denen weder Märkte gehalten, noch Schauspiele aufgeführt werden sollen, die Beobachtung der Immunitäten, den Schutz der Friedhöfe durch Hecken oder Mauern gegen das Eindringen der Thiere, die Enthaltung von ungebührlichen Lobeserhebungen bei Leichenreden und andere Vorschriften, in denen sich durchweg ein sehr praktischer Sinn des Gesetzgebers bekundet. Die hier weniger eingehend behandelten Punkte wurden auf späteren Synoden zum Theil weiter ausgeführt. Was insbesondere die Beförderung des öffentlichen Gottesdienstes betrifft, so wurden darüber in der höchst vortrefflichen Synodalverordnung vom 26. März 1675 folgende Bestimmungen getroffen. In allen Pfarrkirchen soll an Sonn= und Festtagen um 9 Uhr Morgens das Hochamt gehalten, und wenn nur ein Kaplan oder Vikarius da ist, die erste Messe um 7 Uhr, wenn zwei Hülfsgeistliche da sind, die letzte Messe nach der Predigt gelesen werden. Wer die Frühmesse hat, soll das Evangelium vorlesen, die Fest= und Fasttage verkünden und eine viertelstündige Katechese halten. Unter der Messe und besonders beim Gradual, Offertorium, Kanon und bei der Kommunion sollen deutsche Kirchenlieder, die für die Zeit passen, gesungen werden. In der Woche sollen die Pfarrer wenigstens zweimal und zwar einmal für die verstorbenen, einmal für die lebenden Pfarreingesessenen sowie für das Wohl des Vaterlandes eine Messe lesen. Wenn mehrere Geistliche da sind, so soll jeden Morgen etwa um 7 oder 8 Uhr eine Messe gelesen werden, es sei denn daß einer von ihnen in einer benachbarten Kapelle lese. In den Predigten sollen die Glaubens= und Sittenlehren ohne allen Redeprunk klar und bestimmt behandelt werden und zwar mit besonderer Hervorhebung dessen, was einem jeden zu wissen und zu thun nothwendig ist. In Städten, wo Klöster sind, dürfen in den Pfarr= und Klosterkirchen die Predigten nicht zu gleicher Zeit gehalten werden. Nach den Predigten soll jedesmal ein kurzes Gebet für den Landesherrn verrichtet werden. Ferner sollen Katechesen für Kinder und Erwachsene jeden Sonn= und Festtag von dem Pfarrer selbst in der Pfarrkirche, wo Kapläne oder Mönche zur Aushülfe da sind, auch in den Bauerschaften zu einer bestimmten Zeit gehalten werden. Jeder Gläubige ist gehalten, entweder beim Hochamt und der Predigt ober etwa der Frühmesse und der Katechese beizuwohnen und soll sich Keiner insbesondere mit der nöthigen Obhut über das Vieh, die ja abwechseln könne, entschuldigen. Vor und nach der Katechese singen die Schulkinder ein angemessenes Lied. Während der Messe, der Predigt und der Katechese soll in keinem Laden oder Wirthshause etwas verkauft oder verschenkt werden; der zuwiderhandelnde Kaufherr oder Wirth hat eine Strafe von fünf Gulden, der Käufer oder Gast zwei Gulden zu zahlen. Ebenso wenig sollen in Veranlassung von Hochzeiten oder Taufen irgend welche Festlichkeiten an Sonn- und Feiertagen veranstaltet werden. Endlich wurde bestimmt, daß der Katechet, der Küster oder der Lehrer die Namen derjenigen, welche weder Predigt noch Katechese besuchen, aufzeichnen sollte, damit auch über sie eine Strafe verhängt würde.

Zu dem öffentlichen Gottesdienste gehörten übrigens nicht allein Messe, Predigt und Katechese, sondern auch die Vigilien und Horen oder Tagzeiten, besonders Matutin und Vesper. In Bezug hierauf wurde im Allgemeinen bestimmt, daß man die Psalmen, Antiphonen und Orationen mit klarer und deutlicher Stimme weder zu schnell noch zu langsam singen sollte. Damit hing zusammen, daß, um die etwaige Veranlassung zur Uebereilung zu heben, durch Beschluß des Domkapitels vom 12. Januar 1668 festgesetzt wurde, beim officium defunctorum statt dreier Nokturne jedesmal nur eine nach dem römischen Brevier zu singen. Ferner bestimmte ein Beschluß vom 15. Februar 1669, die Psalmen der langen Prim nach dem römischen Ritus durch die Woche zu vertheilen, das Symbolum des h. Athanasius nur am Sonntage, beim officium de dominica und am Feste der heil. Dreifaltigkeit zu sprechen, in der Matutin und Vesper die kürzern Gebete des römischen Breviers aufzunehmen, dann aber den Psalm de profundis und bei den Laudes und der Vesper Miserere hinzuzufügen, endlich in den andern kleinern Tagzeiten die gewöhnlichen Psalmen und die Gebete nach römischem Ritus ohne Miserere zu sprechen. Diese Bestimmungen waren zwar zunächst nur für die Kathedralkirche getroffen, sollten jedoch nach einer Erklärung des Jesuiten-Rektors Dr. Philipp Langenkamp auch für die ganze Diöcese Gültigkeit haben.

Fernere Verordnungen betrafen die Einrichtung öffentlicher Gebete bei besonderen Veranlassungen. So wurden auf den Synoden im Herbst 1675, im Frühling 76 und im Herbst 77 zehnstündige Gebete für einen glücklichen Ausgang des Krieges angeordnet. Ebenso wurden bei der 1666 ausgebrochenen Pest öffentliche Gebete und außerdem wöchentlich einmal in jeder Pfarrkirche ein feierliches Hochamt gehalten. Auch bei dem Hinscheiden eines Papstes in den Jahren 1665, 67 und 70 wurden Exequien für den Verstorbenen und öffentliche Gebete für die Wahl eines guten Nachfolgers angeordnet. Bei dem Amtsantritt der Päpste Alexander VII. und Klemens IX. ließ Christoph Bernard den Jubiläumsablaß auch in der Döcese Münster verkünden. Andere Jubiläen wurden am 28. April 1661 in Veranlassung eines Türkenkriegs, am 5. Oktober 1651, 24. Oktober 55 und 4. April 57 zur Hebung des religiösen Geistes und Lebens ausgeschrieben.

Eine fernere Art der öffentlichen Gottesverehrung bestand in der Abhaltung von Prozessionen. Solche wurden zur Verehrung des heil. Kreuzes nach Coesfeld und Stromberg, zu Ehren des heil. Ludgerus nach Billerbeck und zu Ehren der heil. Jungfrau Maria statt wie bisher von den Franziskanern nach Kevelaer fortan nach Telgte geführt. Der Bischof selbst geleitete oft diese Prozessionen und ließ nicht allein auf dem Kreuzwege bei Coesfeld eine große und kleine Kapelle, sondern auch zu Telgte eine Muttergotteskapelle nach dem Muster der zu Alt=Oetting erbauen und auf dem Wege dorthin eine Reihe von Stationen errichten. Der Grundstein zu den Kapellen bei Coesfeld wurde am 20. August 1659, der zur telgter Kapelle am 1. Juni 1654 gelegt. Letztere wurde am 2. Juli 1657 zugleich mit dem darin errichteten Altar eingeweiht, worauf nach Uebertragung des Marienbildes aus der Pfarrkirche ein feierlicher Gottesdienst stattfand. Ferner ließ er zum Danke für die Befreiung der Festung Vechta von schwedischer Besatzung jährlich auf Christi Himmelfahrt eine Prozession halten, welcher die fürstlichen Beamten, der Rath, die Bürgerschaft, die Welt= und Ordensgeistlichen beiwohnen sollten; die zu zehn Thalern veranschlagten Kosten wurden auf die Amtsrentmeisterei angewiesen. Ebenso sollte für die Entfernung der Hessen aus Coesfeld alljährlich im Juli ein Dankfest gefeiert werden, welches Fest bis in die neuere Zeit unter dem Namen „Hessen=Utjagd" bestand. Am Tage nach seinem Einzuge in das wiedergewonnene Münster 1661 ließ er die sogenannte große Prozession durch die ganze Stadt mit aller Feierlichkeit abhalten und sorgte auch später besonders durch die in seinem Testamente dafür ausgesetzten Summen für ihre Verherrlichung. — Ferner verordnete er, am 25. Januar, wo im Jahre 1535 Rheine den Hessen wieder entrissen war, das Fest Pauli Bekehrung zu feiern. Auch zu Ehren des heil. Ludgerus wurde ein Festtag angesetzt und durch ein Synodaldekret vom

17. März 1662 bestimmt, daß der Sonntag Laetare dem h. Joseph, der 14. Juli dem h. Heinrich, der Tag der großen Prozession oder das Reliquienfest insbesondere dem heil. Maximus, dessen Reliquien der Bischof vom Papste Innocenz X. erhalten hatte, geweiht sein sollte. Zu Ehren des heil. Suibertus wurde jährlich im alten Dom ein feierliches Hochamt gehalten. Und zu Freckenhorst richtete Christoph Bernard bei einer persönlichen Visitation am 3. Mai 1667 die beim Abfall bei Kanonessen zum Lutherthum oder Kalvinismus abgeschaffte Verehrung der h. Thiatilbis, der ersten Abtissin des dortigen Stifts, wieder ein.

So war der Bischof überall in der ganzen Diöcese um die Hebung und Beförderung des öffentlichen Gottesdienstes auf das Eifrigste bemüht, und eine nicht geringere Sorge wandte er dem Schulwesen zu, da er von der richtigen Ansicht geleitet wurde, daß ein guter Jugendunterricht die beste Grundlage eines christlichen Lebens ist. Daher wurden in demselben Synodalschreiben vom 26. März 1675, welches die Beförderung des öffentlichen Gottesdienstes behandelte, zugleich über die Einrichtung des Schulwesens mehrere höchst praktische Vorschriften gegeben, die selbst der berühmten Schulordnung von Fürstenberg wieder zu Grunde gelegt sind. In allen Städten, Flecken und Dörfern wie auch in den größern Bauerschaften sollen Elementarschulen sein; wo solche bisher noch gar nicht waren oder wo sie in Verfall gerathen sind, müssen sie ohne Verzug neu eingerichtet werden. Zur Beseitigung mancher nicht unerheblicher Uebelstände hat man in größeren Gemeinden, wo eine zahlreiche Schuljugend ist, für die Errichtung getrennter Knaben= und Mädchenschulen unter einem Lehrer und einer Lehrerin Sorge zu tragen; wo das einstweilen noch nicht geschehen kann, sollen die Knaben und Mädchen wenigstens an einem durch eine Wand getrennten Orte sitzen und auch besonders unterrichtet werden. Die Eltern sind verpflichtet, alle Kinder in die Schule zu schicken, und damit keiner sich mit Dürftigkeit oder Armuth entschuldige, soll das Schulgeld für die Aermern aus der Armenkasse der Gemeinde gezahlt werden. Wer nichts desto weniger seine Kinder hinzuschicken verabsäumt, soll, wenn er arm ist, mit Gefängnißstrafe belegt werden, wenn er aber Vermögen besitzt, außerdem noch das doppelte Schulgeld entrichten. Den Pfarrern und Kaplänen wird aufgegeben, jede Woche wenigstens einmal die Schulen zu besuchen und über deren Stand, über die Zahl der Schüler und anderes einigemal im Jahre genau zu berichten. Ferner werden den Lehrern und Lehrerinnen alle Immunitäten be=

willigt und sollen sie insbesondere zu den öffentlichen Lasten unter keinem Vorwande mitherangezogen werden. Zur Ermunterung der Knaben und Mädchen, ihre Schulzeit gut zu benutzen und das Erlernte sich für die Dauer fest einzuprägen, wird schließlich bestimmt, daß weder ein Pfarrer noch mit dessen Erlaubniß ein anderer Geistlicher eine Ehe einsegnen soll, bevor er sich hinlänglich überzeugt hat, daß die Brautleute mit allem, was ihnen zur Erlangung des Heils zu wissen und zu thun nöthig ist, in ausreichender Weise bekannt sind. Letztere Bestimmung hatte übrigens weniger Bezug auf die Schulkinder, als auf die Jünglinge und Jungfrauen, die dadurch zum fleißigen Besuche der sonn= und festtäglichen Katechesen angehalten wurden. Für die Katechesen wie für den Religionsunterricht in den Schulen war der Gebrauch des Katechismus von Canisius vorgeschrieben und zwar nach der am 26. Oktober 1675 erlassenen Verfügung des Generalvikars von Alpen in einer bei Theodor Raesfeld zu Münster erschienenen Bearbeitung unter dem Titel: „Kurtze und nothwendige Glaub= und Lebenslehr." Ebenso waren die in andern Fächern zu gebrauchenden Bücher genau vorgeschrieben und auf der Synode vom 11. Oktober 1655 den Buchhändlern bei Strafe verboten, andere als approbirte Bücher auf ihrem Lager zu haben und zu verkaufen. Die erwähnten Vorschriften wurden auf späteren Synoden mehr oder weniger vollständig wiederholt und die Archidiakone angewiesen, deren Beobachtung scharf zu überwachen. Noch haben wir übrigens zwei neue Bestimmungen in Bezug auf die Elementarschulen hier zu erwähnen. Zunächst sollte nach einer Synodalverordnung vom 27. März 1659 dort, wo man einen eigenen Lehrer nicht unterhalten konnte, der Schulunterricht dem Ortsgeistlichen überwiesen, also ein sogenannter Schulvikar eingeführt werden. Dann bestimmte ein Synodalschreiben vom 22. März 1678, daß die Kinder durch einen besondern Unterricht in der Kirche einige Wochen hindurch auf die erste heil. Kommunion vorbereitet werden sollten. Die möglichste Erhöhung der Feier jenes Tages, wo die Kinder zum ersten Male kommunizirten, war bereits durch einen Hirtenbrief vom 1. Oktober 1661 angeordnet. Schließlich dürfen wir es nicht unerwähnt lassen, daß der Bischof in seinem Eifer für die Beförderung der Jugend= und Volksbildung wenigstens an manchen Orten sehr rüstige Mitarbeiter fand, wie es denn unter andern feststeht, daß namentlich der Pfarrer zu Stromberg, Alexander Zumkley, im Jahre 1656 aus seinen eigenen Mitteln eine Schule stiftete.

Wie für die Hebung der Elementarschulen, so war Christoph

Bernard auch für die Beförderung des höhern Unterrichts vielfach thätig. Derselbe lag vorzugsweise in den Händen der Jesuiten und Franziskaner, von denen jene namentlich zu Münster und Coesfeld sehr besuchte Gymnasien hatten, diese unter der Regierung Christoph Bernards und hauptsächlich durch seine Bemühungen zu Hörter und Rheine neu eingerichtete Lehranstalten erhielten. Das Gymnasium zu Münster war schon 1588 von den Jesuiten übernommen, wurde 1593 in das jetzige Gebäude verlegt und umfaßte, da man nach den Ordensregeln die Trivialklassen davon trennte und zu einer Vorbereitungsanstalt unter dem Namen Paulinische Trivialschule umschuf, fünf Klassen. Daneben unterhielten die Jesuiten zu Münster einen philosophischen Kursus von drei und einen theologischen von vier Jahren. Die Akademie sollte nach einer Bulle des Papstes Urban VIII. vom 9. September 1629 den deutschen Universitäten gleichgestellt werden und insbesondere die Würden eines Bakalaureus, Lizentiaten und Magisters ertheilen können. Hiermit nicht zufrieden suchte der Kurfürst Ferdinand, der Vorgänger Christoph Bernards, die Anstalt zu einer vollständigen Universität zu erweitern; die münsterischen Landstände bewilligten seit 1630 für die juristische und medizinische Fakultät 20,000 Thaler und Kaiser Ferdinand II. ertheilte unter dem 21. Mai 1631 das Privilegium für die neue Universität.[7]) Aber die Drangsale des dreißigjährigen Krieges verhinderten die Ausführung des Unternehmens und selbst nach Abschluß des westfälischen Friedens kamen nicht einmal die vom Papste bewilligten Rechte zur Anwendung. Auch unter Christoph Bernard wurde in der Sachlage nichts geändert, wenngleich er wiederholt und namentlich nach völliger Unterwerfung der Stadt Münster von der Errichtung einer Universität wie von einer fast schon ausgemachten Thatsache redete. Wohl nicht mit Unrecht hat man angenommen, daß die andauernden Kriege und die dem Lande daraus erwachsene Schuldenlast die Ausführung unmöglich machten; aber zugleich will es uns scheinen, daß der Fürstbischof wegen seiner Abneigung gegen die Stadt nicht mit der ihm sonst eigenen Energie die Sache betrieben habe.

Mit weit mehr Eifer bemühete er sich dagegen für eine andere Stiftung, die gleichfalls der Leitung der Jesuiten anvertraut wurde; wir meinen das für die Erziehung und den Unterricht von 18 Jüng-

---

[7]) Geschichtl. Nachrichten über die höhern Unterrichtsanstalten von Krabbe 1852 (auch im Monatsblatt für kath. Unterrichts- und Erziehungswesen, Münster, Theissig, Jahrg. 7).

lingen abeliger Herkunft eingerichtete Konvikt zu Münster. Außer einem theuern Hause mit vollständiger Einrichtung schenkte er dazu ein Kapital von 24,000 Thalern und ernannte die Anstalt überdies zum Erben aller seiner Güter, welche nach Bezahlung der Schulden und der Legate übrig blieben. Große Freigebigkeit bewies er ferner auch bei der Gründung des Jesuitenkollegs in seiner Residenz Coesfeld. Die von den Hessen vertriebenen Väter waren zwar schon 1649 zurückgekehrt, hatten jedoch von den früher besessenen sieben Häusern sechs zerstört und das siebente von einem zur Wiederabtretung nicht geneigten Bürger bewohnt gefunden. Selbst der Stadtrath soll ihrer neuen Ansiedelung nicht günstig gewesen sein, wenngleich er ihnen auf das schriftliche Gesuch des Paters Wilhelm Nalatenus 1651 den oberen Stock des Rathhauses zu Schullokalen auf zehn Jahre einräumte. Dagegen fanden sie die bereitwilligste Unterstützung von Seiten Christoph Bernards, zumal da er bei der am Feste des heil. Ignatius 1659 erhaltenen Nachricht, daß der Reichshofrath in dem zwischen ihm und Münster über das Besatzungsrecht geführten Streite ein günstiges Urtheil gefällt hatte, die Gründung eines Jesuitenkollegs zu Coesfeld gelobte. Die Stadt mußte jetzt eine gegen sie erhobene Forderung von 4000 Thaler abbezahlen; ferner überwies der Fürstbischof 12,000 Thaler aus einem Vermächtnisse Gottfrieds von Büren an die Gesellschaft und belehnte sie außerdem mit mehreren Gütern. Alsbald wurde nun der Bau eines dreistöckigen Wohnhauses begonnen (6. Juni 1664) und am 1. Mai 1673 legte Christoph Bernard unter großen Feierlichkeiten den Grundstein zur Kirche, für deren Vollendung er im Ganzen 15,434 Thaler beisteuerte.[8]

In Rheine hatten die Franziskaner seit ihrer Einführung im Jahre 1635 bereits mehrere Häuser angekauft und eine Residenz eingerichtet; aber erst unter Christoph Bernard wurde der Bau eines Klosters und einer Kirche in Angriff genommen (27. August 1658) und hatte, zumal da der Fürstbischof nicht nur eine Kollekte in den Aemtern Ahaus, Horstmar, Meppen, Kloppenburg, Vechta und den angränzenden Grafschaften bewilligte, sondern auch den größten Theil des Baumaterials schenkte, einen raschen Fortgang, so daß die Kirche bereits am 23. November 1660 eingeweiht werden konnte. Die auf Bitten der Bürgermeister und des Raths und mit fürstbischöflicher Genehmigung vom 14. September 1658 errichtete Lehranstalt um-

---

*) Geschichte der Stadt Coesfeld v. B. Söteland S. 162 f. Vgl. Prov.-Archiv. Fürstth. Münster, Urk. 4567 und Mscr. VI, 36.

faßte zunächst nur die drei höheren Klassen Syntaxis, Poetika und Rhetorika und erst nach Beilegung eines Streits mit der städtischen Schule, welche neben den Elementar- auch die untern Gymnasialklassen umfaßte, wurde im Herbst 1675 durch Hinzufügung der Secunda und Infima das Gymnasium vervollständigt, bestand jedoch nur bis zum Jahre 1683, wo während der Sedisvakanz das Domkapitel sämmtliche Franziskanerschulen im Fürstbisthum Münster aufhob, damit nicht so viele sich bei unzureichenden Mitteln und geringer Befähigung zum Studium drängten.*)

Die Mönche hatten übrigens nicht allein die Aufgabe, den höheren Unterricht zu leiten, sondern auch durch Predigt und Katechese die Pfarrgeistlichkeit zu unterstützen. So war namentlich für die Einführung der Franziskaner in Rheine von dem Generalvikar Petrus Nikolartius in seinem Berichte an den Fürstbischof vom 13. November 1632 hervorgehoben, daß die Patres zugleich auch die Einwohner der Städte Vreden, Ahaus, Metelen und Borghorst, welche dem Katholicismus kaum wiedergewonnen waren, in der christlichen Lehre unterweisen und im wahren Glauben erhalten sollten. Aus demselben Grunde hatten unter der Regierung Ferdinands die Franziskaner in Münster, Warendorf, Vechta und Vreden, die Kapuziner in Münster, Coesfeld und Borken, die Minoriten in Bocholt Klöster gegründet. Auch Christoph Bernard beförderte, wenn auch nicht in so ausgedehntem Maße wie sein Vorgänger, die Einrichtung von Klöstern. Wie in Rheine so legte er auch in Warendorf den Franziskanern, welche sich dort um die Unterdrückung der Häresie große Verdienste erwarben, den Grundstein zu einer Kirche (28. December 1652). Ebenso gab er den Konventualen zu Münster 2500 Thaler zur Herstellung einer Kirche, weihte die Kirche der Kapuziner zu Coesfeld am 15. Juli 1652, die zu Borken am 23. Oktober 1659 und die der Minoriten zu Schwilbrock Kirchspiels Vreden am 4. August 1658 unter großen Feierlichkeiten ein und berief fast zu gleicher Zeit die Kapuziner nach Werne. In letzterm Orte wurde jedoch erst nach achtzehnjährigem Aufenthalte 1677 der Bau des Klosters begonnen nach der im Kreuzgange erhaltenen Inschrift: „C. B. E. M. 1677 — 10 August. primus lapis positus est", und die Kirche nach dem im Gesimse angebrachten Chronogramm: „Me benefaCtores et fratres ope et LaboranDo eXstrVXerVnt" 1680 vollendet.

---

*) Gesch. des Gymnasiums in Rheine v. Dr. Großfeld. Mich.-Progr. 1862.

Von andern Klöstern, die unter Christoph Bernard gegründet seien, wird uns nicht berichtet. Die Zahl der schon bestehenden mag dem Fürstbischofe für die Bedürfnisse der Diöcese hinreichend erschienen sein, zumal da er auf der Synode vom 11. Oktober 1655 den höchst praktischen Befehl erließ, nicht nur überhaupt ohne seine Einwilligung neue Klöster anzulegen, sondern auch in die bestehenden nicht mehr Mitglieder aufzunehmen, als entweder durch die bestimmten Einkünfte des Klosters oder nach den mit ziemlicher Sicherheit zu erwartenden Almosen ernährt werden könnten. Dabei wurde zugleich verordnet, daß die sogenannten Termine nur von solchen Mönchen abgehalten werden sollten, die sich als gelehrte, exemplarische, bescheidene und nüchterne Männer auszeichneten, in ihren Gesprächen und Predigten den Ernst und die Würde ihres Standes wahrten und insbesondere auch nicht in verletzender Weise über die Weltgeistlichen sprächen. Die Nothwendigkeit solcher Vorschriften ergab sich schon aus der Haltung, welche viele Mönche bei dem Streite zwischen Christoph Bernard und Mallinckrodt annahmen, wodurch hinlänglich klar wurde, daß sie nicht immer gerade von dem besten Geiste beseelt waren. Daher auch auf mehreren Synoden die wiederholte Mahnung, daß die Pfarrer keinem Mönche, der sich nicht durch ein vom Generalvikar ausgestelltes Schreiben genügend legitimiren könnte, gestatten sollten, Messe zu lesen, zu predigen oder zu katechisiren. Dabei ließ man jedoch auf der Synode vom 14. Oktober 1670 die durch die Konstitution des Papstes Klemens X. den Mönchen in Bezug auf Predigen und Beichthören gegebenen Privilegien in ihrem ganzen Umfange bestehen, indem man nur den etwaigen Uebergriffen von nicht Legitimirten vorbeugen wollte. Fragen wir nach dem Grunde jener Verordnung, so ergiebt sich, daß gerade durch die Mönche und vorzugsweise durch die Bettelmönche der Glaube des wenig aufgeklärten Volks an das Wunderbare nicht selten in übertriebener und selbst unstatthafter Weise genährt wurde. Diesem Uebelstande war mit um so mehr Entschiedenheit vorzubeugen, als gerade unter den Westfalen Zauber- und Hexenwesen, Gespenster und Vorgeschichten stets eine große Rolle spielten. Unter wie schweren Strafen den Zauberern und Teufelsbannern selbst die Ausübung ihrer sogenannten Kunst untersagt wurde, haben wir bereits im vorigen Abschnitte angegeben. Hier erübrigt es nur noch anzuführen, daß auch die Geistlichen auf mehreren Synoden ermahnt wurden, gegen Zaubereien und Wickereien in ihren Predigten und wo sonst sich eine Gelegenheit böte, mit allem Nachdruck aufzutreten. Ob Christoph

Bernard dabei persönlich interessirt war, läßt sich schwerlich sagen jedenfalls aber hat die in der Tradition erhaltene Ansicht, der Fürstbischof sei ebenso wie Tilly gefeit oder kugelfest gewesen, unter den Zeitgenossen nicht wenige Anhänger gefunden.

Wie gegen die Zauberer, so wurde überhaupt gegen alle Betrüger, welche die Leichtgläubigkeit des Volks auszubeuten suchten, mit Entschiedenheit eingeschritten. Nach einem Hirtenbriefe vom 10. März 1664 sollten namentlich solche, die sich für Besessene ausgäben, um das Mitleid zu wecken und Almosen zu erhalten, scharf überwacht und der Behörde angezeigt werden. Ferner war auf der Synode vom 11. Oktober 1655 neben allgemeinen Vorschriften zur Verhütung des Aberglaubens insbesondere verfügt, daß angeblich wunderthätige Bilder nicht ohne ausdrückliche Erlaubniß der bischöflichen Behörde zur Verehrung ausgestellt werden dürften. Ueberhaupt wurde auf dieser und vielen andern Synoden den Geistlichen mit allem Nachdruck eingeschärft, das Volk über das Wesen des christlichen Glaubens in allseitiger und bestimmter Weise aufzuklären und wie gegen Leichtgläubigkeit und Aberglauben so auch gegen die damit zusammenhängende Gleichgültigkeit oder gar völlige Verwirrung in Glaubenssachen zu schützen. Damit hängt zusammen, daß der Bischof nicht allein der Verbreitung einer irrigen Ansicht gleich und kräftig entgegentrat, wie er unter anderm am 24. Juli 1653 verfügte, die päpstliche Bulle gegen einige heterodoxe Lehren des Kornelius Jansen über Gnade und Freiheit zu publiziren, sondern daß er auch jeden näheren Verkehr mit Irr= und Ungläubigen nachdrücklichst untersagte und insbesondere den Herrschaften die Annahme nichtkatholischer Dienstboten sowie den Eltern das Eintreten ihrer Kinder bei nichtkatholischen Herrschaften verbot. Um in dieser wie in andern Beziehungen über den religiös=sittlichen Zustand der Diöcese völlige Klarheit zu erhalten und wo es nöthig schien Abhülfe zu schaffen, wurden auf den Synoden vom 21. März und 18. Oktober 1667 die Pfarrer angewiesen, von sämmtlichen Familienvätern, Müttern, Kindern, Dienstboten, Wittwen und Waisen Verzeichnisse anzufertigen und genau anzugeben, welche zu Ostern kommunizirten, welche im vorigen Jahre getauft, verehelicht und gestorben wären, welche Einwohner nicht dem katholischen Glauben angehörten und ob sich vielleicht hoffen ließe, sie durch Anwendung geeigneter Mittel zu bekehren, ferner in Bezug auf die Ausgewanderten, wohin sie sich begeben und ob sie ihren katholischen Glauben bewahrt hätten, sowie andererseits in Bezug auf die Eingewanderten, woher sie gekommen und ob sie katholisch wären, endlich welche Eltern ihre Kinder bei auswärtigen nichtkatholischen Herrschaften wohnen ließen.

Aus allem geht hervor, daß Christoph Bernard wie in weltlichen Dingen als Fürst so auch in geistlichen als Bischof mit aller Energie verfuhr. Die eifrigste und wirksamste Unterstützung fand er dabei von Seiten der Jesuiten, die neben ihren Unterrichtsanstalten zahlreiche Missionshäuser unterhielten, um die Pfarrgeistlichkeit in der Belehrung des Volks und in der Spendung der Sakramente zu unterstützen. Als Lehrer und Erzieher, als Prediger und Beichtväter übten sie den größten Einfluß auf alle Schichten des Volks. Auch Christoph Bernard selbst bediente sich als Fürst und Bischof bei Regelung sowohl der weltlichen als der geistlichen Angelegenheiten wo nicht immer so doch gewiß in vielen Fällen ihres Rathes und ihrer Unterstützung. Von ihnen erzogen und gebildet ward er bei seiner Wahl zum Bischofe und besonders bei seinem Streit mit Mallinckrodt vorzugsweise von ihnen begünstigt und vertheidigt. Was war natürlicher, als daß er auch ihnen wiederum nicht allein in materieller Beziehung, wie wir bereits oben sahen, eine verhältnißmäßig sehr bedeutende Unterstützung gewährte, sondern auch in politischen und kirchlichen Dingen einen großen Einfluß einräumte. Zunächst in politischer Hinsicht wirkten namentlich die Rektoren des münsterischen Kollegs Johann Schücking aus Darfeld und Hermann Busenbaum aus Nottuln, jener insbesondere bei dem westfälischen Frieden und in den ersten Jahren der Regierung Christoph Bernards bis 1660, dieser in der nächstfolgenden Zeit bis 1668. Außerdem war der Pater Körler zugleich Beichtvater und Rathgeber des Bischofs. Im Einzelnen jedoch läßt sich nicht mehr mit hinreichender Sicherheit bestimmen, wie ausgedehnt ihr Einfluß in den weltlichen Angelegenheiten des Hochstifts Münster war, wann und wie sie in den Lauf der Ereignisse hemmend oder fördernd eingriffen und welche besondern Maßregeln auf ihren Rath getroffen und durchgeführt wurden, so daß wir uns in dieser Beziehung mit den Andeutungen begnügen müssen, welche wir bereits früher bei der Darstellung der betreffenden Begebenheiten gemacht haben. Hier erübrigt es nur noch, ihren Einfluß auf den religiösen Zustand der Diöcese an einzelnen hervorragenden Ereignissen nachzuweisen. Zunächst wurde der Uebertritt Johanns von der Reck, Dynasten in Drensteinfurt und Wölpendorff, vom Kalvinismus, dem die Familie seit 1533 angehörte, zum Katholizismus durch die beiden Patres Gottfried Körler und Matthias Kalkoven veranlaßt und befördert. Bei einem Besuche in Drensteinfurt leiteten sie das

Gespräch auch auf religiöse Dinge und schickten demnächst gleichsam als Dank für die freundliche Bewirthung zwei Bücher, den Spiegel katholischer Wahrheit von Christian Wilhelm Martgrafen zu Brandenburg und die vom Pater Jodokus Kett verfaßte und jüngst herausgegebene Sonnenstadt oder Heliopolis. Einen besondern Reiz für den Freiherrn hatte das erstere Buch wegen der darin enthaltenen Argumente, wodurch Christian Wilhelm zum Rücktritt in die katholische Kirche bewogen wurde. Durch fleißiges Studium und eifriges Gebet um Erleuchtung gewann Reck allmählich die Ueberzeugung von der Wahrheit der katholischen Lehre; um jedoch ganz sicher zu gehen, forderte er durch eine Druckschrift die Theologen der verschiedenen Konfessionen auf, über einige Unterscheidungslehren ihr Urtheil klar und bestimmt abzugeben und zu begründen, bezüglich seine Ansichten zu widerlegen. Nur eine Gegenschrift erschien von Samuel Maresius in Gröningen, die übrigens, da sie keine Beweise, sondern nur Schmähungen enthielt, den Kalvinismus eher verdächtigte als vertheidigte. Und so bewirkte denn Johann von der Reck am 29. November 1651 seinen Rücktritt in den Schooß der katholischen Kirche, zu dessen Begründung er neben einem Schriftchen über die Uebereinstimmung des alten und neuen Papstthums noch ein zweites, welches seine Motive enthielt, veröffentlichte.[10] Dem Beispiel des Herrn von der Reck folgte bald die mit ihm verschwägerte Familie von Galen zu Ermelinghof. Inwiefern Christoph Bernard auf die Bekehrung dieser Familie Einfluß übte, läßt sich nicht ermitteln; übrigens sorgte er für die Anstellung eines Geistlichen zu Ermelinghof und bestimmte in seinem Testamente für dessen Unterhalt die Summe von 1400 Thalern.

Weit wichtiger und folgenreicher als die erwähnten Bekehrungen war die des Grafen Ernst Wilhelm von Bentheim, bei der zwar auch der Jesuit Körler vorzugsweise thätig war, die jedoch übrigens von Christoph Bernard in so hohem Grade als sein Werk betrachtet wurde, daß seine Grabschrift ihm gerade diese ausdrücklich zuschreibt. Als die nächsten Folgen dieses Uebertritts haben wir bereits früher angeführt die Besetzung des Schlosses Bentheim durch münsterische

---

[10] „Consensus veteris et moderni papatus" u. „Motiva vera ac solida, quibus perill. et generosus D. I. Liber-Baro a Reck ... convictus permotusque est, ut eiurato Calvino ad ecclesiae Rom.-Catholicae gremium se transtulerit d. 30. Nov. a. 1651." Monast. Ex Typogr. suae Seren. Aulico 1722. Vgl. P. Wittfeld s. l. „Darlegung der Gründe, warum J. von der Reck zu Steinfurt wiederum zur kathol. Kirche übergegangen." 1662, Münster B. Raesfeld.

Truppen, die Entfernung der vier älteren Söhne des Grafen nach Holland sowie die Fortführung der Gräfin nach Münster und ihre Flucht nach dem Haag. Die Bemühungen des Grafen sowohl als des Bischofs, die Geflohene zur Rückkehr zu bewegen oder wenigstens die Auslieferung der Kinder, deren Aufenthaltsort geheim gehalten wurde, zu erwirken blieben ohne Erfolg, da die Gräfin einerseits für sich die Beschränkung ihrer früher sehr einflußreichen Stellung durch das Protektorat des Fürstbischofs fürchtete und andererseits über ihre Kinder das ausschließliche Recht der Erziehung besonders in konfessioneller Hinsicht beanspruchte. Auf diese Nachricht ertheilte der Graf Ende Februar 1669 seinem Agenten Kuhefues, welchen er als Vermittler nach dem Haag geschickt hatte, den Befehl zur Rückkehr. Dieser schrieb in Folge dessen an Christoph Bernard: „Ew. hochfürstl. Gnaden thue hiemit unverthänigst unterhalten, welcher gestalt Ihre hochgräfl. Excellenz mein gnädiger Herr mir nuhn endlich das solang desiderirtes Befelch, daß alle negotiation mit der gräfinne abbrechen solle, bey jüngster post zugefertigt, mir aber chist erst) heut zu hanben kommen; die Ursach, warumb ich vor und nach in meinen ahn Herrn grafen abgegebenen Berichtschreiben, mit der gräfinne ultra quasi commissionem zu tractiren, und dieselbe ad reditum zu disponiren, simulirt und vorgegeben, ist darumb geschehen, ut comes foeminae pertinaciam spretis omnibus plus nimio delicatis offertis divortii poena mulctandam vel ipse pro molli suo mihi apprime noto affectu iudicaret; und weilen er nuhnmehr solches aigenhandig contestirt, a quo sine summo dedecore resilire non audet, so werde ich nuhnmehr, nachdem alles pro repetitione liberorum genugsamb incaminirt, mich von hir zurückbegeben, damit, im fall die gräfinne, wie vermuthe, nuhnmehr ad poenitentiam oder simulatam submissionem kommen wolle, der Herr graf das contrarium oder reductionem mulieris mir, utpote post discessum meum, nicht anbefehlen könne, sondern vielmehr ipsum divortium iam dudum meritum edictaliter vollziehen laßen müße, welches umb desto mehr nötig zu sein erachte, quia pro certo habeo, si illa aliquando ad pristinam dignitatem revertatur, omnem pium in religione successum quovis modo impediet, qui ea absente facile introducetur ... Haag d. 4. März 1669."[11] Aus diesem sowie aus einem ähnlichen Schreiben des Agenten vom 29. Januar d. J. geht hervor, daß er die Rückkehr

---

[11] Fürst. Münster. Landes-Archiv 59, 8.

der Gräfin, welche eine entschiedene Kalvinistin war, für die Durchführung des Katholizismus in Bentheim als höchst nachtheilig ansah und daher alles aufbot, dem Grafen ihre Entfernung als Ehebruch darzustellen. Es handelte sich fortan nur noch um die Auslieferung der Kinder, die dann natürlich in der Religion des Vaters erzogen werden sollten. Um die Auslieferung zu erlangen, wurde beim Reichshofrath ein Prozeß gegen die Gräfin anhängig gemacht;[12]) zu gleicher Zeit suchte Christoph Bernard sowohl durch direkte Unterhandlungen als auch durch die Vermittlung des kaiserlichen und des spanischen Residenten im Haag die Generalstaaten zu bewegen, daß sie nicht durch eine längere Zurückhaltung der Kinder in die väterlichen Rechte des Grafen eingriffen. Die Hochmögenden aber zeigten sich durchaus nicht geneigt, auf die noch so dringenden Vorstellungen einzugehen [13]) und so blieb dem Grafen nur noch ein Mittel übrig, seinen Zweck zu erreichen. Am 6. September 1677 schrieb er einen Brief an seinen ältesten Sohn Ernst, „er möchte, da er nun zu Verstand gekommen, zurückkehren und würde alle Liebe und Freiheit genießen; widrigenfalls aber sollte er gänzlich enterbt und ihm alle Gnade und Affektion entzogen werden."[14]) Der Sohn folgte nicht der Einladung seines Vaters und dieser hielt sich fortan von jeder Verpflichtung gegen sein hartnäckiges Weib und seine störrischen Kinder entbunden. Was die Folge davon war, sollte die Gräfin, welche von der ihr wohl bekannten Schwäche und Unentschlossenheit ihres Gemahls für sich und ihre Kinder noch stets das Beste gehofft haben mochte, nur zu bald erfahren. Denn es wurde nicht nur vom Kaiser, bei welchem der Pater Körler in der Angelegenheit des Grafen thätig war,[15]) das am 23. Januar 1666 ihr ertheilte Diplom, welches sie in den Stand einer gebornen Reichsgräfin erhoben hatte, wieder vernichtet; sondern es traf sie auch der weit empfindlichere und alles entscheidende Schlag, indem Christoph Bernard am 8. Juli 1678 kraft bischöflicher Autorität die angebliche Ehe zwischen dem Grafen Ernst Wilhelm und der Gertrude Zelst als null und nichtig

---

[12]) Fr. Münster. Landes-Archiv 59, 4.
[13]) Deductie van d'ongelegentheden in de Graefschap van Benthem zedert eenigen tyt voorgefallen, soo die provincie van Overyssel haere medelands-stenden als ooch de Vrouw gravinne ende haere Kinderen concernerende. Dazu die Briefe Hessings Fr. Münst. Landes-Archiv 534, 1 b.
[14]) Fr. Münster. Landes-Archiv 59, 4.
[15]) Fr. Münster. Landes-Archiv 534, 5.

auflösete und dem Grafen das Eingehen einer andern Verbindung gestattete. Als Grund der Ehescheidung wurde angegeben, daß nach reiflicher Erwägung des wirklichen und rechtlichen Thatbestandes und mit Rücksicht auf das einstimmige Gutachten mehrerer Theologen und Kanonisten an auswärtigen Universitäten die Ehe als unzulässig, ungültig und nichtig (irritum, invalidum et nullum) anzusehen wäre. [16] Die Rechtmäßigkeit dieser Entscheidung ist vielfach angefochten worden, namentlich von Raet von Bögelskamp und dem Prediger Visch in ihren Geschichten der Grafschaft Bentheim [17] und selbst Niesert kann bei der Mittheilung des Erlasses [18] die Bemerkung nicht unterdrücken: „was passet wohl zu diesem Denkmal — das pie, das iuste oder das fortiter?" womit er auf den bekannten Wahlspruch Christoph Bernards („pie, iuste, fortiter," fromm, gerecht, tapfer) hinweiset. Mag übrigens der Bischof immerhin mit Entschiedenheit (fortiter) durchgegriffen haben, für uns ist hier nur die Frage von Wichtigkeit, ob er dabei gerecht (iuste) handelte. Man

---

[16] „Christ. Bern. Dei gratia ep. Mon. Admin. Corb. Burggr. Stromb. s. R. I. princ. et D. in Borkelo Universis ac singulis praesentes visuris lecturis seu legi audituris vel quocunque modo interesse habentibus notum facimus et attestamur, cum super valetudine et subsistentia matrimonii inter Dom. Ernestum Wilhelmum Comitem in Bentheim Tecklenburg et quandam Gertrudem de Zelst Plebeiam alias praetense initi, coram nobis quod post diligentem ac maturam facti ac iuris discussionem, adhibitis pluribus etiam extraneis et in Universitatibus constitutis impartialibus Theologis ac canonistis ac praehabitis eorundem pariter suffragantibus votis ac responsis, praetactum huiusmodi praetensum matrimonium irritum, invalidum et nullum esse ac fuisse deprehenderimus et tale adhuc esse auctoritate Episcopali declaraverimus nec non bene memoratum Dominum Comitem Ernestum Wilhelmum nullo praetensi istiusmodi matrimonii vinculo ligatum sed omnino solutum ac liberum esse, qui matrimonium cum alia Domicella vel Domina pariter soluta ac libera iuxta formam Concilii Tridentini legitime inire, in eodemque libere et liciter permanere et vivere possit ac valeat, eadem auctoritate pronuntiaverimus prout declaramus ac pronuntiamus per praesentes ad maius robur et fidem manu et sigillo nostris roboratas. Signatum in castro nostro S. Ludgeri die 8. mensis Iulii 1678." Vgl. Lünig R. A. Specil. secul. I. 38.

[17] „Bentheim-Steinfurtische ... Beyträge zur Gesch. Westphalens, zugleich e. Versuch e. Provinzial Gesch. der merkw. Grafsch. Bentheim von F. F. von Raet von Bögelscamp. Burgsteinfurt 1803. II. Thl. S. 39, 58 u. 84 ff. — Geschiedenis van het Graafschap Bentheim door W. F. Visch. Te Zwolle 1820 (Zeehuisen) S. 193 ff.

[18] Niesert Codex dipl. Steinford. Abth. 2 S. 520.

könnte vielleicht zu der Vermuthung kommen, als sei der Stand der Gertrude von Zelst, die in dem Erlasse als Plebeierin ausdrücklich bezeichnet wird, bei der Entscheidung über die Gültigkeit ihrer Ehe mit einem Grafen irgendwie von Einfluß gewesen. Aber selbst wenn die genannte Dame eine Plebeierin und nicht, wie Aitzema ausführt,[19] von wirklich ritterbürtigem Stande war, so konnte doch ihre Verbindung mit dem Grafen nur als Mißheirath bezeichnet werden. Die Folgen dieser wurden durch die Erhebung Gertrudens in den Stand einer gebornen Reichsgräfin beseitigt. Mochte auch der Kaiser das Diplom später vernichten, so wurde doch dadurch in Betreff der Gültigkeit der Ehe nichts geändert. Denn ebenso wenig wie die Ehe erst durch das kaiserliche Diplom validirt war, konnte dessen Vernichtung ihre Annullirung zur Folge haben. Für die kirchliche Entscheidung über die Gültigkeit und Zulässigkeit der Verbindung handelte es sich nicht darum, ob eine Mißheirath stattgefunden hatte, sondern nur ob eine wirkliche Ehe oder vielmehr ein Konkubinat eingegangen war. In dieser Beziehung ist es von der größten Wichtigkeit, daß der Graf Ernst Wilhelm selbst wiederholt förmlich und feierlich seine Verbindung mit Gertrude von Zelst als nicht rechtmäßig bezeichnete, welche Aussage Bögelskamp, der beiläufig gesagt zu der genannten Dame in verwandtschaftlicher Beziehung steht, mit der einfachen Bemerkung entkräften zu können glaubt, daß der Graf zuweilen nicht recht bei Sinnen gewesen sei. Daneben wird behauptet, daß die Verbindung vor dem Hofprediger des Grafen und in Gegenwart seiner Schwester und des Hofmeisters geschlossen sei sowie daß selbst der katholische Pfarrer Korn zu Bentheim, ein Jesuit aus Münster, in einem Schreiben an die geflüchtete Gräfin die Unauflöslichkeit der Ehe behauptet habe: mit welchen Behauptungen jedoch keineswegs der erforderliche Beweis beigebracht ist. Denn aus der Erklärung des Pfarrers könnte höchstens gefolgert werden, daß er im guten Glauben an die Gültigkeit der eingegangenen Verbindung, also immerhin nur bedingungsweise sein Urtheil abgegeben hätte, nicht aber daß die Ehe nun auch unbedingt gültig gewesen wäre. Hat doch selbst Christoph Bernard lange Jahre hindurch die Ehe für eine wirkliche Ehe gehalten, so lange nämlich der Graf weder in seinen Worten noch in seinem Verhalten gegen ihre Rechtmäßigkeit einen Zweifel aufkommen ließ. Was aber ferner die Vermählung selbst betrifft, so ist es in der That auffallend, daß sie, wenn sie wirklich rechts=

---

[19] Aitzema II, 23. S. 91 f.

kräftig vollzogen wurde, so völlig verstohlen ohne Beisein der beiderseitigen nächsten Verwandten vor sich ging. Das spätere Zeugniß des Hofpredigers und des Hofmeisters ließ wenigstens manchen Zweifel zu, da es erst nach ihrer Entfernung aus den gräflichen Diensten abgelegt wurde. Ebenso wenig konnte auch die Aussage der Schwester von Gültigkeit sein, da sie zur Gegenpartei gehörte; sie hatte ihrem Bruder das Mädchen, welches bei ihr gleichsam als Gesellschafterin diente, zugeführt und in ihrem Interesse lag es, den katholisch gewordenen Grafen der strengen Kalvinistin mit ihren kalvinistischen Kindern und Erben als unauflösbar verbunden zu erklären. Wenn demnach durch solche Zeugnisse die Aussage des Grafen nicht entkräftet werden kann, so scheint sie vielmehr noch dadurch bestätigt zu werden, daß Gertrude selbst nach den Mittheilungen von Bögelskamp in beständiger Furcht lebte, ihre Kinder möchten nicht als erbfähig anerkannt werden und die bentheimischen Besitzungen an die steinfurter Linie fallen. So viel wenigstens ist sicher, daß der Graf von Steinfurt die Ehe seines Bruders nicht für eine rechtmäßige hielt. Wie aber kann man dann Christoph Bernard einen Vorwurf daraus machen, daß er eine Verbindung, deren Gültigkeit nicht nur nicht erwiesen, sondern vielmehr wie von dem Grafen Ernst Wilhelm so auch von unparteiischen Theologen und Kanonisten geradezu geleugnet war, für aufgelöst erklärte, zumal da die Frau weder die entführten Kinder dem Vater zurückgeben, noch auch selbst bei der Drohung, ihr eigene Entfernung als böswillige Verlassung ansehen zu müssen, heimkehren wollte.

Drei Wochen nach der Auflösung seiner ersten Verbindung mit Gertrude Zelst am 29. Juli 1678 vermählte sich der Graf mit Anna Isabella von Limburg-Styrum zu Gemen und erlangte am 17. April 1679 die Bestätigung der geschlossenen Ehepakten durch den kaiserlichen Reichshofrath. Eben dieser erklärte auch unter demselben Datum die frühere Gräfin der aus der Heirathsverschreibung zustehenden Rechte sowie der vom Kaiser jemals erlangten Gnaden, insonderheit des Grafenstandes verlustig. Da der weitere Verlauf der bentheimischen Händel uns hier nicht näher berührt, so fügen wir nur noch die Bemerkung hinzu, daß Getrude Zelst vielleicht vor innerer Aufregung schon bald nachher starb, daß aber ihre Söhne, zumal da der Graf mit seiner zweiten Gemahlin nur eine Tochter erhielt, das von ihnen beanspruchte Erbrecht nicht gänzlich verloren. Zwar mußten sie in dem am 15. Mai 1691 durch die Bischöfe von Paderborn und Osnabrück vermittelten Vergleich zu Bielefeld auf die Grafschaft

Bentheim zu Gunsten ihres Vetters Arnold Moritz verzichten, erhielten aber dafür dessen Grafschaft Steinfurt mit den Satrapien Alpen und Hawickswerth und jährlich die Summe von 1000 Thalern.

Mit dem Uebertritt des Grafen von Bentheim zum Katholizismus hing, wie wir bereits früher erwähnten, die Gründung einer katholischen Kirche zu Bentheim und die Erlangung der geistlichen Jurisdiktion durch den Fürstbischof von Münster zusammen. Eine weitere Folge war, daß auch zu Schüttorf, Neuenhaus und Nordhorn die Uebung des katholischen Glaubens hergestellt wurde. In Schüttorf wurde nach einer Angabe im Taufbuch am Feste der h. Katharina 1669 der katholische Gottesdienst eröffnet durch den Jesuiten Gerhard Wikede von der nahe gelegenen Burg Altona, welche dem Grafen von Bentheim gehörte.[20] Zu Neuenhaus hielten die dort nach und nach angesiedelten Katholiken 1676 ihren ersten Gottesdienst in der früheren Burgkapelle; von 1676 bis 1824 war dort eine Mission der Kanonici zu Frenswegen, seit 1824 ist es eine eigene Pfarre.

Auch in der Grafschaft Steinfurt suchte Christoph Bernard politischen und kirchlichen Einfluß zu gewinnen. Zwar wurde er durch ein kaiserliches Mandat vom 20. April 1667 genöthigt, die in Steinfurt gelegte Besatzung zurückzuziehen; dagegen wußte er das daselbst begründete Simultaneum gegen alle Verbote des Reichskammergerichts zu erhalten. Die völlige Katholisirung des Landes wäre gar sehr erleichtert worden, wenn der Graf Arnold Moritz, der freilich erst nach dem Tode Christoph Bernards zum katholischen Glauben übertrat, neben Bentheim auch Steinfurt behalten hätte. Dennoch wurde nach einem Vergleich mit Münster vom Jahre 1716 eine eigene Kirche für die Katholiken zu Steinfurt erbaut und an Stelle des von Christoph Bernard unterhaltenen Feldgeistlichen ein katholischer Pfarrer eingesetzt.[21]

Aus dem Gesagten geht hinreichend hervor, daß Christoph Bernard bei seinen vielen weltlichen Geschäften als Fürst, Gesetzgeber und besonders als Krieger die ihm als Bischof übertragene Verwaltung der Diöcese keineswegs vernachlässigte. Und wenn er in seiner

---

[20] „Anno 1669 festo s. Catharinae Virg. et Mart. postliminio coeptum est exercitium catholicum Schüttorpii sub excell. illustr. Wilhelmo a. p. Gerh. Wikede soc. Iesu in castro Altona." Taufregister.

[21] Niesert Codex diplom. Steinford. 2. Abth. S. 349 ff. (Vgl. Thl. 3. S. 128 ff. Protoc. continuum querelarum Bentheim. Gravenhage 1697). Ferner S. 381 u. 386.

weltlichen Stellung bei vielen Fürsten ein hohes Ansehen genoß, so war dieses zufolge der kräftigen Förderung kirchlicher Dinge bei dem Papste gewiß nicht geringer. Zur nähern Darlegung seines Verhältnisses zum römischen Stuhle erwähnen wir außer dem, was wir schon früher bei Gelegenheit hervorgehoben haben, noch folgende Data.[22] Schon im Jahre 1653, als der Bischof durch den Kanonikus Torck über den Zustand der Diöcese Bericht erstatten ließ, erhielt er unter dem 15. November ein Schreiben des Kardinalkollegs, worin er wegen der Besserung des Klerus, Hebung der kirchlichen Disciplin, Herstellung der Klausur und Regeln der Mönche, Errichtung eines Seminars und ausgezeichneter Durchführung anderer oberhirtlichen Geschäfte gelobt wurde. Ein gleiches Lob wurde ihm in andern Schreiben aus den Jahren 1661 und 1670 gespendet. Im letztgenannten Jahre erhielt er auch ein dem Nuntius von Köln und Erzbischofe von Thessalonich Franz Bonvisius unter dem 30. Juli ausgestelltes Begleitschreiben, worin der Papst die Erwartung aussprach, daß er jenen mit Rath und That unterstützen würde. Umgekehrt wurde ein dem Nuntius von Belgien bei seiner Rückkehr nach Rom von Christoph Bernard eingehändigtes Empfehlungsschreiben vom Papste Klemens X. mit großem Wohlwollen entgegengenommen und in der Antwort vom 20. Dezember 1670 ein großes Gewicht darauf gelegt, daß jener sich bei der Durchführung der ihm übertragenen Geschäfte die Zustimmung des münsterischen Bischofs erworben hätte. Als 1672 der kölner Nuntius nach Polen zu reisen beauftragt wurde, um einen Streit zwischen dem Könige und den Magnaten beizulegen, ersuchte Klemens X. in einem Schreiben vom 25. Oktober den Bischof, daß er jenem bei der schwierigen Aufgabe seine Unterstützung leihen möchte. In gleicher Weise sprach auch Innocenz XI. in einem Schreiben vom 20. März 1677 die Hoffnung aus, daß Christoph Bernard den Nuntius beim nymweger Friedenskongreß mit seiner Klugheit und seinem Eifer unterstützen würde. Und als in demselben Jahre Peter Philipp Bischof von Würzburg und Bamberg von den Domkapiteln beider Bisthümer zu Rom verklagt war, weil er ohne ihre Zustimmung 6000 Soldaten für den Kaiser Leopold geworben hatte, bewirkte Christoph Bernard, indem er auf Bitten des Bischofs an den Papst schrieb und sich dabei in Bezug auf das, was der Kirche sowohl als dem Reiche fromme, auf seine langjährige Erfahrung berief, daß die Sache vom Papste an den Kaiser verwiesen

---

[22] Die Briefe der Päpste und Kardinäle bei Alpen und Molkenbuhr a. a. O.

wurde. Für seine eigene Person hatte Christoph Bernard, um für Sicherheit und Ruhe in seinem Lande mit desto unbeschränkterer Freiheit sorgen zu können, bereits früher vom Papste erlangt, daß er von jeder Irregularität frei war. Das Ansehen Christoph Bernards bei Innocenz XI. war so groß, daß dieser ihn wegen seiner vielen der Kirche geleisteten Dienste einen Arm des apostolischen Stuhls nannte und daß er ihm unter anderm sogar gestattete, die drei zunächst erledigten Kanonikate, deren Kollation dem Papste zustände, selbst zu besetzen. Der Werth und die Wichtigkeit dieses Zugeständnisses erscheint um so größer, wenn man sich an die oben erzählten Vorfälle im Kapitel bei der Wahl eines Koadjutors erinnert. Ferner erlangte Christoph Bernard nach einem mit dem Kapitel aufgerichteten und vom Papste bestätigten Fundationsbriefe sogar die immerwährende Besetzung eines Kanonikats mit einem Mitgliede seiner Familie, wofür er sich durch Rezeß vom 26. Juni 1664 verpflichtete, die verfallene Kurie, welcher den Namen Kniepe führte, neu aufzubauen und die darauf stehenden Gelder der Fabrik abzulösen; auch soll der jedesmalige Kanonikus die Kurie unter Dach und Fach halten und ad subsidium jährlicher Heuergelder 10 Thaler auf Martini der Fabrik entrichten. [23]

---

[23] „Recess wegen auferbawung beß Hoffs genant die Kniepe modo ad Canonicatum familiae Galeniae in perpetuum vbergelaßen":

„Zu wißen hiemitt, daß zwischen dem Hochwürdigsten Fürsten und Herrn H. Christoff Bernhardten, Bischoffen zu Münster, Administratorn zu Corffey, Burggraffen zum Stromberg, und Herrn zu Borkelohe ahn einer, und Dero Ehrwürd. Thumb=Capitul ahn anderer seiten wegen einer Curiae Canonicalis, die Kniepe genant, welche zumahlen verfallen und zur Bewohnung undauchtig worden, folgender gestalt vereinbahrt und verglichen ist.

Und Erstlich weill höchstg. Ihre Hochfürstl. Gn. einen newen Canonicatum in der hohem Thumbkirche zu Münster pro familia de Gahlen, mitt consent und Bewilligung ersterwehnten Thumb=Capituls Laut darüber auffgerichteten und von Päbstl. Heyl. confirmirten fundations-Brieff gestifftet; So haben Jhro Hochfürstl. Gn. sich ggst (gnädigst) erklehret und erbotten, daß besagte zerfallene Curiam wieder erbawen laeßen wollen, gleichwoll dergestahlt, daß alsolcher Hoff oder Curia der zeitlicher Canonicus de Gahlen besitzen und gebrauchen und wegen habitation und Bewohnung desselben allen andern Canonicis vorgezogen werden solle.

Zum andern weill erwehnter Canonicus ex familia de Gahlen iuxta fundationem gleich andern Canonicis ad optionem der vacirenden Höffe zugelaeßen wirdt; So solle demselben freystehn bey vorfallender vacantz die option zu thuen, doch dergestalt daß er alstan die newe Curiam ob-

Die Fundation von mehreren anderen Kanonikaten und Pfründen sowie die Errichtung und Ausschmückung vieler Kirchen und Kapellen werden wir weiter unten zur Sprache bringen bei der Mittheilung des Testaments, welches zugleich durch den darin enthaltenen allgemeinen Rückblick auf die bischöfliche Wirksamkeit Christoph Bernards von Interesse ist. Hier sei nur noch bemerkt, daß dieser Bischof allein mehr geistliche Pfründen gestiftet haben soll, als alle seine Vorgänger und daß er den Neubau von 30 und die Restauration von etwa 100 Kirchen und Kapellen ins Werk setzte. Bei vielen legte er selbst den Grundstein und sorgte für die Errichtung von Altären und die Anschaffung der heil. Gefäße und Gewänder, die er wo möglich auch selbst einweihte. Ueberhaupt verrichtete er, wenn nicht gerade die dringendsten Geschäfte ihn fernhielten, stets in eigener Person die Funktionen des Bischofs, spendete vielen Tausenden die Firmung und weihte über neunhundert zu Priestern.[24]

---

gemelt verlaeße, einem andern Canonico den freyen in= und außzug ad interim, biß ein junger Canonicus ex familia selbigen wieder zu bewohnen nöhtig hatt, gestatten solle.

Drittens soll der Canonicus ex familia den new erbawten Hoff jeder Zeit in gutem esse Tach und fach zu halten schuldig sein, auch ad subsidium jährlicher Heurgelder zehn Thlr. auff Martini ad fabricam verrichten.

Entlich haben Ihre Hochfürstl. Gn. auff sich genohmen, daß auff dem Hoff stehende Hoffgelder einß für all der fabricae abloeßen zu laeßen.

Uhrkundtlich haben Ihre Hochfürstl. Gn. dießen vergleich mitt eigenen händen unterschrieben und ihr gewöhnlich sigillum aufftrucken laeßen, wie es dan auch ahn seither eines hochw. Thumb=Capituls in Krafft Beygetrucken deßen gewöhnlichen einsiegels placitirt werden."

Sig. St. Ludgersburg am 26. Juny 1664.

L. S. L. S. Christoff Bernhardt m. p.

[24] Nach dem protocollum ordinatorum weihte C. Bern. von 1652 bis 1674, bis zu welchem Jahre die Aufzeichnungen reichen, 762 und zwar 404 Welt= und 358 Ordensgeistliche, nämlich:

Jahr	Welt=	Ordenspr.	Jahr	Welt=	Ordenspr.
1652	3	8	1665	22	8
1654	16	20	1666	11	15
1655	24	27	1667	19	25
1656	18	16	1668	40	27
1657	8	13	1669	32	11
1658	18	13	1670	20	15
1659	22	20	1671	22	21
1660	17	22	1672	23	13
1661	12	26	1673	18	10
1662	30	13	1674	6	7
1663	23	21			

War er an hohen Festtagen in Münster anwesend, so hielt er selbst im Dome ein Pontifikalamt und veranlaßte seinen Hof, zur heil. Kommunion zu gehen. Befand er sich außerhalb der Metropole, so

Die Zahl der Geweihten wird von Alpen II, 694 auf wenigstens 900 angegeben. — Ferner benedicirte C. Bern. am 21. Dec. 1651 Georg Jüstinck, Abt zu Liesborn u. am 29. Juni 1661 in der telgter Kapelle den Präl. v. Marienfeld Joh. Stades. — Im J. 1669 bemerkt das protocollum: „Feria tertia Paschatis sua Celsitudo baptizavit iuvenem Turcicum secum ex Hungaria adductum in Cathedrali ecclesia cum maxima solennitate et concursu hominum vocavitque eum Christophorum Paulam Ernestum. Patrini fuerunt Ill. Comes Wilhelmus Ernestus a Bentheimb et nomine Rev. Capituli Rev. D. Rotgerus a Torck Decanus et Praepositus Cathedralium ecclesiarum resp. Monasteriensis et Mindensis. Deinde ipsum confirmavit." — Das Sakr. der Firmung spendete der Bischof 164 mal und zwar gewöhnlich bei jeder Ordination u. Visitation. So wurde in den Note 4 genannten Oertern bei der Visitation auch gefirmt; ferner fanden Visitationen u. Konfirmationen statt 1659 d. 1. Mai zu Lette, d. 2. zu Darup, d. 10. Okt. zu Freckenhorst, dann 1671 im Emslande am 20. Juli zu Hoselünne (gefirmt 600), d. 22. zu Haffelik (340), d. 23. zu Kloppenburg (400), d. 25. zu Emsteck (170), d. 28. zu Lastrup u. Lindern (244), d. 2. Aug. zu Bassel (147), d. 3. zu Ramslo (254), d. 6. zu Essen (700, zugleich aus Qualenbrügge), d. 7. zu Löningen (600), d. 13. zu Kappell (über 200), d. 14. zu Langforden (178), d. 15. zu Vechta (270). Am häufigsten wurde die Firmung ausgetheilt zu Münster im Dom (7 mal), in der Michaeliskapelle (10) u. ad fontem salientem oder bei den Fraterherrn, wo C. B. residirte (21), zu Coesfeld in Lamberti (191), Ludgersburg (3) u. bei den Annaschwestern (3). — Ferner weihte Chr. Bernard 123 Kelche, 3 Monstranzen (für Wettringen, die neue Kirche zu Ahlen und Vorhelm), 3 Ciborien (Annaschw. zu Coesfeld u. Fraterherrn zu Münster), 1 Kreuz (Borken), 27 Glocken, viele Paramente und Altäre, Kirchen und Kapellen. Ueber die Kirchen u. Kapellen sind die Angaben des Testaments im letzten Abschnitte zu vergleichen. Jahr u. Tag der Grundsteinlegung und Einweihung sind im Text angegeben; nur erwähnen wir hier noch nach dem protocollum, daß am 25. Sept. 1655 die Kirche zu Vorhelm, am 13. Okt. 1658 die zu Ehren der Gebrüder Ewaldi bei Laer errichtete Kapelle, deren Grundstein am 5. Juni 1657 gelegt war, und am 22. Okt. 1659 die Johanneskapelle in Raesfeld eingeweiht wurde. Altäre wurden geweiht: 1652 d. 15. Juli der Hochaltar u. Mutter-Gottes-Altar in der Kapuzinerkirche zu Coesfeld, 1655 d. 4. April der Hochaltar zu Greven, d. 14. zu Hiltrup, d. 15. zu Amelsbüren, d. 17. zu Alberslo, d. 18. zu Horstmar, d. 25. der Hochaltar u. d. 29. der Mutter-Gottes- und der Annen-Altar in b. Kirche b. Konventualen zu Münster, d. 30. der Hochaltar zu Nienberge, d. 28. Mai zu Alveskirchen, d. 29. zu Everswinkel, d. 19. Sept. zwei Altäre auf St. Mauriz, begab er sich an Sonn- und Festtagen gewöhnlich in eine nahe gelegene Pfarrkirche, las selbst Messe und wohnte dem Hochamt und der Predigt bei. Auch an den Wochentagen las oder hörte er die heil. Messe, unterließ nie, auch nicht bei den dringendsten Geschäften, sei es bei Tage oder bei Nacht sein Brevier zu beten und weihte manche Stunde dem Lesen guter Bücher oder stiller Betrachtung. Also nicht bloß Verordnungen erließ er für den Klerus, sondern er that auch selbst, was er von jenem forderte und konnte deshalb mit um so größerer Energie gegen die Säumigen einschreiten. Insbesondere verdient es hier noch hervorgehoben zu werden, daß er gleich beim Antritt seiner Regierung alle Frauenzimmer, selbst seine Mutter und Schwester, vom Hofe entfernte sowie daß er einer weiblichen Person nie eine Privataudienz bewilligte, sondern nur an einem öffentlichen Orte und im Beisein Anderer Gehör gab. Mag dieses immerhin übertrieben erscheinen, so erklärt es sich doch gerade zu jener Zeit leicht dadurch, daß er den Konkubinaren gegenüber selbst jeden Verkehr mit dem andern Geschlechte mied und somit im Kampfe gegen das eine Extrem zum andern überging. Daß ihn etwa die bei der Wahl ausgesprochene Verdächtigung Mallinckrodts zu der übergroßen Sittenstrenge und

---

d. 20. der Hochaltar zu Wolbeck, d. 21. zu Sendenhorst, d. 23. zu Ennigerloh, d. 25. zu Vorhelm, d. 26. drei Altäre in der alten Kirche zu Ahlen, d. 1. Okt. der Hochaltar zu Sunninkhausen, d. 2. der Hoch- u. e. Seitenaltar zu Stromberg, d. 2. Nov. d. Altar in der Kap. zum h. Geist in Bocholt, d. 3. der Hochaltar zu Rhede; 1656 d. 28. Juni der Hochaltar zu Großrecken, d. 1. Juli zu Buldern, d. 2. zwei Alt. zu Senden, d. 4. der Hochaltar zu Seppenrade, d. 5. zu Olfen, d. 6. zu Norup, d. 27. zu Bentlage, d. 30. der Hoch- u. e. Seitenaltar zu Schepsdorf, d. 1. Nov. der Hoch- u. zwei Seitenaltäre (Joh. u. Cathar.) zu Ahaus; 1657 d. 2 Juli d. Altar in der telgter Kapelle, d. 16. Aug. 2 Altäre im Kloster Marienborn zu Coesfeld; 1658 d. 4. Aug. d. A. zu Schwilbrock; 1659 d. 22. Okt. d. A. in der Johanneskap. zu Haesfeld, d. 28. Okt. 3 Altäre in der Kapuzinerkirche zu Borken; 1660 d. 1. Mai d. Hochaltar zu Lette, d. 23. Nov. in der Observantenkirche zu Rheine (3 Alt., der Hochaltar 19. Aug. 63); 1661 d. 14. Aug. d. Hochaltar in Ueberwasser u. d. 14. Sept. 2 Alt. (Anton u. Joseph) in d. K. der Konvent. zu Münster; 1663 d. 24. Aug. 3 Altäre in der Augustinerkirche zu Frenzwege; 1667 d. 27. Juni d. Altar in d. Kap. auf der Geist bei Münster; 1668 d. 10. Aug. d. Alt. zu Kloppenburg u. einige Tage später in der nahe gelegenen Kapelle (B. M. V.) zu Bethen.

Aengstlichkeit im Verhalten veranlaßt habe, ist unwahrscheinlich, da kein anderer gegen seine Sittenreinheit auch nur den leisesten Verdacht hegte. Ueberhaupt beziehen sich die Vorwürfe und Angriffe, welche Mit= und Nachwelt gegen Christoph Bernard erhoben hat, nicht sowohl auf sein Privatleben, noch auch auf sein Wirken als Bischof, sondern vielmehr hauptsächlich auf das, was er als Krieger bezweckte und durchführte.

Elfter Abschnitt.

Letztwillige Verfügungen und Tod Christoph Bernards. Rückblick.

Die Wirksamkeit Christoph Bernards fand ihren Abschluß mit seinen letztwilligen Verfügungen, welche näher kennen zu lernen für die richtige Würdigung wenigstens vieler seiner Hauptbestrebungen von Wichtigkeit ist. Das eigentliche Testament nebst einer Verfügung über seine Durchführung ist zu Sassenberg am 20. April 1678 aufgerichtet; nachträgliche Bestimmungen enthalten zwei Kodicille, von denen das erstere ebenfalls zu Sassenberg am 19. Juli, das andere zu Ahaus am 16. September niedergeschrieben wurde.[1]

Im Eingange des Testamentes hebt Christoph Bernard hervor, daß er eingedenk der menschlichen Hinfälligkeit zumal in einem so vorgerückten Alter beschlossen habe, nicht allein über seine Nachlassenschaft zu verfügen, sondern auch die von ihm getroffenen Einrichtungen möglichst zu befestigen. Zunächst und vor allem empfiehlt er seine Seele dem allbarmherzigen Gott und der Fürbitte der allerseligsten Jungfrau Maria und des h. Paulus, Johannes, Josephus, Ludgerus und Maximus und bestimmt, daß gleich nach seinem Tode 2000 Seelenmessen gelesen werden sollen, wofür er 500 Thaler auswirft. Seine Leiche soll ohne zu großen Pomp in der von ihm errichteten Josephskapelle beim Dom zu Münster beigesetzt und darüber ein Monument errichtet werden, welches die Nachwelt zum Gebete für seine Seelenruhe mahne. Während der Krankheit oder gleich nach dem Tode sind 1000 Thaler unter die Armen zu vertheilen. Das Jahresgedächtniß soll am Sonnabend vor dem Reliquienfeste gefeiert werden.

---

[1] Prov.-Archiv Fr. Münster, Urk. 4680. — Die Erlaubniß, sein Testament zu machen, hatte Chr. Bernard vom Papst Alexander VII. bereits am 18. Nov. 1662 erhalten. Das. Urk. 4556 a.

Nach diesen Verfügungen, welche den Testator selbst betreffen, folgen Bestimmungen für andere Personen sowie über die Gegenstände, welche ihm am meisten am Herzen lagen. Dem Papste zunächst sollen zum Zeichen treuer Anhänglichkeit und kindlichen Gehorsames drei der größten vom Erblasser geprägten Goldmünzen übersandt werden. Seinen Koadjutor und alle spätern Nachfolger ermahnt er, dem Fürstbisthum in Frömmigkeit und Gerechtigkeit mit Kraft vorzustehen und für die Erhaltung der Religion die größte Sorge zu tragen. Ihre persönliche Residenz wird wegen der Menge der Geschäfte und wegen der gefahrvollen Lage des Fürstbisthums zwischen andersgläubigen und eroberungssüchtigen Nachbarn als höchst nothwendig bezeichnet. Zur Beförderung der Religion und Frömmigkeit möchten sie besonders Acht haben auf die Wahl tüchtiger Archidiakone, Prälaten und Pfarrer und insbesondere die letztern nur aus der Zahl derer nehmen, welche sich bereits als Kapelläne bewährt hätten. Ferner möchten sie über die Erhaltung des Cölibats strenge wachen, die Frühlings- und Herbstsynoden pünktlich halten und die Ausübung der geistlichen Gerichtsbarkeit auch in den neu erworbenen Gebieten des Niederstifts und der Grafschaft Bentheim sich recht angelegen sein lassen. Auch als weltliche Fürsten möchten sie für eine gute und schnelle Handhabung der Justiz Sorge tragen und zur Aufrechthaltung der innern und äußern Ruhe und Sicherheit stets gerüstet sein; die dadurch dem Lande aufgebürdeten Kosten wären nicht in Anschlag zu bringen gegen die Wohlfahrt der Unterthanen und die Erhaltung der Religion, zumal da sich erwarten ließe, daß Gott, dessen Ehre man dadurch vor allem suchte, das Land in anderer Beziehung reichlich segnen würde. Damit die Nachfolger sich seiner erinnern, bestimmt der Erblasser, daß sie außer den durch seine Bemühungen verbesserten Tafelgeldern und andern Einkünften jedes Jahr vom Erbkämmerer 200 Thaler erhalten sollen und zwar die eine Hälfte für das Beiwohnen seiner Memorie, die andere für ihre Gegenwart bei dem Gottesdienste und der Prozession am Reliquienfeste. Ferner vermachte er ihnen das vom Kaiser Leopold erhaltene goldene und mit Edelsteinen besetzte Kreuz im Werthe von 15,000 Thalern, um es an höhern Festtagen und bei Prozessionen zu tragen; ebenso auch die auf Visitationen und andern Reisen getragenen Kleider sowie den Bischofsstab, die Mitra und die für die oberhirtlichen Funktionen nöthigen Bücher; endlich außer einem goldenen Becher im Werthe von 400 Thalern auch sein Silbergeschirr, bestehend aus 24 kleinern und 4 größern Konfektschüsseln,

6 Leuchtern, 3 Salzfäſſern, einem Becken mit einer Gießkanne und dem unter dem Namen „horſtmariſcher Napf" bekannten Pokale.

Indem er ſich dann an das Domkapitel wendet, ermahnt er die Mitglieder, in völliger Eintracht und eingedenk ihres Berufes für die Erhaltung der Religion und das Wohl des Vaterlandes nach Kräften zu sorgen. Insbesondere sollen sie Acht haben auf die Wahl tüchtiger Oberhirten wo möglich aus ihrer eigenen Mitte oder doch solcher, welche bei perſönlicher Residenz ſich das Bisthum und Fürstenthum ernſtlich angelegen sein laſſen und sollen dieſe frei von allen Parteibeſtrebungen bei der Hebung des religiös=ſittlichen Lebens und der Beschaffung der zum Schutze des Vaterlandes nöthigen Mittel kräftigst unterſtützen. Zum Dank für den Eifer, den ſie dem Erblaſſer sowohl in andern wichtigen Dingen als beſonders in dem Streite gegen Münster bewiesen haben, vermacht er dem Kapitel einen goldenen Becher im Werth von 300 Thalern, ferner jedem Domherrn, der seiner Memorie und der Prozeſſion am Reliquienfeste beiwohnt, jährlich jedesmal 24 Thaler, ſowie für die Gegenwart bei den Prozeſſionen auf Mariä Geburt, an den Feſten Pauli Bekehrung, des h. Josephus und Ludgerus jedesmal einen Thaler, dem Dekan aber das Doppelte.

Der Domkirche, die wegen der langjährigen Abwesenheit seiner Vorgänger keine Schmuckſachen erhalten hatte, ſchenkte er eine goldene, mit Diamanten besetzte Monstranz, einen ſilbernen Tabernakel, einen goldenen Kelch, den er zum Andenken an den holländischen Krieg von 1665 und 66 hatte verfertigen laſſen, ferner einen andern vergoldeten Kelch, eine ſilberne Tumbe mit den Gebeinen des h. Maximus, eine andere mit Reliquien des h. Ludgerus, eine ſilberne Statue des Chriſtuskindes, der Mutter Gottes, des h. Paulus, Joſephus, Martinus und Swibertus ſowie eines Engels, der einen in Gold und Kryſtall gefaßten Dorn der Krone Chriſti trägt, dann zwei große und 19 kleinerne ſilberne Leuchter, welche ſtatt der kupfernen an hohen Feſttagen um das Chor aufgeſtellt werden ſollen, das bekannte ſilberne Schiff und endlich zwei Hängelampen und zehn Wandleuchter von Silber. Außerdem eine goldgewirkte Kapelle, bestehend aus 7 Chorkappen, 4 Levitenröcken, 2 Tunicellen, einem Meßgewand mit Zubehör, Antipendium, Baldachin und Umhängen des biſchöflichen Stuhls und Betſchemels, zu gebrauchen auf Oſtern, Weihnachten und am Reliquienfeste; ebenso eine Kapelle aus vielfarbiger Seide für Mariä Geburt und Pauli Bekehrung, eine ſilberdurchwirkte für Mariä Himmelfahrt, eine aus weißſeidenem Damast für die Feste des heil. Josephus und Ludgerus und eine aus rothseidenem Damast mit einer Fahne des heil. Maximus. Auch bestimmt er noch, daß auf dem Chore an der dem bischöflichen Sitze gegenüberliegenden Seite, wo die Uhr sich befindet, ein Monument für 1000 Thaler errichtet werden soll.[1]

Im weitern Verlaufe wendet der Erblasser sich dann an den gesammten Klerus und ermahnt ihn insbesondere durch ein musterhaftes Betragen den Gläubigen ein gutes Beispiel zu geben. Zugleich spricht er die Hoffnung aus, daß schon die Erlassung der üblichen Liebesgaben ihn zum Gebete für seine Seelenruhe bewegen würde. Den Geistlichen in Münster vermacht er für den Fall ihrer Anwesenheit bei seiner Memorie und der Prozession am Reliquienfeste besondere Geschenke und zwar den Prälaten der Kollegiatkirchen jedesmal einen Thaler, den Kanonicis $^1/_2$, den übrigen Benefizianten $^1/_4$ Thaler; für ihre Anwesenheit bei den übrigen vier Prozessionen sollen sie jedesmal die Hälfte erhalten. Den Bettelorden oder den Konventualen, Observanten, Kapuzinern und Predigern sollen, wenn sie am Gedächtnißtage im Dom Messe lesen und am Reliquienfeste der Prozession beiwohnen, die Zinsen eines Kapitals von 1000 Thalern zufließen.

Die Gelder für die Theilnahme an der sogenannten großen Prozession, welche mit Zustimmung des Domkapitels zum Danke für die Erhaltung der rechtmäßigen Herrschaft und der katholischen Religion in Münster jährlich am Reliquienfeste gehalten werden soll, sind aus der dem Bischofe bei Einnahme der Stadt zugefallenen Hälfte der Accise und Multersteuer, bezüglich aus dem dafür zu erhebenden Ablösekapital zu bestreiten. Uebrigens sollen außer den für die Geistlichen bestimmten Geldern dem Sekretair des Domkapitels 6, dem Glöckner 4, den Stabträgern je 2, den Kamerälen, Küstern, Chorälen und Schulmeistern je $^1/_2$, dem Stadtrichter und den Bürgermeistern je 2 und den Rathsherrn je ein Thaler gezahlt werden. Dem Geheimen Rath Bernard von Wiedenbrück aber sowie dem Syndikus des Domkapitels Albert Boichorst werden für die vielen dem Fürstbischofe geleisteten Dienste bei ihrer Anwesenheit je 24 Thaler aus-

---

[1] Viele von diesen Geschenken sind zugleich mit andern Werthsachen 1804 nach Magdeburg gebracht und nur zum geringsten Theil zurückgekommen. Außer der Monstranz, dem horstmarischen Napf und dem Kreuze des Bischofs finden sich nur etwa noch einige Paramente und 2 Hängelampen in den Kapellen.

gesetzt, die auch einem ihrer Nachkommen oder Verwandten gezahlt werden sollen.

Für die vier andern Prozessionen auf Mariä Geburt und an den Festen Pauli Bekehrung, des heil. Josephus und Ludgerus wird ein Kapital von 6000 Thalern angewiesen, von dessen Zinsen außer den Legaten für die Geistlichen dem Stadtrichter und den Bürgermeistern je $1/2$, den Rathsherrn je $1/4$, den Kirchendienern je $1/16$ Thaler gezahlt werden soll.

Für Abhaltung eines Hochamts am Feste des heil. Swibertus (1. März) im alten Dom wird ein Kapital von 300 Thalern ausgesetzt.

In Coesfeld soll zum Dank für die Entfernung der Hessen jährlich am Sonntage nach Reliquienfest eine Prozession um die Stadtmauern gehalten werden, ferner am Feste der Heimsuchung Mariä nach der vom Erblasser unter jenem Titel errichteten Kapelle durch die Jesuiten und am Feste Kreuzerhöhung nach der auf dem Coesfelder Berge zu erbauenden Kreuzkapelle durch die Kapuziner Prozessionen angestellt werden. Dafür sowie für die genannten Kapellen und eine andere des h. Maximus wird ein Kapital von 1000 Thalern ausgesetzt. Auch sollen für die Lambertikirche daselbst Gewänder, wie der Bischof sie früher der Kreuzkirche zu Stromberg geschenkt hat, im Werthe von 300 Thalern und eine silberne Lampe zu 150 Thalern angeschafft werden.

Für die in Bevergern wegen seiner Befreiung aus der Gewalt der Ketzer am Feste des heil. Bartholomäus abzuhaltende Prozession wird ein Kapital von 1000 Thalern bestimmt; ebenso für eine Prozession in dem den Schweden entrissenen Vechta am Feste Christi Himmelfahrt sowie für die Herstellung eines Altars, einer silbernen Statue der Jungfrau Maria und Paramente ein Kapital von 1200 Thalern; ferner je 200 Thaler für eine Prozession in Meppen, welches von den Schweden, in Rheine, Borken und Bocholt, welche von den Hessen wiedergewonnen waren. Für eine Prozession zu Ehren des h. Ludgerus in dem von Rheine getrennten und zu einer eigenen Pfarre erhobenen Elten werden 100 Thaler und zur Unterstützung des dortigen Pfarrers 400 Thaler ausgesetzt; endlich 200 Thaler für eine Prozession aus der Pfarre Krapendorp nach der Marienkapelle zu Bethen, welche der Bischof nach Erlangung der geistlichen Jurisdiktion im Niederstift zuerst eingeweiht hatte.

Wie durch Herstellung von Festungen und Citadellen für die Sicherheit gegen äußere Gefahren, so soll durch Errichtung von Kirchen und Kapellen für die Hebung des religiösen Lebens gesorgt werden. Zur Erbauung und Einrichtung der bei der Einnahme von Münster gelobten drei Kapellen zu Ehren des heil. Ludgerus, Josephus und Maximus an der Ostseite des Doms (Grundstein 26. Mai 1664, sowie zur Herstellung eines Grabmonuments in der mittlern derselben waren 10,000 Thaler bestimmt. Für die Erhaltung dieser Kapellen und der dem Dom geschenkten Paramente, welche dort aufbewahrt werden, für ein ewiges Licht und eine wöchentliche Familienmesse werden 1500 Thaler ausgesetzt.

Für die Kirche zu Kinderhaus und für Errichtung von fünf Stationen auf dem Wege dorthin sind 1000 Thaler angewiesen; für eine Kreuzkapelle auf der Geist, wohin die Kapuziner eine Prozession führen sollen, 400 Thaler, für fünf Stationen auf dem Wege dorthin 250 und für deren Erhaltung 150 Thaler; zur Ausbesserung der Minoritenkirche zu Münster, zur Errichtung eines Altars sowie einer Kapelle zu Ehren des h. Joseph, in der wöchentlich eine Familienmesse gelesen werden soll, 1500 Thaler; zum Ausbau der Jesuitenkirche in Coesfeld 2500 Thaler; für die auf dem dortigen Berge zu errichtende Kreuzkapelle noch besonders 1500 Thaler. Die Erhaltung der Kirche der Franziskaner zu Warendorf und zu Rheine, der Pfarrkirche zu Sassenberg (Grundstein 24. April 1670) und der Marienkapelle zu Telgte wird den Exekutoren anbefohlen.

Für die durch Brand beschädigte Ludgerikirche zu Billerbeck werden 500 Thaler ausgesetzt, für die Annenkapelle bei Haltern 1000 Thaler; für die bei Meppen gelegene Kapelle zu Geist 500, für die zu Fullen 300, zu Landegge 500, zu Bethen 600, zu Werlte 500 zu Papenburg 500, endlich zu Fisbeck bei Dülmen 500 Thaler. Die Kollegiatkirche der heil. Theatildis zu Freckenhorst erhielt einen silbernen Sarg, eine Lampe und zwei Armleuchter, ferner eine Chorkappe, ein Meßgewand, zwei Levitenröcke und ein Antipendium mit Zubehör aus bunter Seide im Werth von 1200 Thalern, die Kollegiatkirche zum h. Nikodemus in Borghorst zwei Armleuchter zu 300 Thalern, die Kollegiatkirchen zu Nottuln, Metelen, Asbeck, Langenhorst und Witmarsen dieselben Kirchengewänder wie die zu Freckenhorst. Für die Kirche zu Liesborn war eine zu ungefähr 250 Thalern veranschlagte Statue eines Engels bestimmt, der Reliquien vom heil. Simeon trug. Den Kirchen zu Sassenberg, Kloppenburg und Enniger wurden seidene Paramente geschenkt. Zur Gründung einer Vikarie an der Kapelle zu Telgte waren 1100, zu einer andern auf Ermelinghof 1400 Thaler ausgesetzt.

Ein Kapital von 4000 Thalern war zur Aufbesserung der Gehälter einiger Pfarrer bestimmt und zwar erhielt der zu Elten 400, die zu Mesum, Klein=Reken und Schapdetten je 300, die zu Markhusen, Lorep und Borgell je 200, die im Saterlande 500 Thaler; von dem übrigen Gelde sollten die Zinsen den dürftigern Kaplänen zufließen. Ebenso wurde für die Schullehrer ein Kapital von 10,000 Thalern ausgeworfen.

Die Stiftung des Konvikts für 18 adelige Jünglinge mit einem Kapital von 24,000 Thalern, wozu Mauriz von Büren 6000 gegeben hatte, wurde bestätigt. Von einem andern Kapital zu 12,000 Thalern sollen zwei Ritterbürtige, die in den um die Ausbreitung der Religion und den Kampf gegen die Ungläubigen hochverdienten Orden der Johanniter eintreten, unterhalten werden, indem sie bis zur Erlangung einer Kommende jährlich 300 Thaler beziehen. Ferner bestätigt Christoph Bernard eine andere Stiftung von seinem Bruder Heinrich und dessen Sohne Franz Wilhelm, wonach an den Domen zu Münster,[3] Osnabrück und Worms je ein, an dem zu Minden zwei Kanonikate und in den weltlichen Damenstiftern zu Freckenhorst, Nottuln und Wietmarsen je zwei Präbenden errichtet wurden; eine gleiche Anzahl von Präbenden soll auch in den Stiftern zu Metelen, Borghorst, Asbeck und Langenhorst errichtet werden. Auch bestätigte er das für seine Familie schon früher gegründete Amt eines Erbkämmerers im Hochstift Münster[4] und vermachte seinem Neffen Franz Wilhelm, dem ersten Inhaber jenes Amtes, das von Ludwig XIV. erhaltene Kreuz und die vom Kaiser Ferdinand III. auf das Bisthum Speier angewiesenen Gelder. Zu Exekutoren des Testaments wurden ernannt zunächst die Domherrn Anton Theodor von Velen, Goswin von Droste zu Vischering, Christoph Heinrich von

---

[3]) Für die Präbende zu Münster waren 30,000 Thlr. in der Pfennigkammer niedergelegt. Stiftungsurkunde vom 2. Januar 1668 im Prov.=Archiv Fr. Münster, Urk. 4560. Vgl. Mscr. VI, 11. Die Bestätigung der Stiftung durch Papst Alexander VII. d. 31. August 1663 im Pr.= Arch. Fr. M., Urk. 4565.

[4]) Die Fundationsurkunde vom 2. Januar 1668 im Prov.=Arch. Fr. Münster, Urk. 4559. Als Grund der Errichtung wird angegeben: „die Familie bei der Religion, bei Treu und Gehorsam gegen einen zeitlichen Landesfürsten und bei gutem adeligem ritter= und stiftsmäßigem Wohlstand beständig zu erhalten . . . zugleich auch zu mehrerer zierd und verbesserung unsers und unserer Successoren Hofstaats, auch Erleichterung desfalls dero Kammer . . ."

Galen, für welche später wo möglich drei Kanonici aus der Familie des Erblassers eintreten sollen, ferner der Erbkämmerer nebst den Herren zu Assen, zu Ermelinghof und etwa noch einem dritten aus der Familie, bei deren Minderjährigkeit jedoch auch andere vom Erbkämmerer angenommen werden können, endlich noch ein Geistlicher und ein Rechtsgelehrter, zunächst der Generalvikar Johann von Alpen und der Vizekanzler Werner Zurmühlen. Die Exekutoren werden in Bezug auf Auslegung und Ausführung der testamentlichen Bestimmungen von jeder Kontrole und Beschwerde überhaupt von jeder Verantwortung vor einem Andern befreit. Für die Durchführung der kirchlichen Fundationen wird die Unterstützung des Koadjutors sowie der späteren Nachfolger im bischöflichen Amte erbeten; jener erhält dafür vom Erblasser seinen schönsten Wagen, sechs auserlesene Pferde und zwei Fuder Wein.

Als besondere Beilagen zu dem Testamente gelten die bereits erwähnten zwei Kodicille, von denen das erstere insbesondere über das Erbkämmereramt handelt und zunächst bestimmt, daß alle diesem Amte übertragene Allodial= und Feudalgüter mit ihren sämmtlichen Einkünften genau verzeichnet, daß die einzelnen darauf bezüglichen Instrumente und Dokumente, Lehn= und Kaufbriefe sowie Obligationen in Original und für den täglichen Gebrauch in Abschrift sorgfältig aufbewahrt, daß ferner nicht bloß der Erbkämmerer sondern zugleich auch die übrigen Familienmitglieder als Lehnträger mitaufgeführt werden sollen. [5]) Ein Rentmeister, welcher Treue und Ver=

---

[5]) Das bedeutendste Gut war Dinklage im Amt Vechta. Chr. Bernards Bruder Heinrich von Galen, seit 1641 Droste zu Vechta, schloß zu Gunsten seines Sohnes Franz Wilhelm am 5. Mai 1667 zu Damme mit Hugo Arnold von Dinklage, dem einzigen nicht ohne viele Weitläufigkeiten für legitim erklärten Erben, einen Abstandskontrakt, wonach das Gut mit allen Pertinenzien in den Besitz der Galenschen Familien überging. Vgl. Nieberding, Gesch. des Niederstifs Münster. Bd. 2 S. 404 f. Am 24. April 1671 erhielt der Erbkämmerer folgenden Lehnbrief:

„Von Gottes Gnaden Wir Chr. Bernard Bischof zu M., Admin. zu Korvey, Burggr. zu Stromberg, des h. röm. Reichs Fürst und Herr zu Borkelo thuen kundt hiemit und zu wißen, demnach Uns die Dinklagische Lehnen nach verordnung der rechten theilß eröfnet und heimgefallen, theilß auch von den übrigen vasallis alß dem von Dinklage, den Erbgenahmen von Stebing, Lipperheyde und Haren zu Hopen cedirt und übergelaßen worden, daß Wir dieselbe wie sie in häußeren, borgen, gebäwen, grafften (Gräben), Hovesaeten, Landereyen, garten, kämpfen, Erben, kotten, wiesen, weiden, holtzeren (Holzungen), mühlen, jagten, fischereyen,

schwiegenheit eiblich gelobt, soll die Pachtgelder und sonstigen Ein=
künfte jedes Jahr um Weihnachten und Ostern erheben, die erho=
benen Summen in einem Schrank, wozu der Erbkämmerer, ein Ka=
nonikus aus der Familie und er selbst einen Schlüssel haben, depo=
niren und jedesmal am Reliquienfeste vor den Exekutoren Rechnung
legen. Nach Abzug der für die Verwaltung der Güter nöthigen
Gelder sowie eines Zehnten wird die ganze Summe in vier Theile
getheilt, von denen zwei, jedoch mit Abzug der Pachtzinsen für die
von ihm selbst benutzten Güter, der Erbkämmerer erhält, während
der dritte Theil zu Verbesserung des Amts durch Ankauf neuer

freyheiten, ablichen und andere gerechtigkeiten, auch allen alten und newen
an- und zubehörungen jetzmahlen von Unß oder Unseren Vorherren am
Stift in genere et specie zu Lehen erkennet und getragen und von vori=
gen Lehen-Männern bey obgemeldten ablichen Häußeren beseßen und ge=
nutzet worden, nichts davon außbescheiden, Unserm angeordneten Erb=
Cammer-Ambt in erwegung bey deßen stiftungh uff Unßern und Unßerer
successoren dienst und aufwartigkeit auch besondere devotion gegen die=
selbe Unßer vornembstes Absehen gerichtet ist, mit vorwißen und belieben
Unßers Ehrwürdigen Thumb-Capittuls gleich andern darein bereits be=
griffenen und fundirten gueteren, jedoch dieser gestalt conferirt, zugeaignet
und einverleibt haben, thuen auch daßelbe hiemit und in krafft dieses,
daß ein zeitlicher Erb-Cammerer obgem. gueter von Unß und Unßeren
successoren ahm Stift Münster zu Lehen erkennet und darmit nach der
in vorgem. Erb-Cammer-Ambtsfundation enthaltener succession und sub=
stitutionsordnung uff begebenen fall jedesmahl belehnet werden solle. Im=
maeßen Wir deme zu folg den wolgebornen Unßern Erb-Cammerer und
lieben getrewen Franz Wilhelm Freyherren von Gahlen Herrn zu Enni=
ger ꝛc. mit obgesetzten guetern, uff Unß geleisteten leiblichen aydt, Unß und
Unßern successoren getrew und holdt zu sein, hiemit und in krafft dieses
Brieffs gnädigst belehnen, jedoch Unß und jedermenniglichen rechten un=
abbrüchig. Hier sein mit ahn und uber gewesen Unßers Stiffts belehnte
männer die Veste auch Ersamb Hochgelehrte Hoffrathe weldtlicher Hoff=
richter und archivarius liebe getrewe Dietherich Hermann von Ragell,
Bernhardt von Wydenbrück und Jobst Hermann Rave der rechten Lcta.
Urkundt Unßers fürstlichen Handtzeichens und Unßers auch Unßers Ehr=
würdigen Thumb-Capittuls anhangender Jnsiegele. So geschehen in Un=
ßer Statt Münster d. 24. Aprilis 1671." Prov.=Archiv Mscr. VI, 36.
Im Jahre 1677 übertrug der Erbkämmerer mit Bewilligung des Dom=
kapitels die Gerichtsbarkeit von Enniger auf das Kirchspiel Dinklage, die
Bauerschaft Brockdorf bei Lohne und Esterwegge auf dem Hümmeling,
wogegen er versprach, daß er sich mit den Seinigen und den dortigen
Einwohnern und Einwanderern stets als münsterische adelige Landsassen
und Unterthanen erkennen, keine fremde Protektion annehmen und nur
die katholische Religion dulden wolle. Prov.=Archiv Fr. Münster, Urk. 4671.

Güter*) und von dem vierten eine zu seiner Größe in Verhältniß stehende Summe zur Vertheilung unter die Exekutoren des Testaments bestimmt ist. Was von dem letzten Viertel übrig bleibt, soll zugleich mit dem von der ganzen Summe abgezogenen Zehnten für andere und besonders für fromme Zwecke verwendet werden. So sollen dem Kanonikus aus der Familie zu Münster jährlich für Haushaltung 200, für Festessen u. dgl. 100, denen zu Minden, Osnabrück und Worms, wenn sie Haushaltung haben, je 200, wenn nicht, je 100 Thaler gezahlt werden. Ferner sind für die Hausarmen zu Münster und zu Dinklage jährlich je 100, für die bei den Gütern zu Heede, Enniger, Dülmen, Föllen und Westerwald sowie bei den noch zu erwerbenden Gütern je 50 Thaler bestimmt. Für die Fabrik der am Dom errichteten drei Kapellen werden jährlich 100, für den darin Dienst thuenden Vikar 25 und für den Küster 10 Thaler ausgeworfen. Auch soll der Kanonikus aus der Familie für die Beaufsichtigung der Kapellen 50 Thaler erhalten. Außer einer Unterstützung von 300 Thalern für die Missionspriester im Lingenschen mögen die Exekutoren auch für die in Ostfriesland, Bremen und andern Gegenden und besonders für die dürftigern Geistlichen in der Nähe der Güter des Erbkämmerers eine Summe anweisen. Ferner sollen den Bedürftigen adeliger Herkunft, wenn sie schon alt sind, Unterstützungen, den Jünglingen die Aufnahme ins Konvikt, Kleider und andere nöthige Sachen und den Mädchen ebenfalls Erziehungsgelder bewilligt werden und zwar besonders wenn sie Neubekehrte sind oder sich etwa ihr Uebertritt zum Katholizismus hoffen läßt. Auch soll für den Neubau oder die Ausbesserung der Familienkurie sowie von Kirchen, Kapellen, Schulen und Klöstern wo möglich eine Summe ausgeworfen werden. Endlich wird bestimmt, daß jedesmal der älteste Sohn des Erbkämmerers das Amt erben, jedoch erst mit dem zwanzigsten Jahre antreten soll. Bei seiner Minderjährigkeit erhält die Wittwe von der Hälfte der Einkünfte jährlich 1000, er selbst aber bis zum 10. Jahre 500, von da bis zum 15. Jahre 1000, von da bis zum 20. Jahre 3000 und in den nächstfolgenden drei Jahren 4000 Thaler. Die auf diese Weise gemachten Ersparnisse sollen zur Verbesserung des Amtes angewendet werden.

---

*) Ueber die Erwerbung der Güter Norberding, Quelenburg, Südholz-Tribbe, Hopen und Südholz-Mabras vgl. Nieberding a. a. O. S. 358 365, 367, 464 u. 467 f.

Das zweite Kobicill enthält folgende zusätzliche Bestimmungen zu dem Testament. Alle Schulden in Folge des Kriegswesens und aus andern Veranlassungen kontrahirt und zwar nicht allein die sicher nachzuweisenden sondern auch solche, die nach Aussage des General= vikars, des bischöflichen Beichtvaters und anderer zweifelhaft sind, sollen aus der Nachlassenschaft zunächst und vor allem abgetragen werden. Auch sollen sämmtliche Gefangene und darunter der von der Ketteschen Verschwörung bekannte Lizentiat Wittfeld augenblicklich wieder in Freiheit gesetzt werden. Dem Beichtvater des Bischofs Jesuiten Körler werden mit Erlaubniß des Provinzials jährlich 100 Thaler zur freien Verfügung gestellt. Die Minoriten erhalten für eine am Antoniusaltare jeden Dienstag zu haltende Messe jährlich 25 Thaler. Zu Ehren des h. Franziskus Xaverius werden für die Errichtung eines Seitenaltars in der Ignatiuskirche zu Coesfeld 400 und zum Ausbau der Kirche selbst weitere 600 Thaler angewiesen. Auch Doktor Hamm hat mit bischöflicher Genehmigung für dieselbe Kirche 2000 Thaler ausgesetzt, wozu ferner noch die von ihm auf der Satrapie Horstmar haftenden 6000 Thaler hinzukommen. Für die Vikarie an der telgter Kapelle sowie für die Gründung eines Benefiziums in der Pfarrkirche zu Sassenberg werden je 75 Thaler jährlich bestimmt, ebenso für eine Wochenmesse zu Kinderhaus 20 bis 25 Thaler. An fünf verschiedenen Orten sollen Altäre mit dem Bilde des Gekreuzigten, der Mutter Gottes und des heil. Johannes errichtet werden. Zur feierlichen Begehung des Festes der Schmerzen Mariä in Telgte, Sassenberg und Ahaus wurde eine besondere Stif= tung gemacht. Endlich wird die Ausführung der im Testamente selbst bereits erwähnten Stiftungen von neuem nachdrücklichst eingeschärft.

Fast fünf Monate liegen zwischen der Abfassung des eigentlichen Testaments und der des zweiten Kobicills. Als der Fürstbischof je= nes niederschreiben ließ, befand er sich noch in rüstigem Wohlsein zu Sassenberg, wo er eine von ihm gegründete Kirche einweihte.[7]) Von dort begab er sich gegen Ende Mai zum Feste Christi Himmel= fahrt nach Münster und dann nach Coesfeld, wo er auf Pfingsten die Kreuzweg=Prozession unter großem Andrange des Volkes höchst feierlich abhalten ließ. Ebendaselbst wurde auch am 2. Juni das Testament von Ernst Wilhelm Grafen zu Bentheim, dem Dombekan Johann Rotger Tork, dem Thesaurar Matthias Korff=Schmising, dem Kanonikus Johann Wilhelm von Nesselrode und den Freiherrn

---

¹) Zum Folgenden vgl. Alpen II, 601 ff.

Burchard von Westerholt zu Lembeck, Johann Beveren von Twickel und Theodor Hermann von Merveld zu Westerwinkel unterschrieben und durch den apostolischen Protonotar Bernard Roleving beglaubigt. Von Coesfeld kehrte Christoph Bernard noch einmal nach Münster zurück und beabsichtigte am 31. August eine Zusammenkunft mit seinem Koadjutor in der Cistercienser-Abtei Marienfeld zu halten, begab sich jedoch schon früher, da er bei dem bevorstehenden Abschlusse des Friedens zu Nimwegen mehr in der Nähe sein wollte, nach Ahaus, wo er in den ersten Tagen des September viele Gesandte von Nimwegen und von den verbündeten Fürsten empfing und nebenbei mit den anwesenden Edelen wiederholt auf die Jagd ging. Am 10. September kehrte er bei dem ungewöhnlich warmen Herbstwetter sehr erhitzt spät Abends von der Jagd heim und trank, um seinen heftigen Durst zu stillen, rasch einen Becher Wein. Am folgenden Morgen, einem Sonntage, las er wie gewöhnlich Messe, fühlte aber nach kaum eingenommenem Frühstück eine fieberhafte Aufregung und ließ durch seinen Hofkaplan Gerhard Ludgers den nach Nimwegen gesandten Generalvikar Alpen schnell zurückrufen. Dieser traf schon am Donnerstag Morgen zu Ahaus ein und fand seinen Herrn nach der Aussage der Aerzte von einem breitägigen Wechselfieber ergriffen. Die Zeit bis zum Freitag Abend verging größten Theils unter Konsultationen über den Zustand des Kranken sowie unter Abwickelung der bringendsten Geschäfte, indem insbesondere die für die Galensche Familie, die Exekutoren und das Domkapitel bestimmten Abschriften von dem Testamente und den Kodicillen angefertigt und neben vielen andern Schriftstücken von Christoph Bernard unterzeichnet wurden. In der Nacht vom Freitag auf den Sonnabend wurde der Kranke von Schlaflosigkeit und heftigen Schmerzen geplagt und entdeckte dem schon früh Morgens herbeigerufenen Generalvikar, daß er seinen Tod herannahen fühlte, in welcher Ueberzeugung er selbst durch die entgegengesetzte Ansicht der Aerzte nicht wankend gemacht wurde. Und so war er denn fortan mit allem Ernste nur darauf bedacht, seine Rechnung mit dem Leben in jeder Hinsicht abzuschließen. Während er jedem, der ihn irgend einmal beleidigt hätte, von Herzen verzieh, bat auch er wiederum Alle, die sich in irgend einer Sache von ihm gekränkt fühlten, aufrichtig um Verzeihung. Von den Gefangenen wurden insbesondere die politischen Verbrecher gleich ihrer Haft entlassen. Ferner erhielten die Armen von den 1000 Thalern, welche bei der letzten Krankheit oder unmittelbar nach dem Tode des Fürstbischofs zur Austheilung kommen sollten, die erste Hälfte bereits ausbezahlt. Als demnächst der Generalvikar die Frage aufwarf, wie die etwa noch ausstehenden Staats- und Privatschulden abgetragen werden sollten, entschied sich Christoph Bernard ohne weiteres Nachdenken dahin, die Privatschulden aus seinem Vermögen, die Staatsschulden dagegen aus der Pfennigkammer zu bezahlen. Denn, setzte er hinzu, die Rettung des Landes sei allein dem gutgeordneten Kriegswesen zu verdanken. Ueberdies habe er die den Königen von Spanien und von Dänemark geschickten Hülfstruppen nicht mit Stiftsgeldern, sondern mit den ihm gezahlten Subsidien und den in den eroberten Gegenden gewonnenen Kontributionen geworben und unterhalten. Auch seien die gefüllten Zeughäuser und die vermehrten Geschütze, da er statt der beim Antritt seiner Regierung vorgefundenen zehn Kanonen jetzt mehre hundert hinterlasse, sowie ferner die Wiedererwerbung von Wildeshausen und die Eroberung von Bremen und Werden wenigstens zehnmal so viel werth, als was etwa an Staatsschulden noch ausstehe. Daher brauchten die Exekutoren sich deshalb gar nicht zu ängstigen, zumal da der Nachfolger allein die Sorge dafür übernähme. Wie sehr diese Sorge dem Nachfolger durch den Umstand, daß der nimweger Friede die Rückgabe der gemachten Eroberungen ohne erhebliche Entschädigung beschloß, erschwert wurde, konnte Christoph Bernard wenigstens nicht mit Bestimmtheit voraussehen; die Behauptung aber, daß das Land nur der erhöhten Kriegsbereitschaft seine Rettung verdankte und darum die dafür aufgewendeten Kosten wohl gar freudig tragen müßte, würde nur dann als zutreffend erscheinen, wenn die von Christoph Bernard geführten Kriege durchaus nothwendig, wenn sie vielmehr Vertheidigungs- als Angriffskriege gewesen wären. Was wir über diesen Punkt denken, haben wir bereits früher entwickelt; dabei aber darf nicht übersehen werden, daß der Fürstbischof selbst sich von der unabweislichen Nothwendigkeit seiner Unternehmungen gewiß fest überzeugt hielt.

Unter solchen und ähnlichen Auseinandersetzungen war der Samstag ohne besondere Veränderung in dem Zustande des Kranken vorübergegangen. Am Sonntag Morgen wurde in dem Zimmer, wo er lag, die Messe gelesen; gern hätte er dabei die heil. Kommunion empfangen, die ihm jedoch wegen des fast unaufhörlichen Erbrechens nicht mehr gereicht werden konnte. Gegen Mittag trafen sein Bruder Heinrich und dessen Sohn Franz Wilhelm zu Ahaus ein. Der Kranke zeigte sich sehr gefaßt und ergeben in den Willen Gottes, indem er wiederholt die Worte des Psalmisten sprach: Auf Dich, o Herr, habe ich vertrauet und ich werde nicht zu Grunde gehen in Ewigkeit. Am Montag, den 19. September, früh Morgens kam endlich der aus dem Lager an der Maas abberufene General=Kriegskommissair Balthasar Ham und erhielt den Auftrag, ein genaues Verzeichniß von den Geldern, welche der Fürstbischof etwa von seinen Verbündeten noch zu fordern oder für das Stift vorgestreckt hatte, anzufertigen und den Testaments=Exekutoren zu übergeben. Das war die letzte Beschäftigung Christoph Bernards mit weltlichen Angelegenheiten. Von Stunde zu Stunde verschlimmerte sich sein Zustand, so daß die Aerzte jede Hoffnung fahren ließen. Vier Uhr Nachmittags empfing er auf seinen Wunsch durch den Generalvikar die letzte Oelung. Der ganze Hof hatte sich bei der heil. Handlung eingefunden und bat demnächst um die Ertheilung des bischöflichen Segens. Aber die Kräfte versagten bereits dem Kranken, seine Rechte zu erheben. Nur leise Gebete kamen über seine Lippen. Um acht Uhr Abends hauchte er seinen Geist aus.

Der Leichnam wurde auf den ausdrücklichen Wunsch des Gestorbenen weder geöffnet noch einbalsamirt, sondern so wie er war in die Betttücher gewickelt und mit dem bischöflichen Ornate bekleidet. Dann machte der Generalvikar noch an demselben Abende die Anwesenden mit dem letzten Willen des Hingeschiedenen bekannt, entsandte einen Boten an den Koadjutor zu Neuhaus bei Paderborn sowie an das Domkapitel*) und sorgte dafür, daß einige Adelige, Geistliche und Mönche die Wache beim Todten übernahmen. Am Dienstag Abend wurde die Leiche nach der Ludgersburg bei Coesfeld und am folgenden Tage nach Münster gebracht, wo sie am Neuthor gegen Abend empfangen und bei dem Scheine von hundert Fakeln durch den Bruder des Verstorbenen und dessen Söhne, durch die Testamentsexekutoren und viele Ritter, durch die Offiziere, die fürstlichen Räthe und Diener, den Magistrat und die vornehmeren Bürger Münsters nach dem bischöflichen Palast geleitet und demnächst von sechzehn Adeligen nach dem Dom getragen und in der Josephskapelle beigesetzt wurde. Die feierlichen Exequien wurden erst am 3. November gehalten und zwar mit einer solchen Pracht, daß die Kosten mit Einschluß der an die Anwesenden vertheilten goldenen und silbenen Denkmünzen sich auf mehr als 10,000 Dukaten beliefen.

---

*) Die Notifikationsschreiben über das Ableben Chr. Bernards im Prov.-Archiv Domkap.-Prob. VI, 5.

Der ganze Dom war schwarz ausgeschlagen; unter den feierlichen Klängen einer Trauermusik und schöner Klagelieder wurden an sämmtlichen Altären Messen gelesen, worauf der Jesuit Nagel, welcher damals Domprediger war, die Leichenrede hielt über den Vorspruch: „Gehe auf das Gebirg und stirb auf dem Berge" (Deuteron. 32, 49). ⁹⁾

Die Rede zerfällt in drei Theile, indem der Redner unter Zugrundelegung des Wahlspruchs Christoph Bernards „pie, iuste, fortiter" die „Andacht, Gerechtigkeit und Stärke" des Gestorbenen weiter ausführt. Nach denselben Gesichtspunkten hat Alpen am Schlusse seines Werkes eine Uebersicht über die Wirksamkeit seines Herrn gegeben und auch wir wollen uns zur Gewinnung eines Gesammturtheils über den Charakter und die Wirksamkeit Christoph Bernards die Frage stellen, inwiefern er seinen Wahlspruch wirklich durchführte. Bei ihrer Beantwortung können wir uns zwar vorzugsweise auf die schon mitgetheilten Data beziehen, doch sind auch noch andere Momente von besonderer Wichtigkeit, welche bisher nur im Vorbeigehen oder noch gar nicht berührt wurden, zu berücksichtigen.

Was zunächst die Pietät Christoph Bernards betrifft, so kann sich unser Urtheil offenbar nur auf eine Werthschätzung dessen beziehen, was sich in seinen Worten oder Thaten kundgegeben hat, da die in tiefer Brust verborgenen Gedanken des Menschen ihren Richter nur in dem finden, der Herzen und Nieren erforscht. Die Pietät äußert sich hauptsächlich und vor allem gegen Gott und zwar in dem Streben nach richtiger Gotteserkenntniß und in dem daraus hervorgehenden Eifer für wahre Gottesverehrung. Wie sehr Christoph Bernard bemüht war, selbst in der Erkenntniß Gottes stets zu wachsen und sich zu vervollkommnen, ergiebt sich nicht allein aus dem Eifer, womit er während seiner Studienzeit die theologischen Disciplinen betrieb, sondern auch noch besonders aus dem Umstande, daß er bei seinen häufigen Zusammenkünften mit gelehrten Welt- und Ordenspriestern, sei es daß er sie zu Tische geladen hatte, oder bei andern Gelegenheiten wie etwa bei Visitationen mit ihnen zusammentraf, bald in streng wissenschaftlicher Disputation bald in mehr unterhaltender Weise die wichtigsten und schwierigsten Fragen der Glaubens- und Sittenlehre zur Behandlung vorlegte. Und mit demselben Eifer

---

⁹⁾ Die Leichenrede ist bei Dietr. Raesfeld in fol. erschienen u. bei Alpen II, 733 ff. besonders abgedruckt.

und Ernste, womit er das eigene Wissen zu bereichern suchte, betrieb er auch die gediegene und gründliche Ausbildung der seiner oberhirtlichen Leitung anvertrauten weltlichen sowohl als geistlichen Unterthanen. Der Beförderung des höhern wie des niedern Unterrichts wandte er einen großen Theil seiner Sorge zu, bewirkte die Errichtung von Gymnasien in Coesfeld, Rheine und Hörter, betrieb die Herstellung von Elementarschulen in Städten und Dörfern, sorgte für die Anstellung tüchtiger Lehrer und Lehrerinnen, überwachte den Gebrauch passender und nützlicher Bücher, verordnete die regelmäßige und pünktliche Abhaltung von Katechesen und Predigten zum Nutzen und Frommen der Gläubigen, befahl selbst in den Bauerschaften an Sonn- und Festtagen das Volk in den nöthigen Heilswahrheiten zu unterweisen und verpflichtete die Pfarrer, sich nicht allein bei der Annahme zur ersten heil. Kommunion, sondern auch vor Einsegnung einer Ehe über die religiöse Bildung ihrer Pfarrkinder Gewißheit zu verschaffen. Dabei war es von der größten Wichtigkeit, tüchtige Geistliche, durchgebildete und thatkräftige Mitarbeiter im Weinberge des Herrn zu haben und so bemühte sich Christoph Bernard mit regem Eifer für die Errichtung eines Seminars, leitete selbst die Prüfungen der Theologen, ermöglichte den tüchtigen, aber bedürftigen Alumnen den Eintritt in das geistliche Amt, indem er ihnen, was bisher nicht geschehen war, auf seine Tafel die Weihe ertheilte, ließ die jungen Priester sich erst als Kapelläne und Vikare bewähren, bevor er sie zu Pfarrern bestellte, forderte selbst von diesen vor Uebertragung ihres Amtes eine Prüfung, sorgte, daß die Pfarrer jährlich zweimal auf den Synoden an die gewissenhafte Erfüllung ihrer Pflichten bringendst gemahnt wurden und ließ sie in der Verwaltung ihres Berufs nicht selten durch Ordensgeistliche unterstützen, welche zur Abhaltung von Missionen und Exercitien die Diöcese bereisten. Die Folgen dieser Bemühungen zeigten sich einerseits in der Erwachung des religiösen Lebens unter den Gläubigen, andererseits in dem Uebertritt mancher hervorragender Männer zum Katholizismus. Unglaube und Aberglaube Zaubereien und Hexereien verschwanden immer mehr, seitdem die Urheber derselben, die Zigeuner, Magi und Arioli, mit schweren Strafen verfolgt wurden. Und ebenso wohlthätig wirkte zur Verhütung des Indifferentismus das Verbot des nähern Verkehrs mit Irr- und Nichtsgläubigen sowie die strenge Mahnung, Kinder und andere Verwandte nicht bei solchen Familien in die Lehre oder den Dienst zu geben, bei denen sie in ihrem

Glauben wankend gemacht zu werden oder ihn ganz zu verlieren Gefahr liefen.

Mit demselben Eifer, womit er eine richtige Gotteserkenntniß zu vermitteln bemüht war, betrieb Christoph Bernard auch die Beförderung einer wahren und innigen Gottesverehrung. Wir verweisen hier insbesondere auf die vortreffliche Synodalverordnung vom 26. März 1675, die man gleichsam als Normalverfügung für die Einrichtungen der Folgezeit bezeichnen kann. Und wie sehr war der Bischof auf seinen vielen Visitations= und Firmungsreisen um die Herstellung eines feierlichen und erbaulichen Gottesdienstes bemüht, wie viele Kirchen und Kapellen ließ er zum Theil sogar auf eigene Kosten errichten oder wiederherstellen, wie viele Altäre, wie viele Monstranzen und Kelche, Paramente [10]) und Glocken sind von seiner Hand geweiht, wie manches h. Gefäß, wie manches Kirchenfenster mit dem fürstbischöflichen Wappen erinnert noch jetzt an den gütigen Geber! Dazu kommen die zahlreichen frommen Stiftungen von Messen, Bruderschaften und anderen Andachten, die Fundationen vieler Pfründen und die Aufbesserung allzu niedriger Gehälter aus eigenen Mitteln. Vor allem aber müssen wir hier berücksichtigen, wie der Bischof durch sein eigenes Beispiel den Verfügungen für die Hebung des öffentlichen Gottesdienstes wie des religiös=sittlichen Lebens überhaupt den stärksten Nachdruck gab. Die strengen Maßregeln gegen die Konkubinare gewannen erst ihren eigentlichen und festen Halt an dem Betragen des Gesetzgebers, welcher auch den leisesten Verdacht gegen die Reinheit seiner Sitten fernzuhalten bemüht war. An den hohen Festtagen celebrirte er gewöhnlich im Dom zu Münster, und während er dadurch die Kanonici auch dort zu erscheinen veranlaßte, führte er für die zu seinem Hofe gehörenden Personen die schöne Sitte der gemeinschaftlichen Kommunion ein. Bei den von ihm neu eingerichteten oder wieder angeregten Prozessionen zu Münster und Coesfeld, nach Billerbeck und Telgte war er, wenn nicht dringende Geschäfte ihn fernhielten, zugegen, trug oft selbst das Sanktissimum und erhöhte die Feier zuweilen durch Militairmusik und Geschützsalven.

---

[10]) Im Prov.=Arch. Mscr. VI, 52 findet sich eine „Einkaufs=Rechnung behueff deren in den Jahren 1668, 1669 u. 1670 auß gnädigstem befelch Ihrer Hochfürstl. Gnaden zu Münster verfertigten Kirchen=Paramente sambt dem Machelohn, cum specificatione, waß für Paramente gemacht und wehme dieselbe abgelangt worden auch waß davon übrig geblieben." Dabei e. Rechnung für die 1672 zum Feldzug gemachten 26 Meßgewänder ꝛc. Die Kosten betragen 280 Thl. 6 ß.

Es läßt sich in der That nicht verkennen, daß zu einer Zeit, wo der Kalvinismus in vielen Gegenden des Münsterlandes bereits feste Wurzeln geschlagen hatte, wo ferner in Folge langwieriger Kriege das religiös-sittliche Leben tief gesunken war, Christoph Bernard seine Aufgabe als Bischof richtig erkannte und kräftig durchführte, so daß in dem seit den Wiedertäufern oft und hart heimgesuchten Stifte katholischer Glaube und katholisches Leben frisch angeregt und gekräftigt sich entfaltete. Und auch in jenen Gegenden, die er für kürzere oder längere Zeit mit dem Schwerte behauptete, handelte es sich für ihn nicht allein um politische Eroberungen, sondern auch zugleich um Herstellung des Katholizismus. Was ferner das der geistlichen Jurisdiktion von Münster untergeordnete Emsland betrifft, so hielt der Bischof es zur bessern Regelung der kirchlichen Verhältnisse für nöthig, die Leitung dieses Theils der Diöcese nicht einem Archidiakon zu überlassen, sondern allein und direkt zu handhaben. Ueberhaupt war es sein Grundsatz, in allen Fällen, wo es eben möglich war, die bischöflichen Funktionen selbst zu üben und sich nicht, wie es gewöhnlich geschah, durch einen Weihbischof oder später durch seinen Koadjutor vertreten zu lassen.

Freilich lassen sich besonders mit Rücksicht darauf, daß er später in den Kriegsjahren nur die wichtigsten oberhirtlichen Funktionen verrichtete und sich weder an den Visitationen noch an den Synoden stets persönlich betheiligte, in der bischöflichen Wirksamkeit Christoph Bernards immerhin zwei Perioden unterscheiden: dabei besteht jedoch, daß Alpen in Hinsicht auf die überhaupt entwickelte Thätigkeit mit vollem Rechte behaupten durfte, der Bischof habe nicht etwa nur den Namen eines Bischofs führen, sondern vielmehr in Wirklichkeit Bischof sein wollen. Sehr charakteristisch ist die dabei gemachte Bemerkung, daß er eben deswegen ein so großes Gewicht auf die Wahrnehmung des bischöflichen Amtes gelegt habe, weil er davon überzeugt gewesen sei, daß der Prinzipat nur auf dem Episkopat und nicht der Episkopat auf dem Prinzipat beruhe. Dieses gewinnt in dem Munde Christoph Bernards die Bedeutung, daß, wie er die errungene Machtstellung eines Fürsten nur der Erhebung zum Bischofe verdankte, so auch der eigentliche Beweggrund und Hauptzweck seiner Wirksamkeit der war, den Episkopat durch die im Prinzipat gebotenen Mittel möglichst zu heben. Daraus mag es sich auch erklären, weshalb in dem Verhältniß des Bischofs zum Papste eine weit größere Pietät waltete, als in dem des Fürsten zum Kaiser.

Da wir auf die Stellung Christoph Bernards zum Kaiser weiter unten zurückkommen werden, so bleibt uns hier, um die Beobachtung der Pietät in allen Beziehungen kennen zu lernen, nur noch die Frage zu beantworten, wie er sich als Sohn gegen seine Eltern, als Bruder gegen seine Geschwister benommen habe. Leider finden sich bei Alpen und den übrigen Biographen über sein Leben vor Antritt des bischöflichen Amtes nur sehr dürftige Angaben und was aus seiner Regierungszeit mitgetheilt wird, bezieht sich fast nur auf seine öffentliche Wirksamkeit, so daß sein Privatleben völlig in den Hintergrund tritt. Am wenigsten läßt sich über sein Verhältniß zum Vater, der fast immer in Kurland, wo er Erzmarschall war, verweilte und daselbst auf der Burg Lutzen sein Leben beschloß, etwas Näheres ermitteln. Ueber die Mutter dagegen haben sich im Munde des Volks manche Erzählungen erhalten, aus denen sich die innigste Zuneigung zu ihrem Sohne auf das Klarste bekundet. Freilich erzählt Alpen, daß Christoph Bernard, nachdem er Bischof geworden, sowohl seine Mutter als auch seine beiden Schwestern Katharina und Hedwig, von denen diese später Abtissin zu Borghorst wurde, jene mit Arnold von Schilder sich verheirathete, stets nur in förmlicher Audienz empfangen habe; dabei besteht jedoch, daß besonders der Verkehr mit der Mutter von seiner frühern Innigkeit nichts verlor, da sie an allen Unternehmungen ihres Sohnes, den sie in ihrer treuherzigen Gemüthlichkeit noch immer ihren lieben „Bernd" nannte, stets den größten Antheil nahm. Eine ganz besondere Zuneigung bewies Christoph Bernard seinem einzigen Bruder Heinrich und dessen Sohne Franz Wilhelm durch die Errichtung des Erbkämmereramts und durch die Belehnung mit Dinklage und andern Gütern. Ueberdies sorgte er für seine Familie überhaupt durch die Errichtung von Kanonikaten zu Münster, Minden, Osnabrück und Worms sowie von Präbenden in den Stiftern Freckenhorst, Nottuln und Wietmarsen. Auch auf Mauritz wurde ein Kanonikat an Theodor von Galen übertragen und indem Fürstenberg das darüber ausgefertigte päpstliche Schreiben übersandte, sprach er die Hoffnung aus, der Bischof werde „ob dieser so schleunig und in der Stille erhaltenen Sache ein gnädigstes Content haben und die unterthänigste Begierde, Deroselben Liebben ihrer löblichen Familie zu dienen, gnädigst abnehmen."[11]) Also bethätigte sich in der mannichfachsten Weise die Pietät Christoph Bernards für seine Familie und es läßt sich mit Recht behaupten, daß er dadurch

---

[11]) Schreiben v. 15. Mai 1666 im Fr. Münst. Landes-Archiv 534, 1a.

gerade für sie den Grund zu größerer Machtstellung legte und den Weg zu erhöhtem Ansehen bahnte.

Eine andere und höchst wichtige Frage ist es, ob Christoph Bernard bei den vielfachen durch seine Pietät veranlaßten Bestrebungen und Einrichtungen stets den richtigen Weg einschlug und das rechte Maß beobachtete, mit andern Worten, inwiefern er sich bei seinem Thun und Lassen durch die Gerechtigkeit, welche er als zweites Prinzip seiner Handlungsweise aufstellte, leiten ließ. War doch die pietas schon nach heidnischen Begriffen der iustitia untergeordnet: um wie viel mehr haben wir also bei der Beurtheilung eines Kirchenfürsten darauf zu sehen, mit welchem Rechte er beanspruchen kann, „pie" weil „iuste" verfahren zu haben. Die Gerechtigkeit äußert sich im Allgemeinen theoretisch und praktisch oder einerseits in Gesetzen und Verordnungen, andererseits in ihrer Handhabung und Durchführung. Dabei ist hier die doppelte Wirksamkeit auf kirchlichem und staatlichem Gebiete zu berücksichtigen. Was zunächst die Gesetze und Verordnungen betrifft, so kann es nach dem, was wir über die Einrichtung des weltlichen Hof- und des geistlichen Offizialatsgerichts, über die Prozeß-, Appellations- und Brüchtenordnungen mitgetheilt haben, keinem Zweifel unterliegen, daß das Rechtswesen sowohl in kirchlicher als in staatlicher Beziehung einsichtsvoll und gut geregelt wurde. Es versteht sich dabei von selbst, daß dieses Urtheil nur relative Gültigkeit und Richtigkeit hat, insofern der Werth der von Christoph Bernard getroffenen Einrichtungen sich nur nach den gleichzeitigen Verhältnissen in andern Ländern bestimmt. Wenn z. B. die Tortur, wie sie bei Adam von der Kette in Anwendung kam, nach jetzigen Begriffen nicht allein ein durchaus unzuverlässiges, sondern auch ein höchst barbarisches Beweismittel ist; so darf dabei nicht übersehen werden, daß sie gerade damals in den meisten andern Ländern noch weit häufiger zur Ergänzung des Geständnisses diente. Dagegen haben die Prozeß- und Brüchtenordnungen Christoph Bernards das große Verdienst, daß dadurch das Verfahren vereinfacht und abgekürzt und somit die Kosten nicht wenig vermindert wurden, in welcher Beziehung die meisten andern Staaten und namentlich das deutsche Reich mit seinem Kammergericht weit hinter dem Münsterlande zurückblieben. Was andererseits die Handhabung der Justiz betrifft, so mag es genügen, darauf hinzuweisen, daß bei jedem wichtigen Prozeß eine Revision der Akten durch den Fürsten oder dessen Räthe stattfand, daß in einer irgendwie zweifelhaften Sache meist nur nach eingeholtem Gutachten auswärtiger Universitäten ein

Urtheil gefällt wurde und daß überhaupt zur Aufklärung des Rechts=
verhältnisses jedes Mittel, wie es Zeit und Umstände an die Hand
gaben, in Anwendung kam. Ein anderer Punkt, der bei Handha=
bung der Justiz berücksichtigt werden muß, ist das richtige Maß im
Strafen und Belohnen. Jeder Frevel, jedes Verbrechen gegen kirch=
liche wie staatliche Satzungen fand seinen Richter und seine Strafe.
Der Konkubinat wurde mit aller Entschiedenheit unterdrückt, Zigeu=
ner und Zauberer wurden nicht geduldet, fremde Landläufer über die
Gränze verwiesen, einheimische Bettler entweder zur Arbeit veranlaßt
oder in den Armenhäusern untergebracht und überhaupt alle zu ei=
nem geregelten und thätigen Leben angehalten. Selbst während der
vielen und langwierigen Kriege waren die gesetzlosen Zustände, wie
sie unmittelbar vorher zur Zeit des dreißigjährigen Krieges im Lande
geherrscht hatten, nicht zu finden; überall war die möglich größte
Ordnung und Sicherheit. Wenn dabei die zu ihrer Aufrechthaltung
in Anwendung gekommenen Strafsätze zum Theil als sehr hoch ge=
griffen erscheinen, wie z. B. gegen Zauberer 2000 Goldgulden als
Strafe bestimmt wurden, so muß man bedenken, daß, je tiefer ein=
gewurzelt und je hartnäckiger ein Uebel erschien, desto kräftigere Mit=
tel zu seiner Beseitigung zu wählen waren. Wenn aber Alpen und
Nagel hervorheben, daß Christoph Bernard sich leicht zum Verzeihen
hätte bewegen lassen und nur bei allzu schweren Verbrechen, wo ein
Exempel statuirt werden mußte, kein Erlaß der Strafe eingetreten
wäre: so dürfte diese Behauptung doch wenigstens einige Einschrän=
kung erleiden. Mochte es z. B. immerhin nöthig erscheinen, Kette
und Fißnack „zum abscheulichen Exempel" hinrichten zu lassen; so
hätte doch Wittfeld, zumal da Ritterschaft und Domkapitel wiederholt
für ihn eintraten, wohl eher als auf dem Sterbebette des Fürsten
Gnade finden können. Ueberhaupt läßt es sich nachweisen, daß Chri=
stoph Bernard etwa in der ersten Hälfte seiner Regierung, wo er
zum Theil noch durch Nachgiebigkeit seine Zwecke zu erreichen hoffte,
mehr milde und gnädig auftrat, später dagegen in Folge des von
vielen Seiten erfahrenen Widerstandes weit entschiedener und stren=
ger durchgriff.

Es fragt sich nur noch, ob der Fürst bei Austheilung von Strafe
und Lohn, wie Einige behaupten, Parteirücksichten genommen habe.
Diese Beschuldigung läßt sich wenigstens im Allgemeinen nicht als
haltbar nachweisen, wiewohl es bei einigen Vorfällen allerdings den
Anschein gewinnt, als sei das Verfahren Christoph Bernards nicht
ganz unparteiisch gewesen. So dürfte sich insbesondere in der Re=

gelung des Verhältnisses zwischen dem Fürsten und der Stadt Münster, wobei Recht und Macht gleichsam als Wechselbegriffe galten und der Knoten nicht sowohl gelöset als zerhauen wurde, eine gewisse Gereiztheit nicht verkennen lassen. Nur ist dabei zu berücksichtigen, daß das Auftreten des Fürsten durch das Verhalten der Gegenpartei geradezu provocirt war: und überdies ist es mehr als zweifelhaft, daß die Stadt in politischer und materieller Beziehung besser gefahren wäre, wenn Viertenhalven und Drachter ihre Zwecke erreicht hätten, als wo sie unter dem Regiment Christoph Bernards stand. Wie aber war es überhaupt um das Städtewesen beschaffen? Wurden nicht die sogenannten Feudalstände weit mehr als billig und gerecht begünstigt und dagegen das Bürgerthum in seiner Entwickelung nur wenig oder gar nicht gefördert? Finden wir doch selbst bei Alpen die Bemerkung, daß Christoph Bernard eine besondere Vorliebe hegte für Geistliche und Gelehrte, für Adelige und Soldaten, weil er sich davon überzeugt hielt, Bisthum und Fürstenthum würde zunächst von jenen Ständen am meisten gestützt. Daß die Wohlfahrt des Bisthums hauptsächlich von guten Geistlichen abhängt, wird gewiß keiner in Zweifel ziehen; um so leichter erklärt es sich, daß der Bischof zumal bei dem zerrütteten Zustande seiner Diöcese tüchtige Geistliche zu gewinnen suchte, und um so mehr ist es gerechtfertigt, daß er so manche Pfarrei und Vikarie gründete oder aufbesserte, daß er auf die üblichen Liebesgaben der Geistlichen verzichtete und daß er überhaupt bei der Förderung kirchlicher Zwecke keine Kosten und Mühen scheuete. Viel weniger geschah für Künste [12]) und Wissenschaften und die erwähnte Vorliebe für Gelehrte bethätigte sich hauptsächlich nur in der Unterstützung der von den Jesuiten und Franziskanern gegründeten Gymnasien, wogegen für die sehnlichst gewünschte und wiederholt versprochene Errichtung einer Universität nichts geschah.

Was ferner die besondere Zuneigung zum Adel betrifft, so zeigte sich diese vorzüglich in der Gründung des Konvikts, in der Stiftung zweier Malteserpräbenden, in der für einige Zeit eintretenden theilweisen Befreiung von der Schatzung sowie in der Uebertragung hoher und einträglicher Civil- und Militairämter. Uebrigens war die Bevorzugung der Adeligen keineswegs eine so ausschließliche, daß nicht auch Bürgerliche zu höheren Stellen in der Verwaltung und im

---

[12]) Das Einzige, was ich in dieser Beziehung gefunden, beschränkt sich darauf, daß Christoph Bernard 1674 Mauriz Gröniger zu seinem Bildhauer annahm. Archiv der Stadt Münster XVI, 69.

Heere befördert wurden, wie denn unter andern namentlich Zurmühlen und Ham großen Einfluß gewannen. Von den Adeligen bekleideten außer dem zum Erbkämmerer erhobenen Neffen des Bischofs insbesondere der Malteserkomthur Matthias Korff=Schmising und der geheime Rath Dietrich Hermann von Merveld höchst einflußreiche Stellungen; letzterer wurde auf den Antrag Christoph Bernards von Leopold I. am 17. Januar 1668 in den Reichsfreiherrnstand erhoben.[13] Ebenso wurden auch anderen Adeligen ihre Dienste theils mit Geschenken, theils durch die Belehnung mit einträglichen Gütern gelohnt; selbst die über den Verkauf der wüsten Erben getroffenen Bestimmungen gereichten besonders dem Adel zum Vortheil, da er hier die beste Gelegenheit fand, seinen Landbesitz zu erweitern. Andererseits waren aber auch diejenigen Mitglieder des Adels, welche sei es als Domherrn, sei es in anderer Stellung sich dazu berufen fühlten, dem Bischofe und Fürsten Opposition zu machen, weder durch ihre hohe Geburt noch durch ihre amtliche Würde vor strenger Zurechtweisung und selbst harten Strafen gesichert. Der Weihbischof Johann Düsseldorp wurde „wegen seiner beißenden Reden" seines Amtes entsetzt,[14] der Domdekan von Brabeck verlor in

---

[13] Prov.=Archiv Fr. Münster, Urk. 4598.

[14] „ob linguae mordacioris licentiam" Alpen I, 97. Die Veranlassung zu den bissigen Reden lag in der Nichtzahlung des Gehalts seit Jakobi 1650. Christoph Bernard wies Ende 1651 die Zahlung an, doch erhielt der Weihbischof statt 900 Th. (6 Quartale zu 150 Th.) nur 55 Th. u. einige Schill. Die Anweisung lautete auf die Tafelgüter des Bischofs, deren Einkünfte wegen des kaum beendigten Krieges sehr gering waren. Daher dachte Christoph Bernard schon bald an eine Herabsetzung des Gehalts und selbst an die Entlassung des Suffragans. Jenes ergiebt sich aus einem Schreiben Düsseldorps v. 10. Januar 1652: Und weile vernohmen, daß Ew. hochfürstl. Gn. der ggst sorgfältigster meinung sein, unter anderen auch mein sub poena excommunicationis solvendum et assignatum salarium zu geringern, umb dardurch den fürstl. tisch, intraden und hohe auctorität zu verbessern und zu erhohen, alß wirt und mueß mir solche ggste intention nit zuwiederen sondern lieb sein, ... gönne es auch gerne und will den lieben Gott demutigst erbitten, daß solche und dergleichen consilia parcimoniae der zeitliger nutzbahrkeiten zu Ew. hochstfürstl. Gn. und des landts, sonderlig deroselben anbefohlener sehlen zeit= und ewiger wollfahrt gereichen möge." Wie wenig ihm übrigens die Sache gefiel, ergiebt sich aus den Beschwerdeschriften, welche er alsbald an den Bischof von Osnabrück u. den kölner Kurfürsten richtete u. worin er auf Chr. Bernard arg schimpfte. Den Inhalt dieser Schreiben erfuhr C. B. bei seiner Anwesenheit zu Regensburg. Am 3. März 1658 schrieb er an

Folge seines Verhaltens bei der Koadjutorwahl seine Stelle und auch der Domkapitular von Landsberg wurde wegen seiner Widersetzlichkeit gegen Kapitelsbeschlüsse und wegen Injurien gegen den Präsidenten und die übrigen Mitglieder des Domkapitels von diesem ausgeschlossen. [15]) Wegen ihrer Widersetzlichkeit gegen die Anordnungen des Fürsten selbst entstand ein Zerwürfniß mit dem Erbmarschall von

---

die heimgelassenen Räthe, er sei entschlossen, „gegen solchen boshaften und vergifteten falschen pasquillanten criminaliter zu verfahren", und verlangte, „auf desselben actiones gute achtung zu geben, ... auch die Verfügung zu thuen, damit Ihme durch den Vicarium in spir. angedeutet werde, sich aller administration in pontificalibus, alß deren er sich unwürdig machet, zu enthalten, aller massen wir (C. B.) seinen Dienst ohne das nit mehr vonnöten." (Ein Beleg für Alpens Behauptung: C. B. episcopus esse quam videri malebat.) Den Befehl, sich der Person des Pasquillanten zu versichern, nahm Chr. Bernard schon am 4. März zurück, da er zunächst einige Universitäten wegen der Sache konsultiren wollte. Als der Generalvikar Vagedes dem Suffragan die Pontifikalhandlungen untersagte und die zu Weihenden an den Weihbischof von Paderborn Frick verwies (nicht, wie Alpen angiebt, an Gelenius von Osnabrück, welcher erst 1664 zu Münster weihete), protestirte Düsseldorp nicht allein gegen diesen Schritt in einem Briefe an Frick, sondern wandte sich auch sogar an den Stadtrath von Münster, beschuldigte den Bischof der härtesten Bedrückungen der Unterthanen sowie er auch ihm „das in blutigem schweiß verdiente salarium vorenthalte, ihn ärger als der geringster stall-, küchen- und hundsbube despectirt und ihm nach leib, leben, ehr und alle wollfahrt gestanden," bezeichnete das ihm zugegangene Verbot der Administration in pontificalibus als „gefehrlicher eingang zu der ketzerey" und sprach die Ansicht aus, daß der Generalvikar nur adulando, spe mitrae so gegen ihn gehandelt hätte. — Dem groben Verläumder wurde beim kölner Nuntius der Prozeß gemacht. So noch Dokumenten des bischöfl. Archivs zu Münster. Ueber das weitere Schicksal Düsseldorps vgl. Tibus Geschichtl. Nachrichten über d. Weihbisch. v. Münster S. 179 ff. Ich mache nur noch auf zwei Punkte aufmerksam. Zunächst fand Chr. Bernard bei seinem Verfahren gegen Düsseldorp volle Zustimmung Seitens des Domkapitels, welches in einem Schreiben an den paderbörner Bischof vom 26. März 1656 neben Mallinckrodt u. Model auch Düsseldorps erwähnt: „olim suffraganei nostri D. l. Düsseldorfii Praepositi Xantensis iniustissime Principi nostro illatae iniuriae et detractiones." Prov.-Archiv Domkap.-Prob. VI, 3. — Ferner steht es fest, daß dem Suffragan das „in blutigem Schweiß verdiente Salarium" nicht vorenthalten wurde. In einer unter den Mscr. des Alterthums-Vereins aufbewahrten Rechnung des Hofgerichts findet sich ad a. 1661 die Notiz: „Rmo Dno Ioanni Episcopo Sebastiensi sive Samaritano p. m. Suffraganeo Monsi nihil restat." —

[15]) Prov.-Arch. Fr. Münster, Urk. 4612.

Morrien zu Nordkirchen und mit Wolff zu Füchteln. Ob und inwiefern die Veruneinigung zwischen Christoph Bernard und Morrien mit dem frühern Streit der beiderseitigen Väter zusammenhängt, ist nicht klar; jedenfalls aber war das Verhältniß kein sehr freundliches und wie der Erbmarschall schon in den ersten Jahren bei den münsterischen Wirren zugleich mit vielen andern Rittern über die Verletzung der Landesprivilegien durch Christoph Bernard bei den Reichsvikaren Beschwerde führte, so nahm er auch später wiederholt Veranlassung, über Beschränkung der ritterschaftlichen Gerechtigkeiten (besonders in puncto appellationis) beim Kaiser zu klagen. Da endlich ließ Christoph Bernard Nordkirchen besetzen: der Erbmarschall wurde verhaftet und nach Münster gebracht und mußte sich, da er „wegen nicht förmlich angebrachter Klage" vom Reichshofrath abgewiesen wurde, dem Willen des Fürsten beugen. [16])

Wie in diesen einzelnen Fällen, so bethätigte Christoph Bernard überhaupt bei der Regelung der innern wie der äußern Verhältnisse, in kirchlichen wie in weltlichen Dingen den dritten Hauptgrundsatz seines Handelns, stets mit Energie („fortiter") zu verfahren. In Bezug auf die bischöfliche Wirksamkeit mag es hier genügen, darauf hinzuweisen, daß der Papst Innocenz XI. sich in einem Breve vom 23. Januar 1677 wegen des frommen und entschiedenen Auftretens Christoph Bernards („de rebus a te pro ecclesiae tuae ac catholicae religionis incremento pie ac fortiter gestis") mit lobender Anerkennung aussprach. [17]) Die kräftige Förderung des kirchlichen Lebens erklärt sich abgesehen davon, daß darin die Hauptaufgabe des Bischofs bestand, hauptsächlich aus den früher erwähnten Umständen, daß nämlich einerseits der religiös=sittliche Zustand der Diöcese arg zerrüttet war und andererseits von den andersgläubigen Nachbarn die größten Gefahren drohten. Dann aber darf auch nicht übersehen werden, daß unter den rheinischen Alliirten und namentlich beim Erzbischofe von Mainz gallikanische Grundsätze Platz gegriffen hatten, [18]) so daß Christoph Bernard, obgleich er aus politischen Rücksichten jenem Bunde beitrat, doch durch seine entschieden kirchliche Gesinnung von dem Hauptleiter desselben sich vortheilhaft unterschied, und mit Recht ein Arm des apostolischen Stuhls in Deutschland genannt werden konnte.

---

[16]) Fr. Münster. Landes=Archiv 534, 5.
[17]) Prov.=Archiv Fr. Münster, Urk. 4665.
[18]) K. A. Menzel. Neuere Gesch. der Deutschen. Bd. 9 S. 17.

Sehen wir nun, ob sich auch für das vielleicht noch entschiedenere Auftreten des Fürsten in weltlichen Dingen gleich triftige Gründe auffinden lassen. Was zunächst das Verhältniß des Fürsten zu den eigenen Unterthanen betrifft, so erlitt dieses in manchen Beziehungen eine wesentliche Veränderung. Abgesehen von dem Verfahren gegen die Stadt Münster, welches wir bereits bei einer andern Gelegenheit hinreichend gekennzeichnet haben, müssen wir unsere Aufmerksamkeit hier besonders darauf richten, wie durch das energische Auftreten des Fürsten in der Gesammtverwaltung des Stifts eine entschiedene Wendung herbeigeführt wurde. Die wichtigsten Fragen sind hier, wie stand es um die Erhaltung der den einzelnen Ständen gewährten Privilegien, welche Theilnahme an der Regierung wurde ihnen eingeräumt? Die Landtage blieben zwar bestehen, wurden jedoch nicht ganz regelmäßig einberufen und hatten bei den wichtigsten Angelegenheiten, besonders bei Festsetzung der zu erhebenden Schatzungen, nicht mehr die allein entscheidende Stimme. Die städtischen Vota hatten „bei dem gesunderen Urtheil der beiden vorstimmenden Stände" fast niemals Bedeutung; aber auch der Ritterschaft wurde schon auf dem Landtage von 1657 ihre durchaus abhängige Stellung hinreichend klar gemacht. Am längsten stand das Domkapitel auf der Seite des Fürsten, bis zunächst bei der Wahl eines Koadjutors und dann besonders durch die wiederholten Kriege gegen die Generalstaaten Zerwürfnisse entstanden und Gelegenheit zu Beschwerden geboten wurde. Die Beschwerden, welche das Kapitel theils schriftlich einreichte, theils durch Deputirte dem Fürsten vortragen ließ, hatten keinen Erfolg. Als es am 2. Mai 1672 das Gesuch stellte, „wegen der gefährlichen Conjuncturen die gesambte Landtstände gnädigst convociren zu lassen," wurde ihm nur der Empfang des Briefes bescheinigt. Zu gleicher Zeit hatte es den Dombekan zu Paderborn, Kaspar Philipp von Ketteler, gebeten, mit dem dortigen Bischofe dem Koadjutor von Münster zu konferiren, damit dieser bei Christoph Bernard, welcher sein Kapitel nicht habe hören wollen, die Vermittlung übernähme. Aber Christoph Bernard ließ sich selbst durch seinen Koadjutor in keinerlei Weise bestimmen und Ketteler konnte das Kapitel nur damit trösten, daß es „für Gott und der Posterität entschuldigt wäre und seine vor das liebe Vatterlandt getragene sorgfalt rühmblich erkandt würde." [19] Noch weniger fruchteten die Beschwerden wegen Erhebung nicht bewilligter Schatzungen, wegen rückständiger

---

[19] Prov.-Archiv Domkap.-Prob. VI, 2.

Penſionen und wegen der bei der Pfennigkammer eingeführten neuen
Ordnung. Auf ein Schreiben vom 19. November 1669 gab Chri=
ſtoph Bernard, obwohl er das Kapitel „vielmehr einer gerechten ſtraff,
alß andtwordt würdig" erklärte, zunächſt am 29. December den Be=
ſcheid, daß die Stände die zur Befriedigung der Kreditoren nöthigen
Mittel hätten bewilligen ſollen. Zugleich wurde der Tadel gegen die
bei der Pfennigkammer eingeführte Ordnung als Eingriff in die lan=
desfürſtliche Obrigkeit und Regierung bezeichnet, da die Einführung
guter Ordnung und gleicher Adminiſtration der Juſtiz keiner Cenſur
unterworfen werden dürfte. Wenn das Kapitel beſorgte, bei der
neuen Ordnung würden die Rückſtände und Penſionen nicht gezahlt
und ſo viele Armen, Wittwen und Waiſen benachtheiligt werden, ſo
läge darin eine Diffamation, da die Sache ſich gerade umgekehrt ver=
hielte. In einem andern Schreiben vom 11. Januar 1670 erklärte
Chriſtoph Bernard, daß er mit dem vom Kapitel offerirten Quantum
(Geld) nicht zufrieden ſein könnte, da er (pro inevitabili necessi-
tate defensionis scil. et securitatis patriae) mehr vonnöthen
hätte. Auch wäre die Kontinuirung der Moderation (Befreiung der
Geiſtlichkeit und des Adels von den Schatzungen) nicht ferner zuläſ=
ſig, „da die beſten Erben und Güter vor der Schatzung von den Guts=
herrn zu Beutel geſtochen, den übrigen Unterthanen aber und dar=
unter auch den unvermögenden wider alle Juſtiz die Laſten aufge=
bürdet würden, was er in ſeinem Gewiſſen nicht hinnehmen könnte."
(Wir bemerken hierbei, daß ſelbſt die Ritterſchaft gegen die Befreiung
und wie die Städte für allgemeine Beſteuerung geſtimmt hatte. Wenn
Chriſtoph Bernard deren Vota als „geſundere" annahm, ſo war die=
ſes Verfahren offenbar das allein richtige.) Endlich wurde dem Ka=
pitel vorgeworfen, daß es in die höchſten Rechte des Fürſtbiſchofs
(protectionis sc. et armorum) eingriffe, was nach Rebellion ſchmecke.
Denn es könne ſich nicht mit Recht auf die Wahlkapitulation und
den vom Biſchofe geleiſteten Eid berufen, weil das oberſte Schutz=
und das davon untrennliche Waffenrecht (supremum ius protectionis et ab ea inseparabilis armandiae) zu einem höhern
und weit vortrefflichern Eide, welcher dem Kaiſer und dem Reiche
geſchworen ſei, gehöre. [20]) Noch wichtiger aber für die klare Darle=
gung der Grundſätze, wodurch Chriſtoph Bernard ſich in ſeinem Ver=
halten gegen das Kapitel leiten ließ, iſt das von ihm am 10. Juni
1678 bei Gelegenheit des Streits zwiſchen dem Biſchofe von Würz=

---

[20]) Prov.=Archiv Domkap.=Prot. VI, 4.

burg und dessen Kapitel dem Kaiser eingesandte Schreiben. Er spricht sich darin mit dem größten Nachdruck für die Ansicht aus, daß die Rechte des Bischofs durch das Kapitel nicht „lädirt" werden dürften, und hält sich versichert, daß der Kaiser „von selbst höchst vernünftig ermessen werde, was für ärgerliche und dem Publico höchst schädliche Consequentien daraus entstehen würden, wenn dem Thumbkapitel freystehen sollte, durch Particular-Pacta und Capitulationes in die höchste Regalia die Hände zu schlagen, das Condominium in geistlichen und weltlichen Regierungssachen an sich zu ziehen und ihre erwählte Bischöfe und Landsfürsten der Gestalt zu vinculiren, daß sie auch in Conservirung des status publici und ihrer von Gott und kaiserlicher Majestät anvertrauten Land und Leute von deren mehreren Stimmen ihrer Thumbkapitularen, deren viele gemeinlich mehr auf das Privatum als Publikum sehen, dependiren müssen und ohne deren förmliche Bewilligung dasjenige was zu ihrer eigenen und des gemeinen Wohlwesens Erhaltung erfordert wird nicht verrichten können."[31]) Wir können es nicht als unsere Aufgabe ansehen, die absolute Richtigkeit dieser Grundsätze hier näher zu untersuchen und beschränken uns auf die Bemerkung, daß Christoph Bernard sich vielleicht ebenso sehr von vornherein als in Folge gemachter Erfahrungen von ihrer Nothwendigkeit und Vortrefflichkeit durchaus überzeugt hielt und bei ihrer Durchführung von dem Geiste der damaligen Zeit, welche dem vollendetsten Absolutismus zustrebte, unterstützt wurde.

Dieselbe Energie wie in der Regierung des eigenen Landes zeigte Christoph Bernard bei seinen auswärtigen Unternehmungen. „Fortiter" war die stete Losung, wo es sich um die Geltendmachung irgend welcher Ansprüche handelte. Wie sich dieses schon bei der energisch betriebenen Räumung des Stifts von fremder Besatzung zeigte, so trat es noch weit klarer hervor bei den Streitigkeiten mit Braunschweig um die Oberherrlichkeit in Höxter, mit Waldeck, Geldern und den Generalstaaten um die Herrschaften Werth, Gemen und Borkelo, sowie endlich auch bei dem Streben, das Amt Wildeshausen den Schweden zu entreißen. Wegen der fast ununterbrochenen Kämpfe, die in Folge dessen entstanden, zog sich Christoph Bernard manchen Tadel der Mit- und Nachwelt zu. Das energische Auftreten erschien als „martialische Gesinnung", als Kriegs- und Eroberungslust und ein gewisser Wahrenburg sah sich veranlaßt, ein Buch unter dem Titel: „Ein ungeheuer Wunder, ein Bischof ein Soldate, ein Sol-

---

[31]) Fr. Münster. Landes-Archiv 538, 2 b. Vgl. 541, 2 b.

bate ein Bischof" in die Welt zu schicken (1674). Selbst Alpen erwähnt bei der Charakterisirung des Fürsten zuerst des „kriegerischen Blutes", welches er sich durch die Abstammung von kriegerischen Vorfahren erklärt.[22]) Der Franzose Limiers faßt sein Urtheil über Christoph Bernard in den Worten zusammen: „homme bouillant et inquiet, plus capitain que prélat."[23]) Vollständiger und genauer ist der Ausspruch Pelissons: „Christoph Bernard de Galen, Evêque et Prince de Munster, encore qu'il ne manquât pas aux soins nécessaires pour la conduite d'une diocése, étoit bien plus appliqué à ceux que demande le gouvernement d'un Etat. Il avoit l'esprit naturellement entreprenant et hardi, l'humeur militaire, les pensées plutôt au-dessus qu'au dessous de ses forces; et après avoir reduit son propre peuple par les armes à lui rendre une obéissance légitime, il auroit plutôt cherché qu'évité une guerre, qui l'aggrandit aux dépens de ses voisins."[24]) Auch unter den Neuern haben manche es tadeln zu müssen geglaubt, daß ein Bischof sich mit dem Kriegswesen so viel befaßte und an den Operationen persönlich betheiligte. Dagegen bemerkt der Protestant K. A. Menzel: „Man findet nicht, daß die so eigenthümliche Erscheinung eines Kirchenfürsten, der zwanzigtausend Mann kriegsgeübte Truppen zu Roß und zu Fuß mit zahlreichen Geschützen ins Feld führte, irgend einer Religionspartei Anstoß gegeben hätte. Der Starke, in welcher Form sie auch auftritt, wird immer Achtung gezollt."[25]) Wir wollen das kriegerische Auftreten Christoph Bernards durchaus nicht mit dem gleichen Verfahren anderer Bischöfe entschuldigen, müssen aber bemerken, daß er bei seinen vielen Kriegen die Pflichten seines bischöflichen Amtes nie aus den Augen verlor und ihm überdies durch ein Breve des Papstes Klemens IX. erlaubt war, sich als Reichsfürst zum Nutzen und zur Erhaltung seines Landes mit Kriegsangelegenheiten jeder Art, unbehindert durch die sonst darauf gesetzten Kirchenstrafen, zu befassen.[26])

---

[22]) „Certe ex tot Bellonae filiis prognato Martius sanguis deesse non poterat." Alpen I, 20.
[23]) Limiers hist. du regne de Louis XIV. T. 3 p. 131.
[24]) Pelisson hist. de Louis XIV. vgl. Rapin Thoyras hist. d'Angleterre IX, 239. Pufendorf X, 509.
[25]) K. A. Menzel a. a. O. S. 90.
[26]) Breve vom 6. Juni 1668: „Tibi ut pro bono tui principatus ac conservatione tui status te rebus et negotiis bellicis et militaribus ac ab eis dependentibus quibuscunque quoties opus fuerit immiscere ac in

Ein fernerer Vorwurf gründet sich darauf, daß der Muth Christoph Bernards, weil er nicht mit der nöthigen Einsicht gehandelt habe, in Tollkühnheit ausgeartet sei. Aber zunächst sind die Urtheile der ihm nahe stehenden Zeitgenossen selbst sehr verschieden. Während nämlich de Guiche sich also ausspricht: „l'evêque, qui n'avoit pas assez de capacité, ni d'assez bons instrumens pour faire tout-à-fait bien, ne réussissoit dans ses entreprises qu'à demi; mais lorsqu'il faisoit une faute, elle se pouvoit dire complette"; behauptet Temple, daß es dem Bischofe weder an Muth noch an Klugheit und Einsicht fehlte. [37]) Jedenfalls dürfen wir seine Einsicht nicht allein nach dem Erfolge seiner Unternehmungen beurtheilen.

Ein mehr begründeter Tadel bezieht sich auf die Belastung des Landes mit drückenden Abgaben und bedeutenden Schulden. Freilich waren die materiellen Kräfte des Landes auch schon vor Christoph Bernard durch den dreißigjährigen Krieg arg zerrüttet; aber um so weniger durften sie ohne Noth noch weiterhin übermäßig angespannt werden, zumal da für die Beförderung des Handels und des Ackerbaues, wodurch allein die nöthigen Mittel herbeigeschafft werden konnten, verhältnißmäßig nur wenig geschah. So viel ist jedoch sicher, daß die bei weitem größten Summen für die Kriegführung nicht durch Schatzungen im eigenen Lande, sondern durch die Subsidien der Verbündeten und durch die Kontributionen im Feindeslande aufgebracht wurden.

Mit derselben Energie, womit Christoph Bernard gegen seine Unterthanen und Gränznachbarn auftrat, wahrte er sich endlich auch seine Stellung selbst gegen den Kaiser. Die durch den westfälischen Frieden den Fürsten überhaupt eingeräumte Unabhängigkeit und Souverainität wurde wohl von keinem mit größerem Nachdruck behauptet, als gerade von unserm Fürsten, welcher das damals immer mehr zum festen Prinzip ausgebildete Verfahren vieler Reichsglieder, den kaiserlichen Man-

---

eis consilium, mandata et iussiones tam verbo quam in scriptis dare et debitae executioni demandare seu demandari facere, etiamsi sanguinis effusio membrorumque mutilatio ac etiam mors inde sequatur, libere et licite ac absque ullo conscientiae scrupulo aut irregularitatis vel alterius poenae seu censurae ecclesiae incursu possis et valeas, auctoritate Apostolica tenore praesentium concedimus et indulgemus." Prov.-Archiv Fr. Münster, Urk. 4603.

[37]) Vgl. Wiens Sammlung fragm. Nachr. S. 246 u. 111.

baten nur so lange zu gehorchen, als es in ihrem besondern Interesse lag, bis zur äußersten Konsequenz festhielt. Dieses zeigte sich besonders in seiner Verbindung mit Frankreich, welche außer dem Kriege gegen die Generalstaaten auch die Auflehnung gegen den Kaiser zur Folge hatte, so daß dieser nicht allein sein Avokatorium erließ, sondern auch seine Truppen gegen das Stift Münster aussandte und selbst durch einen heimlichen Agenten sich des Landes zu versichern suchte. Christoph Bernard wurde nach der Mittheilung seines eigenen Agenten zu Wien von nicht Wenigen geradezu der Reichsfelonie beschuldigt und wenn auch Rette noch nicht den Auftrag hatte, sich der Person des Bischofs lebendig oder todt zu versichern, so wurde dieses doch bald nachher, wo man auch gegen Wilhelm von Fürstenberg mit Gewalt einschritt, von Vielen für nöthig erachtet.[28]) Und selbst zu der Zeit, wo der Fürst auf der Seite des Kaisers stand, mußten wegen der eigenmächtigen Einquartierungen und Kontributionen in Ostfriesland, Recklinghausen, Bremen, Waldeck, Hessen und Franken wiederholte Mandate erlassen werden. Ebenso hielt Christoph Bernard trotz kaiserlichen Befehlen Steinfurt besetzt und suchte auch die dem Grafen Moritz zu Tecklenburg entrissene Herrschaft Lingen sowie die Kirchspiele Brochterbeck, Ibbenbüren, Mettingen und Recke zu behaupten.[29])

Die Energie zeigt sich übrigens nicht bloß im Handeln (fortiter agere) sondern auch im Dulden (fortiter pati): und das Ausbauern in Gefahren und Widerwärtigkeiten war ebenso sehr ein Charakterzug unsers Fürsten als das entschiedene Beginnen und kräftige Durchführen seiner Pläne. Durch den größten Widerstand wurde sein Muth nicht gelähmt, durch die ärgsten Verwickelungen sein Geist nicht verwirrt, durch die bedeutendsten Verluste seine Kraft nicht gebrochen. Die Anfeindungen und Verleumdungen Mallinckrodts und anderer Gegner, die Zerwürfnisse mit Münster und den Landständen, das feindliche Auftreten mächtiger und schlauer Nachbarn, der Verlust der mit vielen Kosten und Mühen gemachten Eroberungen brachte ihn nicht aus seiner Fassung und machte ihn keinen Augenblick in seinen Entschlüssen schwankend. Eine solche Festigkeit des Charakters läßt sich nur erklären aus der energischen Selbstbeherrschung, welche dem Fürsten so sehr eigen war, daß er zum Unterschied von vielen seiner

---

[28]) Schreiben v. Meyersheim d. 2. Juli 1673. Fr. Münst. Landes-Archiv 534, 5.

[29]) Prov.-Archiv Fr. Münster, Urk. 4507.

Zeitgenossen weder Geist noch Körper durch Ausschweifungen irgend welcher Art erschlaffen ließ und als Herr seiner selbst weder unfähig noch unwürdig wurde zum Beherrschen Anderer.

Der innern Beschaffenheit entsprach die äußere Erscheinung. Ein kräftig gebauter Körper von mittlerer Größe, eine feste Haltung, scharf markirte Züge des Gesichts, eine leicht gebogene Nase, sehr lebhafte und durchbringende Augen, eine gewölbte, breite Stirn, einen aufstehenden Schnurr- und kräftigen Kinnbart und ein in langen Locken auf Schultern und Nacken herabwallendes Haupthaar. Die gewöhnliche Kleidung war einfach, aber geschmackvoll: kurze Beinkleider meist von schwarzem Seidenstoff, eine aus demselben Stoff gearbeitete lange Weste und ein bis über die Knie hinabreichender Rock mit einer Reihe Knöpfe und nach der Mode der Zeit mit weiten, geschlitzten Aermeln, die mit breiten Aufschlägen und zum Theil mit Stickereien versehen waren. Ueber den Rock fiel ein weißer, glatt anliegender Kragen. Im Felde soll der Fürst ein sogenanntes Kettenhemd getragen haben.

Das ist das Bild Christoph Bernards, eines Bischofs und Fürsten, der es sich während einer achtundzwanzigjährigen Regierung zur Aufgabe machte, durch „Frömmigkeit, Gerechtigkeit und Starkmuth" sein und seiner Untergebenen Wohl zu fördern und zu sichern. Mag er seine Zwecke auch nicht immer erreicht haben, mag die Art und Weise der Durchführung seiner Pläne nicht überall Billigung finden: das wenigstens läßt sich nicht leugnen, daß er in gar vielen Beziehungen und besonders durch seine Wirksamkeit als Bischof und Gesetzgeber sich große Verdienste um das Stift erworben hat. Was hätte aus ihm und seinem Lande werden können, wenn die Verhältnisse ihn mehr begünstigt hätten! —

Ueber dem Grabe an der linken Wand der Josephskapelle am Dom zu Münster erhebt sich das Monument Christoph Bernards. Auf ziemlich hohem Piedestal erblickt man den Bischof in vollem Ornate mit erhobenen Händen und in knieender Stellung vor dem durch einen Engel ihm entgegengehaltenen Bilde des Gekreuzigten. Das Piedestal ist aus schwarzem, die Statue aus weißem Marmor gearbeitet. An der Hinterwand steht eine Votivtafel mit folgender Inschrift:

D. O. M. S.

Celsissimus et Reverendissimus
Princeps ac Dominus
**D. CHRISTOPHORUS
BERNARDUS**
Episcopus Monasteriensis Administrator Corbejensis
Burggravius Stromberg. S. R. I. Princeps D. in Borokeloh,
natus in castro Bispinck IV. Id. Oct. MDCVI
electus XVIII. calend. Decem. MDCL
confirmatus et consecratus MDCLI
solenni pompa inauguratus MDCLII
Clero integritatem
Templis decorem
Patriae securitatem
restituit,
Coesfeldiam Hassico, Bevergernam Batavico, Vechtam Suevico, Dioecesin totam hostili et externo
praesidio liberavit, arces Monasterii, Coesfeldiae, Vechtae struxit,
Coesfeldiam, Warendorpium, Rhenam, Vechtam,
Meppenam munivit,
Iurisdictionem Dioecesanam Satrapiarum
Emslandiae, Vechtae, Cloppenburg, Bevergern
Monasteriensi Ecclesiae adjecit,
Comitem Benthem. et plures alios ad orthodoxam fidem convertit,
multa praeclara fundavit, ordinavit, legavit, donavit:
foederibus et bellis tota Europa
ante omnes antecessores clarior.

Zu deutsch: Der hochwürdige Fürst und Herr Christoph Bernard, Bischof von Münster, Administrator zu Korvey, Burggraf zum Stromberg, Fürst des heiligen römischen Reichs, Herr zu Borkelo, geboren auf dem Hause Bispink den 12. Oktober 1606, erwählt den 14. November 1650, bestätigt und geweiht 1651, feierlich eingeführt 1652 hat der Geistlichkeit ihre Sittenreinheit, den Kirchen ihren Schmuck, dem Vaterlande die Sicherheit wiedergegeben, Coesfeld von hessischer, Bevergern von holländischer, Vechta von schwedischer, das ganze Stift von feindlicher und fremder Besatzung befreit, die Citadellen zu Münster, Coesfeld und Vechta errichtet, Coesfeld, Warendorf, Rheine, Vechta, Meppen befestigt, die geistliche Gerichtsbarkeit in den Aemtern des Emslandes Vechta, Kloppenburg, Bevergern für die Kirche zu Münster erworben, den Grafen von Bentheim und mehre andere zum rechten Glauben belehrt, vieles ruhmvoll gegründet, geweiht, unterstützt, beschenkt: durch Bündnisse und Kriege in ganz Europa vor allen Vorgängern im Amte berühmt.

An der Vorderseite des Piedestals stehen die Worte:

Monasterium reduxit
in Hungaria adversus Turcas
Exercituum Imperii Directorem egit,
Huxariam Corbejae vindicavit,
lacessitus bello contra Batavos bis gesto
Transyssalaniam totam,
Gelriae, Frisiae, Groningae partem occupavit,
pace cum Batavis iterum pacta
multa armatorum millia Caesari et Imperio
suppetias in Germaniam submisit,
Wildeshusum recuperavit,
Bremens. et Verdens. Ducatus Suecis eripuit;
Dum exercitus suos Regi Hispanarium in Belgio
Regi Danorum in septentrione
subsidiarios spectabat
Et quieta domi provincia fruebatur,
febri correptus, in arce Ahusana
gloriose, placide, pie obiit
Ingenti subitorum et vicinorum luctu
XIX. Septembr. anno salutis MDCLXXIIX
aetatis LXXII, regiminis XXIIX.

Zu deutsch: Er hat Münster zum Gehorsam gebracht, in Ungarn gegen die Türken das Reichsheer geführt, Höxter für Korvey gerettet, durch Beleidigungen gereizt in zweien Kriegen gegen die Niederländer ganz Overyssel und von Geldern, Friesland und Groningen einen Theil erobert, nach Abschluß des Friedens mit Holland viele tausend Bewaffnete dem Kaiser und Reich zu Hülfe geschickt, Wildeshausen wiedergewonnen, die Herzogthümer Bremen und Verden den Schweden entrissen. Während er dem spanischen Könige in Belgien und dem dänischen in den nördlichen Gegenden Hülfstruppen stellte und daheim des Friedens genoß, starb er von einem Fieber ergriffen auf dem Schlosse zu Ahaus eines ruhmvollen, ruhigen und frommen Todes zur großen Trauer seiner Unterthanen und der Nachbarn am 19. September im Jahre des Heils 1678, im 72. seines Alters und im 28. seiner Regierung.

An der rechten Seitenfläche des Piedestals liest man den Wahlspruch des Gestorbenen: „Pie, Iuste, Fortiter"; an der linken Fläche stehen die Worte:

Hostium terror	Der Feinde Schrecken,
Amicorum praesidium	Der Freunde Schutz,
Ecclesiae et Principatus	Der Kirche und des Fürstenthums
Monasteriensis	Münster
Restaurator	Erneuerer
Conservator	Erhalter
Propagator.	Beförderer.

Namen- und Sach-Register.

A.

Aa, Fluß 79. 81 f. 87. 90.
Aachen 141. Friede von A. 162.
Aberglauben 304.
Absolutismus Chr. Bernards 105. 109. 263.
Adel, der, unter C. B. 340 f.
Aemter des Münsterlandes 273 f.
Aeußere Erscheinung Chr. Bernards 350.
Ahaus, fürstl. Schloß u. Amt, 44. 51. 95. 141. 156. 274. 285. 293. 329.
Ahlen 2. 192. 222. 273. 291 N. 4.
Aitema, hanseat. u. zeitweilig münster. Agent im Haag 41. 58. 61. 67. 69. 74. 76. 79–82. 84–88. 138 ff.
Akte der Harmonie 174.
Alberslo 291 N. 4.
Alexander VII. Papst 103. 110. 149.
Allianz Chr. Bern. mit Köln, Mainz, Trier, Pfalz-Neuburg, Braunschw., Würtemberg und Hessen 82; mit England 128 f.; mit Köln, Mainz u. Pfalz-Neuburg 161; mit Braunschweig 168; mit Brandenburg u. Pfalz-Neuburg 169; mit Köln 170; mit dem Kaiser 171; mit dem Kaiser, Mainz, Trier, Sachsen u. Baireuth 172; mit Frankreich u. Köln 174 f.; mit dem Kaiser 238; mit Brandenburg und Dänemark 239; mit Braunschweig-Zelle u. Wolfenbüttel 239. 242; mit Spanien u. den Generalstaaten 240; mit Dänemark u. mit Brandenburg 244. 246; mit Brandenburg u. Pfalz-Neuburg 247.
Allianz Frankreichs mit dem Kaiser 172 f.; mit Hannover 225.
Allianz der Generalstaaten mit Braunschweig-Lüneburg 136; mit Brandenburg 142; 188.
Allianz des Kaisers mit Brandenburg 189; mit Spanien u. den Generalstaaten 225 sowie mit Brandenburg 237.
Allianz rheinische 23. 39. 42. 63. 71 f. 86. 113. 127. 131. 184. 172.
Allianz der Schweden mit Baiern und Hannover 237.
Allianz Tripel- 162.
Almelo 182.
Alpen Generalvikar 9. 82. 85. 148. 153. 230. 247. 278. Note 9. 288. 326. 330.
Alpen Satrapie 312.
Alstädde 291 N. 4.
Altäre konsekrirt durch C. B. 316 f. Note.
Altenberge 78.
Althaus, Fähnrich b. St. Münster 78.
Alveskirchen 291 N. 4.
Amelsbüren 291 N. 4.
Amsterdam 61. 69. 114.
Amtswohnungen der Geistlichen 290.
Anhalt, Fürst von, 223.
Annenkapelle bei Haltern 324.
Antwerpen 114.
Apel, Kloster 195.
Archidiakon 289 f.
Arnheim 132 f. 184.
Arlington, engl. Staatssekretair 128.
Asbed Stift 274. 324.
Aschendorf 274.
Assen, Galensches Gut 207. 211. 278.
Auersberg, kaiserl. Minister 172.
Aufruhr fürstl. münst. Truppen 235 f.
Aurich 247.
Ausfuhr von Pferden u. a. 264; von Holz 266.
Ausfuhrsteuer 267.
Ausgaben des Stifts M. 21.
Auvergne Graf von 137.
Apostolatorium des Kaisers 196. 209. 213.
Awerberzyl Schanze bei Groningen 187.

B.

Baden-Durlach, Friedr. Markgraf von, 123.
Baiern, Ferd. Maria von, 62.
Baireuth 172. 216.
Balenfeld bei Münst. 94. 273.
Balcken, Rechtsgelehrter in Münst. 218.
Balveren, Deputirter der Generalst. nach Münster 80—86.
Bankal-Prozesse 279.
Barillon, franz. Kriegsintendant 225.
Batze, fürstl. münst. Rath 66.
Bede von der, Rechtsgelehrter zu Münster 200 f.
Bedhaus, fürstl. münster. Fiskal 209.
Beckum 222. 271. 273. 291 N. 4.
Beelen 273.
Befestigung Münsters 14. 65. 74. Vgl. Citadelle u. Judenschanze.
Beifang 273.
Bellefons, franz. Marschall 233.
Bellingworder Schanze 186. 193.
Bentheim 134. 154 ff. 159. 171. 178. 227. 233 f. 238.
— Ernst Wilhelm von, 114. 306 ff.
Benthon, fürstl. münst. Hauptmann 44.
Bentink, fürstl. münst. Agent 165.
— zu Brakelenkamp 183.
Berenbrok 273.
Bergmann Hermann, Prior zu Liesborn 222.
Berkel, Fluß 15.
Bernard, fürstl. münst. Hauptmann in Zwillbrock 179.
Berumer Vergleich 120.
Besatzungsrecht Münsters 30. 37. 43. 45. 51. 53. 66. 68. 74. 81. 97 f.
Besessene 304.
Bethen 323 f.
Bettler 271.
Beveren von 12.
Beverförde 288.
Bevergern 1. 12. 65. 154. 291 N. 4. 323.
Bevilaqua päpstl. Nuntius 247.
Beyermann Rittmeister 78.
Bibal franz. Resident zu Hamburg 241.
Bielefeld 169. 173. 223.
Bierbüsse, Stadtschreiber in Höxter 163 f.
Bierherren zu Münster 101.
Bilder wunderthätige 304.
Billerbed 77. 274. 291 N. 4. 297. 324.
Billich, Rechtsgelehrter in Münster 218.
Bischoping, Rechtsgel. zu Münst. 207 ff.
Bischopsdamm durch das burtanger Moor 135.
Bisping, Talensches Gut bei Rinkerobbe 3.

Bisping, Prokurator in Münster 209.
Blanken 19.
Blockzyl 183. 189.
Bocholt 1. 12. 78. 136. 271. 273. 291 N. 4. 302. 323.
Bock Lic. iur. zu Münster 32.
Bockum 273.
Boichorst Albr., Syndik des münst. Domkap. 10. 71. 322.
Bommel 184. 230.
Bonn 228.
Bonvisius Nuntius 313.
Borgell 325.
Borgborst, Stift 274. 291 N. 4. 292. 324.
Bork 273.
Borkelo 115 ff. 123. 125 f. 133. 145 f. 160. 162. 176. 182. 184. 189. 233. 235.
Borken 1. 12. 235. 267. 274. 291 N. 4. 302. 323.
Borsum Herrlichkeit in Ostfriesl. 245.
Bouillon 184 ff.
Bournonville General 129. 196. 205. 236 f.
Brabant 236. 243.
Brabeck, Job. Edmund v., Thesaurar 11; Domdekan zu Münster 25. 70. 73 ff. 119. 121. 124. 129. 151. 153. 288.
Brahm, Brahmquartier 44. 274.
Brandenburg 12. 62. 127. 137 f. 142. 153. 157. 162. 176. 188 f. 191. 222 ff. 236. 238. 242. 262.
Brandlecht 233.
Brauordnung in Höxter 163.
Braunschweig Christian von, 1.
Braunschweig-Lüneburg 63. 82. 136. 160 ff.
Braunschweig-Wolfenbüttel 112. 164. 168. 175. 192. 228. 233. 242.
Braunschweig-Zelle 164 f. 228. 233. 242.
Breda 140.
Bredefort 179. 182. 184. 190. 230. 235.
Bremen 23. 40. 58. 114. 160. 177. 239. 241. 247. 251 Note. 349.
Bremervörde 239 f. 241.
Brochterbed 349.
Bronkhorst-Gronsfeld Graf von, kais. Gesandte 90. 92. 114.
Bruchhausen Heinr., geh. Sekr. Chr. Bernards 211. 216. 220.
Bruderschaften 291 ff.
Brüchten-Appellations-Prozeßordnung 277.
Brüchtenordnung 274 f.
Bruens 19.

23 *

Brügger Schanze 189.
Brühl 229.
Brüssel 244.
Brunthorst Joh. Graf zu, 115.
Bucholtz Arnold von, Domprobst zu Hildesheim 2.
Buchholz, Vicedom. und Turnar des münster. Domkap. 150 ff.
Büderich 127. 181.
Bünigmann, Bürgermeister zu Münster 60.
Bünigmann, fürstl. Kommissar 208 f.
Buerlo 179.
Bulbern 273. 291 N. 4.
Burg 239.
Burggraf, fürstl. münst. Oberst 215.
Burgsteinfurt 53. 55.
Burgund 162. 232. 236. 240. 248.
Burtanger Fort 133 f. 186.
— Moor 135. 233.
Busenbaum Hermann, Jesuit 24. 305.
Burtehube 239 f.

C.

Canisius 299.
Castel-Rodrigo, span. Statthalter 129. 132. 138. 147. 175.
Charleroi 244.
Chaulnes Herzog v., franz. Agent 225.
Chisi Fabius, päpstl. Nuntius 6. 8 f. 25.
Cholin Lic. theol. 2.
Christianstadt 245 f.
Citabelle von Coesfeld 31; von Münster 91.
Clemens IX. Papst 154. X. 309. 313.
Coesfeld 1. 12. 20. 31. 58. 143. 156. 274. 297. 301 f. 323 f. 329.
Colbert franz. Min. 144.
Condé 162. 225. 233. 236.
Confraternitas bonae voluntatis 291 f.
Copes, holländ. Oberstlieut. 160.
Courtain franz. Agent 229 f.
Crecqui franz. General 239.
Creditive des Kaisers an die münster. Landstände 200 ff.
Crevecoeur St. in d. Niederl. 184.

D.

Dänemark 228. 238. 242.
Dalhem 140.
Damme 274.
Darfeld 57. 234. 291 N. 4.
Darup 274.
Deitermann, Rathsverwandter zu Münster 39. 78.
Delden 182.
Delfzyl 187.

Desum, Gogericht auf dem, 274.
Deventer 158. 176. 178. 182. 184. 186. 202. 230.
Devolutionskrieg 160 ff.
Diedenhofen 239.
Dieler Schanze 121. 123 ff. 179. 186. 193.
Diepholt, Rudolf Graf von, 115.
Dingden bei Bocholt 273.
Dinklage 326.
Diöcese Münster, Umfang 283 f.
Direktorium des westfälischen Kreises 127. 154.
Disciplin der münsterischen Truppen 250 ff.
Doesberg 132. 175 f. 184.
Dolberg 267. 291 N. 4.
Dom-Immunität zu Münster 16 f. 101.
Domkapitel 60. 66. 93. Gerichtsbarkeit 101. 128. Beschwerden gegen C. B. 147. 151. 179 ff. 344 f.
Dorsten 127. 158. 170. 193. 195.
Dotekum 178.
Drachter Nikolaus, Syndik der St. Münster 30. 32 f. 39 f. 44. 53. 59. 66. 73. 75. 79. 104. 340.
Drensteinfurt 273. 291 N. 4.
Drenthe 134 f. 141. 185.
Droste, Bursar des münst. Domkap. 153. 288.
Droste, Präsident der fürstl. münst. Hofkammer 204 f.
Droste Ewerwin, Syndik der Ritterschaft 50. 71.
Dryver Dr. 217.
Duell 272.
Dülmen 43. 267. 273. 291 N. 4.
Düsseldorp Johann, Weihbischof 341 f.
Duisburg 178.

E.

Eberhard, Bischof v. Münster 97 f.
Eck, Schuldforderung 65.
Ehrenbreitstein 224.
Ehrgeiz Chr. Bernards 262.
Eifel 244.
Einfuhr von franz. Waaren 264.
Eitzen, Joachim von, 2. Syndik zu Münster und Agent im Haag 69 f. 73. 104.
Elburg 183. 184. 224. 230.
Elementarschulen 298 f.
Elendsherren zu Münster 102.
Elsaß 224. 227. 243.
Elten 323. 325.
Elverfeld, fürstl. münst. Befehlshaber 125. 136.
Emden 187 f. 245 f. 252 Note. 267 f.
Emmen, Dorf 141.

Emmerich 127. 181. 184.
Ems 15. 267.
Emsbüren 291 N. 4.
Emsbetten 291 N. 4.
Emsland 12. 44. 134. 136. 153. 291.
Energie Chr. Bernards 343.
England 79. 87. 128 ff. 138. 175 ff. 232.
Enniger 94. 291 N. 4. 324.
Ennigerlo 291 N. 4.
Enschede 182.
Ensisheim bei Straßburg 237.
Epe 291 N. 4.
Erbkämmerer-Amt im Stift Münster 94. 325 ff.
Erbmänner zu Münster 34.
Ermelinghof 324.
Eroberungsluft Chr. Bernards 261.
Erfurt 108. 126.
l'Espiere, Bürgerm. v. Deventer 183.
d'Estrades, franz. Feldherr 120. 127. 131. 137 ff. 189. 191. 229.
Everswinkel 291 N. 4.
Exelution der Schuldner 265 f.
Exemtionen 180. 259. 345.
Exkommunikation Mallinckrodts 9. 16 f. 19.
Eybergen, niederl. Oberst 193. 233.

F.

Faber, Anführer kais. Reiter 71. 77 f.
Familienpräbenden 325.
Fehrbellin Schlacht bei 239.
Felonie, C. B. bers. beschuldigt 220. 349.
Felsen, Kommissar der Generalst. 177.
Ferdinand III. Kaiser 7. 10. 30. 43.
Feudalstände, Begünstigung der, 340.
Feuerordnung im Stift Münster 268.
Finger, Kornet der Leibgarde C. B. 19.
Fisbeck bei Dülmen 321.
Fischer, Anführer e. fürstl. münster. Regiments 77.
Fischer kaiserl. Gesandter 238.
Fiskalatsprozeßordnung im Stift Münster 276.
Fiskalprokurator 279.
Fißnack, Kommandant von Coesfeld 199. 202. 209 f. 215.
Flandern 137. 230.
Flodorp, Graf 57. 61. 66. 74 f. 104. 234.
Folter 212.
Franken 349.
Franziskaner in Hörter 112; in Rheine 300 ff.; in Münster, Warendorf, Vechta, Breden 302.
Fredenhorst 273. 298. 324.
Fremdenpolizei in Münster 270.

Frenswegen im Bentheimischen 312.
Frenz, Domherr 152.
Friede v. Kleve 145 f., 165. 179; v. Aachen 162; v. Bossem 224. 236; Chr. Bernards mit Holland 234; v. Nimwegen 248.
Friesvenenn 141.
Friesisch-liechtensteinischer Streit 120.
Friesland 114. 135. 177. 185.
—, Prov. der Generalst. 86.
Friquet, kais. Resident im Haag 69 f. 73. 88. 90. 92. 122. 124. 158.
Frisoite 12.
Frohne 275.
Füchtelen, Wolff zu, 273.
Fürstenberg, Franz Egon 160. 173. Vgl. Straßburg.
— Wilhelm Egon, kurköln. Agent 186. 192. 228 f. 231 f. 234. 243.
— Wilhelm, fürstl. münst. Agent 11. 25. 30. 46. 68. 86.
— Ferdinand, Bisch. v. Paderborn und Koadjutor v. Münster 150 ff. 248.
Fulda 168.
Fullen 324.
Fundationen 289 f.

G.

Galen Theodorich v., Vater Chr. B. 2. Streit mit Morrien 9.
Galen Heinrich v., Bruder C. B. 337.
Galen Franz Wilhelm v., Neffe C. B. 325 f. 337.
Galen zu Ermelinghof 306.
Gamarra, Don Estevan de, span. Ges. im Haag 129.
Gebete öffentliche 296 f.
Geelmuyden 183.
Geist bei Münster 7. 49. 52. 77. Geister Vergleich 53. Kapelle 321.
Geistlichkeit, Verordnungen für die 288 ff.
Geldern 65. 69. 86. 116 ff. 244.
Geldgier Chr. Bernards 261.
Gemen, Herrschaft 158 f. 199. 274.
Generalstaaten 12. 39 ff. 49. 51 ff. 66. 70. 80—90. 114 ff. 160 ff. 165. 177 ff.
Gennep 127. 132.
Gerechtigkeitsliebe Chr. Bernards 338 ff.
Gerichte fürstl. im Stift Münster 273 f.
Gescher 274. 291 N. 4.
Getreideausfuhr 263.
Gülden in Münster 50. 83. 102 ff., in Hörter 166.
Gildenbier 269.
Glaner Brücke 44.
Glasebiere 269.

Göcking fürstl. münst. Oberstwachtmeister 199. 202. 204 ff. 208 f. 215.
Göckmann Dr. zu Münster 199, 207 f., 218; dessen Frau 209.
Göbens, Haro Burchard von, 243.
Goes, Baron 142.
Goeß Hermann, Pfarrer zu Ahaus 285.
Gografen (Gaugr.) 273 f.
Gorgas, fürstl. münst. Generalwachtmeister 133 ff. 141.
Gorgas-Dyk 135.
Gosaus, fürstl. münst. Rittmeister 87. 203.
Gothland 242.
Gottesdienst öffentlicher 295.
Grabschrift Chr. Bernards 350 ff.
Grainkuhle bei Dülmen, Gogericht 273.
Gramsberg bei Koevorden 225. 227.
Grana Marquis de, kais. Feldherr 215. 228. 232. 235.
Grandviller, fürstl. münst. Befehlshaber 218. 226. 239. 245.
Grave 184.
Greven 291 N. 4.
Griem, Baron 177.
Grietzyl, Hafen 141.
Grimm niederl. Oberst 226.
Gröninger Mauritz, Bildh. 340 N. 12.
Groll 141. 182. 184. 230. 235.
Gronau 267. 274.
Groningen, Probstei 112.
— Festung 134. 177. 184 ff. 201. 233.
Gronsfeld s. Bronkhorst.
Groot de, Pensionair v. Amsterd. 74.
Großrecken 291 N. 4.
Grothues, fürstl. münst. Kommiss. 183.
Grubbe, fürstl. münst. Oberst 186. 193. 226 f.
Grünewald, Kommissar der Generalst. 141.
Grut zu Münster 98. Grutherren 102.
Guiche de, 133.
Gymnasium zu Münster 300; zu Coesfeld u. Rheine 301 f.

H.

Haager Bündniß 162. Traktat 240. 243.
Hagemann, Rechtsgel. zu Münster 218.
Halsgerichtsordnung Karls V. 10. 208 f. 213 f. 272.
Haltern 271. 273. 291 N. 4.
Ham, fürstl. münst. Kriegskommissar 244. 332.
Ham Dr., Rechtsgelehrter zu Münster 208 f.
Hamburg 40. 58. 114.

Hamm 222.
Hampoler Schanze 121.
Handel 52. 67 Note 25. 68. 105. 108. 161. 267 f.
Hannover 165. 175. 192. 224 f. 236 f. 239.
Hanse 37. 39 f. 58 f. 61 f. 68. 108.
Harderwyck 183 f. 230.
Haren 274.
Harkotten 273.
Harlingerland 120 f.
Harrach Graf 197 f. 211.
Haselünne 267. 274.
Hasselt 134. 183. 189. 226. 230. 235.
Hastehaus, Gograf zu, 274.
Hatten 183 f. 230.
Hatzfeld Lubbert v., Domherr zu M. 2.
Haugwitz von, fürstl. münst. Major 129 Note 30; kais. Oberst 190.
Hausarme 271.
Hausstätteschatzung im Münsterlande 66. 254 f.
Hautyn, fürstl. münst. Oberst 183. 237.
Haverkamp Gerichtsdiener 212.
Havichorst 13.
Havixbeck 78.
Hawickeswerth Satrapie 312.
Hede im Emsland 135.
Heerenveen 226.
Heessen 273.
Heilbronn 237.
Heiligerlee 135.
Helmstädt 2.
Helsingborg 242. 246.
Herbern 273.
Herbe, Bürgerm. v. Münster 35.
Herford, Kloster 112.
Herzfeld 273.
Herzogenbusch 140. 146.
Hessen 1. 12. 63. 251 N. 2. 349.
Hessen-Homburg, Georg Christian Prinz von, 130. 140.
Hessing fürstl. münst. Agent 62.
Hildesheim 118. 170. 189 f.
Hiltrup 291 N. 4.
Hobbeling Joh., fürstl. münst. Rath 116.
Hocher, kais. Kanzler 198.
Hochzeiten im Münsterland 269.
Höping, Heinrich Schulze, General-Holzaufseher 266.
Hörde Catharina von, Mutter C. B. S. 337.
Hövel 273.
Hörter 111 f. 162 ff. 178.
Höfflinger Ernst, Bürgerm. zu Münster 99.
Hofgericht fürstl. münst. 48. 272.
Hoja Graffsch. 239. Maria von 115.

Holland, Prov. der Generalst. 70. 75. 88.
Holland Bernard, münst. Stadtsekr. 19, 69, 76, 88; fürstl. Sekr. 99.
Holthausen fürstl. münst. Oberst 215.
Holzausfuhr 266.
Honsbroed Marquis 243.
Horbeck, kurmainz. Befehlshaber 49.
Horn, schwed. Feldmarschall 239. 241.
Horstmar 8. 58. 274. 291 N. 4. 293.
Hosius Dr. Arzt zu Münster 218.
Hospitalherren zu Münster 102.
Hüge, Amtmann v. Gemen 199. 208. 216 f.
Huldigungseid Münsters 8. 24. 35. 41. 54. 68. 95.
Humières, franz. Marschall 233.
Huygens Staatsrathspräsident im Haag 73.

J.

Jäger, kurmainz. Sekr. u. Agent zu Münster 51.
Jakobikirche zu Münster 8.
Jansenismus 304.
Ibbenbüren 349.
Jemsumer Zwinger 121.
Jena Friedr., brandenb. Kanzler 142.
Jesuiten 20 f. 96. 300 f. 305.
Jever, Herrschaft 246.
Innocenz X. Papst 6. — Innoc. XI. 292. 313.
Instruktion für den fürstl. münst. Stadtrichter 99 f.; für den Stadtrath von Münster 101 f.
Johanniter 325.
Jordanäus, Hofkaplan C. B. 82. 85.
Juan Don 140.
Jubiläum 297.
Juden in Münster 270. Judenordnung 271 f.
Judenkommission in Frankfurt 238.
Judenschanze 48 ff.
Jurisdiktion in Münster 35 f. 99 f.
— in Höxter 111 f. 166.
— geistl. im Niederstift 153 f. 282 ff.
— geistl. in der niedern Grafsch. Bentheim 158. 284.
— in den Niederlanden 208.

K.

Kabardt, fürstl. münst. Hauptmann 208 f. 215.
Kaiser, Verhältniß Chr. Bernards zum, 348 f.
Kaiserswerth 228.
Kaland großer 292 f.
Kambrai 243.

Kamen 193.
Kampen 183 f. 189 f. 224. 227. 230.
Kanonikate besetzt durch Chr. Bernard 314. 325.
Kanzleiordnung für d. Stift Münster 276.
Kapellen 273.
Kapellen am Dom, Galensche 324. 328.
Kapellenherren zu Münster 102.
Kapitulation Münsters 91 f.; der Ritterschaft von Overyssel 183.
Kappenberg 203. 273.
Kapuziner in Münster, Coesfeld, Vorken u Merne 302.
Karlingfort Graf 143.
Karpi fürstl. münst. Befehlshaber 140.
Karlshafen 242.
Karlstadt 239 ff.
Katechesen 289. 295 f.
Katharina Schwester C. B. 337.
Katholicismus, Herstellung des 104; vgl. Note 79. 127. 156 f. 230 f. 235. 247. 261. 286 f. 305 ff.
Kauffahrer franz. von münster. Truppen genommen 243.
Kaufherren zu Münster 102.
Kemnaden Probstei 111 f.
Kemner die, zu Münster 101 f.
Kemner, Agent der Stadt Münster 32. 60.
Kendenich bei Köln 168.
Keppel, Agent der Stadt Münster 32. 60. 62.
Kerpen 229.
Kette Joh. Adam von der, 197 ff.
Ketteler Wilhelm v., Bisch. v. M. 115.
Ketteler Kaspar Philipp von, Dombekan zu Paderborn 344.
Ketteler Engelbert, Münzmeister zu Münster 264.
Kinderhaus 23. 324. 329.
Kinderhausherren zu Münster 102.
Kindtaufen im Münsterlande 269.
Kirchen, neue u. restaurirte 314; vgl. Note 24.
Kirchspielsführer 250.
Kitzlitz fürstl. münst. Oberst 215.
Kleidung der Geistlichen 290. Chr. Bernards 350.
Kleuter fürstl. münst. Befehlshaber 140.
Kleve 128. 145. 159. 165. 191.
Klöpper Kornet 78.
Klöster 302 f.
Kloppenburg 12. 154. 267. 271. 274. 324.
Klute, Aldermann 19. 59. 69. 75. 199 f. 207 f. 218. Hauptmann 210. Rathsherr 78.
Kniepe, Galensche Kurie 314.

Kniphausen Dobo von 243.
Knippenberg Lic. iur. zu Münster 209.
Knoest Advokat, Agent Münsters 69. 76.
Koadjutor des Stifs Münster 149 ff. 344.
Koblenz 228.
Köln Stadt 229.
Köln Ferdinand von 1—3.
Köln Max Heinrich von 23. 30. 45. 48. 82. 87. 113. 128. 142. 144. 150. 161. 165. 168. 170. 175. 207. 215. 220. 224. 229. 232. 238. 241.
Körler Jesuit 156. 305 ff. 329.
Kolmar 224.
Kommission kaiserl. zu Köln 32 f.
Kongreß zu Köln 225. 229. 232. 246 f.
Konkubinat 285. 287 ff.
Konsumtionsteuer 260.
Kontribution 133. 145. 174. 186. 189 ff. 251 Note 2. 254.
Konvikt zu Münster 301. 325.
Kopper J., Rektor des Jesuitenkollegs in Köln 2.
Korff-Schmising Matthias, Agent C. B. 32. 71. 86. 153. 168. 183. 218 f. 341.
Korff-Schmising Joh. Adolf von, 285 f.
Korven 110 ff. 162. 166. 223. 238.
Kovorben van, Agent der Generalstaaten 175. 177 f.
Kovorben (Roevorben) Festung 185 f. 189. 193 f. 225 ff. 233. Spyk- u. Trotz-Kovorben, Schanzen 226.
Kramer, Rechtsgel. zu Münster 207 ff.
Krapendorp 323.
Kreis fränkischer 225. 228; niedersächsischer 65. 114. 160; westfälischer 72. 127. 238.
Kreistag zu Bielefeld 169; zu Köln 158.
Kreuz, Richter zum steinernen, 274.
Kreuznach 228.
Kriegslust Chr. Bernards 261. 263. 347.
Kriminalprozeßordnung 274.
Krone, Wittwe Oberst, 202. 216.
Küchen, Gut bei Ahlen 2.
Kuhefucs, bentheim. Agent im Haag 307.
Kuningham Kommandant von Kuynder 189.
Kuynder 183. 189.

L.

Laer 291 N. 4.
ter Laer, Schloß 227.
Lagemann Dr. zu Münster 199. 210.
Lahnich 229.
Lamberg Graf 198.

Landegge 324.
Landen Prov. d. Generalst. 86.
Landläufer 271.
Landmiliz münsterische 250.
Landsberg Domherr 152. 342.
Landsberg kurköln. Generalwachtmeister 72 f. 130. 134.
Landskrona 242. 245.
Landstraßen im Münsterland 266 f.
Landtage 15. 21. 23. 29. 31. 42. 57 f. 65. 70 f. 77. 94. 147. 180. 218. 344.
Langacker Schanze 186 f. 193. 226.
Langenhorst 324.
Langenkamp Dr. Rektor der Jesuiten 296.
Langwedel 239.
Laten 274.
Leer in Ostfriesl. 243; in Münsterl. 291 Note 4.
Legden 274. 291 N. 4.
Lehrabt, Domherr 150.
Leibnitz kurmainz. Rath 172.
Lembed Herrlichkeit 274.
Lenkler 273.
Leopold I. Kaiser 62 f. 65. 71. 84. 101. 121. 157. 160. 165. 227. 235. 245.
Lepper, Hauptmann der Stadt Münster 45.
Lessein, franz. Gesandter 131.
Lethmate Heinr. v., Domdekan 2.
Leutersheimische Erbschaft 198.
Lichtenfort 190.
Liechtenstein 120 f. 124.
Liesborn 222 f. 324.
Limberg bei Darup 274.
Limburg-Styrum Irmgard Gräfin zu 115. Jodokus Graf zu 116. Graf Limburg-Styrum zu Gemen 158. Anna Isabella v. L.-St. 311.
Lingen Herrschaft 12. 176. 182. 235. 247.
Lionne franz. Min. 131. 137. 139.
Lippborg 273.
Lippe Grafschaft 238 f. 251 N. 2.
Lippebrücke bei Dorsten 170.
Lippstadt 222 f.
Lisola, kais. Agent 225. 229. 231.
Lithau, fürstl. münst. Oberst 146.
Lobkowitz, kais. Minister 172. 189. 198.
Lochem 136. 182.
Lorep 325.
Lothringen 165. 172. 228. 236 f.
Louvois, franz. Kriegsmin. 176. 188 f. 192. 219. 224. 230.
Loyer Anton 271.
Lubgeriburg zu Coesfeld 31.

Ludgers Gerhard, Hofkaplan Chr. Bernards 330.
Ludwig XIV. v. Frankr. 63. 103. 120 f. 126 f. 130 f. 134. 137 f. 144. 160 f. 168. 172. 174. 176. 184. 188. 190. 193. 219 f. 224 f. 228 f. 236.
Lübeck 40. 58 f.
Lüdinghausen 273.
Lünen 193.
Lütkenbeck bei Münster 82. 87. 273.
Lüttich 30. 134. 140. 161. 170. 229.
Lützow fürstl. münst. Befehlshaber 141.
Lutzen in Kurland 2.
Luxemburg Herzog von 176. 182. 186. 227. 244.

M.

Maigang 269.
Mainz Joh. Phil. von 45. 48. 63. 82. 87. 126. 160. 163. 165. 172. 228.
Mallinckrodt Bern. von, Lebensumstände vor seiner Ernennung zum Domdekan in Münster 2 f., bekämpft die Wahl Chr. Bernards 4 ff., wird ausgeschlossen von der Ständeversammlung 8, vom Chor u. Kapitel 9, begiebt sich zum Kaiser nach Regensburg 10, beginnt zu Münster „Gewalt mit Gewalt abzulehren" 13 ff., wird exkommunizirt 16, findet vorübergehende Unterstützung durch den Nuntius Sanfelici, wird von fürstl. Truppen in seiner Wohnung gefangen, entwischt aber bei e. Volksauflauf 19, begiebt sich nach Köln 20, verliert durch den schönefflieter Vergleich jede Aussicht auf e. Unterstützung der münster. Bürger 25, kehrt nach Münster zurück, wird gefangen u. nach Ottenstein gebracht, wo er 1664 stirbt 26.
Malmoe 245.
Manifest Chr. Bernards gegen Münster 22 Note 40. 61. 66. 68. 77 f.; gegen die Generalstaaten 132. 178.; gegen Braunschweig-Lüneburg 164 Note 19; gegen das Avokatorium des Kaisers 196. M. Brandenburgs gegen C. B. 191. M. des Kaisers gegen die Franzosen 227.
Mansfeld Ernst von 1. 120.
Maresius Samuel 306.
Marienfeld Abtei 10. 197.
Marienfeld das, bei Münster 79.
Marienschanze 79. 81. 87.
Mark Grafschaft 193. 195. 223. 239.
Markhusen 325.

Martel, fürstl. münst. Kriegskommissar 186.
Mastricht 233. 244.
St. Mauritz, Vorstadt v. Münst. 26. 95.
Maynders, brandenburg. Rath 223.
Mecklenbeck bei Münster 81.
Mecklenburg Herzog von 185.
Meest, Gogericht 273.
Meier (seit 1666 von Meiersheim) Franz, Agent Chr. Bernards in Wien 212. 220.
Meier fürstl. münst. Hauptmann 164. — Sekretair 207.
Meinartshagen fürstl. münst. Oberst 141. 199. 203. 210 ff. 219 f.
Mellinger fürstl. münst. Oberstwachtmeister 141.
Meppel 183.
Meppen 133. 141. 179. 267. 271. 274. 323 f.
Merveld v., Kanzler 5, 11, 150, 274; wird Reichsfreiherr 341.
Messen 289. 294 f.
Mesum 325.
Metelen Stift 274. 324.
Mettingen 349.
Meyer Gemeindevertreter zu Münster 32.
Meyer Hellmich 264.
Michaeliskapelle in Münster 7.
Milet franz. Gesandte 160 f.
Minden 2. 223.
Minoriten in Bocholt u. Schwillbrock 302, in Münster 329.
Missionshäuser der Jesuiten 305.
Mockel Kanonikus zu Köln 19.
Mömpelgard Herzogthum 243.
Mönche 303 f.
Mons, Treffen bei 247.
Montekukuli kais. Feldh. 189 f. 195 f. 211. 228 f.
Mornas franz. Befehlshaber 226.
Morrien Erbmarschall 9, dessen Sohn 42. 200. 313.
Moselage fürstl. münst. Oberst 216.
Moy fürstl. münst. Kommandant in Koevorden 193.
Münster will sich vom Fürsten nichts „befehlen" lassen 18, wird mit e. Ueberfall bedroht 23, schließt mit C. B. den Vertrag v. Schöneflieth 24, erhebt wegen des Besatzungsrechts und der Trankssteuer neue Streitigkeiten 29 f., schickt Agenten nach Köln u. Wien 32 f., erstrebt Reichsunmittelbarkeit 34 ff., wird vom Kaiser abgewiesen 37, sucht e. Verbindung mit den Hanseaten u. den Generalstaaten 39 f., wird von

E. B. belagert 45 ff., schließt den Vergleich zur Geist 53 f., knüpft neue Unterhandlungen mit den Generalstaaten an 58 f., sucht die Kurfürsten zu gewinnen 62 f., bewirkt die Entfernung der fürstl. Besatzung 64, schickt Drachter nach Wien 66, verliert durch eine Sentenz des Reichshofraths sein Besatzungsrecht 67, wird mit s. Rekurs abgewiesen 69, und soll nach e. kais. Mandat jede Unterhandlung mit Auswärtigen aufgeben 71, wird von kais. Truppen bedroht u. erlangt Geldunterstützung von den Generalst. 73, welche e. Vergleich vorschlagen 74, wogegen Münster e. and. Projekt aufstellt 75. Eröffnung der Feindseligkeiten 77 ff. Vermittlung der Generalstaaten 80. Bloquade 81. Kapitulation 91 ff.; vgl. 340.

Münster, Herr v. M. zu Meinhövel 273.

Münzedikte 268.

Multersteuer 66. 74. 91. 93. 96. 107.

N.

Naarden 227.

Nagel, Domprediger 333.

Nagel Ferd. v., zu Ilingen 42.

Nagel fürst. münst. Reiterführer 23. 29. 55. 80. 165. 183. 187. 223.

Nakatenus Wilh. 301.

Nassau Moritz von, 133. 136. 226. 228. 230.

Nassau Wilh. Friedr. 124. S. auch Oranien.

Natta fürstl. münst. Befehlshaber 140.

Nesselrode Domherr 150. 152.

Neue Schanze s. Langacker.

Neuß 159. 228.

Niederlande span. 129. 160 ff. Vgl. Brabant u. Flandern.

Niederstift 65. 153 ff.

Nienberge 291 N. 4.

Nienborg 274. 291 N. 4.

Nienhues (Neuhaus) im Bentheimischen 233. 312.

Nienhues münst. Rathsherr u. Agent im Haag 49.

Nimwegen (Nymegen) 136. 184. 247.

Nitzav fürstl. münst. Oberst 186. 226.

Nobiskrug an der Werse östl. v. Münster 23.

Nordhorn im Bentheimischen 146. 233. 312.

Nordkirchen 273.

Nordwalde 78. 291 N. 4.

Nottuln 291 N. 4. 324.

O.

Oberhausen 176.

Obizi kais. Major 231.

Oelde 271. 273. 291 N. 4.

Offizialatsgericht 278 ff.

Oite 12.

Oldenburg 114. 163. 238. 246.

Oldensell 182. 233.

Oldersum Herrlichkeit in Ostfriesland 245.

Olfen 267. 273. 291 N. 4.

Ommen 134.

Ommer Schanze 183. 230. 235.

Oranien 65. 127. 174. 177. 185. 168. Wilhelm II. Erbstatthalter der Niederl. 236. 247. Vgl. Nassau.

Oranische Partei in den Niederl. 130. 140. 175.

Orleans Herzog von 184.

Orson 127. 184.

d'Ossery fürstl. münst. Befehlshaber 134 f.

Osnabrück Franz Wilh. von 3. 7. 30. 76. 153. Ernst August von 165.

Ostbevern 273.

Ostendorf Herrlichkeit 274.

Osterwick 274. 291 N. 4.

Ostfriesland 12 (Wilh. v.). 120 (Enno III.). 121 (Georg Christian). 124 f. 179. 238. 242 f. (Christine Charlotte). 245 f. 251 N. 2. 349.

Otmarsen 182.

Ottenstein 26 f. 44. 141. 274.

Ottersberg 239. 241. 247.

Oudenbosch 140.

Overyssel 65. 69. 86. 133. 141. 156. 182 f.

P.

Paderborn 76. 142. 161. 195. 238.

Pagenstecher Kanzler zu Bentheim 155. — Rechtsgelehrter zu Münster 218.

Palandt, Domherr 152.

Papenburg 324.

Papst, Verhältniß C. Bernards zum, 313 f. 320.

Paradies, Vorhof des Domes zu Münster 8. 151.

St. Paul Graf, fürstl. münst. Oberst 226.

Paulsburg oder Citadelle v. Münster 94.

Peinhaus auf d. Markt zu Münster 215.

Personenschatzung 180. 255 ff.
Pest im Münsterlande und Pestmessen 148.
Pfahlgericht bei Münster 101. 273.
Pfalz 224. 228. 236.
Pfalz-Neuburg 23. 30. 45. 48. 82. 87. 107. 127 f. 142. 144. 161. 192.
Pfarrer, Prüfung und Anstellung der, 289.
Pfenniglammer 66. 180. 315.
Pfründen geistl. 306. 315.
Philipp IV. von Spanien 140. 160.
Philippsburg 228.
Pietät Chr. Bernards 000 f.
Piktorius Ingenieur 226.
Plettenberg Hermann v., Offizial zu Paderborn 154.
— Theodor v., Domherr zu Münster 2. 288.
Pleuren von, fürstl. münst. General 93. 133. 147.
Polizei 268 ff.
Pommern 242.
Post v. Turn-Taxis 114.
Post, fürstl. münst. Oberst 199. 226. 236 f.
Pradel, franz. General 134. 136. 139. 141.
Predigten 295.
Priesterseminar in Münster 290.
Privilegien 57 f. 60. 72. 344.
Privilegium patriae 15. 47. 59. 109. 147. 181. 263.
Procentsatz 266. 272.
Profurator 277.
Prot, niederländ. Hauptmann 186.
Prozession große zu Münster 96. 297. 322.
Prozessionen überhaupt 294, nach Coesfeld, Stromberg, Billerbeck, Telgte, in Vechta u. Rheine 297. 323.
Puling fürstl. münst. Oberst 245.

R.

Rabenhaupt, Kommandant v. Groningen 187. 189. 193. 226 f. 233.
Raesfeld Herrlichkeit 274.
Raesfeld, fürstl. münst. Kriegskommissar 179.
Raesfeld, Statthalter v. Overyssel 157.
Ramsdorf 274.
Rathswahl in Münster 99.
Ratzeburg 2.
Rave fürstl. münst. Rath 165. 180. 181. 208 f.
Ravensberg 223.

Ravenstein 127.
Rechtswesen 272 ff.
Recke Joh. von der, zu Steinfurt 42. 273. 305 f.
Recke im Tecklenburgischen 349.
Recklinghausen 170. 238. 251 Note 2. 349.
Reede v. — zu Amerongen, Agent der Generalstaaten 162.
Rees 127. 181. 184. 224.
Reichsfreiheit von Münster beansprucht 33 ff. 97.
Reichshofrath in Sachen der Stadt Münster 11. 67. 69. 76; in Sachen Bentheim 308. 311.
Reichstag zu Regensburg 10. 13. 122 f. 128. 172. 272.
Reichsvikare, in Sachen der Stadt Münster 43. 45. 48. 50. 59.
Reiderland 121.
Reinardt, fürstl. münst. Oberst 215.
Rehen Klein: 325.
Religiös-sittl. Zustand der Diöcese Münster 284 ff.
Reping Lic. iur. zu Münster 203.
Republikanische Partei in den Niederlanden 130. 140. 175.
Residenz Chr. Bernards 31. 105 f.
Residenz persönl. der Geistlichen 290.
Reumont, fürstl. münst. Generalwachtm. 12. 24. 30. 50. 53. 66.
Reveillon, köln. Befehlshaber 228.
Rezeß über die Galensche Kurie 314 Note 23.
Rheda, Schloß 193. 195.
Rhede 273. 291 Note 4.
Rheinberg 128. 173. 179. 181. 184.
Rheine 178. 267. 274. 297. 323.
Rheingraf 53. 133. 192. 199. 202. 204 ff. 209. 234.
Richtamtsherrn zu Münster 100 f.
Richter fürstl. zu Münster 99.
Rietberg 76. 120. 160. 238.
Ritterschaft im Stift Münster 42. 46 f. 49 ff. 55. 57. 59. 70.
Römer fürstl. Richter 39. Bürgerm. v. Münster 99. 157.
Roeremonde 244. 247.
Rorup 274. 291 N. 4.
Rotenburg 239.
Rottendorff Dr., Leibarzt C. B. 29. 148.
Rousseau, franz. Resident 232. 235.
Roven 134 f. 183. 226.
Rügen 245.
Ruff Dr. med. zu Coesfeld 218.
Ruhm Chr. Bernards 262.
Rupter, niederl. Admiral 187.

S.

Saarbrück 242.
Sachsen 172. 228.
Sack Rechtsgel. zu Münster 208 f. 212. 217.
Sakramente, Verwaltung der 294.
Sandwelle, Gogericht 272. 274.
Sanfelici päpstl. Nuntius 19. 64.
Santrupperbaum nördl. von Münster 77.
Saſſenberg 78. 110 f. 273. 324. 329.
Saterland 325.
Schacken Kloster 112.
Schade, fürstl. münster. Befehlshaber 183. 207.
Schanze alte 193.
Schapbetten 325.
Scharenberg fürstl. münst. Befehlshaber 136.
Schatzung 23. 32. 71. 147. 180 f. 254 ff. 345.
Schaumburg Grafschaft 238.
Schauhaus zu Münster 60. 102.
ter Scheeren 183.
Scheltinga, Deputirter der Generalst. nach Münster 80—86.
Schelver, fürstl. münst. Oberst 217.
Schenkenschanze 127.
Schenking 273.
Schepsdorf 291.
Schilder Arnold von, Schwager Chr. Bernards 337.
Schlägerei 272.
Schlettstadt im Elsaß 224.
Schlump, fürstl. münst. Hauptmann 87.
Schmising Dekan zu Hildesheim 153.
Schmising Friedr. von, Malteserkomthur 86. 130. 144. 161. 195. 230.
Schmising Matthias s. Korff.
Schönebeck Gut des Domkap. 273.
Schönefliet Gut des Domkap. 153. 273. Vergleich zu Sch. 24.
Schönborn, kurmainz. Ges. 165.
Schöpping Bernard, Bürgerm. zu Münster 99.
Schöppingen 291 N. 4.
Schonen 242.
Schorlemmer, Senior des Domkap. 151.
Schreck, Anhänger Mallinckrodts 19.
Schücking Joh., Rektor der Jes. 305.
Schüttorf 312.
Schulden 329. 331.
Schulenburg von, fürstl. münst. Rath 199. 201. 207. 216.
Schulenburg Schloß 141.

Schulwesen 298 ff. 334.
Schutzbrief des Kaisers für A. v. d. Kette 198.
Schwarzenberg Fürst 198.
Schweden 1. 13. 24. 61. 63. 65. 73. 131. 159 f. 177. 192. 236. 238. 241 f. 244 ff.
Schwerin, brandenburg. Rath 223.
Schwick, Rathsherr zu Münster 199. 207 f. 218.
Seeland, Prov. der Generalst. 86.
Seminar zu Münster 313.
Senden, Gericht 91. 93 f. 273. 291 Note 4.
Sendenhorst 273. 291 N. 4.
Genesse, Schlacht bei 236.
Seppenrade 291 N. 4.
Siegelbewahrer 279.
Sinsheim, Schlacht bei 236.
Sintzig von, Probst zu Paderborn 110.
Sluys 111.
Snappe 12.
Söhle, braunschw. Rath 164.
Soest 30.
Sold der münst. Truppen 253 f.
Sonnenborn 82.
Souches de, kais. Feldherr 236.
Spanien 111. 160. 191. 228. 247 f.
Spann, brandenb. General 192.
Sparenberg Schloß 223.
Spöbe Ingenieur 94. 226.
Spork kaiserl. General 231.
Sprenger Hauptmann der Stadt Münster 45.
Sprung Fähnrich der Stadt Münster 78.
Stade 239 ff.
Stadtbergen 111.
Stadtlohn 274. 291 N. 4.
Stadtrichter zu Münster 35. 99 f.
Stael Rittmeister der Stadt Münster 19. 45. 78.
Staphorst 134. 226.
Statius fürstl. münstl. Fähnrich 217.
Steenwyk 183. 226. 230.
Steinfurt Arnold Moriz von 157. 312.
— Phil. Konrad von 154 f.
Sterbherren zu Münster 102.
Stickhuisen 141.
Stinkpotten 185. 187.
Stockum 273.
Stodtbrock J. H. Pfarrer v. Schepsdorf und Erzpriester von Lingen 291.
Straßburg Festung 224.
Straßburg Bischof von 153. 176. 182. 184. 189 f. 215. 220. 232 f. 235.

Stratmann pfalz-neuburg. Kanzler 223.
Stromberg, ob Reichsburggrafschaft 11. 159. Amt 273. Visit. 291 N. 4. Prozession 297.
Styrum Graf zu Gemen 199, 202, 208, 216; kaiserl. Feldherr 234.
Subsidien 129. 143 f. 161. 174. 176. 192. 225. 230. 282. 238. 240. 243 f. 246 f. 254.
Subsidium charitativum 291.
Subholt 274.
Süblohn 274.
Sunninthausen 291 N. 4.
Synoden zu Münster 287 ff.

T.

Tafelgüter des münst. Bischofs 44. 79.
Tagzeiten (Vigilien u. Horen) 296.
Taminga Deputirter der Generalst. nach Münster 80—86.
Tapferkeit der münst. Truppen 252.
Tebinghausen Schloß 239. 241.
Tecklenburg 12. 65. 238. 245. 349.
Telgte 78. 273. 292. 297. 324. 329.
Temming, Advokat u. Agent Münsters 69. 76.
Temple Lord William 128. 143 ff. 147.
Testament Chr. Bernards 319 ff.
Thiatildis, Fest der h. 298.
Thynen, Meinhard van, 193.
Tillmann fürstl. münst. Oberst 199. 209 f. 216.
Timmerscheid Bürgerm. von Münster 23. 62. 90. Assessor des fürstl. Hofgerichts 99.
Tinnen Rudolf v., Bürgerm. zu Münster 99.
Tongern im Lüttichschen 229.
Tölner fürstl. münst. Oberst u. Kommandant der Citad. v. M. 204. 207, 219.
Tork Rotger, Domdekan 153. 288 f. 313.
Tortur 211 f. 216. 338.
Tranksteuer 29. 91 f. 180. 259 f.
Trautmannsdorf Graf, kais. Feldherr 234.
Treubruch Chr. Bernards 185.
Trier 23. 30. 45. 48. 82. 87. 172. 224. 227 f. 238 f.
Trinksucht der Münsterländer 269.
Truppenmacht Chr. Bernards 249 f.
Türenne franz. Feldh. 160. 184. 188 f. 195. 203. 219. 222. 224. 228. 236 f.

Türken 85. 93. 122 f. 126. Bekehrung eines Türken 316 Note.
Twente 133. 141. 182.
Twickel 165. 200.

U.

Unionsbrief des Domkap. zu Münster 5.
Universität zu Münster 105. 300.
Unna 193. 222.
Utrecht 184. 225. 230.

V.

Valenciennes 243.
Valkenburg 140.
Vane engl. Ges. 142.
Vechta 1. 13. 154. 267. 271. 274. 297. 302. 323.
Vechte Fluß bei Kovorden 225.
Vehling Kommand. zu Burgsteinfurt 206.
Velau (Veluwe) 133. 183.
Velbrück von, pfalz-neuburg. Oberst 72.
Velen Theod. Anton von, Domherr 153. 325.
Velen Dietrich von, Droste 42.
Velen Graf von 217.
Verarmung im Münsterlande 264 f.
Verben Kloster 112.
Verden Herzogthum 23. 239. 241. 247.
Vergleich gütlicher, vor Gericht 277 f.
Vergleich zw. C. B. u. Brandenb. 12.
Vergleich von Bielefeld wegen der Grafschaft Bentheim 311 f.
Vergleichsprojekt zwischen C. B. u. Münster 74. 79 f. (N. 46). 83.
Verjus, franz. Agent 175 f. 225. 228. 237.
Vermächtnisse Chr. Bernards 320 ff.
Verschwörung einiger Niederländer gegen C. B. 177. Adams v. d. Rette 197 ff.
Vertrag von Schönefliet 24. 30; zur G.-J. 53 f.; von Coesfeld zw. C. B. u. Oranien 65; zwischen dem Domkapitel u. der Stadt Münster 98; von Verum 120; von Dorsten zw. C. B., Brandenburg u. Pfalz-Neuburg 127 ff.; zw. Frankr. u. den Generalst. 130; von Nordhorn 146; von Neuß 159; zw. C. B. u. dem Herzog v. Braunschw. 165 f.; zw. C. B. u. Höxter 166; zw. C. B. u. Köln wegen der Lippebrücke bei Dorsten 170; von Oberhausen 176 f.; zw. C. B. u. den Ständen der Herrschaft Rheda 196; zw. C.

B. u. der Graffsch. Ravensberg 223; zw. C. B. u. Frankreich 232; zw. C. B. u. dem Kaiser 234; von Haag zw. C. B., Spanien u. den Generalst. 240; zw. C. B. dem Kurf. von Köln 241; zw. C. B., Braunschweig-Zelle u. Wolfenbüttel 242; zw. C. B. u. Christine Charlotte von Ostfriesland 243; von Brüssel zw. C. B. u. Spanien 243; von Roeremonde 244; von Rhede zw. C. B. u. Ostfriesland 246; von Sassenberg zw. C. B. und Dänemark 246.
Verziehen der Münsterländer verboten 264 f.
Viehschatzung 259.
Viertenhalben, Syndik b. Stadt Münster 19. 28 ff. 104.
Visitation der Diöcese Münster 287. 291.
Visitation des geistl. Gerichts 261.
Börde v., Domscholaster 4.
Vogel fürstl. münst. Kommissar 39.
Vogelschießen 269.
Vorhelm 291 N. 4.
Vossem Friede von 224. 236.
Vrede von, fürstl. münst. Oberst 86.
Vreden 3. 26. 136. 267. 271. 274. 291 N. 4. 302.

W.

Wagenzeichen 66. 74.
Wahlkapitulation Chr. Bernards bei Uebernahme b. Bisthums 7, 14 f. 17; bei Uebernahme d. Abtei Korvey 111 f.; des Kaisers Leopold 51. 63. 65.
Wahrenburg 346.
Waldeck 129. 234. 252 Note. 349.
— Franz von, Bischof, Verhältniß zu Münster 34. 68.
Waldungen im Münsterlande 266.
Walpot fürstl. münster. Befehlshaber 141.
Warendorf 22. 267. 273. 302.
Watersloh 222.
Watgins aus Arnheim 178.
Wedel fürstl. münst. Oberst 226. 239. 244. 246.
Wegegeld 267.
Weimann brandenb. Ges. 74.
Weinherren zu Münster 101.
Weßbergen 155.
Werber 264.
Werl 222.
Werlte 324.

Werne 234. 271. 273.
Werse, Fluß 82.
Werth, Herrschaft 146. 234. 273.
Wesel 127. 136. 181. 184. 195. 224.
Wessum 26.
Westerholt 5.
Westerwald 242.
Westfalen, Herzogthum 190. 241.
Wetterau 242. 244.
Wettringen 155. 291 N. 4.
Wetzlar 252 Note.
Wiedenbrück Bernard von, fürstl. münst. Rath 11. 32 f. 145. 150. 165. 322. Sein Bruder, Kanzler des Grafen v. Bentheim 155.
Wiha an der Weser 239.
Wikebe Gerh., Jesuit 312.
Wildeshausen Amt 239 ff. 248.
Wilhelmstadt 140.
Wüllinghege bei Münster 81. 87. 95.
Wilmsen 50.
Winschoten 134 f. 189. 233.
Winterswyck 179.
Wisbeck Kloster 112.
Witmarsen 324.
Witt Jan de 70. 74. 88. 130. 138 ff. 142. 175. 177. 184.
Wittenberg Fried. Levin von, Kommandant der Stadt Münster 30. 39. 45. 53.
Wittfeld Bern. Bürgerm. zu Coesfeld 71.
Wittfeld Agent der Stadt Münster 33.
Wittfeld Syndik der Ritterschaft 199 f. 207 f. 216. 218 f. 329. 339.
Wohlfahrt des Münsterlandes unter C. B. 262 f.
Wolbeck 7. 55. 78. 273. 291 N. 4.
Wolf-Metternich Domherr 152.
Wolframsdorf von, kais. Oberst 71.
Wolframsdorf v., fürstl. münst. Befehlshaber 141.
Wouba 140.
Wrangel schwed. Gen. 160.
Wrede von, Domherr zu Minden und Agent C. B. in London 128.
Wüllen 141.
Würtemberg 82.
Würzburg, Peter Phil. Bischof von, 313. 345 f.
Wüste Erben im Münsterlande 265.
Wylich, fürstl. münst. Agent 41. 52 f. 87. Anführer fürstl. Truppen 80. 90.
Wyntgens fürstl. münst. Sekr. 237.

Z.

Zauberer 271. 308.
Zechereien 269.
Zelst Gertrud, Gräfin v. Bentheim 154 ff. 308 ff.
Ziegelherren zu Münster 102.
Zigeuner 271.
Zitwitz Prior zu Korvey 166.
Zumkley Alex. Pfarrer zu Stromberg 299.
Zurmühlen (Termöllen) Albermann zu Münster 32. 40.
Zurmühlen Werner, Agent C. B. 87. 164. 180. 208. 220. 243. 246. 326.
Zurwelle, Prokurator zu Münster 199. 202. 205. 210.
Zütphen 65. 133. 141. 184. 232.
Zwartesluys 183. 193. 226. 230. 235.
Zwecke C. Bernards bei s. krieger. Unternehmungen 260 ff.
Zwoll 133. 178. 183 f. 186. 189 f. 226 f. 230. 235.
Zyborgh, Gesandter der Generalstaaten 146.